现代商学系列教材

公共财政学

巫建国　主编

经济科学出版社

图书在版编目（CIP）数据

公共财政学/巫建国主编．—北京：经济科学出版社，2009.9

（现代商学系列教材）

ISBN 978-7-5058-8507-3

Ⅰ．公…　Ⅱ．巫…　Ⅲ．公共财政学-教材　Ⅳ．F810

中国版本图书馆CIP数据核字（2009）第147116号

责任编辑：纪晓津
责任校对：刘　昕
版式设计：代小卫
技术编辑：董永亨

公共财政学
巫建国　主编
经济科学出版社出版、发行　新华书店经销
社址：北京市海淀区阜成路甲28号　邮编：100142
总编部电话：88191217　发行部电话：88191540
网址：www.esp.com.cn
电子邮件：esp@esp.com.cn
北京欣舒印务有限公司印刷
永明装订厂装订
787×1092　16开　31.25印张　590000字
2009年9月第1版　2009年9月第1次印刷
印数：0001—4000册
ISBN 978-7-5058-8507-3　定价：45.00元

现代商学系列教材编委会

总 序

商业作为社会大分工的产物，已经成为人类生活中最活跃、最具创造性的行业，其影响社会发展、促进文明进程、提升生活水平的作用日益突出。

社会经济发展和技术进步促进、推动了现代商业的发展。货币的出现、商业信用体系的出现和连锁商业的产生发展，分别引发了人类历史上的三次商业革命。每次商业革命无不最大限度地扩大了交换的规模和范围，使得商业活动发生的频率和活动的影响不断加剧。第一次商业革命使交换成为社会的广泛行为，演变为社会活动；第二次商业革命为实现资金流通和远距离贸易提供有利条件，促进了社会分工和交换的规模与范围的扩大，使得商业发展成为跨越国际和地域的重要经济活动，极大地推动了商品流通；第三次商业革命使得现代工业大生产的成果得到了最大的推广，从而使得现代生产方式在现代商业手段的助长下实现了效益和效率的最大化。

进入信息时代后，以电子商务为标志、以经济全球化和经济自由化为特征的商业革命悄然兴起。现代商业充分地利用现代信息技术和通讯手段，克服了时间、空间和地域的条件限制，极大地增加了交易机会，降低了交易成本，提高了交易效率，简化了交易流程，改变了交易模式，实现了市场一体化商品流通，带动了经济变革和经济全球化。现代商业革命不仅会对现实生活造成深远影响，而且决定着我国商学体系架构的发展趋势。①

① 参见彭飞、蔡文浩：《现代商学体系架构要适应商业革命的进程》，载于《兰州商学院学报》2003年第6期，第114~118页。

在此背景下，商业理论研究和商科教育必须与时俱进，实现创新，以适应现代商业革命带来的变化和发展的要求。

我国近代意义上的商科起步于19世纪末20世纪初。清光绪年间，在《钦定高等学堂章程》中就将大学教育分为经、法、医、文、格致、农、工、商。1901年，京师大学堂设立了商学科。民国时期，我国成立专门的商科大学，或者在大学中设立商科学院，或者在文学院或法学院中设立商学系。民国初年的《大学令》中，规定商科为七大学科之一，即文、理、农、工、商、医、法，这种设置一直持续到新中国成立，商科是一个与文、法、理、工并列的独立学科。

此后，我国的商科教育经历了艰难曲折的发展历程。

1953年，全国高校设置专业共有215种，有关商科专业被并入财经类学科，共计13种，与高度集中的计划经济体制相呼应，“商科”开始被“财经”类所覆盖、代替，商科的概念不复存在。

1953~1957年的高校专业调整过程中，全国高校专业数增加到323种，财经专业则变为12种。1962年，全国高校专业增至627个，财经专业则增加到25种。从总体看，商科教育有下降趋势。

改革开放使得我国经济发展重新走上了快速发展的轨道，我国的商科教育得以发展。高等学校为适应社会经济发展需要，相继涉及了许多新专业，到20世纪80年代中期，属于经济管理类的专业共有99种，主要包括政治经济学、经济学、经济学说史、计划、国民经济学、计划统计、计划经济管理、国民经济计划管理、经济管理学、统计、商业计划统计、金融统计、现代应用统计、工业统计、财政学、财政金融、税收、税务、金融、国际金融、保险学、会计学、国际经济、农业经济、商业企业管理、旅游管理、工商行政管理、城市管理等。

1987年的高校本科专业目录修订将原来的“财经”类改为“经济、管理学”类；1993年再次修订时，又改为“经济学类”，下设“经济学”和“工商管理”两个门类；1998年的专业目录修订又将“管理学”独立为一个学科门类与经济学并列，而“商科”基本上集中在管理学门类中的工商管理类，但在其他门类中亦有商科的成分，因此，学科划分并不严谨。

在西方，“商学”概念的内涵和外延也是变化着的，一开始用的是 commerce，现在 business 和 commerce 并用，前者偏重于具体应用层面的表达，后者偏重于研究层面的表达。商（business）被定义为："为维持和改善人们的生活质量而进行的向市场提供物品和服务的赢利活动。"[①] 在最新版的教科书中，又被定义为："为赢利而提供物品和服务的组织。"[②] 一切商业活动，都是通过整合人力、物力、技术和财务资源来谋求利益的过程。一切以赢利为目的的组织，都可以当作商业组织。按照联合国教科文组织制定的国际教育标准分类，商学被表述为 commercial and business administration，是研究探索交换（或交易）活动规律性和商业运行机理的学问。

因此，商学既不完全等同于经济学，也有别于管理学。经济学是从社会视角追求效率，主要围绕资源配置而展开，研究如何将稀缺的资源分配于不同的用途，以满足经济主体多样化需求。[③] 经济学的基本问题包括生产什么、如何生产和为谁生产。

管理学主要研究在变动的环境中激发人的潜力，将组织的各种有限资源（包括人力、财力、物力、时间、信息等）进行有效配置，以达到组织既定的目标与责任。[④] 商学的研究范围包括社会的交换体系和全部交换活动，不仅研究流通渠道和流通环节的变化带来的零售业态与业种的演化规律，而且在分析商业领域特有问题的同时注重挖掘社会交换活动的一般规律性，探究商业发展的基本规律。商学主要研究如何在市场作用下，通过商品和服务的生产、交换与流通，围绕市场实现社会交换而获取利润。从西方近、现代商科教育的历史发展轨迹看，它经历了由经济学胚胎到经济学与商学混合，再到经济学与商学分立的过程。[⑤] 由此可见，商学是由经济学理论与商务实际相结合而产生的，是研究一切组织和个人在商品生产和经营活动中的经济行为和管理行为的应用性科学。因此，有学者认为，如同生物科学、药物生化科学是临床医学的基础一样，管理学和经济学是商学的两大基石，

---

① Steade Lowry Glos，Business，Its nature and environment，10th，South-western，P. 4.

② Ricky W. Griffin，Ronald J. Ebert，Business，Prentice Hall. 6th，P. 5.

③ 黄亚钧、郁义鸿：《微观经济学》，高等教育出版社 2000 年版，第 1 页。

④ 芮明杰：《管理学》，上海财经大学出版社 2005 年版，第 27 页。

⑤ 国内贸易部高等商科教育比较研究课题组：《国际高等商科教育比较研究》，中国财政经济出版社 1998 年版。

管理学和经济学的相互渗透和综合，为商学的发展提供支持。[①] 作为完整的现代商学体系，还应包括计算机信息技术、社会学等相关学科的知识，商用工科也应纳入其中。

随着现代商业的不断发展，商科教育已经成为重要的教育类型，在中国高等教育体系中应该具有相对独立的地位。当前我国的商科教育要充分利用经济学、管理学两大基石的已有理论和成熟思想，从实践出发、以应用为方向，将管理与经济的相关知识进行有效综合，进而确立科学、适用的富有中国特色的商科教育体系。

改革开放的伟大实践，为商科高等教育在我国新的历史条件下重新确立和发展，提供了历史机遇。商科教育作为高等教育的一个独立的领域，在经济活动中发挥着越来越重要的作用。我国高校对商科教育的认识也开始了新的进程。近年来，许多学者围绕我国商科高等教育进行研究和探讨，从办学思想、专业设置、课程内容、教学方法、教学手段、管理制度等方面提出新的观点和看法，并在办学实践中积极推进教育改革，从而使得我国商科高等教育取得了真正意义上的发展，逐步建立起多元化的高等商科教育格局。

当前，我国高等商科教育面临市场经济的发展和社会进步的要求，还存在诸多不适应，主要表现在：人才培养定位、培养目标缺乏商学特色；商科院校主动适应社会需求，专业设置与调整的机制尚不完善，专业口径偏窄，适应性不强；商业人才实践技能训练体系建设有待成熟、完善，学生专业创新意识、创业能力较弱；课程体系、教学内容滞后，教学方法、手段单一，尚未将培养学生的市场意识、经营管理能力提高到主要的地位。

中国人民大学校长纪宝成针对我国高等商科教育人才培养模式提出，应在知识经济、市场经济和经济全球化的背景下，在改革开放以来我国商科教育已有成绩的基础上，以人才培养为中心，围绕国际视野、本土意识、现代理念、实践价值和办学特色，来创新办学思路和改革教学模式，以此引领高等商科教育发展的未来。[②]

① 张荣刚、张云龙：《交错·定位·综合——中国商学教育分析》，载于《西安财经学院学报》2006年第10期，第95页。

② 纪宝成：《我国高等商科教育人才培养模式探讨》，载于《中国高教研究》2006年10期，第1页。

我国高等商科教育的改革和发展趋向，主要包括国际化、本土化、实战化和个性化。

国际化是指高等商科教育要面向世界、面向国际大市场，主动适应经济全球化的形势，将高等商科教育的改革、发展置于经济全球化的大背景，努力融入世界经济社会发展的大循环中去，通过强化国际意识、加强国际交流、开展国际合作，不仅培养符合国内企业界现实需要的人才，又要培养出那些能通晓国际文化和熟悉国外商业实践的、具有全球意识和在国际舞台上进行交流的能力、能以全球化的眼光考虑问题的国际性人才。

在高等教育体系中，商科教育是国际化水平比较高的学科领域。在欧美经济发达国家，高等商科教育已经形成了不同的层次，朝着国际化方向发展。高水平的商科教育，不仅生源国际化、师资队伍国际化，在教育资金的互援、教育信息的沟通、教学机构的合作以及跨国教研活动等方面开展广泛的国际交流与合作，具有较高的国际化水平。商科教育的国际化要求积极引进先进的办学理念和管理模式，认真探讨、借鉴市场经济条件下高等商科教育的国际共性；积极引进国外优质教育品牌，密切跟踪国际商科教育的最新动态，尽可能让大量国际信息进入教学过程；积极引进高水平的人力资源，加强与国外高水平商科院校的合作，特别是通过“请进来”与“走出去”的方式，优化商科教育的师资队伍结构，提升师资队伍水平。

本土化是指高等商科教育所特有的本土意识。在注重国际化、强调通用性的今天，商科教育不仅要借鉴吸收发达国家的商科教育长处，更重要的是应结合我国社会经济发展的实际，注重概括和总结改革开放的实践经验，融合中国传统文化中的精髓，围绕中国特色的社会主义市场经济的国情特点，努力使商科教育在课程设置、教材编写、教学方式和教学方法等方面突出中国高等商科教育的独特性，实现国际视野下的本土化。

中国社会、经济已经进入了全面发展时期，高等教育特别是高等商科教育的重要职责是面向世界，立足国情，培养中国未来的商界精英和企业家，他们将直接对未来中国经济的发展和走向产生重要影响。高等商科教育强调本土意识，就是要强调培养商科人才的中国意识和中国风格。同时，与其他国家不同的是，我国经历了由计划经济向市场经济发展的曲折进程，在这一进程中，我国遇到了与其他国家所不同的矛盾和问题，充满了碰撞、融合，中国商学的发展难以单纯地依靠照搬照抄国际经验。对这些问题的研究，既是中国商学领域专家、学者的重要职责，也为我国的商科教育提供了十分鲜活、丰富的内容，成为中国商科教育广泛的教学资源，它必将催生出富有中国特色的本土化商科教学体系。

实战化是指高等商科教育要紧密贴近社会实践，给予学生商学素养的训练、企业家行为规范的训练、商务活动基本技能的训练和适应商战复杂环境的训练。

实现商科教育实战化的前提条件有两点：一是要着力提高国内的商科青年教师实践能力。鼓励教师走出校门，深入企业，通过与企业的密切联系，对企业发展的实际问题进行研究，从而使他们有可能在最鲜活的实践经验中提炼出最先进的理念和教学内容，通过先进的教学手段、适宜的教学方法传授给学生。二是要着力优化师资队伍结构。商科师资构成不仅要有“学院派”，也要有著名的企业家和实践者，后者是商科人才培养的重要教育资源，商科院校要努力建设一支由专任教师和企业家组成的专、兼职师资队伍，只有在实践与理论的互动中，中国的高等商科教育才有可能真正发展成熟起来。

个性化是指商科院校要依托自身的学科结构、办学条件、学生层次和外部环境等，合理定位，多样发展，凸显优势，办出特色。

商科教育的办学特色具体体现在办学理念特色、办学模式特色、专业特色、课程特色、教学特色和科研特色等方面，最终体现在培养出有特色的学生。特色的凝练和形成，一是要有先进办学理念指导下的科学的预期设计；二是要有明确的符合学校实际的实施手段、措施；三是要有公认的社会评价。商科院校要通过特色办学求得生存和发展，以实现个性化的张扬，促进高等商科教育健康发展，为中国经济的可持续发展培养出更多的优秀的现代商科人才。

天津商业大学作为一所年轻的商科院校，积极探索高等商科教育的发展之路，努力坚持以先进的办学理念和办学思路为指导，不断发展和完善现代商学体系，形成多学科相互支撑、协调发展的学科专业布局，构建应用学科的综合优势。

在商科人才培养上，确立了培养商学素养与专业能力结合、知识学习与实践能力并重、诚信做人与创新能力兼备的复合型创业型应用人才的育人目标。为实现这一目标，学校深化人才培养模式改革，一是实施按学科大类招生和两年基础课学习后自主选择专业的制度性改革，使学生“零距离感受专业、近距离观察市场”。二是实施课程内容与课程体系的改革，按学科大类打通基础课和学科基础课，对学生实施宽口径培养。三是实施辅修，建立和完善双专业、双学位制度，造就学生的复合型知识结构。四是把培养学生的创业能力作为学校特色建设的一个重要着力点。在课程设置、教材建设、师资定位、第二课堂、实习实训环节、对毕业生的支持等方面，进行全面改革。五是围绕商科特色，积极引进国外优质教育资源和先进的教育理念、管理模式，推进教学改革和水平提高。六是强化诚信做人、创新能力要求，保证学生德才兼备，全面发展成才。

作为商科人才培养模式改革的重要内容，我校推出了“现代商学系列教材建设工程”，力图通过系列教材建设，进一步深化高等商科教育教学改革。我们深知，中国商科教育教学改革任重道远，这套教材无论在理论创新，还是在实践总结上，都存在许多需要不断完善和修改的地方，我们殷切希望广大读者，给我们提出更好的意见和建议，使之日臻完善，为提高中国的现代商科人才培养质量贡献力量。

天津商业大学校长　教授

教育部高等学校经济学类学科教学指导委员会委员

刘书瀚

2009 年 2 月

前　言

我国公共财政正面临着改革与发展的重大机遇，在全面推进市场经济及迈向世界经济一体化的进程中，其理论、机制均需与市场理论及人类共同价值接轨。“工欲善其事，必先利其器”，我们必须以科学、现实的视角重新认识财政理论及规律。

公共财政已成为政府乃至整个经济社会关注的重要领域，它不仅与一国政府休戚相关，而且关系经济发展与芸芸百姓的社会福祉，因此我们必须以辩证、发展的视角来系统地把脉财政的运行规律与规则，以承担中华民族伟大复兴的历史责任。

本书通过系统阐述公共财政在经济中的作用与运行规律，旨在传授财政理论、讲授财政运行规则及回答人们关注的财经问题。本书的目的在于建立一种比较规范的分析框架来研究公共财政，强调经济学的思维方式，“予人以鱼，不如予人以渔”，这种统一的分析框架将运用经济学的基本原理来引领读者的思路，帮助他们理解公共财政在经济中的作用、分析方法和判断规律。

本教材侧重突出四个特点：(1) 侧重与主流经济理论一脉相承，继承与发展相结合，积极汲取人类共有的最新成就，追根溯源地系统分析公共财政的基本理论、制度设计原理及评价方法；(2) 侧重采取理论、实践相结合的方式，纵横有序地阐述我国财政的概况，尤其是改革开放30年来财政领域的基本态势、改革重点、主要矛盾及改革趋势；(3) 侧重以历史述源及国际实践为基础，把握公共财政学的主流理论、主流架构的发展脉络和演进趋势；(4) 积极引进案例分析，利用关联财经知识注释及系统引鉴统计资料，开拓知识视野，培养分析能力。

希冀以这种统一的分析框架使枯燥的学习变得饶有兴趣并使读者的知识不致过时，读者不必死记硬背那些考试之后便会忘记的一大堆事实，只需择其要点把握钩稽关系及分析方法，力求以不变应万变，形成基本的分析问题与解决问题的能力。

为了帮助读者理解掌握并运用这种统一的分析框架，本书采用规范、模型与实证分析相结合的方式，系统阐述公共财政学的理论原理、机制规范与实践规律。因此，每章均设计为七个部分：概况、经济原理、机制规律、我国概括及改革趋势、注释、案例与参考文献。形成一种思考、思维与思辨的逻辑范式。这种细致又循序渐进的分析，比较有助于读者更好的学习，“是非审之于己，毁誉听之于人，得失安之于数，陟岳麓峰头，朗月清风，太极悠然可会”。

本教材由巫建国教授拟定整体框架及总纂审定，参编人员多次召开讨论会，明确指导思想，落实内容布局，交换编写意见。具体分工如下：巫建国撰写第一、第二、第三、第六、第七、第十二章，各章综合复习，附录1～附录5；许春淑撰写第四、第五章（第二节）；王汉章撰写第五（第一节）、第八章；梁学平撰写第九、第十一章；李上炸撰写第十章；王开宏撰写第十三章。

虽历经三个寒暑殚精竭虑，但财政科学博大精深，难免挂一漏万，庆幸的是该教材被纳入天津商业大学现代商学系列教材后，得到了学校的有力指导；得到了经济科学出版社的悉心支持，作者在此表示衷心的感谢。作者欢迎读者提出宝贵意见，并就共同感兴趣的有关问题进行讨论。

作者的通讯地址：天津市北辰区天津商业大学经济学院，邮政编码：300134；电子信箱：wujianguo505@. sina. com。

巫建国

2009年7月

目 录

不谋全局者、不足谋一域。

不谋一世者、不足谋一时。

——（清）陈澹然

第一章　导　论

财政学是研究国民收入分配中政府经济活动规律的学科，概言之，利用经济学分析方法探索现实经济中的财政分配及其内在运行规律的科学。也有将其归纳为政府如何借助财政调节国民经济，达到履行公共职责、优化资源配置及公平分配的应用经济学。

财政学作为经济学的一个组成部分，将经济划分为“公”与“私”两大领域，并从公、私的优化研究其相互制约的内在分配关系。

第一节　市场经济催生公共财政

一、市场经济及模式

市场经济（market economy）是以价格作为资源配置基础的经济机制。在这种经济机制下供求决定着价格并以此作为推动经济发展的内在动力。就市场经济而言，曾经主要产生了三大理论流派及社会经济模式：

——亚当·斯密（Adam Smith）的古典市场经济（16～19世纪末）

这是前资本主义的经典经济范式及理想状态。亚当·斯密这位西方古典经济学体系的最杰出的开拓者，在继承威廉·配第及诸学派大成的基础上，构筑起经济学的大厦，其旷世名著《国民财富的性质及原理的研究》系统阐述了古典经济学的基本体系。

古典经济学由亚当·斯密所开创，到大卫·李嘉图和J.S. 穆勒才臻于成熟。它最初涉及经济增长动力的学说，强调经济自由。亚当·斯密认为：解决资源配置的手段有两个：一个是市场配置；另一个是政府配置。他主张市场配置和自由竞争。

亚当·斯密提出“自私的动机、私人企业、竞争的市场”是自由市场经济的三要素和基本逻辑出发点，认为不断增加社会财富的最佳途径就是给予经济活动完全的自由，并且由一只“看不见的手”支配市场。他形象地将市场经济比喻为一只“无形之手”。他认为在这种经济状态下：人人想方设法使自己的资源产生最高的价值。一般的人不必去追求什么公共利益，也不必知道自己对公共利益有什么贡献，它只关心自己的安康和福利。这样人们就被这只“无形之手”所激励，实现着原本他不想促进的利益。

原始资本主义对其无比崇拜，在此意义之上，形成了最初的政府与市场分工的价值理念，认为“管的最少的政府是最好的政府”，并由此提出“廉价政府”的概念。

——约翰·梅纳德·凯恩斯（John Maynard Keynes）的有政府调节的市场经济（20 世纪 30 年代 ~）

这是 20 世纪以来市场经济的主导范式，最后演进为具有广泛适应性的“混合经济”（mixed economy）。1929 年的世界经济危机打破了市场自然协调的神话，经济衰退、通货膨胀乃至失业摧毁了“纯粹市场可以解决一切问题”的田园牧歌。凯恩斯在归纳罗斯福新政的基础上，建立起有政府调控的市场经济理论体系，形成了市场与政府“和谐论”的基本框架。

凯恩斯否定了传统经济学的基本命题：私人利益与社会利益存在一致性，认为自由市场经济制度虽可以保证个人自由并激发个人的创造潜能，但市场经济存在着天然的缺陷，主要表现为在放任自由的经济条件下，由于有效需求的不足，失业是不可避免的，而与放任经济相关的三种基本心理法则——消费倾向、资本边际效率倾向和流动倾向，是造成有效需求不足的主要原因。他在其名著《就业、利息和通论》中直言：宏观经济并非自然实现均衡，长期存在的通货膨胀、失业等表明，市场均衡受着多种因素的影响，孤立的经济自然平衡有失偏悖。主张在市场机制上全面加强政府的宏观调控。它像风雨飘摇中露出的一缕曙光，照亮了在危机中探索的人们，引导着整个主流市场经济国家转向了有政府调控的市场经济。后来演进为主导发达国家的“混合经济”。

——约瑟夫·维萨里昂诺维奇·斯大林（Иосиф. В. Сталин）的计划经济（20 世纪 20 ~ 80 年代）

计划经济是指在生产资料公有制的基础上，根据社会主义基本经济规律和国民经济有计划按比例发展规律的要求，由国家按照经济、社会建设与发展的统一计划来管理国民经济的社会经济制度。“计划经济”一词最初源自弗拉基米尔·伊里奇·列宁，他在 1906 年的《土地问题和争取自由的斗争》中谈道：“只要存在着市场经济，只要还保持着货币权力和资本力量，世界上任何法律也无力消灭不平等和剥削。只有实行巨大的社会化的计划经济制度，同时把所有的土地、工厂、工具的所有权转交给工人阶级，才能消灭一切剥削。”真正运用于社会制度则始于斯大林。

斯大林继承了列宁的事业，并着手社会主义制度的建设。他认为社会矛盾的根源在于私有制、市场经济及议会制，在社会经济形态上主张以绝对的计划来配置整个社会生产要素。计划经济以社会化大生产为前提，在生产资料公有制基础上，根据社会主义基本经济规律，有计划地发展国民经济。在计划经济中：政府确定国民经济的发展方向、规划和目的，制定产业政策、区域政策和综合平衡、协调重大经济比例关系，按计划配置人力、物力和财力，运用政治、经济、法律和行政手段引导和调节国民经济的运行。但由于其彻底否认了市场机制，权利高度集中，从而导致产需脱节，经济缺乏生机和活力，经济效益低下。它曾引导着苏联、东欧各国及我国走了近30年的“社会主义计划经济”道路（1949～1978年）。

实际上，人类自19世纪、20世纪以来孜孜不倦的“社会经济模式”探求，就是在市场经济（古典市场经济）、计划经济和“混合经济”的这种交织与不断的探索中走过来的。

二、市场的有效及衡量

（一）市场有效及衡量

从微观经济学的角度分析，市场作为以私利、效率为基础的经济机制，其有效配置生产要素需要六个基本条件：(1) 行为的一致性，即生产者与消费者都遵循等边际法则追求资源配置，使其购销效用最大化；(2) 众多的购买者与销售者；(3) 生产要素的充分流动；(4) 充分的信息；(5) 经济利益可分与所有权的确定性；(6) 生产与消费不存在外在不经济。

在此前提下，市场经济是遵循这样一些基本规律而运行的：(1) 供求规律（law of supply-demand）。它是指商品（资源）的供求关系与价格变动之间形成相互制约的关系。一方面是供求变动引起价格变动，从而引导资源配置平衡；另一方面则是价格变动引起供求的变动，又促成资源配置平衡的调整。(2) 价值规律（law of value），它是商品经济的基本经济规律。即商品的价值量取决于社会必要劳动时间，商品按照价值相等的原则互相交换。(3) 竞争规律。竞争规律是指商品经济中各个不同的利益主体，为了获得最佳的经济效益，互相争取有利的投资场所和销售条件的客观必然性。实质上就是商品生产中劳动消耗的比较。它和价值规律一样，都是市场部经济固有的规律。(4) 要素贡献分配规律。即根据要素贡献参与市场分配。生产要素所有者的收入水平决定于要素价格，一般是劳动形成工资、资本形成利息、土地形成租金、管理形成红利。按要素贡献及市场效率进行分配，也构成市场的基本规律之一。

（二）市场一般均衡之简要分析

在市场经济条件下，以既定的自由竞争和交换为假设前提（瓦尔拉斯的一般均衡价值论），生产要素可以实现的最佳配置和状态为“帕累托效率”（pareto efficiency）。

所谓“帕累托效率”它是1931年维尔费雷德·帕累托提出的一种理想的资源配置状态，即“在某种既定的资源约束条件下，所有的帕累托改进都不存在，也就是说在这一均衡状态下，任何资源配置的改变都不会使任何一部分人的福利状况变好，同时也不会使任何一部分人的福利状况变坏。”

帕累托最优是一种完全竞争条件下，市场追求的希望达到的理想的、长期均衡的资源配置状态，要满足帕累托效率最优需要有三个条件：

1. 生产的帕累托最优

生产的高效率是在既定数量的生产要素的约束下，生产出最大数量的产品。这时生产两种产品（X、Y）所使用的任意两种相同的生产要素（如L、K）的边际技术替代率相等。

即　$MRTS_{LK}^{X} = MRTS_{XY}^{Y}$

2. 消费的帕累托最优

在生产要素优化配置及帕累托最优约束下，则整个社会可以提供的商品既定，消费者在这种约束下消费商品并使自己的效用最大化。这时若任意两人消费的任何两种商品的边际替代率相等，同时边际替代率也等于其价格比率，就实现了消费的帕累托最优。

即　$MRS_{XY}^{A} = MRS_{XY}^{B}$

3. 产品组合的帕累托最优

在社会经济中若将两种生产要素劳动与资本用于生产任意两种产品（X，Y），0_x0_y为生产可能性曲线，MRT为无差异曲线，在产量给定情况下，欲使社会满意程度达到最大化的产品组合，必须处在生产可能性曲线与无差异曲线的切点C上，即生产的边际转换率与消费的边际替代率相等，同时边际替代率也等于其价格比率，这种理想状态就是有效市场下的帕累托最优配置（见图1-1）。

在图1-1中设X轴为食品产量，Y轴为衣服产量，这时O_xO_y为生产可能性曲线，MRT为无差异曲线。在产量给定的情况下，欲使社会满意程度达到最大化的产品组合，只有处在生产可能性曲线O_YO_X与无差异曲线MRT的切点C上，即生产的边际转换率（MRS）与消费的边际替代率（MRT）相等，同时边际替代率也等于其价格比率，这种理想状态就是有效市场下的帕累托最优配置。

即：$MRS_{xy}^{A} = MRS_{xy}^{s} = MRT_{xy}$

（三）福利经济学：市场均衡分析

市场经济条件下，资源配置效率取决于“消费者剩余与生产者剩余的市场均衡最佳”。

从福利经济学角度分析，市场供求均衡才能使买者和卖者得到的总利益最大化（见图1-2）。

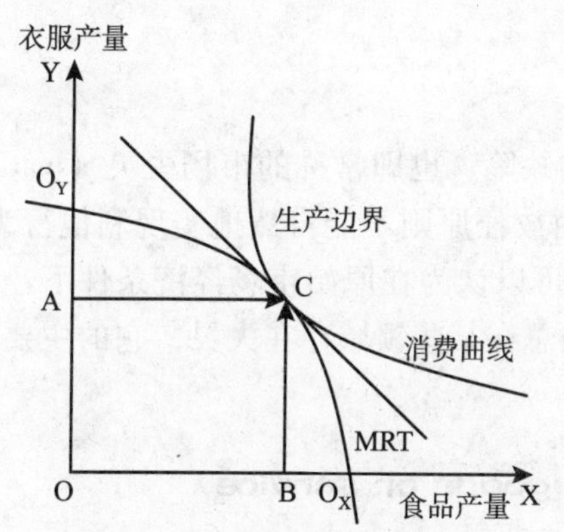

图1-1 产品组合的帕累托最优

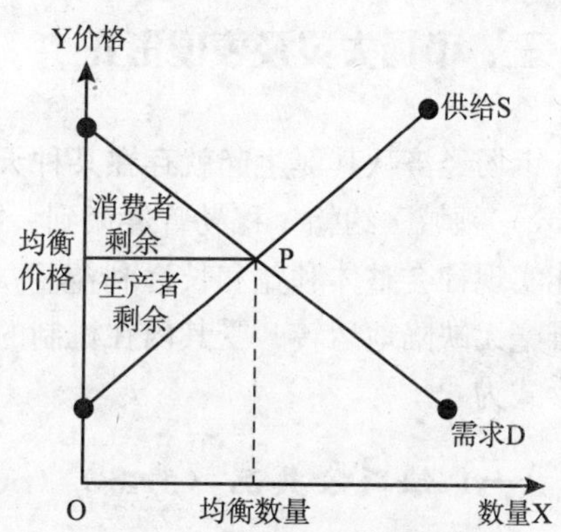

图1-2 市场均衡时的消费者剩余与生产者剩余

消费者剩余。即买者愿意为一种物品支付的量减去他们实际支付的量，衡量买者从一种物品中得到的自己感觉到的利益（微观经济学中一般用需求曲线衡量消费者剩余）。因此，政府想尊重买方（需求）的偏好，调节消费者剩余不失为调节社会福利的一个非常重要的选择。为了更好地理解经济福利的这一指标，我们把消费者剩余定义为：

消费者剩余＝买者的评价－买者支付的量

同理，我们把生产者剩余定义为：

生产者剩余＝卖者的评价－卖者支付的量

当我们把消费者剩余和生产者剩余相加时，得出：

总剩余＝买者的评价－卖者的成本

从福利经济学角度看，市场的总剩余是用买者支付意愿衡量的买者对物品的总评价减去卖者提供这些物品的总成本。如果资源配置使总剩余最大化，我们可以说，这种配置表现出效率（efficiency），此外，政府在调节资源配置时，还应该关心平衡（equity），福利在各种买者与卖者之间分配的公平性，实际上市场交易与政府调节很像是在市场参与者之间分割蛋糕。效率问题是能不能尽量把蛋糕做大；平等问题则是能不能公平地分割蛋糕。

在图 1－2 中设 X 轴为数量，Y 轴为价格，这时市场交易的价格平衡是供给曲线 D 与消费曲线 S 的焦点 P，买方形成三角消费者剩余，卖方形成三角生产者剩余，在均衡价格下形成均衡交易量。

概括讲，市场经济是遵循供求规律、价值规律、竞争规律和要素贡献分配规律而运动的。

三、市场失灵及表现形式

市场经济从其诞生起就存在某种天然的缺陷，也即常称的市场失灵（market failure）领域。约翰·穆勒曾经谈到："自由放任原则不能自然地实现利他行为，不能实现社会整体利益和长远利益。" 故而可以认为在原始市场经济条件下经济很难毫无缺陷地运转，受其内在机制的制约总在某些领域存在失灵，它的主要表现形式为：

（一）缺乏公共品（劳务）（public goods or service）

"公共品" 是 "私人品" 的对立物，它是指具有非竞争性和非排他性的物品和服务，如国防、公路、基础研究和反贫困等。我们说，社会存在与发展的前提是私人品与公共品在需求上的合理搭配与效益的有机统一。公共品因其缺乏直接经济回报、所有权无主体及效用不能分割等因素的制约，一方面此类产品交易费用存在外溢性或得不偿失，难以得到市场的供给；另一方面此类产品极易产生 "免费搭车" 等现象，这将导致市场价格无法引导资源进入公共品的生产领域，从而造成市场配置机制的失效。因此，要实现社会协调运行，政府必须介入或承担起该类产品的供给。

（二）存在外部效应（externalities）

完全竞争市场要求成本和效益内在化，生产者要负担全部成本，同时享受全部收益。而在市场经济中，许多经济行为具有外部效应。所谓外部效应，指的是一个经济单位的活动产生了对其他经济单位的有利或有害的影响。当出现正的外部效应时，利益外溢（如企业照明），生产者的成本大于收益，得不到应有的效益补偿；当出现负的外部效应时（如环境污染），生产者的成本小于收益，受损者得不到应有的损失补偿。这类现象决定着带有外部效应的物品或劳务供给是难以达到最佳的资源配置状态，这就要求非市场行为的调节。

（三）产生自然垄断（natural monopoly）

市场机制的有效运转是以完全竞争为条件的，而竞争必然导致优胜劣汰，但过度竞争往往会形成自然垄断，一种情况是当一个企业可以通过减少其所售出商品的供给量，从而使商品的出售价格高于该种商品的边际生产成本，这就会产生常说的“垄断；另一种情况是企业竞争到无对手了，导致市场失效，这两种情况最终都会发生垄断（见图1-3）”。

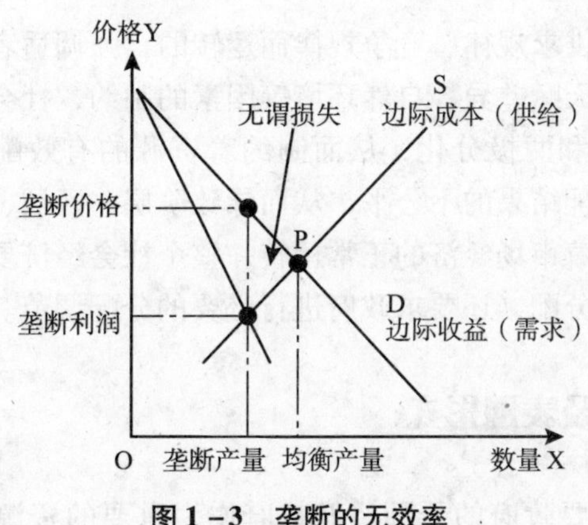

图1-3 垄断的无效率

资料来源：曼昆：《经济学原理——微观经济学分册》，北京大学出版社2007年版，第314页。

在图1-3中设X轴为数量，Y轴为价格。市场的价格平衡本应为供给曲线D与消费曲线S的焦点P，当市场仅有一家垄断企业时，平衡就会被打破，边际收益等于其私人边际成本，一方面形成了高于均衡价格改革的垄断价格，另一方面形成低于均衡产量的垄断产量，同时给私人企业带来了垄断利润，却给市场带来了无谓损失。

由于垄断能够操纵市场价格，将产量确定在边际效益等于其私人边际成本之上，在实现其利润最大化的同时，也限制了竞争，造成产量不足，价格偏高、资源利用不充分，效率低下、缺乏科技进步动力及社会福利损失等问题，从而影响到市场效率的充分发挥。因此，需要政府通过经济和法律手段，保护有效竞争，设立竞争对手，强迫或鼓励企业增加产量，调节价格降至边际成本相等的水平，排除垄断对资源配置的扭曲，减少垄断对社会福利带来的损失；等等。

（四）信息不灵（information failures）

市场主体在交易中是依靠信息决策的，信息不灵或信息不对称必然导致市场失灵，从而导致资源配置偏离帕累托最优。竞争性市场条件下，生产者与消费者要求有充分的信息以便更加准确地决策，但是，在很多方面，信息实际上是一种公共品，把信息提供给某一个人或更多的人，其成本是一样的。在纯市场经济中，对于信息这种公共品私人是不愿提供的，这样就导致信息不足，容易造成买卖脱节，交易停滞甚至市场失灵，只有政府才有可能从公众的利益出发提供这种产品，规范信息渠道，最大限度地沟通信息往来，促进市场有效竞争与运转。

（五）分配不公平（unequal distribution）

市场机制是遵循供求规律、竞争规律而运转的，强调适者生存。这固然有利于提高效率，但由于天赋差异、自然环境等因素的制约，社会分配过程通常会出现难以承受的不公平和两极分化，从而制约着资源的有效配置，它涉及分配规则、分配过程乃至分配结果的不公平，从而导致阶层、区域、产业间分配的不公平。凡此种种都制约着市场经济的正常运转，整个社会经济要协调发展，就不能单纯依靠市场机制的分配，还要求政府进行必要的分配调节。

四、政府失灵及表现形式

弥补市场失灵需要政府的干预，但政府作为重要的资源配置与调节手段之一，也不是万能的。一个问题往往存在两面性，赖以弥补市场缺陷的政府行为，实质上又存在着政府失灵（government failures）等问题：

——政府决策失灵。受市场多变及难以准确驾驭信息的影响，还受政府决策程序复杂及存在时滞的影响，政府很难全面预测和驾驭市场行为，也很难全面地反映客观规律而实施调节，从而出现政府决策失灵。

——官僚主义与寻租行为（rent-seeking）。首先，政府行为是非市场化的，因此就缺乏激励机制，并且它不以追求利益最大化为目标，必然缺乏成本制约，不计成本就会导致低效率；再加上公众对其监督与评价缺乏衡量的标准，故而极易形成互相推诿等官僚主义现象。其次，政府选择也是一种资源再配置，甚至权利就是一种资源，尤其是“绝对权利必然产生绝对腐败”，因此利益就潜伏在行为中转移，从而产生“寻租行为”，也即凭借政治权利谋取私利。

——政府提供信息不及时甚至失真。显然，一方面，市场并不能仅仅依靠自身机制解决资源的优化配置问题，在许多领域存在着失灵领域或低效配置领域，这些都要求政府提供正确的信息指导市场予以纠偏调节；另一方面，政府又不可能就所有市场问题提供准确及时的信息，故而不可避免地存在着政府提供信息不及时甚至失真的问题。

因此，市场调节与政府调节就成为一种机制博弈，各自以对方的失灵领域为存在的前提。可以讲，市场与政府的调节范畴与分工，从本质上规范着一个国家的经济模式，同时也规范着以政府为主体的财政模式的选择。因此，有政府调节的市场经济是产生公共财政的先决条件（见图1-4）。

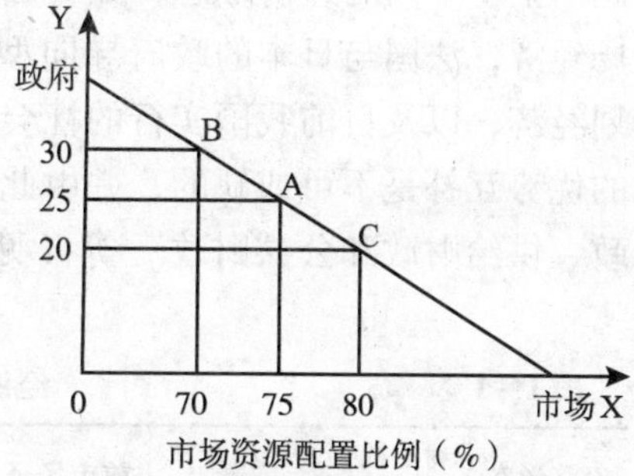

图1-4　政府与市场：资源配置

在图1-4中设X轴为市场的资源配置比例；Y轴为政府的资源配置比例，资源优化配置建立在市场与政府优势互补基础上，同时形成比例的协调。

第二节　公共财政及历史脉络

一、公共财政及特征

公共财政（public finance）是以政府为主体为满足公共需求而参与国民收入分配所形成的一种分配关系。财政行为是一种历史现象，自国家产生起就产生了财政。我国自民族社会就形成财政现象的雏形，夏商周形成了完整的财政收入形式，史称“贡、助、彻”，在国家管理体系的“三省六部”中，户部就履行着财政的基本职责（主管土地户口、赋税财政等）。在西方自古希腊时就产生了财政行为，最早阐述财政行为的是色诺芬所写的《雅典收入论》。可以认为财政是随着社会、经济的演进而发展的。

财政一词源于拉丁文finis，有结算、支付期限之意，后演译为法语finance，专指公共收入和公共理财。20世纪这一概念向外传播，日本明治时期在福泽渝吉“脱亚入欧”论作用下，全面引进欧美思想、文化及技术，随之引进的finance一词并采用汉字“财”与“政”创立了“财政”这一专门用语，不久后传入我国。1882年我国在清朝的官方文件《财政奏折》中首次使用，随着清王朝的覆灭，其职能与称呼取代了我国传承千年的户部。

如前所述，市场经济不可避免地存在某种缺陷需要政府的调节，而且市场与政府的互补，直接决定着社会经济模式及财政模式。那么，人们不禁要问何谓政府？一般把政府规范为实施强权的集体。它以追求一个国家的生存、富裕、安全与平等为基本目标，履行着政治、军事、社会和经济四项职能。然而，政府的职能范畴直接决定着国家经济形态，可以形成最低界限型、全覆盖型和补充型，由此产生了不同的经济形态，如英国和美国的政府调节型市场经济，德国的社会市场经济，法国与日本的政府导向型市场经济，苏联、东欧及我国1976年前的计划经济，以及目前我国实行的社会主义市场经济，在社会经济形态中市场与政府的优势互补是不可或缺的，并由此形成与经济形态相适应的"官方财政、功能财政、供给财政和公共财政"等（见表1－1）。

表1－1　　经济形态与财政类型

经济形态	封建社会、原始资本主义	前市场经济	计划经济	现代市场经济（混合经济）
财政模式	官方财政	功能财政	供给财政（也称"生产性财政"）	公共财政
财政范畴	皇室消费、国家政权运转与军事	国家政权、军事、外交；财政调节	整个国民生产总值的管理与分配	政权运转、公共安全、宏观调节与社会保障

在社会经济形态束缚下，公共财政具有三个基本的特征：

（一）公共性

社会存在建立在两种需求之上：私有需求与公共需求，市场提供私有需求，政府提供公共需求。两者优势互补才能实现社会经济的协调运转。在这种"混合经济"中，首先，财政具有促进市场公平竞争、促进社会公正运行的本质特征，为社会提供公平的分配规则；其次，在市场经济条件下，权利与义务是对称的，一方面公民具有履行宪法规定的各项职责的义务；另一方面公民也具有享受政府提供的公共服务的权利。可以说，财政规范着各项公共分配的权利与义务（既规范着公民纳税的义务，也规范着公民享受各项公共服务的权利）。因此，公共性是公共财政的最基本的特征。

（二）弥补性

市场经济条件下，市场不可避免地存在诸多内在缺陷。政府承担着弥补市场缺陷的基本职能，财政作为政府实施宏观调节最重要的经济手段之一，直接承担着诸多弥补市场缺陷的职能（提供公共品、抑制外在不经济、防止垄断和分配过度悬殊等）。因此，公共财政具有弥补市场分配缺陷的本质特征。

（三）法制性

市场经济是以法制为基础的经济，市场行为与政府行为都要依法规范。财政作为基本的政府规范，其法制性体现在两方面：一是为整个社会提供基本的分配性法制规则，创造大致公平的分配秩序，规范政府、企业及公民之间的竞争规则与利益分配关系；二是依法规范各级财政的分配关系，规范各级财政的财权、事权及利益界限。法制性是财政的又一本质特征。

二、公共财政本质的探索及理论演进

从主流市场经济的财政理论及实践看，对“财政本质及范畴”的认识大致经历了三个阶段：

（一）从政府职能出发：探索财政范畴及职能

财政思想和理论古已有之，但把它作为政府和公共行为研究的奠基人当属亚当·斯密，1776 年他在《国富论》中，正式提出政府财政并且将其管理范围和职能限定为公共安全、公共收入、公共服务、公共工程和公债等领域，由此初步确立起了西方早期的公共财政的理论框架。1892 年巴斯塔布尔出版了《公共财政学》（历史上第一部《公共财政学》专著），这标志着财政学作为一门专门独立完整的学科体系的正式诞生。

阿尔弗雷德·马歇尔、克努特·维克塞尔（盎格鲁·撒克逊传统）继续从履行政府职能的基本需要出发，探索公共财政活动的范围及基本职能，着重税收、税负及财政支出范畴的研究，形成了早期的对公共财政范畴及职能的探索，局限于以国家职能描述财政范畴与职能。

（二）从弥补市场缺陷出发：探索财政本质及功能

20 世纪 30 年代后，随着政府干预经济活动的探索与成熟，财政活动范围扩大到对市场缺陷补充和反经济周期调节上来。

这时财政学的分析基点开始从履行政府职能转到政府应如何提供公共品及满足公共需求和矫正市场失灵上来，初步将财政职能归纳为资源配置、收入分配和稳定经济。

马尔科通过《公共财政学初步原理》、凯恩斯通过《就业、利息和货币通论》阐述公共财政政策及机制的转换。维克塞尔和林达尔则将以国家为基点的公共财政转向以个人需要为基点的公共财政上来，强调政府提供公共品的动机与需要，是由个人或集团的动机和需要而引起的，他们才是衡量公共财政利弊的客观依据。而以布坎南为代表的公共选择派则开始探索公共财政的分配抉择方式。初步形成以弥补市场缺陷为前提探索财政本质及功能的理论范式。

（三）从政府、市场互补出发：形成公共财政理念

随着市场经济国家对政府干预经济认识的成熟，苏联、东欧及我国的转型及对市场经济本质认识的深化。这时候霍布尔、霍夫曼等经济学者开始从资源稀缺、市场配置效率、外溢性及公共品需求等入手，阐述公共财政的必要性及职能。

目前，世界上基础形成了“政府与市场互补才能促进社会经济机制良性循环”的共识，甚至认为，政府参与市场调节实质上是一种历史身份的转换：守夜人、裁判加运动员、裁判紧急情况下参与比赛。从而逐步形成了目前这种具有共识性的现代公共财政理念。

第三节 财政职能的认识与分歧

财政职能（finance function）是政府活动所固有的分配功能。它是一定时期政治体制、经济发展水平乃至公共选择所决定的。

一、主流经济学的财政职能学说

从古典经济学到现代市场经济理论，各国经济学家对公共财政的职能始终进行着不懈的探索，产生了跨越时代和跨越意识时态的四大流派。

（一）亚当·斯密的“守夜论”职能说

这是最古典规范的职能说，亚当·斯密从古典经济学的逻辑范式出发，将政府财政的管理范围和职能限定在狭义公共范围，基于经济放任的经济思想，他认为政府应充当“守夜人”的角色，主张政府支出应局限于私人力量所不能办到的或因微利而不愿办的项目，收入应局限于地租、利润和工资，反对政府举借公债。初步规范了财政的分配职能及范畴，确定了早期西方财政的“守夜人”职能。

（二）马克思的剩余价值分配论

马克思（Karl Marx）在《资本论》中首次提出社会剩余产品满足社会一般需求的概念。他认为：在任何社会中，总是能够区分劳动的两部分：一部分的产品直接由生产者及其家属用于个人消费；另一部分即剩余劳动的那个部分的产品，总是用来满足一般社会需要，而不问这种产品怎样分配，也不问谁执行这种

社会的代表的职能。

马克思又在《哥达纲领批判》中，进一步阐述了共产主义初级阶段社会产品的分配原理，他认为：作为集体劳动所得的社会总产品，在进行个人分配之前，首先必须进行如下的扣除：第一，用来补偿消费品的生产资料的部分；第二，用来扩大生产的追加部分；第三，用来应付不幸事故、自然灾害等的后备基金。剩下的部分用来作为消费资料的，在把这部分进行个人分配之前，还得从里面进行扣除：一是扣除与生产没有关系的一般管理费用；二是扣除用以满足公共需要的部分，如学校、保健设施等；三是扣除为丧失劳动力的人等设立的基金。马克思的社会产品分配公式，成为计划经济时期国家财政确定其基本职能、范畴的经典原理。

（三）凯恩斯—温费雷的经济稳定说

20世纪30年代世界经济危机，揭示了古典经济学的内在缺陷，凯恩斯积极地进行理论更新，着手建立宏观经济理论体系，提出了政府运用财政、金融政策实施宏观调节以促进经济稳定的政策主张，温费雷则积极探索财政所具有的经济稳定机制，他们以财政政策调节为契机丰富和揭示了财政具有稳定经济的内涵，提出了财政应具有经济稳定、反周期调节等理念，形成了当时独树一帜的财政性经济稳定职能学说。

（四）霍布顿—萨缪尔森的资源配置论

这是财政职能学说的一次飞跃，它由霍布顿提出到保罗·萨缪尔森定论，他们以研究公共财货理论为基础，推导出公共品与私人品在经济中具有优势互补配置机制与要求，赋予了财政最基本的资源配置职能，后来，马斯格雷夫、约瑟夫·E·斯蒂格利茨等也对财政的资源配置功能进行了有意的探索，这一切均极大地推动了财政理论的发展。

二、财政职能及内涵

财政职能是指财政作为经济范畴所固有的功能。经济学界以矫正“市场失灵”为契机，在荟萃斯密的公共分配说、凯恩斯的调节稳定论及霍布斯的资源配置学说基础上，马斯格雷夫提出了最具有影响力的财政职能观（资源配置、收入分配与稳定经济）。因此，一般将财政职能概括为三方面：

（一）资源配置（resource allocation）

资源配置是指对相对稀缺的资源在各种不同用途上加以比较做出的选择。财政的资源配置职能是指政府运用财政手段为弥补市场失灵而对资源配置进行的调节。

市场经济中政府即是分配主体也是一种资源配置机制。在这种客观条件下，政府为主体的财政分配往往与市场机制相协调，着力促进整个社会资源的优化配置。具体讲：（1）促进资源在市场与公共两大领域之间的有效配置。它表现为一个问题的两个方面，一是根据政府与市场的各自的优势与分工，实现生产要素与社会资源在公、私两大领域、各产业之间的有效配置，提高整个社会资源的配置效率。二是弥补市场配置的缺陷，以提供公共品、抑制外部效应等形式弥补市场缺陷，提高市场配置效率。（2）有效配置公共资源。公共需求是多方面的有机协调，兼顾各阶层、各地区乃至各种需求，财政实现社会协调发展，这就需要合理控制分配规模、比例及效率；需要制定约束与激励机制，促进公共资源的有效配置。（3）在资源配置调节中抑制市场失灵，矫正市场及竞争的不完善。

财政实施资源配置的手段一般归纳为：提供公共品与公共服务（公共管理、国防、外交、司法、环境保护等）、提供公共基础设施（公路、公共照明、污水处理、公园、桥梁和水利设施等）、规范公共分配秩序（财务、会计规则、颁发许可证、污染处理罚则等）和保证国家的经济安全（实施反垄断、控制与经营关系国计民生的主导产业）。

（二）收入分配（Income Distribution）

市场机制是以效率为前提而运行的，天然缺乏公平分配的功能。这样客观上就要求社会有一种有助于公平分配的再分配机制。因此，在这种情况下，政府财政就具有收入分配调节的基本职能。

政府的收入分配职能是以弥补市场分配缺陷而建立的，它大致包括三方面：一是尊重市场禀赋原则，为整个社会制定有利于公平竞争的制度规范与政策，促进市场“效率与公平”的统一；二是抑制社会分配的过度悬殊，承认要素分配，鼓励勤劳致富，以弥补效率分配的缺陷为前提实施调节，提高社会分配效率；三是以社会和谐发展为基础，为全体公民提供大致公平的公共服务，以公共分配保证公民有尊严的生存与发展。

财政实施收入分配调节的手段有：征收个人所得税、财产税；济贫支出；社会保障支出；最低工资水平调节；产业性、行业性补贴等。

（三）稳定经济（economic stability）

所谓稳定经济就是指政府以市场参与者身份，运用宏观的经济手段有意识地调节经济，促进经济的稳定增长。国际上通行的履行稳定职能，就是围绕“充分就业、物价稳定、经济增长和国际收支平衡”四个指标实施财政调节。经济稳定的核心是促进总供需的大致平衡，利用公共分配突破经济发展的“瓶颈”，通过制度安排，构筑社会经济“自动稳定”功能（各类所得税、社会保障等），也即以财政调节促进经济秩序有序运行，实施反周期调节，促进社会、经济的持续稳定和谐发展。

财政实施稳定经济调节是一种政策组合调节：在经济衰退时，通过系统性的减税和增加支出（投资、补贴）实施调节；经济过热时，则通过系统性增税和减少支出调节经济。

第四节　宏观经济中的财政

财政在国民经济中占据着重要的地位，并且随着经济发展、经济模式的转变而调整。在市场经济条件下，财政发挥着广泛的“资源配置、收入分配和稳定经济”的作用。

一、公共财政：存在背景与复合角色

（一）公共财政：适应市场经济、混合经济的分配关系

公共财政存在于“混合经济”之下，所谓“混合经济”指的是市场经济和政府调节的经济混合模式，它表现为两种资源配置机制的优势互补。实践中两种资源配置手段不可避免地存在着相互依存的内在联系及优势的转移，随着社会经济的发展，政府与市场的边界不断转换与优化。政府在尊重市场规律前提下，以促进社会资源配置公共福利最大化为前提，可以发挥从资源配置纠偏、分配校正到促进经济稳定的全面调节；反之，若违背规律地介入市场领域，则会妨碍市场的有效运转。

（二）公共财政：公共管理的基础

市场经济条件下，尤其是进入混合经济时代后，公共经济以弥补市场为前提形成了系统的体系，尤其是新福利主义的兴起，更为公共财政注入了丰富的内涵，甚至拓宽了经济学的理论学研究方式。公共财政作为公共经济的重要组成及核心而有机地存在，对提高综合国力、促进产业协调、区域协调发展产生着积极的作用。

（三）公共财政：交叉性学科

财政学是与其他学科紧密交叉的学科，具体讲与经济学、政治学、行政学、社会学、管理学和会计学紧密相关（见图1－5），从理论、制度到政策的相互支

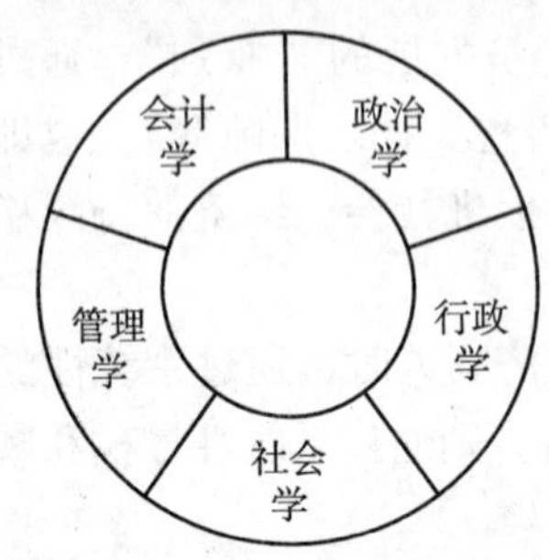

图1－5　财政学与其他学科的关系

撑；从机制、体制与法律的相互渗透，因此，探索财政问题，不能仅考虑财政自身的得失，需要考虑财政与其他学科的相互作用与影响，树立综合思考的意识。甚至财政作为国家理财的一种形式，与企业理财、个人理财，有许多规律是相互贯通的。

二、财政在总供需平衡中的作用

社会经济协调发展的基础在于总供需的平衡，财政在总供需平衡中占有重要的地位，若以封闭经济为分析前提，总供给决定于：消费（C）、储蓄（S）和税收（T）；总需求则决定于：消费（C）、投资（I）和政府支出（G），根据凯恩斯主义的收入决定模型，则：

总供给＝消费＋储蓄＋税收（财政性收入）

总需求＝消费＋投资＋政府支出（政府采购、转移支付）

简化后即：储蓄＋政府税收＝投资＋政府支出

在这种总平衡中，政府发挥什么作用呢？首先，税收与政府支出（政府采购与政府转移支付）构成总需求的一个重要组成部分；其次，税收与政府支出决定着财政总供需的平衡，并影响着总供需的平衡。

根据凯恩斯的收入决定模型，财政具有三种可能变化：政府购买的变化、税收行为变化和转移支付的变化。

（一）政府购买性支出对总供需的影响

首先考察政府购买变化的影响（见图1－6）。

在图1－6中设X轴为产量；Y轴为总需求，初始收入水平是Y_0。政府购买的增加是自发支出的变化，它使得总需求曲线向上移动一个与政府购买增加相等的数量。在初始的产出和收入水平上，商品需求超过产出。于是，企业便扩张生产，直到实现新的平衡点E为止。

政府购买性支出对总供给到底扩张了多少呢？这时均衡收入的变化应该等于总需求的变化，即：$\Delta Y_0 = \Delta G + c(1-t)\Delta Y_0$。根据假定，其他项目（C，TRHE T）都保持不变，于是，均衡收入的变化是：

$\Delta Y_0 = 1/[1-c(1-t)]\Delta G = a_G \Delta G$

其中，我们引入记号a_G表示存在税收时的乘数：

$a_G = 1/[1-c(1-t)]$

因此，政府购买增加 1 元将使收入增加超过 1 元。

若边际消费倾向 $c = 0.8$，收入税率是 $t = 0.25$，我们将得到的乘数为 2.5，政府购买增加 1 元，将会使均衡收入增加 2.50 元。

（二）税收对总供需的作用

下面考虑减少收入税所产生的作用。

在图 1－7 中设 X 轴为产量；Y 轴为总需求。以总需求函数的斜率增大说明，因为该斜率等于收入的边际支出倾向 $c(1-t)$。在初始的收入水平，对商品的总需求现在超过产出，因为税收的减少使得消费得到提高，新的比较高的均衡收入水平是 Y'。

为了计算均衡收入的变化量，我们使收入的变化量等于总需求的变化量。总需求的变化包含两个组成部分。第一部分是在初始收入水平上由税收减少所导致的可支配收入的变化量，即 $cY_0\Delta t$，其中，等于初始收入水平乘以税收的变化量。总需求变化的第二个组成部分是由较高的收入所带来的引致支出（见图 1－7）。这部分现是以新的税率 t' 来估算的，它的价值为 $c(1-t')\Delta Y_0$，因此，我们可以这样写：

$$\Delta Y_0 = -cY_0\Delta t + c(1-t')\Delta Y_0$$

$$\Delta Y_0 = -cY_0/\Delta t/[1-c(1-t')]$$

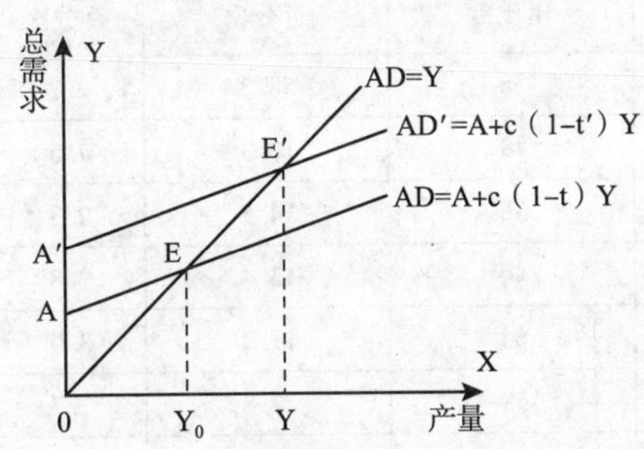

图 1－6　总供需平衡中的政府购买及调节

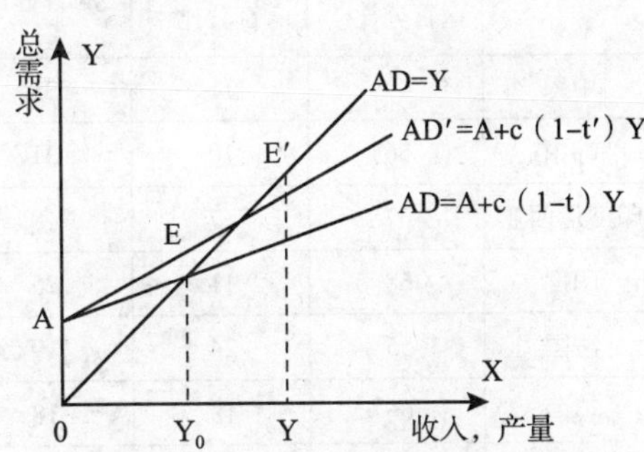

图 1－7　总供需平衡中的税收及调节

注：收入税率的下降使得消费者能保留所挣得的每一美元中的较大部分。因此，每一个美元收入中的较大部分被用于消费。总需求曲线由 AD 上移到 AD′。该曲线变得更加陡峭，这是由于消减收入税所产生的作用就像提高消费倾向一样，均衡的收入水平由 Y_0 增加到 Y_0'。

（三）转移支付对总供需的作用

增加转移支付会使自发需求得到增加，因此，转移支付的增加会带来收入的增加，它等于政府购买量的增加。转移支付的乘数小于政府支出的乘数，因为，转移支付增加量中的一部分被用于储蓄了。

不言而喻，财政可以对总供需产生多方面的调节作用。

经过长期观察，理论界形成了以总供需平衡为基础的财政经济形势判断方法：(1) 财政经济环境分析。消费、投资与进出口状态及递增速度（俗称宏观经济“三驾马车”基本状态）；一、二、三产业发展态势；物价、就业状态；GDP 增长状态；财政平衡与贸易平衡状态。(2) 财政基本形势。财政收支状况，财政政策取向及效果，财政收支结构；税收、公债状况；财政收支占 GDP 比重及变化趋势，公债状况，财政秩序。

比如发达国家的政府作用就有这样几个特点：消费占 GDP 的比重较高，投资占 GDP 比重较低；补贴及转移支付占财政支出的绝对比重；国有企业产值占 GDP 比重较低。比较而言，发展中国家消费比重、转移支付比重均较低，大都保持了比较强大的国有企业（见表 1－2）。

表 1－2　1990～2005 年不同国家政府在经济中的作用（公平分配、经济国家完全）

单位：%

国家	供需调节			公平分配	经济安全	国家安全
	私人消费占 GDP 的百分比	政府消费占 GDP 的百分比	投资占 GDP 的百分比	补贴及转移支付占总支出比重	国有企业创造的增加值占 GDP 的百分比	军费支出占 GDP 的百分比
中国	49	11	38	38	58.2	2.2
韩国	56	10	31	49	10.3	7.5
印度尼西亚	67	7	18	36	14.5	2.3
印度	68	11	25	40	13.4	2.8
法国	55	24	19	65	11.2	3.0
英国	66	18	18	58	2.8	2.7
美国	67	14	20	60	*	3.3

资料来源：根据刘国平：《世界经济统计》，经济科学出版社 2002 年版；《2007 年世界发展数据手册》，中国财政经济出版社 2007 年版。

三、国民收入分配中的财政

财政是以政府为主体为满足公共需求而参与国民收入所形成的分配关系。实质上它以分配实施着资源配置及收入调节等宏观功能（见图 1－8）。(1) 财产、行为、流转税系与折旧直接参与国内生产总值分配，共同构成国民生产总值（要素分配）；（2）企业所得税、转移支付直接参与国民收入分配（初次分配）；（3）个人所得税、个人负担社会保障参与个人收入分配（再分配）；（4）政府采购与政府转移支付构成政府支出，参与整个总供需平衡的调节（实质上，财政与国民收入之间就像刀与面包之间的关系，财政是刀，国民收入是面包，按什么比例切？什么时间切？直接影响与调节着国民收入分配格局）。

就国民收入调节而言，形成一些值得把握的规律：发达国家财政收入占 GDP 比重一般在 40% 左右，高的接近 50%，发展中国家一般在 20% ~25% 之间；发达国家财政支出占 GDP 比重一般在 50% 左右，发展中国家一般控制在 30% 左右；财政赤字占 GDP 比重一般控制在 3% （安全界限）。显然，从宏观经济机制到参与国民收入分配的规模，财政在国民收入分配中都占据着重要的地位。

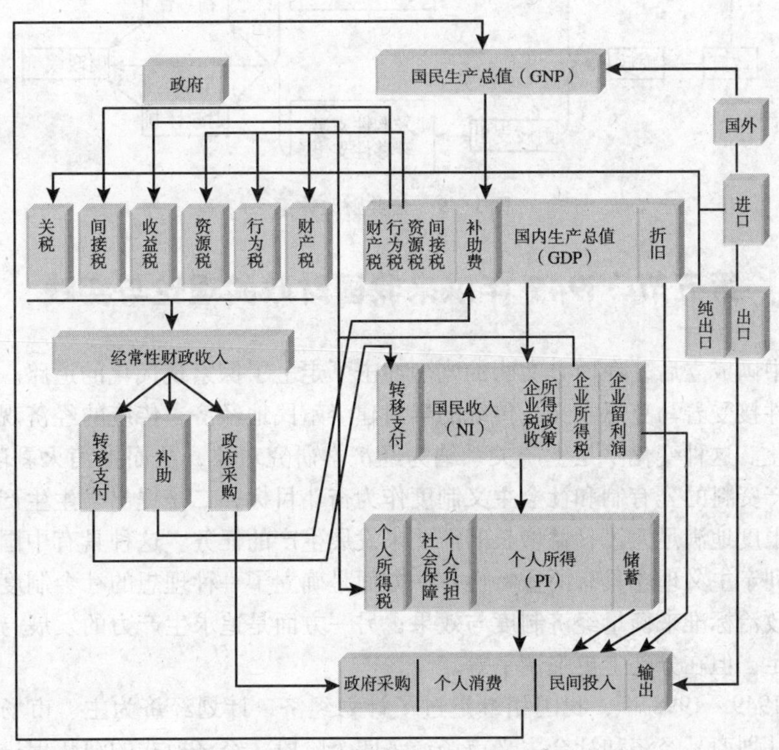

图 1-8 国民经济中的财政

四、财政分配体系

概括讲：财政由收入、支出两大体系组成，收入包括税收、公债、政府规费用和国有资产收益，支出包括政府采购和转移支付。其中收支在各级政府间的配置构成财政体制，收支的平衡核算构成国家预算，围绕宏观经济运用财政收支政策进行调节构成财政政策（见图1－9）。

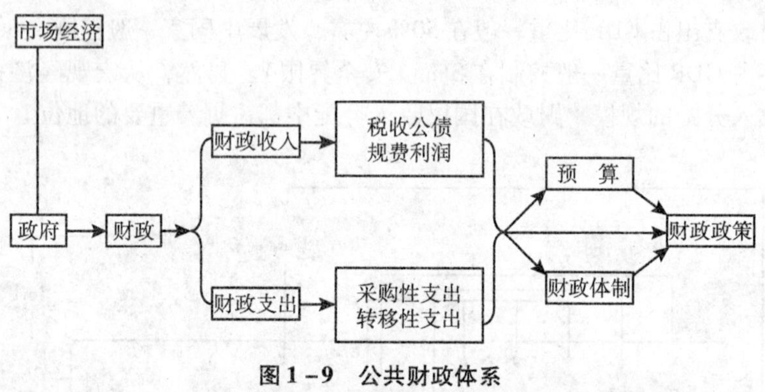

图1－9　公共财政体系

第五节　1949 年以来我国财政的理论与实践

新中国成立后，在西方文明的剧烈冲击下走上了探索现代化的道路。特定的历史条件接受着马克思主义，传统的半封建半殖民地经济、传统的经济观也由此发生变化。这种变化一是生产关系纳为经济学研究对象，从而把消灭剥削制度，建立生产资料的公有制和社会主义制度作为奋斗目标；二是提出发生生产力，按照最大限度地满足人民日益增长的需要来发展生产的任务。这种具有中国特色的马克思列宁主义理念具有两重特性：一方面是确立了一种理想的社会制度作为目标，以政治标准来衡量经济制度与效果；另一方面是追求生产力的发展与人民需要的满足，但在分配上更强调平等。

从 1949～1998 年，我国相继走过了计划经济，计划经济为主、市场经济为辅，有计划商品经济和社会主义市场经济四个阶段，经济模式的演化促进了我们对财政现象认识的不断深化。

一、对财政理论的基本认识

（一）财政的本质及认识分歧

就经济基础与上层建筑的逻辑统一，我国的财经学者在历史的旋涡中遨游，在实践中不断探索，就“财政本质”而言曾形成了四种主要观点，“国家分配论”、“货币价值论”、“价值分配论”和“公共分配论”，具体讲：

——“国家分配论”认为财政的本质是以国家为主体的分配关系

主要代表人有许毅、陈宝森、沈云、邓子基等学者。许毅、陈宝森等给社会主义财政本质下的定义是：我们可以把社会主义财政的本质概括为：社会主义财政是社会主义国家为维护、加强社会主义的上层建筑和经济基础，为建立合理的国民经济结构和社会结构，实现以最少劳动耗费取得最大经济效益，不断满足人民需要，对社会产品和国民收入进行分配的有计划分配和再分配。

沈云给国家财政下的定义为：“国家财政实际上就是国家直接参与的社会产品和国民收入分配和再分配过程中，所形成的分配关系。”

邓子基则认为：“讲得完整一些，它是无产阶级专政的国家为实现其职能，并以其为主体无偿地参与一部分社会产品或国民收入的分配所形成的一种分配关系。”

——“货币价值论”认为财政的本质是货币关系

主要代表人有周伯利、谭本源等学者。周伯利认为：“财政的本质不是货币资金本身，而是货币资金赖以形成、赖以分配的那些社会关系。”谭本源就此认为：“财政是一种货币关系，这是在货币经济条件下，任何国家所共有的。”

——“价值分配论”认为财政的本质是国家以价值形式进行的社会产品的分配而形成的分配关系

主要代表人有王亘坚、曲兴业等学者。王亘坚认为：国家参与价值的分配，必然在社会的各个方面，首先是在各个阶级之间形成一系列的分配关系，而这些分配关系——国家分配价值所发生的分配关系，就是财政现象的本质。

——“公共分配论”则认为财政本质是社会为满足公共需要而进行分配所发生的分配关系

主要代表人有何振一等学者。何振一认为：财政的产生“是社会生产发展的结果，是由于人类社会生产的发展，出现了剩余产品或剩余劳动之后，发生了社会共同需要而产生的。它的实质是人们为了满足社会共同需要而对剩余品进行分配所发生的分配关系”。

（二）财政职能的认识及分歧

就其职能，代表性观点有两种：一是姜维壮的“工具、杠杆、管理监督”三点论（即国家有计划分配社会产品的工具、国家按政策调节收入的杠杆、国家实现管理监督的手段）；二是叶振鹏的“分配、调节、监督”三点论。（国家运用财政分配手段处理简单生产与再生产、积累与消费、有计划地组织国民收入的分配，实现国民经济的综合平衡；调节国家与企业、中央与地方的分配关系；对社会生产、国民经济发展的规模、速度和比例进行监督。）

1995年我国实践部门正式提出建立公共财政，理论界开始由介绍、研究转向吸收，初步形成公共财政学的价值理念与政策思维并不断推动着整个国家“财政运行机制的改革”。

这些分歧既有适应政治需要的客观背景，也存在某些政策注释的痕迹，但都凝聚着我国财经学者的智慧与价值取向。

二、从“放权让利”到“公共财政”——中国财税改革30年

发端于1978年并与整体经济改革同时推进的中国财税体制改革，已经走过了30年。经过改革与探索，我国的财税体制不仅发生了重大变化，对国家的发展、人民的生活产生了积极而深远的影响，而且也积累了大量值得研究的经验。回顾这一改革的过程，大致可以归纳为四个既彼此独立又互为关联的阶段。这四个阶段既具有连续性，又受整体经济改革的影响而表现出独有的特点：

第一阶段：通过“放权让利”激发改革的积极性（1978～1994年）

我国的经济体制改革是从分配领域入手的。最初确定的主调便是“放权让利”，通过“放权让利”激发各方面改革的积极性，提高在传统经济体制下几乎窒息的国民经济的活力。在改革初期，政府能够且真正放出的“权”，主要是财政上的管理权；政府能够且真正让出的“利”，主要是财政在国民收入分配格局中所占的份额。这一改革思路与财税体制自身的改革任务——由下放财权和财力入手，打破或改变“财权集中过度、分配统收统支，税种过于单一”的传统体制格局——相对接，便有了如下的改革举措：

——在中央与地方的财政分配关系上实行“分灶吃饭”。从1980年起先后推出“划分收支、分级包干”、“划分税种、核定收支、分级包干”以及“收入递增包干、总额分成、总额分成加增长分成、上解递增包干、定额包干、定额补助”等多种不同的体制模式。

——在国家与企业的分配关系上实行“减税让利”。从1978年起先后推出企

业基金制、利润留成制、第一步利改税、第二步利改税、各种形式的盈亏包干制和多种形式的承包经营责任制等。

——在税收建设制度上着眼于实行“复税制”。从1980年起，通过建立涉外税制、建立内资企业所得税体系、全面调整工商税制、建立个人所得税制、恢复和改进关税制度、完善农业税等改革，改变了原来相对单一的税制格局，建立起以流转税、所得税为主体，其他税种相配合的多税种、多环节、多层次征收的复税制体系。

——在与其他领域改革的配合上，给予“财力保障”。以大量的财政支出铺路，配合并支撑了价格、工资、科技、教育等相关领域改革举措的出台。

上述举措在推动各项改革举措顺利出台和整体改革平稳推进方面所发挥的作用是奠基性的。然而无论放权还是让利，都是以财政减收、增支为代价的，因此，主要由财税担纲的以“放权让利”为主调的改革，却使财政收支运行自身陷入了不平衡的境地。

一方面，伴随各种“放权”、“让利”举措的实施，财政收入占GDP的比重和中央财政收入占全国财政收入的比重迅速下滑：前者由1978年的31.1%，相继减少到1980年的25.5%、1985年的22.2%、1990年的15.7%、1993年的12.3%；后者则先升后降，1978年为15.5%，1980年为24.5%，1985年为38.4%，1990年下降为33.8%，1993年下降至22.0%。另一方面，财政支出急剧增加（如农副产品购销价格倒挂所带来的价格补贴以及为增加行政事业单位职工工资而增拨的专款等）。从1978~1993年，财政支出由1122.09亿元增加至4642.20亿元，15年间增加了2.1倍，年均增加21%。

与此同时，在财政运行机制上也出现了颇多紊乱现象。诸如擅自减免税、截留挪用财政收入、花钱大手大脚、搞财政资金体外循环、非财政部门介入财政分配等问题相当普遍。

“两个比重”数字迅速下降并持续偏低、财政支出迅速增长以及财政运行机制陷于紊乱状态的一个重要结果，是财政赤字逐年加大、债务规模日益膨胀，中央财政面临的困难已达到难以担负宏观调控之责的空前水平。1979~1993年，除1985年财政收支略有结余外，其余年份均出现财政赤字，且呈逐年加大之势：1981年为68.9亿元，1990年上升至146.9亿元，到1993年则扩大至293.35亿元。若按国际通行做法，将当年债务收入纳入赤字口径，则1993年的财政赤字水平实为978.58亿元。

从1979年起，政府恢复了中断长达20年之久的外债举借。1981年，又开始以发行国库券的形式举借内债。后来又先后发行了重点建设债券、财政债券、国家建设债券、特别国债和保值公债。1993年，国家财政的债务发行收入规模已达739.22亿元。以中央财政债务依存度（债务收入/（中央财政本级支出+中央财政债务支出））而论，1993年已达到59.63%的国际罕见水平。这意味着，当年中央财政本级支出中一半以上要依赖举债或借款收入来解决。

第二阶段：财税体制改革踏上了制度创新之路（1994～1998年）

上述困难境况让人们从改革最初成果的喜悦中冷静下来，意识到“放权让利”的改革不可持续，在这一思路上持续了十几年的财税改革自然要进行重大调整：由侧重于利益格局的调整转向新型体制的建立。1992年10月中共十四大正式确立了社会主义市场经济体制的改革目标，1993年11月召开的中共十四届三中全会又通过了《中共中央关于建立社会主义市场经济体制若干问题的决定》。于是，以建立适应社会主义市场经济的财税体制为着眼点，从1994年起财税体制改革踏上了制度创新之路。1994年元旦刚过，政府便在财税改革方面推出了一系列重大举措：

——按照“统一税法、公平税负、简化税制和合理分权”的原则，通过建立以增值税为主体消费税和营业税为补充的流转税制、统一内资企业所得税、建立统一的个人所得税制、扩大资源税的征收范围、开征土地增值税，以及确立适应社会主义市场经济需要的税收基本规范等一系列行动，全面改革税收制度，搭建了一个新型的税收制度体系。

——在根据中央和地方事权合理确定各级财政支出范围的基础上，按照税种统一划分中央税、地方税和中央地方共享税，建立中央税收和地方税收体系，分设中央税务机构和地方税务机构，实行中央对地方税收返还和转移支付制度，建立了分税制财政管理体制基本框架。

——根据建立现代企业制度的基本要求，在降低国有企业所得税税率、取消能源交通重点建设基金和预算调节基金的同时，实行国有企业统一按国家规定的33%税率依法纳税，全面改革国有企业利润分配制度。

——取消向中央银行的透支或借款，财政赤字全部以举借国债的方式弥补，从制度上斩断财政赤字与通货膨胀之间的联系。

这是一个非常重要的转折。在此之前所推出的财税体制改革举措，多是围绕利益格局的调整而展开的。而且也是在整体改革目标定位尚待明晰的背景下而谋划的。这次改革的不同之处在于它突破了以往“放权让利”思路的束缚，走上了转换机制、制度创新之路。从重构适应社会主义市场经济体制的财政体制及其运行机制入手，在改革内容与范围的取舍上，既包含有利益格局的适当调整，更注重新型财税体制的建立，着重财税运行机制的转换。

迄今为止，我们所颇为看重并为之自豪的发生在中国财税领域的一系列积极变化，比如财政收入步入持续快速增长轨道、“两个比重”持续下滑的局面得以根本扭转、财政的宏观调控功能得以改进和加强、国家与国有企业之间的利润分配关系有了基本的规范等，都是这次财税改革所收获的成果。正是通过这次财税改革，初步搭建起了适应社会主义市场经济体制的财税体制及其运行机制的基本框架。

第三阶段：构建公共财政体制框架（1998 年至今）

1994 年的财税改革使中国的财税体制走上了制度创新之路，但并没有解决问题的全部。因为 1994 年财税改革所覆盖的还只是体制内的政府收支，游离于体制之外的政府收支则没有进入视野。1994 年财税改革所着眼的主要是以税制为代表的财政收入一翼的制度变革，至于另一翼——财政支出的调整，虽有所涉但并未作为重点同步进行。既得利益的掣肘加之财政增收的动因，也在一定程度上束缚了改革的手脚。随着 1994 年财税改革成果的逐步释放，上述矛盾便日益显露出来，并演化为困扰国民收入分配和政府收支运行过程的“瓶颈”。于是在 20 世纪 90 年代后期，以规范政府收支行为及其机制为主旨的“税费改革”及财政支出管理制度改革先后进入财税体制改革的重心地带，并由此将改革带上了财税体制整体框架的重新构造之路——构建公共财政体制框架。

1998 年 3 月 19 日，时任总理的朱镕基在当选总理之后举行的首次记者招待会上说下了一段颇具震撼力的话：“目前存在的一个问题是费大于税。很多政府机关在国家规定以外征收各种费用，使老百姓负担不堪，民怨沸腾，对此必须整顿和改革。”以此为契机，中国拉开了“税费改革”的序幕。

实际上，在全国性“税费改革”正式启动之前，各地已有过治理政府部门乱收费的尝试。最初的提法是“费改税”，其初衷是通过将五花八门的收费改为统一征税的办法来减轻企业和居民的负担。随着改革的深入，人们逐渐发现，现存政府收费的种种弊端并非出在政府收费本身。现存的、被称为政府收费的大量项目，既未经过人民代表大会的审议，又基本不纳入预算，而是由各部门、各地区自立规章，作为自收自支的财源，或归入预算外收入，或进入制度外收入，直接装入各部门、各地区的小金库。因而，它实质是一种非规范性的政府收入来源。“费改税”的目的不是要将本来意义的政府收费统统改为征税，而是将非规范性的政府收入纳入规范化轨道。“费改税”开始跳出“对应调整”的套路而同包括税收在内的整个政府收入盘子的安排挂起钩来。正是在这样的背景下，“费改税”一词为“税费改革”所取代，进而被赋予了规范政府收入行为及其机制的特殊意义。

在“税费改革”日渐深入并逐步取得成效的同时，财政支出一翼的改革也在紧锣密鼓地进行。先后进入改革视野的有：财政支出结构由专注于生产建设领域逐步扩展至整个公共服务领域的优化调整；推行以规范预算编制和分类方法、全面反映政府收支状况为主要着眼点的“部门预算制度”；实行由财政（国库）部门集中收纳包括预算内外收入在内的所有政府性收入，由国库单一账户集中支付政府部门所有财政性支出的“国库集中收付制度”；推进将政府部门的各项直接支出逐步纳入向社会公开竞价购买轨道的“政府采购制度”。

然而，无论是财政支出一翼的调整，还是以“税费改革”为代表的收入一翼的变动，所涉及的终归只是财税体制及其运行机制的局部而非全局。当分别发生在财政收支两翼的改革的局限性逐渐凸显出来之后，人们终于达成如下共识：零敲碎打型的局部调整固然重要，但若没有一个整体的财税体制及其运行机制的重新构造，并将局部调整纳入整体财税体制及其运行机制的框架之中，就不可能真正构建起适应社会主义市场经济的财税体制及其运行机制。于是，将包括收入、支出、管理及体制在内的所有财税改革事项融入一个整体框架之中，并作为一个系统工程加以推进，便被提上了议事日程。人们发现，能够统领所有财税改革线索、覆盖所有财税改革事项的概念，只有公共财政。于是，以 1998 年 12 月 15 日举行的全国财政工作会议为契机，决策层做出了一个具有划时代意义的重要决定：构建中国的公共财政基本框架。从那时起，作为整个财税体制改革与发展目标的明确定位，带有整体改革布局性质的公共财政框架的构建，正式进入财税体制改革的轨道。

第四阶段：进一步健全和完善公共财政体制（2003 年至今）

伴随着以构建公共财政基本框架为核心的各项财税体制改革的稳步推进，财税体制改革也逐渐深入进而面临进一步完善的任务。2003 年 10 月，中共十六届三中全会召开并通过了《中共中央关于完善社会主义市场经济体制若干问题的决定》(以下简称《决定》)。会议根据公共财政体制框架已初步建立的判断，提出了进一步健全和完善公共财政体制的战略目标。将完善公共财政体制纳入完善社会主义市场经济体制的整体布局，从而在两者的密切联系中谋划进一步推进公共财政建设的方案成为题中应有之义。以此为契机，中国财税体制改革开始了旨在进一步完善公共财政体制的一系列操作。

最先进入操作程序的是新一轮税制改革。《决定》将新一轮税制改革概括为八个项目：改革出口退税制度；统一各类企业税收制度；增值税由生产型改为消费型，将设备投资纳入增值税抵扣范围；完善消费税，适当扩大税基；改进个人所得税，实行综合和分类相结合的个人所得税制；实施城镇建设税费改革，条件具备时对不动产开征统一的物业税，相应取消有关收费；在统一税政前提下，赋予地方适当的税政管理权；创造条件逐步实现城乡税制统一。从 2003 年 10月至今，已先后有出口退税制度的改革、改进个人所得税内容之一——上调工薪所得减除额标准和实行高收入者自行申报、实现城乡税制统一改革的重要一步——取消农业税、增值税由生产型转为消费型改革在东北地区三省一市和中部地区 26 个城市进行试点、统一各类企业税收制度的主要内容——内外资企业所得税法合并等几个项目得以启动。并且，以处于核心地位的改革项目——内外资企业所得税合并改革的启动为标志，新一轮税制改革进入实质操作期。

与此同时，财政支出以及财政管理制度线索上的改革也进入了操作。《决定》提出：健全公共财政体制，明确各级政府的财政支出责任；进一步完善转移支付制度，加大对中西部地区和民族地区的财政支持；深化部门预算、国库集中收付、政府采购和收支两条线管理改革；清理和规范行政事业性收费，凡能纳入预算的都要纳入预算管理；改革预算编制制度，完善预算编制、执行的制衡机制，加强审计监督；建立预算绩效评价体系、实行全口径预算管理和对或有负债的有效监控；加强各级人民代表大会对本级政府预算的审查和监督。与以往发生在这些事项上的改革有所不同，这一轮改革适逢科学发展观和构建社会主义和谐社会重大战略思想提出，故而在全面落实科学发展观和构建社会主义和谐社会的总体要求下推进财税体制的改革，并在两者的密切联系中谋划财税体制改革的方案，也就成为一种必然的选择。

应当说，在上述这些方面我们已经获得了重要进展：公共财政开始了逐步覆盖农村的进程；财政支出越来越向以教育、就业、医疗、社会保障和住房为代表的基本民生事项倾斜；围绕推进地区间基本公共服务均等化，加大了财政转移支付的力度并相应调整了转移支付制度体系；从实行全口径预算管理和政府收支分类改革入手，强化了预算监督管理，进一步推进了政府收支行为及其机制的规范化，等等。

从主要着眼于为整体改革“铺路搭桥”、以“放权让利”为主调的改革，到走上制度创新之路、旨在建立新型财税体制及其运行机制的 1994 年的财税改革；从主要覆盖体制内政府收支和以税制为代表的财政收入一翼，到体制内外政府收支并举、财政收支两翼联动；从以规范政府收支行为及其机制为主旨的“税费改革”以及财政支出管理制度的改革，到作为一个整体的财税改革与发展目标的确立；从构建公共财政基本框架，到进一步完善公共财政体制和公共财政体系，可以看出，中国的财税体制改革事实上存在着一条一以贯之的主线。这条主线说到底，就是由“非公共性”的财税运行格局及其体制机制不断向“公共性”的财税运行格局及其体制机制靠拢和逼近。中国的财税体制改革，事实上也有着一个依以贯之的基本取向，即构建并实行既与完善的社会主义市场经济体制相适应，又与财政的本质属性相贯通的公共财政制度体系。

案例分析

案例 1-1　政府弥补市场失灵的肇始："罗斯福新政"

1929 年美国爆发了最严重的经济危机，证券市场崩溃，10 月 29 日 50 种主要股票价格下跌了 23%；1933 年美国破产银行占全国银行总数的 49%；随之西方各工业国的商品批发价格下跌了 30%~50%；企业破产失业严重，1929~1932 年美国钢铁、机器制造、汽车等 202 家公司亏损 2.7 亿美元；1929~1933 年，美国失业率由 12% 激增到 32%，最终诱发为世界经济危机，市场失灵越演越烈。

1933 年 3 月 4 日，美国第 32 任总统罗斯福临危就任，实施"新政"改革，以政府干预市场调节为基础实施"百日行动"，颁布《紧急银行法令》清理银行，发放巨额贷款给金融界，放弃金本位制，颁布《格拉斯蒂格尔法》，实行商业银行与投资银行分业经营和建立存款保险制度（1934 年）；颁布新工业政策，抑制垄断，颁布工资计时法和最低工资制；颁布《农业调整法》，政府利用奖励和津贴缩减农业耕地面积，达到减少农产品的产量、提高农产品价格的目的；实行扩张性财政政策，提高政府购买、加强转移支付。拨出巨资购买劳务，1933~1942 年公共工程共花费 170 多亿美元，吸纳 200 万~400 万失业者，兴办了著名的田纳西河水利和发电工程。1935 年颁布《社会保障法》在全国范围内推行养老制度和失业保险制度。

罗斯福新政标志着混合经济时代的开端，也是政府干预市场的成功范例。

资料来源：付美榕编著：《美国经济史》，对外经济贸易大学出版社 2004 年版。

编者按：

罗斯福新政揭开了世界经济史上政府干预市场失灵的第一页。

1929 年股市崩溃使美国经济陷入了旷日持久的经济萧条，由于胡佛固守自由主义和不干预主义，因而丧失了挽救经济危机的大好时机，使经济萧条不断蔓延并恶化。

1932 年大选中（竞选美 32 届总统），罗斯福以主张新政而上台。执政伊始即实施"百日维新"（100 天救济计划），以拯救银行为契机，颁布《紧急银行法》，围绕增加就业、增加有效需求，启动经济推出了 15 部法律，构筑起政府实施宏观调节的基本架构：

——以政府需求弥补市场需求，开启公共就业渠道。首先启动 5 亿美元失业救助，继而推出三大公共工程项目（植树造林、修筑水利设施和修路），为 400 万年轻人提供了就业机会，政府把资金注入经济刺激需求。

——制定产业复兴法和农业调整法，维护工人利益，增加农民收入，颁布社会保障法，用以改善社会发展预期，增加供给抑制经济衰退。

——平衡社会分配，实行企业所得税累进税制，增加对高收入阶层征税，提高遗产税征收幅度。

初步建立起系统配套的以政府调节为主导的总供需“刺激、调节”机制。罗斯福新政把美国带出了经济萧条的困扰，也为后来的凯恩斯经济学奠定了实践范式。

案例1-2 沱江污染事件与政府调节

2004年2月至4月期间，位于四川省成都市青白江区的川化股份有限公司将工业废水排入沱江干流水域，造成特大水污染事故，严重影响了下游成都、资阳等五个城市的工农业生产用水和人民生活，经济损失达3亿元。

四川省政府紧急启动环保应急措施，迅速切断污染源，责令企业停产整顿，上游水库放水解决沿江吃水问题，增设水资源监督网站，启动政府赔偿机制，对肇事企业和责任人给予严肃处理，追究司法责任。成都市锦江区人民法院对涉及2004年沱江特大污染事故的川化股份有限公司和青白江环保局的6名相关责任人追究法律责任。判处川化股份有限公司总经理李俭有期徒刑3年、缓刑3年、处罚金人民币3万元，判处青白江区环保局副局长宋世英有期徒刑两年零六个月。

资料来源：《人民日报》，2004年6月20日。

编者按：

市场经济下，企业往往为追求自身利益而损害社会。这是一起典型因企业追求利益最大化形成外部负效应的案例。

企业为减少自身成本，不设置污水处理装备，直接向公共生存物质基础——驼江，直接排放化工污水，为节约自身成本给污染领域造成巨额损失。案件启示我们：

市场经济中，企业利益与社会利益很难简单依靠“良知”实现统一的，必须以“利益”制约“利益”，以法律规范行为。

市场经济条件下，政府与市场各有分工，政府主要承担弥补市场失灵的职责，对诸如此类企业成本外溢的行为必须给予严厉惩罚，以儆效尤。

案例1-3 我国计划与市场关系的演变过程

我国计划与市场关系的讨论，深刻地影响着经济模式的选择与政府的价值取向！

第一个阶段，中国共产党执政后到改革开放前的这一时期，主要是围绕怎样看待市场的作用、怎样认识和对待商品货币关系、是否应该利用价值规律等问题展开的。

第二个阶段，1978~1983年，提出了计划经济为主、市场调节为辅的改革思想。党的十一届三中全会后，理论界越来越多地认为，社会主义经济中客观上存在商品货币关系、价值规律。价值规律不仅在流通领域发挥作用，而且在生产领域也发挥作用。

第三个阶段，1984～1987年，提出了有计划商品经济理论。党的十二届三中全会通过的《中共中央关于经济体制改革的决定》提出了以下论断：商品经济是社会主义经济不可逾越的阶段；计划经济与商品经济具有统一性；计划与市场板块式结合。

第四个阶段，1987～1992年，提出了社会主义商品经济的理论。党的十三大明确提出，社会主义商品经济应该是计划与市场内在同一的体制，计划与市场的作用都是覆盖全社会的，计划调节与市场调节应有机结合。经济体制改革的目标是建立"国家调节市场，市场引导企业"的经济运行模式。

第五个阶段，1992年以后，邓小平在1992年的南方讲话中，明确提出了"计划与市场都是经济手段"的重要论断，党的十四大明确提出，我国经济体制改革的目标是建立社会主义市场经济体制。党的十五大进一步确认"建设有中国特色的社会主义，就是在社会主义条件下发展市场经济，使市场在国家宏观调控下对资源配置起基础性作用"。

表1　　中国经济改革大事记

年　份	政策变化
1978	实行改革开放，允许对外贸易和外商投资
1979	实行包产到户，鼓励乡镇企业发展
1980	设立经济特区
1984	鼓励个体经济发展（8人以下）
1986	通过针对国有企业的临时性破产法
1987	国有企业开始实行承包经营责任制
1990	深圳证券交易所成立
1993	决定建立"社会主义市场经济体制"
1994	制定企业法、人民币经常账户开始兑换、停止汇率双轨制
1995	国有企业职工转为合同制
1996	经常账户完全可兑换
1997	对多数国有企业进行重组
1999	通过承认私人产权的宪法修正案
2001	加入WTO
2002	党开始承认私人经济作用
2003	决定进一步完善社会主义市场经济
2004	修正宪法以保障私人财产权

资料来源：经济合作发展组织：《中国经济调研》，中国人民大学出版社2006年版。

编者按：

我国“改革、开放”的基本历史任务之一，就在于在坚持“四项基本原则”的基础上，探索适应中华民族发展的经济基本模式，实质上也就是探索“市场与政府有机结合”的科学发展模式。

我国改革开放大致走上了四个步骤：实施转型与转轨战略。

（1）先放后改，引进先进的理念、机制与生产力，形成比较中鉴别，比较中思考的态势，引进外资、设立经济特区，都有异曲同工之妙；（2）针对以农耕经济为主导的中国经济，只有解放农民才能解放全中国，探索联产承包、实施城乡劳动力流动，遵循“无农不稳”的规律，探索改革；（3）逐步将改革引进计划经济的核心领域，城市与国有企业，先立后破，先大力发展私营经济，逐步推开企业承包经营责任制，颁布破产法与合同制，解放国家核心竞争力；（4）在逐步解放生产力的基础上，形成以经济基础调整解放上层建筑的态势，逐步完成计划经济——有计划商品经济——社会主义市场经济转换。

我国的改革开放与转轨，已成为世界大国转轨的成功案例，也为发展中国家，尤其是发展中社会主义国家开拓了一条值得借鉴的道路。

案例1-4 政府救市成功案例：日本股市1200点保卫战

1961年7月18日，日经指数冲顶1829.74点，企业上市的热潮、开放式基金的登场和证券公司的推波助澜构成日本股市上涨的主因。

日经指数却在1963年4月震荡在1630点上下时一泻千里，1965年1100点大关。股市下滑中，当时日本券商多采用预托形式的商业模式来弥补券商融资不足的缺陷。

当时的大藏省长官田中角荣召集日本兴业银行、富士银行、野村证券商讨救市方案。次年，在大藏省的主导下，成立由多家银行和券商联合的日本共同证券，资本金25亿日元。

面对当时市场上1000多亿日元的卖方压力，日本共同证券的资金显然是杯水车薪。1964年10月22日，在日本共同证券即将弹尽粮绝情况下，大藏省和日本银行拨出特别融资额度，11月，日本共同证券的资本金增加到300亿日元，同时银行融资团1000亿日元的协调融资和850亿日元的特别配额使日本共同证券重新杀入惨淡的日本股市，并作为救市基金共向股市投入1905亿日元，日经指数终于守住了1200点大关。不久日本政府又支持券商成立了“日本证券保有组合”。

在政府的指导协调下，银行主导的“日本共同证券组合”保卫股指成分股，而券商主导的“日本证券保有组合”则负责保卫成分股以外的股票。

“日本证券保有组合”1969年1月11日宣布解散，其获得的收益高达490亿日元，其中一半被捐入资本市场振兴财团，为日后日本资本市场的发展提供了宝贵的财源。

资料来源：[日]《财经日报》，2005年9月16日，作者：宫里启晖。

编者按：

现在政府宏观调控已经演绎为政府经营国家、政府经营市场。

随着市场开放及内在关联日益复合化，股市已成为经济的"晴雨表"，因此，往往成为政府必须掌控的关节，成熟的政府性市场调控，掌握政府性股市话语权已成为衡量一国政府调控水准的基本标准，日本股市震荡，美国故事震荡演绎了诸多经典、精彩案例。

面对突如其来的横祸，各国政府均鼎立出手，甚至形成了逐渐成熟的组合权。首先，以调节供需入手，诸如紧急停市，鼓励回购，平准基金入市，调节金融信贷范畴等紧急措施，抑制股市暴涨暴跌，保护投资者利益，保护信心；其次，积极调节市场流动性，通过升降利息、金融注资等宏观财政、货币手段，帮助市场恢复流动性（促进存贷业务），改善预期。因势利导地推出刺激经济的一揽子计划，驱除泡沫，促进可持续发展，构筑促进股市回稳的体制机制。

政府以社会利益为己任，担负着促进社会经济协调发展的职责。

【注释】

1. 亚当·斯密（Adam Smith，1723～1790年），英国经济学家，西方古典经济学体系最杰出的建立者。生于苏格兰的可可卡地，先后在格拉斯哥大学和牛津大学学习。毕业后曾在爱丁堡大学讲授法学、政治学和修辞学，1776年出版《国富论》，创建古典经济学体系，1778年被任命为苏格兰税务总监，1787年担任格拉斯哥大学校长，1790年逝世，终年67岁。

2. 欧洲中世纪希腊最负声望的神父克里梭·斯德姆（公元344～407年）曾指出："为自己和他人利益进行劳动常常是不可分割的，没有人能够不通过为他人提供物品而为自己获得收入"，因此，西方经济学家曾将亚当·斯密的"看不见的手"的论点，追溯到克里梭·斯德姆。

3. 约翰·梅纳德·凯恩斯（John Maynard Keynes）（1883～1946年），英国经济学家。1905年毕业于剑桥大学，曾在英国财政部的印度事务处任职，"二战"期间任财政部顾问，战后参与筹建国际货币基金、国际开发银行。代表作有：《就业、利息和货币通论》（1936年），从而创建宏观经济学体系（流动性偏好理论：利率的调整是货币供给与货币需求平衡）。

4. 约瑟夫·维萨里昂诺维奇·斯大林（Иосиф. В. Сталин）（1879～1953），苏联共产党和苏联政府的主要领导人，马克思主义者，国际共产主义运动活动家。1903年加入布尔什维克，1917年参与领导十月革命，1922年起任苏共中央总书记，提出了"在一个国家首先建立社会主义"的主张，全力推进苏联工业化，"二战"中成为反法西斯统一战线的著名领袖之一，率领苏联人民击败德国法西斯，其所创立的苏联社会主义发展模式（计划经济）对20世纪的世界产生了深远影响。

5. 社会主义基本经济规律。斯大林将其表述为：社会主义基本经济规律的主要特征和要求，可以大致表述如下：用在高度技术基础上使社会主义生产不断增长和完善的办法，来保证最大限度地满足整个社会经常增长的物质和文化的需要。(《斯大林选集》(下卷),人民出版社 1962 年版,第 569 页。)

6. 价值规律(law of value)是商品生产和商品交换的基本经济规律。即商品的价值量取决于社会必要劳动时间,商品按照价值相等的原则互相交换。第一个对价值规律作出比较系统的论述的是斯密。他在《国富论》的第 1 篇第 7 章"论商品的自然价格和市场价格"中,论述了自然价格与市场价格的关系,指出市场价格会受供求影响而上下波动,但自然价格起着"中心价格"的作用。各种意外的因素会把商品的市场价格抬到自然价格以上或强抑到自然价格以下,但不管有什么障碍,市场价格终究会被吸引趋向于接近自然价格。斯密的这些论述,已经在一定程度上揭示了价值规律的作用。但是,他的自然价格虽然实际指的是价值,但在说明自然价格时,却离开了劳动价值论,不用劳动耗费来说明,而认为由生产费用所决定,即由按自然率支付的地租、工资和利润所决定。

7. 一般均衡价值论。价值论始终是经济学探索的核心问题,英国古典经济学的创始者威廉·配第(1623~1687 年)提出了"劳动价值论";1870 年[英]杰文斯、[奥]门格尔、[法]瓦尔拉共同建立了"边际效用价值论";1939 年[英]希克斯建立"一般均衡价值论"。"一般均衡价值"的状态是:每一个消费者对商品(劳务)的选择,均必须是任何两种商品的边际替代率等于其价格比率;任何生产者除所使用的各生产要素之间或生产的产品之间的边际替代率也必须等于其价格比率之外,还必须是生产因素和产品的边际转换率等于其价格比率。

8. 绝对的权力必然产生绝对的腐败。法国政治学家孟德斯鸠曾指出:一切有权力的人都容易滥用权力,这是一条万古不易的定理。英国历史学家约翰、阿克顿断言:绝对的权力必然产生绝对的腐败。

9."三省六部"制,为我国古代朝廷行政管理体制,三省为中书省、门下省、尚书省。我国历代财政机构:夏商周——大司徒,汉、南北朝——大司农,隋唐宋元明清——户部。其中"六部制"历史最为悠久:吏部(管官吏的任免与考核,相当于组织部)、户部(管土地户口、财政赋税)、礼部(管典礼、科举、学校等)、兵部(管军事,相当于国防部)、刑部(管司法刑狱,相当于司法部)和兵部(主要管工程营造、屯田水利等)。

10. 脱亚入欧论。福泽渝吉在《文明论概述》一书中提出"如果想使日本文明进步,就必须以欧洲文明为目标,确定它为一切议论的标准,以这个标准来衡量事物的利害得失",遂萌生了脱亚入欧思想,并发表脱亚论主张:"(日本)所奉行的主义,唯在'脱亚'二字,我日本之国土虽居于亚细亚之东部,然其国民精神却已脱离亚细亚之固陋而转向西方文明。"

11. 恩格斯曾指出:亚当·斯密"他在 1776 年发表了自己关于国民财富的本质和成因的著作,从而创立了财政学"。

12. 布坎南(1919 年~),美国著名经济学家,公共选择理论的创始人,1943 年获芝加哥大学哲学博士学位。代表作《公共选择论》,1986 年获诺贝尔经济学奖,皇家科学院在授奖声明中说:"布坎南的工作填补了传统经济学的一个空白,因为传统的经济学缺少一种独立的政治决策理论。"先后任洛杉矶加利福尼亚大学、乔治·梅森大学经济学教授。

13. 马克思(Karl Marx,1818~1883 年)德国思想家、革命家和学者,科学社会主义的建立者,完成了劳动价值论体系,创建了剩余价值理论。先后在波恩大学和柏林大学学习,后获耶拿大学博士，创建并长期领导“国际工人协会”，1849年定居英国伦敦从事革命和科学研究工作，代表作有：《资本论》（1878年）、《共产党宣言》（1875年）。

14. 萨缪尔森（Paul anthony Samuelson，1915年～），美国经济学家，美国凯恩斯主义的重要代表。毕业于芝加哥大学本科，后进入哈佛大学进修经济学并获得博士学位，终生在麻省理工学院（MIT）教授经济学，1970年获得诺贝尔经济学奖（是获此殊荣的第一美国经济学家）。代表作有《经济基础分析》（1947年）、《经济学》（1948年）。

15. R·A·马斯格雷夫（1910～1989年）是当代世界著名的经济学家，在财政、税收理论方面有较高的权威。他生于德国。在美国获哲学博士和法学博士学位，曾任哈佛等大学的经济学教授、美国经济学会副会长、《经济学季刊》编辑、国际财政研究所名誉副所长等职。他的主要代表作有《财政理论》（1959年）、《财政制度》（1969年）。《财政理论与实践》（1973年，与P·马斯格雷夫合著）。其中《财政理论与实践》一书，成为西方财政专业必读的教科书。马斯格雷夫在税收方面的主要贡献是把税收理论和宏观经济学、福利经济学、政治决策理论、社会公共理论等融为一体，大大拓宽了税收经济学的研究领域。

16. 约瑟夫·E·斯蒂格利茨（1943年～）。美国经济学家。1966年获麻省理工学院经济学博士，先后在耶鲁大学、普林思顿大学任经济学教授，1995～1997年任总统经济顾问委员会主席，1997年后任世界银行首席经济学家、副行长。代表作《政府经济学》、《经济学》，1979年获美国专为40岁以下青年经济学家设立的克拉克奖。

17. 产业及门类。产业是指具有某种同类属性的具有相互作用的经济组织组成的集合或系统。我国政府2001年版《国民经济行业分类与代码》中，将全部国民经济分为16个行业门类、92个大类、300个中类。16个行业门类是：（1）农业、林业、渔业、畜牧业；（2）采掘业；（3）制造业；（4）电力、煤气及水的生产和供应业；（5）建筑业；（6）地址勘察业和水利管理业；（7）交通运输、仓储及邮电通讯业；（8）批发和零售、贸易、餐饮业；（9）金融、保险业；（10）房地产业；（11）社会服务业；（12）卫生、体育和社会福利业；（13）教育、文化、艺术和广播电视业；（14）科学研究和综合技术服务业；（15）国家机关、党政机关和社会团体；（16）其他行业。

18. 新福利经济学代表人物及著作，主要有勒纳的《控制经济学》、卡尔多的《经济学中的福利命题与效用在个人之间的比较》、萨缪尔森的《经济分析基础》。

19. 经济学分析方法

研究方法：实证分析与规范分析；静态分析与动态分析；统计分析与比较分析。

分析工具：案例分析、博弈论、投入产出分析、计量分析和价值工程等。

经济学发展三部曲：亚当·斯密的《国富论》（1776年）奠定经济学基础；阿·马歇尔（Alfred Marshal）的《经济学原理》（1890年）奠定微观经济学基础；凯恩斯的《货币通论》（1936年）奠定宏观经济学基础。

20. 综合国力是指一个主权国家所拥有的各种力量的总和。其内涵主要包括资源、经济、财政力、军事、科技、教育、政治、外交、民族意志力和凝聚力等各种要素。

21. 商科财经类、管理类本科8门核心课程：经济学（宏观经济学、微观经济学）、管理学、金融学、财政学、会计学、投资学、国际贸易学和国际经济学。

22. 我国公共财政的发展轨迹与改革路径。

1976 年围绕“对内搞活、对外开放”逐步推进改革：

——税收及国企分配关系

1983 年推行一步“利改税”；

1984 年推行二步“利改税”；

1994 年建立新税制。

2006 年改个人所得税费用扣除额为 1600 元。

为适应我国加入 WTO，逐步调整关税税率（算数平均水平）：1992 年为 42.5%；1993 年为 39.9%；1996 年为 23%；1997 年为 17%；2007 年为 9.8%。

20 世纪 90 年代初期企业养老保险实行社会统筹与个人账户相结合的部分积累制；1997 年实行企业养老保险社会统筹制（个人缴费占工资总额逐步提高到 8%，企业缴费不超过 20%）；80 年代中期建立失业保险制，按“三三制”原则，财政、企业和社会各占 1/3。1994 年我国开始实行社会统筹与个人账户相结合的职工医疗保障制度改革。

——财政体制与预算

1980 年实行“划分收支、分级包干”（俗称：分灶吃饭）；

1985 年实行“划分税种基础上总额分成”；

1994 年实行“分税制”财政体制（1995 年实行过渡期转移支付办法）；

1992 年实行复式预算；

2007 年实行政府收支分类改革。

——财政支出

1980 年对行政事业单位实行预算包干节余留用；

1985 年基本建设资金全面实行“拨改贷”。

——公债

我国 1981 年恢复发行国债（1968～1980 年既无内债也无外债）；

1991 年采用承购包销制，1993 年引进一级自营商制，1996 年实行招标制发行公债。

——财政政策

1998 年实行积极财政政策；

2003 年实行稳健财政政策。

——财务、会计制度

1980 年恢复注册会计师制度；

1993 年发布《企业会计准则》、《企业财务通则》（“两则”）；

2007 年实行《企业会计准则——基本准则》。

附注 1. 世界经济“三驾马车”及掌舵人：WTO，现任总干事——帕斯卡·拉米；世界银行，现任行长［美］佐利克；国际货币基金组织，现任总裁［法］多米尼克·施特劳斯—卡恩。

附注 2. 人类价值观的历史轨迹：“基于权利和义务的经济体系，转为基于交换并以追求利润为目标的市场经济体系之中”（丹尼尔·R·福斯菲尔德），再转为基于交换并以追求利润、公共利益为目标的有政府调节的市场经济体系。

【综合复习】

一、名词解释（概念题）

市场经济　公共财政　寻租行为　免费搭车　帕累托效率　罗斯福新政　凯恩斯经济理论

二、填空题

1. 当前世界上解决资源配置的手段有两种，一种是________；另一种是________。
2. 公共财政有________、________和________三大经济职能。
3. 亚当·斯密的________构筑起经济学的基本分析框架。
4. 市场失灵的主要表现形式是：________、________、________、________和________。
5. 在三部门经济中，总需求包括：________、________和________。

三、选择题

1. 一般用（　　）曲线来分析收入分配是否公平。
   A. 菲利普斯曲线　　B. 拉佛曲线
   C. 洛伦茨曲线　　D. 恩格尔曲线
2. 财政履行收入分配调节的主要手段是（　　）。
   A. 颁发许可证　　B. 提供基础设施
   C. 调整最低工资标准　　D. 征收个人所得税
3. 市场经济一般遵循下列规律而运行（　　）。
   A. 价值规律　　B. 剩余价值规律
   C. 社会主义基本经济规律　　D. 供求规律
4. 凯恩斯提出的三大基本心理法则是（　　）。
   A. 消费倾向　　B. 资本边际效率倾向
   C. 流动倾向　　D. 普惠倾向
5. 在边际消费倾向为0.6、税率为0.3时，政府购买1单位，将使均衡收入增加（　　）单位。
   A. 4　　B. 1.136　　C. 3.57　　D. 1

四、简答与论述题

1. 公共财政学的研究对象和范围。

2. 现代财政学与古典财政学的本质区别。

3. 请利用无差异分析方法，分析政府和市场的最优资源配置。

4. 简述市场失灵的表现形式及内涵。

5. 阐述政府失灵的表现形式及内涵。

6. 简述财政职能及理论认识的变化规律。

7. 为什么说投资等于储蓄是简单国民收入决定的基本均衡条件？如果加入政府变动将如何影响均衡国民收入的变动？

8. 简述政府失灵论与市场失灵论的主要理论观点。

9. 市场与政府的关系问题，阐述政府干预的必要性。

10. 探索公共财政为什么要从市场与政策的关系说起？

11. 财政在国民经济循环中的调节是怎样实现的（图示说明）。

12. 试述财政的基本职能及实现目标的机制与手段。

13. 论述西方财政学的历史发展阶段及其趋势。

14. 简述我国市场经济改革及财政改革的基本历程。

【阅读与参考文献】

1. ［英］亚当·斯密著：《国民财富的性质和原因的研究》，商务印书馆1988年版。
2. ［美］曼昆著：《经济学原理》（第四版），北京大学出版社2007年版。
3. ［美］多恩布什著：《宏观经济学》，中国人民大学出版社1997年版。
4. 胡寄窗主编：《经济学说史》，立信会计图书用品社1989年版。
5. 平新乔著：《财政原理与比较财政制度》，上海三联书店1996年版。
6. 陈共主编：《财政学》第五版，中国人民大学出版社2006年版。
7. 刘宇飞著：《当代西方财政学》北京大学出版社2000年版。
8. 郭庆旺、赵志耘著：《财政学》，中国人民大学出版社2002年版。
9. 孙翊刚主编：《中国财政史》，中国财政经济出版社2003年版。
10. 李炳鉴、潘明星、王元强编著：《比较财政学》，南开大学出版社2004年版。
11. 中华人民共和国统计局编：《2007中国统计年鉴》，中国统计出版社2008年版。

以先知觉后知，以先觉觉后觉。

——论语

第二章　财政学理论基础

公共财政是建立在公共品理论、外部效应理论、公共选择理论和公共资源优化配置理论之上的，甚至可以认为，它们有机地融会于财政运行机制之中，规范着市场与政府的范畴，决定着国民收入分配关系。因此，要真正把握财政分配机制及内在规律，必须把握这些基本的经济理论。

从辩证的角度讲，它们并非是财政某一领域的理论基础，而是构成财政学的理论基础与逻辑出发点。

第一节　公共品理论

公共品理论规范着财政的基本范畴与职能。市场经济是建立在家庭、企业和政府三大主体之上的，前两者称为私人部门，生产私人品，后者称为公共部门，提供公共品（公共服务）。在市场经济条件下，社会经济的良性循环，关键在于政府与市场调节的生产、分配诸范畴的合理划分及职能的优势互补，故而财政作为以政府为主体的分配关系，其所涉及的一切均与公共品相关。因此，公共品理论就成为财政学最核心的基础理论之一。

一、公共品的内涵与特征——比较性分析

公共品（public goods）是相对于私人品（private goods）而存在的。其严格定义是萨缪尔森在其《公共支出的纯理论》一文中提出的，他认为所谓公共品就是“既无排他性又无竞争性的物品”。

市场经济中可以将社会产品划分为私人品、公共品和准公共品，具体而言：

（一）私人品

私人品（private goods）是既有排他性又有竞争性的物品。鉴于其具有明确的产权，故而其效用具有可分割性、消费竞争性和受益排他性等特征（见表2－1）。

对于绝大多数私人品而言，增加消费就意味着要增加更多的私人品，这必然会引起资源投入的增加，影响整个社会的供求状况。私人品是以私人为主体为满足个人需要的物品，它涉及非公共用途的一切商品、私人企业等，它由市场来提供。

表 2-1 社会产品的分类

特征		排他性	
		有	无
竞争性	有	私人品	共同资源
	无	俱乐部物品	纯公共品

（二）公共品

在消费中既无排他性又无竞争性的物品，这就是说，谁也不能阻止人们使用公共品，而且，一个人享用一种公共品并不减少另一个人对它的使用。它具有三个特征：

（1）非排他性（non-excludability）。即一旦产品被提供出来，不可能排除任何人对它的同等消费。这包含三层含义：第一，任何人都不能不让别人消费，即使有些人想独占消费，要么在技术上不可行，要么是技术上可行但成本过高。例如，公路、环境卫生、庞大的公路体系怎样从成本上承担，环境治理谁有可能从技术上与成本上承担。第二是任何人自己都不得不消费它，即使有些是不情愿的，但却又无法加以拒绝。例如，警察、卫生检疫等，它们即在法制范围内监督你但也为你服务。三是任何人都可以恰好消费相同的数量。例如，国防服务，即使再狭隘的人，也不可能令国防为他一个人服务，所有的公民都将得到同等的服务。

（2）非竞争性（non-rival ness）。指的是一旦产品被提供，增加一个人的消费既不会减少其他任何消费者的收益，也不会增加社会成本，其新增消费者使用该产品的边际成本为零。这里的边际成本为零包含两层含义：一是在生产方面不需要追加资源的投入；二是在消费方面也不会减少其他人的满意程度，或者说不会增加“拥挤成本”（congestion cost）。

（3）效用不可分割（non divisibility）。即公共品或劳务是向整个社会提供的，具有共同受益和联合消费的特点，其效用为整个社会成员所共享，而不能归属于某些个人或厂商享用。

就公共品的类别：它包括“纯公共品”和“准公共品”；物品同时具备非竞争性和非排他性的为“纯公共品”，如果仅有其中一个特征的一般划为“准公共品”。

（三）准公共品

准公共品（mixed goods）是介于私人品和公共品之间的一类物品。它包括两种：一是消费上具有非竞争性和排它性的“俱乐部产品”（club goods）（布坎南），它包括收费的公路桥梁、公共游泳池、电影院和图书馆等；二是消费上具有竞争性和非排它性的“公共资源”（common resources），它包括教育、医院、公园、公共渔场和牧场等。

“俱乐部产品”是在某一消费量的约束之内许多人共同消费的物品，单个消费者的消费质量不受消费者的人数增加的影响，但当消费者人数超过一定的规模时就会发生拥挤，这时如果采取收费行为就可以抑制拥挤。它具有两个基本特征：第一是非竞争性，单个会员对俱乐部产品的消费不会影响或者减少其他成员对同一消费品的消费；第二是排他性，俱乐部产品仅仅由其全体成员共同消费，它是由具有某种资格，并遵守俱乐部规则的成员组成的，显然具有排他性。

“公共资源”是其物品所提供利益的一部分由其所有者享用，是可分的，具有私人品特征；但其利益的另一部分由所有者以外的人享用，是不可分的，又具有公共品特征，这种现象称为利益的外溢现象。因此，它具有消费的竞争性和非排它性的特征。

“俱乐部物品”与“共同资源”因其内在特性的束缚，是无法单纯由市场或政府单一供给的。一般，它们是以政府提供为主、市场提供为辅而提供的（尤其是教育、医疗等）。

值得注意的是，对公共品的划分不是绝对的，它取决于市场和技术条件。另外，公共品由谁提供，则决定于政府的干预程度和公私部门生产成本的差异（见表2－2）。

表2－2 系统差异：公共品与私人品

	公共品	准公共品	私人品
提供主体	政府	政府或委托于市场	市场
特性	效用不可分割 受益非排他性 消费非竞争性	1. 消费具有非竞争性和排他性的“俱乐部产品”（电影院、公共泳池等） 2. 消费具有竞争性和非排他性的“公共资源”（教育、保健和图书馆）	效用可分割 受益排它性 消费竞争性
有效配置标准	社会效益最大	社会、经济效益兼顾	经济效益最大

二、公共品供给的均衡分析

探索公共品理论，首先集中于公共品与私人品的供需差异及规律上，在这方面从马歇尔到凯恩斯就开始注意其内涵的特殊性，而庇古、鲍温等则开始进行先驱性探索。

（一）公共品消费效用等于纳税的边际负效用——庇古均衡

庇古（A. C. Pigou）运用功利主义方法，研究了一个人为一种公共品支付税收的问题。他从基数效用理论出发，指出个人从公共品的消费中受益，但效用是递减的；同时，个人为了享受公共品必须纳税，纳税会给纳税人带来负效应。庇古把纳税产生的负效应定义为放弃私人品消费的机会成本。他认为，公共品应该持续提供到最后一元钱所得到的正边际社会效应，等于为最后一元公共品而纳税的负边际效用时为止。也即个人的“公共品消费效用等于纳税的边际负效用”（见图 2－1）。

在图 2－1 中：设 X 轴为公共品的数量，Y 轴为社会的边际效益，GG 表示公共品提供所带来的正边际社会效用，TT 表示为提供公共品而纳税所带来的负边际社会效用。NN 表示两者相抵之后的边际社会净效用。在图中，点 A 是公共品提供的最佳数量所在之处，该点满足 $|AC| = |AC'|$，这时 NN 为零。

（二）公共品的局部均衡——“鲍温模型”

1943 年，鲍温（H. bowen）在一篇题为《经济资源配置中投票解释》的论文中，利用马歇尔的一般均衡分析方法，比较了私人品与公共品提供之间的差异，给出了提供私人品与提供公共品的均衡条件。

1. 私人品的供需均衡及特征

假定一个社会中有 A、B 两个人消费私人品，其供需均衡是均衡价格不变，消费数量相加（横向相加）（见图 2－2）。

在图 2－2 中设 X 轴为私人品需求量，Y 轴为私人品价格，在市场上，个人 A、B 都是市场价格的接受者，在价格为 P 的前提下，A、B 消费的私人品数量分别为 Q_A、Q_B，且 $Q = Q_A + Q_B$，对于价格而言，它等于边际成本（注：这里①D_A、D_B 的斜率相等，只要经过 Q_A、Q_B 与 P_0 焦点即可；②$Q = Q_A + Q_B$；③$D = DD_B + D_BD_c$。D 曲线在 D_B 出现拐点，是由于当价格上升到此时，A 的需求将为 0，这时仅剩 B 的消费了）。

因此，A、B 对私人品的需求曲线分别是 D_A、D_B，这时候市场的需求 $D = D_A +$

D_B，用市场需求曲线 DD 表示。私人品的供给曲线为 SS（任意斜率）。SS 和 DD 相交，决定了市场均衡价格 P 和数量 Q。

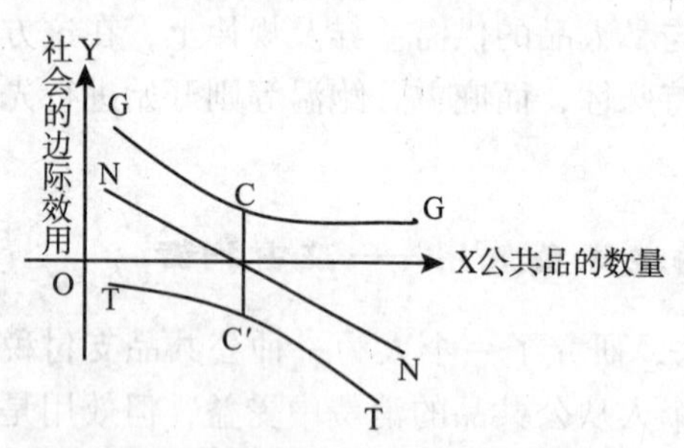

图 2－1　（庇古）公共品的提供

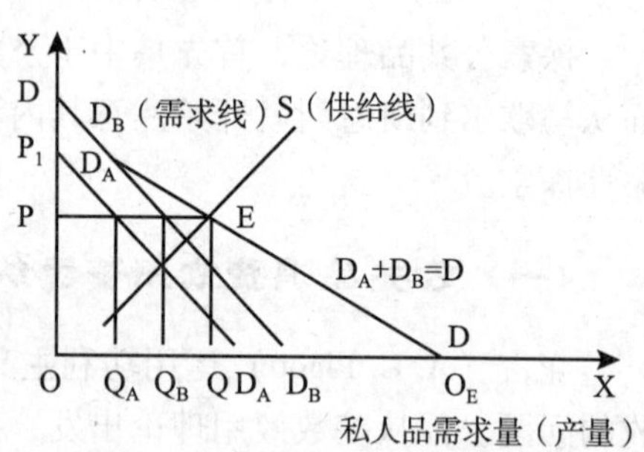

图 2－2　私人品的局部均衡

2. 公共品的供需均衡及特征

同理，假定一个社会中有 A、B 两个人消费公共品，其供需均衡是消费的公共品的量不变，但消费价格则要相加（纵向相加）（见图 2－3）。

在图 2－3 中设 X 轴为公共品消费量，Y 轴为公共品价格，在市场经济条件下，个人 A、B 对公共品的需求曲线分别是 D_A、D_B，这时市场需求的 $D=D_A+D_B$（纵向相加，实质上是公共品需求无竞争性、无排挤性，但承担的公共品价格也即税收是量能负担的）。需求曲线 DD 与公共品的供给曲线 SS 相交，并决定了市场均衡价格 P 和数量 Q。在公共品需求和供给中，每个人都是数量的接受者。这样，A 和 B 所消费的公共品数量都是 Q。但 A 所支付的价格是 P_A，B 所支付的价格是 P_B，且 $P=P_A+P_B$。对于公共品的价格而言，它等于边际成本，但这个边际成本是 A 和 B 所支付的价格之和（税收）。

私人品和公共品的市场需求曲线的差别主要体现在，私人品的市场需求曲线是个人需求曲线的横向相加（市场需求），而公共品的市场需求曲线是个人需求曲线的纵向相加（税收，也即鉴于公共品消费的非竞争性、非排它性，消费量是固定的，而其税收补偿—公共品价格是量能负担的）。之所以出现这种差异，是因为私人品和公共品的基本特征，即私人消费与公共消费的本质差异（有无竞争性、排它性）所决定的。个人 A 和个人 B 的公共品数量之间一样，因为一个人对公共品的消费不会影响其他人对该公共品的消费。

（三）公共品的一般均衡

萨缪尔森则提出了公共品最优提供的一般均衡模型。他认为，公共品的有效供给要求各个社会成员的边际替代率等于其产品的边际转换率。公共品对私人品的边际替代率，表示为“为了得到一单位的公共品，全体社会成员愿意放弃的私人品的总和”；而公共品对私人品的边际转换率，则可以表示为：为实现帕累托最优，人们愿意放弃的全部私人品的量，应等于在现有资源约束下，为多生产一单位的公共品，人们客观上所必须放弃的私人品的产量（见图2－4）。

在图2－4中他假定市场上只有两个人（A和B）和两个物品（X：私人品；G：纯公共品），上半图表示个人Ⅰ的无差异曲线以及生产约束条件AB。假定将个人Ⅰ固定在无差异曲线U^1上；下半部分的CD（AB与U^1之差）表示个人Ⅱ的生产可能性。显然，帕累托效率要求个人Ⅱ的边际替代率等于曲线CD的斜率（即在点E处）。这恰好是边际转换率（生产可能性曲线的斜率）与个人Ⅰ的边际替代率（其无差异曲线的斜率）之差。

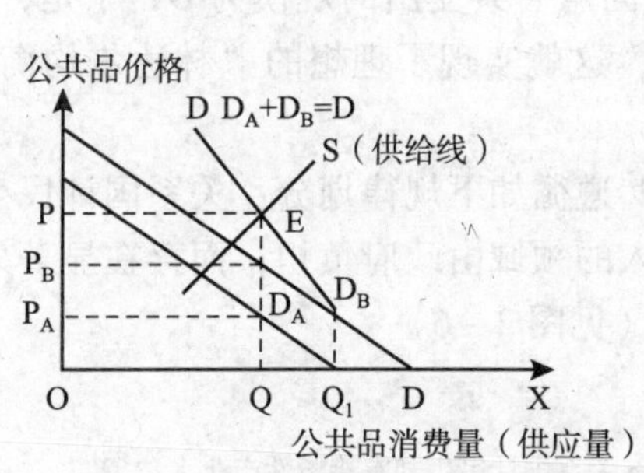

图2－3　公共品的局部均衡

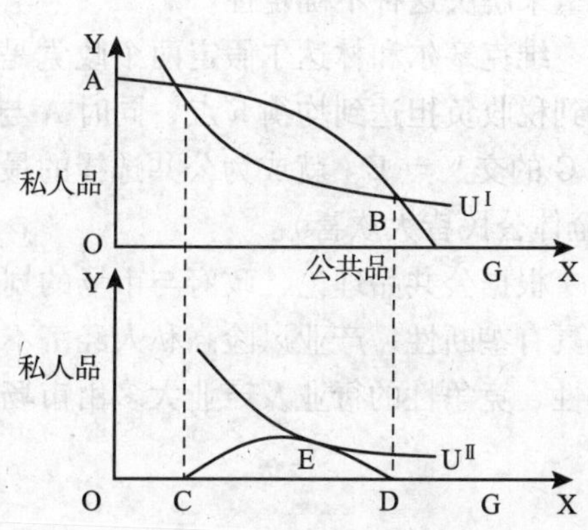

图2－4　公共品的最优供给

（四）维克塞尔—林达尔：“公共品供给模式”

维克塞尔和林达尔则认为：人们是以自愿交易为基础为消费公共品缴税的。公民若能自觉地按照自己从公共品中得到的边际收益相应的承担公共品的边际成本，就可以实现公共品的有效供给。

维克塞尔—林达尔模型实质上要找出“税收负担与公共品供应量”的均衡点，并将这个过程构筑成公民理想的公共选择程序（见图2－5）。

在图2－5中：纵轴h代表消费者A承担的提供公共品总成本的份额。如果A的税收份额为h，那么B的份额为1～h。在此，我们把税收份额视为税收价格。横轴G代表提供的公共品数量或公共支出量，曲线AA，BB分别代表消费者A和B对公共品的需求，其原点分别为O_A，O_B。

每个人都有效用函数：

$$U_A = U_A(X_A,\ G)$$
$$U_B = U_B(X_B,\ G)$$

其中，X_A 和 X_B 分别为 A 和 B 所消费的私人产品的向量；G 为所消费的公共品的向量（向量是具有大小和方向的量）。

A 和 B 都力图在各自的预算约束下最大化自己的效用：

$Y^A \geqslant PX^A + hG$；

$Y^B \geqslant PX^B + hG$；

在纵轴上确定一点 h_1，代表 A 负担的税收，这时 A 只需要 G_1 的公共需求；在 h_1 点上，B 只愿意负担 $1-h_1$ 的税收，同时 B 只需要 G_2 的公共需求。A 与 B 两人的公共负担意愿和公共需求欲望不一致，结果就需要两个人（政党）的相对力量来解决这种不确定性。

维克塞尔和林达尔假定两个政党是势均力敌的，于是他们通过竞选与竞争，直到税收负担达到均衡 h 点，同时 A 与 B 都同意公共支出的规模为 G，于是，h 与 G 的交叉点 E，就成为公共选择的最佳点，这就实现了理想的“林达尔均衡”(全体公民皆大欢喜)。

根据公共品理论，政府与市场的划分范畴遵循如下规律划分：关系国计民生却具有垄断性、产业风险高私人经济不愿介入的领域由政府负担；而存在显著外部性、竞争性的行业及产业大多由市场承担（见图 2－6）。

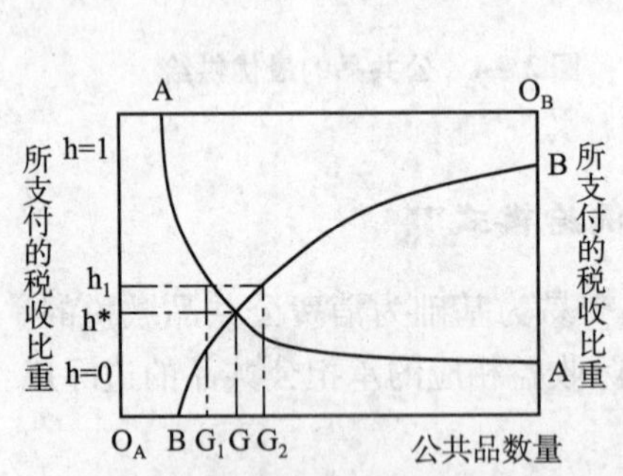

图 2－5 维克塞尔—林达尔模型

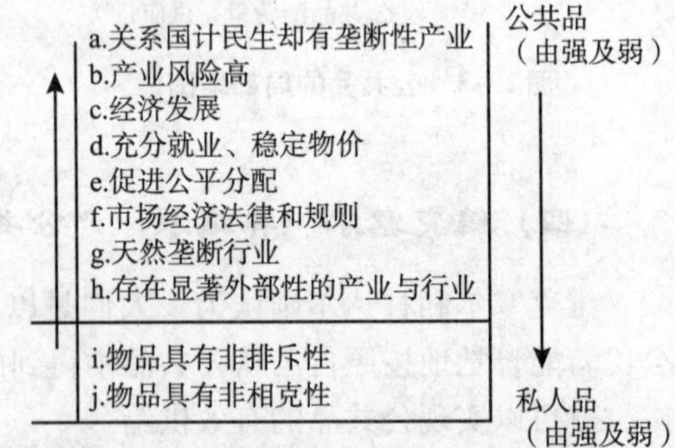

图 2－6 公共品与私人品：领域划分规律

资料来源：薛天栋：《现代西方财政学》，上海人民出版社 1983 年版。

三、准公共品供给的均衡分析

在现实社会中，纯粹的公共品是很少的，社会需要及政府提供的产品中，更多的是具有公共品部分特征的准公共品，尤其是随着经济发展与技术进步，一部分公共品，其非排他性从技术上变得可能了（如有线电视）；还有一些私人品，失去了消费的竞争性，如私车搭乘，这都需要从理论上重新诠释。

（一）共同资源

公共资源作为典型的准公共品（教育、保健等），消费上具有非竞争性和排它性的内在特征，这类准公共品的配置与供给，首先取决于对个人的价值回报；其次取决于社会性正的外溢性的大小。

以教育为例，一个人接受教育，人力资本得到了积累，因此能够在市场上得到相应回报；同时，教育投入可以提高整个社会的文化素质，而且还可以科学的发展（见图2－7）。

在图2－7中：设X轴为教育效益，Y轴为教育价格，这时教育的需求曲线是D_P，它反映了个人对教育私人收益的评价，个人一般是根据教育所能够带来的收益差异做出选择的，E是教育给社会带来的正溢性，将D和E纵向相加，得到MSB，显然，从公、私两方面看，教育的社会收益都大于私人收益。

因此，对这类共同资源的供给，往往采取市场配置与财政补贴相结合的办法提供。

（二）俱乐部物品（公共影院、桥梁等）

因其消费上具有非竞争性和排他性所决定，俱乐部的收益取决于俱乐部设施的规模和俱乐部成员人数。如果俱乐部规模既定，成员人数在变化，当成员人数少时，每个成员会发现难以找到技术水准相当并有共同时间的玩友；人数的增加虽然可以提高找到玩友的概率，但必然增加空间的竞争，而这种竞争造成拥挤则会降低每个人能够从俱乐部得到的收益。这样一来，俱乐部产品的最优供给需要考虑两个问题：(1) 边际生产成本和编辑拥挤成本都为零的产品；(2) 边际生产成本为零、边际拥挤成本不为零的产品（见图2－8）。

在图2－8中：设X轴为桥的通行量，Y轴为过桥价格；DD是需求线，Q_C为通过能力线，当价格过低时，拥挤线与需求线相交，产生了拥挤现象。当价格为零时，通过量将达到Q_1，阴影部分表示消费者获得的效用不足以弥补其消费带来的成本，因此引起社会净效益的损失。为避免过度消费，当供应量短期内无法增加时，就只有收费。

因此，往往采取适当收费的方式来解决准公共品供应不足的问题。

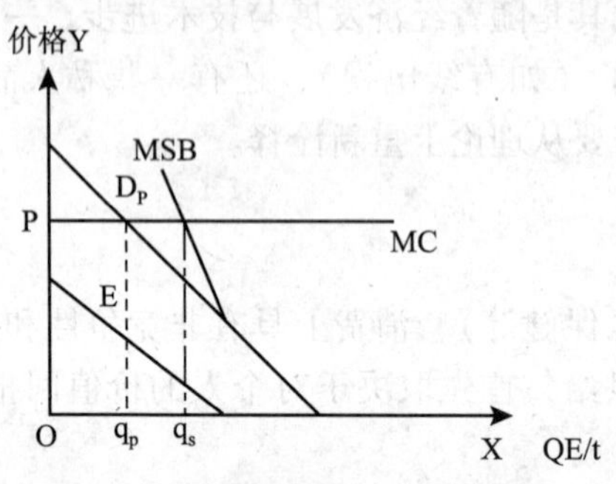

图 2-7 准公共品——共同资源：教育的配置与供需平衡

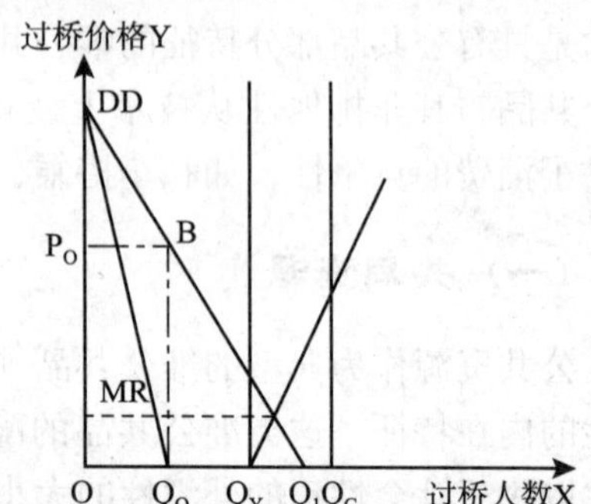

图 2-8 准公共品——俱乐部物品：桥梁的配置与供需平衡

四、公共品的供给机制选择

公共品的供给往往与成本分摊联系在一起的，按照自愿程度、经济效率划分，公共品的供给方式一般涉及这样几个问题：私人怎样提供？怎样解决“搭便车”与“囚徒困境”？政府怎样提供公共品等问题：

（一）私人提供——自愿机制与成本分摊

鉴于公共品“消费无排他性及无竞争性”内在特性并且缺乏产权归属，因此，一般私人是不愿意提供公共品的。但如果是必需的，在解决好成本分摊及建立在自愿的基础上，也不是没有市场供给的可能。

科斯在《经济学中的灯塔问题》一文中，对公共品的供给方式进行了深入的探讨。他回顾了英国早期历史上灯塔的提供情况，在 1610～1675 年期间，领港工会并没有建造一座新灯塔，但私人却至少建造了 10 个灯踏。私人建造灯塔需要向政府申请许可证，得到政府授权批准收费，形成过往船只的收费制度，到 1820 年，英国有公营灯塔 24 个，私营灯塔 22 个，总共 46 个灯塔中有 34 个是私人投资兴建的。当然，后来因为私人收费过高，在 1842 年全部灯塔收归公营。

在科斯看来，英国灯塔制度的演变表明，公共品不一定是由政府提供。只要解决了成本分摊，并且自愿投资，私人是愿意投资的（根据享受的边际效应的大小，缴纳自己应当分担的费用）。当然，这需要政府从需要与成本补偿经营的角度予以必要的调节。现在，各国政府均遵循“成本分摊”原则建立收费补偿制度。

（二）怎样解决“免费搭车”问题

如上所述，如果每一个社会成员都按照其所获得的公共品的边际效益的大小，来捐献自己应当分担的公共品的资金费用，则公共品的供给量可以达到具有最有效率的水平。在经济学中，这就被称为“林达尔均衡”。但是实现这种理想的均衡，要有两个假设前提：

第一，每个社会成员都愿意准确地披露自己可从公共品的消费中获得的边际效益，而且不存在隐瞒或低估其边际效益从而逃避自己应分担的成本费用的动机。

第二，每一个社会成员都清楚地了解其他社会成员的嗜好及收入情况，甚至清楚地掌握任何一种公共品可给彼此带来的真实边际收益，从而不存在隐瞒个人的边际收益的可能。

但是，这种假设只有在人数非常少的情况下才存在，而在庞大的社会中需要自觉的道德约束，否则上述条件几乎不可能实现。普遍存在的却是“免费搭车”问题。

所谓免费搭车（free-riding），它是指当社会物品和劳务在消费上具有非竞争性和非排它性时，消费者一方面自己不愿意支付任何代价购买这些物品和劳务；另一方面又希望别人去购买以从中随便获得利益的动机问题。这种让别人付钱而自己享受公用品利益动机的人被形象地称为免费搭车者。这种行为被称为免费搭车行为（典型的如“过年放花炮”，如果政府卖票，许多人因不买票也能看到花，因此，票是卖不动的）。

这种现象主要发生对象是公共品。这是因为公共品具有非排他性和非竞争性等特征。一方面它们的需要是集体或公共的，不可避免地提供给一个集体的人们，而不针对个人；另一方面，它们不能因个别人不付款而阻止他去享受，即不具有排他性。如果听任“搭便车”问题存在，几乎每个人都不愿意自己去购买公共品，而是等待从别人的购买中得到好处，那么公共品的提供将为零。从一定意义上说，由于免费搭车问题的存在要求政府提供公共品。政府通过税收强制征收，然后用于公共支出，根据“大家享受大家提供税收”的原则，解决“免费搭车”问题。

（三）怎样解决“囚犯困境”问题

“囚犯困境”是指两个共同涉案犯接受独立审讯时，为个人利益会不相互合作，并将给对方带来极大损害的一种博弈现象。

但公共利益需要兼顾众多人的利益，这种选择常常陷入“囚犯困境”的困扰，怎样通过公民科学的选择提供公共品摆在社会面前亟待解决的问题。但是，成本要靠整个社会来提供和共同分摊，这时选择不合作的往往比较多，甚至出现“免费搭车”现象，就会导致政府很难有效地提供公共品，公共品的成本也很难共同分摊，结果所有的人都会因此而受到损害。

（四）政府强制提供

不言而喻，公共品供给存在着免费搭车、自愿捐献和成本分摊等难题，不可能有效提供公共品。但公共品又是不可或缺的。因此，就需要政府依靠强制方式提供，公共品的提供就此演进为：政府一方面以强制手段取得资金（税收、规费甚至强制性公债），另一方面又将依靠征税等手段取得的资金用于公共品的供给。

公共品的供给方式始终存在很大的争议。首先，由于公私部门的生产成本差异，政府应否干预经济或以什么水平供给？其次，衡量公共部门的产出相当困难，如义务教育产出怎样衡量？单纯凭借考分显然不科学，教育的目标还包括激发创造性以及培养有自律精神的良好的公民，况且，考分高低有些是取决于学校教育不可控制的因素，如家庭背景，等等。最后，公共品供给与私人品供给效率，能否以市场效率简单衡量？这就提示我们，无论何种供给方式，要提高供给效率关键在于是否有竞争机制。

显然，可以认为公共品理论直接规范着政府界限、财政分配与调节领域；规范着税收配置、国有资产配置领域；规范着补贴、转移支付范畴，它是构筑财政分配关系最基本的经济理论（见表2-3）。

表2-3 公共品理论对财政诸领域的理论支撑

	公共品理论的应用
财政支出	公共领域依法承担（全额预算、差额预算、补助、贷款等）； 私人领域不予承担，需要时仅给予贷款支持
税收	原则上实行国民待遇，公共品领域收支相抵，给予必要的免税（如全额预算单位免车船税等）
公债	原则上坚持市场规则，但可以对社会保障等具有公共品供给领域，发行专项目性优先公债
财政体制	体制性供给原则，坚持仅在公共品领域分配与转移支付
财政政策	根据供需缺口和公共需求平衡，实施补偿性政策调节

第二节 外部效应理论

外部效应（externalities）理论是促进资源优化配置的基本理论，也是财政分配的基本理论之一，它决定着财政职能的界限、政策选择及效率的调节。

一、外部效应及类型

布坎南和斯塔布尔宾1962年在英国著名的《经济学》杂志上发表了《外部

效应》一文，就市场分配中存在的这种效率外溢现象提出了外部效应问题，他们认为：只要某一个人的效用函数所包含的变量是在另一个的控制之下，即存在外部效应。

即：$U=U(X_1X_2X_3\cdots Y_1)$

也即设A人的效应，不仅受其所控制的活动 $X_1X_2X_3\cdots$ 的影响，还受到其他活动 Y_1 的影响，而 Y_1 是受其他的人的控制。比如，抽烟的人产生的烟味，影响到周围人的呼吸；你的住宅旁开了一家舞厅，经常传来悠扬的爵士乐或嘈杂的蹦迪声，你高兴时音乐发挥正效应，免费享受，你需要休息时，音乐又转化为负效应，你无端受到干扰。

而N·曼昆在其《经济学原理》中，将“当买者与卖者之间的交易影响第三方时，这种影响称为外部性（又称溢出效应）”。

不难发现，市场配置普遍存在广泛的外部性，从正、反两方面影响着资源的配置。因此，怎样抑制外部负效应，引导外部正效应，促进资源的有效配置，就成为政府需要解决的基本经济问题之一。

外部效应的承受者，有生产者也有消费者，于是，按照外部效应的承受者的不同，可以将外部效应划分为对生产的外部效用和对消费的外部效应。

从另一种角度看，外部效应可能对承受者有利，也可能对承受者不利，于是，按照承受外部效应结果的不同，又可将外部效应区分为正的外部效应和负的外部效应。综合两类承受者（生产与消费），考虑正负两种效果，外部效应可以形成下述几种情况：

——生产的外部正效应。某企业因别的企业的生产活动而受益。例如，某企业因临近知名高校，良好的学术氛围、新的发明的传播和高素质的客流的交往，对其生产形成高素质人力资源、技术带动及企业文化引导的良好影响（见图2－9）。

在图2－9中：设X轴为受教育者数量，Y轴为教育价格；S为供给的私人成本，D为需求价值，由于教育具有强烈的外部正效应，因此，教育所产生的价值往往高于其自身价值（私人价值），形成社会价值。

——生产的外部负效应。某个人或企业因某企业的生产活动而受损。如制造并销售纸张的企业产生了作为制造过程副产品的化学物质二恶英（dioxin），科学研究表明，一旦二恶英进入环境，就会增加人们患癌症、生畸形儿以及出现其他健康问题的危险。

——消费的外部正效应。某人或家庭因别人或家庭的消费活动而受益。邻居家拥有一个漂亮的花园，你不但可以共同欣赏，而且潜移默化，也提高了你的生活情趣。这就是典型的消费的正的外部效应。

——消费的外部负效应。某人或家庭因别人或家庭的消费活动而受损。如吸烟者给在场的不吸烟者造成了危害；消费的攀比心理给消费者带来的损害，即为消费的外部负效应（见图2-10）。

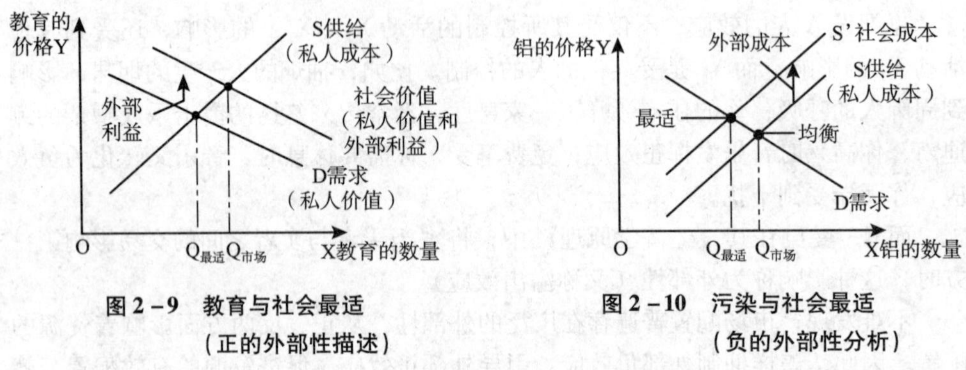

图2-9 教育与社会最适（正的外部性描述）

图2-10 污染与社会最适（负的外部性分析）

在图2-10中：设X轴为铝的产量，Y轴为铝的价格；S为铝生产的供给曲线（私人成本），D为需求曲线，供需曲线焦点为其均衡价格和产量，但是，铝生产会带来空气和水污染，形成负的外部效应，因此，其实质成本应为S′（私人成本+社会污染治理成本）。

——公共资源问题。稀缺资源和使用不受限制，随着消费的增加带来了外部成本增加及效率下降；即带来边际效用的递减（公共地的悲剧）。

二、外部效应的本质

在完全的市场竞争条件下，消费者或生产者形成均衡的条件是，边际成本等于边际效应，进而才能达到资源的帕累托最优配置。然而，由于外部性的存在，决策者赖以决策的边际收益或边际成本偏离了社会边际收益或边际成本，均衡的最优数量关系被打破了，导致市场失灵。效用推导法：

设完全市场竞争条件有两个消费者，假定每一个消费者的偏好不同，可交易的商品集 $X=[x_1, x_2, x_3]$，上标表示消费者（i=1，2，3），小标表示商品的种类，$h\in R_+$ 为行动域中的某种行动，并假定为消费者1的行动。因此，消费者的效用函数可以表示为 u^i，并假定对H的二阶导数不等于零，即此时消费者1的行为h对消费者2产生了影响或者相反。假定消费者1面临的价格为P且收入为 w^1，在采取H行动时其效用函数可以表示为 $u^1=(p, h)+w^1$，那么在完全竞争条件下，它将会选择一个最优的 h^*，使得：

将满足（4-2）的 h^* 为均衡量，但是对于第二个消费者而言，由于h行动给其带来了负外部性，要解出此时社会的最优量，实际上等于将其转化为前式的数学问题：

$$\max\phi^1(h)+\phi^1(h)$$

此时，其最优解 h^0 必须满足：

$$[\partial\phi^1(h^0)/\partial h^*]/\partial h^*+[\partial\phi^2(h^0)/\partial h^0]=0$$

此时 $h^0>0$

移项可得：$\partial\phi^1(h^0/\partial h^0)=-\partial\phi^2(h^0)/\partial h^0$

由于 h 行动给第二个消费者带来了负外部性，因此有：

$$-\partial\phi^1(h^0/\partial h^0)<0$$

代入式（），则有：

$$\partial\phi^1(h^0/\partial h^0)>0$$

由于边际效用递减规律的原因，可以推导出 $h^*>h^0$，这时候竞争的均衡偏离了社会最优数量（见图 2-11）（具体推导参考：平新乔：《微观经济十八讲》，北京大学出版社 2001 年版）。

在图 2-11 中：设 X 轴为消费者行动规模 h，Y 轴为边际收益或边际成本。曲线 M 表示消费者 1 因为采取了 h 行为对消费者 2 所产生的负担，它随着 h 的增加而递增（如某萨克斯爱好者晚间在住宅里大吹萨克斯，高分贝噪音干扰邻居），L 表示 h 行动给消费者 1 带来的利益，由于边际效应递减的原因，曲线 L 呈下降趋势（吹了 1 小时非常高兴，吹 2 小时以上口干舌燥），从其个人私利出发，消费者 1 必将在 h^* 形成均衡，但从全社会来分析，H^0 为最优均衡数量（吹半小时正好），显然，$h^*>h^0$，这表明市场配置资源不能形成最优。

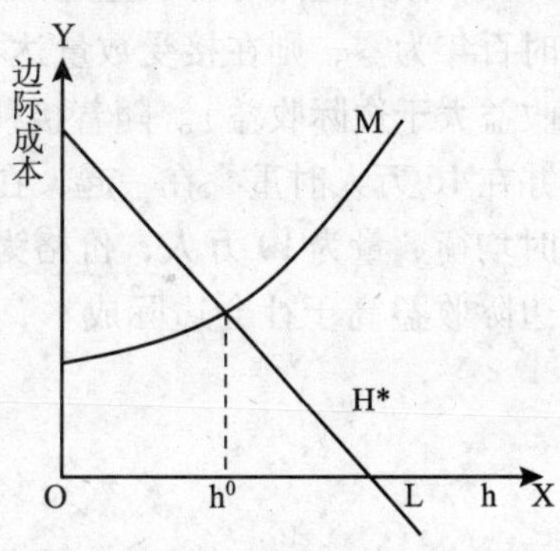

图 2-11　存在负外部效应的数量偏差

三、外部效应的经济影响

从资源配置原理看，在市场机制条件下，如果存在资源配置外部效应，完全竞争所产生的一般均衡将不再是帕累托最优配置：

（一）外部正效应对资源配置的影响

也称效益外部化，指的是对交易双方之外的第三者所带来未在价格中得以反映的经济效益。这时它具有两个规律：（1）私人边际效益小于社会收益。故而私人企业往往因效率损失而不愿生产；（2）存在外部边际效益递减的趋势，因此，希望利用企业的正的外部性产生广泛深远的影响是不现实的（见图 2 – 12 和图 2 – 13）。

在图 2 – 12 中：设 X 轴为产量，Y 轴为产量收益成本。在完全竞争条件下，S 为供给曲线，D 为需求曲线，供需曲线焦点 C 是市场效率均衡点。消费者或厂商决策的依据是 D = MPB = MSC = S，但此时由于正外部性的存在，消费者或厂商获得的私人收益小于社会收益，C 点不是效率均衡点，市场重新形成效率均衡的条件被改变为 MPB + MEB = MSB = MSC，A 点为有效性的效率均衡点，此时社会获得阴影部分△ABC 的净收益。

在图 2 – 13 中：设 X 轴为产量，Y 轴为产量收益成本。由于边际效益递减规律的存在，当产生正外部效益性的产品或劳务越来越多时，社会外部边际效益就趋于下降，即第三者从中获得的收益就越来越小。以具有外部性服务的接种疫苗为例，假如边际外部收益递减逐步下降并能够最终在每年接种人数达到 16 万人时百年为零，则在接受数量达不到 16 万人时，MSB > MPB 才能出现（社会边际收益大于边际收益）。随着接种人数增加，MSB 与 MPB 曲线间的距离变得很狭小并在 16 万人时重叠在一起，在完全竞争市场条件下，市场在 A 点形成均衡，此时均衡数量为 10 万人，价格为 25 元，但此时 A 点是无效率的均衡点，因为社会边际收益高于社会边际成本，按照 MPB + MEB = MSB = MSC 的均衡法则，新效

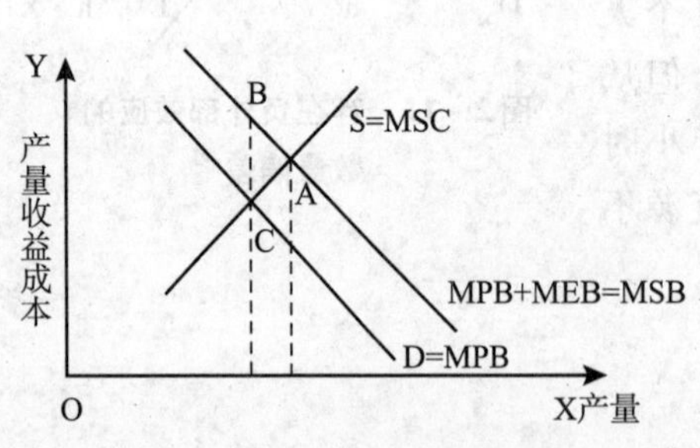

图 2 – 12　正外部效应与资源配置

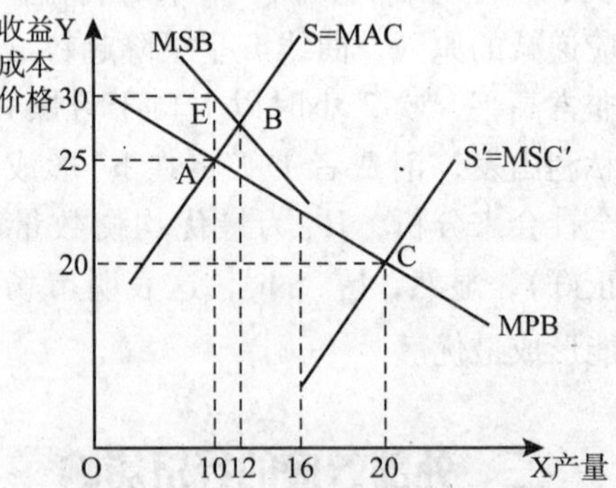

图 2 – 13　正外部效应与资源配置——边际效应递减

注：MPB = 边际收益
MSC = 边际成本
MEC = 边际外部收益
MSB = 社会边际效益

率均衡点落在 B 点才被认为是效率均衡点，此时价格高于 25 元，均衡熟练为 12 万人。(详见刘玲玲编著:《公共财政学》，清华大学出版社 2002 年版，第 58 页)。

（二）外部负效应对资源配置的影响

也可称成本外部化，这是指交易双方之外的第三者所带来的未在价格中得以反映的成本费用。这种资源配置及生产会形成私人成本小于社会成本的态势，若企业大量生产产品，却由社会承担其一部分成本，从某种程度上导致社会福利丧失、环境污染等问题，具体讲有三种情况：一是外部边际成本不变；二是外部边际成本随着产量的增加而递增，因此随着产量的增加外部破坏会越严重；三是外部边际成本随着产量的增加而递减，并最终为零。当然现实中这种情况几乎不存在（见图 2 - 14 ~ 图 2 - 16）。

在图 2 - 14 中：（a）设 X 轴为产量，Y 轴为边际外部成本。假定外部边际成本固定不变，此时 MEC（外部边际成本）为一条直线，这说明外部性所导致的总成本以不变比率上升。（b）设 X 轴为产量，Y 轴为总外部成本。此时 MEC（外部边际成本）表现为一条斜率为 ΔTEC/ΔQD 的斜线，外部总成本将随着产量的变化而变化。

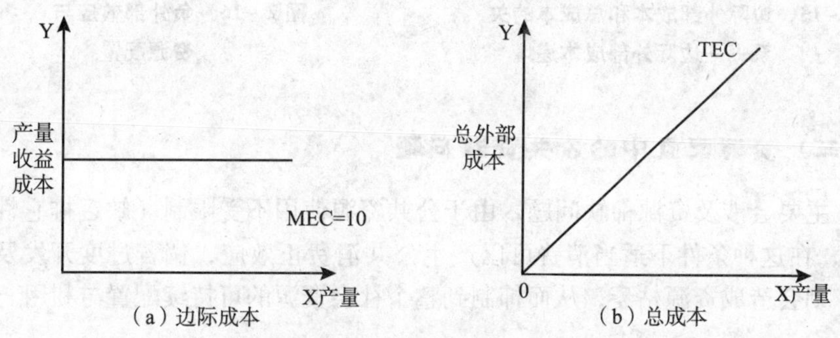

图 2 - 14 边际外部成本和总成本的关系——边际外部成本不变

在图 2 - 15 中：设 X 轴为产量，Y 轴为产量收益成本。此时，MEC（外部边际成本）是一条向右上方倾斜的曲线，意味着高水平产量比低水平产量对第三者带来的边际损害更大，总外部成本（TEC）不仅随着产量的增加而增加，而且增加的速度是递增的。

在图 2 - 16 中：设 X 轴为产量，Y 轴为价格收益成本。假定在完全竞争市场条件下，即价格不受操作，市场将自动在 A 点形成效率均衡点，它由供给曲线 MPS（私人边际成本）与需求曲线 MSB（社会边际效益）所决定。假定外部边际成本不变，厂商的产品决策中并没有考虑外部边际成本，A 的均衡就建立在 MPC = MSC 之上，但由于负外部效应的存在，此时边际成本等于边际私人成本与边际外部成本之和，即 MSC = MPC + MEC。从全社会的角度看，效率均衡点应该在 B 点，因为要实现资源配置效率，厂商的生产必须满足均衡条件 MSC = MPC + MEC = MSB。此时，避免了阴影部分△ABG 负外部净效应的发生。因此，相对于 B 而言 A 点所决定的产量是无效的。

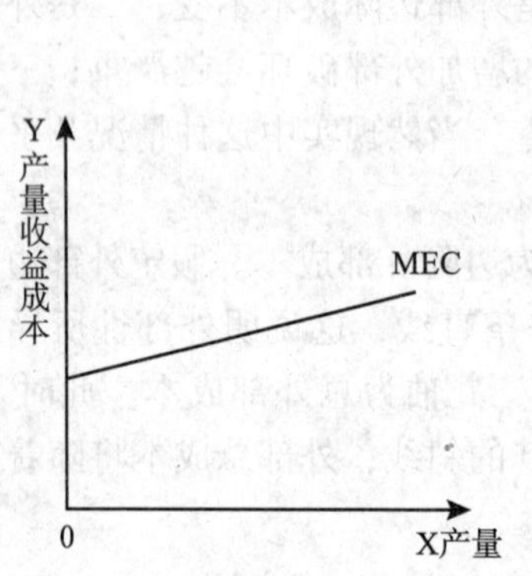

图 2－15 边际外部成本和总成本的关系——边际外部成本递增

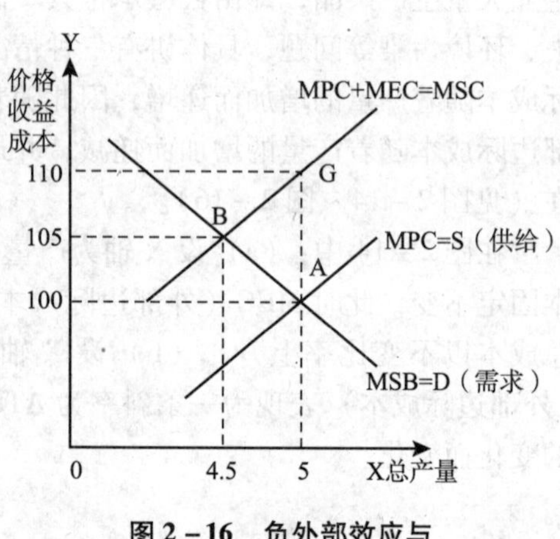

图 2－16 负外部效应与资源配置

（三）资源配置中的公共资源问题

它主要会涉及资源稀缺问题，由于公共资源使用不受限制（缺乏排它性的所有权），在这种条件下适当消费可以产生公共消费正效应，倘若过度开发及无序竞争，则会造成资源枯萎，从而抑制到整个社会资源的可持续配置与利用。

四、外部效应的调节

外部效应产生于社会经济的各个方面，超越公共管理范畴，因此，既有市场性校正、也有政府性校正。

（一）市场机制矫正

私人经济产生外部效应是市场经济的必然结果，当然既有正效应也有负效应，这时候的政府调节，以不破坏市场效率、提高社会效益为基础，一方面通过调整经济规模、调节产权形式为基础鼓励企业成本内部化，抑制外部效应；另一方面以政府导向诸如补贴、税收优化等形式为基础抑制成本外部化，给企业以必要的补助。

1. 一体化与外部性矫正

当存在外部效应时，初始的交易双方表现为一方受益；另一方受害。一体化的做法是通过将受利益影响的双方全部纳入利益框架内，将外部成本或收益内部化，从而矫正外部性带来的效率损失。

最初是英国经济学家詹姆斯·E·米德对其进行了比较系统的研究。他认为外部性是指某个人未参与某项决定的决策，但他的利益却受到该决定的或好或坏的影响。因此，矫正的最明显的一个方法就是对社会的组织制度进行重组使利益受到某项决定影响的人，在作出决定的时能作为参议者发挥作用，如调整公共品价格之前（公交车调价、水调价），邀请受影响者参与价格听证会，这时政府与公民以同一利益体的身份平等地商议价格问题。

2. 科斯定理及外部性矫正

20世纪60年代前，经济理论界认为在处理外部性过程中应该引入政府干预，对外部性不经济行为予以课税或惩罚；对受外部性侵害者则给予补偿。科斯（R. H. Coase）初次提出从"产权界定与安排"角度解决外部性的问题（实质上提出了以产权界定调节资源配置的伟大思想），并因此而获得诺贝尔经济学奖。

他在1960年发表的《社会成本问题》一文中提出：如果私人各方可以无成本地就资源配置进行协商，那么，他们就可以自己解决外部性问题。（只要有人被授予财产所有权，不论是谁，问题就能得到有效的解决办法。这一结论被称为"科斯定理"。）

他以"走失的牛损坏谷物生长"这个经典范例来说明这个问题。他看来，人们一般将外部不经济性视为甲给乙造成的损害，因而所要决定的是：如何禁止甲？但这是错误的。这一问题实际上具有相互性，即避免对乙的损害将会使甲遭受损失，必须决定的真正问题是，允许甲损害乙？还是允许乙损害甲？关键在于避免比较严重的损害。科斯强调，在设计和选择社会分配格局时应当考虑总的效果。结论是：在交易费用为零的条件下，外部性可以通过产权界定与市场交易予以消除，实现产值最大化。斯蒂格勒根据其理解认为：著名的科斯定理实质上是在完全竞争条件下，私人成本等于社会成本（见图2-17）。

在图2-17中：设X轴为产量，Y轴为价格。假定河流上游有造纸厂，下游有一家水产厂，如何实现效率均衡呢？

一种角度是假定河流产权属于造纸厂。首先，如果造纸厂能得到一笔款项大于它生产边际单位产品所带来的净收益（MB-MPC），那么它就愿意多放弃这一边际单位产品的生产。其次，只要水产厂付出的款项小于它的边际损害MD，那么它就愿意为造纸厂放弃单位产量的生产而付款。最后，只要水产厂愿意支付的款项大于造纸厂放弃的生产导致的损失，双方交易的可能性就存在，用 MD >（MB - MPC）来综合表示上述条件，即产量为 Q_1 时，MB - MPC = 0，MD 为正数，因此，满足条件 MD >（MB - MPC）。双方教育的可能性存在。因此，在效率均衡点 Q_2 右边的任一产量，水产厂愿意支付的款项大于（MB - MPC），而在 Q_2 左边的任一产量，造纸厂愿意削减产量而向水产厂所要的钱财大于水产厂愿意付出的款项。因此，双方最后交易的结果就在 Q_2 形成效率的均衡点。

另一种角度是假定河流产权属于造纸厂。那么此时造纸厂要排污水入河就必须向水产厂付费用。而且只要水产厂得到的宽限大于污水对其造成的边际损害 MD，水产厂就愿意接受造纸厂的排污要求。当然，造纸厂认为支付的款项小于边际产量（MB - MPC）的价值时，它认为为生产权而付费是值得的。同理，双方也在 Q_2 点形成均衡。

（二）政府对外部性的矫正

1. 政府直接管制

政府管制是指政府通过适当的管制机构进行直接的管理和控制，违法者要受到相关法律的制裁，其基本要义是标准必须由政府立法制定，一旦制定后企业和个人就形成一致遵守的管制环境（见图 2 - 18）。

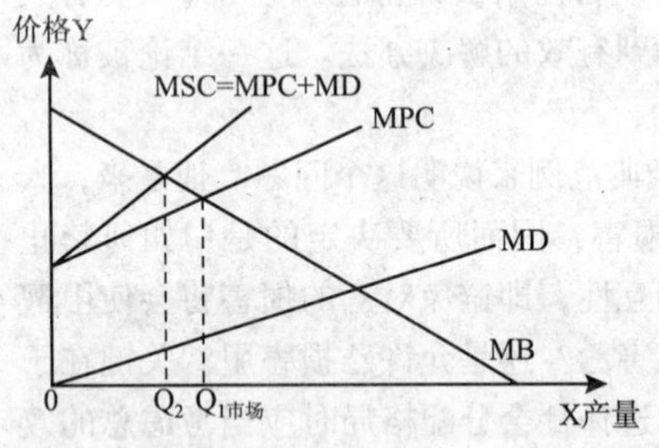

图 2 - 17　科斯定理图解（外部性矫正）

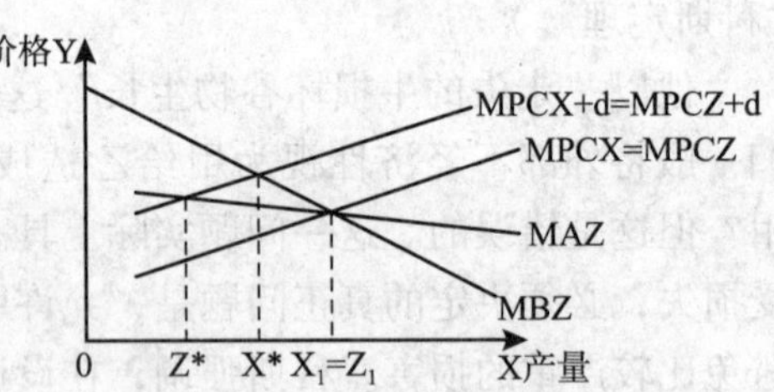

图 2 - 18　政府直接管制及矫正

在图 2 - 18 中：设 X 轴为产量，Y 轴为价格。MB_X 和 MB_Z 分别为 X 和 Z 的边际收益曲线，依据各自的决策原则，它们在 $X_1 = Z_1$ 处形成均衡，实现了利润极大化。假定在社会总产出达到效率总产量时，造成的边际损害为 d，政府要求削减产量，各自按照效率的原则，X 厂和 Z 厂分别在 X^* 和 Z^* 处形成效率均衡。显然，因为政府的要求，各自削减的数量 Z 厂大于 X 厂。（它告诫我们，政府执行消减产量这种直接管制政策，应该依据不同厂商的不同边际收益线和边际成本线执行，“一视同仁”的管制标准未必有效。）

2. 矫正性税收

矫正性税收是实现外部效应内在化的一种重要手段。其核心在于用税收来弥补私人成本和社会成本之间的差额。其思想可直接追溯到经济学家庇古，因此也称为“庇古税”。例如，化学工厂给社会造成了污染，假定单位产出的边际外部成本 =10，矫正性税收就征 10，因为征收的作用，生产者在生产决策时将面临边际成本上升的压力，因此，供给曲线将由 S 上升到 S′，这时候，市场效率的均衡点也由 A 移动到 C，此时，化肥的市场价格为 105，数量由调节前的 5 减为 4。图中阴影部分即为税收总额，恰好等于外部总成本。此时，污染为零，社会获得△ABC 的净收益。这实际上就是在发达国家开征的“环保税”或称“绿色税收”。当然，在征收时也面临着一些新的挑战，怎样测算污染？污染量多大？但是方向是正确的（见图 2 – 19）。

在图 2 – 19 中：设 X 轴为产量，Y 轴为价格。仍以造纸厂的污染为例，假定单位产出的边际外部成本 MEC = 10，矫正性税收就为 T = MET = 10。因为税收的作用，生产者在生产决策时将面临边际成本上升的情况，因此供给曲线将由 S = MPC 上升到 S′ = MPS + T = MSC，市场效率均衡点也由 A 点移动到 C 点。此时，纸的市场价格为 105，数量由此前的 5 降为 4，图 2 – 9 中阴影部分 FCJH 即为税收总额，恰好等于外部总成本，即由于均衡效率产量下降到 4，污染成本的价值也下降了，其总额恰好等于外部总成本，此时污染率等于零，社会获得△ABC 的净收益。

——矫正性补贴

与矫正性税收不同矫正性补贴是政府为使消费者在进行决策时将边际收益或外部边际成本考虑近来而采取的一种支付政策（见图 2 – 20）。政府补贴降低了企业或个人的边际生产成本，从而使供给量在一定价格下扩大，达到提高资源配置效率的目的。

在图 2 – 20 中：以疫苗接种为例，设 X 轴为数量，Y 轴为价格。假设每个人接受疫苗接种的边际外部收益为 20 单位，政府宣称对此进行负责并进行财政补贴。这一行为使每支疫苗接种的边际外部收益为 20 单位，对疫苗的需求由 D = MPB 移动到 D^* = MPB + 20 = MSB，市场均衡点由 U 点移动到 V 点，价格变为 30 单位，但对于个人而言则降 10 单位，12 单位的数量为效率均衡数量，阴影部分 RVXY 是因为财政补贴而增加的福利。

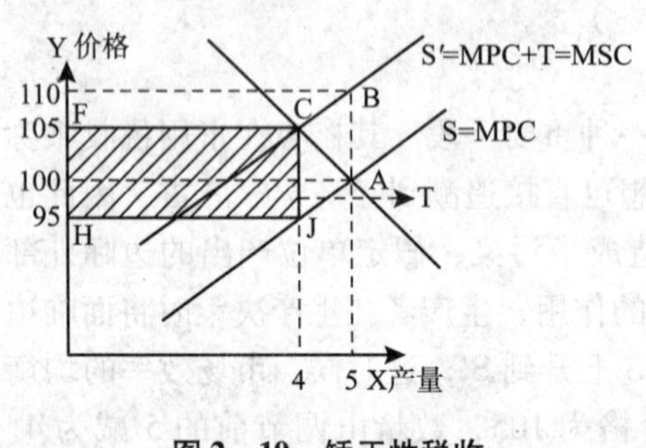

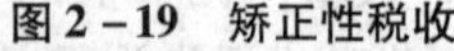
图 2－19　矫正性税收

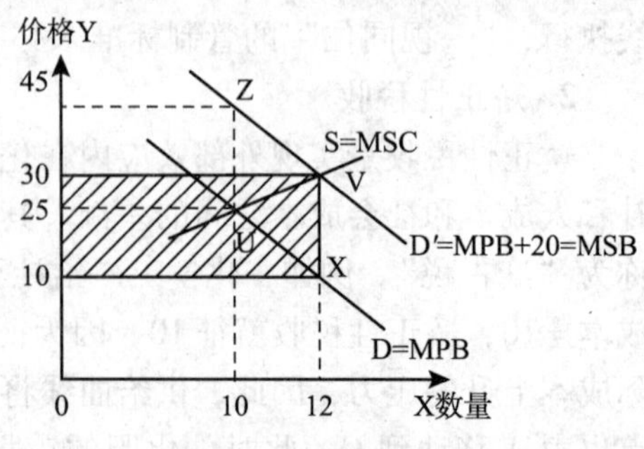

图 2－20　矫正性补贴

3. 法律禁止

公共品配置作为政策的基本经济行为，也不可避免地存在着外部正效应及外部负效应，它作为政府的自身利益行为，具有自我体制调节与博弈选择的策略。就此而言，政府在供给公共品时，也存在着对公共品外在性的调节：首先是根据社会经济发展的需要，根据外部正负效应的变化规律及趋势，不断优化调整政府、市场的分配界限；其次是科学分析财政分配对经济调节所产生正负效应的影响，积极地优化各种财政分配手段的配置。

（三）政府与市场：外部性矫正协同作用

显而易见，在市场性资源配置中，现代政府最重要的调节职责之一就是提高资源的配置效率，追求目标效应与理想效应的统一：（1）优化政府与市场的配置范畴是提高资源配置效率的基础；（2）政府要有意识地抑制成本外部化、效益内部化，促进社会福利最大化；（3）通过不断的制度调整乃至产权界定舒缓资源配置中的各类外在性矛盾（见图 2－21）。

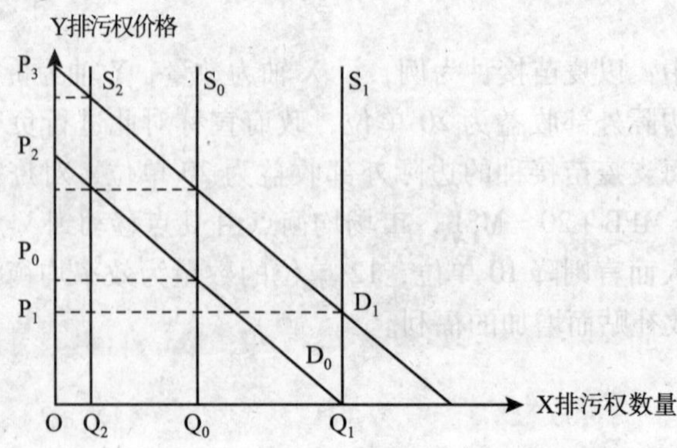

图 2－21　污染权供给和需求变动对价格的影响

在图 2－21 中：设 X 轴为排污权数量，Y 轴为排污权价格。D_0 与 S_0 处于均衡状态（政府排污许可证的发放在一定时期内是不变的，因此供给几乎无弹性），Q_0 为均衡数量。假设有新的排污企业进入，使得 D_0 外移到 D_1，则排污价格从 P_0 上升到 P_2，P_2 和 P_2，P_2P_0 是新企业必须支付的成本，如果政府进一步缩小许可证发放，则其成本越高（达到 P_3P_0）。

外部效应理论规范着财政调节的判断标准，实际上规范着财政支出、税收、公债、财政体制乃至财政政策的调节方向（见表 2－4）。

表 2－4　外部效应理论对财政诸领域的理论支撑

	外部效应理论
财政支出	扬正抑负，通过补贴、贴息实施调节
税收	矫正性税收：征收高额消费税，关税调节
公债	定向公债实施产业支持
财政体制	将具有负的外部调节的收支权限向中央集中
财政政策	实施外部导向性政策调节

第三节　公共选择理论

公共选择（public choice）就是通过集体行为和政治过程来决定资源在公共品间的分配。它是指人们选择通过民主选择过程来决定公共品的需求、供给与产量，是把个人私人选择转化为集体选择的过程或机制，是对资源配置的非市场决策。

一、公共选择及特征

市场配置资源是通过供需决定的价格机制而进行的。供需通过价格信号反映资源的稀缺与消费者的偏好，属于一种私人选择（或称市场选择）。而政府配置或调节资源的机制是难以市场化的，只能通过间接的民主选择制度来实现，即公民选举代表，代表再就公共分配行为进行投票表决。

（一）公共品偏好及选择的影响因素

选择是以个人的基本利益为出发点的，他受着经济、社会、文化等因素的影响，比如，富裕阶层比中产阶层和贫困阶层更偏好较高的公共品开支，这是由于个人生活水平的提高，对以公共品为供给基础的医疗、教育、安全等要求不断提高，对文化、文娱、环境等要求不断提高（见图 2－22）。

在图 2－22 中：设 X 轴为公共品数量，Y 轴为效用，偏好曲线 P，对社会不同阶层排队，富人比中产阶级和穷人更偏好较高的公共品开支，即 $P_{富人} > P_{中产阶级} > P_{穷人}$。

（二）政治均衡与公共选择

政治均衡是指人们在一定的投票规则下就一种或多种公共品的供给及其成本分摊达成的一致协议。一般，该项公共品分配给他带来的边际收益大于或等于他所承担的成本，那么，他投赞成票的概率就高，显然，公共选择往往与个人利益紧密相关（见图 2－23）。

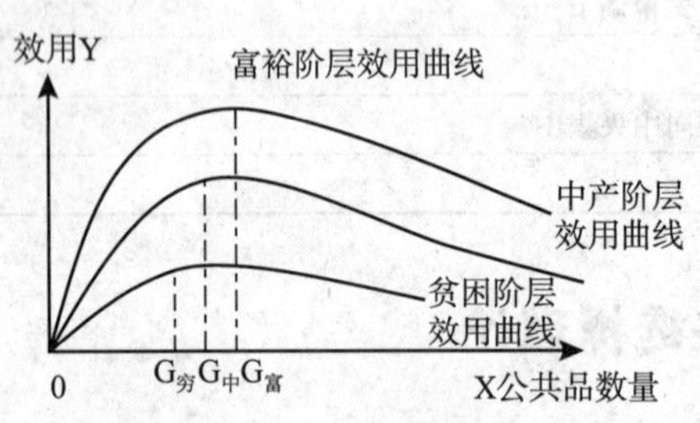

图 2－22　不同阶层的公共品偏好

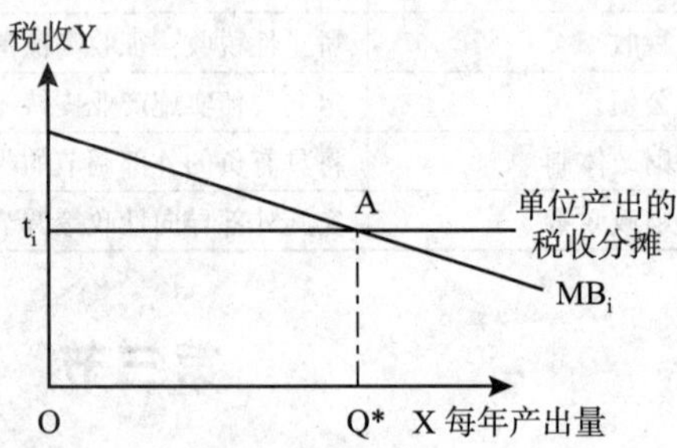

图 2－23　投票人理想的政治均衡结果

在图 2－23 中：设 X 轴为每年产出量，Y 轴为税收，MB_i 是投票个体对公共品给他本身带来的边际收益的主观评价，而 t_i 则是其必须为此公共品所承担的成本分摊（用税收表示），在 A 点，投票的净收益最大，均衡实现条件是 $MB_i = t_i$。而在 Q^* 左边，尽管投票人也投赞成票，但净收益小于 Q^* 时的净收益，但在 Q^* 右边，投票人境况明显变坏。因此，最优均衡点落在 A 处，即提供 Q^* 的公共品对个体投票者来说是最划算的。

（三）市场选择与公共选择的差异

——资源配置领域的差异。市场选择通过供求规律及价格选择私人品，它侧重于市场有效竞争领域；公共选择通过民主政治程序及公民意愿选择公共品，它则侧重于市场失灵领域。

——决策原则的差异。市场选择基本上是遵循自愿交换原则进行选择，而公共选择则需要遵循民主抉择，强调少数服从多数，局部服从全国的原则。

——成本—消费补偿方式的差异。市场选择以个人支出补偿选择的产品价值，形成对应的消费支出补偿关系；公共选择以非对称税收补偿公共消费，不存在一一对应的消费支出补偿关系。

——决策时效的差异。市场选择简单、规范因而迅速及时；公共选择因政治程序复杂、影响因素众多而决策复杂相对缓慢。

二、公共选择理论及历史演进

公共选择理论是最近40年欧美经济学界逐渐兴起的一个新的研究领域，它是现代民主政治制度的经济化演进，鉴于利益选择有市场选择和非市场选择，因此，也可将其定义为非市场决策的经济学选择。

公共选择的研究对象是非市场决策和公共决策，以经济学理论假设为工具，重在解决政府决策失灵和政府行为的局限性。

（一）公共选择理论概述

从历史的角度看，公共选择理论曾走过轰轰烈烈的历史，可以讲，卢索的人民主权学说、汉密尔顿的分权制衡思想、布坎南（J·Buchanan）的公共选择论，乃至布罗姆利的公共政策理论，一脉相承，共同构筑起民主宪政的公共政治与公共经济的基本理论框架。当然这里也蕴涵着公共利益的民主选择与非民主选择之争。

孔多塞、布莱克（现代公共选择之父）、布坎南逐步建立起公共选择的基本理论体系。

1. 公共选择理论及其完善

如前所述，公共选择理论开辟了非市场选择的坦途，奠定了市场经济条件下政府选择的理论基础，而且其理论体系不断的丰富与完善，从政治角度考虑，它是人民主权论、权力分立与制约理论、代议制理论的有机结合；从经济角度考虑，则是以公共选择寻求成本效益最佳结合、市场补充最佳和追求社会福利的最大化。

当然，现代公共选择理论则有其特殊的经济背景。亚当·斯密开创了市场经济，他推崇自由放任，相信自由竞争能够实现供求的基本平衡，使得以自由为核心的“自然秩序”观念深入人心，但是1929~1931年的世界经济危机打破了自由经济的田园牧歌。这时凯恩斯主义兴起，国家干预主义从外部性、市场失灵、公共品提供、垄断等问题出发，论证了政府干预经济的必要性，从而提出了“全面干预”型政府。但是20世纪70年代，世界经济又普遍陷入了“滞胀”（stagflation）之中，使凯恩斯主义进退两难。这时，人们对市场与政府面临两难认识，公共选择开始成为人们的理想，公共意识是最现实的，它涉及“市场与政府”分工与强度的选择，公共品分配关系的选择，等等。

2. 阿罗不可能定理

就公共品的公共选择及有效供给，1951 年阿罗在其《社会选择与个人价值》一书中提出了公共选择及供给不可能优化定理。

他认为从个人偏好推导社会偏好需要 5 个条件：个人理性原则、选择方案独立原则、帕累托准则、非个人独裁原则和定义域的非限制性假定。实践证明“任何社会选择规则，要同时满足上述所有五个条件是不可能的”。这就是统称的“阿罗不可能定理”。通俗地讲“集体决策很可能要么无法做出，要么就是什么地方不合理”。阿罗不可能定理引发了人们对国家宏观调节效率的进一步思考。

3. 公共选择的缺陷：政府失灵与建立现代官僚制

市场失灵通过科学的公共选择和政府干预予以校正，但是公共选择也存在着某些缺陷——政府失灵，它与市场失灵一样，又成为政府推进市场选择的前提。

（1）公共选择中之政府失灵。如前所述，它主要表现在六个方面：①信息有限；②市场应变力有限；③普遍存在官僚主义；④决策程序复杂制约着调节效率的提高；⑤官僚体制和寻租行为；⑥难以根本避免“搭便车”与“囚徒困境”问题。公共品配置的理想是实现“林达尔均衡”，实现社会福福利的最大化，但是，上述许多机制性缺陷是难以简单逾越的，即使建立了一整套民主制度，但政府的官僚体制也难以简单地提高决策效率。

（2）建立现代官僚体制。为了消除政府失灵，马克斯·韦伯就此提出了理想的“官僚制”理论，其实质在于以科学、法定的制度规范作为政府行为的基本约束机制，他提出：①政府分工应被分解为固定的行政管辖区，在劳动分工的基础上，规定岗位的权利和责任，把这些权利和责任作为明确的规范加以制度化。②按照不同职权确定其在组织中的地位，形成有序的等级系统，以制度形式固定下来。③明确规定职位特性以及该职位对人应有能力的要求，按资格选人。④官员根据制度赋予的权利处于拥有权力的地位，原则上所有人都要服从制度规定，不是服从于某个人。

（二）现代公共选择理论

布坎南作为现代公共选择理论的先驱，认为公共选择具有三个假设前提，即：个人主义、经济理性和交易政治。

1. 方法论的个体主义

将个人选择或抉择作为公共选择或集体抉择的基础，从揭示个体行为是如何通过政治过程而对集体行为及经济活动产生影响探求规律。其假设内容有三：第一，任何行为都是由一些个人做出的，某个集体行为总是由一个或多个人做出的。第二，人生来就具有社会性，任何过程都发生于人与人之间。第三，集体能够被认识，总是由行动着的个人赋予它以意义。

2. 经济人假说

他认为行动中的人是理性的效用最大化追求者，认为个人天生就具有追求效用或利益最大化的能力。公共选择理论以这一假说来说明政府及其官员的行为动机，指出政府及官员和其他人一样，即不更好，也不更坏，他们所追求的不是公共利益，而是按照成本收益原则追求自身利益的最大化。

3. 经济学交换范式

将经济学看作是一门交换的科学，用经济学交换范式来最后塑造政治模式，将政治和政治过程看作类似于市场的交换过程。

我们可以得出这样一个基本结论：资本主义经济问题的根源不在于经济领域，而在于政治过程，现代民主制度本身存在着某种缺陷，这一缺陷直接产生了各种经济问题。于是主张从政治上改革现有的政治制度，发明新的更民主的政治技术。并且将政府模式归纳为三种完全不同的模式："慈善的专制者，拥有独立利益的巨物，民主政府"，而且认为不同的政府模式决定着不同的公共选择及效果。

三、公共选择方式及规则的优化

公共选择决定着公共问题（政治、经济、军事和社会问题）的决策，在不同的政治制度下有不同的决策程序。

（一）公共选择模式

直接民主制的公共选择。公共决策由选民直接投票决定，所有选民每人一票，每个人的决策能力相当，这种决策方式称为直接投票决策。

代议民主制的公共选择。全体选民通过投票选举出一定数量的代表（如议员、人大代表），再由这些代表代替选民做出公共决策。这种决策方式称为间接投票法。

（二）公共选择规则

公共选择的过程实质上是一种政治均衡的过程。各国政府在宪法框架及政治选择模式的规范下，为将不同偏好人的意愿集中于统一的集体决策，提出多种决策规则。

目前比较成熟的公共选择规则有两大类。

1. 一致同意的选择制度

也称全票通过原则，他是指一项决议或议案，须经全体投票人一致赞同才能通过。理论上讲，一致同意是公共选择的帕累托效率（维克塞尔），虽然一致同意规则具有帕累托效率，参与者权利平等，一定程度上可以避免“免费搭车”，但在现实运用中，一般只能局限于少数场合或个别案例，难以成为政府选择的普遍规则。

2. 多数投票规则

它是指一项目决策须经半数以上的人赞同，才能获得通过的一种投票制度。在多数投票规则下，如果是一项或两项，就一定能够得出确定的结果，如果备选方案是多项，投票的结果就不一定是唯一的，而是取决于投票人的偏好是单峰值还是双峰值。所谓单峰偏好（single-peaked preferences），是指个人在一组按某种标准排列的备选方案中，对其中的一个议案偏好程度最高，对其他议案的偏好程度低于对这个议案的偏好程度，即离开这个议案后，无论朝哪个方向选择，其偏好都是递减的。而多峰偏好（multi-peaked preferences）则指的是当个人偏离其最偏好的议案之后，开始时其偏好程度会下降，但当沿着同一方向持续移动下去时，其偏好程度会逐渐上升（见图2－24），单锋偏好可以得出唯一选择，而多锋偏好往往不能产生唯一结果，而会导致循环筛选多数结果。

在图2－24中：设X轴为议案，Y轴为偏好率。A、B、C为三个议案，甲、乙两个公民都同意B议案，离开B议案选择后，无论是对A议案，还是对C议案，他们的选择偏好都是递减的。

在图2－25中：设X轴为议案，Y轴为偏好率。A、B、C为三个议案，甲公民同意B议案，未获得多数通过，当时感觉很失落，但看看A、再看看C，觉得也还可以，无论选择A还是选择C，他的偏好率都是递增的。

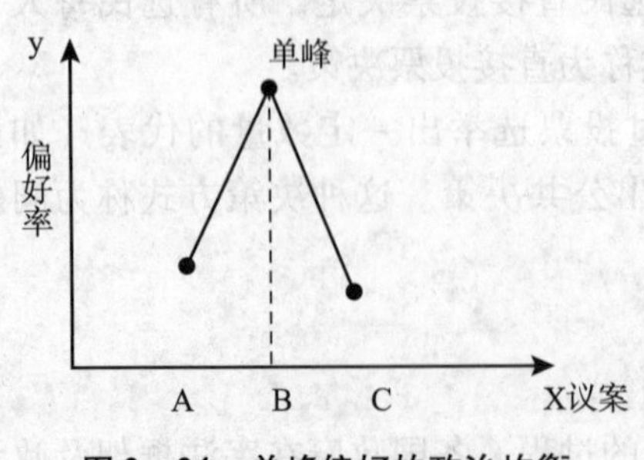

图2－24　单峰偏好的政治均衡

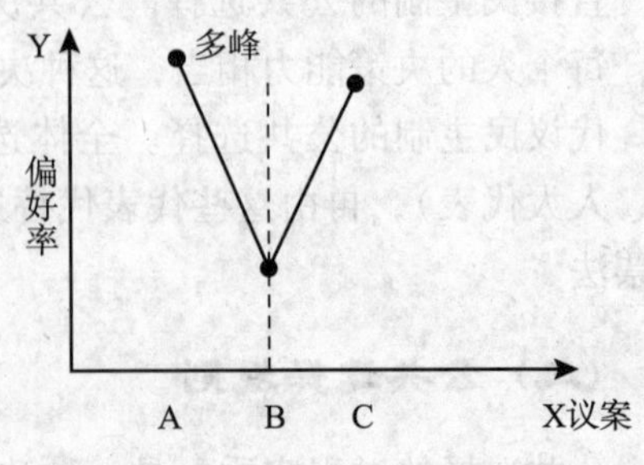

图2－25　多峰偏好的政治均衡

——投票悖论

通过公共选择确定财政分配方向及向公民提供公共品，具有提高财政分配效益的合理内涵：（1）通过公共选择实施的财政分配，可以比较集中地反映公民的偏好，起码是大多数公民的偏好。（2）通过公共选择而向公民提供公共品，其边际效益等于或基本等于公民付出的边际成本；（3）通过公共选择向公民提供公共品，在资源配置上能够尽可能地实现帕累托最优。

概括讲，公共选择理论规范着财政分配关系构成的科学性（民主性、合宪性），规范着税收、转移支付乃至补贴行为的量限、结构及分配原则，为构筑新的公共政策提供了政治、经济性的逻辑基础（见表2－5）。

表2－5　　公共选择理论对财政诸领域的理论支撑

	公共选择理论
财政支出	政府与市场供给界限的选择，公共支出规模与结构的选择，公共供给方式的选择，抉择方式的选择
税收	税收负担的选择，各产业、阶层税负的选择，税收优惠的选择
公债	公债规模、内外债比例的选择
财政体制	中央与地方财权与事权的选择
财政政策	政策类型、政策松紧度与作用重点的选择

第四节　公共资源优化配置理论

公共资源是公共品（公共服务）及公共政策的统称，包括财政支出、税收、政府担保、补贴、社会保障、政府参股等，它与市场资源共同构成整个社会资源。

公共资源优化配置理论则规范着财政的分配规则、分配功能与社会效用。追求社会分配的正义是人类社会追求的基本目标，它作为财政又一基础理论，侧重探索公共资源的优化配置，以及促进公共资源与市场资源的优化配置。

1844年，杜布衣发表了《公用事业效用测量》一书，他发现各种社会福利设施如道路、运河、桥梁等所提供的价值，较人们愿意为此等服务所提供的价格为大。因此很多人愿支付比他们实际支付的价格为高的价格，由此开启了公共品边际配置效应的研究。

随着经济的发展，马斯洛所提出的人们有层次的消费愿望中，政府调节重点逐渐在提高，从最初的以调节生存需求（设置失业保险、最低工资），向促进人们自我价值实现的充分就业发展（诸如政府采购公益岗位等），财政调节从微观走向宏观，追求不断提高公共分配调节效益。

一、公共资源配置的价值追求

公共资源配置的优化，不仅是配置范畴与选择方式的科学，还必须讲求配置规模、结构与效率的科学，它形成一个新的系统工程。

（一）公平分配准则

国民收入的分配一般遵循三个准则而进行：

1. 要素禀赋准则

依据市场规则分配，一般会产生四种情况：①你在市场上能赚多少就得多少；②你在完全竞争市场上能赚多少就得多少；③只保证你的劳动能力得来的收入；④在平等的条件下，你在完全竞争市场上你能得多少就得多少。17 世纪的自然法哲学家霍布斯、洛克等人就主张社会应该按照劳动能力决定收入分配。

2. 效用主义准则

它是由边沁提出的，它追求的是福利最大化，认为社会分配就要讲求效用，这种效用既包括总福利的最大化，也包括平均福利的最大化。

3. 平等主义准则

主要涉及三个内容：①福利均等化；②在最低水平的福利确定后的要素禀赋准则；③使最低收入阶层的福利最大化。

（二）公共再分配准则

所谓社会再分配，显然是在要素分配与最终分配之间，加入政府的再分配，公共再分配提倡如下的原则：（1）坚持公平、效益兼顾的原则。以弥补单纯市场缺陷为出发点，坚持公平效率相互兼顾，效率为基础、公平为目标，提高社会分配效率。（2）依法分配的原则。以公共选择作为政府分配的选择，以法律规范政府分配行为，保证公共分配的公正、公开与合理。（3）坚持提供均衡公共服务的原则。即为公民提供大致均衡的公共服务。

（三）社会福利最大化

但是，在现代市场经济中的公平原则，讲求的是在资源有效配置上的社会福利最大化，即有效配置要兼顾自然禀赋缺陷、生存尊严等社会因素，使社会财富发挥最大的社会效益，就要考虑公平。避免分配过于悬殊、财富过于集中，使效率惠及整个社会。例如我们在宏观经济中常用这样一些指标考察经济分配状态：洛伦兹曲线（Lorenz curve）、基尼系数（Gini coefficient）和恩格尔系数。辩证地讲，效率是基础和源泉，效率产生社会财富及提供公平的机会，而公平是结果，在社会成员间合理地分配财富，它们共同决定着社会经济发展的质量。

二、公共资源配置的经济学分析

除公共资源与市场资源根据市场需要与公共意愿合理配置外，公共资源领域内的优化配置，研究最多的是：（1）公共需求递减规律（财政补贴、社会福利等），随着财政供给的增加，其所发挥的社会经济效率在递减，只有不断提高内在激励和制约才能抑制效率的下降，仰或转换分配方式。（2）公共品配置效率最大化规律，根据财政消费规律和消费递减规律，寻求最佳公共供给界限。（3）公共品配置的系统配置。在一定的供给范围下，根据人口、区域、经济发展水平及相关社会经济条件，优化配置公共资源，以最少的投入追求最佳的公共资源配置效率（见图2－26）。

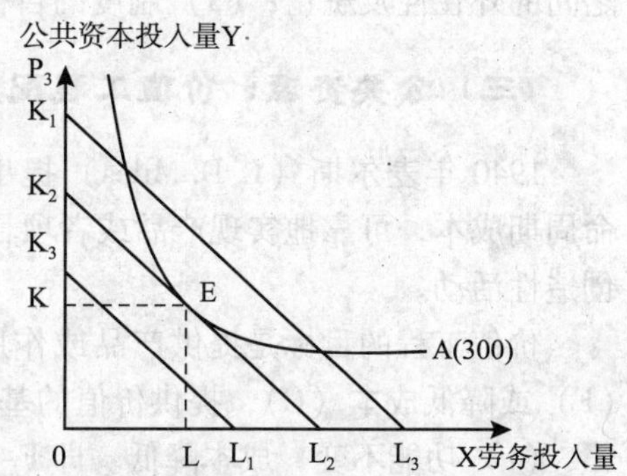

图2－26 公共资源：要素最佳组合

在图2－26中：设X轴为公共劳务投入量，Y轴为公共资本投入量。A曲线为生产300单位公共品的等产量，A_1L_1、K_1L_1、K_3L_3分别代表TC_1、TC_2、TC_3的不同的等成本线。这时300单位公共品的最低成本线在E点，这就是公共品供给的最佳组合点。

三、公共资源：系统优化

公共资源优化配置涉及两个方面：即公共资源与财政制度的优化配置。

（一）公共资源配置系统优化

也即按系统工程（systems engineering）方式探索公共资源的优化配置。其实质是以社会需求为系统探索优化财政分配，以期达到总体效果最优的理论与方法。其目的是解决总体优化问题，从复杂问题的总体入手，认为总体大于各部分之和，各部分虽较劣但总体可以优化。

诸如它涉及：（1）公共支出的系统配置，考虑面积、人口、性别、民族、发展水平、价格等因素，各类公共资源的供给规模和水平；考虑各类公共资源（行政、教育、公安、医疗）的比例；考虑每类公共资源内在结构，如各类教育资源、医疗资源内在结构的优化。（2）税收负担的系统优化，各产业、各地区、各阶层税收负担的系统优化；各产业、各阶层各类税收负担的系统优化。

（二）制度的规范与调节

制度设计中考虑制度影响与制约，减少制度性掣。两利相衡取其重，两弊相衡取其轻。主要探索这样一些规律：（1）制度规范范畴的合理分工；（2）制度之间的外在性及矫正；（3）制度的目标与手段的协调性。

（三）公共资源：价值工程配置

1940 年麦尔斯（L. D. Miles）提出的。所谓价值工程（VE）是以最低的寿命周期成本，可靠地实现产品或者项目的必要功能，着重于功能分析的有组织的创造性活动。

价值工程的目标是提供产品或作用的价值（V），而不是单纯追求提高功能（F）或降低成本（C），提供价值的基本途径有以下五种途径：

（1）功能不变，成本降低。即 $F\rightarrow/C\downarrow=V\uparrow$

（2）功能提高，成本不便。即 $F\uparrow/C\rightarrow=V\uparrow$

（3）功能提高，成本降低。即 $F\uparrow/C\downarrow=V\uparrow$

（4）功能略降，成本大降。即 $F\downarrow_{小}/C\downarrow_{大}=V\uparrow$

（5）功能大增，成本略增。即 $F\uparrow_{大}/C\uparrow_{小}=V\uparrow$

当然，以价值工程原理探索公共资源的优化配置刚刚起步，需要考虑供给品的技术、经济、环保等综合因素（见表 2－6）。因此，是一个非常富有挑战性的理论领域，亟待新人的深化探索。

表 2－6　　公共资源优化配置理论对财政诸领域的理论支撑

	公共资源优化配置理论
财政支出	考虑面积、人口、物价、经济发展水平、年龄和民族结构，考虑各类公共服务比例协调之上提供大致均衡的公共支出
税收	制度设计时考虑产业、公平效率兼顾及社会和谐发展
公债	财政流动性与市场流动性；公债与私债的协调
财政体制	财力在各级政权、各区域之间的合理配置，信息与效率的对称
财政政策	协调财政收支占国民收入的比例；财政供需促进社会总供需的平衡
国有资产	弥补市场资本配置的缺陷；保护国家核心竞争力；促进社会资源持续稳定的优化配置（合理进出）

公共资源优化分配理论构筑起财政效应判断的价值标准，规范着财政分配、调节与制度设计的方法论基础。

综上所述，它们作为公共财政的理论思维与逻辑起点，奠定了财政的本质、职责、科学抉择及分配目标的理论基础，构筑起公共财政学的理论框架，并且与市场经济的基本规律优势互补，促进着整个社会经济的有序运转（见表2-7）。

表2-7　市场与政府：内涵与遵循的内在规律

	市　场	政府调节
内涵	以市场为资源配置的基础	弥补市场缺陷、促进资源“公平、效益”统一的配置与分配
理论基础	价值规律 供求规律 竞争理论	公共品理论 外部经济理论 公共选择理论 公共资源优化配置理论

案例分析

案例2-1　黄牛为什么没有绝种？

在整个历史上，许多动物的物种都遭受过灭绝的威胁。当欧洲人第一次到达北美洲时，这个大陆上的野牛的数量超过6000万头。但在19世纪期间猎杀野牛如此盛行，以至于到1900年，在政府开始保护这种动物之前，只剩下400头左右了。在现在的一些非洲国家，由于偷猎者为取得象牙而捕杀大象，大象也面临着类似的困境。

但并不是所有具有商业价值的动物都面临着这种威胁。例如，黄牛是一种有价值的食物来源，但没有一个人担心黄牛会很快绝种。实际上，对牛肉的大量需求看来保证了这种动物会继续繁衍。

为什么象牙的商业价值是对象牙的威胁，而牛肉的商业价值却是黄牛的护身符呢？原因是大象是公有资源，而黄牛是私人物品。大象可以自由自在地漫步而不属于任何人。每个偷猎者都有尽可能多地猎杀他们多能找到的大象的强烈刺激。由于偷猎者众多，每个偷猎者很少有保留大象种群的激励。与此相反，黄牛生活在私人所有的牧场上。每个牧场主都尽极大的努力来维持自己牧场上的牛群，因为他能从这种努力中得到利益。

政府试图用两种方法来解决大象的问题。一些国家，如肯尼亚、坦桑尼亚和乌干达，已经把猎杀大象并出售象牙作为违法行为，但这些法律一直很难得到实施，而且大象种群在继续减少。与此相反，另一些国家，如博茨瓦纳、马拉维、纳米比亚和津巴布韦，通过允许人们捕杀大象，但只能捕杀自己所有的大象而使大象成为私人物品。土地所有者现在有保护自己土地上大象的权利，结果大象开始增加了。由于私有制和利润动机在起作用，非洲大象可能在某一天会像黄牛一样，摆脱灭绝的威胁。

资料来源：〔美〕曼昆：《经济学原理》，北京大学出版社2007年版。

编者按：

人们的行为主要以利益为导向，因此，以产权为基础引导和规范社会行为，往往可以解决许多常规难以解决的矛盾，诸如，经济发展与环境保护，个人利益与社会利益，现实利益与长远利益的矛盾。

个人利益与产权，从根本上打通了各种对立矛盾的利益梗阻，把经济层面的矛盾变成了哲学上的对立统一，使人们的选择建立在个人各种利益平衡的选择上，避免了非此即彼的简单性市场选择，形成了自身利益的综合平衡选择，牛是可食的，但如果是我的，我首先必须保障永远有牛，长期牟利的前提下，才能杀掉以食之，自觉的保护与可持续的享用结合在了一起。这就是经济学的奥妙。

案例2-2　石油永远不会用完
（吃不完的免费开心果）

“经济学原理”的选修课上，老师提了一个问题：“据统计，现在地球上还有6583000000千加仑的石油，而我们现在每年用掉150000千加仑的石油，那么我们多长时间会用完呢？”

答案是：永远也不会用完！

“为什么呢？”大家不解地问。

老师笑了笑：“如果我有一个大仓库，里面装着很多很多的开心果，你们每个人都可以到我的仓库里吃免费开心果，而且还可以带朋友一起来吃。只是有一个要求，你们要把吃完的果壳都留在仓库里。那什么时候这个仓库里的开心果会被吃得一颗不剩呢？”有位同学立即站起来，回答道：“永远也不会。”老师说：“答对了！”

让我们来看一看奥秘。在开始时，大家一定呼朋唤友经常一起光顾。于是，仓库里的开心果越来越少，果壳却越来越多。随着果壳的增加，大家发现开心果越来越难找了。

这时候，大家开始权衡：是来这儿花很多的时间、精力，寻找半天吃几颗免费的开心果呢，还是自己花钱去买呢？答案显而易见。越来越多的人选择自己去买而不再继续寻找，致使那些难以寻找的开心果被永远存留下来。

当得到一种商品或资源的成本超过另一种时，人类会自然而然地选择更经济和节约的方式来达到目标。石油也是如此，当人们开采石油的难度达到一定的程度后，另一些能源必然会被选择并取代石油。这就是经济规律。

资料来源：《大科技·百科探索》2008 年第 4 期，作者：李君印

编者按：

成本与效益是人类开发自然所遵循的基本规律。随着边际成本的提高，即使预期目标价值再高，当投入成本过高时，投入产出效率就不合算了，人们就会放弃追求目标价值。

案例 2-3　经济民主摆上意识日程

8 月 28 日，十一届全国人大常委会第四次会议分组审议了 2007 年中央决算报告以及中央预算执行和其他财政收支的审计工作报告，全国人大常委、民建中央副主席、经济学家辜胜阻在审议时指出：人大民主制度最重要的是预算民主。预算民主指的是政府的收入和支出预算应该遵循民主原则，将政府所有的收支行为都置于人民的监督之下，按照人民的意志和要求，公平、合理、科学地发挥效用。预算民主要进一步健全人大的预算监督和审查制。

一是实现全口径政府预算管理，强化预算的完整性。当前，包括社会保障收入、土地收入、国有资产收益等大量的预算外资金和制度外资金存在破坏了预算体系的完整性，导致政府资金使用缺乏统一性，形成“预算之外有预算、制度之外有制度”的管理格局，强化了部门利益，弱化了规范的监督管理，加重了社会经济负担，还为重复建设、挤占挪用、腐败浪费等行为提供了条件。有专家估计：2007 年各级政府纳入预算的资金是 5 万多亿元，而实际收入估计是 8 万多亿元。为此，需要在建设和完善公共财政体制过程中，通过将非税收入纳入预算内、建立社会保障预算等措施，完善国有资本经营预算制度，加强金融国有资产的管理，建立覆盖整个政府收支的预算体系。二是提高预算管理的约束力，强化预算刚性。强化法制约束，将预算管理监督各环节全部纳入法制化和规范化管理的轨道，消除“人治”痕迹；强化对预算执行者的约束，克服预算执行随意性，将预算刚性执行的效果直接与政府官员的考评挂钩。继续推进细化预算科目的工作，提高预算编制的规范性和科学性，增强可操作性，降低预算执行受人为因素干扰的频率。改革国库管理体制，收紧财政资金收付权限。三是完善预算管理和监督体系，强化预算的透明度。预算民主是完善人大制度、发展民主政治的重要内容，人大应该把预算审查和监督放在更加重要的位置。进一步完善预算法，明确和细化人大的预算监督权力，提高监督的专业水平。同时，要探索建立向社会公众定期、定例公布详细的预算信息的制度，扩大广大纳税人对预算管理的知情

权，使他们能够充分了解、讨论、监督预算，提高预算的透明度。建立一套完整的预算报告、审查、听证、审计、评估、问责和处罚制度，在预算编制、执行和监督各环节形成权力制约和平衡机制，构建人大、政府、社会公众共同参与的多层次的预算监督体系。

编者按：

经济民主化是一个复杂的过程，需要在法律、体制、公共舆论监督、决策机制等多个方面来解决。目前，我国经济中的“非民主化”现象俯拾皆是。比如说国有经济在众多领域的垄断，就是一种典型的经济非民主化。部分超级垄断国企，不仅垄断市场，而且还在相当程度上“垄断”政策———它们能够影响甚至干预国家政策的制定。这样造成的结果，就是在国有经济垄断程度越高的领域，市场经济的特点越难以实现。

经济民主化的推动从何处入手呢？从目前形势看，财政民主——财政领域的民主化改革，是一个不错的切入点。

民主不仅不抽象，而且还具体到老百姓的生活、老百姓的生命，涉及政府的财政开支和建设投资怎么花、往什么地方花的问题；到最后，具体到地震发生时在学校上学的老百姓的孩子是最安全还是最不安全的问题。人们会说，中国还不富裕，没有钱去强化学校楼房的安全，没有钱去培养专业救援队伍。但实际的情况并不是国家没有钱，而是对政府预算没有实质监督的问题。2007 年，国家预算内的财政税收增加了 31%，达到 5. 1 万亿元，占 GDP 的 21%，相当于 3. 7 亿城镇居民的可支配收入、12. 3 亿农民的纯收入。即使不包括预算外的国有土地、国有资产、国有企业收入，政府一年可以花的钱等于 3. 7 亿个城镇居民、12. 3 亿农民一年可以花的钱。从 1995 年到 2007 年，去掉通胀成分后，政府财政收入增加 5. 7 倍，城镇居民人均可支配收入累计增加 1. 6 倍，农民人均纯收入才增 1. 2 倍。

财政民主乃至经济民主内涵丰富。它要求改变目前经济领域内一切不民主、不符合市场经济的东西，如国有经济垄断、大量存在的市场准入限制，还包括与经济相关的法律和制度、公共舆论监督机制、决策机制、影响评估等多个方面，它是政治民主的基础与前提。

案例 2-4 政府就是不能赚钱 纳过了税提供公共服务应免税

中央政府近期屡次严令各部门如实申报非税收入，重申改革非税收入体系的决心，这显然是基于非税收入泛滥和无序的沉痛现实。非税收入的泛滥和无序到底到了什么程度？其实无须过多举证，相信多数人都有切身体会。小如办结婚证，大如孩子上学，几乎每享受一次公共服务，我们的腰包都要或多或少地缩一次水。公共服务收费化、高价化，几乎是一个普遍现象。

这当然没有道理。我们已经纳过税，而纳税的本质，就是预支公共服务的成本，就是定制基本的公共服务。这种情况下，政府向我们提供的基本的公共服务，就应该属于免费的。公共服务收费化、高价化，暗含的一个趋势，是政府营利化。

这很可能改变政府性质，而使政府从非营利组织，最终蜕变为营利性组织。

这正是非税收入泛滥和无序的最大危险。政府有国家暴力做后盾，如果允许政府把基本的公共服务变成盈利性活动，允许政府凭借垄断地位、国家暴力去赚钱，那么必然的结局，就是办什么公司都不如办政府来钱。这无疑是对市场经济体制、对国家统一法制的颠覆。于此就不难理解，为什么在所有发达国家，政府赚钱都是法律和道德的双重高压线。

诚然，发达国家也有非税收入，但其非税收入不过是充抵公共服务的成本，偶有盈余，也必须全部转为公益支出，谁敢从中分羹，都会成为大丑闻。发达国家能做到这点，主要是依靠一种制度文明，即对于政府财政严密的公共监督。这种严密的公共监督几乎到了天衣无缝的地步，使得政府要想从老百姓腰包多掏一分钱，都是天大的难事。

政府不能赚钱。政府的职能只是用钱，用老百姓纳的税为老百姓提供基本的公共服务。政府自身当然也有花费，但政府花费的只是维持政府运转必需的成本。通过提供公共服务，窗体底端。

公务员可以过上体面的有尊严的生活，但要通过公共服务来牟取暴利、发家致富，这在发达国家根本就是不可能兑现的梦想。

但是，非税收入的泛滥和无序，则往往造成另一种景观，那就是政府消费的扶摇直上。公车消耗，公款吃喝，公款旅游，我们的这些开销每年每项都高达数千亿元。而其主要来源，无疑都是部门的非税收入。个人直接捞钱是有风险的，但如何防止部门集体设租和寻租，防止把部门当作分肥的枢纽，通过部门利益来实现个人利益的最大化，则是现有反腐机制的一个空白地带。

部门利益集团因此逐渐坐大，非税收入则是滋养部门利益集团的主要渠道。这正是非税收入泛滥和无序导致的最严重的政治后果。部门利益集团只从自己的利益出发理解中央政府的政令，常常导致中央政府政令的变形，导致中国政治中的肠梗阻，严重损害中央政府的权威。

受害最大的当然还是民众。面对拥有公权力的部门利益集团，散漫的民众过于弱势，对跑马圈地、雁过拔毛的现象往往只能听之任之，公共服务的收费化、高价化因此不断蔓延。一个一个的部门利益集团，犹如一个一个的收费站，横亘在民众的生命通道上，加大了民众的生存成本，抬升了民众的生存压力。

非税收入的泛滥和无序对社会公正的威胁、对和谐社会的威胁显而易见。中央政府锐意改革非税收入体系，势所必然。但这并不是说，所有收费都要一律取消，有些确实该收的费还是要收，问题的关键在于规范化、制度化。要真正规范非税收入，仅靠中央政府的努力仍然不够。非税收入的泛滥和无序，本质上是对公民财产权的侵犯，本质上是一种权力红利。公民何以长期无法抵制这种侵犯，无法遏制这种权力红利，是需要我们深思的。只有当公共监督机制有效运转，当部门利益集团不仅从上遭到中央政府的重重压力，而且自下遭遇民众的重重防范，对公民财产权的侵犯因此不可能不付出天价成本，它们才会真正收敛，我们才会有月明风清的那一天。

资料来源：《南方周末》，2007年5月10日，作者：笑蜀

案例2-5　恭喜奥巴马当选美国物业公司负责人

美国各大电视网公布的初步统计结果显示，美国民主党总统候选人、伊利诺斯州国会参议员贝拉克·奥巴马在4日举行的总统选举中击败共和党对手、亚利桑那州国会参议员麦凯恩，当选第56届美国总统已成定局。（新华社11月5日）

笔者看到对此最牛的评论还是这样一个：美国总统，只不过类似我们小区的物业公司的负责人，管理美国物业。这个比喻一下子打动了我，确实，我们怎么看待物业公司的，美国人就是怎样看待自己的政府的：政府是雇来打理自己物业的，人们选举一个总统，只不过是选择一个雇工，并未从实质上减少自主权。如果这个雇工做得不好，还有类似于业主委员会的参众两院制约。治大国若烹小鲜，将美国总统比喻成一个物业公司的负责人，确实是个新鲜但给人很多启发的比喻。

想来也是，美国是个联邦国家，联邦主权来自各州政府的让渡，其中央政府在人们心中就如同我们小区居民眼中的物业公司，管理好自己的物业，但是不能侵犯业主的天然权益。你首先不能不按法律办事、侵犯州的传统权利。其次对于美国公民来说，我缴税给你，你就要替我管理好物业，我的税收就是物业管理费，我缴了费就应该获得服务，总统的使命就在于使我获得更好的物业服务。

美国总统牛不起来的关键在于，在他之外还有一个很有权威的业主委员会，这就是美国国会。这些议员类似于我们小区各幢楼一人一票选出来的，其使命就是服务业主，认真地监督物业公司是否偷懒。为了显示自己的作用，这些议员一天到晚在找物业公司的毛病，议员们这样做的直接目的在于下一次选举业主委员会时，业主们能够投自己的票，但是客观上也防止了物业的变质。

美国总统牛不起来另一个关键在于他们的体制决定其必须讲理。不要以为自己是个物业负责人，手下有个保安队就可以不将业主委员会及业主放在眼里，断水断电来对待业主。不行，总统与后两者发生矛盾，不能自己动手解决，还有个法庭在那儿，最高法院的大法官们只论理不论你是不是总统，克林顿就曾因为莱温斯基的事情在最高法院弄得很狼狈。

当然美国总统也有牛的时候，类似于我们的物业，看到什么拾荒的、什么可疑人员进入自己的小区，那可是牛得不得了，手下的保安队也是威风凛凛。但其

再牛也不过替业主打工，他越牛小区业主的利益越有保障，所以业主们注重加强保安队建设，努力将其建设成所有小区中最牛的保安队。

所以，奥巴马当选美国总统，其肤色并不能说明其他肤色的失败，相反只是其他肤色的人相信，他能够当这个物业公司的负责人。

编者按：

民主不应该是价值。民主只是制度、程序、意识、方式方法。人类的共同价值、终极价值只能是人自己，是人的自由、权利和价值。

当然，民主在不同国家和地区的产生和发展主要是因为这些国家和地区的社会经济发展和政治进步所需要。任何一个国家的社会经济发展到一定的水平，就会产生政治变革的要求，尤其是民主政治的要求。凡是具有一定的社会经济条件的国家和地区，民主政治就会有很大的成功机会。不难观察到，市场经济、民主和法治这些制度体系都是联系在一起的。

资料来源：《中国青年报》，2008 年 11 月 6 日，作者：邹云翔

编者推荐文章：

从经济的数量值发现民主政治意识形态的形成

民主浪潮始终使人们重新为经济因素定位。为什么 20 世纪 60 ~ 70 年代在发展中国家看起来如无根浮萍的民主到 80 年代初开始生根开花？从 50 年代到 70 年代末，发展中国家发生的突出变化就是经济的发展。

经济因素虽不是绝对的，但却能够解释多数国家的情况。1989 年被世界银行划为高收入的 24 个国家（人均收入 6010 ~ 21330 美元）中，除 3 个石油输出国外都是民主制度，其中新加坡是半民主制度。而在另一端，被世界银行列为贫穷的 42 个国家（人均收入 130 ~ 450 美元）中，只有两个国家（印度、斯里兰卡）建立和维持着民主制度。在其余 53 个中等收入国家中，有 23 个民主国家，25 个非民主国家，5 个正向民主制度转变。向民主的转变应主要发生在中等或中上等经济发展水平的国家。在非民主的穷国和完成民主化的富国之间有一个“转变带”，在这个特殊发展水平上的国家最容易转向民主。当国家经济发展进入这个阶段，它就有了民主化的希望。

第三次民主化浪潮到 20 世纪 80 年代末实现民主的 31 个国家中，有 27 个属中间收入水平。它们中的一半在 1976 年人均国民生产总值在 1000 ~ 3000 美元间。而 1976 年在这个发展水平上的国家中，有 3/4 到 1989 年实现了民主化。根据亨廷顿的说法，在战前，转变带的中心是 300 ~ 500 美元（1960 年币值），到 20 世纪 70 年代提高到 500 ~ 1000 美元。进入 80 年代又有所提高。在 90 年代我们大体上可以说，一个国家的 GNP 在人均 1000 ~ 3000 美元间是开始向民主转变的底线；当它达到 3000 ~ 6000 美元时，则是完成转变的底线。这个底线上下，是其他因素起作用的领

域。如在这个水平以下实现了民主或超出这个水平仍然未实现民主的情况，应考虑是其他因素超过了经济因素在发挥作用。经济变量在民主化进程中起着关键的作用，其他变量只有在解释例外的情形时才可能超过经济因素的作用。

李书进/文

【注释】

1. 阿尔菲雷德·马歇尔（1842～1924年），近代英国最著名的经济学家，新古典经济学的创始人。19世纪末和20世纪初英国经济学界最重要的人物，1883年在牛津大学任教，1884～1908年在剑桥大学任教。他是从古典到新古典的一位转折者，被称为现代经济学之父，实现了从古典的政治经济学向现代经济学的转型，他在综合古典学派李嘉图、马克思的劳动价值论与奥地利学派及英国边际主义者主张的效用论，用供给曲线与需求曲线相互作用建立起经济学最通用的分析范式。马歇尔的著作主要有《工业经济学》（1897年）、《经济学原理》（1890年）、《工业经济学纲要》（1899年），其中《经济学原理》是他的主要代表作。

2. A·庇古（Arthur Cecil Pigou，1877～1959年），英国著名经济学家，剑桥学派的主要代表之一。出生在英国一个军人家庭。他是这个家庭的长子。青年时代入剑桥大学学习。最初的专业是历史，后来受当时英国著名经济学家马歇尔的影响，并在其鼓励下转学经济学。毕业后投身于教书生涯，成为宣传他的老师马歇尔的经济学说的一位学者。他先后担任过英国伦敦大学杰文斯纪念讲座讲师和剑桥大学经济学讲座教授。他被认为是剑桥学派领袖马歇尔的继承人。当时他年仅31岁，是剑桥大学历来担任这个职务最年轻的人。他任期长达35年，一直到1943年退休为止。退休后，他仍留剑桥大学从事著述研究工作。另外，他还担任英国皇家科学院院士、国际经济学会名誉会长、英国通货外汇委员会委员和所得税委员会委员等职。他的著作很多，比较著名的有：《财富与福利》（1912年）、《福利经济学》（1920年）、《产业波动》（1926年）、《失业论》（1933年）、《社会主义和资本主义的比较》（1938年）、《就业与均衡》（1941年）等。

3. 诺贝尔经济学奖。诺贝尔经济学奖并非诺贝尔遗嘱中提到的五大奖励领域之一，是由瑞典银行在1968年为纪念诺贝尔而增设的，全称应为“纪念阿尔弗雷德—诺贝尔瑞典银行经济学奖”，其评选标准与其他奖项相同。该奖的获奖者由瑞典皇家科学院评选产生，1969年第一次颁奖，由挪威人弗里希和荷兰人丁伯根共同获得，美国经济学家萨缪尔森、弗里德曼等人均获得过此奖（详见下表：2008年为40届）。

历届诺贝尔经济学奖获得者（1969～2008年）

年份	获奖人资料（点击姓名）	获奖说明
1969	［挪威］拉格纳·弗里希	他们发展了动态模型来分析经济进程；前者是经济计量学的奠基人，后者为经济计量学模式建造者之父
	［荷兰］简·丁伯根	
1970	［美］保罗·萨缪尔森	他发展了数理和动态经济理论，将经济科学提高到新的水平。他的研究涉及经济学的全部领域

续表

年份	获奖人资料（点击姓名）	获奖说明
1971	［美］西蒙·库兹涅茨	在研究人口发展趋势及人口结构对经济增长和收入分配关系方面做出了巨大贡献
1972	［英］约翰·希克斯 ［美］肯尼斯·约瑟夫·阿罗	他们深入研究了经济均衡理论和福利理论
1973	［俄籍美国人］华西里·列昂惕夫	发展了投入产出方法，该方法在许多重要的经济问题中得到运用
1974	［澳大利亚］弗里德里克·哈耶克 ［英］纲纳·缪达尔	他们深入研究了货币理论和经济波动，并深入分析了经济、社会和制度现象的互相依赖
1975	［苏联］列奥尼德·康托罗维奇 ［美］佳林·库普曼斯	前者在1939年创立了享誉全球的线形规划要点，后者将数理统计学成功运用于经济计量学。他们对资源最优分配理论做出了贡献
1976	［美］米尔顿·弗里德曼	创立了货币主义理论，提出了永久性收入假说
1977	［英］戈特哈德·贝蒂·俄林 詹姆斯·爱德华·米德	对国际贸易理论和国际资本流动作了开创性研究
1978	［美］赫伯特·西蒙	对于经济组织内的决策程序进行了研究，这一有关决策程序的基本理论被公认为是关于公司企业实际决策的独创见解
1979	［美］威廉·阿瑟·刘易斯 西奥多·舒尔茨	在经济发展方面做出了开创性研究，深入研究了发展中国家在发展经济中应特别考虑的问题
1980	［美］劳伦斯·罗·克莱因	以经济学说为基础，根据现实经济中实有数据所作的经验性估计，建立起经济体制的数学模型
1981	［英］詹姆斯·托宾	阐述和发展了凯恩斯的系列理论及财政与货币政策的宏观模型。在金融市场及相关的支出决定、就业、产品和价格等方面的分析做出了重要贡献
1982	［美］乔治·斯蒂格勒	在工业结构、市场的作用和公共经济法规的作用与影响方面，做出了创造性重大贡献
1983	［美］罗拉尔·德布鲁	概括了帕累托最优理论，创立了相关商品的经济与社会均衡的存在定理
1984	［美］理查德·约翰·斯通	国民经济统计之父，在国民账户体系的发展中做出了奠基性贡献，极大地改进了经济实证分析的基础
1985	［意籍美国人］弗兰科·莫迪利安尼	第一个提出储蓄的生命周期假设。这一假设在研究家庭和企业储蓄中得到了广泛应用
1986	［美］詹姆斯·麦基尔·布坎南	将政治决策的分析同经济理论结合起来，使经济分析扩大和应用到社会—政治法规的选择
1987	［美］罗伯特·索洛	对经济增长理论做出贡献。提出长期的经济增长主要依靠技术进步，而不是依靠资本和劳动力的投入

续表

年份	获奖人资料（点击姓名）	获奖说明
1988	（法）莫里斯·阿莱斯	他在市场理论及资源有效利用方面做出了开创性贡献。对一般均衡理论重新做了系统阐述
1989	（挪威）特里夫·哈维默	建立了现代经济计量学的基础性指导原则
1990	（美）默顿·米勒 哈里·马科维茨 威廉·夏普	他们在金融经济学方面做出了开创性工作
1991	［英］罗纳德·科斯	揭示并澄清了经济制度结构和函数中交易费用和产权的重要性
1992	［美］加里·贝克尔	将微观经济学的理论扩展到对于人类行为的分析上，包括非市场经济行为
1993	［美］道格拉斯·诺思 ［美］罗伯特·福格尔	前者建立了包括产权理论、国家理论和意识形态理论在内的“制度变迁理论”。后者用经济史的新理论及数理工具重新诠释了过去的经济发展过程
1994	［美］约翰·福布斯·纳什 ［美］约翰·海萨尼 ［美］莱因哈德·泽尔腾	这三位数学家在非合作博弈的均衡分析理论方面做出了开创性的贡献，对博弈论和经济学产生了重大影响
1995	［美］小罗伯特·卢卡斯	倡导和发展了理性预期与宏观经济学研究的运用理论，深化了人们对经济政策的理解，并对经济周期理论提出了独到的见解
1996	［美］詹姆斯·莫里斯 ［英］威廉·维克瑞	前者在信息经济学理论领域做出了重大贡献，尤其是不对称信息条件下的经济激励理论。后者在信息经济学、激励理论、博弈论等方面都做出了重大贡献
1997	［美］罗伯特·默顿 ［美］迈伦·斯科尔斯	前者对布莱克—斯科尔斯公式所依赖的假设条件做了进一步减弱，在许多方面对其做了推广。后者给出了著名的布莱克—斯科尔斯期权定价公式，该法则已成为金融机构涉及金融新产品的思想方法
1998	［印度］阿马蒂亚·森	对福利经济学几个重大问题做出了贡献，包括社会选择理论、对福利和贫穷标准的定义、对匮乏的研究等
1999	［加拿大］罗伯特·蒙代尔	他对不同汇率体制下货币与财政政策以及最适宜的货币流通区域所做的分析使他获得这一殊荣
2000	［美］詹姆斯·赫克曼 丹尼尔·麦克法登	在微观计量经济学领域，他们发展了广泛应用于个体和家庭行为实证分析的理论和方法
2001	［美］乔治·阿克尔洛夫 迈克尔·斯宾塞 约瑟夫·斯蒂格利茨	为不对称信息市场的一般理论奠定了基石。他们的理论迅速得到了应用，从传统的农业市场到现代的金融市场。他们的贡献来自于现代信息经济学的核心部分

续表

年份	获奖人资料（点击姓名）	获奖说明
2002	［美］丹尼尔·卡纳曼 ［美］弗农·史密斯	丹尼尔·卡纳曼是因为“把心理学研究和经济学研究结合在一起，特别是与在不确定状况下的决策制定有关的研究”而得奖。弗农·史密斯是因为“通过实验室试验进行经济方面的经验性分析，特别是对各种市场机制的研究”而得奖
2003	［美］克莱夫·格兰杰 罗伯特·恩格尔	他们分别用“随着时间变化的易变性”和“共同趋势”两种新方法分析经济时间序列，从而给经济学研究和经济发展带来巨大影响
2004	［挪威］芬恩·基德兰德 ［美］爱德华·普雷斯科特	他们一是通过对宏观经济政策运用中“时间连贯性难题”的分析研究，为经济政策特别是货币政策的实际有效运用提供了思路；二是在对商业周期的研究中，通过对引起商业周期波动的各种因素和各因素间相互关系的分析，使人们对于这一现象的认识更加深入
2005	［以色列］托马斯·克罗姆比·谢林 ［美］罗伯特·约翰·奥曼	通过博弈论分析促进了对冲突与合作的理解
2006	［美］埃德蒙德·菲尔普斯	菲尔普斯教授最重要的贡献在于经济增
2007	［美］奥尼德·赫维克兹 ［美］埃克里·S·马斯金 ［美］罗杰·B·梅尔森	研究怎样区分运作良好的市场和运作不良好的市场。帮助经济学家确定有效的贸易机制、规则体系和投票程序。推进了“机制设计理论”的发展
2008	［美］保罗—克鲁格曼	在自由贸易、全球化以及推动世界范围内城市化进程的动因方面形成了一套理论。在推进国际贸易模式和经济活动的地域等方面做出贡献

4. 让·雅克·卢梭（1712～1778年），18世纪欧洲最伟大的思想家，西方资产阶级革命的启蒙者，他的代表作《忏悔录》、《论社会契约》启发了一代欧洲革命的先驱，他的“人是生而自由的，但却无所不在枷锁之中”，人类社会是“自由、平等、博爱”的思想深刻地影响着人类政治社会制度的发展。

5. 公共政策理论。1989年英国经济学家丹尼尔在《经济利益与经济制度：公共政策的理论基础》基础上，提出了公共政策理论。他认为公共政策是一种制度交易，而制度交易是对制度安排进行选择的经济行为。

6.（西方）民主宪政。它以“天赋人权、权利分立、人民主权”为基础的民主制度，代表性的有英国的君主立宪制、法国的内阁制、美国的现代政治制度。（1）美国政治制度。美国实行三权分立、相互制约的民主共和制，核心是“天赋民权、人民主权和限权政府、法治代议制、分权与制衡联邦制、文官领导军队制”。譬如：美国参与院、众议院均实行直选制，参议院设100席，每州2位；众议院设435席，按各州人口确定（一席/50万人）。（2）日本政治制度。实行以天皇为象征性、三权分立原则为基础的议会内阁制的政治制度（主权仿效美国的人民主权、议会与行政机关关系仿效英国的责任内阁制、吸取瑞士的直接民主制）。如日本对参院、众院产生实行“普选、选区选举相结合制”，众议院设511议席，由130个选区选出。参议院设252席，其中152人由47个选区选出（与日本47个都、道、府、县对应），

其余 100 名全国普选。——田为民等著:《比较政治制度》

7. 权利制衡论主要包括：洛克（1632——1704 年）的权利分立学说，孟德斯鸠（1698——1755 年）的权利制衡学说。

8. 肯尼思·阿罗（1921 年~），美国经济学家，1951 年获哥伦比亚大学博士学位，1947~1949 年任柯尔斯经济委员会副研究员，1949~1968 年任斯坦福大学教授，1968 年任哈佛大学教授至今。主要论著有:《对福利经济学基本定理的一个基本推论》（1951 年）、《公共投资、收益率与最适度财政政策》（1970 年）、《资源配置过程研究》（1977 年，合著）等。

9. 罗尔斯的《正义论》，被誉为“第二次世界大战后伦理学、政治哲学领域最重要的理论著作”，他通过概括和总结洛克、卢索、康德为代表的契约论，并使之上升到更高的抽象水平提出了他的“公平的正义”理论。他认为：正义的对象是社会的基本结构——即用来分配公民的基本权利和义务、划分由社会合作产生的利益和负担的主要的制度，“公平是正义的基础，正义不外乎公平”。什么是公平？他认为：理性的个人，在摆脱了自身种种偏见之后，大家一致同意的社会契约，就是公平。因此，他认为:“所有社会价值——自由和机会、收入和财富、自尊的基础——都要平等地分配，除非对其中的一种价值或价值的一种不平等分配合乎每一个人的利益。”

10. 洛仑兹曲线。以测定各阶层收入占总收入的比重衡量社会分配的均衡度。

11. 基尼系数。意大利经济学家基尼于 1922 年提出的定量测定收入分配差异程度的指标。它根据洛伦茨曲线找出了判断分配平等程度的指标。其经济含义是：在全部居民收入中用于不平均分配的百分比。基尼系数最小等于 0，表示收入分配绝对平均；最大等于 1，表示收入分配绝对不平均；实际的基尼系数介于 0 和 1 之间。联合国有关组织规定：若低于 0.2 表示收入高度平均；0.2~0.3 表示比较平均；0.3~0.4 表示相对合理；0.4~0.5 表示收入差距较大；0.6 以上表示收入差距悬殊。如果个人所得税能使收入均等化，那么，基尼系数即会变小。

12. 恩格尔系数。1957 年世界著名的德国统计学家恩特·恩格尔阐明了一个定律：随着家庭和个人收入的增加，收入中用于食品反面的支出就越小。反映这一定律的系数被称为恩格尔系数。计算公式 =（食品消费支出/家庭或个人消费总支出比重）×100%。

附注 1. “走失的牛损坏临近谷物生长”范例。假定农夫和养牛者在毗邻土地上经营，并且两块地之间没有任何栅栏，这样，牛群就经常跑到农夫的地里吃谷物，养牛人从中获得了外在收益，而农夫却因此而付出了外在成本，导致农夫的生产成本大于他种植该地多得到的收入。如何解决由此而引起的矛盾呢？科斯作了两种假定：首先，假定农夫有在自己田地里种植谷物的权利，养牛人对他的牛造成损害有不可推卸的责任，这样，养牛人给农夫一笔赔偿费作为补偿，农夫将对他的收入和成本进行比较，在感到合算的情况下农夫会与养牛人达成这笔协议。其次，假定养牛人有让他的牛群到农夫吃谷物的权利，农夫为了使养牛人放弃或减少对他的损害，付给养牛人一笔赔偿费，在养牛人感到合算时，将与农夫达成这笔交易，双方利益达到最大化。

附注 2. “广场协议”。1985 年 9 月 22 日，美国、日本、联邦德国、法国以及英国的财政部长和中央银行行长，在纽约广场饭店举行会议，达成五国政府联合干预外汇市场，诱导美元对主要货币的汇率有秩序地贬值，以解决美国巨额贸易赤字问题的协议。由此日元大幅升值，史称“广场协议”。

附注3. 路径依赖理论（Path Dependence）。一旦人们做了某种选择，就好比走上了一条不归之路，惯性的力量会使这一选择不断自我强化，并让你不能轻易走出去。第一个明确提出"路径依赖"理论的是美国经济学家道格拉斯·诺思。他用"路径依赖"理论阐释经济制度的演进规律。诺思认为，路径依赖类似于物理学中的"惯性"，一旦进入某一路径（无论是"好"的还是"坏"的）就可能对这种路径产生依赖。某一路径的既定方向会在以后发展中得到自我强化。人们过去做出的选择决定了他们现在及未来可能的选择。好的路径会对经济、企业起到正的反馈作用，通过惯性和冲力，产生飞轮效应，经济发展因而进入良性循环；不好的路径会对企业起到负反馈的作用，就如厄运循环，经济可能会被锁定在某种无效率的状态下而导致停滞。而这些选择一旦进入锁定状态，想要脱身就会变得十分困难。

附注4. 对冲基金。起源于1948年，美国人琼斯建立了琼斯对冲基金，该基金实行卖空和杠杠借贷相结合的投资功能，形成对冲功能。卖空即出售借入的证券，然后在其价格下跌时再购回该证券，而且是利用保证金形式形成杠杆功能放大资金来购回该证券。

附注5：典型的寻租行为：罚款寻租、采购寻租、提拔寻租、审批事项寻租、录取寻租（考试、就业）、收费寻租、拨款寻租和检查寻租。

【综合复习】

一、名词解释（概念题）

公共品　私人品　公共选择　科斯定理　外部效应　免费搭车　路径依赖　鲍温模型　公共定价

二、填空题

1. 公共品是既________又无________的物品。

2. 效用不可分割，即公共品或劳务是向整个社会提供的，具有____________和____________的特点。

3. 政府与市场的范畴一般遵循如下规律划分：关系________却具有垄断性、产业风险高私人经济不愿介入的领域由政府承担；而存在________、________的行业及产业大多由市场承担。

4. "囚犯困境"是指两个共同涉案犯接受独立审讯时，为________会不相互合作，并将给对方带来__________的一种________现象。

5. 效益外部化是对交易双方之外的________所带来未在________中得以反映的经济效益。

6. 从历史的角度看，可以讲，（法）卢索的________、（英）汉密尔顿的________、（美）布坎南的________，共同构筑起民主宪政及公共选择理论的框架。

7. 布坎南的公共选择具有三个假设前提，即：________、________和________。

三、选择题

1. 下列（　　）是纯公共品。

A. 闭路电视　　B. 消防　　C. 公务员　　D. 教育

2. 准公共品的供给，（　　）。

A. 只能由政府供给

B. 只能由社会成员供给

C. 既可以由政府部门提供，也可以由私人部门通过市场来提供

D. 只能由市场来提供

3. 科斯定理的实质是希望在（　　）条件下，私人通过协商以产权界定和市场交易手段解决资源配置及外部效应问题。

A. 私人成本等于社会成本

B. 私人成本大于社会成本

C. 私人成本小于社会成本

D. 不考虑私人成本和社会成本

4. 公共资源配置的价值工程，是指（　　）。

A. 功能不变，成本降低　　B. 功能提高，成本不变

C. 功能提高，成本降低　　D. 功能略降，成本略降

5. 根据维克塞尔—林达尔机制，下列说法错误的是（　　）。

A. 纳税人应根据其对公共品中受益程度纳税

B. 每个人应根据其对公共品的边际评价支付价格

C. 公共品给每个人带来的边际收益与其意愿支付相等

D. 每个人支付相等比例的税收

四、简答与论述题

1. 试谈私人品市场均衡与公共品市场均衡的本质差异（结合图形说明）。
2. 怎样理解公共品的非竞争性和非排他性？
3. 论外在性及经济调节。
4. 简述社会产品的分类规律。
5. 我国公共财政的特点及制度设计的差异。
6. 公共品优化配置应把握的基本规律。
7. 什么叫“挤出效应”？

8. 在供需框架内分析外在性如何影响资源配置。

9. 市场和政府如何调节外在性，并分析其利弊。

10. 外在经济的利用与控制：政策与策略。

11. 公共选择理论的发展与国情选择。

12. 联系我国实际，论述如何实现公共品的优化配置？

13. 什么叫单峰定理？

14. 阿罗不可能定理的核心思想及实践分析。

15. 试思考科斯定理及理论贡献。

【阅读与参考文献】

1. 〔美〕萨金特著，王小明等译：《宏观经济理论》，中国经济出版社 1998 年版。

2. 大卫·格林纳韦：《宏观经济前沿问题》，中国税务出版社 2000 年版。

3. 平新乔：《微观经济学十八讲》，北京大学出版社 2001 年版。

4. 宋承先主编：《西方经济学名著提要》，江西人民出版社 1999 年版。

5. 谈敏、厉无畏主编：《二十世纪中国社会科学·应用经济学卷》，上海人民出版社 2005 年版。

6. 陈启修：《财政学总论》，商务印书馆 1923 年版。

7. 何廉、李锐：《财政学》，国立编译馆 1933 年版。

8. 千家驹：《新财政学大纲》，三联出版社 1949 年版。

9. 王绍飞：《财政学新论》，中国财政经济出版社 1984 年版。

10. 武彦民主编：《财政学》，天津人民出版社 1995 年版。

11. 刘隽亭、许春淑主编：《公共财政学概论》，首都经贸大学出版社 2004 年版。

10. 〔美〕鲍德威·威迪逊著：《公共部门经济学》，中国人民大学出版社 2000 年版。

一个要取得成功的人必须具备以下的素质：能够容忍那些不能改变的事（“仁”）；要有勇气去改变那些能够改变的事（“勇”）；要有智慧去区别上述两件事（“智”）。

——《犹太法典》

第三章　财政支出概论

财政支出（public expenditure）是政府为履行其职能而提供公共品及服务的资金支付（或政府为履行职能所付出的成本）。财政支出规律的探索侧重于两方面：一是财政支出怎样履行政府职能提供公共服务；二是财政支出在分配中怎样实现比例、结构和效率的优化。

第一节　财政支出之经济分析

财政支出作为国民支出的有机组成部分，遵循公共品理论、外部效应理论而运动，承担着以支出形式履行财政“资源配置、收入分配、稳定经济”的基本职能。

一、公共支出与私人支出

从经济角度看，国民经济分成公私两大部门，因而资源配置的关键问题是怎样在公私之间配置资源，保证两大领域都获得合理的供给。既不能妨碍私人部门的发展，又能满足公共部门的需求，从而实现社会资源配置效率的最大化（见图3－1）。

在图3－1中：设X轴为私人部门配置的资源，Y轴为公共部门配置的资源，则Z＝X＋Y。资源配置可以形成各种比例组合（X/Z，Y/Z）。当公众的个人需求与社会公共需求在A点时均可获得满足。

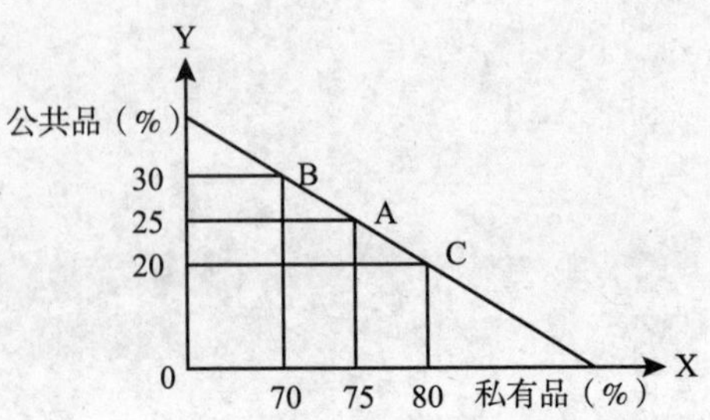

图3－1　公共品与私人品：资源配置

我们可以认为：社会分配的最基本的宏观比例就是寻求满足公民意愿的公

私需求组合。

从公共品理论看，要实现社会资源在公共部门与私人部门的有效配置，就必然要求公共部门的资源使用的边际效益等于该资源用于私人部门时取得的边际效益。

二、市场供需中：公共支出

公共支出是履行政府职责及弥补市场缺陷的利益调节。为了更加充分地理解公共支出如何影响社会总供需。我们来分析一下总供需中的财政收支分配。

若设社会资源为x，价格为y，国民生产总值就是xy，总供给由市场供给与公共供给构成，税收是公共供给的价格；同理，总需求由市场需求与公共支出构成，没有或者公共支出比重较低，税收就比较低，相反，公共支出供给较高，税收的比重相应就要提高。因此，总供需平衡往往涉及政府的税收与支出的调节（见图3－2），市场供需与公共供需平衡才能形成总供需的平衡（见图3－2）。

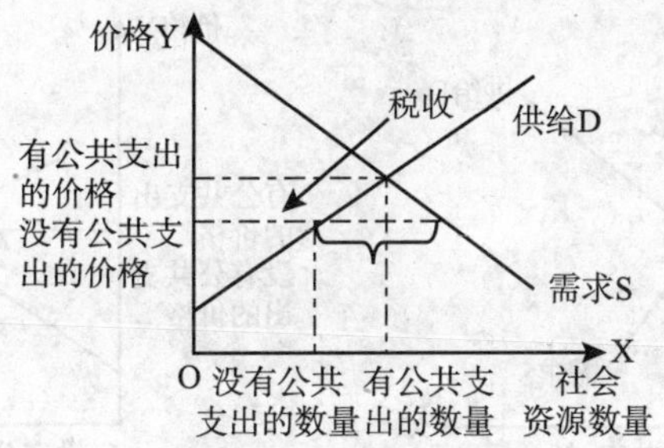

图3－2　市场经济中：公共支出影响

在总供需平衡中，总供需弹性的变化，直接影响着财政收支的效率及平衡状况：（1）当供给比需求富有弹性时，税收负担向消费者倾斜，无谓损失较大，但公共支出总量与结构不会变化（附图1）；（2）当需求比供给富有弹性时，税收负担向生产者倾斜，无谓损失相对较小，公共支出总量与结构也不会变化（附图2）。

概括讲，公共支出构成总支出的一部分，它只与税收供给有关，与供需曲线的弹性无关。

在图3－2中：设X轴为社会资源配置数量、Y为价格。D为供给曲线，S为需求曲线，公共支出是由公共供给（公共价格）决定的，公共价格一般由买卖双方共同承担，但支出却以政府为主体，不分买者与卖者，只根据公共需要提供给公民。

附1～附4图：当供给比需求富有弹性时，税收负担更多的由消费者负担，但支出无法辨认买卖双方，还是无差异的根据职能提供公共需求，同理，无论供求曲线弹性怎样变化，只反映税收负担在消费者与生产者之间的变化，反映不出支出在两者之间的结构变化，支出只根据公共需求实行大致均衡的公共服务。

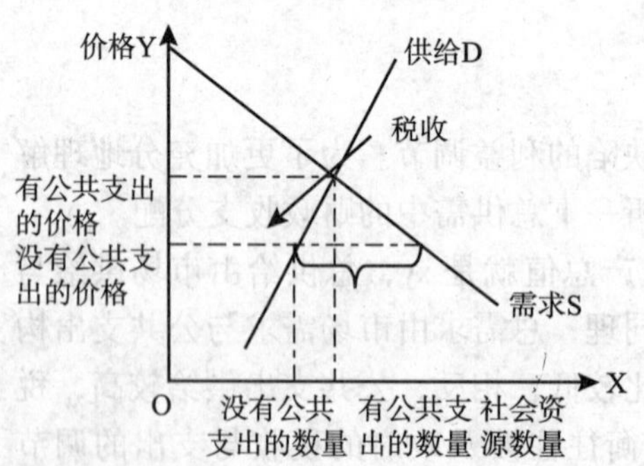

附图1　供给缺乏弹性时的公共支出

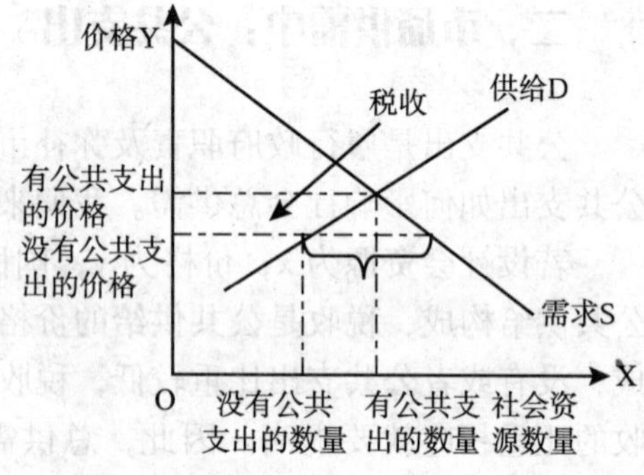

附图2　供给富有弹性时的公共支出

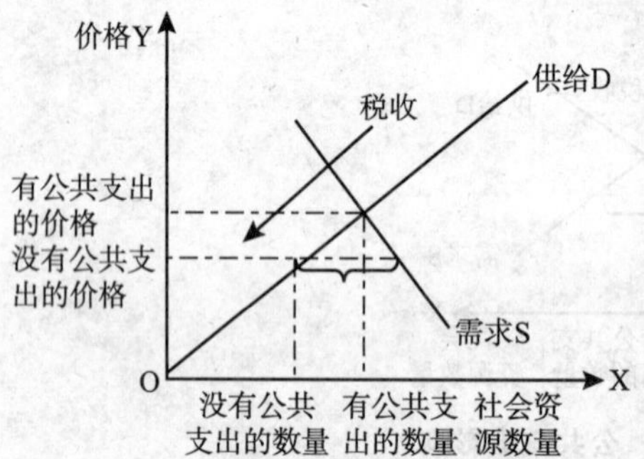

附图3　需求缺乏弹性时的公共支出

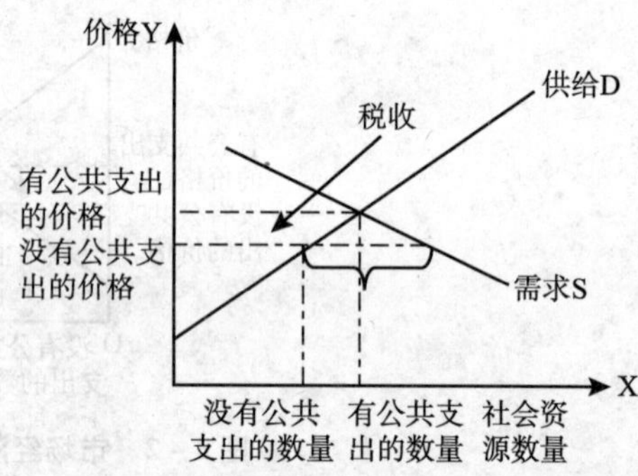

附图4　需求富有弹性时的公共支出

1. 政府与市场界限：规范着公共支出范畴

市场经济规律表明，市场不可避免地存在着诸多缺陷，因此，政府以弥补市场缺陷为前提参与市场运行，并由此规范着政府与市场的界限以及财政支出的范畴。当然，公共支出的范围不是一成不变的，它是随着供需弹性及经济发展而调整的，经济的发展促使人们的公共需求适当提高。

政府与市场分配在边际转换效率相等的前提下优化组合。政府与市场分配相互转换的前提是，要求财政资源的边际效益等于该资源用于民间部门时所取得的边际效益，若财政使用该资源的效益大于民间使用该资源的效益，则表明可以增加公共部门的使用，以便获得更大的社会效益，反之，则会减少公共部门的使用。

2. 社会有机补偿中的财政支出

马克思在《哥达纲领批判》中提出了关于财政支出范畴的社会有机补偿规律。他认为在一个人们共同占有生产资料的经济社会中，社会总产品在进行个人分配之前，首先要进行如下扣除：一是用于补偿消耗掉的生产资料部分；二是用于扩大再生产的追加部分；三是用于作为应付不幸事故的后备基金或保险基金。剩下部分在分配给个人消费之前还要进行如下扣除：与生产没有关系的一般管理费用；用于满足社会公共消费的部分，如教育、保健；为丧失劳动力的人设立基金。其中，前一部分是未来财政的生产性支出；后一部分是未来财政的非生产性支出。马克思的社会分配原理曾长期影响着我国计划经济时期的财政分配关系。

第二节　财政支出：分类、分配原则及方式

财政支出分配直接体现着财政职能，在其分配中发挥着着资源配置、收入分配及稳定经济等作用，它既有一般资金分配的成本、效率等一般特性，也具有需要兼顾其职能赋予其应有的特殊性。

一、财政支出的分类

财政支出往往根据公共需求及宏观调节需要进行分类，比较成熟的分类方式有四种。

（一）按支出的经济性分类

财政支出按经济性可以分为购买性支出与转移性支出。

购买性支出（purchase expenditure）是指政府对公共需求物品和劳务的购买，政府一手付钱、一手购进商品和服务，其价值立即实现（等价交换）。它具有“有偿性、直接性”的特征，因此，具有较强的经济运行及资源配置调节功能。这类支出主要包括两部分：一是购买政府进行日常行政事物活动所需的商品和劳务支出，如行政管理、教育、卫生、国防等；二是政府用于各种公共投资的支出。

转移性支出（transfer expenditure）则是指政府将财政资金单方面、无偿的转移给企业或个人的支出行为。它具有“无偿性、间接性”的特征，因此，具有较强的分配及收入再分配的功能，主要包括补助性支出、捐赠支出和财政补贴等，转移后的主体决定其价值的实现。

按经济性进行分类，比较容易分析政府对经济运行、资源配置及分配调节的方向、力度和作用。

（二）按政府职能分类

按政府的职能进行分类（一般与财政预算的“类、款、项、目”中的类级科目对应）是一种便于分析与管理的方法。我国1994年颁布的《预算法》就按照这种方式进行分类的。按照该标准与法律，我国将财政支出分为行政管理费、科教文卫费、基本建设投资支出、企业挖潜改造支出、政策性补贴支出、社会保障基金、国内外债务付息支出等27类。

按费用类别对财政支出进行分类，可以清楚地揭示一个国家执行了哪些职能及侧重于哪些职能（见表3－1）。

表3－1　　　　财政按政府职能分类的支出比重　　　　单位：%

职能分类	1995年	1996年	1997年	1998年
1. 一般公共服务	11.0	11.5	11.7	10.8
2. 国防	6.0	6.0	6.1	5.9
3. 公共秩序和安全	3.9	4.3	4.6	4.8
4. 教育	10.2	10.7	10.0	9.8
5. 保健	3.3	3.3	3.4	3.2
6. 社会保障和福利	1.1	1.6	2.5	3.8
7. 住房和社区生活设施	4.1	4.3	3.9	3.6
8. 娱乐、文化和宗教事务	1.5	1.4	1.5	1.5
9. 经济事务和服务	29.4	29.6	26.6	31.6
（1）燃料和能源	1.8	1.7	1.1	1.2
（2）农林牧副渔	7.5	8.5	8.9	10.4
（3）采矿和矿石资源，制造业和建筑业	3.3	3.2	3.3	2.9
（4）交通和通信业				
（5）其他经济事务和服务业	0.6	0.6	0.6	1.2
10. 其他支出	16.2	15.6	12.6	15.9
	29.5	27.3	29.7	25.0

资料来源：国际货币基金组织：《政府统计年鉴（2000）》。
孔淑红、安玉华编著：《公共财政学》，对外经济贸易大学出版社2003年版。

（三）按支出的部门归属分类

按财政资金的部门归属进行分类，一般分为工业、农业、交通、教育、卫生、体育等部门支出，它已经成为编制部门预算的基础性分类方法，一般在部门内再按政府职能分类编制预算。

按支出的部门归属分类可以比较清晰地把握某一个部门所使用的财政资金的

规模、结构和效益，也便于进行预算分析与管理。

（四）IMF—财政支出分类法

国际货币基金组织（IMF）在《政府财政统计手册》中，列举了市场经济国家按标准职能分类的支出，主要有：一般公共服务；国防、社会治安事务；教育事务和服务；住房和社区设置的事务和服务；娱乐、文化和宗教事务和服务；燃料和能源事务和服务；农业、林业、渔业事务和服务；制造业、建筑业、运输和通讯事务和服务；不按大类划分的财政支出等（见表 3－2）。

表 3－2　　国际货币基金组织：财政支出分类

职能分类	经济分类
1. 一般公共服务	1. 经常性支出
2. 国防	（1）商品和服务支出
3. 公共秩序和安全	①工资和薪金
4. 教育	②雇主缴纳商品和服务的购买
5. 保健	③其他商品和服务的购买
6. 社会保障和福利	（2）利息支出
7. 住房和社区生活设施	（3）补贴和其他经常性转让
8. 娱乐、文化和宗教事务	①补贴
9. 经济事务和服务	②对下级政府的转让
（1）燃料和能源	③对非营利机构和家庭的转让
（2）农林牧副渔	④国外转让
（3）采矿和矿石资源，制造业和建筑业	2. 资本性支出
（4）交通和通信业	（1）固定资本资产的购买
（5）其他经济事务和服务业	（2）存货购买
10. 其他支出	（3）土地和无形资产的购买
	（4）资本转让
	①国内资本转让
	②国际资本转让
	3. 净贷款

资料来源：《世界经济统计年鉴》，世界银行 2007 年版。

二、财政支出的原则

政府职能与公共品性质决定着财政支出的基本原则，随着市场经济成熟及财政理论的发展，公共支出原则也在不断演进：

早期，道尔顿从收支辩证关系把它归纳为：公共支出要求支出所获得的边际社会效益在各方面皆相等，也即最佳的财政制度应能够使财政支出产生最大的社会经济效益。从而提出了财政支出二原则：经济原则、合理使用原则。

毕费瑞在凯恩斯经济思想上，结合财政目的、方向和内在平衡考虑提出了支出三原则：第一，为了实现充分就业扩大财政支出的原则；第二，根据公共事项轻重，急者优先的原则；第三，对应支出的原则。即政府的经常性支出，应由赋税收入来供应；资本性支出，应由公债来担负的原则。

后来，小川乡太郎认为财政支出是政治、经济和社会现象的综合反应，提出了财政应坚持：政治原则，财政原则，国民经济原则和社会原则。

在实践中各国政府普遍强调的原则有：

第一，量入为出或量出为入的原则。以宏观财政政策需要为前提，确定财政支出原则，强调财政平衡时，提倡量入为出原则，根据收入确定支出，不搞赤字，依据轻重缓急安排支出。资本主义早期，各国始终强调量入为出原则，我国政府也长期奉行量入为出的财政分配原则。若强调宏观经济平衡，则强调量出为入，以宏观经济需求为依据，编制赤字预算，通过增加税收、发行公债等形式增加收入扩大支出，拉动消费与投资。

第二，公平、效率兼顾的原则。促进国民收入公平效率兼顾的分配是财政支出的核心目标。它包括：（1）弥补市场分配缺陷，反缺陷分配，通过财政分配提高社会分配效率；（2）积极优化财政支出结构、正确处理消费与投资支出比例，正确处理采购性支出与转移性支出比例等等，规模要适当，结构要合理，实现规模、结构、效率的统一；（3）制定公平效率兼顾的分配规则，为全社会提供大致公平的公共服务，促进资源优化配置和收入公平，实现社会福利最大化。

第三，依法分配的原则。财政有秩序的关键是坚持依法分配，一是建立法制分配规则与程序，以法律规范财政分配秩序，使整个公共分配有法可依，违法必究；二是依法监督，将整个财政分配纳入法制监督之内，建立相互制约的分配监督机制。

三、财政支出的方式

根据财政支出的性质。其支出方式有以下几种：

——无偿拨款。这是财政支出的基本形式，主要对政府职责应担负、公共选择形成共识的由政府担负的非生产性支出均采取无偿拨款。

——有偿贷款。对于具有一定生产性的公共建设项目，坚持市场供给原则，实行有偿贷款。

——补贴。政府按照政策目标对特定事项给予的补贴，它主要包括福利补贴、国有企业亏损补贴、产业性补贴和价格补贴等，还包括政策性优惠的税式支出、出口退税等。

——政府担保。以政府信用为公共服务机构提供金融信誉，实际上它形成了或有支出。

——政府参股。它形成了一种资本性支出。

——税式支出。税式支出是政府为实现一定的社会经济目标，给予纳税人的优惠安排（成本扣除、减税与税收抵免），它是为实现这种优惠安排的法律规定和管理制度，也是一种财政支出形式。

第三节 财政支出的规模与结构

财政支出是现实国家经济机制、政府宏观政策及综合国力的具体体现。它从宏观上遵循什么规律增长，始终是各国政府十分关注的问题。

一、财政支出的规模及增长规律

（一）财政支出规模的衡量

财政支出规模的衡量指标

一般主要用：财政支出占 GDP 比重，财政支出增长速度，财政支出增长弹性来衡量支出增长态势，其具体内涵如下：

(1) 财政支出增长率。若设：财政支出增长率为 F 表示，表示当年财政支出比上年同期财政支出增长的百分比，即所谓“同比”增长率。用公式表示为：

$$F = \Delta G/G_{n-1} \times 100\% = (G_n - G_{n-1})/G_{n-1} \times 100\%$$

式中：ΔG——与上年相比，当年财政支出的增（减）额；

F——财政支出增长率；

ΔG——与上年相比，当年财政支出的增（减）额；

G_n——当年财政支出；

G_{n-1}——上年财政支出。

(2) 财政支出的弹性系数。财政支出弹性系数以 E_g 表示，指财政支出增长率与 GDP 增长率之比。弹性（系数）大于 1，表明财政支出增长速度快于 GDP 增长速度；弹性（系数）小于 1，表明财政支出增长速度慢于 GDP 增长速度；弹性（系数）等于 1，表明财政支出增长速度等于 GDP 增长速度。用公式可以表示为：

则：$E_g = [(G_n - G_{n-1})/G_{n-1}]/[(GDP_n - GDP_{n-1})/GDP_{n-1}]$

式中：GDP_n——当年财政支出；

GDP_{n-1}——上年的财政支出。

(3) 财政支出的边际倾向。财政支出的边际倾向以 M_g表示，只财政支出增加额占 GDP 增加额的比例，即 GDP 每增加一个单位的同时财政支出增加多少。用公式表示为：

则：$M_g = \Delta G/\Delta GDP$

式中：ΔG——财政支出的增加额；

ΔGDP——GDP 的增加额。

（二）财政支出增长趋势的理论解释

经济学家们纷纷从国民收入分配、政府职能扩大乃至社会渐进发展等角度来探索其规律，曾产生广泛影响的支出增长理论主要有以下几个观点。

1. 瓦格纳的“政府活动不断扩大法则”

阿道夫·瓦格纳是最早揭示财政支出变化规律的经济学家之一，他作为德国历史学派的思想家，19 世纪德国社会政策财政论的代表人物，始终从历史发展的趋势研究财政支出的总体趋势。

在考察了英国工业化革命以及当时的美、法、德、日的工业化状态之后，瓦格纳预言，现代工业的发展会引起社会进步的要求，社会进步必然导致国家活动的增长。他认为：“财政经济就是为筹集完成国家总体经济机能的任务所必需的物质辅助手段而不能不进行的活动，由此可见，财政经济活动范围必须随各时期的国家任务、国家活动的范围以及种类而决定”，“从不同国家和时代比较，进步国家中殃及地方政府的活动呈现有规律的扩大的趋势。这种扩大既属外延的又属内涵的，即在中央及地方政府不断提出新任务的同时，有的职能也在进一步扩大”。

他据此提出了“政府活动扩大”法则（low of expanding state activity），瓦格纳认为：随着经济的工业化，不断扩大的市场和市场主体之间的关系更加复杂，市场关系的复杂化引起对商业法律和契约的需要，并要求建立一套司法组织执行这些法律；工业化的发展推动了城市化的进程，人口居住将密集化，由此将产生拥挤等外溢性问题，也需要增加公共部门进行干预和管理；当人们的收入增加时，教育、娱乐、文化、保健与福利等也在增强，财政支出水平随需求弹性而增强（见图3-3）。

因此，瓦格纳认为，经济发展、城市化及公共需求上升从不同方面促进着财政支出的增长。

在图3－3中：设X轴为人均GDP规模、Y轴承为财政支出占GDP比重，A为财政支出占GDP曲线，财政支出占GDP比重与人均收入成正比。

2. 皮科克和怀斯曼的“梯度渐进增长理论”

英国经济学家皮科克和怀斯曼在研究了英国1890～1955年的支出增长状态后，于1961年提出了“梯度渐进增长理论”。他们认为，财政支出增长由内在因素与外在因素两方面决定，就内在因素而言，在正常情况下，经济发展、收入上升，税收也会随之上升，政府虽然希望所集中收入，多增加支出，当公民一般不愿意多缴纳税收，政府无理由多征税，这时财政支出随经济增长呈线性状态增长。

而外部因素则指外部激变，当社会发生了激变（战争、经济危机和社会转型），政府会被迫增加税收，公民在危机时期也迫于形势愿意多承担税负，政府为应付形势以公共支出替代私人支出，财政支出就会急剧上升。但是危机结束后，财政支出并不会退回危机前的水平，往往会进入一个新的支出水平维持下去。理论界以此把它称为公共收入增长推动说（the low of expanding state activity）（见图3－4）。

在图3－4中：设X轴为时间、Y轴为财政支出占GDP比重。D为税收收入曲线，A为财政支出占GDP曲线，它围绕税收曲线在社会经济内外因作用下梯度渐进增长。

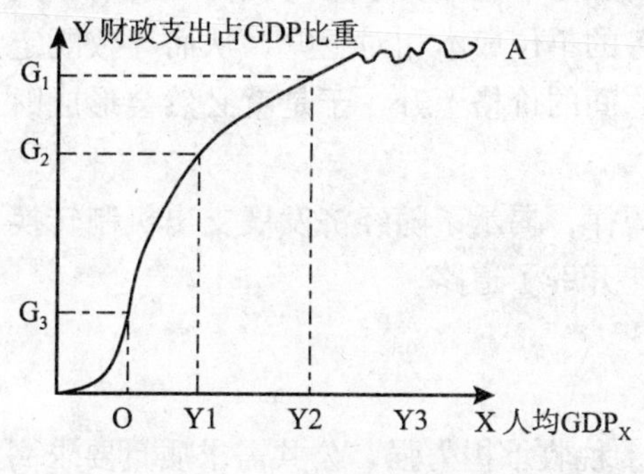

图3－3 瓦格纳法则描述

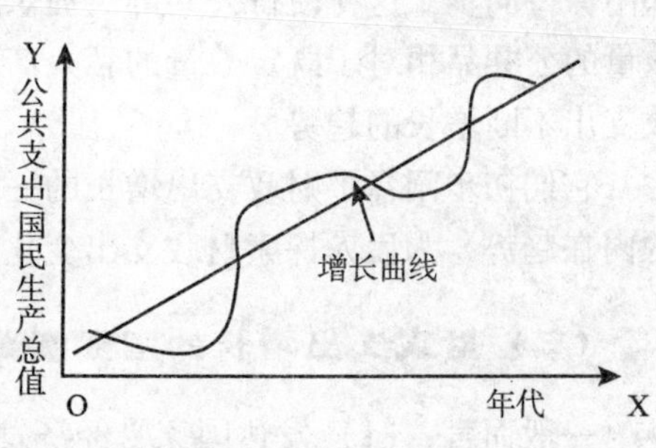

图3－4 公共支出增长趋势及过程

3. 马斯格雷夫和罗斯托的“公共支出增长理论”

马斯格雷夫和罗斯托则用经济发展阶段论来解释公共支出总量及结构变化的趋势。他们认为：在经济发展早期，政府投资占全社会投资比重较高，政府为经济发展提供社会基础设置（道路、环境卫生、法律等），这些投资成为经济起飞的必备条件，但随着经济的发展及民间经济的成熟，这种投资比例会下降；经济进入成熟阶段后，公共支出将从基础设施转向教育、社会保障等领域，而且这方面支出的增长将显著快于其他支出的增长，甚至快于GDP的增长速度。

4. 鲍莫尔法则

美国经济学家鲍莫尔（Baumo，J.）通过分析公共部门平均劳动生产率状况，对财政支出不断增长的原因进行了解释。他在1976年发表的《不均衡增长的宏观经济学》论文中指出，随着时间的推移，既定数量的公共品价格相对于既定数量的私人产品之间的价格会上升，如果对于公共部门活动的需要是无弹性的，就必然造成财政支出不断增长的趋势。

在《不均衡增长的宏观经济学》一文中，鲍莫尔按技术进步的程度将经济部门划分为两个部门：进步部门和非进步部门。由于技术进步的规模经济造成人均劳动生产率大幅度提高的部门称为进步部门；劳动生产率提高缓慢的部门称为非进步部门。两个部门的差异源于技术和劳动发挥的作用不同。在进步部门中，劳动只是一种基本手段，它被用来生产最终产品，因而劳动可以由资本替代，如在生产中用机器来劳动，而这并不会影响到生产出来的产品的性能。而在非进步部门中，劳动往往就是最终产品，因而劳动投入的减少就可能引产品性能的改变，如政府的服务、手工业等劳动密集型产业，这些部门的劳动生产率并不是没有可能提高，只是其提高的速度相对缓慢而已。

私人部门劳动生产率的提高，将引起部门工资水平的上升。而公共部门为了得到应有的劳动投入量以向社会提供足够的服务，其工资水平的提高必须与私人部门保持同步。这将使得公共部门提供服务的单位成本相对上升，从而导致既定数量的公共品相对于既定数量的私人产品之间的价格上升，于是就必然会形成财政支出不断增长的趋势。

它们初步阐释了财政支出增长的一般规律，揭示了随经济发展支出机制转换的内在趋势，为后人探索财政支出变化规律开辟了道路。

（三）财政支出增长的国际实践

一般而言：（1）发达国家受经济发达、税收承担力强、公共需求质量要求高及注重发挥地方政府优势的影响，一般财政支出占GDP比重较高、中央财政占整个财政支出的比重较低；而发展中国家却受经济不宽裕、税收紧束缚及需要加强中央控制的制约，因此其财政支出占GDP支出比重较低、中央财政支出占财政支出比重相对较高（见表3－3）；（2）财政支出占GDP的比重一般呈逐渐提高的趋势，但不会超过60%的临界线；（3）发展中国家尤其是各转型国，该比例大都要经历一个U型的转换过程，转型前畸高、转型中下降、市场化后再逐步提高。例如，我国改革开放前的1978年，财政支出占GDP为30%，改革开放后的1995年曾下降到11.67%，2002年又恢复提高到21.04%。

表3-3　　世界部分国家：财政支出及结构态势（2005年）

国别	人均GDP（美元）	财政支出/GDP（%）	补贴及转移（社保）/总支出（%）	中央财政支出占财政支出比重（%）
日本	31255	45①	56	40
美国	32445	40	60（18）②	38
中国	762	13.8	26	28.9
巴西	3360	15.2	39	
泰国	1820	18.7	7	
越南	358	22.7	*	

注：①（一般会计预算+特别会计预算）/GDP；
②补贴及转移包括财政补贴、社会保障支出、公债利息等。

表3-4　　两类国家购买支出、转移支出的比重　　单位：%

类　别	发达国家	发展中国家
购买性支出	45.2	61.5
其中：经常性支出	34.9	50.1
资本性支出	10.3	11.4
转移性支出	41.0	22.5
其中：公债利息	5.6	5.5
补助金	35.4	17.0
其他	13.8	16.0
合　计	100.0	100.0

资料来源：A. B. 普莱斯特：《发展中国家的财政》及孔淑红编著：《公共财政学》，对外经贸大学出版社2003年版。

发达国家鉴于其综合国力强盛、财力基础雄厚，因此公共集中度相对较高、结构更富有活力，因此其财政支出规模与结构具有这样一些特点：财政支出占GDP比重较低，大体控制在40%左右；财政支出与经济增长弹性呈正态分布，赤字控制力比较强；转移性支出占整个支出比重较高，尤其是社会保障支出比例较高；中央财政支出占财政支出的比重较高，并且其购买性支出占比较低，大体维持在40%水平，将更多的财力通过转移支本让渡给地方。

发展中国家因其经济基础薄弱，法制薄弱，因此从支出规模与结构反映出这样的特点：财政支出占GDP比重较低，一般在20%~25%之间；采购性支出比例较高；地方支出一般占财政支出的较高比重（见表3-4）。

二、财政支出的结构

（一）财政支出结构分析

财政支出结构是在一定的经济模式和财政体制下，财政资金用于行政管理、经济建设和社会生活各方面的数量、比例及其相互的关系。

财政支出结构主要涉及保障性需求与建设性需求、采购性支出与转移支付，中央政府支出与地方政府支出等比例，它们从不同侧面反映着财政支出重点及职能实现形式的变化趋势。

（二）财政支出结构的影响因素

1. 经济发展水平

公共支出取决于两点：一是在现有经济水平下，政府可以集中多少财力供公共消费，即经济税收能力；二是公民愿意拿出多少财富供公共消费，也就是公民税收承担力，两者缺一不可。

就其一而言，它以不损害市场效率为前提集中国民收入，即财政收入占 GDP 的比重，它是随着经济发展及公共需求的上升而提高。

就其二而言，它则以公共供需平衡为前提，也即公民的税收忍耐性与公共需求的均衡，唐斯把它归纳为选票最大化规律，他认为：公民在投票时是以收入预算线为约束追求公共支出及效用最大化的。因此，公共支出的供给取决于两点，税收的供给及公共选择。

2. 政府职能及财政供给范围

社会分配往往是以整个社会人的基本公共需求为前提的，人口增长、人口结构及人们生存质量的提高，将促成公共支出的增长，甚至对市场消费产生一定的替代和挤出效应。

3. 政府在一定时期的社会经济发展政策

公共支出是以公共品及公共服务等价值形式实现的，在市场经济条件下，任何商品价值都以统一的价格表现，也以统一的成本参与市场竞争，因此，社会资源按公私品需求而流动，而且财政支出还会因公共品投入价格的上升而增长。根据鲍莫尔法则，公共品与私人品的成本都是持续累计上升的，但是，公共部门的成本受价格的影响更强更缺乏弹性一些，因此，公共支出大多以超价格比在增长。

（三）财政支出结构的变化趋势

在经济发展的早期阶段，由于公共品尤其是社会经济发展所必需的社会经济设施（如公路、铁路、桥梁等）供给不足，往往政府公共性投资在社会总投资中占有较高的比例，因而此时经济建设支出在财政支出中占较高的比例。随着经济的发展，社会基础设施的供求趋于平衡，而公共保障需求、公共教育需求开始上升，这时公共教育、社会保障等支出开始上升，并占较高的比重。

购买性支出与转移性支出在总支出中的比例在各个国家也不相同，一般来说，在经济发达国家，政府较少直接参与社会生产活动，同时财政收入也比较宽裕，财政职能侧重于收入分配和经济稳定，因而转移支出（或相当于支出的部分）占财政支出的比重相对较大；而转移性支出所占比重相对小些。而在发展中国家，政府较多的直接参与社会生产活动，财政收入比较匮乏，购买性支出（或相当于购买支出的部分）占总支出的比例明显较高，而转移性支出所占比例较低。

第四节 财政支出的效益及管理（政府采购）

一、财政支出效率及评价

财政支出效益分析是根据投入—产出原理，借助一定分析工具，对财政支出的效果进行分析评价。

（一）成本—效益分析法

所谓成本—效益分析，就是把预算资金分为若干项目或方案，在考虑物价、利息的基础上核算效益、成本并择优选用。

社会净效益 =（内在效益 + 外在效益）-（内在成本 + 外在成本）

=（社会总效益 - 社会总成本）

1. 影子价格

所谓影子价格是指在市场交易价格不能充分反映某些产出的真正的边际社会成本时，人们对这些产出的边际社会成本进行重新估算后的再定价。换言之，影子价格是修订了的市场价格。

2. 社会贴现率

利用银行的储蓄原理说明现值概念，在复利计算中（单利情况下计算较为简单，此处不予考虑），假设 P 为本金，r 为市场年利率，S 为本利和，t 为储蓄年限。

第一年：本金 P 的利息为 $P \times r$，本利和 $S = P + P \times r = P(1 + r)$

第二年：本金变为 $P(1 + r)$，利息为 $P(1 + r)r$，本利和为

$S=P(1+r)+P(1+r)r=P(1+r)^2$

第三年同样如此，依此类推至第 t 年完，本利和 $S=P(1+r)^2$，从公式中把现值 P 求解出来即可得到现值计算公式，如下所示

$P=S/(1+r)^t$

运用上式，可以很方便地将未来各时期的货币价值转换成现值，这个过程就称为贴现。

3. 项目支出效益评价标准

(1) 净现值。根据贴现原理，将项目各时期产生的成本和效益量化后，选择恰当的社会贴现率，分别折算成现值，并将收益现值总和减去成本现值综合求得净现值。用公式表示为：

$$NPV=\sum B_t/(1+r)^t-\sum C_t/(1+r)^t=\sum(B_t-C_t)/(1+r)^t$$

(2) 收益—成本比率。收益—成本比率指的是项目支出的收益现值与成本现值的比率，通过该比率的大小来确定项目投资可行与否。用公式表示为

$$BCR=\sum[B_t/(1+r)^t]/\sum[C_t/(1+r)^t]$$

(3) 内部收益率。内部收益率是指能使项目未来各年的“效益贴现值总和”等于“成本贴现值综合”，即 NPV=0 的贴现率，用公式表示为

$$NPV=\sum B_t/(1+IRR)^t-\sum C_t/(1+IRR)^t=\sum(B_t-C_t)/(1+IRR)^t=0$$

（二）最低费用选择法

最低费用选择法是对成本—效益分析法的补充，与成本—效益分析法主要适用于资本性投资项目不同，最低费用选择法主要针对社会效益不易或不能用货币来计量等领域。

（三）财务分析法

财务分析是评价财政支出效益的又一种重要手段，它是通过单位财务运行状况的比较分析，反映单位的支出执行情况，并评价支出效果。

二、财政支出的管理

财政支出的管理是以预算和财务规则为基础的法制规范。

（一）支出因素法

支出预算是实施支出管理的基础，按照政府需要履行的职能、成本及物价编

制预算，予以拨付资金，实施政府采购与财政转移。

支出因素法是按照有关影响因素核定财政支出的方法。其核定方式涉及两方面，一是根据财力能力及影响因素核定供给水平及差异；二是根据支出影响因素，宏观上考虑人口、面积和物价，微观上考虑编制、各类经费（工资、公务、专用费）水平与比例，两者结合测定支出规模，编制支出预算。

（二）政府采购制

政府采购（government procurement）也称公共采购，是指各级政府及其所属机构为了开展日常政务活动或为公众提供公共服务的需要，在财政的监督下，以法定的方式、方法和程序，对货物、工程或服务的购买。

特点：资金来源的公共性。

美国在1761年颁布了《政府采购法》，1979年在关贸总协定框架下制定了《政府采购守则》。

采购目标：加强支出管理、提高资金使用效益；宏观调控；保护民族产业；促进国际贸易，加强对国有资产的监管。

采购原则：公开、公平原则；物有所值原则；防腐倡廉原则；促进竞争和促进产业发展原则。

政府采购程序：（1）确定采购需求；（2）预测采购风险；（3）选择采购方式；（4）资格审查；（5）执行采购方式；（6）签订采购合同；（7）履行采购合同；（8）验收；（9）结算；（10）效益评估。

常用的有6种方式：公开招标、邀请招标、竞争性谈判、单一来源采购、询价和其他采购方式。实行政府采购有利于细化预算、节约支出、提高资金使用效益；有利于规范采购方式和加强财政监督。

（三）内部管理外部化

财政资金作为社会资金的有机组成部分，不能脱离价值规律的规范，因此，内部管理市场化成为一种趋势。引进各类项目管理方式，诸如：BOT（建设—经营—转让，即build - operate - transfer）、TOT（将现有已经建成的设施转让给投资者）等，加强财政支出管理，提高使用效率。

第五节　我国的财政支出体系及改革

改革开放后，在市场经济渐进趋向作用下，我国财政改革始终走在改革的前列，但为了稳定社会经济，财政支出体系始终保持相对稳定状态。

一、我国财政支出机制的转轨

1978 年来根据经济转型的需要，计划经济逐步向市场经济转轨。1998 年正式提出建立公共财政体制框架，财政支出体制不断的朝着四个方面发展。

（一）财政支出职能的调整

财政支出职能开始从“计划供给”向“公共供给”转化。也即坚持弥补市场缺陷原则，对市场机制能够正常发挥作用的领域，政府不介入；对市场失效领域则由政府承担供给及分配职能；坚持比较效率原则。市场分配与政府分配，坚持效率优选选择，以提高社会资源在市场领域与公共领域之间的高效配置。

改革开放以来，我国财政支出范围向两方面集中：一是弥补市场缺陷的支出，满足社会对国防安全、社会秩序、行政管理、外交事务等方面的需要，满足社会对公益事业如社会基础设施、教育、文化、卫生事业、社会保障等的需要；二是矫正市场偏差的支出，调节总量平衡和结构优化的支出，调节地区之间、产业之间和个人之间的利益关系，宏观效率与公平兼顾的支出。

（二）财政支出规模与比例呈“U 型”调整格局

2007 年我国财政支出为 5 万亿元，占 GDP 的 20%，30 年来，我国财政支出规模及占 GDP 比重经历了一个 U 型变化趋势（见表 3－5）。为适应改革开放需要，一方面实施“放权让利”，调整国民收入分配格局，收入分配更多地向企业与个人倾斜，大幅减低政府财政集中度；另一方面随着市场化的推进，政府职能开始调整，财政支出中逐渐减少了一些原本不应由政府承担的开支项目，财政支出规模也逐步下降，财政支出占 GDP 比重，1978 年为 30.78%，1995 年为 11.22%，2008 年回升到 18.5%，呈 U 型趋势调整，经历了一个适应改革与职能调整的过程。

表 3－5　　我国财政支出占 GDP 的比重

年份	财政支出（亿元）	国内生产总值（亿元）	财政支出占 GDP 的比重（%）
1978	1122.09	89677.05	30.78
1980	1228.83	99214.55	27.03
1985	2004.25	8964.40	22.35
1990	3083.59	18547.90	16.62

续表

年份	财政支出（亿元）	国内生产总值（亿元）	财政支出占 GDP 的比重（%）
1995	6823.72	60798.73	11.22
2000	15886.50	99214.55	16.01
2006	40213.16	209407.00	19.20
2007	49566.08	246619.00	20.10

资料来源：《中国统计年鉴 2007》，中国统计出版社 2007 年版。

（三）围绕职能调整结构与分配方式

财政支出围绕职能转换及建立公共财政的需要，进行了系统的结构性调整：(1) 根据经济发展和政府职能调整，行政支出占财政支出的比由“四五”的 5% 提高到“九五”的 15%；(2) 大力发展科教文卫事业，科教文卫支出比重，同期，则由 10% 提高到 27%；(3) 响应世界和平，走精兵简政的道路，同期，国防支出占比，由 19% 下降为国 8%；(4) 随着市场经济的发展，财政不断推出竞争性领域的投资，同期，经济建设支出由 57.73% 下降到 38.32%，到 2007 年，财政支出中建设支出仅为 10%，占全社会投资总额 4%。此外不断提高社会保障支出与补贴的比重，逐步提高改善民生支出，概括地讲：建设财政让位于吃饭财政，吃饭财政让位于民生财政的趋势十分明显，各项财政支出进一步向公共产品配置方向倾斜。以义务教育、失业、养老、医疗、最低生活保障、城市住房保障为主要内容的社会保障体系正在不断完善（见表 3－6）。

表 3－6　　我国财政按功能性质分类支出结构　　单位：亿元

	支出合计	行政支出	科教文卫	国防	经济建设	其他
“四五”（1971～1975）	3917.94	196.71	426.25	750.10	2261.12	283.76
“五五”（1976～1980）	5782.44	280.06	760.64	867.81	3164.28	209.65
“六五”（1981～1985）	7483.18	587.41	1477.44	893.74	4196.61	327.98
“七五”（1986～1990）	12865.67	1520.66	2978.15	1170.15	6230.03	966.68
“八五”（1991～1995）	24387.46	3355.90	6256.29	2321.40	10125.54	2328.33
“九五”（1996～2000）	57053.46	8933.90	15503.97	4751.27	21870.44	5984.56

资料来源：《中国统计年鉴 2007》，中国统计出版社 2008 年版。

（四）积极探索适应市场经济的管理机制

由分散支出向集中支出发展，由源泉监督向过程监督深化，逐步推开政府采购制，单一国库账户制与均衡分配法。

我国1996年开始全面实施政府采购改革。采购规模1999年为131亿元，2005年达到2927亿元，主要集中在工程、服务两大类；资金节约率达13%，政府采购公平公开公正制度已初步形成，2002年我国正式颁布实施《政府采购法》，以法律形式规范政府集中采购、部门集中采购和单位分散采购等行为，规定单项或批量采购金额达到120万元以上的货物或服务项目，200万元以上的工程项目，都要采用公开招标采购方式；从节约开支到政府功能的全面发挥，将国产品保护、国家安全等均纳入政府调节范围；政府采购行为和管理更加科学有效；我国开放政府采购市场的步伐加快，我国正在朝着加入WTO《政府采购协议》而努力。

我国2001年正式推出《财政国库管理制度改革方案》，至此在全国着手建立以国库单一账户为基础、资金缴拨以国库集中收付为主要形式的现代国库管理制度。2004年全国已有30个省区市、150个地市、200多个县实施了国库集中收付制度改革。

截至2007年我国所有中央部门都编制了部门预算，向全国人大报送部门预算达到35个。地方部门预算改革也在稳步推进，全国36个省级（含5个计划单列市）本级财政都已经实行部门预算，部分地市级财政也正在积极推进部门预算改革。

概括地讲，以界定财政职能、明晰财政支出范围、调整优化财政支出结构、深化重点支出改革、完善转移性支出改革、创新财政支出管理制度、建立财政支出效益考核体系、完善财政支出监督机制、协调推进配套改革。

二、我国公共支出体系面临的主要矛盾

随着现代化进程加快及公共财政职能的成熟，许多深层次矛盾开始呈现。

（一）总量不足与结构调整矛盾并存

随着市场经济成熟与经济的发展，我国财政占GDP比重偏低的矛盾凸显，尤其是财政职能与分配重点的转移，重点向社会保障、教育、公共卫生、环境保护转移；重点向基础设施、“三农”转移，这些都是制约现代化的瓶颈和制约我国经济的“短板”。根据最新统计：2008年我国财政支出占GDP比重为20%，远低于世界发展中国家同期25%的水准；另外，支出结构调整方兴未艾，教育、公共卫生缺口严重，基础设施、“三农”公共供给缺口更大，在发达国家仅教育、公共卫生和支农三项投入大多占财政支出比重的70%，我国仅占不到40%，可谓任重而道远。

（二）均衡服务与转移支付调节矛盾突出

公共财政越成熟，为全体公民提供大致均衡公共服务要求越高，但目前我国财政的均衡化服务的水平是比较低的。近10年来，发达地区与落后地区的财政政权性供给大致仍存在1～1.5倍的差距，教育、公共卫生均衡服务差距更大。转移支付调节虽然在不断加强，已从1995年不足1%提高到约5%，但与发达国家的平均20%差距悬殊。地方之间的财政支出差别悬殊，甚至出现扩大化的趋势，直接制约着地区均衡发展和社会的稳定。

（三）供给方式落后与支出效率欠佳并存

科学的供给方式是提高支出效率的基础，许多适应市场的支出方式亟待进一步探索，同时，支出效率欠佳的现象也普遍存在，诸如扣压、截留支出现象屡禁不止；浪费、贪污现象随处可见，这些都是亟待解决的问题。

三、我国财政支出改革的重点

针对我国当前面临的矛盾和问题，按照市场经济发展要求，财政支出体系必须进行战略性调整。

一是根据财政职能，逐步提高财政占GDP比重，加速结构优化。这要从调整国民收入分配结构着手，提高整个社会消费水平，进而调整政府消费比例，逐步将财政支出占GDP比重，提高到适应其履行职能需要的比重；改革宏观分配思路，逐步探索收支同比例提高占GDP比重，也即逐步提高财政收入占GDP比重，建立社会优化再分配的分配格局。结构上重点抓住提高社会保障、提高“三农”支出比例这两个结构调整的重点，改善社会消费预期和弥补城乡协调发展的缺陷，从根本上促进社会经济的协调发展，也即消费与投资的平衡，工业与农业的协调发展。

二是全面规范支出秩序，促进社会公平服务与分配。加强支出法律规范建设，逐步将预算外支出全部纳入预算管理，实现统一的国库集中收付制；积极探索支出因素法，提高转移支付支出占GDP比重，首先应加快社会保障体系中的养老、公共医疗的全国统筹改革，在这方面加强转移支付，实现“老有所养、病有所医”，而且能够提高比较均衡的公共服务。

三是探索支出方式及适应市场经济的公共支出管理机制。资金短缺与资金浪费是长期困扰我国财政的问题，关键是建立一套防止资金脱离监管的机制，改革单纯管理缺乏内在制约与激励的财政管理方式，积极引进适应具有市场制约功能的管理方式，诸如：成本包干效绩挂钩、政府采购，等等。

案例分析

案例3－1　北京每年将补贴轨道交通超过50亿

北京轨道交通要“实现单一票制，每人次2元，乘客乘坐轨道交通一次出行，无论距离长短和换乘次数多少，使用一卡通卡或者现金购票均为每人次2元，同时取消地铁专用月票”。这是9月26日上午，在北京轨道交通路网票制票价听证会上，北京运输管理局提出的方案一。

此方案得到了参与听证会的绝大多数代表的支持。

北京运输管理局局长刘通亮在该局的申请报告中称，此方案体现了公益性和公交优先的原则，既考虑了公交和轨道交通的合理比价，也考虑了当期和长期的状况，引导市民优先选择轨道交通出行，缓解地面交通压力。

听证会后，北京市发改委副主任柴晓钟明确表示，公交优先政策最直接的体现就是价格调整，低票价制度将在以后北京的公共交通政策制定中长期坚持，而且，“北京市财政具有对公交优先战略的补贴能力”。

最后的定价方案将在本月底之前正式公布。按照申请方的建议，新的定价方案将在地铁5号线开通试运营之日（10月7日）起，在全路网实施。

一、长期坚持低票价制度

北京市本次推出的针对轨道交通路网票制票价改革方案，是年初公交实行低票价、优先发展公共交通战略的延续。

2006年底，北京市下发《关于公交票制票价调整的通告》，其中明确规定，从2007年1月1日开始，公交普通IC卡乘公交4折，学生卡2折；包括空调车在内公交线路的基础价为1元。对此，北京城市交通规划部门的负责人解释说，低票价制度再次明确北京公共交通的公益取向，核心目标就是让更多的人在出行时候选择公交。

但随之出现的一个情况是，在这一价格杠杆直接作用下，原先选择地铁出行的乘客明显出现向地面公交分流的迹象，给地面公交运行带来很大压力。

所以，“这次调到2元钱，可以合理匹配出行资源”。北京交通委员会副主任李建国说。

根据北京市运输管理局的测算，方案一实施后，绝大多数乘客将减少轨道交通出行费用，83.1%的乘客将每日减支1.3元。

“这相当于回到了1995年的地铁票价时期。”北京市轨道交通指挥中心的战明辉说。

刘通亮分析说，现地面公交票价为每人次0.56元，地铁票价为每人次2.92元，票价偏高，不利于吸引客流和发挥轨道交通骨干作用。随着5号线、10号线、奥运支线投入运营，这种方式已经不适应需要。

在北京运输管理局本次递交的申请中称，本次轨道交通票制票价改革的原则是，统筹考虑北京市当前和长远交通矛盾，坚持低票价政策，缩小轨道交通与地面公交的差价，发挥引导作用，引导市民优先选择轨道交通，充分发挥轨道交通在城市公共交通中的骨干作用。

二、北京市财政补贴将超50亿

不过，低票价制度的背后，政府的财政支持将是很大的数额。

听证会上，北京市运输管理局局长刘通亮介绍，根据客流数据分析，目前普票乘坐四条线路的平均价格是每人次3.25元。所以，就是按照目前的运营成本来算，这样的低价平均每人次亏损额将在1.25元。

另据该局测算，实施方案一后，2008年轨道交通的收入是13.3亿元，亏损10.3亿元。听证会代表、北京市基础设施有限公司总经理王灏表示，考虑到折旧，政府每年的补贴可能要30多个亿，加上利息补贴可能就是50多个亿，“轨道交通支持力度是前所未有”。

对此，北京市发改委副主任柴晓钟在听证会后明确表示，北京市的财政还是有支持能力的。他说，今年1~8月份，北京市财政收入达到了1030亿元，到年底很可能达到1500亿元。

而在听证会上，来自北京市朝阳区的张永林代表表示，作为消费者，希望钱花得越少越好；作为乘客，希望公交越舒适、安全越好；作为纳税人，希望政府的公共财政补贴合理。所以，政府在给出补贴的情况下，他认为还是要坚持一些市场化的原则，至少应该让补贴的使用尽量透明并有所监督，提高补贴的使用效率。

对此，柴晓钟表示，本次推出的这个方案，首先体现了地铁的公益性，“地铁是个公共产品，世界上的地铁没有财政不补贴的，只是根据票制票价不同补贴有所不同”。

另外，他认为公交优先政策最直接的体现就是价格调整，最大可能地发挥地铁在缓解北京交通拥堵方面的作用，“缓解北京交通的拥堵，当然要做好地面的交通工作，根本出路在地下”。

在考虑补贴的同时，在投融资体制改革方面，王灏表示，北京市基础设施投资有限公司一直尝试采用市场的方法，包括4号线引进香港地铁来投资，使公共财政发挥更大效果。

资料来源：《21世纪经济报道》，记者：叶建国

编者按：

北京是吸收发达国家首都经济的经验，从宏观上经营都市公交，形成了其非常有特色及效益的公交补贴政策。据悉它以国有北京公交控股（集团）有限公司为主要力量（其运量占全市地面公交的82%，占全市居民出行率的20%），针对北京地理位置特殊，历年公交视财力逐年增加投入力度。建立起月票亏补（每张每月补48元，2005年补12亿元，占了财政公交补贴的大头）；燃油补贴（2005年共补2.6亿元）、公交车辆更新补贴（财政按每辆新购车辆总价20%给予补贴）短补体系；以企业贷款购车资金贴息10年以上车辆提前报废给予净残值50%的补贴；站等设施补助的长补相结合的补助机制，2005年财政对公交的补贴资金达到19.8亿元。

它发挥了其他经济手段难以实现的效益：是政府为方便市民出行首选公交、共享改革成果的一项惠民的阳光政策；优化了城市交通方式及促进各项交通工具的优势互补。达到了一箭双雕的政策调节功效。

案例3-2　成都向困难群体每人发放100元消费券

在2009年元旦、春节即将来临之际，成都市决定对城乡低保对象等三类人员发放消费券。根据全市共计37.91万人的发放对象，以100元的消费券标准，此次发放金额高达3791万元。

一、"发现金，许多人都存起来"

"发放现金，无法产生及时消费，许多人都将钱存了起来。"昨日，成都市民政局副局长陈翔军表示。

据悉，此次消费券发放对象为2008年12月1日至20日前登记在册的城乡低保对象、农村五保对象与城乡重点优抚对象，发放标准为每人价值100元的消费券。预计城乡低保对象28.69万人，农村五保对象2.54万人，重点优抚对象6.68万人，共计37.91万人，发放消费券所需资金约3791万元。

区（市）县不得以任何理由将发放消费券改为发放现金和实物。

二、年底发放到户，限时限店购买

"扩大城乡居民消费是拉动内需的重要方面，我们选择发放消费券就是为了让困难群众到商业网点去购买需要的物品。"消费券的购买、发放和使用范围是由区（市）县民政部门会同当地政府采购部门共同确定消费券的指定商场（商店），如互惠超市、红旗连锁、老邻居连锁等方便群众、在乡镇有网点的当地企业和商店。指定商场（商店）确定后，民政部门向商场（商店）购买消费券，消费券每张面值50元。消费券由各区（市）县民政局组织发放到户。

根据规定，区（市）县民政部门应在2008年12月29日前发放到户。消费券应在1月31日前使用，过期作废。此发放过程将通过各区（市）县民政部门专业发放系统发放，并将发放结果公示，保证专款专用。

资料来源：《成都商报》2009年2月11日施文

编者按：

“在金融危机的严冬下，政府首先想到困难群众的过节问题，给他们发放消费券。让人心里仍然感到温暖。”消费券可谓“好钢用在了刀刃上”。

以前成都市政府都是直接给贫困群体发放50元现金，这次直接发100元消费券，金额上翻了一倍，形式上采用消费券，把扶助贫困与拉动消费结合起来，不失为一种好的办法。“我们说，出口、投资、消费是经济发展的三驾马车。现在是他们买不起了，出口不是我们能负责的；而投资要等到产品卖出去才能见效益。因此，拉动消费便显得尤为关键。发放消费券是许多国家为拉动内需而采用过的方法。”

今年政府也遇到了困难，给每位市民都发红包并不现实。优先考虑困难群体，可谓好钢用在了刀刃上。“不要小看这100元的消费券，所谓‘众人拾柴火焰高’，很多个100元，凑起来就能撬动消费。当然我们也不能光靠这一点就撬动整个消费市场，但这肯定是个好的开头。”

案例3-3 欧洲城市力推自行车“共享”

鼓励市民骑自行车出行，是全球许多城市用以保护环境和缓解交通堵塞的途径之一。欧洲许多小城市先后推出“自行车共享”项目。不仅政府采购公用自行车，实行辖区无偿使用或设置租赁点，还利用先进技术加以管理，在欧洲范围内铺开一张“绿色”自行车“共享网”。

自行车租赁并非新鲜事，但欧洲城市眼下推广的自行车共享项目因利用高技术、便捷等特点，或称“第三代计划”。

“第一代计划”涉及的多为老旧自行车，随意停放在街角，可免费使用；“第二代计划”则有了专门的自行车停放点，收取现金作为租车费。

而到了“第三代计划”，自行车均配备电子卡，由租赁点的电脑系统统一管理，市民在任一租赁点均可骑走或归还自行车，电脑系统计算时间后，从租赁者银行账户自动扣除费用。

各个城市的租车方式略有差异。在西班牙巴塞罗纳，租车者购买一张30美元的年卡，便可用卡从任一租赁点取车。前30分钟免费，往后每半小时收费30美分，还车期限为2个小时，如果超时不还车，卡将自动失效。

在德国和奥地利的一些城市，租车者则用发送至手机上的密码为自行车解锁。

美国《纽约时报》曾报道，正是借助这些先进技术，自行车“共享网”已覆盖数十个欧洲城市，包括法国巴黎、里昂、雷恩，西班亚巴塞罗纳、潘普洛纳，德国杜塞尔多夫、甚至市区地形不适宜骑车的意大利首都罗马。

对这些城市的居民而言，自行车租赁网络让他们日常出行非常便捷。

而对致力于改革城市和交通环境的市政部门而言，自行车共享项目提供了一个简单经济的解决办法。一辆公共汽车的价钱足以买下一大堆自行车，还能避免耗时费力的道路扩建工程。据法国里昂市政府部门的统计，自行车共享项目实施3年来，城市污染物大幅减少。

文/张代蕾

■编者按：

分析萨缪尔森、马斯格雷夫和布坎南的三大经典公共品定义的内在逻辑关系，显然，公共品与私人品的边界实际上是基于共同消费权而结成的一种公共消费关系。公共品和私人品的划分并不完全依附于产品的物理属性，也非取决于产品的供给模式，而是由共同消费权决定。"共同消费权"，即在任意规模的集体中，集体成员共同占有、分享消费品，在整个消费过程中，集体中任一成员对于集体拥有的消费品的整体数量都拥有消费权。公共品的这种边界随着共同消费权的变迁呈现出动态的、不断演化的特征。不同类型公共品的最优供给模式不同，带来的集体福利效应也不相同。

在竞争性、非排他性准公共品的消费过程中有可能产生"占优消费"问题，即在消费该类公共品时，成本分担相同的情况下，个别消费者会争先消费尽可能多的优质产品而把次优产品留给其他消费者的行为。当然，政府也可以利用公共管理的方式，利用"公共消费权"取代某些私人消费，通过规模消费，降低整个社会的消费成本，以较低的公共投入降低整个社会成本，最终达到提高整个社会效率的目的。

【注释】

1. IMF（International Monetary Fund）国际货币基金组织。1945年12月27日成立，为世界两大金融机构之一，职责是监察货币汇率和各国贸易情况、提供技术和资金协助，确保全球金融制度运作正常；其总部设在华盛顿。国际货币基金的最高权力机构是理事会，每位成员地区有正、副理事代表，通常是本国的财政部长或中央银行行长。理事会于每年9月举行一次会议，各成员的投票权按其缴纳基金多少来决定。执行董事会由理事会委托，行使理事会的权力，处理日常事务。该会由24名执行董事组成，每两年选举一次，设有1名总裁和3名副总裁，总监任期5年，由执行董事会推选，可以连任。执行董事由美国、英国、法国、德国、日本任命，其余由其他成员组成的选区选举产生。

2. 瓦格纳（1835~1917年）德国经济学家，曾任汉堡、弗利堡和柏林大学教授，代表作有《政治经济学教程》，因《财政学》闻名于世，公认其建立了财政学。

3. 罗斯托（W. W. Rostow）（1916~?）美国著名经济学和经济史学家，发展经济学的先驱之一，得克萨斯大学教授，1939年获耶鲁大学哲学博士，曾任哥伦比亚大学和麻省理工学院教授，在美国肯尼迪和约翰逊两届政府中任职，因提出"经济成长阶段论"而著名。

附注1：

表 1　　常用财经经典理论

	提出者	通俗解释
木桶理论		木桶的储水量取决于最短板的长度
黄金分割理论	［法］法布兰斯	0.618 为最优分割比例
比较优势理论	［英］大卫·李嘉图	国际贸易的基础是生产技术的相对差别，以及由此产生的相对成本的差别
拉弗定理	［美］拉弗	低税能够促进经济与提高税收收入
康德拉季耶夫周期	［俄］康德拉季耶夫周期	50～60 年形成价格与产出的波动周期
马太效应	罗伯特·莫顿	强者恒强，弱者恒弱
马斯洛需求理论	［美］马斯洛	人的需求分生理、安全、社交、尊重和自我实现需求五类，由低向高发展
菲利普斯曲线	［英］菲利普斯	通货膨胀与失业呈负相关
费雪效应	阿尔文·费雪	提高货币增长率，长期的结果是更高的通货膨胀率和更高的名义利率
灯塔效应	德鲁克	成功的道路是目标铺出来的
斯隆法则	斯隆	没有不同意见不决策
弗里德曼定律	［美］N. W. 弗里德曼	当一个人的需要可以满足另一个人的需要时，两人就趋于互相喜欢
赫斯定律	［澳大利亚］H. 赫斯	广告超过 12 个字，读者的记忆力要降低 50%
伯内特定理	［美］利奥·伯内特	只有占领头脑，才会占有市场
吉宁定理	［美］H. 吉宁	真正的错误是害怕犯错误
洛克忠告	［英］洛克	规定应该少定，一旦定下之后，便得严格遵守
阿什法则	［美］M. K. 阿什	承认问题是解决问题的第一步
横山法则	［日］横山宁夫	最有效并持续不断的控制不是强制，而是触发个人内在的自发控制
赫勒法则	［英］H. 赫勒	当人们知道自己的工作成绩有人检查的时候会加倍努力
沃尔森法则	［美］S. M. 沃尔森	把信息和情报放在第一位，金钱就会滚滚而来
格瑞斯特定理	［美］H. 格瑞斯特	杰出的策略必须加上杰出的执行才能奏效
韦奇定理	［美］伊渥·韦奇	即使你已有了主见，但如果有十个朋友看法和你相反，你就很难不动摇
波克定理	［美］詹姆士·波克	只有在争辩中，才可能诞生最好的主意和最好的决定
费斯诺定理	［英］1·费斯诺	人有两只耳朵却只有一张嘴巴，这意味着人应该多听少讲
罗森塔尔效应（心）	罗森塔尔	头脑存在定势导向作用（偏见会影响结果）

附注 2：最具幸福感城市指标（美国芝加哥大学的幸福学评价体系），内容涉及自然环境、交通状况、发展速度、文明程度、赚钱机会、医疗卫生水平、教育水平、房价、人情味、治安状况、就业环境、生活便利共 12 个指标。

【综合复习】

一、名词解释

购买性支出　转移性支出　政府采购制度　因素分配法　政府采购　BOT　成本—效益分析法　政府活动不断扩大法则

二、填空题

1. 财政支出按经济性质划分为________与________。

2. 财政支出的形式有：________、________、________、________、________和________。

3. 经济生活中，一般用：________、________和________来衡量财政支出增长态势。

4. 财政支出效益的评价方法主要有：________、________和________。

5. 政府采购的目标是：加强支出管理、________；宏观调控；________；促进国际贸易和加强国有资产监管。

三、选择题

1. 根据投资的乘数作用原理，乘数与（　　）同方向变化，同（　　）呈反方向变化。

A. 边际消费倾向　边际储蓄倾向
B. 边际储蓄倾向　边际消费倾向
C. 边际投资倾向　边际储蓄倾向
D. 边际消费倾向　边际投资倾向

2. 属于经常性支出的是（　　）

A. 支付债务利息　　B. 基本建设投资
C. 国家储备支出　　D. 购置交通工具支出

3. 在效益分析中，对有直接经济效益的支出项目，采用（　　）。

A. 成本—效益分析法　　B. 最低费用选择法
C. 公共劳务收费法　　D. 零基预算法

4. 按政府支出是否发生交换行为划分，财政支出包括（　　）。

A. 购买性支出　　B. 转移性支出
C. 补偿性支出　　D. 消费性支出

5. 财政支出增长的正常来源应当是（　　）。

A. 发行公债　　B. 发行货币

C. 增加税收　　　　　　　　　　D. 财政向银行透支

四、简答与论述题

1. 论述财政支出规模增长趋势的理论解释。
2. 简述影响财政支出规模的因素。
3. 阐述财政支出的经济效应。
4. 怎样把握财政支出结构及转换？
4. 马斯格雷夫与罗斯托的公共支出模型的主要内容是什么？
5. 怎样理解马克思的社会补偿规律？
6. 阐述我国财政支出领域的改革评价、存在的问题及制度调整。
7. 阐述财政支出制度设计的国际规律、调整趋势与启示。
8. 阐述采购性支出与转移性支出的边际转换。
9. 怎样设计财政支出效率评价体系？
10. 怎样为社会提供大致均衡的公共服务？

【阅读与参考文献】

1. 楼继伟：《政府采购》，经济科学出版社 1998 年版。
2. 王敏：《国库集中收付制度研究》，经济科学出版社 2002 年版。
3. ［美］艾伦·希克：《当代财政支出管理方法》，经济管理出版社 2000 年版。
4. 项怀诚主编：《财政支出管理改革》，经济科学出版社 2000 年版。
5. 贾康：《转轨中的财政制度变革》，上海远东出版社 1999 年版。
6. 陈振明著：《理解公共事务》，北京大学出版社 2007 年版。
7. 雷良海著：《财政支出增长与控制研究》，上海财经大学出版社 1995 年版。
8. 邓子基、王开国、张馨著：《财政支出经济学》，经济科学出版社 1993 年版。

世界上有两种东西最有力量，一种是剑，一种是思想，后者永远大于前者。

——拿破仑

第四章 购买性支出

第一节 购买性支出概论

购买性支出（purchase expenditure）也称消耗性公共支出，指政府以购买商品或劳务形式所消耗或运用的社会资源，反映着政府和其他经济主体之间互利、有偿的市场交易关系。在我国购买性支出包括行政支出、科教文卫支出、国防支出、政府性基础设施投资和农业支出等。它发挥着广泛的保障公共供给、优化资源配置、公平分配及稳定经济的作用，一般要占到财政支出的绝对比重（见表 4－1）。

一、购买性支出：经济作用与效应

究其经济作用而言：（1）购买性支出直接形成社会资源和要素的配置，因而其规模和结构等体现着政府直接介入资源配置的范围和力度；（2）购买性支出中的投资性支出，将对一个国家（或地区）的社会经济环境及比较差异产生直接的影响；（3）购买性支出直接决定着公共需求状况，也直接影响着社会总供需平衡与结构的变化。

购买性支出作为社会总需求的有机组成部分，其运转在市场经济条件下会产生三个经济效应：

（一）公共性"机会成本"（opportunity cost）效应

机会成本（也称替代成本）是指为了得到某种东西所必须放弃的东西。而公共支出机会成本，则有其特殊内涵：首先，政府分配势必使私人失掉使用这部分资源的机会，形成公私领域的"机会成本"的转化与选择；其次，政府采购本身也涉及结构性选择，从而产生相应的"机会成本"的优化。因此，政府实施购买性支出时就面临着一个“机会成本”的选择及优化问题。

（二）公共性“挤出效应”（crowding out effect）

挤出效应是指当扩张性财政政策引起利率上升，从而减少了投资支出时所引起的总需求的减少。

就公共支出的挤出效应而言，公共支出的增长必然要排挤私人消费及投资，从而产生一定生产、消费的挤出效应，具体来讲：（1）从某种程度上就此方面抑制了私人消费；（2）调节了私人的收入水平，甚至加剧收入的不平等；（3）调节了私人的收入增长速度。

（三）公共性“引入效应”

“引入效应”则是指政府购买将直接扩大总需求并吸引私人投资与消费的跟进，从而对经济所产生的一种效应。

二、购买性支出的预算管理

购买性支出包括行政支出、科教文卫支出、国防支出、政府性基础设施投资和农业支出等，一般将行政性、科教文卫、国防性支出称为政权运转和公共服务支出，将基础设施、农业支出称为投资性支出。政府根据财政供给对象的性质设置了不同的预算管理方式。

政权运转和公共服务领域，一般采取三种预算管理形式：全额预算，差额预算和自收自支预算管理形式。

（一）全额预算

我国行政事业单位的预算管理形式，即将单位预算的各项收入和支出全部纳入国家预算进行管理。它的要求是，年初根据国家主管部门下达的事业计划或行政工作任务、人员编制、各项定额和费用开支标准编制预算，报主管部门和同级财政部门审核批准执行。

全额预算包括三种具体形式：（1）统收统支，节余上缴；（2）全额预算包干，节余留用；（3）部分预算包干，节余留用。主要对国家行政机关、公检法和军队实行全额预算管理。

（二）差额预算

它要求预算单位用自己的收入抵补自己的支出后，差额列入国家预算。收入大于支出的差额按规定上缴国家预算，支大于收的差额则由国家预算拨款补助。

差额预算包括三种具体形式：(1)“全额管理，定额补助，超支不补，结余留用”，即在全面核定单位业务指标的基础上，按照特定的业务计算单位（如医院病床数、门诊人次数等）核定一个补助定额，由国家财政按核定定额拨给；在事业计划、收费标准没有大的变化的情况下，由单位自求平衡，年终超支不补，结余留用。(2)“全额管理，定项补助，超支不补，结余留用”，即在全面核定单位收支的基础上，根据其业务和收支情况，确定一个或几个支出项目（如工资、离退休人员费用、房屋大修、大型设备购置等）费用开支数额，由国家财政按核定数额拨给，包干使用，其余各项开支由单位用自己收入抵补，年终超支不补，结余留用。(3)“全额管理，差额补助（或差额上缴）”，即在全面核定单位收支的基础上，支大于收的差额由国家财政拨给，年终超支不补，结余留用；收大于支的差额，上缴国家财政或上交其主管部门，用于调剂事业费不足。它主要在公立医院、体育场馆、剧场和艺术单位实行。

（三）自收自支

预算单位的收入不上缴，支出不拨款，节余留用，自求平衡。主要对广播影视、新闻出版和科研单位实行。

从财政制度角度看，就各类行政、事业单位制定了相关的行政、事业单位财务规则和行政事业单位会计准则（见表4-1）。而对基础设施、农业支出一般采取政府采购、项目管理等预算管理形式。

表4-1　　行政、事业单位财政管理

	行政单位	事业单位
预算形式	全额预算	差额预算与自收自支
财务管理	1. 行政单位财务制度 2. 行政单位会计制度	1. 事业单位财务规则 教育事业财务规则（高校、普教） 科学事业财务规则 卫生事业财务制度 2. 事业单位会计准则 医院会计制度 测绘事业单位会计制度 社会保险基金会计制度

从各国财经实践看，财政支出中购买性支出一般要占到60%以上（见表4-2），政府利用它直接发挥着多方面的宏观调节作用。因此，怎样控制财政购买性

支出规模及进行规制设计，既需要考虑供给能力，也需要考虑履行政府职能的需要。

表 4 – 2　　财政支出：购买与转移之比

国家（年份）	财政支出	购买支出（%）	转移支出（%）
中国（2000）	17494.38 亿元	14380.38 亿元（82.2）	3114.0 亿元（17.8）
美国（1993）	1487 亿美元	929.37 亿美元（62.5）	557.62 亿美元（37.5）
日本（2000）	760246 亿日元	495680 亿日元（65.2）	264566 亿日元（34.8）
英国（2000）	200 亿英镑	103.4 亿英镑（51.7）	96.6 亿英镑（48.3）
德国（2000）	263.9 亿欧元	180.50 亿欧元（68.4）	83.40 亿欧元（31.6）

资料来源：摘自《国际统计年鉴 2003》与《2000/2001 年世界发展报告》。

第二节　行政支出与国防支出

行政支出与国防支出是比较典型的公共品，具有消费的非竞争性和非排他性特征，是构成一个国家政权运转的基础。从分配原则、分配规律和管理方式上具有较强同一性，是最基本的采购性支出。

一、行政性支出

（一）行政支出及其特点

所谓“行政支出”（administrative revenue），是指维护国家机器正常运转的支出，具体来讲就是行政、司法和外事等机构在行使其职能时所需要的各项经费（士大夫阶层供给）。

从性质上看，它构成了维持国家机器正常运转的物质基础，是一种典型的纯公共品，具有消费的非竞争性和非排他性。

（二）行政支出的分类

按支出部门的不同，可以分为三类：（1）行政经费。就我国而言，主要包括各级政府机关经费、人大经费、各党派补助费、政协经费和人民团体补助费等（见财政支出预算项目）。（2）公检法支出。主要包括公安、安全、法院、检察院支出等。（3）外交支出。主要包括驻外机构经费、出国访问经费、外国代表团的招待经费、国际组织会费、捐赠支出以及其他外事经费等。

按支出对象的不同，可以划分为：人员经费、公用经费和专项经费。

按支出用途的不同，行政支出可划分为基本工资、补助工资、职工福利费、社会保障费用、公务费和业务费等。

（三）行政支出的决定因素

行政支出作为财政支出的重要组成部分，它的规模、结构及政策方向的调整，一般受内在与外在两大因素的影响。

1. 宏观影响因素

（1）经济发展水平。经济发展是决定行政供给水准的关键，一方面随着经济的发展，公共供给能力不断提高；另一方面随着经济发展和人均 GDP 的提高，社会公共服务要求也在不断上升，从而导致行政管理成本与需求不断提高。

（2）政府职能范畴及机构配置。政府范畴直接规范着行政支出的范畴，它从两个层面决定着行政支出水平，一是政府职能范畴的宽窄。我们讲，在市场经济条件下，政府担负着提供公共品、实施宏观调节、消除外在效应、收入再分配及维持市场秩序等职能，政府在担负什么职责，管理范畴确定在哪里就需要与此相称的财政供给；二是机构的设置及管理方式，政府机构设置及履行方式的选择，机构庞大、层次烦琐供给需求就大，反之则节俭；再有就是履行职能方式的选择，直接服务和委托服务可以形成不同的支出水平，这些都从不同方面影响支出水平。

（3）物价水平。社会经济发展往往呈现国民生产总值、物价与人均薪酬水平的提高，发展往往是增长与结构的转换，必然伴随着物价水平的不断提高，物价与行政供给往往呈正比，从而导致行政支出的增长。

（4）社会一般消费水平。在既定政府范围及机构职责规范下，社会消费水平，诸如公务员工资水平、行政设备水准、公共消费水平等也影响着行政支出的水平。

2. 微观决定因素

（1）财政收入水平。行政支出表现为一种财政收支再分配，经济发展必须伴随政府收入的提高才能形成实际的供给能力，因此，财政收入直接决定着支出能力，收入越多支出可能性越强，两者间形成相互作用的态势（见表 4－4 及表 4－5）。

（2）预算管理方式。它直接决定着行政支出的供给范畴、预算水平和监督机制，比如行政预算编制方式有零基预算、效绩预算、部门预算之分，会形成不同的预算约束能力；行政预算体制包括全额预算、差额预算、自收自支预算形式，形成不同的供给水平和制约功能。

（四）行政制度与行政支出

行政支出政策的设计，主要考虑政府机构设置及服务方式，公务员制度和行政预算：

1. 政府体系及供给模式

行政支出是以政府管理范畴及职责为基础的分配规范，其关键取决于三方面，一是政府的服务和调控范畴；二是政府机构的设置及能级；三是政府履行职能的方式，包括直接履行、间接履行和委托履行。

2. 公务员制度

在划定政府服务范畴和机构设置的基础上，建立公务员制度。甚至可以讲，行政支出的主体是公务人员的经费，因此，设计行政支出制度，必须研究公务员制度及薪酬制度，它直接决定着政府行政效率高低和财政承受能力。

现代公务员制度起源于英国。受国家政治体制、主导性经济机制的制约，各国形成了不同的公务员体制及供给模式。比如西方文官制度的核心价值是竞争择优、职位常任、功绩制、政治中立和对公众负责，1932 年马克斯·韦伯甚至从理论上提出了与泰勒制相媲美的“官僚制”（见表 4－3）。我国真正意义上的公务员建设始于 20 世纪 80 年代中期，经过近 30 年的改革，初步建立起适应我国国情的公务员体制的核心价值，即具有新陈代谢机制、竞争激励机制、勤政廉政机制和反腐倡廉机制的公务员管理体制。

表 4－3　　行政员工与企业员工：优化管理

马克斯·韦伯的官僚制度（科层制）	泰勒的企业员工制
1. 劳动分工	1. 认真细致地收集由工头和工人多年积累起来的大量知识、经验和技巧
2. 层级管理	2. 对工人的科学挑选及之后的进一步开发
3. 对事不对人的法规	3. 将管理科学与科学地挑选和职责
	4. 在工人和管理者之间公平地划分实际的工作职责

行政支出直接规范着公务员薪酬水准及分配规则，因此，在制定行政支出政策时，必须宏观监督公务员的规模、结构、等级；宏观监督公务员的竞争机制、增长机制及控制方法；宏观控制公务员薪酬在整个社会中的价值导向作用、公务员支出占社会消费性支出的比重等等，它涉及着社会分配的公平与效率的统一、涉及着总供需平衡及社会价值取向等问题。

3. 行政预算

行政预算是规范行政支出的制度规范，从改革与发展的趋势看，行政分配追求的是“3E”（Economy，Efficiency，and Effectiveness）价值，即经济、效率和效益。行政预算以预算形式规范行政分配关系，将经济与效率贯穿于整个行政分配机制之中。

从行政预算角度看，行政支出预算一般倡导三项原则，即（1）量能负担原则，根据经济发展水平及财政能力提供行政经费；（2）依法负担原则，根据法律规范的政府职能及义务提供行政经费；（3）保障供给的原则，为防范政府寻租或者以行政权力参与市场分配，保障供给是严禁法外参与市场分配的物质前提。当然根据各国国情可以有不同的规范重点，例如我国一般倡导“保障供给、厉行节约”，它直接体现着分配与调节的有机统一（见制度链接）。

制度链接

我国行政单位预算（收支计划）

行政单位预算由收入预算和支出预算组成，收入预算包括财政拨款收入、由财政专户拨付的预算外资金收入以及经财政部门核定由单位留用的预算外资金收入和其他收入等项内容；支出预算包括经常性支出、专项支出和自筹基本建设支出等项内容。经常性支出包括：基本工资、补助工资、其他卫资、职工福利费、社会保障费、公务费、设备购置费、修缮费、业务费和其他支出等项目；专项支出按支出用途分别编列到有关项目。自筹基本建设支出，即行政单位经批准用财政拨款收入以外的资金安排自筹基本建设发生的支出。行政单位自筹资金安排基本建设，应先落实资金来源，并按审批权限，报经有关部门列入基本建设计划。

按规定应上缴财政预算的罚没收入和行政性收费（包括基金）收入，应及时足额上缴财政预算，不得列入单位收入预算，用于各项支出；按规定暂未纳入财政预算管理的预算外资金收入，应按规定进行处理，除经批准由单位留用的外，应及时足额上缴财政专户，实行收支两条线管理。缴入财政专户的预算外资金，不能作为单位收入，直接列入收入预算。由财政专户拨付给单位的预算外资金收入，应作为单位收入，列入收入预算；其他收入，包括非独立核算后勤机构取得的各项收入以及其他服务性收入等，应列入单位收入预算，用于本单位的支出。

单位应按照统筹兼顾、确保重点的原则安排各项支出，即在保证人员支出和开展公务活动必不可少的开支的前提下，安排其他各项支出。自筹基本建设支出应在保证正常工作支出需要，保持正常预算收支平衡的基础上统筹安排，并报主管部门和财政部门核批。核定的自筹基本建设资金纳入基本建设财务管理。

（五）我国的行政支出及改革

1. 行政支出的基本态势

我国转向社会主义市场经济后，确立了建立“公共财政”的目标框架，行政支出呈现以下态势：

（1）规模迅速扩张、增速加快，占 GDP 比重不断提高。随着我国向市场经济转轨，公共服务范畴不断拓宽，行政性支出规模迅速扩大，1987～1996 年的 10 年，我国行政支出由 228.2 亿元增加到 1185.28 亿元，年均递增 20%；1997～2006 年的 10 年，由 1385.85 亿元增加到 7571.05 亿元，年均递增 20.8%。近 20 年在规模扩大的同时年均递增达 20.3%。

改革开放前，我国行政支出占财政支出比重较低，平均只有 5.3%，那时建设性支出占绝对比重。但之后基本上是逐年递增，2006 年达到 20%，这一比例在国际上也是较高的，2007 年末我国行政事业单位人员为 3000 万人（相当占人口比重 2.3%）。

在分配格局既定的情况下，GDP 越高可供分配支出越多，随着经济发展及行政服务水准上升，行政支出占 GDP 比重 1978 年仅为 18%，2006 年则提高到了 22%，形成“职能扩张型增长态势”。

（2）结构差异悬殊，均衡服务目标方兴未艾。受区域经济发展水平、财政体制等因素制约，我国行政支出结构差异悬殊，均衡服务度低，“人吃马喂”占绝对比重。具体来讲，结构上存在“二大差异”，即公民人均行政经费悬殊，如 2005 年全国行政经费为 129 元/人，前三位的西藏（534 元/人）、北京（398 元/人）、上海（398 元/人）分别是平均水准的 4.13 倍、3.08 倍和 3.04 倍，而后三位的河南（85 元/人）、江西（87 元/人）、湖南（90 元/人）仅为平均水准的 65.89%、67.44% 和 69.77%，高低差距悬殊达 6.28 倍。

从行政人员人均经费看，全国平均水准为 14931 元/人，前三位的上海（44615 元/人）、广东（28406 元/人）、西藏（28000 元/人）分别是平均水准的 2.99 倍、1.9 倍和 1.88 倍，后三位的河南（9875 元/人）、山西（10238 元/人）、江西（10588 元/人）则分别仅为平均水平的 66.14%、68.57% 和 70.91%，高低差距悬殊为 4.52 倍。这就很难谈及为全社会提供大致均衡的公共服务了，大部分省市行政经费中“人吃马喂”占 85% 以上，甚至大多是“入不敷出”（见表 4－3）。

（3）预算秩序控制难度增强。行政支出领域最突出的现实是预算软约束，预算编制方法不科学，经费挤占、挪用、浪费严重，行政寻租现象普遍，难以形成有效的预算监督。

2. 怎样看待决定我国行政支出态势的原因

促成目前我国行政支出形成上述格局有诸多原因，综合来看：

一是受经济转型、财政转型的作用，财政职能及分配重点的转移，行政支出作为财政加强公共服务的必要物质基础，支出规模势必加速增长。

二是受区域发展悬殊、财政体制及转移支付能力还比较弱的影响，行政供给能力差距悬殊、均衡服务水平低在所难免。

三是受经济秩序重建、管理机制改革的影响，预算秩序与预算约束有一个调整的过程。

3. 我国行政体制改革及支出控制

改革开放以来，我国在建立公共财政体制框架同时，不断推进财政支出体系改革，尤其以政府机构改革和公务员体制改革为基础，不断探索建立适应我国国情的行政支出框架。

20 世纪 80 年代以来我国政府机构进行了以政府结构性重组；自上而下的分权、市场化“卸载”和规模适度控制为特征五次改革。与此同时也进行了五次公务员制度改革，初步建立起了具有新陈代谢、竞争激励、勤政廉政和反腐倡廉功能的公务员管理与分配机制。

政府机构改革与公务员制度改革，为推进行政支出改革奠定了较好的基础，财政部门以建立“公共支出管理体制”为目标，相继推出了针对性很强的实行部门预算、政府采购、提供均衡公共服务等行政支出改革措施，积极探索我国行政支出改革新方向。

（六）各国行政支出改革值得注意的趋势及借鉴

20 世纪中期以来，各国也在积极着手“政府再造”与行政改革，提高公共服务与分配效率。

综合来看：(1) 普遍认识到传统的官僚体制的低效并积极引进市场化的竞争机制；(2) 为适应经济全球化的要求，着手强化政府调节职能；(3) 适应新技术尤其是信息革命的需要，着力提高政府管理效率与装备水平。这场改革涉及行政管理体制、程序及技术等方面改革，美国学者英格拉姆将其归纳为四方面：(1) 预算和财政改革（效绩预算、竞争性公共选择制度、内部企业化管理）；(2) 结构改革；(3) 程序和技术层面的改革；(4) 相互关系方面的改革。

综合来看，行政支出占财政支出比重普遍控制在 5% ~10% 的区间，发展中国家比重比较高。相比而言，我国行政支出占 GDP 比重处在较高的水平，而且压缩弹性较低，支出中主要是人员经费，并以较高的速度递增。今后一个时期，怎样在保证履行职能的前提下，压缩行政支出规模值得深入探讨。

表 4－4　　1978～2007 年我国行政经费占 GDP 比重及占财政收支比

年份	GDP		行政经费					财政收入			财政支出		
	亿元	增速（%）	亿元	增速（%）	支出弹性	占财政收入%	占 GDP %	亿元	增速（%）	占 GDP %	亿元	增速（%）	占 GDP %
1978	3624.1	433.7	49.1	238.62	0.43	4.34	1.35	1132.3	551.1	31.24	1122.1	552.11	30.96
1980	4517.8	24.7	66.8	36.05	3.79	5.76	1.48	1159.9	2.4	25.67	1228.8	9.51	27.20
1985	8964.4	25.01	130.6	95.51	1.51	6.51	1.46	2004.8	72.8	22.36	2004.3	63.11	22.36
1990	18547.9	9.69	303.1	37.21	1.56	10.32	1.63	2937.1	24.6	15.84	3083.6	23.78	16.63
1995	58478.1	25.06	872.7	19.65	1.10	13.98	1.49	6242.2	19.6	10.67	6823.7	17.80	11.67
2000	89403.6	8.94	1787.6	17.17	0.84	13.35	2.00	13395.2	17.0	14.98	15886.5	20.46	17.77
2005													
2007	249000												

资料来源：《中国财政年鉴》中国财政经济出版社 2001 年版；《中国统计年鉴》中国统计出版社 2001 年版；《新中国 50 年财政统计》，经济科学出版社 2000 年版。

注：1. 行政经费为行政管理费，包括公检法支出和外交支出。

2. 行政经费支出弹性：行政经费增速/财政支出增速。

表 4－5　　行政支出的国际比较

序号	国家	行政经费占 GDP		行政经费占财政支出	
		年份	比重（%）	年份	比重（%）
1	以色列	1994	0.23	1994	4.98
2	日本	1993	0.88	1993	3.62
3	印度	1994	1.05	1994	6.58
4	伊朗	1994	1.30	1994	
5	泰国	1992	1.68	1992	11.18
6	韩国	1994	1.86	1994	10.61
7	美国	1994	2.14	1994	9.42
8	加拿大	1992	2.58	1992	10.23
9	德国	1991	2.87	1991	8.83
10	法国	1990	3.00	1992	6.67
11	英国	1992	3.28	1992	7.59
12	土耳其	1994	8.22	1994	35.35
13	中国	1994	1.56	1994	12.59
		2000	2.00	2000	11.25

资料来源：《中国统计年鉴》中国统计出版社 1995 年版、2001 年版，上海财经大学公共政策研究中心：《1999 年中国财政发展报告》。

表 4-6 2002 年若干国家公务员占就业人口比重

国家	人口（人）	就业人口（人）	公务员（人）	公务员/就业人口占百分比（%）
韩国	6000	4286.9	87.2	2.03
美国	22000	13935	229.96	1.65
澳大利亚	2200	1896	34.5	1.7
加拿大	3000	1491	94.5	6.3
俄罗斯	16000	6396	285.8	4.46
中国	130000	73992	3675	4.97

注：就业人口占人口的 60% ~65%。
资料来源：刘国平：《世界经济统计》，经济科学出版社 2002 年版。

表 4-7 2000 年美国、法国、中国相关数据比较

国家	人均 GDP（美元，按名义汇率计算）	人均 GDP（美元，按购买力平价计算）	官民比例（公务员规模/人口）（%）	政府雇员或财政供养人员占人口比例（%）
美国	34770	34770	3.25	7.47
法国	22432	26531	5.00	8.28
中国	852	3807	0.86	3.91

资料来源：根据美国官方网站、OECD（经合组织）网站、EIU Country Data、《中国统计年鉴》计算。

二、国防性支出

（一）国防支出和决定因素

国防支出（defense expenditure）是指财政提供的用于军队建设和其他国防建设的支出。防御外敌、保卫国家安全是国家的基本职能之一，故而国防支出是一项最基本的财政支出。

随着市场经济的发展，国防支出已经不简单的是一种政府内的分配关系，而是涉及政治、经济乃至社会的综合的分配关系。一般而言，国防支出水平的高低，主要取决于这样几个因素：

（1）经济发展水平（综合国力）。经济是维持军事支出的物质基础，国力强则军力强，国力弱则军力弱，当然，在处理加强军事与发展经济时，必须处理好两个基本点关系，一是正确处理“穷兵黩武”与“富国强军”的关系，穷兵黩武往往会拖累经济的健康发展，而“富国强兵”则有利于提高综合军力；二是正确处理军事需求与总需求的关系，军事需求往往构成最集中的有效需求，而需求不足也需要军事需求的补充。

（2）国家管辖范围与人口。一个国家的领土越大，人口越多，国家用于保卫领土、国家安全的需求就越多。

（3）国际政治形势状况。处于军事对峙、军事冲突时期，国防支出会迅速增加；和平时期、和睦相处时期，军事支出必然有减无增。

（4）国防战略的选择。国防战略是政府对本国安全与防范重点的认识，不同的战略具有不同的需求。就国防战略类型而言，有自卫型、中立型、联盟型和扩张型国防，从而形成与此对称的防卫需求等；再如以防御领域而言，有立体国防、开放国防与全域国防。立体国防，不仅包括地域、海域和空域；还包括外层空间、电磁领域、互联网领域的防卫，这就需要建立立体、纵深的国防体系与国防保障体系。

（5）兵役制度和军事现代化程度。国防兵役制有两种：义务兵与志愿兵，实行义务兵役制一般费用较低，但国家需要负担他们转业后的就业和基本保障需求；志愿兵役制可以相应较少专业后的负担，但志愿兵需要通过市场机制动员兵力，将增加军费开支。两种兵役制形成不同的负担方式。再有就是军事现代化程度，随着科技的发展，国防活动开始从传统的“人力密集型”军备向“科技密集型”军备转化，军事工业发达程度及武器装备水平直接决定着军力的强弱，这些都直接制约着国防支出。

（二）国防支出的有效供给

国防支出是一种典型的纯公共品，具有非竞争性和非排它性。怎样实现国防支出的有效供给，就需要考虑军需与民需比例、边际效益与边际成本。

1. 军需与民需的权衡选择

国防支出的合理界限，是指国防支出究竟应掌握在什么水平？就一个国家而言，经济资源是有限的，要使国家正常运转必须正确把握军需与民需之间的比例关系（见图4-1），也即常称的“要大炮还是要黄油”的问题。一国政府可以扩充军备，必须以减少民需品等其他产品的生产为代价，就社会资源民用品与军需品形成社会生产的可能性曲线，其最有效比是两者的边际替代率等于其边际转换率，这时社会资源的配置效率最佳。

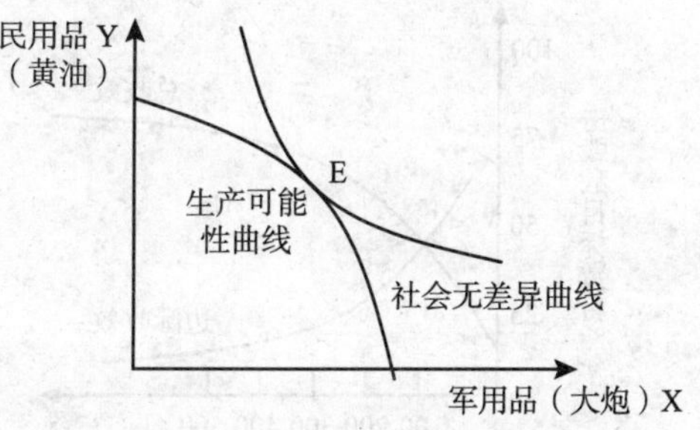

图4-1　军用品与民用品之间的选择

在图4-1中：设X轴为军用品、Y轴为民用品。根据一般均衡的要求，要实现国防的有效供给，社会对于军用品和民用品的边际替代率（社会无差异曲线的斜率的绝对值），应等于两者之间的边际转换率（生产可能性曲线的斜率）。

2. 边际效应选择

在军需、民需选择最佳的基础上，或称在国防一定的条件下安排支出，还需要考虑国防支出各具体项目之间的不同收效问题（见图 4－2）。

在图 4－2 中：设 X 轴为发射军用导弹数目，Y 轴为击毁敌人目标的数目。如果向敌目标发生 100 枚导弹，命中率为 50%，200 枚导弹命中率为 75%，再增加如果发生 300 枚导弹，则会有 87 枚导弹击中目标，由于敌目标只能被击中一次，这时有些目标被重复集中，所有发射导弹的边际效益开始递减。在总收效曲线与边际收效曲线的交点 E 处，发射导弹的收益最大，而当发射量为 400～500 枚时，边际效益最低。因此，核算国防支出时，应该考虑国防支出的数量界限。

——不同装备的权衡选择

就不同的军事装备和设施进行权衡，是为了以较小的费用达到预期的目标。它类似于企业如何以最小的费用实现利润最大化。假设政府要建立强劲的威慑力量，以便在受到攻击后给敌人以重创，这种威慑力量可以搞陆基导弹，也可以搞潜艇导弹。

由此进行军事支出的成本—效益分析，当然还需要考虑研制、维护和布置等费用（见图 4－3）。

在图 4－3 中：设 X 轴为潜艇导弹发生数目，Y 轴为陆基导弹发射数量。在两者的边际打击能力一定的情况下，求每枚陆基导弹 A 的成本（P_A）和每枚潜艇导弹 B 的成本（P_B），并求两者的成本之和：$C = P_A + P_B$。A 与 B 的等成本线斜率等于每枚潜艇导弹的价格除以每枚陆基导弹的价格（$S = P_B/P_A$），形成等成本线，这时具有最佳打击能力的组合就在打击能力曲线与等成本线的切点 E。

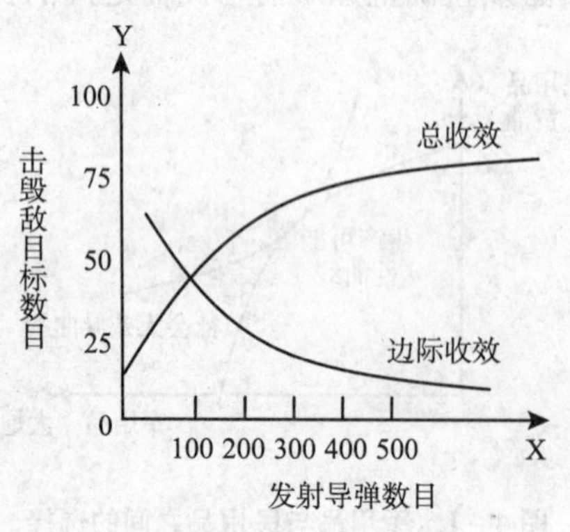

图 4－2　增加导弹的发射数量的边际收益

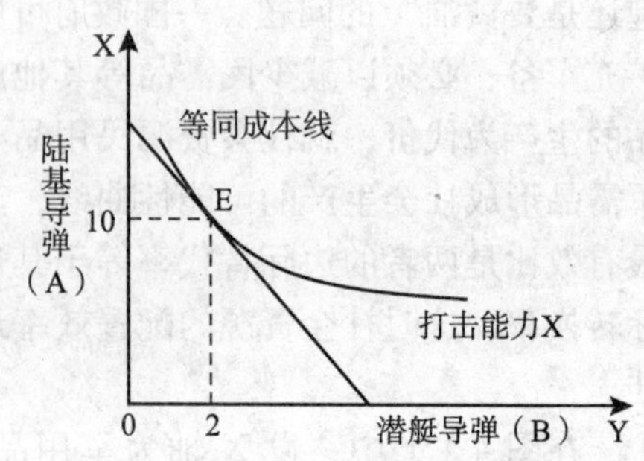

图 4－3　两类武器之间的权衡选择

（三）国防支出的规模与结构

国防支出是以资源消耗为基础的社会经济保护行为，需要科学运筹军民资源、综合考虑国家安全环境成本。

1. 规模的控制

国防支出规模是综合国力的具体体现，它由系统比例构成，主要涉及：国防支出占 GDP 比例、国防支出占财政支出的比例、国民年人均军费和现役军人年人均军费等。

国防支出占 GDP 比例。它是一个国防负担指标，标志着国家综合承载力和战略潜力；目前，世界军费占 GDP 比例的一般区间值为 3% ~6%，但由于经济规模不同，虽然发达国家占比较低，但其绝对规模却占绝对比重（发达国家一般在 3.32%、中等发达国家一般在 4.1%，发展中国家一般在 6.6%，但是，发达国家军费支出占世界总支出的 70% 以上）。

国防支出占财政支出的比例。国防支出作为纯公共品，主要靠国家财政支出，世界各国军费占财政支出的比重一般控制在 10% ~15%，但受国家安全形势及其军事战略的影响差距很大，国家安全形势良好、军事战略内敛的国家，国防需求及军事支出就较低；反之则较高，如俄罗斯、以色列、巴基斯坦等国，其军费占财政支出比例的 29.4%、22.84%、26.34%。

国民年人均军费。引进人口等参考系数，可以更全面地考察国防发展的社会承受力。据分析世界人均军费一般区间值为 250 ~570 美元，国家安全需求较大的发展中国家，其国民年人均军费维持在 200 ~400 美元、发达国家则维持在 500 ~700 美元。

现役军人年人均军费。而从军队自身发展对资源投入的需求看，它直接衡量一个国家军队装备水平、配套服务能力等，20 世纪 90 年代，发达国家的现役军人年人均军费超过 10 万美元，而发展中国家一般在 2 万美元左右。

国防支出的基本规律。国防支出与军队建设是一个复杂的系统工程，如何控制资源投入的规模和时机，确保国防力量的稳定发展。综合分析，国防支出存在着某种合理的规模区间：军费占 GDP 比例的一般控制在 3% ~6% 之间，军费占财政支出的比重一般控制在 10% ~15% 之间，人均军费一般控制在 250 ~570 美元之间，现役军人年人均军费一般则控制在 37000 ~69000 美元之间。

2. 结构的控制

国防支出作为国家安全的生产要素之一，对国防建设具有很强的反映和调控功能。国防支出投向不仅是一定时期军事战略的价值反映，而且从资源配置上直接影响着战略的制定、调整和实现。国防支出结构是否合理，不仅直接影响着国防支出效益的高低，而且从根本上决定着国防能力的强弱。特别是在国防资源比较稀缺的情况下，通过优化结构实现军事规模的“软扩展”，提高国防支出的整体效应将显得更为重要。甚至可以认为，国防支出的合理投入包括规模和结构两个基本点方面，适度规模是基础，而结构优化是核心。

（1）注重优化人员、装备经费结构。这是优化国防支出经常遇到的问题，现代国防主要走高科技战略，因此各国都在走精兵之路，适当压缩规模，提高质量。同时，增加装备科研、装备采购及维修费用，现代军事体系是集高科技为一体的装备系统，它涉及侦察与监视技术、伪装与隐形技术、精确制导技术、航天技术、电子对抗技术、激光技术、指挥自动化系统和核生化武器技术等。因此，各国在优化军费结构中，普遍加大武器装备研制与采购的比重，大多要占到国防支出的40%左右，以保持军力平衡与必要的威慑力。

（2）提高“高技术”军种经费比重、重视教育训练费投入。军事力量是一个涉及陆海空多兵种的体系，现代国防下掌握制空权、制海权往往是克敌制胜的法宝，因此，从财力供给上需要注重各军种的平衡、注重装备体系的平衡，尤其要加强军队的教育训练。加强教育训练经费的供给，注重高技术人才的培养，全面提高其军事素质。

（3）加大信息化建设和整体协调功能。国防信息化以成为建立全面防御体系的核心，发达国家已经将由“机械化军队向信息化军队转化”作为重要战略，从国防经费上重点研制信息化弹药、信息化作战平台、信息指挥控制系统和单兵数字化装备，促进国防信息化的发展。

（四）我国的国防支出

1. 我国的安全战略与国防支出

进入21世纪以来，我国政府结合当前国际形势和社会经济发展需要，提出了新时期国家安全和军事工作基点，要从应付一般条件下的常规战争转到打赢现代技术、特别是高技术条件下的局部战争上来。军队建设必须从数量规模型向质量效能型，从人力密集型向科技密集型转变的战略原则。

在这种客观条件下，我国国防支出积极适应国家军事战略的转轨，以促进经济发展改善民生为前提，控制国防支出递增速度，在经济发展前提下，1990年到2002年，国防支出从290亿元增加到1694亿元，年均递增14.4%，但国防支出占GDP的比重始终维持在1.6%上下，占财政支出比重始终维持在8%左右，处于一个较低的水准（见表4－8）。

表 4-8 20 世纪 90 年代以来我国国防支出占国内生产总值和财政支出的比例

年度	国防支出（亿元）	国防支出占国民生产总值的比重（%）	国防支出占财政支出的比重（%）
1990	290.30	1.57	9.41
1991	330.30	1.53	9.75
1992	377.80	1.42	10.10
1993	425.80	1.23	9.17
1994	550.70	1.18	9.51
1995	636.70	1.09	9.33
1996	720.00	1.06	9.07
1997	812.10	1.09	8.80
1998	934.70	1.19	8.66
1999	1070.00	1.31	8.20
2000	1207.54	1.35	7.60
2001	1442.04	1.50	7.65
2002	1694.44	1.63	8.03

资料来源：中国人民国务院新闻办公室：《2002 年中国的国防》。

2. 正确认识国防经济规律，不断增减国防实力

“建立巩固的国防是我国现代化建设的战略任务，是维护国家安全统一和全面建设和谐社会的重要保障”。

从我国国家安全战略和世界和平需要看，我国国防支出从宏观上应进行必要的战略调整。

（1）合理增加国防支出的比重。保持合理的国防支出，是增强我国国防实力，履行促进“和平与发展”国际职责的客观需要。首先，根据军事财经规律，国防支出占 GDP 的比重一般应在 3% ~6% 之间，比如法国的《国防经费法》规定，每年军费必须占国民生产总值的 4.5%，然而，我国近年国防支出占 GDP 比重均远低于国际一般水平，一般年份维持在 1.5% 左右。其次，在国家财力持续增长的前提下，我国国防支出占财政支出比例维持在 8% ~9% 水准，也远低于国际上国防支出占财政支出一般占 12% ~20% 的水准。若从同期世界上主要“大国”的国防支出绝对额看，差距更为突出，2002 年美国军费开支 3451 亿美元、日本为 405 亿美元、英国为 348 亿美元、德国为 207 亿美元，而我国只有 204 亿美元。

（2）适度优化国防支出结构。结构优化是提高效率的关键。在我国有限的国防支出中，长期存在人员生活费、活动维持费与装备费不合理的问题，我国国防支出的前两项支出约占整个经费的65%，装备费约为35%，现代战争下，装备费一般不应低于40%；再有就是装备费内在结构（装备购置、科研费与装备维修费），教育训练费及高技术军种军费比重不尽的问题。因而需要统筹考虑军费的结构优化，提高国防支出的经济效益。

3. 努力推动国防财政理念的创新和体制创新

富国是强兵的基础，一个国家要保证国家安全，就必须以雄厚的经济实力为基础，建立科学的国防财政理念和国防经济体制。（1）确保战略产业的安全；（2）实施科技强；（3）精兵简政，保持合理的支出结构，仅从1998～2002年分析，军费支出的人员费、活动费与装备费大体各占1/3，这些都是从宏观上有效提高了国防支出效率（见表4－9）。

表4－9　1998～2002年中国军费支出结构

年度	人员生活费		活动维持费		装备费		合计数额（亿元）
	数额（亿元）	比例（%）	数额（亿元）	比例（%）	数额（亿元）	比例（%）	
1998	322.70	34.52	298.00	31.88	314.00	33.60	934.70
1999	348.60	32.58	373.60	34.92	347.80	32.50	1070.00
2000	405.50	33.58	412.74	34.18	389.30	32.24	1207.54
2001	461.63	32.01	458.81	33.69	494.60	34.30	1442.04
2002	540.43	31.89	581.23	34.30	572.78	33.80	1694.44

资料来源：中华人民共和国国务院新闻办公室：《2002年中国的国防》。

第三节　教育支出

“百年大计，教育为本”。公共教育是社会教育的基础，教育作为提高人口素质、改善人力资本的根本，始终是各国政府予以加强的战略重点，纷纷以法律形式规范政府教育职能及加强教育投入。

一、教育性支出

教育性支出作为以政府为主体投向教育领域的资金，从经济性质上看是一种比较典型的混合物品，因此具有三个特点：①生产间接性，这种支出提供教育服务，提高人的文明、文化素质，虽然并不直接产生经济效应，但可以通过教育全面提高“人力资本”内在价值，产生间接生产效益，对社会发展发挥先导性、基础性促进作用；②多重供给渠道并重，教育包括义务教育、大学教育、职业教育和成人教育，义务教育是国家无偿提供的公共服务，公民可以无差异地享受，这时为公共品，而大学教育、职业教育往往具有两面性，既可以提高公民素质，也可以提供公民知识与技能，形成超越素质之上的特殊竞争能力，就成为一种混合品，甚至可以认为随着教育层次的提高，公共属性逐渐递减，市场供给性在提高；③教育效益外在化。教育越普及、受教育程度越高，教育外在效益越突出，可以长久深远地普惠整个社会。

在这种教育特性作用下，教育支出政策设计原则就要兼顾公共品供应与混合品供应的双重理念。具体来讲：在义务教育领域财政支出要坚持无偿供给原则、经济约束原则和依法供给原则；而在非义务教育领域则倡导成本补偿原则和政策引导原则。

二、教育支出经济分析

（一）教育经济理念

马克思的教育学说。这是最早揭示教育内在属性的理论分析。他在《资本论》中直接坦言："教育会生产劳动能力"，"工人阶级的再生产，同时也包括技能的世代传承和积累"，初步科学地概括了教育所具有的劳动力再生产的性质。

舒尔茨的"人力资本"学说。舒尔茨在继承沃尔什早期人力资本论的基础上，提出了"人力资本"的理念，对推动现代教育事业发展产生了深刻的影响。舒尔茨认为，全面的资本概念应当包括人和物两个方面，即人力资本和物力资本。人力资本包括量与质两方面，一个社会中从事有用工作的人数及百分比、劳动时间，是其量的方面；而人的技艺、知识、熟练程度与其他类似可以影响人从事生产性工作能力的东西，则是质的方面。他经过长期探索发现：1929～1959年的30年间，国民收入增量中有30%～50%来源于教育的收益。因此他认为："改善穷人福利的决定性生产要素不是空间、能源和耕地，决定因素是人口的质量的改善和知识的增进"。

显然，公共教育支出既是混合公共品的供给，又是对"人力资本"的社会改良。

（二）教育支出效应

政府提供教育支出，兼具提高国民素质、缩小贫富差距、弥补教育市场失灵等功能，因此分配形式直接决定着功效的高低，就此而言，教育支出一般有三种方式：即对学生本人提供补助、对低收入家庭提供补助和对私立学校提供补助。从而产生不同的经济效应：

对学生本人提供补助及经济效应。它将教育经费直接补助给受教育者本人

(也称定额补助)，一般用于普及义务教育，直接补助显著提高了整个社会的教育水平与质量，促进教育资源的优化配置及教育效率的提高（见图4-4）。

对学生本人提供教育补助。一般有两种形式：（1）拨款兴办学校，提供免费教育（公立小学）；（2）给学生发放免费入学卡。相比之下，发放免费卡更直接一些，可以避免拨款兴办学校中存在的资金流失的风险。

在图4-3中：设X轴为教育消费，Y轴为其他产品消费，AB为预算约束线。学生在得到补助前，预算线AB和无差异曲线I相切于E点，个人教育消费数量为OD。得到补助后，学生的预算线由AB向外移到了ACF，其中AC部分即为补助教育。新的预算线ACF与无差异曲线I相切于E点。个人消费数量增加至OD。

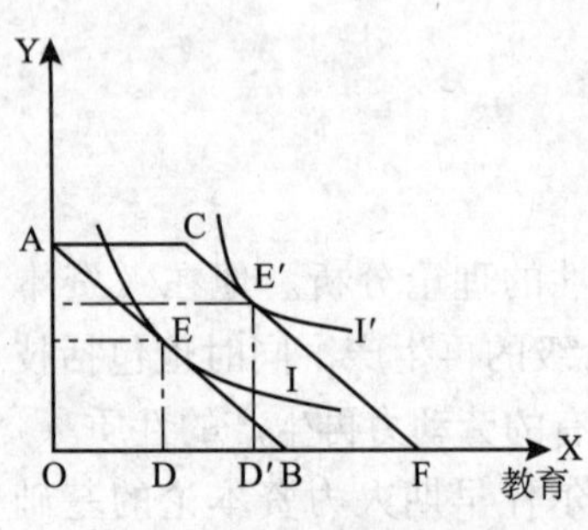

图4-4　对学生本人提供补助的经济效应

对私人家庭提供补助及经济效应。它是政府对低收入家庭进行补助提高其教育消费能力。家庭在得到补助前，收入拮据，教育和其他支出水平都很低，在得到政府补助后，家庭总消费能力在提高，教育和其他支出等可以得到有效的提高(见图4-4)。

一般情况下，由于获得补助的低收入家庭可以将补助用于购买其他产品，因此，这种方法无法保证家庭增加对教育的消费。

在图4-5中：设X轴为教育消费，Y轴为其他产品消费，由于政府收入补助，使个人的总消费能力及支出增加，其中用于教育方面的支出也相应增加。此时，个人消费预算约束线AB移动到CF，无差异曲线由I变为I′，曲线I′的最高点与新的预算线相切于E′。这样，个人用于教育和其他产品的消费就同时增加，其中教育消费由OD增加到OD′，增加了DD′个单位。

对私立学校提供补助及经济效应。它是以私立学校为补助对象（不补助给家庭），政府试图通过补助，降低私立学校向学生收取学费的标准从而使更多的学生能够得到接受教育的机会（见图4-6）。

在图4-6中：设X轴为教育消费，Y轴为其他产品消费。在学费补助前，预算线AB和无差异曲线I相切于E点，个人的教育消费为OD。在学费补助后，学费标准降低，个人的预算线外移动成为AC，与另一条无差异曲线I相切于E点。个人对教育的消费为OD′，增加了DD′。

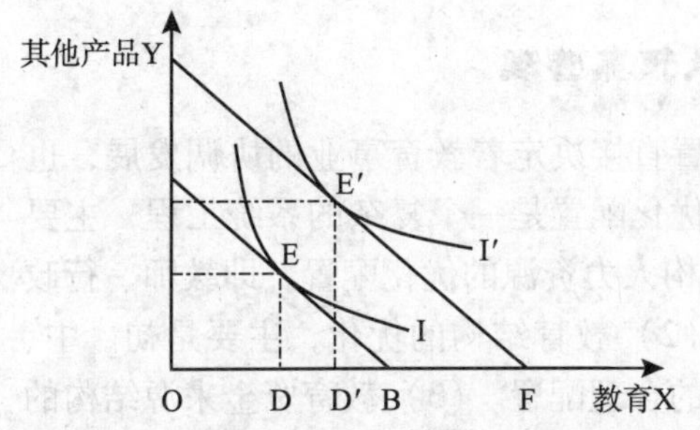

图4-5 对家庭提供补助的教育经济效应

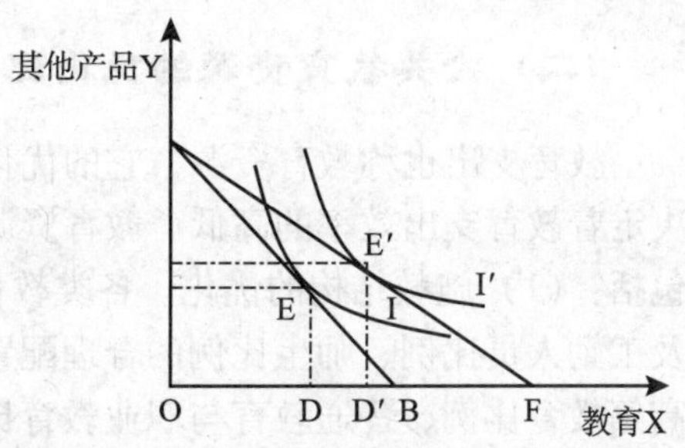

图4-6 对私立学校提供补助的经济效应

三、教育支出的优化配置与政策设计

教育支出的优化配置是提高整个社会教育效率的基础，也是实施政策调节的关键，它包括教育支出规模与教育资源配置结构，它们共同决定着教育经济水平与供给能力。

（一）教育支出规模

教育支出规模主要包括教育支出占 GDP 的比重，政府教育支出占教育支出的比重，政府性教育支出占财政支出的比重，它决定着一国政府的公共教育能力，在长期的探索中形成了值得遵循的客观规律。比如，目前教育支出占 GDP 的比重，发达国家一般占 5% ~6%、发展中国家一般占 2% ~3%；政府教育投资占教育投资比重，发达国家一般占 60%，发展中国家一般占 70%；财政性教育支出占财政支出的比重，发达国家一般占 20% 左右，发展中国家一般占 15% 左右（见表 4-10）。

表 4-10　　1998 ~2006 年世界各国教育支出态势

	教育经费占 GDP 比重（%）	财政性教育支出占教育支出比重（%）	初:中:高
低收入国家	3		1:2.7:12.6
中等收入国家	4.1	70	1:1.2:2.9
高收入国家	5.3	60	1:1.5:2.2
世界平均	5		1:2.7:3.0

资料来源：刘国平：《世界经济统计年鉴》，经济科学出版社 2002 年版。
靳希斌：《教育经济学》，人民教育出版社 2001 年版。
靳希斌：《2007 年世界发展数据手册》，中国财政经济出版社 2007 年版。

（二）公共教育资源的优化配置及预算管理

教育支出也称教育资源，它的优化配置直接决定着教育事业的协调发展，也决定着教育支出效率的高低。教育资源的优化配置是一个复杂的系统工程，主要包括：(1) 施教结构的优化。各类教育机构人力资源的优化配置，即教师、行政及工勤人员比例、师生比例的合理配置。(2) 教育结构的优化，主要是初、中、高等教育比例、普通教育与职业教育比例的合理配置。(3) 教育资金来源结构的优化。主要是政府投资、教育收费和企业捐助的合理配置。(4) 教育布局的优化。主要涉及区域人均教育资源、区域各类学校的合理配置；各教育阶段生均教育经费的均衡等等。(5) 预算管理形式的优化，根据教学层次、性质及目的，设置诸如全额预算、差额预算与自收自支预算形式，通过预算建立资金监督与约束机制。

表 4－11　　世界教育发展及要求（2000 年）

指标 范围	公共教育支出占GNP比重（%）	净入学率（%）		受教育年限（年）		公共教育支出占教育支出比重（%）
		小学	中学	男	女	
全世界	3.9	90	68	7	8	—
高收入国家	5.4	100	96	15	16	—
中等收入国家	4.8	97	71	14	14	—
上中等国家	5.0	96	75	14	15	—
下中等国家	4.8	96	70	13	14	—
低收入国家	3.3	76	51	9	10	—
东亚和太平洋	2.9	99	67	11	10	—
中国	2.3	100	70	10	12	62

资料来源：《2000/2001 年世界发展报告》、《1994～2000：全国教育经费统计快报》整理。

表 4－12　　1999 年部分国家教育状况

国家	人均国民收入（美元）	教育指数（%）	城市化率（%）	人均财政投入（美元）
美国	31910	0.98	77.21	6088.20
日本	32030	0.93	78.75	7434.50
德国	25030	0.97	87.54	19940.64
俄罗斯	2250	0.90		103.40
巴西	4350	0.83	81.28	346.70
塞拉利昂	130	0.30		19.03

续表

国家	人均国民收入（美元）	教育指数（%）	城市化率（%）	人均财政投入（美元）
尼日尔	190	0.15	20.57	18.13
中国	780	0.80	32.48	55.95
印度	470	0.56	28.44	56.58

资料来源：根据刘国平：《世界经济统计》，经济科学出版社2002年版整理。

四、我国的教育支出及改革

中华民族具有重视教育的优秀传统。我国教育从“改革、开放”以来进入全面发展阶段，尤其是教育财经政策进入一个体制、机制与政策全面改革的时期。

（一）我国的教育与教育财政

1995年我国正式颁布实施《教育法》，我国教育事业进入全盛时期，2006年我国基本形成层次和科类比较齐全、结构比较合理，世界上规模随大流的教育体系，目前我国有各类教育机构近160万所，教育人口达到4.2亿人，占全国人口比例的1/4。国民平均受教育年限由1978年的5.2年，提高到2007年的7.4年，基本普及了九年义务教育，高等教育入学率不断提高，适龄青年高校入学率提高到22%；办学条件不断改善，为我国现代化建设奠定了较好的基础。

从教育经济角度看，初步建立起“以财政拨款为主、其他多种渠道筹措教育经费为辅的教育经济体制”。（1）实行“三个增长”的经济与财政教育支出同步增长政策，即“中央和地方政府教育拨款的增长要高于财政经常性收入的增长，并使按在校生人数平均的各级教育预算内事业费支出逐步增长，切实保证教师工资和各级教育生均预算内公用经费逐年有所增长”；（2）国民义务教育免收学杂费制度（从2008年秋季学期开始，在全国范围内全部免除城市义务教育阶段学生学杂费）；（3）实行征收城乡教育费附加的政策；（4）实行支持教育发展收费政策；（5）实行教育发展税收优惠政策；（6）实行社会力量办学政策；（7）实行捐、集资办学政策；（8）实行改善教师待遇和对学生资助政策。

比如2002年，全国教育经费投入达5480亿元，其中政府财政支出3491亿元，占54%；财政教育支出占GDP比重为2.6%，总体上还处于比较低的水平。

表 4 - 13　　1978 ~ 2008 年国家财政用于教育的支出及相关比例

年　份	教育支出（亿元）	占 GDP 比重（%）	占财政支出比例（%）
1978	75. 05	2. 07	6. 69
1980	114. 15	2. 43	10. 79
1985	226. 83	2. 53	12. 46
1990	462. 45	2. 49	15. 72
1995	1196. 65	2. 05	17. 54
2000	2179. 52	2. 44	13. 72
2005	4531. 30	2. 47	13. 35
2006	6347. 21	3. 01	15. 78
2007	8187. 75	3. 32	16. 52

资料来源：《中国财政年鉴 2008》，中国财政经济出版社 2009 年版。

（二）教育支出态势特征

（1）教育支出规模不断扩大，多元投资格局基本成熟，占 GDP 比重相对较低。

（2）教育均衡服务度较低，内在结构不尽合理。政府以户籍人口为基础规划教育资源，区域差距悬殊，初中高供给能力倒挂。发达国家的生均教育经费在各级教育中的分布相对比较均衡，如美国生均中等教育经费是生均初等教育经费的 1. 14 倍，生均高等教育经费是生均初等教育经费的 1. 25 倍，相比之下，我国的各阶段生均教育经费的比例为 1∶1. 2∶16（初∶中∶高），实属世界罕见。

（3）教育投资严重欠账，全部陷入负债运营。教育基建投资比例严重失调，1980 ~ 2007 年教育基建投资从 9. 9% 下降到 5. 2%，就公有产权实施“拨改贷”，直接造成负债运营，截至 2006 年底全国高校负债总额达 3000 亿元，且有扩大趋势。央属的 76 所高校贷款总额已高达 336 亿元，校均贷款额 4. 4 亿元，平均年度增幅达到 76%，而这 76 所高校的总收入是 656. 66 亿元，校均收入达到 8. 64 亿元，也就是说现有的贷款规模已经相当于这部分高校收入的 51. 1%。

（三）教育财政的发展规律与改革重点

依法保证教育权益和公共教育投入比例；探索教育基础设施投资体制改革；实行均衡配置教育资源和均衡服务；建立社会多元投资和捐资教育机制；改按户籍人口规划教育资源，为按照家庭户籍流动为基础规划教育资源的转移支付制度，建立促进社会公平的公共教育体系。

五、值得借鉴的国际经验

从教育财政发展趋势看，国际上义务教育大多要经历三方面的转移：

第一，在早期发展中，都经历了义务教育从依赖私人渠道筹资到完全纳入公共财政体制的转变，从不免费义务教育到免费义务教育的转变。

第二，在义务教育发展历程中，都具有普及义务教育的政策与法令先行、后完善义务教育财政机制的经验和教训，而后者是一个循序渐进的过程。

第三，针对教育公平问题，美国、日本等国的义务教育财政机制逐步实现了从分散化、由地方政府负责的财政体制向各级政府共同为实施免费义务教育提供资金的混合型财政体制的转变。

而高等教育则经历四方面的转移：

——从由政府供给的单一渠道发展为渠道筹措教育经费。

——从免费加助学金的高等教育财政机制，逐步发展为由受教育者本人及其家庭分担部分培养成本，并辅之以奖助学金和学生贷款的财政体制。

——公私立高等教育系统并存，并呈交相辉映的状态。

——公共财政拨款方式由以协商拨款为主，逐步发展为以公式拨款为主再逐步发展为以绩效为基础拨款为主的模式。

这些恐怕是我们探索教育财政改革值得关注的趋势与经验。

第四节　财政性投资

一、政府投资及特点

（一）投资与财政性投资

政府投资性支出是政府根据一段时期内的宏观经济政策目标，结合非政府部门投资的态势，安排一部分财政资金用于自身的投资。市场经济条件下，社会总投资包括非政府投资和政府投资两部分，市场与政府具有明确的分工，凡是市场能发挥作用的地方让市场运作；市场发挥作用失灵的领域由政府承担。根据市场经济理论，市场天然具有的缺陷导致它不能有效地提供某些具有正外部效应的准公共品的投资，同时，某些具有自然垄断性的行业也不适应市场投资，一般由政府承担这些领域的投资。

财政投资包括生产性投资和非生产性投资。生产性投资包括基础设施投资（公路、铁路、桥梁、电网、农业设施等）和基础产业投资（电力、航空、钢铁等），非生产性投资包括政府机构办公设施和公益设施建设，政府机构设施主要是党政机构、社会团体、科教文卫等部门办公设施建设，公益设施投资主要是医院、学校、图书馆和体育设施投资（见图4－7）。

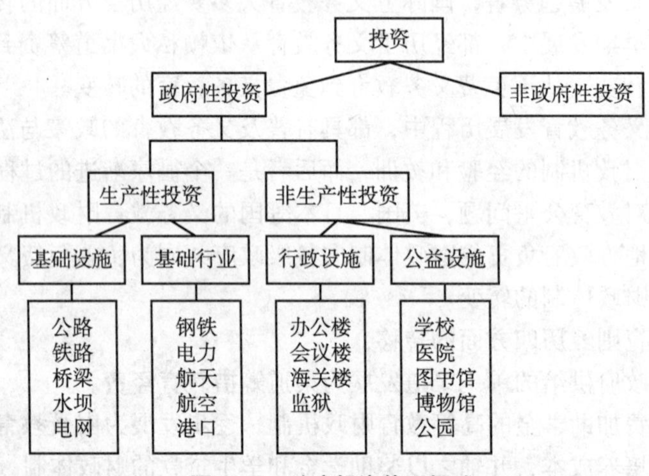

图4－7　政府投资体系概述

在我国从财政支出项目上主要分为：基本建设支出、增拨流动资金、挖潜改造资金和科技三项费用以及农业性生产支出。

（二）政府投资与非政府投资的差异

1. 投资主体与目标不同

非政府投资是由具有独立法人资格的企业或个人从事的投资，以企业或个人为主体，投资的基本目标是追求经济利益，根据自身微观的成本与效益确定投资；而政府投资以政府为主体，它以弥补市场失灵为投资前提，追求投资社会经济效益的最大化。

2. 资金来源及投向选择不同

企业或个人主要依靠自身积累或者信用筹集资金，相应借贷成本与机会成本都比较高，一般资金来源受限、加之又以追逐市场竞争性领域的经济效益为目标，所以其投资专注预期经济效益高、力所能及的某业某行；而政府投资则以财政预算、政府发行国债或政府信贷筹集国际信贷，在政府职能制约下，一方面资金成本与机会成本都比较低，另一方面法定侧重投向市场失灵的领域，因此可以选择以市场失灵、非竞争性领域，无偿、规模大、周期长的投资项目。

3. 投资方式不同

非政府投资涉及范畴非常宽，拘于其效益与风险控制的需求，一般选择信用、抵押等投资方式，而政府则由于其追求社会效益为主，投资可以采取预算拨款、贷款、补贴等形式（见表4－14）。

表4－14　　政府投资与民间投资的区别

	政府投资	民间投资
效率	追求社会效益	经济效益最大化
投资方向	（非竞争领域）基础设施、基础产业等	竞争性领域各类项目
资金来源	预算列支、国际援助、公债	企业积累、贷款、发债、发股
时效	长期、大型	投入产出最优

二、政府投资与经济发展

政府投资是社会总供给的重要组成部分，虽然随着市场经济的发展，政府投资占社会投资的比重逐渐降低，尤其是在发达国家，一般降低到20%左右（见表4－15），但其仍发挥着不可替代的宏观调节作用。

（一）弥补市场缺陷、促进资源的优化配置

市场投资不可避免地存在诸多缺陷而必须由政府投资弥补，一是具有私人投资不经济的项目，主要是投资大、周期长、效率低不愿投资的、内在不经济项目私人不愿投资的，具有典型的公共品性质私人不愿投资的，只好由政府投资；二是私人投资极易造成社会危害的，主要是具有明显垄断性、战略性投资（电力、航空、电信），一般国家不允许私人投资，只能由政府投资。

（二）实施反周期调节

投资是经济发展的发动机，无论是发达国家还是发展中国家，其最典型的经济周期增长是投资性经济增长。政府投资因其规模集中、时点集中和领域集中，可以产生明显的经济启动效应；而且投资本身可以产生巨大的乘数效应。

（三）促进经济发展

熊彼特在其发展经济学中，谈及经济起飞的很重要的经济条件之一，就是政府不断加强基础设施投资，形成经济起飞的平台。

经济发展的宏观性固定资产投入，往往是基础性、先导性投资（开发区的七通一平），其现实经济回报率很低，没有它们整个社会缺乏经济发展的基本平台，

因此，政府性投资可以发挥积极的经济起飞促进作用。

综合考察各国投资及政府投资的发展趋势，投资在社会经济发展以及总供需平衡中占有重要地位，仅就2000年看，世界国内投资占GNP比重为23%，其中私人投资占整个投资的76%，政府投资约为24%，市场性私人投资已占据主导地位。

表4－15　　2000年世界各国国内投资概况　　单位：%

指标 范围	国内投资占GNP比重	私人投资占国内投资的比重	政府投资占国内投资的比重
全世界	23	76	24
高收入国家	22	79.2	20.8
中等收入国家	25	74.8	25.2
低收入国家	21	53.7	46.3
中国	38	45.8	54.2

资料来源：《2000/2001年世界发展报告》、《中国统计年鉴2005》中国统计出版社2006年版。

三、财政投资的内在规律

财政性投资是遵循一定经济规律而进行的。

（一）投资启动与配比规律

财政投资属于“社会先行资本”，承担着社会投资奠基和启动的职责。首先，财政投资大多集中在“上游”产业，为其他产业投资创造和改善投资环境（道路、水电网络、教育卫生等）；其次，财政投资与一般投资要保持比例协调，过高了会造成公共投资的浪费，过低了会造成投资环境的恶化，抑制经济的发展。因此，财政投资既有超前启动的功能，又必须与一般投资保持适当的比例。遵循投资与配比规律而运动。

在图4－8中：设X轴为基础设施投资，Y轴为一般产业投资，通过原点的射线为产出线。$I_1I_2I_3$为一定数量的基础设施和一般产业投资的等产量线。当基础设施投资与一般产业投资分别为K_{L1}和K_{G1}时，共同决定的产出量为Q_1。如果一般产业投资增加，而基础设施投资不增加，那么投资组合点就落不到产出线上，显然，为达到一定的产出量，基础设施投资和一般产业投资之间必须保持一定的配比关系。（详见陈共：《财政学》（第四版）人民大学出版社2004年版第133页）

（二）经济、社会协调发展规律

财政投资包括两部分：财政性生产投资和财政性社会投资，两者是不可或缺的。生产性投资是促进经济发展的基础，具有生产奠基和经济启动的作用；社会投资又是公共财政的基本职能，生产的目的是为了生活，生产的目的为了消费，根据“木桶效应”，必须有机的提高“短板”，因此，两者必须保持比例协调，才能促进总供需的平衡与协调发展。

在图 4－9 中：设 X 轴为 GDP，Y 轴为投资。投资包括两部分，一部分是基础设施投资（生存必备投资和公共基础设施投资），一部分是一般性投资，社会生存投资弹性很低（医疗、消防），它不以经济发展为前提，从 D 点出发的斜线是产出线，在此基础上基础设施投资与一般产业投资才形成配比关系。

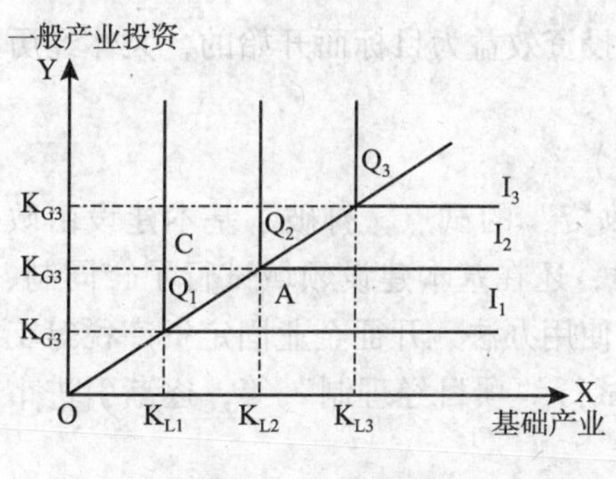

图 4－8　产业模型图

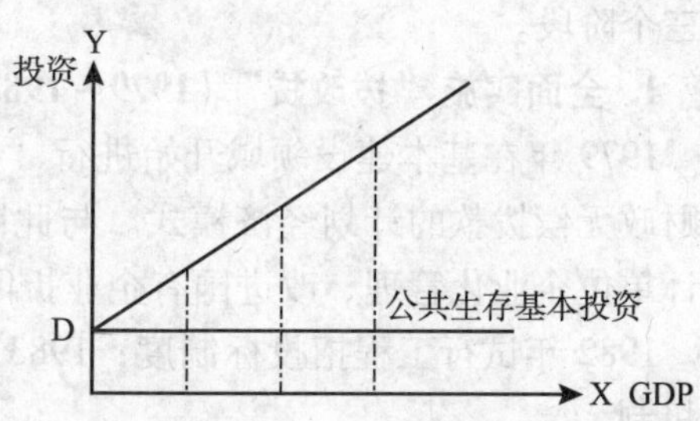

图 4－9　基础设施投资对社会经济发展的支撑

四、财政投资方式及其调节

基础设施投资方式：

（1）政府拨款。政府以履行经济管理与公共服务职能为出发点实行拨款，涉及纯公共品的投资，诸如政府办公设施；关系国家安全的宇航、核电等；公益性基础设施城市公路等。

（2）政府贷款。政府以出资人形式实施贷款，敦促项目人加强经济核算，建立自负盈亏机制，主要涉及基础产业投资（政府投资的企业）、公益项目投资（医院、学校等）。

（3）政府授权企业投资、以收费形式偿付贷款。主要设计高速公路、重要桥梁项目的投资。

（4）政府与民间共同投资，收益共享式投资。

（5）投资方式的优化。对于投资规模大、建设周期长的经营性基础设施项目的建设（收费公路、发电厂、轨道交通、废水处理设施等），推行项目管理，主要有 BOT（建设—经营—转让）、TOT（转让—经营—转让）、BOO（建设—拥有—运营）、BTO（建设—转让—经营）、BOOS（建设—拥有—运营—出售）、BT（建设—转让）和 OT（经营—转让）等方式。

五、我国基建投资体制的改革

我国基建投资体制曾经是计划经济的重阵，改革开放后始终走在改革的前列。

（一）基建投资体制的改革

我国的基建投资体制改革是以提高政府投资效益为目标而开始的，大体经历了三个阶段。

1. 全面实施“拨改贷”（1979～1983 年）

1979 年在基本建设领域开始进行“拨改贷”的试点，打破了基本建设由政府财政无偿拨款的计划经济模式。与此同时，还在基本建设领域试行了合同制、设计单位企业化管理、改进国有企业折旧费使用办法、开征企业固定资产税等工作。1982 年试行工程招投标制度；1983 年试行“项目经理制”等，逐渐引进市场机制。

2. 建立市场性基建投资体制（1984～1988 年）

1984 年后全面实施“款改贷”；并对不同行业采取差别利率；全面简化基建审批程序，下放基金投资审批权；在基建领域全面推行“工程招标承包制”，逐步推行住宅商品化；全面实施“企业债”试点，开辟企业直接融资新渠道。

3. 探索建立基建投资新体制（1991～2008 年）

随着社会主义市场经济的确立，基建投资体制改革加速深化。这一时期重在推进投资管理体制、投资方式的改革。提出把投资项目分为公益性、基础性和竞争性三类：公益性项目由政府投资建设；基础性项目以政府投资为主，并广泛吸引企业和外资参与投资；竞争性项目由企业投资建设。实行项目投资资本金制度，深化投资机制改革。（1）建立新型投资新体制“建立市场引导投资、企业自主决策、银行独立审贷、融资方式多样、中介服务规范、宏观调控有效的新型投资体制”；（2）确立企业投资主体地位；（3）规范政府投资行为；（4）改进政府对投资宏观调控的手段以市场为导向，建立多元化投资机制。

（二）基本建设投资体制改革成效

经过近30年的改革探索，我国基本建设投资体制发生了深刻的变化。

1. 实现了投资主体多元化

从计划经济时代的单一投资主体（中央政府）变成多元投资主体，各级地方政府、国内外各类企业、个人都可以成为项目建设的投资者，由此也实现了资金来源的多渠道，除了政府投资和银行贷款，增加了外商投资、企事业单位和个人自有资金、企业发行股票和债券获得的资金等等。随着经济的快速发展，各投资主体的投资热情不断高涨，导致中央政府的投资比例不断下降。2006年，全社会固定资产投资总量达到109998亿元，中央政府投资在全社会固定资产投资所占的比例已下降到3.9%。

2. 实现了投资方式多样化

初步呈现出投资方式多样化的局面。除了由建设单位直接投资进行基本建设和技术改造之外，还出现了项目融资、股权投资、项目并购、租赁投资、BOT等国际上比较广泛采用的多种投资方式。

3. 政府对企业投资的干预越来越少

在对企业投资项目从审批制改为核准和备案制之后，企业投资的自主权相对扩大，只要不是国家禁止和需要核准的建设项目，只需在建设之前备案即可。

4. 政府投资基本归位

在投资主体多元化的市场经济条件下，政府投资的职责是加强公益性的建设，完善保障体系，为社会生产和人民生活提供安全、便利的条件。到2006年，政府投资的24.48%用于科研、教育、卫生、体育、社会保障等以公益性为主的各类事业，61.07%用于水利、环保、交通、电力和水的生产供应等基础产业，5.39%用于农林业；合计占政府财政性投资支出的90.94%，其他投资主要是用于支持制造业的自主创新和节能环保技术等。

表4-16 我国全社会固定资产投资资金来源构成 单位：%

年份	预算内（占财政支出）	国内贷款	利用外资	自筹及其他
1981	28.1（30.2）	12.7	3.8	55.4
1985	16.0（27.7）	20.1	3.6	60.3
1990	8.7（17.8）	19.6	6.3	65.4
1995	3.0（11.6）	20.5	11.2	65.3
2000	6.4（13.2）	20.3	5.1	68.2
2001	6.7（13.3）	19.1	4.6	69.6

续表

年份	预算内（占财政支出）	国内贷款	利用外资	自筹及其他
2002	7.0（14.1）	19.7	4.6	68.7
2003	4.8（12.3）	21.9	4.7	68.0
2004	4.9（11.4）	20.8	4.9	69.4
2005	4.7（12.2）	18.4	4.5	72.4
2006	4.3（11.6）	17.8	3.9	73.4
2007	4.3（11.8）	16.8	3.7	75.2

资料来源：《中国统计年鉴（2007）》，中国统计出版社 2008 年版。

第五节　农业支出

一、农业支出及特点

财政性“农业支出”，是财政用于农业的支出，涉及农业和农村社会经济事业的各个领域。以我国为例，农业支出狭义与广义之分，狭义的农业支出，农业基础设施建设、支援农业生产支出、农林水利气象等部门事业费支出，农业科技三项费用支出、农村救济及其支出等。广义的还包括农产品销售补贴、农业生产资料补贴、农村最低生活保障支出等。

二、农业支出经济分析

农业是国民经济的基础，大多属于自然风险高、市场风险高的弱势产业，处于产业经济的低端，又是社会经济利润的源泉。任何产业都离不开农业的支撑。

（一）怎样看待政府必须重视农业

——农业提供社会基本生存条件。无论在延绵数千年的农耕社会，还是在工业化社会，农业都是养育人类、支撑社会经济健康发展的基础产业。随着工业化的兴起和向纵深发展，农业的份额在持续下降，但农业仍然在新的社会经济结构中发挥着不可以替代的作用。

——农业劳动生产率的提高是工业化、现代化的基础。

——农业稳定是国民经济稳定的决定因素。

（二）农业支出的重点与规律

1. 产业可以“告别农业”，但人类不可以告别农业

从产业发展规律看，农产品需求扩张受到人的生理条件的限制超过生理需要的农业效用，人们对其效用评价为零甚至负，以致人们对商品和劳务的需求偏好越来越远离农业，尤其在资源配置市场化作用下，受比较利益原则的影响，二、三产业发展吸引资源能力比农业要强，这被库兹涅茨称为“告别农业”。但是，农产品作为基础生存资料，其替代弹性远低于1，为了维持社会经济的协调发展与国家安全，政府应该从宏观上强化农业的发展，重点在于：平衡农业产出比、维护农业社会平均利润率，提高农业劳动生产率，保证本国的农业基本的自给能力。

2. 促进农业与其他产业的协调发展

稳定农业供求关系，农业缺乏供给弹性；减缓农业生产周期与市场需求周期的矛盾。

3. 提高农业劳动生产率，促进城市化、工业化的发展

在市场经济条件下，产业生存与发展的基础是产业效率和比较优势，它包括产业的集约化、商品化、专业化甚至基地化，农业作为基础产业链和发端行业，其劳动效率直接制约与支撑整个国民经济效率，甚至直接制约着一个国家的工业化、城市化的进程，因此，政府应该从产业效能协调的高度支持农业的发展，注重提高农业科技进步贡献率、提高农产品加工率；加速农业社会化服务程度；建立健全支持、保护农业的各项制度。

三、农业支出政策与调节

我国是世界上的人口大国，农业直接决定着国家的长治久安，改革开放以来，我国财政把支农政策作为最重要的政策而运用。

（一）不断加强农业投入政策

多渠道增加农业投入。（1）始终确保国家新增财力向农业倾斜。近年来，我国财政收入每年以1500亿~2000亿元的幅度递增，据初步预测，这一增长势头在“十二五”期间仍会保持下去。（2）依法保障各级财政的农业投入。（3）积极利用政策引导农业投入。采取比例投入、分级负担和银行贷款；财政贴息、按股分红等政策支持农业投资。

（二）不断优化农业补贴政策

不断改革农业补贴政策：（1）建立健全农业补贴的政策法规，使财政对农业补贴成为一项长期稳定的制度，重点加强了农业基本建设补贴，农业科学研究与科技推广补贴，农业生态保护与环境建设补贴等。（2）增加补贴额度，改进补贴方式。不断提高对农业补贴额度；不断改进补贴方式，首先是改暗补为明补，减少间接性、中间环节补贴，直接补贴农产品保护价及与之相关联的仓储建设保管费用等，补贴国家需要支持与发展的农业生产项目；其次是改补“硬件”为补“软硬件”并重，由补农药、化肥和膜等物资为主，转向对农业科技、社会化服务体系等方面的补贴。（3）突出补贴重点。加强对农业基础设施建设、调整种植结构和农产品出口等环节的补贴。

（三）进一步利用好支农财政贴息政策

财政贴息作为一种特殊的财政补贴方式，是财政政策与金融政策相配合的一种形式，它既能弥补财政资金的不足，又能发挥银行信贷资金的优势。财政不断加强对政策性银行贷款的贴息。

（四）不断加强财政扶贫开发的力度

突出资金投入重点，主要是，以促进贫困地区劳动力转移为目标，加强对贫困农民的教育和培训，提高就业能力；支持贫困地区基础设施建设，加大扶贫移民开发力度；支持贫困地区农产品加工、运销和农业产业化的发展壮大；支持贫困人口教育和医疗卫生。

（五）积极支持农村社会保障体系建设

主要是：（1）加快农村社会保障体系的法制建设；（2）加强农村社会保障体系的投入；（3）积极引导社会各方力量投入农村社会保障，构筑完整的农村社会保障体系。

四、我国农业财政现状及问题

综合来看，我国财政从支农投入、农业补贴、农业贷款贴息、扶贫开发到农村社保体现的建设，发挥了积极的作用。但是，农业现代化及城乡一体化是一项长远的系统工程，与我国贫瘠的农业基础相比，农业财政刚步入正轨，许多宏观问题需要我们从深层上探讨。

（一）支出总量仍然偏小

尽管“十五”时期政府财政支农资金投入的增长幅度较大，但与我国农业的重要地位和发展要求以及历史上形成的欠账相比，政府对农业的支出总量仍然偏小。2006 年，我国财政用于农业的支出 1298 亿元，占财政总支出的比重大致维持在 8% 左右，比 2000 年的 10% 约低 2 个百分点，远未达到《农业法》规定“国家财政每年对农业总投入的增长幅度应当高于国家财政经常性收入的增长幅度”的要求。

（二）支出结构不尽合理

一是政府的财政农业支出用于人员供养及行政开支部分大体维持在 70% 左右，而用于农业建设和科技投入的支出比重低。二是在财政农业建设性资金中，用于大中型带有社会性的水利建设比重较大，而农民可以直接受益的中小型基础设施建设的比重较小。三是缺乏财政对农村社会保障体系建设的投入，试点中的农村低保的范围窄、标准低，保障资金也尚未纳入地方财政预算之中。

（三）农业补贴政策亟待完善

（1）补贴范围广，难以发挥补贴效果。我国农业生产、流通补贴，几乎涉及农产品生产与流通的全过程，补贴范围广，资金分散，因而补贴效果较差。（2）间接补贴多，直接补贴少，农民不能直接得到实惠。我国农业补贴大多数用于降低农用生产资料的价格、支农服务收费以及农产品购销环节的补贴。如 2000 年至 2006 年的 6 年间，中央和地方政府用于粮棉油在流通环节的补贴高达 1886 亿元，占补贴总数的 50%，但补贴用途大多是收购保管，加工运输，储备安全，城镇居民的消费补贴，农民只能从中间接获得一定的补贴利益。（3）隐蔽补贴为主，公开明补为辅。政府对农业补贴习惯采取“暗补方式”操作，即往往通过补入流通、服务“折射”给农业与农民。这种补贴方式并不为广大农民所知晓，因而对农民开发、经营土地，推广应用新品种、新技术、新工艺，推进农业产业化、集约化经营，实现农业的“两高一优”难以奏效，失去了从农业补贴政策措施给农民直接提供“激励—约束”机制的机会，并且往往造成补贴金的流失，补贴的边际效应呈递减的趋势。在大量资金被用于粮食补贴方面而难以发挥预期效应的同时，一些关系农业发展全局的基础性、战略性、公益性项目，如农业品质改良、重大病害控制、食品安全保障、执法体系建设、社会化服务体系建设等，或者没有财政立项支持，或者缺乏足够的投入保障。

（四）农业产业化宏观调节亟待提高

我国农业与发达国家差距主要表现为产业上的“三低”，即农业加工率低、农业科技进步率低和农业社会化服务程度低。我国的农业加工率（加工、包装、储运）为20%~30%，发达国家大多在90%以上；我国的农业科技贡献约为40%，发达国家大多在80%以上；我国的农业社会化服务程度低，发达国家大都有一整套农业服务技术体系、社会保障体系。

表4-17 1978~2008年国家财政用于农业的支出 单位：亿元

年份	合计	支援农业生产和农林水利气象部门事业费	农业基本建设支出	农业科技费用	农村救济费	支农支出占财政支出比重（%）
1978	150.66	76.95	51.14	1.06	6.88	13.41
1980	149.95	82.11	48.59	1.31	7.26	12.20
1985	153.62	101.04	37.73	1.95	12.90	7.66
1990	307.84	221.76	66.71	3.11	16.26	9.98
1995	574.91	430.22	110.00	3.00	31.71	8.43
2000	1231.54	766.89	414.46	9.78	40.41	7.75
2005	2450.31	1792.40	512.63	19.90	125.38	7.22

资料来源：《中国统计年鉴2008》，中国统计出版社2008年版。

五、发达国家的农业财政政策

第二次世界大战后，发达国家对农业用近乎“国家经营”的方式干预农业，从产销调节转入解决生产过剩问题：（1）重新控制生产，恢复限产措施，对短期和长期休耕的农民给予补贴，转产畜牧业并生产羊毛者给予补助；（2）有节制地维护农场主收入。实行以农业生产成本为标准制定的“目标价”，市场价低于目标价时，农民可得到价差部分补偿；（3）政府以补贴形式向海外倾销或“赠与”那些保护价收购的农场；（4）加强粮食期货管理；（5）实行救济和福利政策。向农业工人提供最低工资保护，对穷困农户提供住房职业培训和修建下水设置等。发达国家农业保护的主要方式是关税、价格干预和补贴。比较典型的是日本、美国和欧盟。日本对农业的保护主要体现在高关税壁垒和高额的价格补贴。日本现在对进口大米征收490%左右的高关税，以维持国内的高价格和保证粮食生产。另一个主要的手段是农业生产的预算补助与农产品的价格补贴。因此，由消费者承担了高价的损失。欧盟的共同农业政策起初主要是通过市场介入，实施农产品价格支持政策。

尤其值得借鉴的是欧盟的农产品价格支持政策。欧盟的农产品价格支持政策主要包括“境内市场介入”和“国境保护”两个部分。其主要特点是：（1）从政策目的上，为鼓励扩大生产而维持区域内高价格水平；（2）从政策手段上，实施目标价格、干预价格和门槛价格；目前为止，欧盟是使用农产品出口补贴最多的经济体，根据经济合作与发展组织发表的统计数据，2002 年，世界上最发达的 30 个国家（地区）对农业的补贴达 3110 亿美元，其中欧盟对成员国农民的补贴达 930 亿美元。（3）从本质上，它是以国境保护和境内市场介入为支柱的消费者负担型农业保护制度。美国对农产品的补贴已经有 70 年的历史了。补贴的具体方式和方法发生过很多变化，但基本原理没有超出 3 种类型。一是支持性收购；二是差价补贴，原理是事先确定一个目标价格（名称可能不同），然后按照目标价格与实际的平均市场价格之差对农民进行补贴；三是脱钩补贴，这是 1996 年以来新实行的办法。补贴数额只与基期（1991 ~ 1995 年）的产品种类、面积和单产有关，而与现在的种植产品种类、产量和价格均没有直接关系。2002 年新农业法的产品补贴在实质上，也是由上述 3 个部分构成的，第一项称为“营销援助贷款和贷款差价支付”。相当于支持性收购。农民可以获得的第二项产品补贴是“直接支付”即所谓的“不挂钩补贴”，也是延续原来法案的做法。新增加了大豆、花生和其他油料作物，同时提高了原有产品的直接支付率。农民有可能得到的第三项产品补贴是“反周期支付”。反周期应当是反周期性价格波动之意，补贴直接与当年的价格相挂钩。各国都在把保护农业，促进农业现代化作为国家战略而实施。

相比而言，我国农业经济潜力并不尽理想，尤其是人均占有资源非常紧张，我们的人均可耕地是世界平均的 42%，农业人口占 66.61%，单产与机械化水平都处于比较落后的状态（见表 4 - 18）。因此，怎样以工业反哺农业，从国家投入，政策支持与培养农业市场体系上，加速农业现代化是一个刻不容缓的战略问题。

表 4 - 18　　2005 年农业经济分析

范围	可耕地/土地（%）	人均可耕地（公顷）	农业人口比重（%）	稻谷公顷产量（公斤）	每台拖拉机负担耕地面积（公顷）
世界	38.02	0.229	48.9	3852	51.81
中国	57.40	0.098	66.61	3849	155.56
美国	45.67	0.631	2.09	7017	36.38
印度	60.79	0.163	59.64	2964	106.41

续表

范围	可耕地/土地（%）	人均可耕地（公顷）	农业人口比重（%）	稻谷公顷产量（公斤）	每台拖拉机负担耕地面积（公顷）
俄罗斯	12.84	0.885	10.49	2947	158.80
日本	14.46	0.036	4.05	6672	2.12

注：1. 农业人口比重为2006年数据；
2. 小麦公顷产量为2006年数据。
资料来源：联合国粮食及农业组织FAO数据库，http：www.fao.org。

案例分析

案例4-1　公民质疑：官大，车大，排气量大

什么级别的领导坐什么样的车，1994年中央办公厅、国务院办公厅《关于党政机关汽车配备和使用管理的规定》中首次说明：省、部级干部配备专车，排气量3.0升以下，副部、副省级排气量2.5升以下。1999年这一原则以价格标准得以完善。相关文件规定：省、部级干部配车，排气量在3.0升以下、价格45万元以内；副部、副省级干部，排气量3.0升以下、35万元以内；其他公务用车一般配备排气量2.0升以下、价格25万元以内的轿车。

这一标准沿用至今整整10年，并成为政府采购公务车的唯一参照准则。尽管是10余年前的标准，但这一标准是否至今仍显过高。

2009年6月14日，媒体披露宝马和奔驰首次入围2009~2010年中央国家机关政府采购名单，此消息一经发布，似乎灼伤了公众的敏感神经。"为什么不买国产车？""公务车为什么要用豪华车？"对公务用车"宝马化"的社会担忧与批判旋即而至，政府采购的价值取向也在此间遭受多重争议。

多数观点认为，在汽车价格不断下浮、品种日益多样的情况下，政府公务车可以有更多选择。特别是在提倡节约型财政和节能减排的政治环境下，政府公车配置标准应该即时调整。

天津财经大学教授李炜光对标准制定本身提出质疑。他向南方周末记者表示，这个标准本身就是政府自己定的，没有外部力量的参与，等于自我授权、自我享受，自己还可以随时提高标准。"不是宝马符不符合标准的问题，是我们的标准合不合理、合不合法的问题。"

公民议公车，正引起普遍的关注！

资料来源：《南方周报》2009年6月18日。

编者按：（请同学讨论）

案例 4-2 中国军费数额低，武警和装备研发支出不算军费

最近，海外特别是美国媒体又在拿中国的军费“说事”。在 2006 年 6 月 14 日和 15 日两天，美国“鹰派”报纸《华盛顿时报》就连篇累牍地载文称：中国军费增多带来了解放军导弹打击能力的提升，对美国造成了“威胁”。

一、各国军费定义不同

此前，美国国防部 5 月底发表的《2007 中国军力报告》也延续过去几年的老调子，指责中国国防预算来源与支出“非透明化”后，耸人听闻地宣称：中国目前的军费高达 900 亿元（约合人民币 6855 亿元）至 1100 亿美元（约合人民币 8378 亿元）。

2006 年 6 月 11 日，瑞典斯德哥尔摩国际和平研究所发表的名为《2006 年世界大国军事支出》的研究报告又指出，中国 2006 年军费支出已达 495 亿美元（约合人民币 3770 亿元），首次超过日本，成为亚洲最大（即世界第四大）的军费支出国。

这一统计数额虽比 2006 年底我国公布的《2006 年度国防白皮书》中开列的国防预算数字 2338.29 亿元人民币略高，但仍远低于美国军方发布的数字。

那么，同一个指标，为何会出现这样大的差别呢？

二、中国军费并不高

军费是一个主权国家财政支出中必不可少的项目。世界各国政府每年都按惯例公布本年度（或财政年度）的国防预算，解释本年度国防支出总额和国防政策。

同时，一些大国与国际性研究机构也在对世界主要大国的军费支出进行评估和测算。目前，瑞典斯德哥尔摩国际和平研究所（SIPRI）、伦敦国际战略研究所（IISS）和美国国务院军备核查与信守局（BVA），是国际上评估和测算世界军费支出的三大主要机构；特别是 SIPRI，其公布的世界军费数额通常以北约的军费定义为“基准”口径，得到了国际社会多数的认同。

对中国的军费，SIPRI 认为，按现价人民币计算，中国的实际军费支出应未包括下列项目：武装警察支出（包括中央和地方支付的武警费用）；研究、开发、试验和评估；基建（指未包括在军队基建费用中的其他类别的国防项目支出，如研究设施和由事业机构管理的军事生产线的费用）；对退役人员的补贴（指民政部对退役军人和家属的“抚恤支出”，如革命烈士家属、伤残军人、生活在农村的退役军人定期享受民政部发放的补助金，退役军人安置）等。

这个数字虽然比我国官方公布的数据略高，但考虑到它采用不同的评估标准，也还不算太离谱。

有专家认为，中国幅员辽阔，人口众多，这些军费开支并不算多。关键是中国从来没有侵略他国的意图，军队任务都是以保护国家安全为目的，据此就推断出“中国威胁论”十分荒谬。

三、美军费占全球近半数

而美国国防部出于某种目的，自2000年起就一直出台关于中国的军力报告，对中国军费支出持高估的态度。有的美国军方人士甚至毫无根据地认为，中国的实际军费可能要比政府公布的数额高10倍。然而，就连美国的许多军方权威人士都指责其数字“违背事实、没有科学根据”。

2006年3月，新任太平洋司令部司令基廷将军在谈到中国军力时，就对该报告的数字表示不敢苟同：“如果报道是正确的，他们的军费数字和占财政预算百分比就太大了。”

SIPRI6月公布的这份报告还指出：2006年，美国军费占了世界军事开支总额的46%，美国主导下的北约的总军费则占了世界军费的2/3，支出规模甚至已超过了冷战时期的水平。

资料来源：http：//www. rednet. cn，记者：李海

■编者按：

定义不同是问题的根源！前面谈到了SIPRI通常以北约的军费定义为“基准”口径。

其实，北约对“军费支出”的定义很简单，即“国家级政府明确用于满足武装力量所需要的支出”，包括以下方面：

各国省/州政府为满足武装力量所需开支不应列入军费开支；武装力量主要包括战略部队与陆海空三军，但宪兵、海关、警备部队等一些“其他部队”只要实行军事化训练、军事化装备，以及在战争情况下计划作为军事当局所属部队而开展军事行动，都应属于武装力量，其支出也要包括在军费中。

SIPRI认为，尽管由于缺乏足够具体的资料，难以在全球范围内运用一个共同的军费开支定义，但在北约定义的基础上，可采用一个指定性的原则，尽可能地将与国防活动有关的支出包括在内。SIPRI指出：只要有可能，军费开支数据应包括所有目前用于武装部队和国防活动的开支和资产。

SIPRI明确指出，下列开支不属军费：民防；现在为以前的军事活动支付的开支（如支付老兵福利、退役、军转民和武器销毁的费用等）。

反观各国政府口径下的军费支出，一般按各国的理解或需要而界定，多数国家的军费口径都与较具规范性、学术性的国际机构口径有很大不同。政府与研究机构二者的口径不一，就为进行军费的国际比较造成了一定麻烦。

一般来说，各国政府与国际组织对军费支出定义的区别，主要在于它们是否包括如下内容：军事储备；备用力量、警察和准军事力量；双重目的的力量，如军事和民事警察；各种形式的军事补助金；军人的退休金；军事援助；军事研究与开发支出。以美国为例，其军费

支出界定与北约定义相比，就未包括国际军事援助、国际维和行动支出、与国防活动有关的空间项目、军人退休金等主要支出项目。

案例 4－3 我国公务接待费用令人咋舌

一、公务接待中的腐败迹象

毋庸置疑，公务接待领域中的不正之风与腐败现象确实是存在的，而且还比较严重。对于近年来公务费接待中的腐败迹象，可以从以下两个方面加以分析：公务接待消费巨大，超标严重。

二、消费数额巨大

关于公务接待消费的总体数字，目前并没有权威的数字，但给人们的普遍感觉，它是一个非常庞大的数字。2006 年 8 月份国家信息中心经济预测宏观政策动向课题组引用的有关数字为：2004 年全国公款吃喝 3700 亿元。这些数字尽管没有得到有关部门权威部门的确认，但人们从自己周边实际来感受，认为公务接待支出确实是惊人的。

三、消费超标严重

在公务接待方面不按标准，进豪华酒店，喝高档酒，吃天价宴席，到豪华娱乐场所进行豪华消费的现象见怪不怪。

四、消费随意性大

只要能与公务接待沾上边的，都要由公家埋单，公款旅游、私客公待、公款送礼等现象很普遍，公务接待成了个筐，什么费用都可往里面装；吃的开成办公用品，用的开成资料费，礼品、旅游费开成会务费，甚至嫖赌费用也用假发票甚至打白条，而且主管领导明知有问题，也往往睁一只眼闭一只眼，什么违规费用都可以报销。

五、效率低下，浪费严重

许多无实际内容，无明确任务的参观学习、培训考查和会议，以各种名义发放的补贴、津贴以及新建所谓公务接待的豪华楼堂馆所等，造成了公务接待费用过快增长，导致财政资金的严重浪费。

六、化工为私，损公肥私，通过公务接待谋取个人私利的现象严重

超标接待成为联络感情的手段，或者是把客人带到亲戚朋友或自己参股开办的饭店消费，随意加码签单报账。公务考察变为公费旅游，公务会议发放高档、精美礼品或纪念品，多开、虚开公务消费发票套取财政资金等现象也比较普遍。

七、公款接待恶性发展

一是公务接待违规消费日趋公开化。在公务接待中，进豪华宾馆，享受豪华服务在一些地方和单位变得肆无忌惮。一些单位领导居然在办公会议上集体讨论确定日趋增多的违规公务接待费用报销办法与支出渠道，就是违规消费公开化的一个典型例子。

二是公务接待金额呈刚性扩张。

三是违规公务接待牵涉人员和范围广，具有一定的普遍性。在一些地方、一些部门、一些单位，公务接待违规消费不仅涉及一般工作人员、也涉及领导干部，甚至整个领导班子、领导身边的人包括配偶、子女、亲朋好友、秘书、司机等。

四是违规公务接待呈弥散性。由于公务接待中漏洞多、监管弱，在一定意义上成本小、风险小，收益大，因而具有极大的诱惑力和传染性。不久前披露的海南临高县的"群蛀"案例，就是一个典型。此案的为首者符嘉杰，是临高县人民银行看管国库的一个普通办事员他与临高县财政局会计员桂峰在一起，通过各单位"接待费"、"领导差旅费"、"会议费"里的猫腻，在两年多的时间作案50多起，侵吞国库资金150多万元。

五是对违规公务接待认识上的模糊性。在一些公务人员看来，只有不贪污、不受贿，多吃点，多喝点、多玩点，没有关系。在思想上，许多公务人员对公务接待违规的容忍度在扩张，传统上被视为"灰色腐败"的违规消费，现日渐被视为"白色消费"，而一些历来被视为"黑色腐败"的违规消费，现在渐被视为"灰色消费"。

资料来源：《瞭望》2006年10月30日，作者：龙太江

编者按：

我国公务招待之所以成为顽症，关键在于从机制、制度与管理方式上存在值得深思的问题：

——现行财政管理体制存在一些缺陷，预算约束乏力，使腐败分子有机可乘

大量预算外和制度外资金的存在。按照市场经济发达国家的做法，政府所有财政收入与支出都应该纳入预算，但在我国由于各种原因，政府预算归一化问题远没有解决，存在着大量的预算外、制度外资金，存在着为数庞大的"小金库"。按照一般估算，当前整个政府财力中，预算内、预算外、制度外资金大约各占三分之一。大量预算外和制度外资金的存在，成为滋生腐败和不正之风的重要原因。

预算编制粗糙，没有细化。在公务接待方面，没有在预算上把各部门及部门内各单位的接待费、差旅费、考察费等定额明晰。这极不利于对各项公务接待费用的控制。同时，预算编制和执行都是财政部门，财政部门既是预算的编制者，也是预算的执行者，这极容易使财政预算变"软"，约束乏力。

预算不透明。预算外、制度外资金的支出来源于秘密运作的"小金库"，其本质特征就是私密性，见不得阳光。即使是预算内资金，和发达国家相比，也呈现出明显的不透明特征。这为财政支出方面的超标、违规包括公务接待方面的超标、违规提供了便利的条件。

——财务制度和技术的落后

以统收统支、先开支后报账为特征的现行公务接待制度，在很大程度上已经异化为权力消费。统收统支在管理上存在许多漏洞，加大了公务接待的监管难度，极易为一部分心怀不轨的公务接待者所利用。现金支付、先开支后报账的财务制度，在管理上也存在一些漏洞，如财务报销环节中常见的凑票报销，多开、虚开报销发票现象，就是钻这一制度漏洞的违规行为。更为严重的是，有的单位以接待、住宿补贴和用餐招待开支等各种借口，开假发票套取预算内资金，并设立小金库，用于请客送礼、吃喝玩乐等违纪违法开支。而电子消费不发达、发票联网核查等技术手段落后，也减少了在发票上做假的风险，方便了多开、虚开发票及用假发票报销等违纪违规行为的发生。

——对公务消费监督乏力

人大监督缺位。我国的人民代表大会作为国家权力机关，在法律上也享有财政权，但这一权力在实际中的行使很不充分，在目前的地方各级政府预算及其执行的权力分配格局中，实际决定权掌握在政府而非人大手中。

行政监督乏力。在政府内部，对于公务接待的监督也存在很多问题。由于公务接待的主体是领导干部和其他公务人员，加之信息和权力的不对称使公务接待中的问题带有一定的隐蔽性，难于界定和发现，易形成“上级不好监督、同级不愿监督、下级不敢监督”的局面，出现监督“死角”，特别是对一把手和领导班子成员的监督更是如此。

社会监督疲软。在发达国家，对公务消费的监督，媒体、公众的力量是一股非常强大的力量。无所不在的媒体几乎是拿着放大镜在挑公务人员特别是高级公务人员公务消费方面的“毛病”，而一旦被媒体曝光或被公众举报，往往引发强大的舆论压力和相应的法律与行政制裁。

——打击力度不够

一是处罚制度规定不严。世界上廉洁程度高的国家都有严格的控制公务接待的制度。在芬兰，上至总理下至普通科员，一起吃饭的有哪些人，点了什么菜，花了多少钱，都要巨细无遗地在网上公开其清单，人人可以看得到，件件都能查得清。芬兰就曾有中央银行行长级别的高官，在公务接待中一不小心上了一道鹅肝，传媒上网查阅菜单后曝光，行长就因此而下台。而在我国，在许多公务接待的消费项目上，并没有严格的标准，以致“四菜一汤”同样可以演变为大吃大喝，公务考察实际上变为公款旅游……在处罚方面，大吃大喝、私客公待、公款旅游等等浪费上万元似乎也没有明确规定该受何种处罚。

二是制度执行不力。在一些方面明明有制度、有规定，但是有的人不按制度规定办、公然违规竟然也毫发无损，制度成为纸面上的东西。有人概括：“只吃不带上级不怪，只花不拿纪委不查”。我们不时在媒体上看到有人感叹：几十个文件管不住一张嘴。

——公务消费文化存在缺陷

从更深层次寻找原因，还应注意思想、文化方面的因素。改革开放以后，在经济发展、财政收入增加、人民生活水平提高的同时，一部分公务人员认为艰苦朴素、勤俭节约等观念已经过时了，为人民服务思想淡化了，而封建的等级观念、特权思想却在发展，追求舒适、享受、高消费被看成是一种身份、地位的象征。同时，整个社会的消费文化也发生了一些变化，朴素、节俭的观念受到了很大冲击。

另外，“有朋自远方来，不亦乐乎”，中国传统文化中的热情好客、重人情轻法理等因素，也被不适当地在公务消费中夸大运用，以为客人来了，不加以招待就是小气、就是不近人情；以为不大吃大喝、高规格接待就是不重视客人；以为不进高档饭店、喝高档酒、吃山珍海味，不使客人吃饱、喝足、玩得尽兴，就没有招待好客人；以为不住高档宾馆就显示不出自己的身份与地位……而更可怕的是，公务接待领域中广泛而普遍存在的不正之风与腐败现象，事实上在塑造一种以高消费、公私不分为特征的新的公务消费文化，这在一定程度上助长了公务接待方面的不正之风与腐败现象的发展与蔓延。

案例 4－4　秋天：政府应该准备过苦日子了

面对2008年下半年财政增收“高位回落”的严峻态势，广东省调整财政支出结构，严控一般性支出增长，省级单位明年实行公务购车和用车零增长、会议经费零增长、公务接待费用零增长、党政机关出国（境）经费预算零增长等“四个零增长”。（12月15日新华网）如果其他地方政府有先见之明的话，恐怕也需要做同样的调整，甚至在这几个方面实现负增长。

过去若干年来，大约有两三届政府，是生活在GDP、财政双双高速增长时期的，政府官员已经习惯于大手大脚地花钱。但从现在开始，政府官员恐怕要适应新的财政环境了。从下半年、尤其是10月份开始，各级政府的财政收入大幅度减速，甚至已经出现负增长。

经济衰退时期，财政的供给与需求会产生严重冲突。一方面，经济减速，民众的收入下降，政府必须增加民生投入，保障中低收入群体的生活不受严重影响。同时政府还可能根据凯恩斯主义政策扩张投资，以刺激经济增长。这些措施意味着，政府需要多花钱。另一方面，衰退时期，全社会的经济活动萎缩，政府的税收必然减少。这样政府就陷入一个自相矛盾的困境：政府需要多花钱，但政府的进项却会减少。

这样的经济、财政、社会现实，对各级政府构成严峻的挑战，政府除了改变既有的财政行为模式之外，别无他路可走。在财政规模不再增长、甚至可能萎缩的情况下，政府必须调整财政资源的分配比例。那么，怎么调整？

各级政府目前的财政支出大体上可以划分为三大部分：行政管理、国防、司法等维持基础性社会秩序的国家基本开支，包括公共工程在内的建设性开支，教育、医疗、各种福利保障在内的民生开支。

长期以来，中国的财政与其他国家相比就有一个特点，即有相当规模的建设性开支。虽然过去若干年，这部分比例有所下降，但随着政府出台诸多刺激经济措施，这方面的比例又将回升。另外，随着经济衰退，中低收入人群收入减少，甚至出现生活困难，民生方面的开支将会增加。

这两部分开支增加压力将挤压第一部分开支。在这其中，有些开支又是刚性的，像司法之类的开支随着司法体制改革可能同样需要增加，那就只有从政府各个机关一般行政管理开支中挤挤了。事实上，这方面也确实有很多水分可以挤出来。2006年8月，国家信息中心经济预测部宏观政策动向课题组引用的数字显示，2004年，全国公款吃喝3700亿元，公车消费3986亿元、公款出境旅游性消费2400亿元。三项相加达一万多亿元。这是一个十分惊人的数字，这也是一个十分扎眼的不合理现象。人们一直呼吁对此进行约束，但始终不见成效。

政府马上就将面临财政困难，并且可以预料，这种困难会越来越严重。这一点倒是构成财政结构良性调整的一大良机。民众情绪的变化，也迫使政府必须压缩这方面的开支。在经济繁荣时期，公众与舆论或许尚可容忍政府官员放纵地消费。在经济衰退、民众生活普遍艰难的时期，民众和舆论不大可能继续容忍公务员大手大脚地消费。最近几个月来，网络论坛对公务员的公费旅游甚至个人消费异常敏感，就与此种心态有关。公务员出国旅游的账单、公务员所抽的香烟的牌子，在网络上有成千上万的评论。

明智的政府会对民众的这种情绪变化作出及时回应，准备过苦日子。政府如果能够率先削减行政管理开支，尤其是那些以公款进行的炫耀性、奢侈性消费开支，那整个社会就可以形成共度时艰的团结意志，否则，政府即便拿出一些钱用于民生领域，民众也会觉得政府缺乏诚意。而事实上，如果不赶紧压缩开支，也会很快就发现，没有多少能够用于民生的钱。

资料来源：《华商报》，2008年12月18日。

编者按：

在市场经济条件下，个人消费的是自己的事，受到“成本最小化”这个最基本、最硬的市场约束，不会浪费到哪里去；而政府是用纳税人的钱办事，不是自己的钱，当然有天然的、制度性的浪费取向——正因为如此，一般国家根本不会把个人浪费当回事，市场有着最硬的约束，却应该非常注意设计一套精密的制度防止政府的浪费。

我们的公共财政制度本就应有着“政府比个人浪费更严重”的前提预设，以制度对政府浪费严加防范。

要求政府节约使用纳税人的税款，这是纳税人非常正当的权利，因为政府花的每一分钱都是公民为了公共事业而让渡出的一部分财产，公民应理直气壮地通过投票、否决、问责等手段通过代议机关或直接强势地对政府提出要求，要求政府必须不能浪费自己的纳税；公民所以纳税，不是把钱让给公务员让其凌驾到自己头上去花天酒地地享受，而是委托其为公众提供公共服务，既然是委托，公民当然有足够的权利要求政府高效率地把财政用于公益。

政治成熟的社会，最主要的标志之一就是：公民在这个问题上非常强势和具有进攻性：政府某方面浪费了，就会在议会的下一次预算审批中遇到很大的麻烦；某个公务员浪费纳税人的钱了，就会遭遇舆论喋喋不休的追问和纠缠。很多时候是政府请求公众更多地理解政府花钱，而不是公众去“请求”政府不要浪费——这其中显示的，就是公民在财政监督上强势的权利。仅仅通过媒体调查被动地表达出“政府不要浪费”、“建设节约政府”的呼吁，这种软乎乎的呼吁和号召对政府浪费能起什么作用

实践表明：只有强势的民权约束，只有纳税人到位的财政约束，才能打造出真正的节约政府。毕竟，只有纳税人才会对自己的每一分纳税有着切身的利益感觉，他们有权主导的节约才是真正的节约。

【注释】

1. 士。我国传统阶层之一，传统阶层分贵族、平民与奴隶（大众），贵族三层：天子、诸候、大夫、士；平民：士、农、工、商；士上可进贵族，退可入平民，有文士（儒）与武士（侠）之分。

2. 我国行政供给人口的变化。我国解放初期“吃皇粮”的约为 400 万人，占就业人口的 0.89%；2000 年约达 1000 万人，占就业人口比的 1.49%，若将准公务员、国有企业管理人员、事业单位综合约计 5000 万人，占就业人口比的 6.7%，比国际平均水平高 2 倍。工薪支出约 4000 亿元、公务费支出约 4000 亿元，共占财政支出的 40%（2002 年）。

3. 舒尔茨（T·W·Schul）（1902～）美国经济学家，1930 年毕业于威斯康星大学并取得博士学位，先后在美国艾奥瓦州立大学、芝加哥大学经济系任教授，1960 年任美国经济学会会长。主要从事农业经济、人力资本和经济发展理论研究，他是人力资本理论的奠基人，1979 年获得诺贝尔经济学奖。

4. “民生”一词最早出现在《左传·宣公十二年》，所谓“民生在勤，勤则不匮”。在中国传统社会中，民生一般是指百姓的基本生计。到了 20 世纪 20 年代，孙中山给“民生”注入了新的内涵，并将之上升到“主义”、国家方针大政以及历史观这样一个前所未有的高度。孙中山对民生问题较为经典的解释是：“民生就是人民的生活——社会的生存，国民的生计，群众的生命。”

广义的民生是指与民生有关的事情。狭义上的民生主要是指民众的基本生存和生活状态，以及民众的基本发展机会、基本发展能力和基本权益保护的状况。

具体来讲，民生包括三个层面的具体内容。第一是指民众基本生计状态的底线，包括：社会救济，最低生活保障状况，基础性的社会保障，义务教育，基础性的公共卫生，基础性的住房保障等等。第二是指民众基本的发展机会和发展能力。人不仅要有尊严地生存下去，还要有能力生存下去。具体包括：促进充分就业，进行基本的职业培训，消除歧视问题，提供公平合理的社会流动渠道，以及与之相关的基本权益保护问题（如劳动权、财产权、社会事务参与权）。第三个是指民众基本生存线以上的社会福利状况。这一层面上的民生问题主要侧重民众基本的“生活质量”问题主要包括：民众应当享受到较高层面的社会福利，比如，未来公立高等学校的学生应当得到免费的教育；住房公积金应当普及到每一个劳动者；社会成员的权利应当得到全面的保护等等。

附注1　　2002年美国个人收入一瞥

	代表群体	年薪（万美元）
公务员	国会议员	15
	州议员	12
	大学校长	33.5
	大学教授	7.1
	中学教师	3.2
	警官	4.2
工商业	一般职员	
	卡车司机	3
	饭馆经理	3.5
	烟桶清洁工	1.5
	农民	1.8
自由职业人	拳王（泰森）	4800
	女模特	55
	心理医生	7
	女歌星（布兰妮）	3800

资料来源：摘自《读者》，读者出版社2004年第4期。

注：2006年，美国车厂工人平均时薪（工资加福利，计量单位为美元）如下：福特70.51元（年薪14.1025万元）、通用73.26元（年薪14.652万元）、克莱斯勒75.86元（年薪15.1720万元）。也就是说，美国汽车工人的年收入个个在百万人民币左右。而丰田、本田和日产工人的时薪均为48元（年薪9.6万元，也有65万元人民币上下）。据密歇根大学经济系教授佩里（M. Perry）所做的比较，当年美国大学教授的平均年薪为9.2973万元。平均学历为中学毕业的汽车工会工人比有博士学位的大学教授的收入高出57.6%。

【综合复习】

一、名词解释

机会成本　三农政策　泰勒制　恩格尔系数　官僚制　R&D　拨改贷

二、填空题

1. 政权运转和公共服务等单位，一般采取三种预算形式：________，________和自收自支。

2. 国防支出水平的高低，主要取决于这样几个因素：经济发展水平、________、国际政治形势状况、________、________和军事现代化程度。

3. 按支出对象的不同，行政经费划分为：________、________和专项经费。

4. 教育布局的优化。主要涉及：__________、__________和各教育阶段生均教育经费的均衡等。

5. 财政性投资是遵循一定经济规律而进行的，它们是：______________，______________。

三、选择题

1. 国家用于科、教、文、卫等部门的支出，主要由这些部门的（　　）组成。
   A. 职工工资　　B. 各种性质的公务费
   C. 科学研究经费　　D. 修缮费和设备购置费
   E. 行政性收费

2. 下列（　　）主要由财政无偿拨款满足其供给。
   A. 应用性研究　　B. 高等教育
   C. 医疗　　D. 基础义务教育

3. 影响教育支出效率的主要因素有：（　　）。
   A. 财政支出规模　　B. 财政支出结构
   C. 文化传统和社会风俗　　D. 教育政策

4. 无经常性收入的事业单位，实行（　　）。
   A. 全额预算管理　　B. 超额预算管理
   C. 差额预算管理　　D. 自收自支预算管理

5. 财政农业投资的重点是（　　）。
   A. 农业基础设施投资　　B. 农业生产资料投资
   C. 农业社会化服务体系　　D. 推广农业新科技

四、简答与论述题

1. 简述行政性支出的决定因素及控制。
2. 公共教育资源的系统优化配置考虑哪些因素？
3. 怎样评价我国的公共教育改革及启示。
4. 大炮与黄油之间的权衡及内在逻辑是什么？
5. 我国的公共卫生支出模式及改革方向是什么？
6. 试分析公共投资的经济原理及量限控制。
7. 国家科技进步投资模式与制度建设分析。
8. 试述农业保护政策的世界经验与借鉴。
9. 试述政府采购的功能与制度完善。

10. 公务员优势与社会价值导向分析。

【阅读与参考文献】

1. 张住民、姜宇民、黄祥泉主编：《大学军事理论教程》，航空出版社 2005 年版。
2. 冯秀华主编：《公共支出》，中国财政经济出版社 2000 年版。
3. 何振一、阎坤主编：《中国财政支出结构改革》，社会科学文献出版社 2000 年版。
4. 亚洲开发银行编著：《政府支出管理》，人民出版社 2001 年版。
5. 毛寿龙著：《中国政府功能的经济分析》，中国广播电视出版社 1996 年版。
6. 侯荣华、康学军主编：《中国财政运行的实证分析》，中国计划出版社 1995 年版。

少年强则国强，少年独立则国独立，

少年雄于地球，则国雄于地球。

——梁启超

第五章　转移性支出

转移性支出也称“转移支付”（transfer expenditure），它是指货币收入主体之间非交易性的货币交易关系。其一般特征是支出与商品或劳务费没有等价交换关系，仅是一种无偿的支付。

按支出范围的不同，可以将转移支付划分为四种：广义转移支付、财政转移支付、政府间转移支付和国际间转移支付。（1）广义转移支付是政府、企业和居民的一种不以取得商品或劳务作为补偿的支出。（2）财政转移支付是以政府为主体的无偿的、不以商品或劳务作为补偿的支出；（3）政府间的转移支付是一个国家的各级政府之间在既定的职责、支出责任和税收划分框架下财政资金的相互转移，包括上级对下级政府的各项补助、下级政府上解的收入、共享税的分配，发达地区对不发达地区的补助等等；（4）国际间的转移支付是由国际组织向一些国家或地区转移的货币、商品和劳务。例如，欧盟根据其成员国的经济状况，确定不同等级的补助区，每一年从由各成员国所交的会费中拿出一部分对不同的地区进行不同程度的补助，这就是比较典型的国际转移支付。

财政转移性支出，在我国一般包括社会保障支出、财政补贴、捐赠支出和债务利息支出等，尤其是前两类是政府最基本的财政分配之一。

第一节　社会保障支出

社会保障支出是政府为履行相关保障性职能的资金分配。它不仅是危机条件下消除民众恐惧、安定人心、维系社会长治久安的重要举措，而其本身就蕴涵着启动消费、减缓社会矛盾等多方面积极作用。它已成为各国政府实施宏观调控重要的基本政策之一。

人类保障大致经历了家庭保障、商业保险和社会保障三个阶段。19 世纪中期德国开始建立起社会保障的雏形，俾斯麦政府 1883 年颁布了《疾病社会保险法》、1984 年颁布了《工伤事故保险法》、1889 年颁布了《老年和残疾社会保险法》，由国家出面建立健康保险计划、工伤保险计划和退休金保险计划，从而完成了当时世界上最完备的工人社会保障计划，受历史局限当时它还远不尽完善，覆盖面偏窄，仅以有正常工资收入的人为保障对象，保障水平较低，不足以保障基本生活需要，但它终究开启了政府保障的先河。

1934 年美国罗斯福总统为了促使经济复苏，向国会提出了国民社会保险计划，并于 1935 年 8 月 14 日颁布了《社会保障法》，它标志着现代社会保障制度的诞生。目前，世界上有约 170 个国家（地区）建立起适应本国国情的社会保障体系。

一、社会保障之经济原理

古典经济学时期各位先哲们（亚当·斯密，大卫·李嘉图，马尔萨斯）就开始探索社会共同保障问题，但第一个系统的阐述社会保障理念的是德国的新历史学派的学者们，而后庇古、凯恩斯、贝费里奇则从福利经济学、需求管理和社会协调发展来探索福利经济理论。

——新历史学派（也称为讲坛社会主义）

谈到国家社会保障的理论渊源，首先要提到德国的新历史学派，其主要代表人物有施穆勒、恩格尔和瓦格纳。他们认为，在进步的文明社会中，国家的公共职能应不断扩大和增加，凡是个人努力所不能达到或不能顺利达到的目标，都应由国家承担。从这种改良社会主义观点出发，他们提出要增进社会福利。实现社会改革，并通过工会组织来调整劳资之间的矛盾，主张由国家来制定社会保险法、孤寡救济法等。这些主张成为德国政府实行社会保障制度的依据。新历史学派的主张，后来经传播在美国得以发展，并得到了一些欧洲国家的响应。

——贝费里奇福利国家思想

贝费里奇勾画了影响深远的福利国家框架，他主张实行政府为主体的为社会性保险制度，促进社会稳定及怀柔策略，追求从摇篮到坟墓的社会保险理念，提出了“普遍性、最低需求、充分就业与费用共担”原则，其特点是：不过分强调保险原则，主张福利的普遍性和统一性；不过分强调权利与义务的对等；实行现收现付制；将税收作为筹措保障资金的基本来源。贝费里奇思想促进了整个欧洲“福利国家”的理念。

——福利经济学费边社会主义

新自由主义社会福利思想。最具代表性的是美国供给经济学，他们认为以社会福利金、社会安全保障、失业补偿所得转移为基础的社会福利制度，实际上“鼓励那些不工作的人，打击在工作的人”。主张福利制度必须鼓励人们工作，而不是依赖政府"援助"。这种理念后来促使美国政府开始社会保障制度进行全面的改革，紧缩待遇，严格享受条件；大幅度削减社会福利开支；把联邦政府的责任向州和地方政府转移，掀起了一轮标新立异的社会保障体制改革。

二、社会保障体系：特征与作用

（一）社会保障体系及特点

所谓社会保障（social security）即国家通过立法，采取强制手段对国民收入进行再分配，形成社会保障基金，并对由多种原因而发生生存困难的社会成员给予物质上的帮助，以保障其基本生活需要的一系列有组织的措施、制度和事业的总称（世界劳工组织）。

社会保障体系有宽窄两种口径，宽口径世界劳工组织概括为：社会保险、社会救助、福利补贴和家庭补助等，窄口径仅指社会保险（见图5-1），它与政策保险、商业保险共同构成保险体系。

社会保障体系具有四个特征：(1) 以促进劳动力再生产和社会稳定为目标；(2) 以政府为社会保障主体；(3) 促进社会公平分配；(4) 具有法制性、强制性。

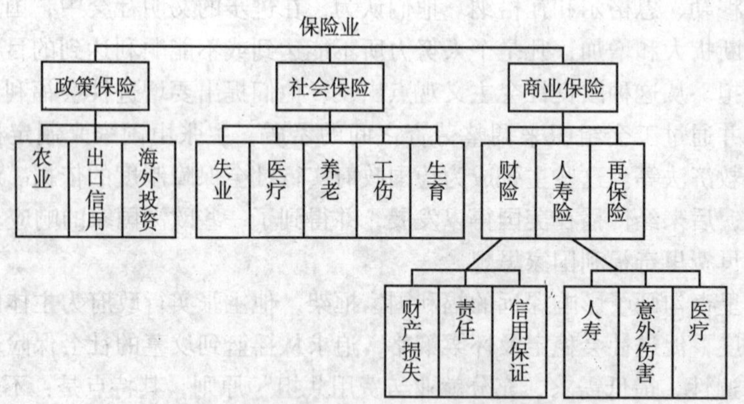

图5-1 保险体系——社会保险

（二）政府的社会保障职能与作用

社会保障作为一种制度安排，在继承了商业保险所遵从的"互济互惠，大数原则"的基础上，引进了国家强制与公共权益的理念，政府担负起"资金分配、供需调节和制度规范"的职能，发挥出更加完善的宏观调节作用。

1. 促进人生消费均衡化

通过国家参与的社会保障调节，促进人生消费的终生平衡，兼顾各个阶段的消费重点的均衡，诸如青年时期有失业保险、终生有基本医疗保险，老年有养老保险，从宏观上减缓社会基本矛盾，提高生计风险防范能力和社会保障性的稳定功能（见图5-2）。

2. 促进社会分配的公平

社会保障通过收入补偿、支出补偿以及互助互济，使处于竞争劣势地位的社会群体和个人得以恢复并重新投入运行；调节地区与阶层的贫富差距，减缓社会贫困等；调节市场竞争与社会公平之间的矛盾。

3. 保障比例倒U型变化趋势

值得注意的是，随着社会经济的发展，社会保障水平将呈倒U型曲线趋势发展（见图5-2），经济发展初期，因人均收入较低，社会保障能力有限，随着经济发展开始有力量兼顾提高保障水平，这个过程中，保障占支出的一定水平逐步提高，当收入提高到一定水平之后，中产阶层开始占绝对多数，过度保障就没有必要了，保障支出开始封顶乃至占收入的比重开始下降，就形成了倒U型增长趋势。

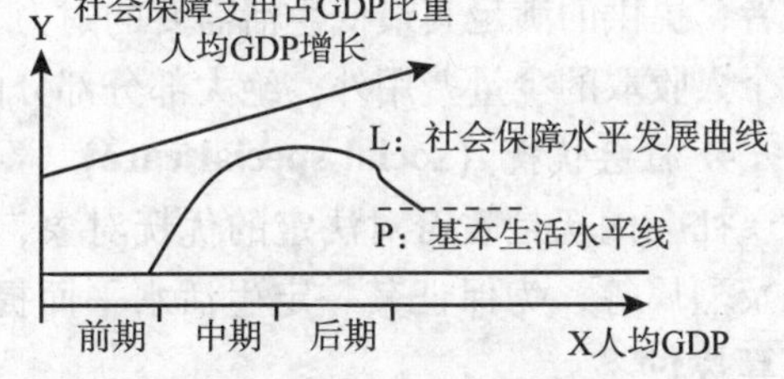

图5-2 社会保障水平倒U型趋势发展轨迹

摘自：李珍主编：《社会保障理论》，中国劳动社会保障出版社2001年版，第193页。

在图5-2中：设X轴为人均GDP、Y轴为社会保障支出占GDP比重，L为社会保障曲线，P为基本生活水平线。发展初期，P线与L线相交，社会进步开始兴办社会保障，当社会经济进步到相当高程度，社会分配臻于公平，P线与L线再次相交，社会保障支出占GDP水平逐渐下降。

三、社会保障体系及模式

（一）社会保障体系及经济原理

社会保障体系是继家庭保障、商业保险而发展起来以国家为主体的社会保障关系，它主要包括：社会保险、社会福利、社会救济和社会优抚。

1. 社会保险（social insurance）

社会保险是政府通过立法，由个人、雇主和政府共同筹资，在个人及直系亲属遇到年老、病伤、失业、生育和死亡等风险时，给予物质帮助，以保障其基本生活的一种制度。它主要包括：养老保险（endowment insurance）、医疗保险

(sickness insurance)、失业保险（unemployment insurance)、工伤保险和生育保险等。它具有：法制性，公共基本权利，给予基本保障和非商业性等特征。其经费以社会保险基金拨付为主，政府补助为辅。

2. 社会福利（social welfare)

社会福利是国家或社会在法律和政策范围内，向居民住宅、公共卫生、环境保护、基础教育等领域，向全体公民普遍提供资金帮助和优价服务的社会制度。它表现为政府兴建的福利设施、提供的社会服务以及创办的各种社会福利事业。主要包括：福利性财政补贴、物品救济、现金救济等，其资金来自预算以及个人、社会和国际捐助。社会福利可以对市场产生多重影响。

3. 社会救助（social assistance)

社会救助是政府向无收入、无生活来源也无家庭依靠并失去工作能力者，或是生活在“贫困线”或最低生活标准以下的个人和家庭，以及遭受自然灾害的遇难者，提供的满足其最低生活需要的财力、物力资助。其资金来源除了社会服务向个人收取的少量费用外，绝大部分部分由政府提供和社会捐助。

4. 社会优抚（social special care)

社会优抚是政府对法定的优抚对象，如现役军人及其家属、退休和退伍军人及烈属等，为保证其一定生活水平而提供的资助和服务。其经费全部由政府预算拨付。

社会发展表明：社会保障主要侧重社会保险尤其是其中的养老、医疗保险，据2000年《全球社会保障支出报告》介绍，养老、医疗支出约占整个支出的87%、其细项约占整个项目的60%，一般社会保障水平随经济的发展而提高，1990~2000年间，发达国家社会保障支出（社会保障基金+财政预算保障性转移支付）分别占本国GDP及财政支出比重的12.%、27.5%，中等收入国家分别占4.6%、15.7%，低收入国家则分别仅占1.3%、4.2%。

随着经济的发展，各国纷纷建立起职能健全、系统完备的社会保障体系。比如美国社会保障体系包括六部分：社会保险、社会救助、退伍军人补助、老人医疗服务、教育和住房。英国包括五部分：社会保险、社会补助、社会救助、保健服务和社会服务；日本包括三部分：社会保险、国家救助和社会福利；我国包括四部分：社会保险、社会救助、社会福利和社会优抚。

（二）社会保障模式

按政府、企业和个人在社会保障制度中的不同企业和个人在社会保障制度中的不同责任，按社会保障水平，按不同的财务制度及预算管理形式可将社会保障制度分为四类：

1. 福利型社会保障制度

以瑞典、美国为代表的福利型社会保障制度，按照“普遍性”原则，实行“收入均等化、就业充分化、福利普遍化、福利设施体系化”及包括“从摇篮到坟墓”的各种生活需要在内的社会保障制度。这一制度按统一标准缴费，统一标准给付，社会保障支出由国家税收解决。这一制度是由政府负责，全民高福利为主要特征的。这些特征从某种程度上损害了市场经济的基本效率，在 20 世纪 70 年代经济滞涨的大背景下，英国率先进行了减轻国家责任的改革。

2. 保险型社会保障制度

以美国、日本为代表的多数国家实行的是保障型的社会保障，又被称为传统的社会保障。在这一制度中，企业、个人和政府都是责任主体，在不同的项目中各有不同的角色：在社会保险中，主要缴税（费）人为企业和个人，政府只是最后责任人的角色；在社会救济、社会福利制度中，政府是最主要的责任人，救济与福利支出从预算列支。除此之外，与福利型社会保障制度相比这一制度的保障对象是“有选择性”的而非全体公民，它提供的保障水平也较低，强调的是保障而不是高福利。

3. 国家型社会保障制度

以苏联为代表的国家型社会保障制度，强调的是国家的责任，它的社会保险对象是国有经济部门的雇员、保险费由单位负担，各种社会保险项目由统一的组织机构经办，并和工人共同管理。新中国成立后就是按照这一模式建立社会保险制度的。

4. 储蓄型社会保障制度

这一模式以新加坡、智利为代表。与上述的种种模式相比，这一制度有三个根本的特点：第一，它不具有再分配性质；第二，财务制度是基金积累制度而不是现收现付制；第三，给付水平是既定供款制度而不是既定给付制度。给付水平的高低取决于个人账户的积累，而不是社会保障计划的承诺。

由于储蓄型社会保障制度不具有再分配的性质，也不以追求社会公平为目标，因此能否称得上是社会保障还值得推敲。

综合来看，世界各国对社会保障体系的建设都非常重视，据美国社会保障署统计。截止到 2005 年世界上 210 个国家和地区中，约 79% 建立了公共医保制度，57% 建立了养老保障制度，77% 建立了工伤保险制度，为促进社会稳定发挥了积极的作用。

四、社会保障资金：分担方式、资金筹集与供给

随着市场经济成熟及政治进步，各国纷纷根据需要加强社会保障筹资机制和

财政供给能力的提高。

（一）从资金分担方式：看社会保障资金的供给

社会保障支出的分担方式，直接决定着政府社会保障负担及结构的优化。总体上讲，社会保障供给由政府、企业和个人三方共同负担，以税（费）形式征集。这样主要就会形成四种形式：政府、雇主和雇员共同负担；政府和雇主负担；雇主与雇员负担；雇员单独负担。显然，政府在前两种形式种担负着重要角色。

1. 政府、雇主和雇员共同负担

这种方式以承认三方在社会保障中均承担相应责任为前提，体现了风险共担的原则。理论上讲：首先，国家作为社会的组织者，对于以依靠社会力量保证社会成员基本生活，稳定社会制度的社会保障制度具有不可推卸的责任，因此在国家预算中应当拿出一部分资金保证公民生存和发展的权利，并尽可能地帮助全体居民分享经济进步和社会发展的成果。其次，企业作为劳动力的使用者，有义务为劳动者提供一定数额的保障基金，使劳动者在工作期间因病因伤时享有医疗和康复的权利，在劳动者年老丧失劳动能力时从企业获得一部分生活资料。再次，个人劳动作为市场行为最大获益者是自己，理应承担相应费用，而且这还有利于提高自我风险防范意识，有效抑制盲目提高保障水平的冲动，减少整个社会风险和负担。

2. 政府和雇主共同负担

这种方式是国家保障支出主要由政府负担，承担主要责任与风险，它更加强调社会保障是公民应当享受的权利，坚持平等主义的原则，强调政府把济贫转变为国家福利。

（二）社会保障资金的来源及征收

建立社会保障体系，既要选择合理的筹资模式，还要确定适当的资金来源和有效的正式方式。目前世界上实行社会保障制度的国家，其资金主要来自企业、职工和国家，根据来源有三条渠道：社会保障税、社会统筹费和预算拨付，当然，他们有些是交叉并用的，比如，有社会保障税加预算补助的，还有社会统筹加预算补助的。

1. 社会保障税（列收列支）

社会保障税是强制征集社会保障基金普遍而有效的方式，目前世界上建立了社会保障制度的国家中，60%左右的国家采取了这种税收方式。一些发达国家社会保障税甚至占到全部税收的接近一半。

社会保障税收以工薪为基础，未来的支出项目包括医疗、养老、疾病、生育、失业和伤残等保险，纳税人一般为雇主和雇员，各缴一定的比例，税率实行比例税率或累进税率。

2. 社会统筹费

社会保障资金的社会统筹，指的是企业、个人按照一定的标准缴纳各种社会保障基金，包括：养老保险基金、失业保险基金和医疗保险基金。交由社会保障机构管理，实行一定范围的统筹。

3. 预算拨付

政府就社会保障的缺口实行预算补助，或就社会福利、社会优抚单列预算。现在一般把预算补助作为补充手段而运用。当然，社会捐助也是资金来源的一种补充方式。

（三）社会保障基金的筹资—平衡模式

社会保障的分配是一个收支平衡的过程，从制度上主要包括现收现付制、完全基金制和部分基金制。

1. 现收现付制

它用当期的缴款提供保险金的制度。这是一种以近期横向平衡为原则的筹资模式，换句话说，支付给当期接受者的保险金来自于现在工作的人缴纳的税收，也就是社会保障税（或社会保障费）或工薪税。

2. 完全基金制

它则是用过去积累的缴款所挣取的利息收入提供保险金的制度。它以远期纵向平衡为原则，具体来说，就是受益人在就业期间或寿命期内向社会保险计划缴款，这些缴款存入政府管理的基金中，该项基金随着时间的推移不断积累并生息；当受益人按约定需要享受保障时，享受的保险金主要来自其中的利息收入。

3. 部分基金制

它具有现收现付制的部分特征又具有完全基金制的部分特征的混合制度。

五、我国的社会保障制度

（一）我国社会保障体制的发展

我国的社会保障大体经历两个阶段，1949～1995 年计划保障阶段；1995～2006 年着手建立符合我国国情的社会保障体制阶段。

1995 年开始，我国打破坚冰，开始进行社会保障体制改革，一是积极建立养老保险制度。按照城乡有别，建立社会统筹和个人账户相结合制度，统一企业个人缴费比例、个人账户规模和基本养老金计发办法。企业职工养老保障分为基本养老保险和补充养老制度两部分，其中基本养老保险的替代率目标为工资额的55%～60%，低于原来规定的替代率，但比国际劳工组织建议的不低于工资45%的替代率要高，与许多西方国家的水平大致相当。二是积极建立医疗保险制度。实行个人、企业共同缴费制度，建立基本医疗保险统筹基金和个人账户制度（见表5－1）。实行“低水平、广覆盖、双方负担、统账结合”的医疗保障。分为基本医疗保险和补充医疗保险两个层次。2003年财政性医疗补助占医院经费的8%。三是积极建立失业保险制度。财政担负着制度建设，资金补助和宏观调节等职能。目前，我国社会保障资金实行委托代理制，由劳动和社会保障部代收代支，缺口财政补助，2005年社会保障支出约10000亿元，其中财政性保障补贴约2000亿元。

表5－1　　我国社会保障缴费率（占工资的百分比，2006年）

	养老金	医疗保险	失业保险	工伤保险	生育保险	全部
企业	20	6	2	1	1	30
个人	8	2	1			11
全部	28	8	3	1	1	41

资料来源：经济合作发展组织：《中国经济调研》，中国人民大学出版社2006年版。

我国财政对社会保障的投入逐年增加，它主要包括两部分，一部分是“抚恤和社会福利救济类”支出；另一部分是社会保障资金补助，主要还未参加社会保险改革的行政事业单位的养老、医疗、失业等保险列支，社会保障资金赤字补助。从1998～2005年，财政社会保障经费年支出由598亿元增长到3600亿元（含福利支出）左右，年均增长29.4%；占财政总支出的比重也从5.5%增长到11%。

截至2006年底，全国基本养老保险参保人数达到18766万人，城镇参加企业基本养老保险覆盖率为76%；参加基本医疗保险人数达15732万人，其中：在职职工11580万人，退休人员4152万人；参加失业保险的人数11187万人，按制度规定，覆盖率为78%；参加工伤保险人数10268万人（其中农民工参加工伤保险的人数达2537万人），覆盖率为69%；参加生育保险人数6459万人，覆盖率为52%。初步建立起功能健全、覆盖全国的社会保障体系，也形成了以劳动社会保障部门为主，财政部门实施监督与调节的社会保障分配体系。

（二）我国社会保障体制基本框架

我国社会保障制度改革由四方面构成：社会保险、社会救济、社会优抚和社会福利。

经过30年改革开放，初步建立了以养老保险、医疗保险为主，失业、工伤、生育为辅的社会保险体系，包括社会救济、抚恤等在内的社会保障总体框架，2005年末我国财政性社会保障支出占财政支出的10.9%（见表5-2），在坚持“多渠道、多层次兴办社会保障”方针的基础上，提出了社会保障费用由国家、企业和个人三方共同负担的社会保障原则，探索出了社会保障实施社会统筹与个人账户相结合的基金运行模式。

表5-2　　1998~2005年我国财政社会保障支出　　单位：亿元

年份	社会保障各类支出			合计	占财政支出的比重（%）
	抚恤和社会福利救济费	行政事业单位离退休经费	社会保障补助支出		
1998	169.7	282.8	145.7	598.2	5.5
1999	180.3	393.0	611.0	1184.3	9.0
2000	213.0	478.6	1011.5	1703.1	10.7
2001	266.7	624.7	1096.0	1987.4	10.5
2002	373.0	788.8	1474.4	2636.2	12.0
2003	498.8	895.0	1262.1	2655.9	10.8
2004	563.5	1028.1	1524.5	3166.1	10.9
2005	716.4	1164.8	1817.6	3698.8	10.9

资料来源：《公共预算读本》，中国发展出版社2008年版。

1. 社会保险

社会保险是我国社会保障制度的核心，包括养老保险、医疗保险、失业保险、工伤保险和生育保险。

（1）养老保险。在社会保险制度中，养老保险制度是最重要的。1997年7月国务院下发了《关于建立统一的企业基本养老保险制度的决定》，确立了我国现行的“统账结合”的养老保险制度。统账结合是社会统筹与个人账户相结合的简称，这项制度的基本内容如下：

每个企业为职工向社会统筹基金缴纳养老保险费同时还向职工的个人退休账户缴纳保险费，职工个人在就业期间向自己的个人退休账户缴纳保险费。

企业总的缴费比例最高不得超过工资总额的20%，职工自己向个人账户的缴费比例1997年不得低于本人缴费工资的4%，1998年起每2年提高1个百分点，最终达到本人缴费工资的8%；企业向职工个人账户的缴费比例随着职工个人缴费比例的提高而相应下降，即由最初的7%下降到最终的3%，企业和个人向个人账户的缴费比例之和应达到职工个人缴费工资的11%，企业缴费除去划入个人账户的部分，其余部分进入社会统筹基金，用于向已经退休的职工发放各种退休费用。

职工退休后其养老金由两部分组成：一是从养老统筹基金领取的基本养老金；二是从个人账户领取的个人账户养老金。个人缴费年限累计 15 年的退休职工，其基本养老金数额是所在省、自治区或地（市）上年度职工月平均工资的 20%，个人账户养老金标准按本人退休时个人账户存储余额除以 120 的方法确定。个人缴费年限不满 15 年的，退休后不能享受基本养老金，其个人账户中的存储额一次性地支付给本人。新的养老保险制度实施前已经退休的职工，仍然按照国家以前的规定发放养老金，同时执行养老金的调整办法。而对于在新的养老保险制度实施前参加工作，实施后退休而且个人缴费和视同缴费年限累计满 15 年的退休人员，则要按照“新老办法平衡衔接，待遇水平基本平衡”的原则，在发放基本养老金和个人账户养老金的同时，还要发放一定的过渡性养老金。

自 1997 年国家统一了城镇企业职工基本养老保险制度。2001 年，国家组织进行完善城镇基本养老保险制度改革试点，决定逐步做实个人账户。2005 年，统一了城镇个体工商户和灵活就业人员参保缴费政策，改革基本养老金计发办法，建立了参保缴费的激励约束机制，进一步扩大了做实个人账户试点。同时，国家积极发展企业年金，推进机关事业单位和农村社会养老保险制度改革，探索建立农村和被征地农民、农民工的养老保险制度。

我国城镇基本养老保险覆盖范围已从企业职工扩展到城镇个体工商户、灵活就业人员等各类从业人员，参保人数不断增加。2006 年底，全国基本养老保险参保人数达到 18766 万人，按制度规定，城镇参加企业基本养老保险覆盖率为 76%。企业参保离退休人员人均养老金水平为 719 元/月。

（2）医疗保险。1994 年我国确定了“社会统筹医疗基金和个人医疗账户相结合”的医疗改革方针，1998 年 12 月，国务院下发《关于建立城镇职工基本医疗保险制度的决定》，明确了基本医疗保险制度改革的方针和原则。建立了我国现行的医疗社会保险制度，它的主要内容如下：

企事业单位和职工个人都要缴纳医疗保险，单位缴纳的一部分进入社会医疗保险统筹基金，由专门机构统一管理和使用；另一部分（一般不低于单位缴纳的 30%）和职工个人缴纳的保险费一起进入个人医疗保险账户，归个人所有。

企事业单位和职工按工资总额的一定比例缴纳医疗保险费，目前职工个人的缴费比例为 2%，单位缴纳的比例由各地规定，参考标准为 6%。

职工医疗费设基本自费底线，自费一般为每年 800 元，超过部分按年龄实现按比例统一报销，报销比例按年龄为 50% ~95%；大病实行社会统筹（住院），设置住院自费部分，一般为 1700 元（2008 年），超过部分按比例报销。

农村实行“新农合”制度，2003 年我国开始建立新的农村合作医疗体系，实行农民缴纳，中央与地方财政各补助一部分的统筹制度，2008 年实行，农民每年缴纳 100 元，中央财政和地方财政各补助 100 元，实行按比例统筹报销制，新农合制覆盖面不断扩大。目前，新农合已覆盖全国 86% 的县（市、区），参加农民达到 7.3 亿人。

目前，我国的基本医疗保险覆盖了城镇所有机关、事业单位、各种类型企业、社会团体和民办非企业单位的职工和退休人员，国家还支持建立了公务员医疗补助、大额医疗费用补助和企业补充医疗保险制度。到 2006 年底参加基本医疗保险人数达 15732 万人，其中：在职职工 11580 万人，退休人员 4152 万人。2006 年基本医疗保险基金收入 1747 亿元，支出 1277 亿元。

（3）失业保险。失业保险制度在我国起步于 1986 年发布的《国营企业职工实行待业保险暂行规定》，1993 年国务院颁布的《国有企业待业保险规定》进一步完善了社会保险制度。1999 年国务院正式颁布实施《社会保险条例》。我国现行失业保险制度主要有以下内容：

企业缴纳失业保险费。从 1998 年开始，企业按本单位职工工资总额的 2% 向社会保险机构缴纳失业保险费，职工个人要按照本人工资的 1% 缴纳失业保险费。

失业保险金应按照低于当地最低工资标准、高于城市居民最低生活保障标准的水平发放，具体标准由省、自治区、直辖市政府确定。失业者从社会保险机构领取失业保险金的最长期限为 2 年，超过 2 年仍然没有重新就业的，可根据当地的具体标准转入社会救济。

2006 年底，全国参加失业保险的人数 11187 万人，城镇参加失业保险覆盖率为 78%。从 1998 年至 2006 年，共为 2400 多万名失业人员提供了失业保险待遇和再就业服务。2006 年全年，全国有 598 万人领取失业保险金。

（4）工伤保险。2004 年月我国正式颁布实施《工伤保险条例》。按照该条例规定，境内各类企业及有雇工的个体工商户均应参加工商保险计划，境内各类企业的职工和个体工商户的雇工有权享受工伤保险待遇。工伤保险基金的收入全部由用人单位缴纳的工伤保险费及工伤保险基金的利息和依法纳入工伤保险基金的其他资金构成，职工个人不缴纳工伤保险费。工伤保险基金在直辖市和设区市实行全市统筹，其他地区的统筹层次由省、自治区政府确定。

2006 年底，全国参加工伤保险人数 10268 万人（其中农民工参加工伤保险的人数达 2537 万人），工伤保险覆盖率为 69%。

（5）生育保险。1994 年 12 月，劳动部颁布《企业职工生育保险试行办法》，要求城镇企业及其职工都要参加生育保险。生育保险由企业按照职工工资总额的一定比例（不超过 1%）向社会保险机构缴纳，职工个人不缴纳；生育保险费用实行社会统筹。女职工产假期间的生育津贴按照企业上年度月平均工资计发，由生育保险基金支付，女职工生育的检查费、接生费、手术费、住院费和药费由生育保险基金支付，超出规定的医疗服务费和药费由职工个人负担。

2006 年底，全国参加生育保险人数 6459 万人，按制度规定，企业生育保险覆盖率为 52%。

2. 社会救济、社会福利与社会优抚

（1）社会救济是政府通过财政拨款，向城乡贫困人口提供资助的社会保障计划。我国的社会救济由民政部门进行管理，我国社会救济体系主要由四部分组成：一是城镇居民最低生活保障，我国已普遍建立城市最低生活保障制度，制度的目的在于确保城镇居民基本生活，该项计划所需资金全部是各级财政的拨款。截至 2005 年年底，全国的低保对象约为 2234.2 万人。二是下岗职工生活补贴。三是农村“五保户”救济。四是灾民救济。

（2）社会福利在此是狭义的社会福利，指对特定的社会成员的优待和提供的福利。社会福利体系主要包括社会福利事业（政府举办社会福利院、精神病院、儿童福利院）、残疾人劳动就业和社区服务等，主要对孤老残幼等特殊困难的社会成员进行基本生活保障。

（3）社会优抚是一种特殊的保障体系。保障对象是现役军人和退役人员及其相关人员。具体包括现役军人、革命残疾军人、复员退伍军人、军属和革命烈士家属、支援兵、军队离退休和复员干部等。

（三）社会保障体制存在的主要问题

目前我国社会保障制度还不完善，还面临着一些矛盾和问题。这些问题主要是：社会保障制度的覆盖面不够宽，保障水平较低，存在较大的所有制差别和城乡差别；社会保障政出多门，缺乏统一管理；社会保障资金来源比较单一，国家和企业负担还比较沉重；社会保障基金收缴难度大，直接影响了社会保障的正常进行；社会保障基金总量不足；社会福利、社会救济和优抚安置制度的改革滞后；社会保障制度改革缺乏总体协调与宏观控制。

（四）社会保障体系改革的方向

上述矛盾和问题，是转轨期不可避免的体制机制问题，也需要随着经济发展及公共财政框架的建立逐步完善：逐步建立系统配套的社会保障法，完善社会保障体系。在政府预算中健全社会保障预算，创造条件开征社会保障税及相应补充渠道；统一管理体制，实现征缴、管理、使用三分离。建立城乡逐步统一、区域逐步统一的社会保障体系；加强社会保障改革与其他各项改革之间的协调配合；

建立多元化社会保障体系。逐步加大政府财政的社会保障支出力度。

第二节　财政补贴

财政补贴是政府根据一定时期政治、经济方针，按照特定目的，对指定事项由财政安排专项资金进行的一种补助。是国家为了执行某项政策而给予生产者、经营者和消费者的特定补助或津贴。其实质就是通过补贴改变价格的形成机制与供求关系。它是财政转移支付中最富弹性的宏观调节政策。

一、财政补贴的特征与分类

（一）财政补贴的一般特征

财政补贴作为一种基本的转移支付，是典型的国民收入再分配，通过财政补贴，使某一阶层、企业和地方政府收入水平增加，但是社会价值总量并未发生变化。与其他财政分配形式相比它有三个基本特征：

（1）政策性。财政补贴是国家实现一定的政策目标的手段。财政补贴的补贴对象、数额及期限都是根据一定时期国家的经济、社会政策而制定的。因而，财政补贴具有鲜明的政策性，不仅是国家调节经济的一个重要杠杆，而且是协调各种社会关系、保障社会秩序和政治局面稳定的一种手段。

（2）灵活性。与其他经济杠杆相比，财政补贴的对象具有可选择性和针对性，补贴的支付具有直接性。而且，国家还可以根据社会形势的发展与政策的变动对财政补贴进行及时的修正和调整。因而，在世界各国，财政补贴往往是国家实现短期经济稳定的重要手段。

（3）时效性。财政补贴措施都是依据国家一定时期的政策需要制定的，是为实现国家的政策目标服务的。而一国的政治、经济和社会政策则是随着政治经济相适应的变化而不断修正、调整和更新的。因此，当国家的某项政策发生变化时，财政补贴措施也应作相应的调整；当国家的某项政策随着形势的变化而失去政策效力时，与之相应的补贴措施也应随之终止。

（二）财政补贴的分类

财政补贴的类别可以从不同的角度划分。

从经济循环角度看：划分为生产环节补贴、流通环节补贴和消费环节补贴；从政府是否明确地安排支出来划分，补贴可有明补和暗补之分；从接受主体划分，可有企业补贴和居民补贴；从补贴是否和具体的购买活动相联系，又有实物补贴和现金补贴。根据国家预算对财政补贴的分类，目前我国的财政补贴有以下内容。

1. 价格补贴

价格补贴主要包括国家为安定城乡人民的生活，由财政向企业或居民支付的、与人民生活必需品和农业生产资料市场价格政策紧密相关的补贴。按产品的类别划分，具体包括以下几个项目：

（1）农副产品价格补贴。这是价格补贴最主要的内容，目前占全部价格补贴支出的80%以上。根据补贴的对象不同，农副产品价格补贴可分为两类。一类是商业企业的差价补贴，即农副产品收购价格大幅度提高而销售价格没有相应提高，国家财政为了弥补农副产品购销价格倒挂给商业企业造成的价差损失，而向其支付的补贴。国家给予差价补贴的产品包括粮食、棉花、肉食品、蔬菜等。另一类是城镇居民（或职工）的副食品价格补贴，即副食品销售价格提高以后，国家为了保证城镇人口的生活水平不致受到影响，而向城镇居民或职工发放的补贴。

（2）农业生产资料价格补贴。这是国家为了以低于价值的销售价格向农民出售农业生产资料，而向有关的生产企业拨付的差价补贴。国家给予差价补贴的农业生产资料主要有化肥、农药、农业用电、农用塑料薄膜等。

（3）日用工业品价格补贴。这是国家为了使日用工业品的批发价格或市场零售价格在成本和出厂价格上升的情况下保持不动，而向商业企业支付的亏损补贴。国家给予补贴的日用工业品主要包括民用煤、学生课本、报刊新闻纸等，我国为应对经济危机，促进消费，2008年推出了家电下乡中央财政补贴政策。

（4）工矿产品价格补贴。这是中央财政对地方调出省外的统配煤、国家收购的黄金、白银等工矿产品，因调出或收购价格较低而给予的财政补贴。

2. 企业亏损补贴

企业亏损补贴又称国有企业计划亏损补贴，主要是指国家为了使国有企业能够按照国家计划生产、经营一些社会需要，但由于客观原因使生产经营出现亏损的产品，而向这些企业拨付的财政补贴。导致企业计划性亏损的原因，主要是指令性产品的计划价格水平偏低，不足以抵补产品的生产成本。此外，企业技术管理、供销条件不利等也是造成企业计划亏损的重要因素。

企业亏损与价格补贴有所不同。二者的区别主要有以下几个方面：第一，价格补贴主要与市场零售商品有关，而企业亏损补贴主要与工业生产资料有关。第二，价格补贴的直接受益人主要为城乡居民，企业亏损补贴的直接受益人主要为相关的企业。第三，价格补贴多补贴在流通环节，一般向商业企业提供；企业亏损补贴主要用于弥补购销价格倒挂而给企业造成的价差损失，企业亏损补贴主要向经营价格倒挂产品的企业提供经营费用和合理留利。

3. 财政贴息

财政贴息是指国家财政对使用某些规定用途的银行贷款的企业，就其支付的贷款利息提供的补贴。它实质上等于财政代替企业向银行支付利息。根据规定，财政贴息用于以下用途的贷款：（1）促进企业联合，发展优质名牌产品；（2）支持沿海城市和重点城市引进先进技术和设备；（3）发展节能机电产品等。在具体做法上，财政贴息有半补贴和全补贴两种。

4. 产业导向补贴

利用补贴体现产业导向。主要有退耕还林补贴、家电下乡补贴、家电回收补贴等等。

除了以上四类国家明列的财政补贴以外，财政支出中还有一些补贴性质的支出。廉租房补贴；煤气、自来水、公共交通等低收费的城市公用事业补贴。

财政补贴是一项转移性财政支出，但它对受补贴者不仅仅是采取直接支付津贴的做法，而且采取多种多样的补贴形式。归纳起来有以下几种：一是预算支出的形式，即将该补贴支出列入国家预算，按一般方式支付；二是抵补形式，如用价格补贴抵补企业给财政的上缴任务；三是减免税收的形式；四是退库的形式；五是代替付息的形式；六是其他承受和支出的形式，如住宅房租低收费，由国家承受补贴等。至于具体选用哪一种形式好，要根据具体情况和有效性而定。

财政补贴支出在国家预算账务处理上有两种做法：一是将财政补贴支出直接列入预算的支出方，价格补贴支出、财政贴息支出目前即采用这种列支办法；二是将财政补贴支出作预算收入的退库处理，冲减预算收入，

二、财政补贴经济分析

（一）调节价格形成机制，促进资源优化配置

财政补贴与价格变动密切相关，由于财政补贴所涉及的商品、劳务是社会商品、劳务的有机组成部分，因此，补贴进入市场后必然导致原来的价格体系发生变化并使其形成新的平衡。市场经济条件下，市场对资源配置发挥着基础性用，而市场性资源配置取决于供求状况，补贴直接改变供求结构与平衡关系。因此，财政补贴往往成为政府调节价格及资源配置再调节的重要手段。

（二）实施财政供需平衡调节

财政补贴一方面可以改变供给结构，即改变企业商品的供应种类、供应价格；另一方面可以改变需求结构，即通过改变人们收入而影响需求，从而调节资

源配置、调节总供需平衡与结构。

（三）促进社会分配公平与效率相兼

一般而言，对居民的消费性补贴，特别是对低收入者所进行的定向补贴，对促进公平分配、缩小贫富差距，保持社会稳定发挥多方面政策调节作用。而对生产和企业的财政补贴，则有利于增加社会的有效供给，促进资源的优化配置，无疑有利于增强市场经济活力与提高社会经济效率。

财政补贴是配置环节、补贴规模及结构的有机统一，运用得当，可以发挥优化价格形成机制、促进政府产业政策实施与公平分配的积极作用，促进和谐社会的发展，否则却会产生违背价值规律、弱化企业经营机制、抑制公民勤奋精神及危及社会的稳定。

三、财政补贴的效应

（一）财政补贴的一般效应

1. 财政补贴的正效应

财政补贴与价格紧密相关。当生产行为产生正的外溢性时，就会造成单个企业的边际成本大于整个社会的边际生产成本，这样一来两者的差异就为生产行为产生了正的外溢性，形成补贴的生产正效应（见图 5－3）。

同理，当消费行为产生正的外溢性时，消费不仅给消费者本人带来私人效应，而且给社会带来正效应，即消费该产品所带来的私人边际效用 MU 小于社会边际收益 MSB。于是，在最优的社会消费水平 Q 上，有 MSB > MU，社会消费的数量过低，资源没有达到帕累托最优的水平，造成三角形 ABC 面积大小的损失（见图5－4）。

对于具有正的外溢性的产品，一般通过给企业或消费者予以财政补贴，把由企业或者消费者承担的正的外溢性内部化，从而使得补贴后单个企业的边际成本 MC 等于整个社会的边际生产成本 MSC，私人边际效用 MU 等于社会边际收益 MSB，这样促使私人决策与社会决策一致，促进资源的优化配置。

在图 5－3 中：设 X 轴为生产某产品的数量（Q），Y 轴为价格（P）。当生产行为产生正的外溢性时（如企业生产救灾帐篷，只能以成本价卖给政府），就会造成单个企业的边际成本 MC 大于社会的边际生产成本 MSC，两者的差即为生产行为产生的正的外溢性。于是，在企业利润最大化的生产水平 Q 上：MSB = MU = MC > MSC，从社会来看，产量过低，资源没有达到帕累托最优，造成三角形 ABC 面积大小的效率损失。（政府对这种行为应通过直接补贴或退税，弥补企业

损失）

在图5-4中：设X轴为消费某产品的数量（Q），Y轴为价格（P）。当消费行为产生正的外溢性时（消费农用拖拉机），消费不仅给消费者本人带来私人效用，而且给社会带来收益（促进农业社会化大生产）。即消费该产品所带来的私人边际成本MC小于社会的边际生产成本MSC，于是，在最优的消费水平Q上：有MSB＞MC＝MU＝MSC，从社会来看，消费的数量过低，资源没有达到帕累托最优，造成三角形ABC面积大小的效率损失。（政府应出台使用农用拖拉机补贴政策，降低农民负担）

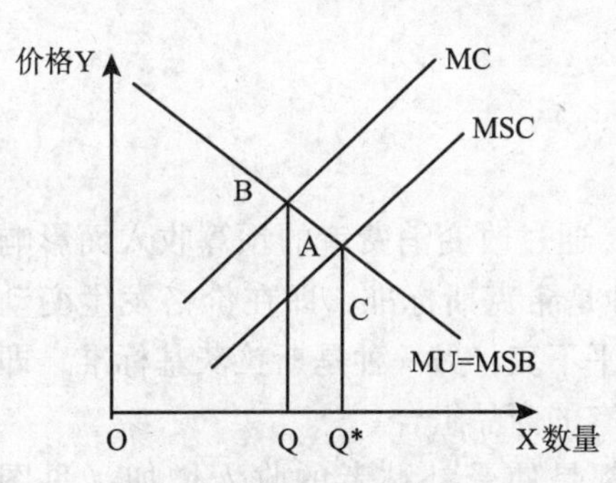

图5-3 补贴的生产正效应

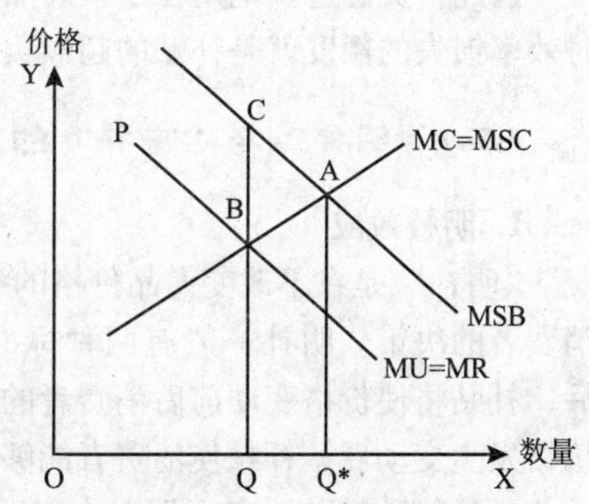

图5-4 补贴的消费正效应

2. 财政补贴的负效应

财政补贴也有负效应。它主要表现为财政补贴改变了市场的真实比价，从而降低了资源配置效率。

市场经济条件下，价格本身可以有效引导资源配置达到帕累托最优。政府如果随意使用财政补贴，就会打破市场平衡，改变市场比较关系，降低市场配置效率（见图5-5）。

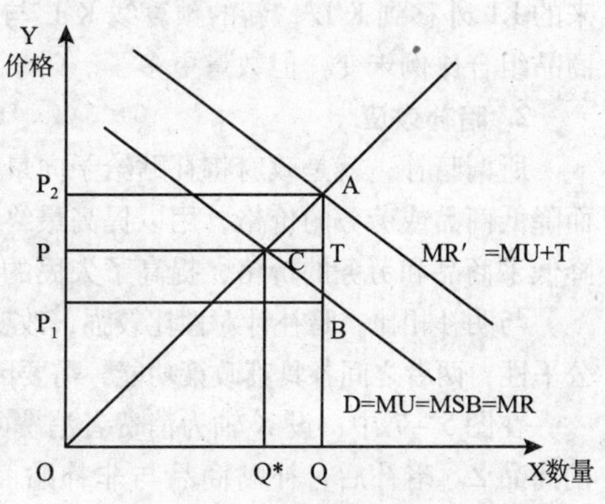

图5-5 补贴的负效应

在图5-5中：设X轴为消费某产品的数量（Q），Y轴为价格（P）。在一个完全竞争的私人产品市场中，由于没有外溢性，该产品的供给曲线S既代表社会边际成本MSC，也代表私人边际成本MPC；该产品的需求曲线

D 既代表消费者的边际效用 MU，也代表社会边际收益 MSB，同时又是企业的边际收益 MR 曲线。

根据福利经济学第一定律，这个市场是可以达到资源配置的有效状态 O^X 的。在该点，边际社会成本与边际社会收益相等。如果政府对该成品给予财政补贴，每个产品的补贴额为 T，则企业每销售一个产品，不仅获得消费者的支付，还获得政府的补贴。这时，企业每销售一个产品所获得的边际收益为：$MR' = MU + T$，即政府补贴以后，企业边际收益曲线向上平移 T 个单位，这时市场新的均衡水平为 Q。在该点 $MSC = MU + T > MSB$。

因此，资源过多地用在了该产品的生产上，造成了资源配置的效率损失。这时效率损失的额度就是补贴的超额负担。

（二）"明补"与"暗补"的效应

1. 明补效应

"明补"是在不改变商品价格的条件下，通过改变消费者的预算收入而影响消费者的决策。明补一般有两种标准：一种是希克斯标准，即在价格发生变动后，补贴将使价格变动前后消费者的效用水平不变；另一种是斯拉茨基标准，即价格发生变动后，补贴使消费者能够买到原有的商品组合。

不论何种补贴，实行明补的直接效应都是使受补贴者的收入增加（见图 5－6），消费者的补贴预算线上移，因补贴的作用，受补贴者的效用水平在提高。

在图 5－6 中：设 X 轴为消费者消费的商品 E（补贴品），Y 轴为消费者消费的商品 Z。明补前消费者的预算线为 KL，与无差异曲线交于 Q 点；获得政府的明补后，消费者者因或得货币补助其预算线的斜率没有变，但向上移动了，由原来的 KL 外移到 K′L′，新的预算线 K′L′与更高的无差异曲线在 S 点相交，购买的商品组合比例未变，但数量更多了。

2. 暗补效应

所谓暗补，就是政府将补贴给予向最终消费者提供商品或劳务的经营者，从而降低商品或劳务的价格，用以提高最终消费者的福利水平。暗补的直接结果是降低了商品和劳务的价格，提高了人民的福利（见图 5－7）。

与明补相比，暗补针对性比较强，改变了市场的相对价格，显得具有更多的不公平性，两者之间各具其政策功能，需要因地制宜的选择，才能取得较好的功效。

在图 5－7 中：设 X 轴为消费者消费的商品 E（补贴品），Y 轴为消费者消费的商品 Z。暗补后，补贴商品与非补贴商品的比价关系发生了变化，补贴前后 KL 预算线的斜率将发生变化，消费者在政策引导可利益驱使下，将更多地购买补贴商品。补贴商品 E 的消费量由 L 增加到 L′。

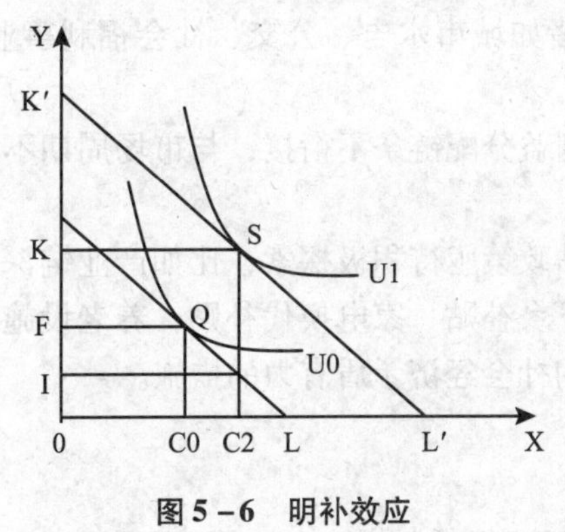

图 5-6 明补效应

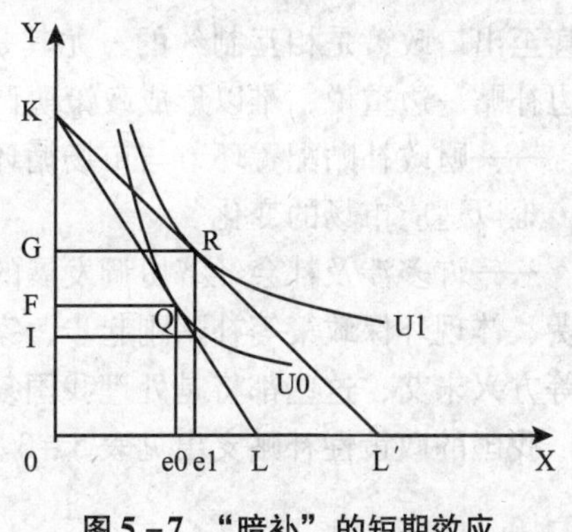

图 5-7 “暗补”的短期效应

四、我国的财政补贴及改革

（一）我国财政补贴的发展过程

我国从 1953 年开始实行财政补贴，当时只是对棉絮一种商品进行补贴(5100 万元/年)，以促进生产和商品的流通，稳定物价，避免调价引起连锁反应。1958 年，财政对各地“五小企业”的生产经营亏损给予补贴。正式企业亏损补贴开始于 20 世纪 60 年代初期，由于连续几年的自然灾害和经济建设方针的失误，我国粮食生产受到很大影响。为了调动农民的生产积极性，1961 年全国农副产品收购价格提高了 27%，而销售价格基本未动，为此，财政给予国营商业企业 20 亿元的价格补贴。

（二）转轨初期：财政补贴的主要问题及改革

改革开放初期，我国财政补贴的主要问题是：财政补贴总体规模过大；财政补贴范围过宽、渠道过多；财政补贴福利化、刚性化；财政补贴监督不利的局面，后经过 20 世纪 90 年代的改革，财政补贴开始由干预价格形成、干预市场过度调节向体现产业政策、体现促进社会协调发展转化。

但是补贴政策往往难以代替机制的改革，在向市场化转轨进程中，始终处于边调整边改革的局面，就目前而言，我国财政补贴存在着这样一些深层次的问题：

——财政补贴政出多门，难以形成补贴效应的最大化，最为典型的是几十类农业补贴，有良种补贴、农田直补、农机补贴、化肥补贴，补贴流失、补贴截留及补贴转移非常严重。

——财政补贴与其他财政政策相制肘，许多补贴与政府的税收政策、采购政策甚至出口政策是相互制约的，尤其是对诸如城市水电、公交、社会福利事业，一边补贴一边重税，难以形成政策协调。

——财政补贴配置环节与市场循环与利益分配链条不衔接，与市场周期不对称，难以适应市场的变化。

——许多涉及社会经济协调发展的补贴政策亟待积极探索，比如产业链深化消费、体现环保政策等补贴刚起步，家电下乡补贴、家电换代补贴，养老设施补贴等方兴未艾，这些都将是处理我国复杂的社会经济矛盾有力的措施。

我国的政策性补贴支出见表5-3。

表5-3　　1978~2007年我国政策性补贴支出　　单位：亿元

年份	合计	粮棉油价格补贴	平抑物价等补贴	肉食品价格补贴	其他价格补贴
1978	11.14	11.14			
1980	117.71	102.80			14.91
1985	261.79	198.66		33.52	29.61
1990	380.80	267.61		41.78	71.41
1995	364.89	228.91	50.17	24.17	61.64
2000	1042.28	758.74	17.71	19.39	61.64
2005	998.47	577.91	4.69	0.93	414.94

资料来源：《中国统计年鉴2006》，中国统计出版社2006年版。

（三）建立与“公共财政”相适应的财政补贴机制

2000年以来我国财政补贴政策体系进入新的发展阶段，在全面改革补贴机制、体制与政策的前提下，计划经济时期及转型前期集中暴露的矛盾得到了根本性治理，我国开始围绕建立公共财政需要建立财政补贴政策机制。

1. 围绕宏观战略重点运用财政补贴

我国逐步进入现代化、城市化建设的深化阶段。工业反哺农业，促进城乡协调发展成为重要战略决策，“三农问题”摆上了日程。

（1）我国开始建立系统配套的财政支农补贴政策。2001~2008年，中央财政安排用于“三农”各项支出的年均增幅超过了20%。2008年，中央财政用于“三农”的支出达到5955.5亿元，增长了37.9%，其中中央财政对农民的粮食直补、农资综合补贴、良种补贴和农机具购置补贴达到1027.7亿元，增长了107.7%。巨额的财政支农资金犹如春天的甘霖，给广阔的农村大地带来了蓬勃生机。

2004年以来，围绕中央一号文件的主题，从促进农民增加收入、提高农业综合生产能力、推进社会主义新农村建设、发展现代农业、加强农业基础设施建设等方面，一系列强农惠农的财政政策陆续实施。这些财政政策总体上可分为两类，即以“少取”为特征的税收政策和以“多予”为特征的支出政策。其中，以“四减免”为主的税收政策成功地实现了全面取消农业税、切实减轻农民负担的目标，以“四补贴”为主的支出政策则有效地增加了农民收入，促进了粮食生产，改善了农业生产条件。同时，通过支持“六小工程”、“两免一补”、“三奖一补”、新型农村合作医疗和农村劳动力转移培训阳光工程等惠农政策，促进了农村基础设施建设和农村社会事业发展。

财政不断增加直接补贴额度，扩大了补贴范围，提高了粮食最低收购价，增加了防汛抗旱、动物防疫和农业基础设施建设投入，支持了农村金融服务的发展，进一步调动和保护了农民种粮积极性，促进了农业生产发展。2008 年对种粮农民的农资综合直补、粮食直补两项直接补贴资金规模达到633 亿元，直接增加了农民收入。此外，还通过支持“家电下乡”、“万村千乡市场工程”、加大农村财政减贫力度等方式，拉动了农村消费。

在财政支农资金总量逐年增加的基础上，资金结构不断优化，资金投入的针对性得到提高。近年来，我国公共财政重视改善民生，逐步将农村社会事业发展纳入保障范围。2008 年，财政预算安排农村社会事业发展资金 1245. 2 亿元，比上年增长 96. 5%，其中，支持农村教育、文化、卫生事业发展方面的支出 611. 4 亿元，用于农村最低生活保障制度建立和完善的支出 90 亿元。由于财政支农资金重点投向农村社会领域，农民享受的公共服务水平明显提高，从而提高了资金投入的有效性。到目前为止，我国约有 1. 4 亿农村中小学生享受了免除学杂费和免费教科书政策，1100 万名家庭经济困难寄宿生享受了生活补贴，逾 8. 15 亿农民被新型农村合作医疗覆盖，4284 万名农村困难群众享受到最低生活保障，并开始由生活补贴向生产补贴深化，为促进消费，促进农村产业升级，2009 年开始推出了家电下乡补贴、汽车下乡补贴。

（2）建立公共福利补贴体系。财政补贴开始全面向提高民生方面集中，相继推出购房补贴、公共交通补贴、廉租房补贴等等。

2. 围绕财政职能运用财政补贴

我国政府积极围绕财政的资源配置、公平分配与稳定经济职能构筑财政补贴机制，从宏观上发挥补贴的有效调节社会供求平衡，维护宏观经济稳定；促进社会资源的优化配置；配合自然垄断领域的管制价格，提供社会福利；促进产业结构调整，加快经济发展的作用。

3. 实行积极的财政补贴

财政补贴政策已经成为反经济衰退、反周期的基本宏观政策，要针对经济循环梗阻环节、产业升级矛盾点和经济衔接难点加强宏观调节，充分利用补贴政策四两拨千斤的优势，实施政策引导与调节，促进经济循环与发展。

五、WTO 框架下的财政补贴

（一）WTO 的《补贴与反补贴措施协议》

《补贴与反补贴措施协议》（Agreement on Subsidies and Countervailing Measures，简称《SCM 协定》）将补贴分为三类：禁止性补贴、可诉补贴和不可诉补贴。

1. 禁止性补贴

禁止性补贴又称“红灯补贴”。《SCM 协定》明确地将出口补贴和进口替代补贴规定为禁止性补贴，任何成员不得实施或维持此类补贴。农产品出口补贴的削减则由《农业协议》规定。

2. 可诉补贴

可诉补贴又称“黄灯补贴”，指那些不是一律被禁止，但又不能自动免于质疑的补贴。这类补贴，在“补贴”的定义范围内却不属于不可补贴或被禁止的补贴范畴。因此，对于这类补贴往往要根据其客观效果才能判定是否符合 WTO 规则。

3. 不可诉补贴

不可诉补贴又称“绿灯补贴”，是允许的补贴。《SCM 协定》将不可诉补贴分为两大类：不具有专向性的补贴（此类补贴可普遍获得，不针对特定企业、特定产业和特定地区）和符合特定要求的专向性补贴（包括研究和开发补贴，贫困地区补贴和环保补贴）。

（二）WTO 的农产品补贴规定

为消除农业国内支持措施对农产品贸易产生的不利影响，WTO《农业协议》将不同的农业国内支持措施分为三类：“绿箱”措施、“黄箱”措施和“蓝箱”措施。

1. “绿箱”措施

《农业协议》规定的“绿箱”措施是指，由政府提供的、其费用不转嫁给消费者，且对生产者不具有价格支持作用的政府服务计划。这些措施对农产品贸易和农业生产不会产生或仅有微小的扭曲影响，成员方无须承担约束和削减业务。

2. “黄箱”措施

《农业协议》规定的“黄箱”措施是指，政府对农产品的直接价格干预和补贴。它包括对种子、肥料、灌溉等农业投入品的补贴，对农产品营销贷款的补贴等。这些措施对农产品贸易产生扭曲，成员方须承担约束和削减义务。

3. “蓝箱”措施

《农业协议》规定的“蓝箱”措施是指，按固定面积和产量给予的补贴（如休耕补贴），按基期生产水平的85%或85%以下给予的补贴，按固定牲畜头数给予的补贴。这些补贴与农产品限产计划有关，成员方无须承担削减义务。

（三）WTO的服务贸易补贴规定

虽然“乌拉圭回合”未能就服务贸易中的补贴问题达成实质协议，但《服务贸易总协定》在承认政府可采取服务补贴促进服务业发展的同时，承认在某些情况下补贴会给服务贸易造成扭曲，应继续就服务的补贴措施，反补贴措施的必要性进行多边谈判，达成必要的多边规则来避免这种扭曲，并考虑建立类似商品生产和出口方面的补贴及补贴规则。《服务贸易总协定》同时规定，成员方在受另一成员方补贴措施的不利影响时，可以要求进行磋商，有关成员方应对此给予同情的考虑。此外，如果成员方在服务贸易承诺表中未明确说明补贴措施不适用外国服务提供者，则根据国民待遇原则，成员方有义务在纳入具体承诺表的服务部门给予外国服务者同样的补贴。由此可见，世界经济一体化乃至WTO，不是要将所有的财政补贴，不分青红皂白地全部拒之门外，它借用了交通规则中的“红灯停、绿灯行，黄灯等叫停”的方式，在《财政与反补贴措施协议》中将补贴分为三类：红箱补贴、绿箱补贴和黄箱补贴。红箱补贴又称禁止性补贴，针对价格补贴和进出口补贴，认为它们会严重扭曲价格机制，造成不公平竞争，积极反对、严格禁止绿箱补贴，即不可起诉补贴，这种补贴并不直接刺激生产，对价格和市场影响不大，成员国可以自由施行，其他国家也不能以此为由，而采取反补贴措施。拿农业来说，绿箱补贴有产品研究、人员培训、技术推广、检验、农业基础设施建设、为保障食品供给的储存费用、自然灾害补贴、农业生产结构调整补贴、农业生产条件恶劣地区发展补贴等。黄箱补贴，又称可诉补贴。它介于红箱补贴和绿箱补贴之间，指那些虽被禁止，又能自动免于质疑的补贴。评判其是否合理，就看该项补贴是否使起诉的成员国利益受损？若利益受损，就是不合理的；否则，就是合理的。比方说，我国的农药、化肥价格高于国际市场价格，对这些生产资料进行价格补贴，并不会造成不公平竞争，也不会使成员国利益受损；有的国家耕地很少，或几乎没有耕地，向这些国家出口粮食时，实行适当的补贴，出口商得了补贴，进口国享受低价，对当地农业发展影响不大。黄箱补贴基于互利互惠，只要贸易双方两厢情愿、心照不宣，世贸组织就不予过问。

案例分析

案例5-1 我国福利制度是如何"变脸"的

随着改革开放，原来建立在计划经济体制下的、只能保障城市人口的低工资高福利体系正在发生深刻的变化。

现年91岁的出版社退休干部老编辑黄宗瓯病倒了。住院两周后，医院通知说，医药费累计超过了1万元，要求他再从单位补一张转账支票。幸亏黄宗瓯享受的是百分之百公费医疗。

黄宗瓯有一位老同学名叫周邦立，是位生物学家，精通三国外语，在1953年辞了公职。他说，在单位上班"浪费时间太多，要在家潜心做学问。后来的岁月，周邦立果然翻译出大量生物学译著，但因为没有工作范围，他连图书馆的借书证都没有，长年靠老同学替他借书。1982年，周邦立患了癌症，连医院病房都住不进去，最后，在医院的急诊观察室里去世。

执意从单位退出的周邦立，这时才明白社会主义优越性所在，他为了做学问，付出多大的代价。

- 计划经济年代

1. 低工资高福利

中国现行的社会福利制度，构建于20世纪50年代。当时是一种建立在"单位体制"上的"低工资高福利"的保障体制，也就是说，职工的生老病死，所有福利都是通过单位来实施的。

1955年7月，全国城市的事业单位和政府机关统一为货币工资制，工资分为30级。以首都北京为例，月薪100元已经是相当高的工资水平。

到1956年，全国城镇职工达到了3500万人。也就是从这个时候起，中国的户籍制度——把人们分成城市户口和农村户口。

当时，占全国人口约1/10的城市人，又分为干部和工人，而根据他们就业的不同单位，又分属于政府机关及事业单位或企业单位。

20世纪50年代，城乡分隔的户籍制度及社会保障制度，在当时本来是临时政策，"是牺牲一部分人的利益即农民的利益来搞资本积累，支持中国的工业化。再有，就是中国的人口数量非常巨大，农民大量涌入，对城市的稳定造成威胁，所以当时的确决策是一种特定国情下作出的，带有权宜之计的意思，它被不正常地延续下来。"

2. 不同单位的不同福利

计划经济时代，职工能享受的补贴（以货币形式兑现的福利），大致有如下几项：探亲费、卫生费、洗（澡）理（发）费、烧煤补贴、独生子女费（计划生育政策）。20世纪80年代因价格上涨，还加上了副食补贴和物价补贴。

其他福利主要有：住房，单位按级别向职工无偿分配住房，只收取象征性房租。此外，单位还要承担日常维修的责任，对于没有分到住房的职工，则发放住房补贴；养老（1978年时，满20年工龄退休时可拿工资的75%）；医疗（全部公费）；女工剩余（带薪产假90天，流产15天假期）。

所有这些福利，名义上是国家提供，实际上由职工所属的单位来筹资支付。

1971年，初中毕业的陈爱萍被分配进了北京的一家汽车修理厂。这是家全民所有制的工厂，第一年，每月工资16元。三年学徒期满，定级为二级工，月工资为39.78元，再以后，就很难涨了。但是，在每月的工资条上，有许多项的补贴。工厂里有幼儿园，六岁以下的小孩可以低价入托，厂医务室可以免费看小病小伤。如果大一些的病，可以上指定的甲等医院去看。生病时间太久，达半年以上，工资停发，转为"劳保"，一般发工资的60%。

陈爱萍于1978年考上大学，毕业后自然而然成了国家干部，这时，她才发现进入机关和事业单位的好处：补贴标准更高，享受的福利面更广。机关大院里，不光有食堂、幼儿园，还有澡堂、图书室等。夏天时，有防暑降温的茶叶、饮料发放，没有分配住房的，冬天还可以领到数百元的取暖费，上下班有班车接送。

陈爱萍记得，每月分发一次鲜鸡蛋，是办公室里最快乐的时刻，在鸡蛋定量供应的年代，这是一种外人享受不到的福利。

在工厂，名义上厂里应该管职工的住房，但能不能分上住房，要看厂领导的魄力和本事，以及厂里的效益和你本人的运气。陈爱萍在厂里干了7年，住房遥遥无期，留在厂里的同事，等到了1993年才以20年工龄的资格，分到一套两居室——当时厂里还有2/3的人没有分到住房。而在机关，通常干到七八年就能分到一套或是一间住房。一家工厂占有的社会资源，与一个国家机关是没法比的。

● 改革的到来

1. 旧福利制度无法支撑

直到2001年前，北京一家洗衣机厂的保卫科长陈启亮一直认为，自己会在厂里干到退休，领养老金。但是他在这一年下岗了，领了2万多元的买断工龄费，从此他的养老金、医疗费与这个厂再也没有关系。

这不是陈启亮一个人的遭遇。据劳动和社会保障部《中国劳动统计年鉴》的数据，到2004年，国企下岗职工为153万人。在许多国企已经停产破产的情况下，不光是养老金已经无法靠企业单位解决，住房、公费医疗等等原来由单位筹资解决的问题，都难以为继。

实际上，到了20世纪90年代，中国社会已经明显感觉到原有的社会保障体系难以支撑，这就是改革的内在原因。

1999年，国务院发布的《社会保障费征缴暂行条例》和2002年发布的《住房公积金管理条例》，规定将养老保险、医疗保险、失业保险和住房公积金列为企业和单位必须为职工参保缴费的项目，使得“三险一金”为内容的新的社会福利体系的推行，有了法律上的监督压力。

而被称为“计划经济最后一个堡垒”的福利供暖，也将走到尽头。2005年2月23日，建设部副部长仇保兴曾透露中国要取消福利供暖制度，对低收入居民要采取补偿措施。

2. 千差万别的福利现状

据劳动和社会保障部2005年的统计年报，城镇2.7331亿就业人口参加养老保险的大约为64%，加入医疗保险的，达到一半；而加入失业保险的，只有1/3。

看今天的中国社会福利保障现状，或许还要沿袭着旧有计划经济体制的路径，看一个人身处什么样的单位、做什么工作。

比如，今天的机关和事业单位，基本上都尚未加入养老保险。于是，就形成了这样的局面：从企业退休的人按养老保险的标准领退休金，而从机关和事业单位退休的人仍按照原来的计划经济的条例领退休金，结果两者差距巨大。

以2005年的劳动和社会保障部统计年鉴披露的数据，2004年从企业退休，人平均退休金为7831元/年；而从事业单位退休为14911元/年；机关单位退休者，这个数字为16532元/年。

实际上，同是从事业单位退休也差距甚大，一位研究员从中国社会科学院退休，拿1800元/月，而从一个省级电视台退休的干部，则一个月拿四五千元。

对于没有单位的人，2006年劳动和社会保障部已经作出规定，城镇个体工商户灵活就业人员都要参加基本养老保险，他们可以自行缴费。但是，下岗职工陈启亮算了一下，大约每年要交5000元，而他们拿到的买断工龄的钱，最多只有十来万元，最少的不足万元。

而在今天，虽然一些地方有了合作医疗或者养老保险的试点，但占中国人口大多数的农民仍然基本在国家的福利保障体系之外。

资料来源：《采风报》2007年9月20日，作者：李亚平

编者按：

计划经济时代的“国家/企业保险模式”，是与当时的社会的生产与消费等资源完全由国家来统一配置，人力资源也由国家定额和统保统配，劳动者的就业和保障也是由国家统一包所适应的。必然具有：覆盖面小，范围狭窄；筹资机制不顺、筹资渠道单一；社会化程度低、

保障层次单一、抗风险能力差等弱点。

改革开放以来，我国将改革社会保障体制纳入重中之重：（1）建立适应市场经济社保体制为目标，实现“两个确保”。1998 年以来，政府针对国有企业改革面临的突出困难，及时提出了确保企业离退休人员基本养老金和国有企业下岗职工基本生活费按时足额发放，有效地保障了4000 万退休人员、2800 万国有企业下岗职工的基本生活。以实行社会化发放为突破口，已连续两年做到企业离退休人员基本养老金发放当期无拖欠。以促进再就业为中心，基本实现下岗职工基本生活保障向失业保险的并轨。（2）社会保障资金筹集和监管机制基本形成。政府在不断加强社会保险费征缴工作力度的同时，积极调整各级政府财政支出结构，多渠道筹集社会保障基金。（3）社会化管理服务取得突破。到2007 年底，三分之二的企业退休人员纳入了社区管理。同时，城市街道社区劳动保障工作平台普遍建立，社会保障服务职能延伸到基层。加强劳动保障信息系统工程（金保工程）建设，为提升管理服务水平创造了条件。（4）积极开展完善城镇社会保障体系试点。重点是：推进下岗职工基本生活保障向失业保险并轨，积极促进再就业；做实基本养老保险个人账户，建立养老保险长效机制。目前，试点工作已基本完成，为在全国进一步完善社会保障体系积累了经验。

但是，我国的社会保障体系微观上存在着覆盖范围比较窄、制度不够健全、管理基础比较薄弱等一系列亟待解决等突出问题，宏观上将面临人口老龄化速度加快；城镇化进程加快；就业形式日趋多样化的挑战。

显然，今后一个时期，推进社会保险制度改革仍将任重道远。第一，积极推进制度创新，进一步扩大做实个人账户试点，在全国逐步做实个人账户，真正实现现收现付向部分积累的制度模式转换。积极稳妥地做好基本养老金计发办法改革工作，建立待遇水平与履行义务更紧密联系的机制。制定省级统筹的规范标准，加强分类指导，逐步建立规范的省级统筹制度。同时，研究制定事业单位养老保险制度改革方案，探索完善城镇居民的医疗保障体系，积极稳妥地解决农民工社会保障问题，研究制定被征地农民社会保障政策，逐步探索建立农村社会养老保险制度。第二，进一步扩大社会保险覆盖范围。覆盖面的大小集中反映了一个国家社会保障的总体状况。我国是世界上人口最多的发展中国家，面临扩大社会保障覆盖面的艰巨任务。我们将把“让更多的人享有保障”作为推进社会保障事业发展的优先目标，以混合所有制、非公有制经济组织从业人员和灵活就业人员为重点扩大社会保险覆盖面。第三，加强社会保障的物质基础。基金是社会保障制度的物质基础。我们将依法强化社会保险费征缴，做到应收尽收。积极调整各级政府财政支出结构，建立公共财政体制，逐步提高社会保障支出占财政支出的比例。做大做强全国社会保障基金。同时，鼓励用人单位为职工建立企业年金和补充医疗保险，形成多层次社会保障体系。

案例5－2 国家财政支出用于社会保障的比例超过“一成”

财政部副部长王军近日表示，国家财政支出用于社会保障的比例，已经从1998 年的5.52%提高到2006 年的11.05%。

王军在中国社会保障论坛上介绍说，全国财政社会保障总支出（不含卫生经费中的行政事业单位医疗、新型农村合作医疗补助、城乡医疗救助等医疗保障支出），从 1998 年的 596 亿元增长到 2006 年的 4362 亿元，年均增长 28.3%，增幅明显高于同期预算内财政支出增长速度。

王军透露，全国财政对“两个确保”、低保和就业的补助支出 2006 年达 1475 亿元，是 1998 年的 11.3 倍；卫生经费从 1998 年的 414 亿元，增加到 2006 年的 1320 亿元。

财政部数据显示，最近几年也是我国农村社会保障体系建设步伐最快、财政支持力度最大的几年。中央财政安排的新型农村合作医疗支出从 2003 年的 4 亿元增加到 2007 年的 114 亿元。农村医疗救助支出从 2003 年的 3 亿元增加到 2007 年的 13.2 亿元。2007 年，中央财政还安排专项资金 30 亿元，支持农村居民最低生活保障制度建设。

资料来源：中国新闻网，2007 年 10 月 6 日。

■编者按：

随着社会的进步与经济的发展，政府提供社会保障是基本的民生职能，它是财政取之于民、用之于民的基本体现。

政府的社会保险应该包括三部分，一是为公民提供能够保持“人的尊严”的基本生活保障，使每个人具有生存的物质基础和权利；二是依法建立社会保障体系，促进公民和企业建立社会保障机制，促进社会稳定；三是为全体公民提供大致均衡的保障服务，促进社会分配公平。

案例 5－3　出售公路等应对危机

2008 年岁末钟声敲响之际，美国众多陷入财务困境的州政府正在考虑用出售公共资产的办法来筹钱。据了解，明尼苏达州的财政赤字超过 50 亿美元，目前经济不景气，州政府无法通过增加税收的方式来增加收入。于是该州州长提姆·鲍雷蒂最近表示，在明年一月份提交州政府预算报告时，他将提议出售部分州政府所拥有的部分公共资产。该州一位共和党议员表示，出售该州一座国际机场能够带来 25 亿美元的收入，而把该州的彩票业转给私人经营也会带来 5 亿美元的收入。

而在马塞诸塞州，州议会正在考虑把收费公路交给私人经营，这样不仅可以部分弥补 14 亿美元的财政赤字，还可以省去高速公路的运营费用。而纽约州州长大卫·帕特森正在考虑出售该州的彩票业、收费公路、海滩等公共资产。

资料来源：新华网《中国保险监督委员会》2009 年 4 月 16 日。

■编者按（请同学思考）

案例5-4 2009～2011年：我国全面深化医药卫生体制改革

2009年我国将全面实施《2009～2011年深化医药卫生体制改革实施方案》。根据国务院部署，今后3年分阶段性实施全面医保体制改革：到2011年，基本医疗保障制度全面覆盖城乡居民，基本医疗卫生可及性和服务水平明显提高，居民就医费用负担明显减轻，“看病难、看病贵”问题明显缓解。从2009年到2011年，重点抓好基本医疗保障制度等五项改革。一是加快推进基本医疗保障制度建设。3年内使城镇职工和居民基本医疗保险及新型农村合作医疗参保率提高到90%以上。2010年，对城镇居民医保和新农合的补助标准提高到每人每年120元，并适当提高个人缴费标准，提高报销比例和支付限额。二是初步建立国家基本药物制度。建立科学合理的基本药物目录遴选调整管理机制和供应保障体系。将基本药物全部纳入医保药品报销目录。三是健全基层医疗卫生服务体系。重点加强县级医院（含中医院）、乡镇卫生院、边远地区村卫生室和困难地区城市社区卫生服务中心建设。四是促进基本公共卫生服务逐步均等化。制定并实施国家基本公共卫生服务项目，从2009年开始，逐步在全国建立统一的居民健康档案。增加公共卫生服务项目，提高经费标准。充分发挥中医药作用。五是推进公立医院改革。今年开始试点，2011年逐步推开。改革公立医院管理体制和运行、监管机制，提高公立医疗机构服务水平。推进公立医院补偿机制改革。加快形成多元化办医格局。初步测算，为保障上述五项改革，3年内各级政府预计投入8500亿元。

此次医保体制改革，旨在落实医疗卫生事业的公益性质，把基本医疗卫生制度作为公共产品向全民提供，努力实现人人享有基本医疗卫生服务，全面改善医疗民生。

资料来源：新华网《中国保险监督委员会》2009年4月16日。

编者按：

公共财政体制框架下，建立促进社会可持续发展的医保体制，合理配置卫生资源，为公民提供大致均衡的医疗服务，是社会发展的基本任务之一。

此次医疗卫生体制改革、重塑政府主体、重申医疗的公益性，以整合医院医疗资源为契机、建立多元卫生体系，巩固与发展农村合作医疗、提高基层医疗水平；坚持政府主导，发挥市场机制作用，实施区域卫生规划，优化卫生资源配置，强化卫生全行业监管；制定合理的医疗服务价格政策，改革药品和医用器材的生产流通机制，增加卫生投入，加快建立城乡医疗保障体系，实现覆盖全社会的新型农村合作医疗制度，切实解决人民群众“看病难、看病贵”等问题，具有体制创新与机制改革的双重职能，无疑将开辟公共医保的新模式。

【注释】

1. 贝费里奇（W. T. Beveridge）。英国牛津大学教授，勋爵，受内阁委托起草战后福利制度重建基本框架，发表《社会保障及有关部门服务》报告。

2. 福利经济学第一定律：任何竞争性市场均衡都是帕累托有效的。

3. WTO 及基本规则。WTO 是世界贸易组织的全称（World Trade Organization），1995 年 1 月 1 日承接关税总协定（GATT）的职能转而为 WTO。WTO 协议涉及世界性货物贸易与服务贸易，坚持国际贸易的无歧视待遇、关税减让、国民待遇、互惠、最惠国、取消数量限制和透明度原则，建立了更健全的贸易争端解决机制。2001 年 12 月 11 日中国正式入世，成为 WTO 第 143 位成员国。

4. 和谐社会就是全体人民各尽其能、各得其所而又和谐相处的社会，其标志有三：社会阶层之间相互开放和平等进入；各个阶层应当得到有所差别的并且是恰如其分的回报；社会各个阶层之间应当保持着一种互惠互利的关系。

【综合复习】

一、名词解释

社会保障　基础设施　现收现付制　红色补贴　大数法则

二、填空题

1. ________勾画了影响深远的福利国家框架，提出了“________、________、________”福利政策原则。

2. 社会保障资金的筹资模式，划分为三种：________、________和部分基金制。

3. WTO 框架下的《补贴与反补贴措施协议》将补贴分为三类：________、________和不可诉补贴。

4. 社会保障体系是继________、________而发展起来以国家为主体的社会保障关系，它主要包括：________、________、________和________。

三、选择题

1. 财政补贴通过调节（　　）来影响经济。

A. 资源配置结构　　B. 相对价格结构

C. 供给结构　　D. 需求结构

2. 现代社会保障的核心是（　　）。

A. 社会救济　　B. 社会福利

C. 社会保险　　D. 社会优抚

3. 我国社会保障缴费制度规定，必须先缴纳（　　）才能缴纳其他相关保费。

A. 失业保险费　　B. 医疗保险费

C. 养老保险费　　D. 工伤保险费

E. 生育保险费

4. 下列哪些属于转移性支出（　　）。

A. 社会保障补助支出　　B. 科、教、文、卫支出

C. 财政补贴支出　　D. 国防支出

四、简答与论述题

1. 简述基础设施投资的投融资方式。
2. 简述养老保险模式及特点。
3. 从“公平效益兼顾”角度看，怎样选择社会保障模式。
4. 补贴之经济原理分析。
5. 怎样优化补贴配置环节、形式以提高经济效率？
6. 简述我国社会保障模式的改革及经验。
7. 我国农村医疗改革道路怎样选择？
8. 对为应对2008年世界经济危机，我国地方政府禁止企业裁员的经济学思考。
9. 禁止企业裁员与降低企业税负，哪项政策更有利社会经济可持续发展？

【阅读与参考文献】

1. 饶克勤、刘新明主编：《国际医疗卫生体制改革与中国》，中国协和医科大学出版社2007年版。
2. 杨宜勇、吕静学等著：《当代中国社会保障》，中国劳动社会保障出版社2005年版。
3. 左福前：《福利经济学》，人民出版社1994年版。
4. 李珍主编：《社会保障理论》，中国劳动社会保障出版社2001年版。
5. 石广生主编：《中国加入世界贸易组织读本》，人民出版社2001年版。
6. 《WTO补贴与反补贴委员会2005年、2006年、2007年年度报告》。

天行健，君子以自强不息；

地势坤，君子以厚德载物。

——周易

第六章　财政收入概论

财政收入也称公共收入（public revenue），即政府为履行其职能而筹措的一切资金的总和。经过长期探索，它已经形成了比较完整的理论基础、收入分类方式、经济作用及宏观管理体系。

第一节　财政收入理论与经济效应

一、财政收入理论

怎样科学地认识经济收入（国民收入、财政收入）始终存在着很大的分歧，卡米勒·达格穆就国民收入及分配曾谈道：经济思想史上有两条研究主流，一是李嘉图的生产要素收入分配论，即收入的功能性分配，旨在研究要素价格的形成，如工资、利润以及国民收入中生产要素的相应份额；二是帕累托的收入规模分配论，旨在研究微观经济中的收入形成及种类（外延增长率、内涵增长率）。前者重在剖析收入的源泉与依据，而后者则重在分析其增长方式，故而一般从源泉、依据与增长途径来探索其理论本质。

第一，经济（财政）收入源泉论。首先应该提到的是萨伊的“要素分配决定”理论。他在《政治经济学概论》中阐述道：“各种生产要素所有者根据各自的动机及提供的生产性服务的价格，并由市场的供求规律决定分配，劳动者获得工资，资本所有者获得利息，土地所有者获得地租”。其次，马克思在亚当·斯密及李嘉图分配理论基础上，开创性地提出了“剩余价值理论”，即“富的程度不是由产品的绝对量来计量，而是由剩余产品（M）的相对量来决定的”，从而形成了决定社会分配乃至财政收入机制的“CVM”理论，概括讲：社会产品价值由C、V、M构成（C物质消耗的价值转移，V生产者劳动报酬，M剩余价值），财政收入主要源于M，即对生产利润课征所得税。当然，不同的社会CVM分配模式会形成不同的财政收入模式。在20世纪它曾长期地影响着社会主义财政分配模式。

以后，新古典经济学创始人马歇尔，秉承萨伊的思路继而又提出了“一国国民收入是各生产要素共同创造”的原理，也即它们不但是私人利益的源泉，也是公共利益的源泉。这些国民收入构成理论，不仅广泛地影响着经济分配理论的成长，也为构筑现代财政收入理论及基本制度奠定了基础。可以讲，财政收入作为国民收入的有机组成部分，也遵循要素价值分配参与着整个社会的分配。

第二，经济（财政）收入依据理论。任何收入都是以某种权力为依托而分配的，财政收入作为政府取得收入的具体方式，也是凭借一定的权力而实施的，概括讲，政府的权力形式主要有这样几种形式：（1）以国家政权及提供一定的公共服务为基础的权力；（2）以生产资料所有权为基础的权力；（3）以利益交换为基础的权力。政府就是凭借这些基本权力集中财政收入的。

最有影响的首先是瓦格纳的公共收入理论，瓦格纳在其《财政学》中谈到：“以权力为中心的经营就是财政”，这样，“国家为完成其职能所支付的劳力，必须直接具有获得财货的手段（税收、公债等）”，这也是“公民对社会和政府服务所付出的报酬”。国家契约论者们则直接坦言：国家提供服务以保护个人，其报酬就是税收，相应的，个人得到国家的服务，税收就是他支付的价格。就此问题萨谬尔森又提出了“收入再分配”观点，他认为：“政府课税是对社会产品和劳务的再分配”。而斯蒂格利茨则把它概括为一种委托—代理关系，即纳税人将税款交给政府，由政府集中提供公共品，微观主体从公共品的消费中受益。这些基础理论与观点奠定了公共收入的基本依据。

第三，经济（财政收入）增长理论。在论及经济发展与财政收入的关系时，颇有研究价值的是西斯蒙第所提出的“国家收入与资本一同增长”之观点，其实质阐述了在经济发展中所设置的收入政策，只有不伤及资本，国家收入才能够实现与经济发展的一同增长。公共学派的翘楚拉弗所提出的“拉弗曲线”，也辩证地论述了合理的收入与促进经济发展之间的内在促进关系。他们均从理论上阐述了收入既与经济发展有关，还与国民收入的格局有关，经济规模不但影响着公共收入集中比例，也影响着公共收入能否与经济的同步增长。

二、市场供需中：公共收入

公共收入作为政府履行职责及调节市场的分配关系，以集中一部分国民收入及介入价格分配调整国民收入分配。

（一）公共收入（税收）如何影响市场

这始终是探索公共收入规律的基本出发点，在此我们以税收效应为例，说明公共收入的市场效应。税收在买者支付的价格和卖者支付的价格之间打入了一个楔子，由于这种税收楔子，销售量低于没有税收时应该达到的水平。换句话说，对一种物品征税（收费）使这种物品的市场规模降低。

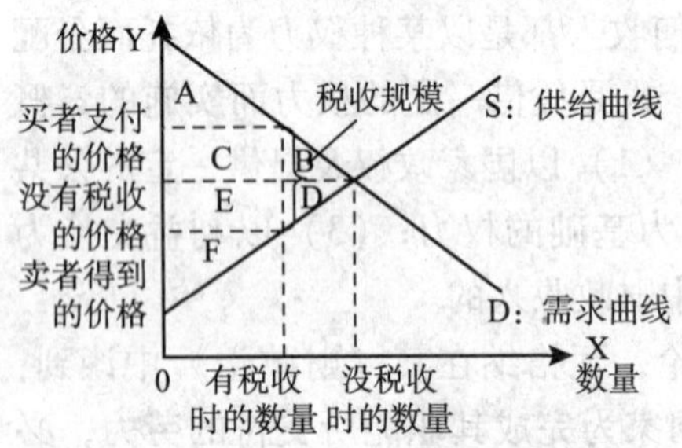

图6－1　市场经济中税收收入

在图6－1中：设X轴为商品数量，Y轴为市场价格。S为供给曲线，D为需求曲线，俩曲线的交叉点为最佳价格和市场消费均衡数量。在没有设置税收的条件下，均衡数量点就是没有税收的数量，当政府设置税收后，税收构成了价格的组成部分，就相当于在价格中钉入了一个税收楔子。同等国民收入，消费数量因此而减少，有税收的消费数量向左移。税收均衡地摊派给买卖双方（买者承担一部分，卖者也承担一部分），同时均衡价格也因税收的设置而打破，买者支付的价格上移，商品减少，价格上升，其中一部分缴纳了税收；卖者也因此少卖了些钱，卖者得到的价格下移，其中一部分也缴纳了税收。

（二）供求调节：公共收入（税收）的无调损失

市场上买者得到的利益用消费者剩余来衡量，卖者得到的利益用生产者剩余来衡量，那么，税收如何影响政府呢？如果T是税收规模，Q是物品销售量，那么，政府得到的总税收收入就是T×Q，政府可以用这些财政收入提供公共服务及调节市场，它可以形成两种情况（见图6－1）。

1. 没有税收的福利

没有税时，可以在供给曲线和需求曲线相交处找出价格和数量。价格是P_1，销售量是Q_1，由于需求曲线反映了买者的支付意愿，所以，消费者剩余是需求曲线和价格之间的面积，即A＋B＋C。同样，由于供给曲线反映了卖者的成本，所以，生产者剩余是供给曲线和价格之间的面积，即D＋E＋F。在这种情况下，由于没有税收，税收收入等于零。（注意：这时私人获得了所有收益，政府没有收入，因而整个社会也就缺乏公共供给）

2. 有税收的福利

税收使消费者剩余减少了面积B＋C，使生产者减少了面积D＋E。税收收入增加了面积 B + D′，毫无疑问，税收使买者和卖者状况变差了，而使政府状况变好了。（注意：增加的税收最终会变为公共支出）

（三）财政收入（税收）的无谓损失

什么因素导致财政收入的无谓损失，答案是供给和需求的价格弹性，如图 6－2 所示，需求曲线和税收规模是相同的，差别仅在于供给曲线的差别。在图 6－2a 中，供给曲线比较缺乏弹性，供给量对价格变动只有很小的反应，这时税收的无谓损失较小；在图 6－2b 中供给曲线比较富有弹性，供给量对价格变动的反应较大，税收的无谓损失则较大。

同理，当供给曲线和税收规模相同时，在图 6－2c 中，需求曲线比较富有弹性，则税收的无谓损失较大；在图 6－2d 中，需求曲线比较缺乏弹性，税收的无谓损失较小。

在图 6－2（a）中：当供给缺乏弹性时，（财政收入）税收的无谓损失较小，税收主要由卖方承担。设 X 轴为商品数量、Y 轴为市场价格。S 为供给曲线，D 为需求曲线。当供给曲线比需求曲线缺乏弹性时，显示为供给旺盛，买者愿意支付的价格更低，税收负担更多地由生产者支付。这时税收的无谓损失较小。

在图 6－2（b）中：当供给富有弹性时，（财政收入）税收的无谓损失较大，税收主要由消费者承担：设 X 轴为商品数量、Y 轴为市场价格。S 为供给曲线，D 为需求曲线。当供给曲线比需求曲线富有弹性时，显示为需求旺盛，买者愿意支付的价格更高，税收负担更多地由消费者支付。这时税收的无谓损失较大。

在图 6－2（c）中：当需求富有弹性时，（财政收入）税收的无谓损失较大，税收主要由生产者承担：设 X 轴为商品数量、Y 轴为市场价格。S 为供给曲线，D 为需求曲线。当需求曲线比供给曲线富有弹性时，显示为生产旺盛，生产者愿意提供更廉价的商品，税收负担更多地由生产者支付。这时税收的无谓损失较大。

在图 6－2（d）中：当需求缺乏弹性时，（财政收入）税收的无谓损失较小，税收主要由消费者承担：设 X 轴为商品数量、Y 轴为市场价格。S 为供给曲线，D 为需求曲线。当需求曲线比供给曲线缺乏弹性时，显示为消费旺盛，消费者愿意支付更多的价格，税收负担更多地由消费者支付。这时税收的无谓损失较小。

概括讲，税收给市场带来了一种无谓损失，这是因为它使买者和卖者改变了自己的行为。税收提高了买者支付的价格，因此，他们的消费减少了；同时，税收降低了卖者得到的价格，因此他们的生产减少。由于这些行为的变动，市场规模缩小到最适宜水平之下。供给与需求的弹性衡量买者和卖者对价格变动的反应程度，从而决定了税收政策在多大程度上扭曲了市场结果。因此，供给和消费的需求弹性越大，税收的无畏损失也就越大。

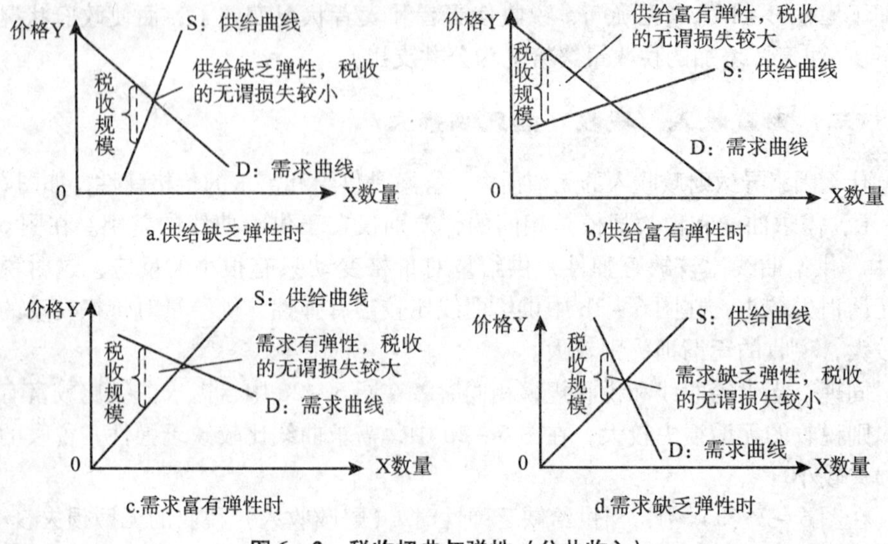

图6－2　税收扭曲与弹性（公共收入）

第二节　财政收入：分类、历史演绎与政策原则

一、财政收入的分类

财政收入形式主要指国家取得财政收入的具体方式。科学的分类是要达到体现分配功能、有利宏观调节和便于管理的目的。在财经史上，比较有代表性的分类方法有：亚当·斯密的“四分法”，即按政府权属划为四类：受益者负担收入、国有财产收入、赋税收入和公债收入；再有就是道尔顿划分法，即将财政收入分为两类：强制收入（税、赔款、强迫公债等）、价格收入（公产收入、规费收入、自由公债等）。这些方法至今仍深刻地影响着我们，目前，比较流行的划分方法有以下几种。

（一）按收入形式分类

一般按收入形式划分为：税收、公债、规费、国有资产收益和其他收入五类(见图6－3)。

——税收。政府为履行职能凭借政治权力，按照特定标准，强制、无偿地取得财政收入的一种形式。它是各国财政的主要形式。

——公债。政府依据信用原则，自愿、灵活地取得财政收入的一种有偿形式。目前，已经成为大多数国家募集财政补充收入、实施财政宏观调节的基本手段之一。

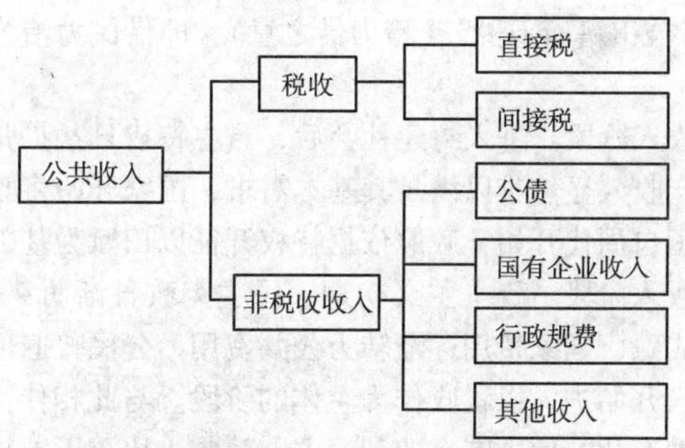

图 6-3　公共收入结构

——规费。主要是政府为公民提供特定服务或行政管理，按受益原则所取得的收入。

——国有资产收益。政府依据国有产权所取得的股息、利润等收入。

——其他收入。政府依据行政管辖权、调控权所取得的收入，主要包括：罚没、变卖收入，铸币税和通货膨胀收入等。

（二）按来源渠道划分

财政收入是来源于国民收入的分配与再分配。经济作为财政的基础和财政收入的最终来源，对财政分配过程和财政收入本身具有决定性影响。按产业来源可划分为第一、第二、第三产业收入；按行业来源可划分为工业、农业、商贸业收入；按企业所有制形式可划分为国有经济、民营经济及外资经济收入。

（三）按预算形式划分

它根据预算形式划分收入，具体划分为三类：（1）按预算资金性质划为：一般预算收入、建设预算收入和债务预算收入；（2）按预算级次划分为：中央预算收入、地方预算收入等；（3）按是否纳入预算管理划分为：预算内收入、预算外收入。

二、财政收入主导形式的转换

从财政经济史上看，财政收入的主导形式是政治、经济及社会综合作用的结果，大致经历了四个阶段：

第一，公产收入阶段。封建社会早期，领地经济占主要地位，国家收入以官有土地（领地）收入为主。典型的如我国商代的“井田制”中的助法。《礼记·王制》说：“古者公田籍而不税”（籍为借之意），即借民力治公田。周代后期的田赋制均属此类。

第二，特权收入阶段。进入封建社会后，君主特权日益扩张，国库需求不断扩大，仅有的官产收入显然难以满足其基本需求，国家开始将收入拓宽到依靠君主特权收入。我国自周代开始，政府依据特权开征以田赋为基础的徭役和贡税。

第三，赋税收入阶段。资本主义初期，民主宪政日渐萌芽，官产逐渐私有，随着民主政治的成熟，国家费用逐渐转为公共费用，公民普遍以税收形式担负公共支出，财政收入开始进入以税收作为主体的阶段。与此相伴，实行计划经济的国家，通过实行国有化，使国有企业利润占财政收入比重不断提高，则开始进入企业收入为主的阶段。例如，我国在 1978 年前企业利润要占到财政收入的 50% 以上。

第四，税收与公债收入并重的阶段。20 世纪来，各国政府开始尝试加强宏观调节，尤其是凯恩斯主义的发展，各国纷纷运用政府信用发行公债，公债逐步成为重要的公共收入形式，至此公债不再是消极的弥补财政赤字的形式，而成为调节经济稳定的重要的宏观经济政策，因此，开始进入税收、公债并重的公共收入阶段。

当然，社会经济各发展阶段各种收入往往是并存的，但政府经济制度选择存在很大差异，如发达国家大多以税收、公债作为主体收入；计划经济国家（或时期）又都以税收、国有企业利润作为主体收入。

三、财政收入的原则

政府筹措财政收入是货币收入与参与分配的有机过程，有人曾形象地比喻筹集财政收入或者征税是一门类似拔鹅毛的艺术，既要拔到鹅毛，同时又要鹅不叫，因为在处理税收市场效应时，很关键的就是要处理好公平与效率、满足公共需要和促进经济发展的关系，因此，从制度上往往考虑这样几个原则：

一是满足公共需求的原则。财政收入是政府履行职能和提供公共服务的物质基础，因此应以满足公共需要为基本前提，没有经济基础任何政府及公共服务体系都是难以为继的。

二是公平、效率兼顾的原则。即以坚持要素禀赋原则为基础，在充分发挥市场机制调节基础上进行必要的公平分配调节，通俗地讲就是“初次分配讲效率，再次分配讲公平”，公平与效率兼顾，合理担负财政收入，有机调节社会分配差距。

三是分配与调节兼顾的原则。将收入调节有机地融入分配关系，在制度设计、政策选择中就镶入调节理念，使其达到一定的社会经济目标。

第三节 财政收入的规模、结构及影响因素

财政收入规模、结构是衡量一个国家综合国力和社会经济良性循环的基础。

一、财政收入规模

国家财政实力的强弱一般可以从财政收入规模和财政收入增长率加以考察。

（一）财政收入规模

一个国家财政实力的强弱一般从财政收入的规模加以考虑，首先要考察财政收入占国内生产总值的比例，它表明国民收入的财政集中度。

（二）财政收入增长率

财政收入增长率主要用来考察财政收入与国民收入的增长态势。

二、财政收入结构

财政收入结构直接决定着国民收入的分配格局，它主要涉及财政收入占 GDP 的比重、税债费利占收入的比重、中央财政收入占整个财政收入的比重。财政收入占 GDP 比重决定着经济税收水平、政府财政政策取向及公共需求水平的高低；税债费利结构决定着市场发达程度、主导企业性质及收入规范程度；而中央财政集中度则决定着政府集散取向和宏观调控的方式。

（一） 财政收入的价值构成

从马克思社会产品价值 CVM 三部分来看（也称物质产品平衡体系，MPS 体系），财政收入主要来自于 M。M 的增长带来了财政收入的增长，但 M 不是唯一来源，其他两部分也构成财政收入来源，C 中的劳动补偿不通过财政分配，但折旧按年度分摊入成本，成为间接税基，V 是个人消费部分，是个人所得税税基。

再有就是按国民账户体系（SNA 体系）核算的价值构成，财政收入分别来自生产、分配、交换、使用的各个环节，它共同创造物质财富并参与国民收入分

配。以北京地区为例，在2002年GDP结构中，工薪为44.4%，折旧为16.2%，列支生产税净值13.2%，营业盈余约为25.9%。

（二）财政收入的产业构成

经济发展是产业结构转变而后加速发展的过程，结构转换直接制约着收入结构的转换，刘易斯的“结构变动模式”占主导地位后，各国政府都十分重视结构转换，尤其是产业结构的转换！

首先，经济发展中的结构转换是一种非均衡发展，非均衡发展过程存在着发展要素的边际收益差异，因而必然存在资本和劳动在不同产业间的转移和流动，并导致生产要素从低收益部门向高收益部门的流动，从而产生结构效应，并带来一系列的经济财源结构的变化。根据世界货币基金组织提供的数据表明，在经济发展过程中，随着人均GDP的提高，产业贡献率要发生深刻的变化，即“呈现第一、第二产业的置换与第三产业占GDP比重的不断上升”，这是经济发展的基本标志之一。据考察，从传统经济向现代经济转换的历史过程，主导产业大体要经历四个阶段：轻纺工业主导阶段、重化工业主导阶段、高加工度化阶段和技术知识密集化阶段，形成了不同的产业生命周期，并深刻地影响着财政。

产业转换及分配是有其客观规律的：①经济效益产业后移；随着经济向高层次发展，第二、第三产业的社会平均利润率就越高，②产业产值与财政贡献非对称，各产业的弹性差异很大，第一产中的农业几乎无弹性，第三产业大多是高弹性行业。所以，就要从宏观上考虑产业间收入汲取率；根据要素流动规律调节社会平均利润率，以我国为例，随着工业化发展，第一产业的财政负担逐步下降，财政收入主体向第二、三产业转移，1990年我国的第一、第二、第三产业产值比为27.1∶41.6∶31.1，2002年产值比调整为15.4∶51.2∶33.5；与之相应，财政收入重点也转向了第二、第三产业。

（三）财政收入的所有制构成

各国经济发展往往伴随着所有制实现形式的多样化。受这样几个因素的作用，即所有制结构及实现形式的调整、政府收入政策的导向和市场化进程的影响，财政的所有制收入分配关系开始发生深刻的变化。例如，改革开放前，我国实行所有制实现形式不可交叉，单一的所有制政策，从收入政策上实行区别对待的税收政策；而改革开放后，产权实现形式逐渐多种途径，开始考虑实行“国民待遇”。例如，在改革开放政策作用下，我国财政中的全民经济比重由“四五”时期的87.4%调整到“八五”时期的60%。

税债占财政收入比重逐渐提高，第二、第三产业成为财政收入的主渠道，非公经济比重则不断提高。

（四）财政收入的体制级次构成

财政收入征集是按体制构成的，主要分为中央财政本级收入、地方财政本级收入，中央政府通过构筑政府收入机制加强市场调节及政府的宏观控制，并形成了值得注意的规律：（1）中央财政收入尽可能占整个财政收入的主要比重，即使初次收入不能占主体，就专门设置地方财政上缴机制，最终中央要占财政收入的主要比重；（2）围绕比重进行体制调整和体制改革，例如我国比较重大的体制改革都是中央地方比重失调或者上缴机制失调后推开的；（3）中央政府控制收入的最终立法权或者具有优先权，以掌握宏观控制的主动权。

三、财政收入规模、结构的制约因素

因此财政收入及规模、结构的变化，受着经济发展、分配政策、政府职能乃至价格等因素的制约。

（一）经济发展水平与经济增长方式

经济发展水平反映着一个国家社会产品的丰富程度和经济效率，从而为财政收入增长奠定了一定的物质基础：（1）经济发展及国民生产总值的增长，是财政收入增长的基础。随着经济的发展，人均 GDP 不断提高而恩格尔系数的不断下降，整个社会的公共收入承载力将显著提高，从而导致财政收入占 GDP 的比重将不断提高。（2）经济增长方式的转换是导致财政收入不断增长的又一主要因素，在以科技进步、创新为主的内涵经济增长方式下，财政收入将形成以所得税为主、生产发展的增长态势，而以增加投资为主的外延经济增长方式下，财政极易形成经济损耗性增长态势。

（二）分配政策与分配制度的影响

财政作为一种分配关系，受着宏观分配政策与分配制度的制约，具体讲：首先是受到宏观分配政策的影响，一个国家是采取“先扣除、后分配”政策，还是“先分配、后扣除”，会极大地影响其财政分配格局。其次是政府财力集中模式，强调集权制的财政集中度相对就较高；强调分权制的财政集中度相对就较低。另外，民间消费规模也影响着政府集中财力。

（三）物价的影响

这主要涉及三种情况：(1) 物价上涨，形成名义收入高于实际收入，通货紧缩，名义收入低于实际收入；(2) 物价影响税制，超额累进税制造成收入加速累进，比例税制造成收入累退；(3) 产品比价关系及结构变化，社会财富在企业、个人之间的重新分配，形成 GDP 的再分配，从而影响财政分配格局。

第四节　我国的财政收入体系及改革

我国作为世界主要的发展中国家，2007 年 GDP 达 24.98 万亿元，已经上升为世界第二大经济实体，按购买力平价计算我国 GDP 占世界 GDP 比重迅速上升，由 1978 年的 5% 上升为 2007 年的 14.2%，目前，我国的主要工业品产量（除发电量、汽车等少量工业品外）已位居世界首位。20 世纪 80 年代从计划经济转入社会主义市场经济。

一、财政经济背景与概况

21 世纪初，我国进入工业化、城市化建设时期。这个时期我国经济的主要特征是：(1) 我国已转为开放的市场经济，建立起具有社会主义特征的市场经济；(2) 处于社会主义初级阶段，具有发展中国家比较典型的两元经济特征；(3) 开始形成以结构矛盾为主的有效需求不足的态势。

经过 30 年的改革开放，我国初步建立起适应市场经济的公共财政体制，概括讲：建立起以分税制为基础辅之转移支付的财政体制；建立以维持政权运转为主、兼顾公共投资、社会保障的支出体系；建立起流转税、所得税并重的复税制体系；建立起具有反周期调节功能的公债体系和财政政策机制。

二、财政收入体系的基本态势、特征；主要问题与改革重点

（一）基本态势与特征

2008 年我国财政收入达 60000 亿元，占 GDP 20%（见表 6-1），2000～2008 年均递增 22%，中央财政收入占整个财政收入的 53%（见表 6-2）；中央财政赤字控制在 3000 亿元以内，财政赤字率为 2% 左右。

表 6－1　　1978～2001 年我国财政收入占 GDP 比重及增长态势　　单位：亿元

年份	财政收入	国内生产总值	财政收入/GDP
1978	1132	3624	31.2%
1980	1159	4517	25.7%
1990	2937	18547	15.8%
2000	13395	89468	15.0%
2001	16386	97314	16.8%
2002	18903	104790	18%
2003	21715.25	135822.8	16.0%
2004	26396.47	159878.3	16.5%
2005	31649.29	183084.8	17.3%
2006	38760.20	210871.0	18.4%
2007	51000	246619	19%
年均递增	—	10.6%	—

根据：《2007 中国统计年鉴》，中国统计出版社 2007 年版。

表 6－2　　中央和地方财政收入及比重　　单位：亿元

年份	全国	中央	地方	中央占比（%）	地方占比（%）
1978	1132.26	175.77	956.49	15.5	84.5
1980	1159.93	284.45	875.48	24.5	75.5
1985	2004.82	769.63	1235.19	38.4	61.6
1990	2937.10	992.42	1944.68	33.8	66.2
1995	6242.20	3256.62	2985.58	52.2	47.8
2000	13395.23	6989.17	6406.06	52.2	47.8
2005	33930.28	8775.97	25154.31	25.9	74.1
2006	38760.20	20456.62	18303.58	52.8	47.2
2007	51321.78	27749.16	23572.62	54.1	45.9

注释：中央、地方财政收入均为本级收入；本表数字不包括国内外债务收入。
资料来源：《2007 中国统计年鉴》，中国统计出版社 2007 年版。

综合看，我国的收入机制呈现出四个特征：

（1）我国已建立起以“税收、公债”为主体的预算内财政收入体系，概括讲，形成了以消费型增值税为主的流转税和以企业所得税为主的复合型双主体税收体系，以中央、地方两级公债为主的公债收入体系，预算内与预算外（相当于“规费”）并存的收入体系。其中，税收收入占财政收入的 80%，公债相当于财政收入的 15%，预算外收入相当预算收入的 30%（2006 年体制外收费达 6000 亿元，社会保障收入近1万亿元)，形成“三位一体”的格局。

(2) 我国财政收入占GDP比重呈“倒U”型变化趋势，为适应经济转型及改革需要，财政收入1978年为31%、2000年最低达15%，2006年恢复到19%；中央财政占整个财政收入比重存在周期性调整的规律，目前占50%以上，2006年为53%。

(3) 我国财政收入体系具有较强的超经济聚敛功能。自1994年来，财政收入始终以远高于居民收入、国民收入增长的态势而增长，据统计2006年财政收入比上年增长24.4%，同口径居民收入、国民收入分别仅增长12.7%、11%，前者高于后者十个以上百分点。

(4) 财政收入向第二、第三产业集中，由国有、非公和外资经济共同承担，形成“三分天下”的格局，尤其是经过系统的国有企业改革，已形成大企业主导型收入机制。

(二) 值得注意的宏观问题

1. 财政超经济增长，收支政策目标相互掣肘

这是我国财政面临的新问题，也即超收财政政策与扩大内需相制肘，一方面通过财政收入超经济增长，形成收紧经济的态势，2008年税收收入5.42万亿元，比上年递增18%；另一方面为抑制经济萎缩，不断扩大财政支出及投资，扩大有效需求促进经济复苏，一张一弛，收支目标形成了掣肘，制约着整个财政政策功能的有效发挥。

2. 收入双轨制，抑制着财政收入秩序的规范

财政收入的双轨制，预算内外资金的并存，是具有中国特色的诸多双轨制(户籍、退休金、税收、价格及住房双轨制) 的根源，目前，预算外财政收入仍相当于预算内的1/4，它促成分配悬殊、贪污与腐败；严重破坏财经法制秩序与预算规范管理。

3. 财政收入占GDP比重偏低，制约着政府公共供给能力的提高

随着市场经济的完善与政府公共服务范畴与要求的提高，我国财政收入占GDP比重偏低的矛盾越来越突出。2007年我国财政收入为77608亿元，占GDP比重为30%，但仍然低于国际平均水平。根据国际货币基金组织《政府财政统计年鉴(2007)》公布的2006年数据计算，全部51个国家的财政收入占GDP比重平均为40.6%，21个工业化国家的平均水平为45.3%，30个发展中国家的平均水平为35.9%。这表明，当前我国政府财政收入占GDP比重不仅低于发达国家平均水平，而且低于发展中国家平均水平。严重制约着政府履行公共服务职能和基本的保障能力。

（三）近期的改革重点

1. 改革预算内外资金并存的格局。怎样建立适应市场经济的财政收入体系，首要的问题是要解决长期困扰我国的收入双轨制问题，也即改革预算内外收入并存的格局。坚持“统一财政、统一收入”的原则，依法规范收入秩序，将预算外收入纳入预算内管理。

2. 推进税制改革，增强收入弹性，改革财政收入严重抑制企业技术进步与可持续发展的不利局面。扩大增值税范围，逐步将增值税扩大到整个第三产业及服务业；增强企业所得税调节弹性，在合并内外企业所得税基础上，规范企业所得税优惠政策，实施体现产业、环保和循环经济导向的优惠政策；逐步探索以家庭为单位综合所得为基础的个人所得税改革。

3. 探索建立依法相对独立、功能互补的分级收入体系，增强区域经济发展活力，增强财政收入的体制稳定性，同时进一步解放地方财政的内在活力，主要是逐步建立以财产税系、行为税系为主导的地方税体系。逐步建立具有独立立法权、独立债券债务权的地方公债体系；逐步建立相对独立的地方国有资产管理体系。

案例分析

案例6-1　改革开放30年全国财政收入增长50倍

改革开放之初的1978年，全国财政收入只有1000多亿元。随着经济建设、社会发展，人民生活很多地方都需要政府大量投入，财政收入与支出的矛盾十分突出。根据建立社会主义市场经济体制的要求，为进一步理顺中央与地方间的财政分配关系，1994年，我国全面实施分税制财政管理体制改革，初步建立了以流转税和所得税为主体，其他税种相配合，多税种、多环节、多层次调节的具有中国特色的税制体系。之后，又通过实施所得税收入分享改革、出口退税分担机制改革、缓解县乡财政困难的激励约束机制和建立健全财政转移支付制度等，进一步完善了省以下分税制财政管理体制，规范了财政管理体制，规范了财政分配关系，财政收入稳定增长机制逐步建立并不断完善。

随着改革开放的不断深入，在国民经济持续快速增长的基础上，财政“蛋糕”越做越大。特别是近几年，全国财政收入不断跨上新台阶：2003～2007年，全国财政收入连续突破2万亿元、3万亿元、5万亿元大关，5年财政收入累计约17万亿元，比上一个五年增加10万亿元，年均增长22%。从1978年1000多亿元到2007年5.1万亿元，全国财政收入30年间增长了近50倍！

资料来源：《人民日报》2008年10月23日。

■编者按：

向市场转轨极大地解放了生产力，促进财政与经济逐渐实现正态发展，并且朝着建立适应“公共财政”发展的分配结构转化：

——民生财政得民心。国家财力的增强，意味着经济形势的向好，意味着国家更有实力来解决百姓亟待解决的问题。

——财政调控显威力。我国财政收入规模已超过5万亿元，这意味着财政宏观调控拥有更大空间。

案例6-2　我国2005年行政收费达4千亿将制定行政收费法

国家发展和改革委员会价格司司长曹长庆日前表示，要加快制定行政收费法，明确允许设立收费项目的条件。曹长庆在收费统计工作座谈会上说，我国目前还没有专门的收费管理法律，有关收费的各种规定，散见于各专项法律法规中，行政审批仍是设立收费项目的主要途径。

“收费项目的设定，应当以法律为依据，而不是以行政审批方式设立，行政审批容易受到各方面的干扰。”曹长庆指出，依法设定收费项目，可以使每项收费都有明确的依据，真正反映公共服务的性质。

当前，我国各种收费规模依然偏大、行为不规范。2005年全国行政事业性收费总额达4000多亿元，再加上各种基金征收总额2000多亿元。越权立项、无证收费、收费不公示、任意扩大收费范围、随意提高收费标准、搭车收费、坐收坐支、只收费不服务等现象普遍存在。

“要加快收费管理立法进程，逐步过渡到依法设立收费项目。”曹长庆强调，没有法律依据的，不得通过行政审批立项。收费标准的审批，也必须依法进行。

资料来源：新华网北京5月5日。

■编者按：

“费改税”不是一个简单的改就能解决的问题，在市场经济下“费”与“税”各循其道，但我国为什么被逼上费改税的道路，这样几个特殊改革背景值得思考：我国经济基础薄弱，“文革”后欠账累累，百废待兴，需要政府筹措大量资金以促进经济发展和社会进步，这是收费膨胀的历史性根源；特殊的“制度”供给，是乱收费屡禁不止的政策根源；政府职能转换滞后，是导致乱收费屡禁不止的制度性根源；费推人增，人推费增，这是推动乱收费不断扩大的组织根源。

规费改革实质上是一个涉及经济、政策和制度的系统工程，不可以偏概全。

案例6-3　央企下月起将上缴170亿元红利

央企不向政府分红的历史将于下月起终结。据了解，烟草企业及国资委监管的155家中央企业将从10月起陆续向财政部上缴总额约170亿元人民币的企业红利。

据《财经》昨日报道，财政部正在会同国资委等部门研究制定《企业国有资本收益收取管理暂行办法》和《国有资本经营预算编报办法》。央企国有资本收益将按"适度、从低"原则分三档上缴财政部。

财政部有关负责人士指出，考虑到2007年已过大半，今年试行范围的国有资本经营预算收益将按上述标准减半收取，预计总金额为170亿元，相关工作将于10月份启动。

数据显示，2006年，国有企业实现利润1.2193万亿元，税后利润达6252亿元。

按照国务院于9月13日发布的《国务院关于试行国有资本经营预算的意见》要求，中央本级国有资本经营预算将从2008年开始实施，2008年收取实施范围内企业2007年实现的国有资本收益。

不过，2007年进行国有资本经营预算试点，收取部分企业2006年及烟草企业实现的国有资本收益，地方试行国有资本经营预算的时间、范围和步骤由各省（区、市）及计划单列市人民政府决定。

财政部有关负责人还表示，目前上述国有资本收益只是向中央直接管理的一级企业收取，税后利润按企业集团公司合并的财务报表剔除少数股东权益核定，对这些企业所属的全资企业、控股参股企业（包括上市公司）的利润分配没有直接影响。

据悉，国有资本经营预算将主要用于国有经济结构发展的资本性支出及国企的改革成本等费用性支出。另外，必要时，可部分用于社保支出。

央企分三档上缴红利

1. 石油石化、电信、煤炭、电力、烟草五个行业的上缴标准为税后利润的10%。

2. 科研院所和军工企业三年内暂时不上缴。

3. 其余央企均按照5%的标准上缴红利，2006年试行阶段减半征收。

http://www.sina.com.cn；《东方早报》2007年9月20日。

编者按：

国企利益的分配问题，首先必须澄清国企的所有权性质。国企的本质归全民所有，人民政府只是代表人民行使管理职能，因此国企管理得好坏，是评价政府绩效的重要依据，而国企利润的分配，应当与普通企业或现代企业相类似，将扣除所得税后的净利润，主要用于向全民分配，为全民服务。

案例 6－4 财政收入超常规增长背后的财富分配格局之忧

财政部提供的数据显示，上半年全国财政收入继续保持较快增长，总额突破2.6万亿元，达到26117.84亿元，同比增长30.6%。对此，财政部部长金人庆日前表示，"由于高耗能行业、房地产和股市等过快增长，导致同比增长三成的上半年全国财政收入中存在不少一次性、超常规因素"。

"总额突破2.6万亿元，同比增长30.6%"——如此一份"高歌猛进"的上半年财政收入账单，其超常规的意味，无疑相当浓厚，乃至于财政部门自己都有点"不好意思"，要出面解释和强调其中的"超常规因素"了。

其实，如果仅从当前国民经济快速增长乃至有些过热的背景来看，财政收入大幅增长，算不上是多么反常之事，也没什么不合理的。问题是，如果将这一"同比增长三成"的政府收入，与国民经济增长尤其是与居民收入增长的具体数字相比，其不合理的超常规性，就显露无遗了：据国家统计局最新统计数据，今年上半年，我国国内生产总值（GDP）同比增长11.5%，城镇居民人均可支配收入增长14.2%。

不难看出，上半年财政收入的增速接近GDP增长的三倍，同时也是居民收入增速的整整两倍以上。这意味着，在目前整个国民财富的分配格局中，政府收入比重正在快速提高，而居民收入的比重正在相对萎缩。换言之，国民财富的增长越来越突出表现为政府收入而不是居民收入的增长，前者而不是后者，正在更多地分享经济发展的成果。

实际上，回顾一下近年来财政收入的总体状况，就会发现，这样一种不断向政府倾斜的财富分配格局，并不是今年才有的反常事，而是最近以来的一个基本趋势：如2006年全国财政收入39373.2亿元，同比增长24.4%；而2005年，两项数据分别为31649.29亿元、19.9%。很明显，这样的政府收入增长，均远远超出了同期的GDP增长，更是居民收入增速所远远不及的。以2006年为例，当年全国职工平均工资21001元，增长12.7%，工资总额23439亿元，与同期的财政收入相比，增速仅约为后者的一半，而总额也只有后者的60%（23439/39373×100%）。

众所周知，一定时期内，在国民收入不变的情况下，政府收入与居民收入之间的分配，实际上是一个此消彼长的关系。这也就是说，政府收入过快增长，必然带来居民收入相对下降——政府多分一点，就意味着居民会少分一点。当然，如果政府能将财政收入大量用于公共投入，比如住房、教育、医疗等民生领域的公共投入，为居民提供优厚的公共福利，政府收入快速提高，也并不是什么坏事。但遗憾的是，时下我们财政收入的分配使用状况并不是这样的。

以时下人们十分关注，同时也是财政部门强调的"超常规因素"的房地产领域为例。毫无疑问，近年来，房地产行业对财政收入的增长贡献巨大，如数据显示，在整个房地产的批租和开发阶段，涉及的政府税、费、基金项目总计达500多项，这些税费成本已占到房地产开发成本的50%，其中仅土地出让金一项政府每年的收入就近万亿元，而与此同时，诸如廉租房之类住房公共投入，长期以来却捉襟见肘、迟滞难行。

另一方面，伴随财政收入“高歌猛进”的，还有政府自身开支的飞速增长和居高不下，以公车、公楼、公款吃喝、公款旅游为代表的职务消费不断膨胀。学者研究显示，从1978年至2003年的25年间，行政管理费用增长87倍；公务员职务消费增长140倍多，占财政收入的比例从1978年的4%上升到2005年的24%，行政成本高居世界第一。

因此，面对财政收入30.6%的超常规增长，我们最迫切需要反省的并不是诸如“房地产和股市等过快增长”这类浅表性因素，而是其背后的国民收入分配格局以及公共财政体制的超常和反常，并尽快着手去矫正、完善它。

资料来源：《燕赵都市报》，2007年7月25日。

编者按：

经济增长的理想状态是，国民的收入与GDP一起增长，如果财政收入大幅度增长，甚至远高于国民收入增长速度，就会产生一系列不利于经济和谐发展的问题：

——公民和企业的负担过重，影响经济持续发展。经济快速增长意味着国家财富的丰厚，而若居民收入及生活水平并没有很大程度改善，则财政收入超经济增长只会导致局部经济过热、产能过剩、房价飞涨等，造成公民与企业的负担日益增长。

——稳定地增长高税收带来内部储蓄结构的变化。近年我国居民储蓄持续下降，而企业、政府的储蓄持续提高，储蓄结构的劣化，从某种程度上制约着市场最根本的活力——居民消费与投资的增长。

——公众不能更好地分享经济增长的成果。近年我国职工工资总额占GDP的比重一直呈下降趋势，1990年、2005年分别为15.8%和10.8%，远低于发达国家50%的比例，经济发展未能实惠百姓，经济改革必然失去内在动力。

不遵循客观规律的集中与分配国民收入，极易破坏社会的“和谐发展”，形成经济泡沫。

【注释】

1. 经济思想史框架。

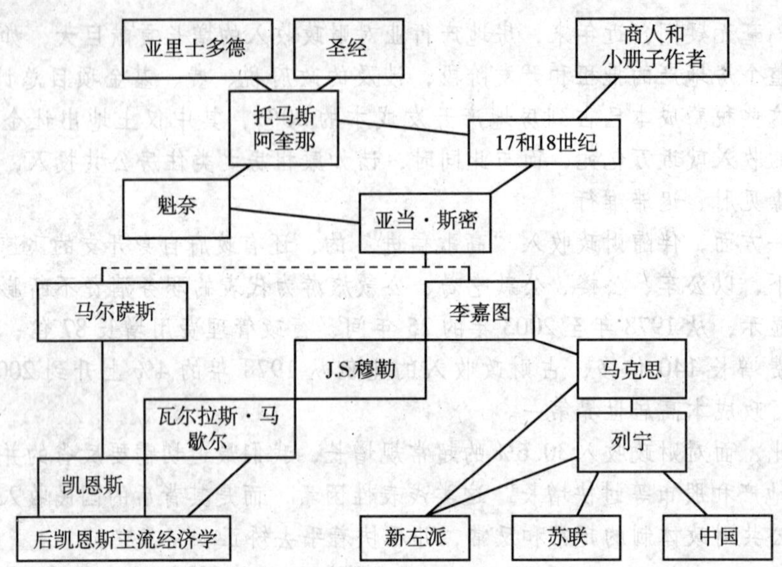

附 1　科学发展史框架（近代）

（1）科学复兴始于 16 世纪中叶。16、17 世纪称为“自然现象重新认识时代”

［葡］麦哲伦—环球航行（1520）；［波］哥白尼《天体运行论》（1543）；开普勒《行星运动》；维萨留斯《人体结构》，哈维《血液循环》。

（启示：形成“天、地、人的重新认识）

（2）18 世纪“现代科学启蒙时代”

［英］牛顿力学（1720）；

［英］哈格里夫斯—纺织机、瓦特—蒸汽机；

［法］拉瓦特—化学革命、1799 年伏达发明电池；

（3）19 世纪“蒸汽时代”

［英］特里维西克—蒸汽机车（1802）；史蒂·文森—火车头（1814）、富尔顿—轮船（1807）；［美］莫尔斯—实用电报（1835）；贝塞麦—转炉炼钢法（进入钢铁时代）（1855）；［俄］门捷列夫—元素周期表（1869）；［美］爱迪生—电灯（1879）。

（4）20 世纪“电气时代”（信息时代）

［美］爱因斯坦—相对论（1903）；［美］怀特兄弟—飞机（1925）；［美］贝尔德—电视（1938）；［德］无线电（雷达）（1940）；［美］原子弹（1945）；电子计算机（1955）；［苏］发射人造卫星（1957）；互联网（1960）；［英］蒂姆·伯纳斯·李（1990）——网络服务器“互联网之父”。

附 2　社会发展史（中西方历史断代）

中国：（公元前 1000 年 ~ 公元前 476 年）奴隶制社会，（公元 476 年 ~ 公元 1911 年）封建社会；（1911 年至今）社会主义社会。

西方：（公元前1000年～公元5世纪）奴隶共和制社会，（公元5世纪～公元15世纪）封建社会（中世纪），（公元15世纪至今）资本主义社会。

2. 萨伊（Jean-Baptiste Say，1767～1832），法国政治经济学家，生于里昂，曾赴英国接受教育。1794～1800年曾主编《哲学、文艺和政治旬刊》，1799年为财政委员会委员，1831年任法兰西学院政治经济学教授。代表作有《政治经济学教程》，明确讲政治经济学分为生产、分配和消费，后称“三分法”，成为近代政治经济学体系的首创者，提出了著名的“供给创造需求”，经济学将这一论述称为“萨伊定律”。

3. 财政收入与马克思CVM模式。它主要包括三种情况：单纯M收入模式、VM收入模式、CVM收入模式。单纯M收入模式国家只集中M中的一部分，与CV无关。VM收入模式V与财政收入产生下列关系：（1）企业与雇工共同承担社会保障税收；（2）政府对个人征收个人所得税及行政性规费；（3）个人购买国债；（4）个人买卖证券缴纳证券交易印花税。CVM模式，计划经济时期，国家从V中集中企业折旧增加财政收入。

4. 西斯蒙第（Jean Charlesa Leoard de Sismondi，1773～1842）意大利人，历史学家、经济学家，代表作有《意大利共和国史》、《政治经济学新原理》。

5. 商代的助法及我国主要财政收入形式演进。商代的助法，也即“井田制”，将一块土地按井字分为九块，中间的一块是国家的，其余八块分给八家作为“私田”，由八家自己耕种，收入归各家，国家不收税；中间的一块为“公田”，由八家共同耕种，公田收入全部上交国家。之后，我国财政收入的主要形式可以简称为：夏商周—贡助彻；汉—盐铁；唐—租佣调；明——条鞭。

附注1：我国国有企业改革的历程（分配体制改革）。国有企业改革始终走在改革开放前列，①1978～1980，以扩大企业自主权为突破口，开始打破国家对国有企业的高度集中的计划管理体制；②1981～1982，实行“利润留成”的经济责任制。国家与企业之间按一定比例分享企业利润；③1983～1986，实行“利改税”和“拨改贷”。1983、1984年，分两步实行“利改税”，从1985年起，全面实行国家预算内基本建设投资的“拨改贷”以及企业流动资金的贷款制。④1987～1991，进一步实行“承包经营责任制”。总原则是：包死基数，确保上缴，超收多留，歉收自补。这样，国家对国有企业，通过承包合同形式，明确规定了“责权利”关系；⑤1992年以后，开始进入建立现代企业制度阶段。

附注2：常用经济态势评价指标：消费占GDP比重60%；财政赤字率不超过3%；财政收入占GDP比重40%，失业率正常控制在5%～6%，物价3%～4%，经济递增速度7%（中国）（发达国家3%），股票市值与GDP比重1∶1，税收占财政收入85%～90%，社会保障支出占财政支出30%。

附注3：企业财务常用评价指标：①偿债能力评价：流动比例（流动资产/流动负债）、速动比例、现金比率和资产负债率；②资金管理能力：应收账款周转率、存货周转率和固定资产周转率；③盈利能力评估：销售毛利率、资产收益率；④投资收益能力评估：市盈率（每股市价/每股收益）、股利支付率。

【综合复习】

一、名词解释（概念题）

预算外资金　CVM 模式　税收无谓损失　要素分配论

二、填空题

1. 财政收入形式划分为：__________、__________、规费、国有资产收益和其他收入五类。

2. 政府筹集财政收入一般坚持三个原则：__________；公平、效率兼顾原则和分配与调节兼顾原则。

3. 经济思想史上，就收入分配研究有两条思路：一是____________；另一____________。

三、选择题

1. 以下财政收入中，（　　）属于强制性收入。

A. 国有企业上缴利润　　B. 规费收入
C. 税收收入　　D. 债务收入

2. 影响财政收入规模的主要经济因素是（　　）。

A. 经济发展水平　　B. 生产技术水平
C. 分配制度　　D. 所有制结构

3. 改革开放初期，我国财政收入占 GDP 比重下降的主要原因是（　　）。

A. 减税让利　　B. 分配政策向个人倾斜
C. 体制调整带来生产效率下降　　D. 税收征管不力

4. 以下哪种税率在通货膨胀条件下，导致财政收入实际增长率大于名义增长率。（　　）

A. 定额税率　　B. 比例税率
C. 累进税率　　D. 累退税率

四、简答与论述题

1. 公共收入的基本形式与原则是什么？
2. 各收入分配流派的理论差异与制度特征。
3. 收入主导形式的演进规律和决定因素。
4. 经济发展中公共收入结构的变化规律及启示。
5. 税收对纳税人经济行为的影响的主要表现形式是什么？

6. 我国收入体制改革的成就、存在问题与发展方向思考。
7. 试阐述税收变动时的无谓损失和税收收入。

【阅读与参考文献】

1. 薛天栋编著：《现代西方财政学》，上海人民出版社 1982 年版。
2. 刘永祯主编：《西方财政学》，中国财政经济出版社 1996 年版。
3. 周玉津编著：《财政学的理论与实际》，大中国图书公司印行“民国”七十二年版。
4. 刘玲玲编著：《公共财政学》，清华大学出版社 2000 年版。
5. 张馨主编：《财政学》，科学出版社 2006 年版。
6. 孔淑红、安玉华编著：《公共财政学》，对外经济贸易大学出版社 2003 年版。
7. 曹立瀛编著：《发展中国家财政》，上海财经大学出版社 2000 年版。
8. 杨志勇、杨之刚著：《中国财政制度改革 30 年》，上海人民出版社 2008 年版。

乐民之乐者，民亦乐其乐；

忧民之忧者，民亦忧其忧。

——孟子

第七章 税收原理

税收作为最古老的财政收入形式，在我国周朝就形成了其雏形，春秋时期有鲁国的“初税亩”，管子提出了早期的“课税隐蔽，薄赋敛”的治税思想，汉代刘晏反思抑商，“其理财常以养民为先”。形成了最初的“涵养税本”的思想。西方最早由伊壁鸠鲁以其社会契约论初步阐述了税收的基本形态，古罗马时代开始盛行“包税制”；重商主义的先驱托马斯·孟就贸易提出了关税思想，重农主义的先驱魁奈著述了具有开拓性意义的《赋税论》，系统阐述了早期资本主义社会的基本税收关系。可以说，税收始终伴随着社会经济的成长而发展。

本·富兰克林（Ben Franklin）留下了一句名言：“在这个世界上，除了死亡和税收，没有什么事情是确定无疑的”。现在世界各国都将税收作为取得财政收入的主要形式，其也成为政府实施宏观调节的最主要的经济手段之一。

第一节 税收与税收原则

一、税收及其特征

税收本质是什么，为什么会产生税收？对此曾存在很大的分歧，具代表性流派的有四种：

——波丹，奥布利支的公共需要说。17世纪（法）波丹，（德）奥布利支等人提出了“公共需要说”，他们认为征税的目的，就是为了公共需要和公共福利。

——栖涅，巴斯德的交换说。18世纪卢梭的《民约论》思想盛行，（英）栖涅，（法）巴斯德根据当时自由竞争及民权思想高涨的需要，认为：“国家尽保护人民之劳务，人民自应给予报酬”，提出了国家服务与赋税相交换的思想，即利益交换说。

——瓦格纳，巴斯泰布尔的牺牲说。瓦格纳，巴斯泰布尔等人从国家利益考虑，认为公民无论能否从国家获利，都必须缴纳税收，把税收视为公民所应付出的牺牲，马克思甚至把税收界定为“赋税是政府机器的经济基础”，后来发展为“国家需要说”。

——穆勒，塞力格曼的能力说。他们认为国家为公民创造全面的幸福，人民应该“量能纳税”。它在牺牲说的基础上考虑公民的纳税能力，融入了均等牺牲、最小牺牲等观念。

那么，何谓税收?

税收是政府为了满足公共需要，凭借政治权力，按照法定标准，强制无偿地征收而取得的一种财政收入。从内涵上看，政府是课税的主体，税收的目的是为履行国家职能和满足公共需求，税收是一种以法律规范的特定的分配关系。

税收作为政府取得财政收入的主要形式，与其他政府收入形式相比，具有三个基本特征（王亘坚）：

——强制性。税收是以国家政治权力为依据所征的收入，国家权力在法律框架内均具有强制性特征，故税收表现出对纳税人的强制性，只要符合税法规定，就不以纳税人意志为转移而必须履行纳税义务。

——无偿性。税收强制性决定了征税不必偿还，这主要指税务机构向纳税人征税后不再退还任何税款，不需付出任何报偿。但若从整个财政活动看，税收的无偿性与财政支出的无偿性相对应，又形成了一种间接的有偿，它最终体现为一种公共服务。

——固定性。税收是以法律形式固定下来，征缴双方任何人不得超越法律而变动。

二、税收原则

税收原则又称税收政策原则。它是制定税收政策、设计税收制度的基本指导思想和出发点。

——威廉·配第的税收原则

威廉·配第在《税赋论》第一次提出了税收原理理论，针对当时英国税制存在的税制紊乱复杂、税负沉重却不公平等弊端，第一个提出了课税原则（当时称为“税收标准”），他认为税收应当贯彻“公平”、“简便”、“节约”三条标准，强调税收的经济效果，反对重税负。

——亚当·斯密的税收原则

古典经济学的创始人亚当·斯密在其名著《国民财富的性质和原则的研究》一书中，从财政角度提出了著名的“税收四原则”：（1）能力原则。税收负担的高低应依据纳税人的能力而定，纳税能力强的多纳税，纳税能力弱的少纳税。(2) 确定原则。纳税人应该缴纳的税负必须是确定的，不能随意变更，应纳赋税的税率、缴纳日期、方法，都应该明确告知纳税人，以避免舞弊和不合理的税收负担。(3) 便利原则。从纳税日期到纳税方法，都应该为纳税人提供最大的便利。(4) 节约原则。纳税人缴纳的税额必须尽可能做到点滴入库，不能有任何的浪费。

——瓦格纳的税收原则

19 世纪下半叶，瓦格纳则从社会经济角度重新审视国家税收，也提出适应当时社会需要的“税收四原则”：(1) 财政收入原则。收入充分而且税收要富有弹性。(2) 国民经济原则。征税要不伤害经济保护税本，税源丰富、税率适当并能够促进国民经济的发展。(3) 社会公平原则。税收应普遍、公平。(4) 税务行政原则。即税收要确定，便利和征收费用最少。

——马斯格雷夫的税收原则

新古典经济学代表人之一的马斯格雷夫在其《美国财政的理论与实践》一书中，结合现代市场经济，提出了税收六原则：(1) 税负的分配应是公平的，应使每个人支付“合理的份额”；(2) 应该对税收进行选择，以便尽量不影响有效市场上的经济决策，税收的“过度负担”应该减少最低限度；(3) 如果税收政策被用于其他目标（如提供投资刺激），在这样做时必须使税制公平性的干扰达到最小；(4) 税收结构应有利于财政政策的运用，而这一政策是为了达到稳定和增长的目标；(5) 对税收制度应有效而不是专断的管理，税制应为纳税人所理解；(6) 和其他目标相适应，管理及纳税费用应该尽可能地较少。

从现代公共财政理论看，得到广泛认可的税收原则有三：其一、财政原则。这是税收的本质要求，税收要有利于取得财政收入，在筹集公共收入中发挥调节作用。其二、公平原则。税收分配要公平，量能赋税，有助于缩小贫富差距。其三、效率原则。税收要能够促进资源的有效配置，促进经济发展以及征管有效。

第二节 税收的经济作用

税收有机地参与着整个社会的资源配置、国民收入分配与调节，从宏观上发挥着收入与排挤效应，对生产、消费、储蓄与投资产生着多重宏观调节作用。

一、税收调节：收入效应与排挤效应

经济学原理分析，在市场有效运行前提下，税收应该尽可能不破坏资源配置

的帕累托效率，也即实现社会、经济的协调，公共品与私人品消费协调，实现商品比价、闲暇与工作的理想平衡，但是任何形式的税收分配都会对经济产生一定的收入效应和替代效应。

（一）税收的收入效应

税收的收入效应是指因征税导致收入减少而造成个人购买力变化。这种收入效应（主要指课征个人所得税）实际上是资源从私人手中转到了政府手中，这种调节导致整个收入格局及结构的变化，导致消费者的消费能力、消费预期的变化，但值得注意的是，这时税后个人对两类商品的需求的边际替代率是保持不变的（见图7－1）。

在图7－1中：设X轴为食品消费数量，Y轴为汽车消费数量。AB曲线为未征税前消费者—消费预算线，L_1 为未征税前消费无差异曲线；CD曲线为征税后消费者—消费预算线，L_2 为征税后消费无差异曲线，因征税，消费者可支配收入降低，消费预算线由AB降低到CD，预算线斜率没有变，消费比例也没有变，但消费数量或档次必须下调。

（二）替代效应

而替代效应则是政府课税（课征了流转税）会影响商品相对价格的变化，从而造成消费者减少对课税或重税商品的购买量，增加无税或轻税商品的购买量，即税收对消费者产生了消费重新选择的替代效应（见图7－2）。

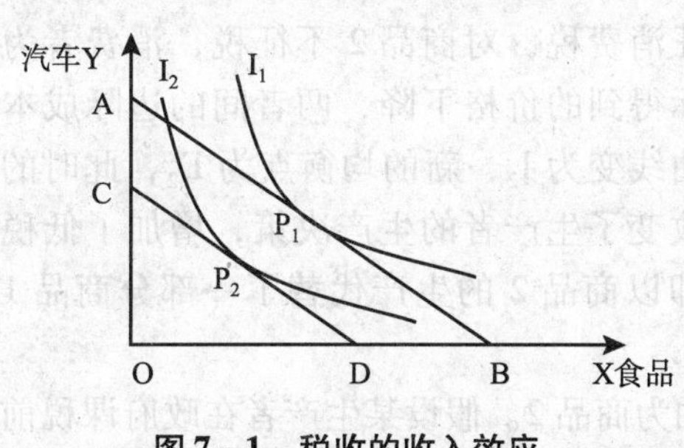

图7－1　税收的收入效应

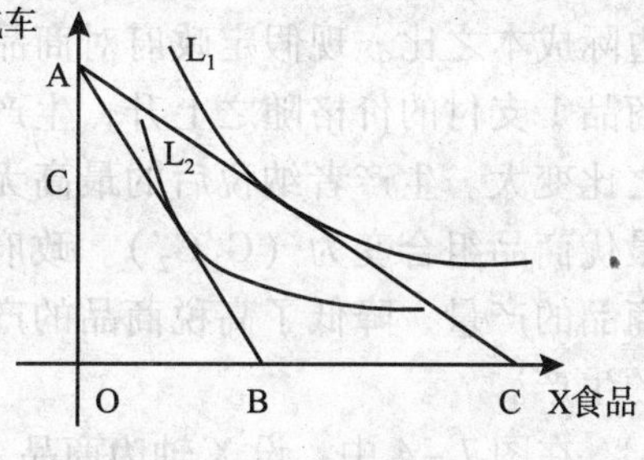

图7－2　税收的替代效应

在图7－2中：设X轴为食品消费数量，Y轴为汽车消费数量。AB曲线为未征税前消费者—消费预算线，L_1 为未征税前消费无差异曲线；CD曲线为征税后消费者—消费预算线，L_2 为征税后消费无差异曲线，因征税，消费者可支配收入降低，消费预算线由AD降低到CD，预算线斜率没有变，消费比例也没有变，但消费数量或档次必须下调。

收入效应一般不会破坏帕累托效率，替代效应则会破坏帕累托平衡，但是，两种效应往往会交织在一起。

二、经济循环中的税收调节

（一）税收的生产调节

税收的生产性调节主要是对资源配置集约化的调节。典型的如对生产专业化与生产自给化的鼓励与抑制。市场经济条件下，企业生产专业化、生产自给化虽然以市场为基础调节，根据“成本最低化”、“利润最大化”原则来选择最佳组合。但政府税收会对企业选择产生不同的收入、替代调节作用。

政府若多环节设置流转税（产品税、营业税等），每个环节都要征税，这就使专业生产在外购原材料、劳务和委托加工等生产要素比自给多征税，在生产成本相同情况下，外购要素成本就要高于自给成本。这样越专业化税负越高、成本越高。

反之，若仅对增值课税，则全能企业税负将会减轻，从而降低其成本，将有利资源配置集约化。促使企业选择自给化生产并提高其生产率。因此单一增值课税与多环节销售值课税会产生不同的生产性收入与替代作用（见图7－3）。

在图7－3中：设X轴为商品1，Y轴为商品2。假设某厂商的生产条件和成本既定，并且只生产两种商品（商品1和商品2），生产可能性曲线TT代表了俩商品可能的全部生产组合方式。在政府课税之前，TT线和无差异曲线相切于点E_1，对应的商品组合（G_1G_2）为最优，切点处的斜率为商品1和商品2的税前边际成本之比。现假定政府对商品1开征消费税，对商品2不征税，消费者为商品1支付的价格随之上升，生产者实际得到的价格下降，两者间的边际成本之比变大。生产者纳税后的最高无差异曲线变为I_2，新的均衡点为E_2，此时的最优商品组合变为（$G_1'G_2'$）。政府征税改变了生产者的生产决策，增加了低税商品的产量，降低了高税商品的产量。即以商品2的生产代替了一部分商品1的生产。

在图7－4中：设X轴为商品1，Y轴为商品2。假设某生产者在政府课税前的均衡点为E_1，政府向生产者征收企业所得税后，生产者的一部分购买力转交给政府支配，但商品间的相对价格未发生变化。政府征税的直接结果是减弱了厂商的生产能力，导致生产可能性曲线TT向内移动，由TT线内移到T'T'，新的生产可能性曲线T'T'与其所能达到的最高无差异曲线L_2在E_2相切，形成税收的厂商生产均衡点。显然，生产者的生产能力较政府征税前下降，最佳商品组合由（G_1G_2）下降到（$G_1'G_2'$）。

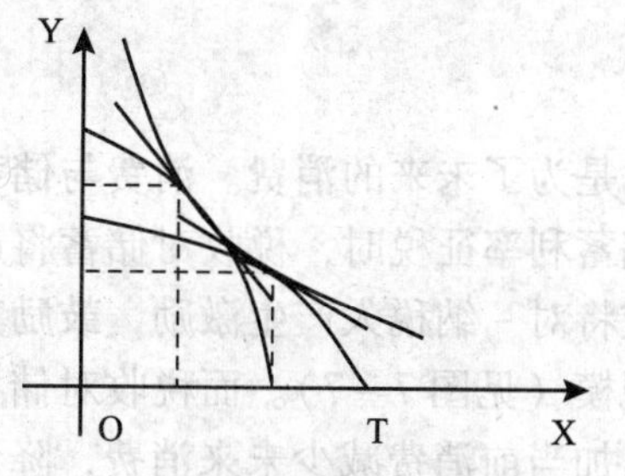

图 7-3 税收对生产的替代效应

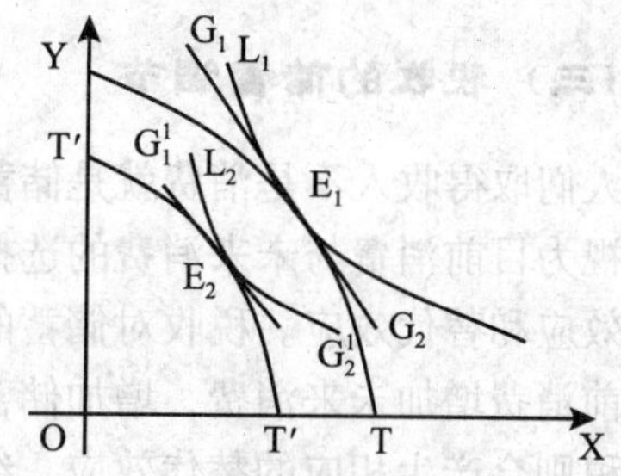

图 7-4 税收对生产的收入效应

（二）税收对消费调节

如前所述，政府课税一方面会利用替代效应影响商品相对价格，造成消费者减少对课税或重税商品的购买，增加无税或轻税商品的购买，促使消费者改变消费选择（见图 7-5）。一方面利用征收所得税造成公民可支配收入的减少，迫使其降低商品购买量（见图 7-6）。

在图 7-5 中：设 X 轴为商品 1，Y 轴为商品 2。政府征税前的均衡点为 E_1，如果政府对商品 1 征收消费税，对商品 2 不征税，预算约束线就将由 AB 下滑到 AC 处，无差异曲线也将由切点 E_1 调整为 E_2，这时商品的最优组合由（G_1G_2）调整为（$G_1'G_2'$），商品 1 的消费因征税而减少，商品 2 的消费因未征税而增加，税收对两类商品的消费选择产生了替代效应。

在图 7-6 中：设 X 轴为商品 1，Y 轴为商品 2。假定两类商品价格既定，政府不征税时，AB 为消费者的消费预算线，这时 L_1 作为无差异曲线与 AB 相切于 E_1，形成未征税的消费费用最大化均衡点。如果政府对消费者征收个人所得税，消费者的可支配收入将下降，预算约束线左移到 CD，与无差异曲线 L_2 相切于 E_2，消费者对两类商品的消费都将减少。

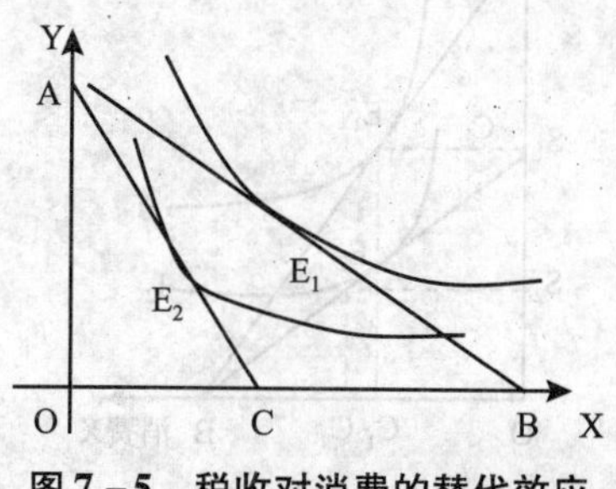

图 7-5 税收对消费的替代效应

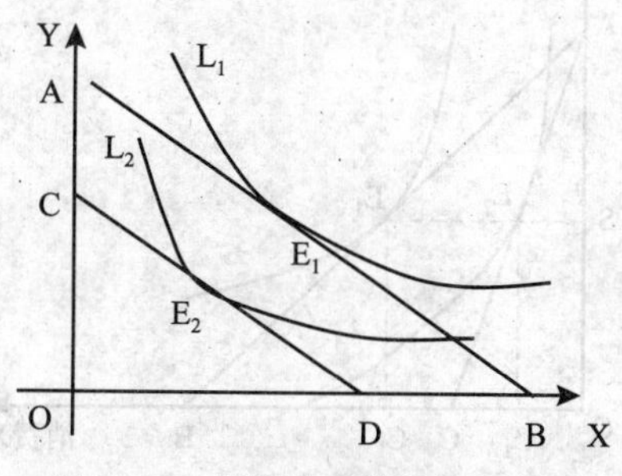

图 7-6 税收对消费的收入效应

（三）税收的储蓄调节

人们取得收入不是消费就是储蓄，而储蓄是为了未来的消费。消费与储蓄也可以视为目前消费与未来消费的选择。当对储蓄利率征税时，税收对储蓄将产生收入效应和替代效应。税收对储蓄的收入效应将对－纳税人产生激励，鼓励其减少当前消费增加未来消费，增加储蓄欲望和规模（见图7－7）。而税收对储蓄利息课税则会产生相应的替代效应，纳税人将增加当前消费减少未来消费，降低储蓄欲望进而降低储蓄规模（见图7－8）。

在图7－7中：设X轴为纳税人对消费的选择，Y轴为纳税人对储蓄的选择。政府征税前，储蓄方在既定收入下选择C_1'。如果政府对利息所得征税，该纳税人对储蓄和消费的选择组合无疑会发生变动。假定储蓄目标是既定的，而且储蓄必须维持在S′水平上才能实现该指标，则该纳税人对储蓄和消费的选择组合线AB将从A点转到AC，AC与新的无差异曲线I_2相切在E_2，E_2即为纳税人税后对储蓄和消费选择的最佳组合点，即他选择C_2'为消费数额，S′为储蓄税额。C_2'小于税前的C_1'，而S_1'与税前相等。这表明，纳税人可支配收入因政府征税导致减少，纳税人将压低现期的消费，相对提高储蓄水平，这就是税收对私人储蓄的影响表现为收入效应。

在图7－8中：设X轴为纳税人对消费的选择，Y轴为纳税人对储蓄的选择。假定政府对利息所得征税，纳税人的储蓄收益下降，储蓄和消费之间的相对价格发生变化。纳税人对储蓄和消费的选择组合线从AB移到CB，CB与新的无差异曲线I_2在E_2相切，此切点消费和储蓄组合为（C_2S_2），此时纳税人获得最大程度满足，储蓄额减少，消费额增加，即纳税人以现期消费替代将来的消费。

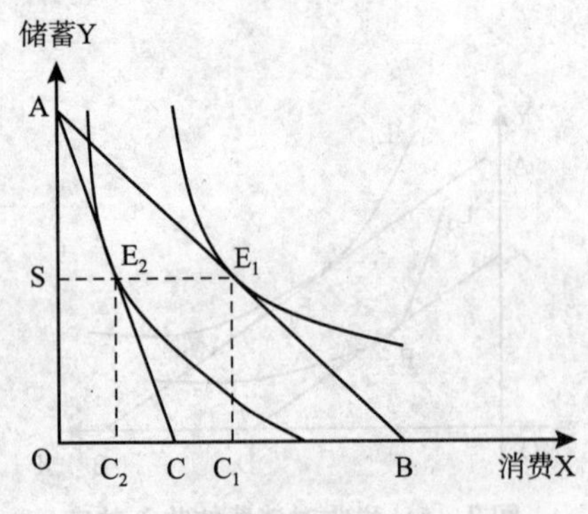

图7－7　税收对储蓄的收入效应

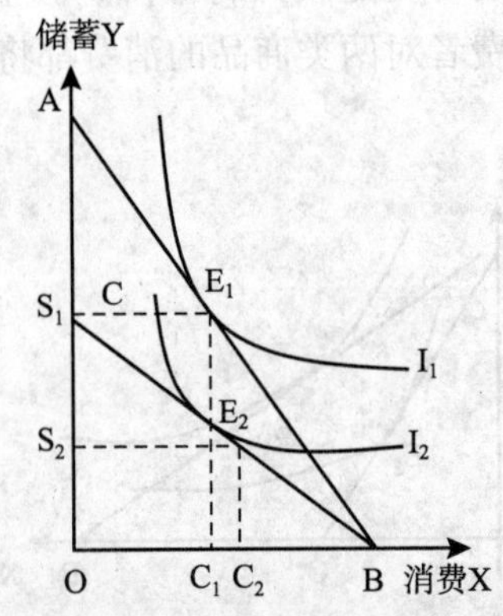

图7－8　税收对储蓄的替代效应

（四）税收的投资调节

税收对投资也可产生投资性替代与收入效应。我们讲投资可以对未来产生新的收入，因此，放弃目前消费可在未来获得更大的消费。因此，一方面政府投资性课税可以产生抑制现时投资鼓励未来投资的替代效应；另一方面投资课税将降低投资报酬率，增加现时投资成本，迫使投资商以减少当前消费为代价换取现时投资欲望（见图7-9）。

在图7-9中：设X轴为纳税人对消费的选择，Y轴为纳税人对投资的选择。假定政府对投资征税，纳税人的投资收益下降，投资和消费之间的相对价格发生变化。纳税人对投资和消费的选择组合线从AB移到CB，CB与新的无差异曲线I_2在E_2相切，此切点消费和投资组合为（C_2S_2），此时纳税人获得最大程度满足，投资额减少，消费额增加，即纳税人以现期消费替代将来的消费。

三、税收与经济增长

税收作为经济有机组成，既受经济影响也影响着经济，两者间形成相互制约的关系，阿瑟·拉弗曾就此提出了著名的“拉弗曲线”。他在《经济政策的供给效应》中谈道：“税率的提高，既可增加也可减少政府的税收收入。凡能创造条件使税率的提高带来政府税收收入的增加者，都被认为是属于正常区域。若税率的提高反而带来税收收入的减少，则这套税率被认为处于禁区。”拉弗曲线客观地阐述了税率与税收以及经济增长之间的辩证关系，始终影响着税收理论与税负确定政策的发展（见图7-10）。

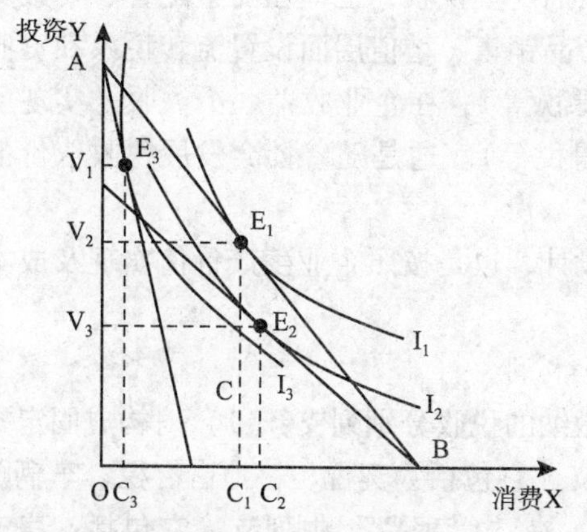

图7-9 税收对投资：替代效应和收入效应

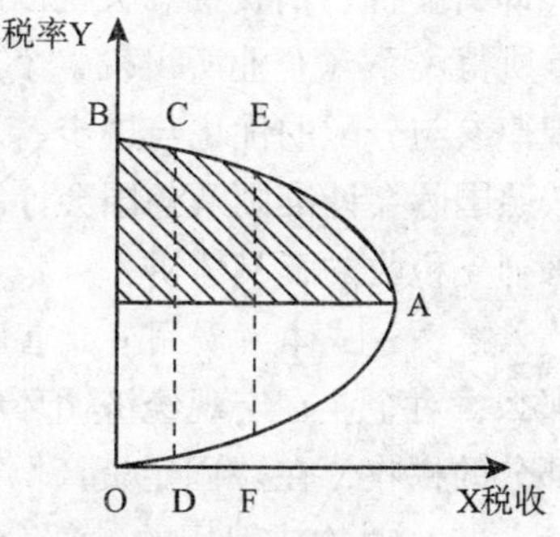

图7-10 拉弗曲线

在图7－10中：设X轴为税收收入，Y轴为税率。当税率位零的时候，政府税收为零，当税率为100%时，由于人民将停止生产，政府税率也为零，A点代表一个很高的税率和很低的产出，B点代表一个很低的税率和很高的产出。然而两者为政府提供同等的税收。若税率从A点下降到C点，产出和税收均增加；若税率从B点上升到D点，税收将增加，但产出可能减少，C点与D点也提供同等的税收。E点代表的税率，是与生产相结合能提供最大税收的税率。在E点上，如果政府再降低税率，产出将增加，但税收将下降；如果提高税率，产出和税收都会下降。因此，阴影区是税率禁区。

第三节　税收配置及转换规律

税收制度是国家以法律程序规定的征税依据和规范。它包括税收配置规则、税收管理体制和税收法规等。

一、税收设置原理

探索税收设置规律，实质上就是探索怎样根据财政收入及调节的需要，在国民经济诸环节科学地配置税收。

（一）国民收入价值实现层次设置论

这是根据社会价值实现层次设置税收的简称，社会分配一般分要素配置环节、销售、增值实现环节，企业收入实现环节。根据公共需求成本补偿及量能负担的原则，故一般按国民收入价值实现层面配置税收，也即在要素配置、要素交易层面设置财产税系、行为税系等；在产品销售、增值层面设置流转税系和资源税系（即营业税、消费税、关税以及资源税等）；在企业收益、个人收入实现层面设置所得税系（企业所得税、个人所得税等）。这是随着社会发展税收依价值实现规律参与分配的优化与进步。

按照国际会计准则及各国会计制度设计，也是按照企业生产价值实现及成本补偿来列支税收的，具体讲：

收入总额－成本－费用－销售税金＝利润

那么，对企业在宏观经济循环中所缴纳的税收分别列支：（1）对构成固定资产一部分的税收，在“固定资产”中列支，它包括：契税、耕地占有税、车辆购置税等；（2）对构成费用的一部分税收，在“管理费”中列支，它包括：房产税、车船使用税、城镇土地使用税、印花税等；（3）对国家设置为调节生产与消费的税收，在“主营业务税金及附加”中列支，它包括：营业税、消费税、城市维护建设税、资源税、土地增值税和教育费附加等；(4) 在企业实现利润环节列支企业所得税（见表7－1）。

表7－1 价值实现环节税收配置原理

税收调节 / 价值实现	配置税系	配置税种
再分配	所得税系	个人所得税 企业所得税
初次分配	流转税系、资源税系	消费税、增值税（价外税）、营业税、关税、资源税
要素配置与交易	财产税系、行为税系	房产税、城镇土地使用税、土地增值税、契税、车辆购置税和车船税；印花税、城市维护建设税和耕地占用税

（二）税收配置列举

税收按经济循环逐层配置，形成了一定的经济规律。

比如：我国的工业企业若有健全的生产体系（有厂房、交通运输车辆），从生产到销售要缴纳的税种依次为：房产税、城镇土地使用税、土地增值税（卖自有房地产）、车船使用税、车辆购置税（初次购车）、契税、印花税；增值税、关税（进口原材料、机器设备）、城市维护建设税和教育费附加；企业所得税。

生产消费税应税项目的工业企业，除缴纳上述各种税收之外，还要缴纳消费税。

再如，我国的部分第三产业（商业、银行、房产业、交通运输及旅游业等）若有健全的生产体系（有厂房、交通运输车辆），从购进（借入）到销售（贷出）要缴纳的税种依次为：房产税、城镇土地使用税、土地增值税（卖自有房地产）、车船使用税、车辆购置税（初次购车）、契税、印花税；营业税、关税（进口原材料、机器设备）、城市维护建设税和教育费附加；企业所得税。

二、马斯格雷夫：税收重心转换规律

马斯格雷夫形象地阐释了经济与税收配置变化的内在规律。他根据国民经济流程原理，分析了税收在不同环节配置的功能差异，全面阐述了税收设置乃至转换的客观规律。

马斯格雷夫假定国民经济只有家庭和企业（或称厂商）两个部门组成两元经济。在这种社会里，会形成两种循环运动，生产要素投入和产品产出的生产流动；产生收入和支出的货币流动。两者流动的方向相反。（见图7－11）。

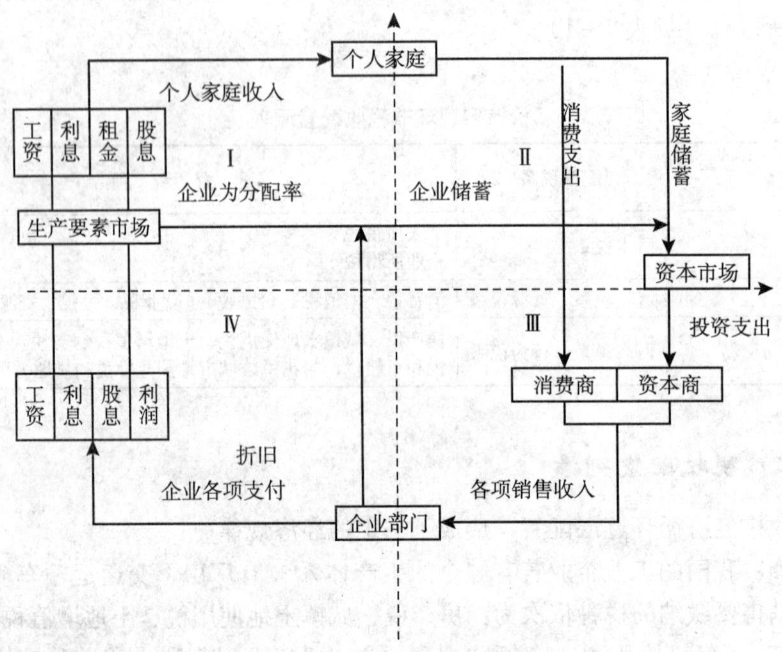

图7－11 马斯格雷夫税收流程

在这个经济循环体系中，可以发现，如果把家庭和企业连成一线作为纵轴，右侧是家庭流向企业的货币收支，左侧则是企业流向家庭的货币收支。如果把要素市场、消费品市场和资本市场之间连成条横线，那么横轴以下基本上是对企业的货币收支进行税收调节。

如果从个人家庭到企业部门画一条竖线，就形成了四个象限，在不同的象限中设置不同的税收并可以产生不同的调节作用，具体讲：第一象限的课税对象是个人所得税，税收的性质是所得税，在此象限可以设置个人分类所得税和个人综合所得税。

第二象限的课税对象是个人的支出额，主要是个人消费支出和投资支出，税收的性质是对个人支出进行调节，主要有个人消费支出税和投资支出税收，如证券交易税、房产税等。

第三象限主要对生产、销售行为进行调节，主要设置营业税、消费税、产品税等。

第四象限主要对企业的增值、利润行为进行调节，对应税所得进行调节，主要设置增值税、法人所得税（企业所得税）等。

显然，税制设置重点与经济发展水平、政府调节重点直接相关，经济发展欠发达时期或发展中国家，税收重点设置在第三象限，受经济水平较低、税收法制环境落后的制约，税收承受力也较差，一般选间接主体税制，以产品销售税、营业税为主体。发达国家或者进入发达阶段，税制重点开始顺时针前移，税收重点逐步转到对企业所得乃至个人所得上，纷纷选择直接税主体税制，这时开始形成以个人所得税、企业所得税和社会保障税为主的税制。

三、税收配置决定因素

税制作为各税种构成比例及其相互协调关系，它反映着一定的经济关系及上层需要，具体讲是经济发展、公共需求及政府宏观调节综合作用的必然趋势。

（一）经济发展、国民收入政策调整是税制转换的经济基础

随着经济发展，税制结构将发生结构性转变。这是因为，税收取决于经济水平，并且是经济发展水平（y）的增函数，即 $t=t(y)$；$t'>0$，$t=dt/dy$。根据对各国在不同经济发展阶段与税制结构变化相关性分析，可以发现：当人均 GNP 由 350 美元提高到 1700 美元时，所得税占整个税收比重大体要上升 16%，间接税大体下降逾 29%，社会保障税则呈直线上升的态势。即经济发展从宏观上改善着税源环境，全面提高税收的承受力，社会经济发展不断提高着公共需求，从而往往促成税制的结构性转换（见表 7－2）。

表 7－2　　人均 GNP 和税制结构　　单位：%

人均 GNP	所得税	个人	企业	劳务	出口税	保险税
0～349	19.68	8.71	10.73	71.35	39.25	3.23
350～849	29.55	12.25	15.47	64.25	38.06	2.02
850～1699	30.29	11.05	17.50	55.23	29.47	6.74
1700～	35.63	9.09	23.09	42.80	15.0	15.64
平均	35.63	9.09	23.09	58.56	30.63	6.86

资料来源：国际货币基金组织（1984）；世界银行（1983）。
大卫·纽伯里：《发展中国家的税收理论》，中国财政经济出版社 1992 年版，第 282 页。

（二）经济机制转轨是税制转换的制度基础

经济机制直接决定着所有制形式及经济增长方式。所有制形式是实施要素分配的决定条件，因此社会基本的所有制构成结构一旦发生转换，必须进行税制结构的适应性调整，而经济增长方式则影响着社会利润配置及要素贡献结构，其转

变必然带动税制的内在调整。

（三）政府职能调整则是税制转换的政治基础

政府职能随着经济发展与公共需求的重点而转移，税收以及税制作为政府基本的宏观调节手段，也将随着政府职能的调节而进行，它涉及配置环节的调整、税负重点的调整、优惠减免重点的调整等等，在调整中履行政府的职能。

综上所述，税制是根据经济发展水平、经济基本模式及政府职能而调整的，一般而言，发达国家大多选择以所得税为主体的税制模式，发展中国家大多选择流转税为主体的税制模式。

第四节　税制改革理论与最优税收理论

20 世纪以来税制改革理论主要有，50～60 年代的公平课税论；70 年代的最适课税理论；90 年代的财政交换理论及最优税制理论，它们不断推进着税制改革的深化。

一、公平课税理论

它是亨利·西蒙斯提出的，其基本思想是：强调横向公平，主张税收要与政治相互分开，以税基的综合性和税收待遇的统一性作为指导原则，主张按纳税能力纳税；强调综合所得概念，对所得税税基课征累进的个人直接税（侧重分配差距、分配行为——工薪与租赁、分配环节——事前与事后的调节）。

二、最适课税理论

它以 J. S. 穆勒的“牺牲说”为理论出发点，他们主张对三个问题进行研究：一是直接税与间接税的合理搭配；二是寻求一组特定效率和公平基础上的最适商品税；三是假定收入体系是以所得课税而非商品课税为基础的，如何确定最适累进程度，以便实现公平和效率的兼顾。就直接税收与间接税合理搭配理论，他们强调：（1）直接税与商品税应当是相互补充，而非相互替代的；（2）税制模式的选择取决于政府的政策目标。就最适商品课税理论，他们提出了逆弹性命题、最适商品课税要求开征扭曲性税收。就最适所得税课税理论，则认为：一是所得税的边际税率不能过高；二是最适所得税率应当呈倒 U 型。

三、财政交换理论

它则以魏克塞尔为代表，他们以边际效用理论为基础，认为税收通过政治程序对个人或利益集团进行分配时，应当使得国家付给个人的边际效用等于个人因纳税而损失的财富的边际效用。因此主张对政府权力施加宪法约束。

四、最优税制理论

它是帕累托最优效率在税收领域的延伸，它是以资源配置的效率性和收入分配的公平性为准则，对构建经济合理的税制体系进行分析的学说。以詹姆斯·米尔利斯，威廉·维克里为代表，他们共同研究了“不对称信息条件下”优化税制理论，并因此获得了1996年的诺贝尔经济学奖。最优税制理论主要包括三方面内容：

（一）最优商品课税

1. 一般税与选择税的权衡

从效率角度，在税收一定情况下，课征一般商品税，比课征选择性税收更符合效率的原则，因为用相同税率对商品普遍课税，只会产生收入效应，不会扭曲消费者选择，也不会造成税收的超额负担；而对商品课征选择税，不仅会产生收入效应，还会产生替代效应。从公平角度，由于一般商品税很容易课及一般生活必需品从而产生累退效应。所以，从效率公平兼顾角度，最优商品课税首先应尽可能地广泛征税，同时对一些基本生活必需品减征或免征。

2. 拉姆齐法则——反弹性法则及其修正

解决了商品课税选择后，再来探讨税率结构的选择，是对全部商品使用统一的税率课税，还是按不同商品确定差别税率。该法则认为：“为了使总体超额负担最小化，税率的制定应当使各种商品在需求量上按相同的比例减少”。因此，对各种商品的税率必须与该商品自身的需求价格弹性成反比。

反弹性法则及其修正。就规律而言，一般商品的需求弹性越大，潜在的扭曲影响也越大。因此，有效课税要求对需求弹性相对小的商品，课征相对高税率的税收；对需求弹性相对大的商品，课征相对低的税收。但是，需求弹性小的商品，许多是生活必需品，而需求弹性大的商品许多是奢侈品，根据反弹性法则，对生活必需品征比奢侈品更高的税，这显然违背公平原则。因此必须加以适当修正：政府应对生活必需品制定较低的税率，对奢侈品征较高的税率。以增加商品税的累进性。

3. 科勒特—哈格法则

该法则认为，为了纠正商品课税对工作和闲暇关系的干扰，在设计商品税的税率结构时，应该采取一种补偿性措施，即对与闲暇互补的商品课征较高的税率，对与闲暇互替的商品课征较低的税率，以鼓励勤奋工作。

（二）最优所得课税理论

最优所得课税理论倡导者认为，优化所得税包括两方面内容：

1. 所得税的边际税率不能过高

政府的基本目标是促进社会福利的最大化，社会调节可以采取较低的所得累进税率实施再分配调节，这是因为，过高的边际税率不仅会导致效率损失，而且也不利于公平目标的实现。就累进税制而言，边际税率递增的累进税制，要比单一税率的累进税制的累进税制造成的超额负担更大。而且边际税率越高，替代效应越大，超额负担也越大。相对而言，边际税率越高，并非越有助于收入公平分配，因为最低收入阶层所获得的免税额或补助额是不变的，高边际税率只是调节了高收入者的收入，并没有提高低收入者的福利。

2. 最优所得税税率结构应当呈倒“U”型

从社会公平与效率兼顾角度看，中等收入的边际税率可适当高些，而低收入者和高收入者应适用相对较低的税率，拥有最高所得的个人适用的边际税率甚至应当为零。这是因为，在同样的效率损失条件下，政府通过提高中等收入者的边际税率，从较为富裕者那里取得更多的收入；而通过降低最高和最低收入者的边际税率，增加这一群体的福利，从而既能实现帕累托改进，又能促进收入公平分配，显然，这就形成了“倒 U 型”税率结构。

（三）商品税与所得税的优化搭配理论

1. 所得税与商品税应当相互补充

诸多经济学家从不同角度分析了直接税和间接税的优劣，虽然结论莫衷一是，但普遍认为，所得税是一个具有诸多优势的税种，但是差别商品税在资源配置方面也是所得税不能取代的。辩证地看，所得税与商品税应当相互补充。

2. 税制模式的选择取决于政府的政策目标

在所得税和商品税并存的复合税制条件下是以所得税还是以商品税作为主体税种，直接影响着税制的基本功能，既然所得税有利于实现公平目标，商品税有利于实现经济效率目标。那么，如果政府的政策目标是以分配公平为主，就应选择以所得税为主体税种的税制模式；如果政府的政策目标是以经济效率为主，就应选择以商品税为主体税种的税制模式。概括讲，一国的税收制度最终实行何种税制模式，要取决于公平和效率目标的权衡。

最优税收理论的发展是在继承前人的基础上逐渐成熟的，这一理论已成为西方税制改革的主要理论依据，著名经济学家阿特金森和斯特格里茨甚至认为，最优税制理论的结论是定性的而非定量的，是税制设计的重要指导原则而不是税制的实践基础。因此，对我国的税制改革也具有非常重要的指导意义。

第五节 税负、税收与经济增长

一、税负及转嫁

税负（tax burden）是因纳税对收入、所得造成的损失。税负转嫁则是指商品交换过程中，纳税人通过提高销售价格或压低购进价格的方法，将税负转移给购买者或供应者的一种经济现象。税负转嫁机制的特征：一是税负转嫁是和价格的升降直接相联系的，而且价格的升降是由税负转移引起的；二是税负转嫁是各经济主体之间税负的再分配，税负转嫁的结果必然导致纳税人与负税人的不一致；三是税负转嫁是纳税人的一般行为倾向，是纳税人的主动行为。

税负转嫁的基本方式主要有：前转、后转和税收资本化。

（1）前转。指卖方通过提高所出售的产品、服务和要素的价格，将一部分或全部税收负担转移给买方的活动。

（2）后转。即买方通过降低购买价格的方式将税收负担转嫁给卖方的活动。

（3）税收资本化。又称资本还原，向资本的收益征税，在一项资产出售时，买主会将此后应纳的税款折成现值，从所购商品的资本价值中扣除；此后，名义上买主按期纳税，而实际上税款已由卖主负担。

二、税负转嫁的经济分析

所谓税负转嫁就是各经济实体在市场交易过程中通过改变价格的方式将一部分或全部税收负担转嫁给他人的活动。影响税负转嫁的有这样几个经济及相关因素：

纳税人具有独立的经济利益。纳税对纳税人来说既是义务也是物质利益损失，在具有独立经济利益前提下，纳税人必然要想法避免或减少因纳税而减少的物质利益。

存在市场价格机制。只要纳税人具有自由定价权，就可在商品和要素市场供求弹性制约下决定价格变动幅度，进而决定是否全部或部分转嫁税负。

商品的供需弹性。从个人需求看，替代商品、相似商品较多的弹性大的商品不易转嫁，商品在个人消费中占重要地位的商品（基本生活品）价格上升不会引起较大的需求变化，需求弹性相对较小，转嫁就较容易，反之就不易转嫁。流转税较易转嫁，所得税难以转嫁；供给弹性较大、需求弹性较小的商品的税负较易转嫁，供给弹性较小、需求弹性较大的商品的税负不易转嫁；课税范围宽的商品较易转嫁，课税范围窄的商品不易转嫁（见图7－12～图7－14）。

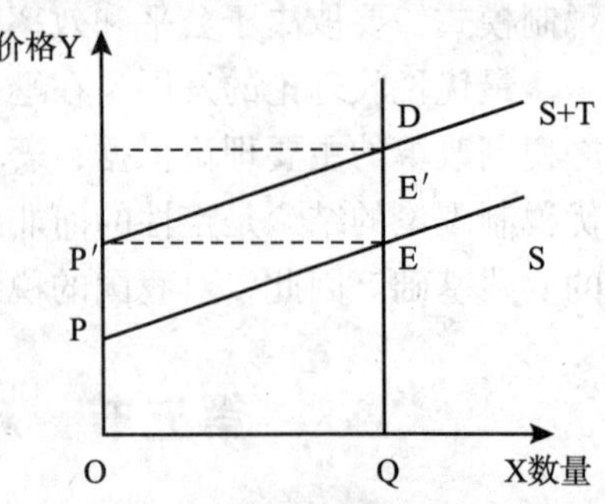

图7－12　需求完全无弹性下：税收转嫁与归宿

在图7－12中：设X轴为数量，Y轴为价格。需求曲线D与X轴垂直，表示完全无弹性；D与供给曲线S在E点相交，由此决定的均衡价格和均衡数量分别是P和Q，政府征税后，商品和生产要素的价格在提高，其数额与所得税额T相同。于是，供给曲线向上移动为S＋T，S＋T与D在新的均衡点E′相交。由此决定了税后的均衡价格P′，但税后的均衡数量仍是Q。税前税后的价格差额为T，而购买量没有变化。这表明，在需求完全无弹性的条件下，税收完全可以通过提价转嫁给购买者。

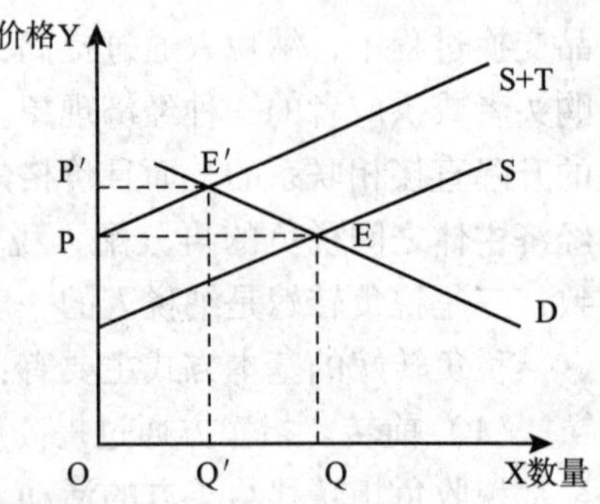

图7－13　需求完全有弹性下：税收转嫁与归宿

在图7－13中：设X轴为数量，Y轴为价格。需求曲线D是一条与X轴平行的曲线，表示需求完全有弹性；D与供给曲线S相交于E点，由此决定了均衡价格P和均衡数量Q。

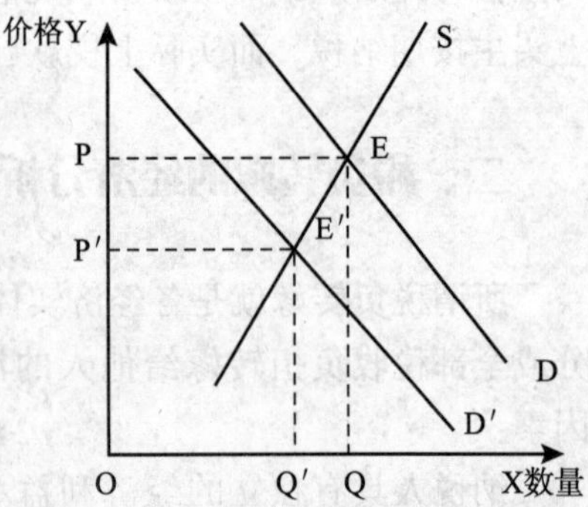

图7－14　供给完全有弹性下：税收转嫁与归宿

政府征税后，商品和生产要素的供给曲线向上移为S＋T，S＋T与D在新的均衡点E′相交。由此决定的税后均衡价格仍为P，但税后的均衡数量却减少至Q′。这说明，在需求完全有弹性的条件下，纳税人不能通过提高商品或生产要素价格的途径将税负向前转嫁给购买者，而只能自己负担。

在图7-14中：设X轴为数量，Y轴为价格。供给曲线S是一条与X轴平行的线，表示供给完全有弹性；S与需求曲线D的交点E决定了均衡价格P，均衡数量为Q。政府征税后，价格上升到P′，供给曲线向上移动到S′。S′与D在新的均衡点E′相交，决定了税后的均衡数量从Q减少到Q′。税前税后的价格差恰等于E和E′的垂直距离，即等于政府征税的数额T。这说明，在供给完全有弹性的情况下，税收完全通过涨价向前转嫁给购买者。

三、税负转嫁的一般规律

从商品的供求弹性、覆盖面、税收忍耐力、隐蔽性和征管难易角度综合考察，税负转嫁具有以下规律：

——商品课税较易转嫁，所得课税一般不易转嫁；

——供给弹性较大、需求弹性较小的商品的课税较易转嫁，供给弹性较小、需求弹性较大的商品的课税不易转嫁；

——课征范围宽广的商品较易转嫁，课征范围狭窄的商品难以转嫁；

——对垄断性商品课征的税容易转嫁，对竞争性商品课征的税较难转嫁；

——从价税的税负容易转嫁，从量课税的税负不容易转嫁。

四、宏观税负与微观税负

宏观税负是指国民生产总值税收负担率。国际上一般采用国民生产总值指标，它是社会总产值和一切劳务的价值总和。它主要受三个因素的影响：

（1）经济发展水平。税收是对国民收入的分配，一定时期的税收分配规模和增长速度，首先取决于社会经济发展水平和速度。经济发展水平高，人均国民收入高，税源越丰富，税收负担能力越强，宏观税收承担能力就越高，因此，随着经济实力增强，宏观税收负担能力就不断提高。

（2）国家职能。国家职能范围、公共需求范围不同，对税收的需求范围就不同，国家职能宽、公共需求宽，税收需求就高，税收宏观负担就高，反之，就要低一些。

（3）经济制度。不同的经济制度，包括市场化制度、所有制和个人分配制度等，也直接影响着宏观税负。市场化率高，经济效率高，宏观税收承载力强，宏观税负就要高一些。再如私有化程度高，社会性分配比重就要高些，宏观需求及宏观税负也要提高。

这三个因素中起决定因素的是经济发展水平。根据世界银行有关部门资料分析，在人均收入 101 ~ 300 美元，301 ~ 1000 美元，1001 ~ 3000 美元三个阶段，除了个别国家外，宏观税负是不断提高的，而在三个阶段的临界点，则出现明显的税负下跌及骤升的现象（见表 7 – 3）。

表 7 – 3　　经济发展水平与宏观税负水平的关系

人均国民生产总值级数（美元）	国家数（个）	平均人均国民生产总值（美元）	平均国民生产总值税收率（%）
101 ~ 200 201 ~ 300	4 8	167. 50	13. 23
301 ~ 400			
400 ~ 1000			
1000 ~ 3000			

资料来源：《世界发展报告 1985》，中国财政经济出版社 1985 年版。

进入后工业化社会后，随着市场经济的变化，经济循环机制的变化，世界经济一体化，产业融合与社会分配相互交织，税收原则、税收配置及税收功能都在发生着深刻的变化，需要我们不断地根据社会、经济变化探索其内在机制的转换规律。

案例分析

案例 7 –1　税收“取之于民，用之于民”

中新网 2007 年 4 月 27 日电：中国国家税务总局副局长宋兰 27 日接受中国政府网专访，就完善税收政策，加强税收管理，优化纳税服务的主题与网民进行在线交流。

有网友问到：我们交了税以后税收都用在什么地方了呢？我们老百姓都得到了哪些实惠？就此，宋兰回答称，国家运用税收筹集财政收入，通过预算安排，用于财政支出，提供公共服务和公共产品。支持农村发展，用于环境保护和生态建设，促进教育、科学、文化、卫生等社会事业的发展，用于社会保障和社会福利，进行交通、水利等基础设施和城市的公共建设，进行国防建设，维护社会治安，用于政府的行政管理，开展外交活动，保证国家安全，满足人民群众日益增长的物质文化方面的需要。

宋兰说，这实际上就是老百姓得到的实惠，大家从今年“两会”温家宝总理的报告和财政部的预算报告中，可以更直观地看出国家税收通过财政预算安排用于公共服务，解决民生问题，促进社会和谐的情况。

宋兰说，比如，去年中央财政为加快社会主义新农村建设安排用于三农的各项支出3397亿元，比2005年增加了422亿元，增长14.2%；为支持教育事业发展，全国财政教育支出4752.7亿元，增长19.6%，其中中央财政教育支出536亿元，增长39.4%，各级财政安排农村的义务教育经费1840亿元；支持解决“看病难、看病贵”的问题，促进医疗卫生事业的发展，全国财政安排医疗卫生支出1311.6亿元，增长了26.5%；加大社会保障和就业、再就业的投入力度全国财政安排社会保障和就业支出4337.6亿元，增长17.3%；加大科技投入的力度，支持科技创新、全国财政科技支出安排1260.4亿元，增长了26.2%；支持文化事业和产业的发展，全国财政文体广播事业费支出834.5亿元，增长18.6%；支持生态建设和环境保护、完善天然林保护工程政策和森林的生态效益补偿基金制度；加大转移支付的力度，提高地方政府提供基本公共服务的能力，中央财政用于对地方，主要是中西部地区的一般性、转移性资金达到1527亿元，比2005年增加了407亿元。

资料来源：中新网2007年4月27日。

编者按：

市场经济与民主政治的发展，世界已经进入了“服务为先，执法为基”的现代公共税收阶段。这时候“取之于民，用之于民”具有新的内涵：税收中的公共法益；展示的税收在本质上是国家共同体内公、私法益的对立统一，它展现的是现代国家取之于民、用之于民的公共产品生产与供给过程，它体现为直接用之于民与间接用之于民的比例；信息公开程度，直接用之于民的效率等，随着民主、法制程度的提高，公民的监督意识和权益保卫意识会不断提高，甚至成为政治选择的基本出发点。

案例7－2　税收的锋刃有多快？

2007年政府针对股市膨胀，投机盛行的态势，为防范金融风险，将证券交易印花税上调至0.3%，根据目前投资者普遍较为平均的0.2%交易佣金计算，由于双向收费，投资者买卖完成一次股票所付出的交易成本就是资金的1%，比原先的交易成本足足提高了两倍多。保守按照每天3000亿元的成交量计算，每天印花税流出的资金将达18亿元，全年达到4500亿元之多。再考虑1500～2000亿元的佣金水平，年交易成本已超过2006年全部A股上市公司3892.49亿元的利润总和，也超过了2007年5200亿元的预测利润总额。

巫建国编写

编者按：

国民收入分配是由国民收入初次分配、再分配和再次分配三个层面组成的复杂系统和过程。经济公平与税收中性是税收分配在国民收入初次分配中的定位及效用；社会公平与税收调控是税收分配在国民收入再分配中的定位及效用；各层分配与调节双方存在度量的协调，这个案例表明，制定政策需要考虑税收的双向调节功能，切忌顾此失彼！

案例7－3　国税总局：中国税负属国际较低水平

美国《福布斯》杂志近日发表的2007“全球税负痛苦指数”显示，中国税负仅次于法国、比利时，名列世界第三。中国的税负真的这么高吗？国家税务总局计统司司长舒启明接受本报采访时表示，中国的宏观税负在国际上仍属较低水平。税务专家则表示，排行榜娱乐性强于科学性。

一、中国去年宏观税负为18%

国家税务总局计统司司长舒启明说，总体来看，不论是否包含社会保障税，中国宏观税负与国际水平相比都属于较低水平，不含社保基金的宏观税负大大低于大部分工业国家，含社保基金的宏观税负2005年为20%。工业化国家包含社会保障税的宏观税负，比中国同期宏观税负水平高出一倍多。发展中国家包含社会保障税的宏观税负，也比中国2005年的宏观税负水平高出6～9个百分点。

统计显示，去年，全国未扣减出口退税的税收收入为37636亿元，较上年增长21.9%，增收6770亿元。据此计算，我国去年宏观税负为18%，比2005年小涨0.5个百分点，但仍低于发展中国家3个百分点左右，比发达国家低约12个百分点。

二、税制不同不能简单比较

把各种不同的税率简单相加计算税负，这样的比较很不科学。而且，税负的轻重与社会福利满意度也不是成正比的关系。税务专家指出，《福布斯》排行榜的指标体系不是国际公认的客观指标。即使一个国家的税负沉重，也不能说明这个国家的纳税人极度“痛苦”，因为社会福利的好坏才直接决定纳税人的满意度。例如，税负较重的北欧国家，虽然纳税人的税负超过了50%，但是看病免费、老有所养的社会高福利，依然让北欧人的满意度很高。

中央财经大学财政与公共管理学院副院长刘桓认为，国家之间缺乏可比性，中国目前的消费税和欧美国家不一样，“我们是特种消费税，而欧美是普遍的消费税，税种也和我们不同。例如，财富税在中国没有，而增值税在他们国家没有，所以这样比较的可信程度大大减弱。”

财政部财政科学研究所副所长刘尚希则表示：“从税收占GDP的比重来看，中国宏观税负在发展中国家中算是偏低的。”

三、《福布斯》指数科学性差

专家认为，《福布斯》税负指数计算缺乏科学性，主要有3点：

一是用最高法定税率作为税负指数的计算依据。如中国窗体底端个人所得税税法规定的最高边际税率为45%，而实际上只有当纳税人的月薪超过10万元时才适用。据统计，中国适用25%以上的工薪所得税率和适用30%以上的各类其他所得产生的个人所得税，只占该税种收入的6%左右，占全部税收收入的0.5%；适用45%税率的人和税收收入所占比率就更少了。

二是不考虑税基比重和税制结构，将不同税种的法定税率做简单加总。占中国税收收入比重7%左右的个人所得税的法定税率，与占税收收入近半的增值税的法定税率直接加总，会影响结果的可靠性。

三是不考虑减免政策和征管因素。中国减免税政策规定条款多、范围宽、数额大，会在一定程度上降低宏观税负的理论水平。粗略匡算，中国减免税政策规定会使宏观税负理论上降低10%左右。

资料来源：《北京晨报》2007年8月4日。

编者按：

衡量一个国家税负轻重，需要考虑两个问题，一是实际宏观税负占GDP的比重；再一个是财政收入占GDP的比重，主要指：（税收+规费）/GDP，而我国之所以形成实际宏观税负过高，名义宏观税负偏低，从某种程度上是收费制度不完善、税收收入与经济增长错位等造成的，因此，经济态势实现科学判断，需要考虑许多综合因素！

【注释】

1. 鲁国的“初税亩”。初税亩，春秋时期，鲁国在宣公十五年（公元前594年）实行的按亩征税的田赋制度。它是承认私有土地合法化的开始。从字面意义上解释，就是：初，为开始的意思；税亩就是按土地亩数对土地征税，具体方法是：“公田之法，十足其一；今又履其余亩，复十取一。”对公田征收其收成的十分之一作为税赋，对公田之外的份田、私田同样根据其实际亩数，收取收成的十分之一作为赋税。

2. 东汉抑商政策。我国历代具有抑商的传统，士大夫阶层对“行商坐贾”极为蔑视，形成士农工商的传统意识，这种传统始于东汉时代。

3. OECD系经济合作与发展组织，简称经合组织，由30个市场经济国家组成的政府间国际经济组织，1960年12月14日在巴黎成立。

4. 房产业应纳哪些税？依次应纳：耕地占用税、契税（征地起建）、营业税、城市维护建设税、教育费附加、土地增值税、印花税（销售）、城镇土地使用税和房地产税（占用期）。

【综合复习】

一、名词解释（概念题）

税收　直接税与间接税　税负转嫁　拉弗曲线　税制要素　替代效应　课征

对象　累进税率　起征点　税收资本化

二、填空题

1. ________留下了一句名言：“在这个世界上，除了死亡和税收，没有什么事情是确定无疑的”。

2. 税收具有三个基本特征：________、________和固定性。

3. 一般按国民收入价值实现层面配置税收，在要素配置、要素交易层面设置：________；在产品销售、增值层面设置：________；在企业收益、个人收入实现层面设置：________。

4. 税负转嫁的基本方式主要有：________、________和________。

三、选择题

1. 按课税对象为标准分类，税收分为（　　）。
   A. 流转税　B. 所得税　C. 行为税
   D. 财产税　E. 资源税

2. 影响税负转嫁的因素有（　　）。
   A. 商品供求弹性　B. 征税范围大小
   C. 市场竞争程度　D. 征管

3. 下列税种中属于流转税的是（　　）。
   A. 个人所得税　B. 城市房地产税
   C. 营业税　D. 契税

4. 超市在运营中应缴纳下述哪种税（　　）。
   A. 城市房地产税　B. 营业税　C. 增值税
   D. 企业所得税　E. 资源税

5. 国家征税的依据是（　　）。
   A. 财产权　B. 政治权
   C. 满足公共需要　D. 公众意愿

四、简答与思考题

1. 简述税负转嫁的一般规律。

2. 什么是最适课税理论？该理论的主要内容有哪些？

3. 用拉弗曲线简要说明税率与税收收入之间的关系。

4. 改革开放以来我国税制改革的特点与启示。

5. 按国民收入价值实现层次设置税收的经济学分析。

6. 税制改革的国际趋势与借鉴。
7. 简述马斯格雷夫的税制转换规律及理论价值。
8. 浅谈税制转换的决定因素及我国改革的选择。
9. 怎样理解税收的中性原则?
10. 发展中国家税制改革的一般趋势与启示?

【阅读与参考文献】

1. 李九龙主编:《西方税收思想》,东北财经大学出版社 1992 年版。
2. 高培勇:《西方税收——理论与政策》,中国财政经济出版社 1987 年版。
3. 袁振宇、朱青等:《税收经济学》,中国人民大学出版社 1994 年版。
4. 西蒙·詹姆斯,克里斯托费·诺布斯:《税收经济学》,中国财政经济出版社 1997 年版。
5. 约·斯林孟德:《优化税制与税制优化》,载于《税收译丛》1997 年第 5 期。
6. 马国强主编:《税收概论》,中国财政经济出版社 1995 年版。
7. 岳树民著:《中国税制优化的理论分析》,中国人民大学出版社 2003 年版。
8. 王春玲著:《中国税收制度的经济学分析》,经济科学出版社 2007 年版。

人有礼则安，无礼则危。
——礼记·曲礼

第八章　税收制度

税收制度是国家按一定政策原则组成的税收体系，其核心是税种的优化配置及税收功能的完善，在社会、经济不断发展的作用下，它呈现着一个不断整合及不断完善功能的过程。

第一节　税制要素与税收分类

一、税制要素

税制要素是构筑每个具体税种的基本因素，它包括纳税人、纳税对象、税率、税目、纳税环节、纳税期限和税收优惠七个要素。

（一）纳税人（tax payer）

纳税人又称“纳税主体”，它是指税法规定的负有纳税义务的自然人和法人，买方与卖方。“自然人”是指公民或居民；“法人”则指依法成立并能以自己名义独立参与民事活动，享有民事权利和承担民事事务的社会组织。它规范着纳税的主体，即对谁征税。实践上要注意两点：一是纳税人依法确定，比如所得税的纳税人为所得者；“证券交易”印花税的纳税人是证券交易的卖出方（原为买卖双方）；二是纳税人、负税人与扣缴义务人的关系。纳税人是税法规定的纳税主体，负税人是从经济角度而言，实际承担税负的主体，在税负不能转嫁时，纳税人与负税人是一致的，若存在转嫁则两者相分离。扣缴义务人则指税法规定的在其经营活动中负有代扣代缴税款并向国库缴纳税款的单位。

（二）纳税对象（object of taxation）

纳税对象是指税法规定的征税的目的物，即对什么征税？也即选择“税源”，所谓“税源”就是市场经济主体在分配过程中形成的收入，一般表现为销售额

（增值额）、所得、收益等，它是征税的根据，每一种税都必须明确对什么征税。它是各税种相互区别的主要标志，譬如国家的征税对象分为对商品流转额（增值额）、所得额和财产额征税，由此形成流转税、所得税和财产税等。

（三）税目（tax category）

征税对象的具体项目，它具体地规定着一个税种的征税范围，一般有列举法和概括法，列举法是指按照每一种商品或经营项目分别设计的税目，比如：消费税、关税常用的就是列举法；概括法是按照商品大类或行业设计税率的税目，比如：增值税、所得税常用的就是概括法。

（四）税率（tax rate）

税率是指税额与课税对象之间的比例。课税对象确定之后，税率的高低决定了纳税人应纳税额的高低，一般包括比例税率、定额税率、累进税率（包括全额累进税率、全率累进税率、超额累进税率和超率累进税率）和累退税率。

1. 比例税率（proportional tax rate）

比例税率是指同一课税对象，不论数额大小，都按同一比例征税。比如流转税中的各税种的税率，比例税率体现了横向公平，适用范围广泛，实践中包括三种：单一比例税率（一个税种只规定一个比例税率，如企业所得税税率）；差别比例税率（按不同的税种制定高低不同的比例税率，如消费税、营业税税率）；幅度比例税率（国家只规定税率的上限和下限，各地政府因地制宜选择，如消费税中对娱乐业施行5% ~20%的差别比例税率）。

2. 定额税率（Norm quota tax rate）

定额税率又称为因定税率，是根据征税对象的计量单位直接规定固定的征税数额，而不采用百分比的形式。定额税率适用于从量计征的税种，比如关税、消费税中的某些商品。

3. 累进税率（progressive tax rate）

累进税率是把课税对象按一定标准划分为若干等级、从低到高规定逐级递增的税率。课税对象数额越大税率越高，数额越小税率越低。实行累进税率可以有效地调节纳税人的收入。累进税率可分为全额累进税率、超额累进税率和超率累进税率。

4. 累退税率（regressive taxation）

反之，累退税率是指边际税率随着课税对象的增加而递减的税率（见图8－1）。

在图8－1中：设X轴为应税收入，Y轴为税率。A曲线为累进税率，B曲

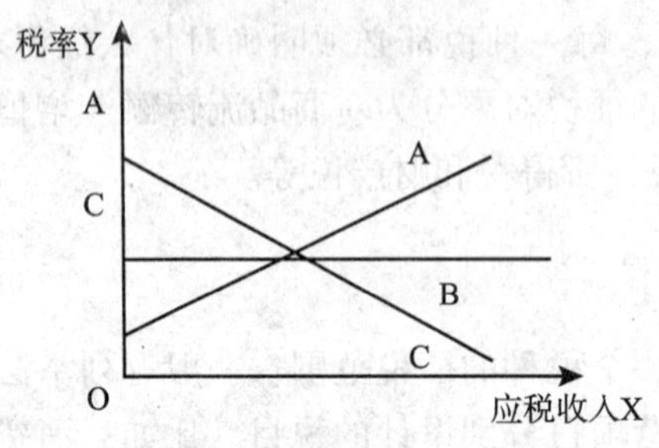

图 8-1 比例、累进税率和累退税率比较

线为比例税率（定额税率），A 曲线的累进税率，税率划分为多级，随着应税收入的递增，税率逐级提高，边际税率递增；B 曲线的比例税率，不论数额大小，按同一比例纳税，边际税率为常数；累退税率，随着应税收入的增加，税率下降，边际税率递减。

5. 纳税环节（impact points taxation）

纳税环节是纳税人履行纳税义务的环节。譬如：设置在生产环节、批发环节或零售环节。

6. 起征点与免征额

起征点指税法规定的对课征对象开始征税的最低界限。免征额指税法规定的课征对象全部数额中免予征税的数额。

7. 纳税期限和纳税地点

纳税期限是指税法规定的纳税人发生纳税义务后，向国家缴纳税款的期限；而纳税地点则是纳税人应当缴纳税款的地点。一般来说，纳税地点和纳税义务发生地是一致的。

8. 税收优惠与罚则

优惠主要指减税（abatement of taxes）免税，税收制度中对某些纳税人和课税对象给予鼓励和照顾的一种规定。罚则主要指各类违章处理，是对纳税人违反税法行为所采取的教育处罚措施。

税制要素是设计具体税种的核心要素，它决定着每种税的法律规范、基本功能与作用。

二、税收的分类

税收需要根据调节目的、功能进行科学的归类，以便于税收管理及统计，具体可将税收做如下划分：

——按课税对象性质，划分为流转税、所得税、资源税、财产税和行为税

根据课税对象的性质进行分类是各国政府常用的主要分类方式，也是最能反映税制结构的分类方式。流转税也称商品税，是以商品和劳务的交易额为课税对象的一类税，其计税依据是销售额、增值额和营业收入，从而形成不同的税种，如增值税、营业税和关税等。所得税也称收益税，是以纳税人获得的各种所得或收益额为课税对象的一类税，其计税依据是纳税人的净所得和纯收益。所得税根

据主体不同形成不同的税种，如个人所得税、企业所得税等。财产税是以动产和不动产为课税对象的一类税，其计税依据是财产的价值，财产的收益和数量，包括的税种有房产税、车船使用税、契税和城镇土地使用税等；资源税是以纳税人利用自然资源获得的收入为课征对象的一类税，其计税依据主要是极差收入，主要是资源税（过去的盐税等）。行为税是以某些特定行为及为实现国家特定的政策目的为课税对象的一类税，如印花税、城市维护建设税、车辆购置税等。我国税制按课税对象划分为5类16个税种（见表8-1）。

表8-1　　我国现行税制：5类16个税种

流转（商品税）税系：4	所得（收益）税系：2	资源税系：1	财产税系：5	行为税系：3
增值税、营业税、消费税、关税	企业所得税、个人所得税	资源税	房产税、城镇土地使用税、土地增值税、契税、车辆购置税和车船使用税	印花税、城市维护建设税、耕地占用税

注：以上为2009年我国依法正式开征的税种。

——按能否转嫁，划分为直接税和间接税

直接税是由纳税人直接负担，不易转嫁的一类税，一般认为个人所得税、企业所得税等所得税，房产税、契税等财产税属于直接税；间接税是指纳税人能够通过改变价格的方式将税负转嫁给他人的一类税，一般认为增值税、营业税、消费税、关税等流转税属于间接税。

——按税收与价格的关系，划分为价内税和价外税

价内税是指商品价格内包含税收，或者说税收是商品价格的组成部分，而不是价外附加，即价内税的计税依据为含税价格，我国税制中的营业税和消费税都属于价内税。价外税是指税收是商品价格之外的附加，不构成商品价格的组成部分，即价外税的计税依据为不含税价格，比如欧美国家的消费税大多是价外税，又如我国的增值税采用的就是价外税。但为了尊重民俗在消费品零售环节其报税则是含税价。

——按税收收入的各级财政体制的归属权，划分为中央税、地方税和共享税

中央税是指税收的管理权与使用权归属中央政府的一类税。地方税是指税收的管理权和使用权归属地方的一类税。中央地方共享税收则指税收收入按一定比例分配给中央与地方的一类税。这种划分方法构成财政体制的税收划分基础，我国现行财政体制中，中央税包括关税、消费税和车辆购置税；地方税包括营业税、城镇土地使用税、房产税等；共享税则包括增值税、资源税、企业所得税、个人所得税、印花税（证券交易印花税）。

——按计价依据不同，划分为从价税和从量税

从价税是指以课税对象的价格为计税依据，按一定比例计征的一类税，如增值税、营业税、关税等流转税，从价税随商品的价格而变化，价高则税高，价低则税低。从量税是指以课税对象的数量为计税依据，按单位固定税额课征的一类税，包括资源税、车船使用税和城镇土地使用税等，从量税计算比较简单，税收负担与价格无关。

另外，根据国际协议还有 OECD 划分法和 IMF 划分法。1961 年 OECE（经合组织）将其成员国所有税收划分为系统的六类：①所得税，主要包括所得、利润和资本利得课税；②社会保险税，包括对雇主、雇员和自营人员的课税。③薪金及人员税。④财产税，包括对不动产、财产增值、遗产和赠与的课税；⑤商品与劳务税，包括产品税、增值税、消费税和关税等；⑥其他税。

IMF 划分法，则是国际货币基金组织（IMF）根据其 148 个成员国的普遍税制，推出了 IMF 税收划分法：①所得税，主要包括所得、利润和资本利得课税；②薪金及人员税；③财产税，包括对不动产、财产增值、遗产和赠与的课税；④商品税，包括产品税、增值税、消费税等；⑤劳务税，涉及劳务的产品税、增值税等；⑥关税；⑦其他税。

IMF 划分方法与 OECE 划分法基本一致，不同之处只是它把商品与劳务一分为二，国内部分列为第五类，进出口列为第六类，另加第七类为其他税。此外，OECD 将社会保障税列为税收，而 IMF 将其定为非税收入。

第二节 税制模式及类型

税制模式（也称税制结构）是指国家为达到组织收入、调节经济的目的，在按一定标准进行税收分类的基础上合理设置税收所形成的一个相互协调、相互补充的税收体系。

税制模式的选择侧重解决三个问题：（1）税种配置问题。按照税收原则，解决各个税种之间的相互配合、相互协调与相互补充，形成一个能够在总体布局上体现税收原则的税收体系。（2）税源的选择问题。主要是考虑税源与税本的关系。（3）税率的安排问题。一是国家税率总水平的问题；二是税率形式的选择。

一、税制模式的分类

（一）单一税制

单一税制是指一国税类或几个税种构成的税收制度。单一税制的优点是，征

税对象及税务机构简单，可减少对生产与流通的影响，稽征手续简单，纳税人易于明了其应纳税额，征税成本和纳税成本都比较低；单一税制的缺点是：收入少、弹性小、逃税的可能性小，征税范围狭窄。单一税制大多停留在理论探索上。

（二）复合税制

复合税制是指国家以多种征税对象为基础而设置若干税种，组成有主有次，相互配合、相辅相成和结构严谨的税收体系。世界上各国普遍采用复合税制，如流转税、所得税双主体税制；流转税、财产税双主体；所得税、财产税双主体税制。

二、税制模式的发展

（一）封建社会：传统直接税为主体的税制模式

在封建的农耕经济时代，由于生产力落后，社会剩余产品主要是农业生产，土地是社会纯收入的源泉，因此税收主要以土地收益、人头税为核心，那时如商品交易提供的市场税、对商品交易征收的入市税都是辅助税。

（二）市场经济初期：间接税为主体的税制模式

工业化大生产初期，随着生产力的大幅度提高，商业积聚繁荣，非农业职业大量出现，社会纯收益开始分散，这时社会财富的实现形式开始向流通环节转移，这时政府只有对货物及交易征收间接税，才能获取必要的财政收入。而且，流转税含在价格之中，易于转嫁，征管便利，因此，开始普遍设置流转税，资本主义社会早期流转税就成为了主体税种。

（三）混合经济：现代直接税为主体的税制模式

工业化后期，生产力迅速发展，资本集中度迅速提高，生产要素盈利水平不断提高，所得分配成为主要的分配环节（工资、股息，地租），所得分配也成为分配差异的源头。这时为了掌控财富源泉，缓解社会分配差异矛盾，发达国家开始建立以所得税为主体的税制模式，世界税制开始进入现代所得税制时代。

（四）税制模式的新动向

第二次世界大战以来，“发展与和平”成为世界主流，怎样促进社会经济的可持续发展成为各国追求的目标。怎样促进技术进步、最大程度地降低税收的资本侵蚀性；怎样促进社会公平分配，为公民提供有尊严的生活环境；促进人的可持续发展，成为各国政府研究的主要课题。

因此，税制模式也呈现一些新的动向：（1）普遍开征消费型增值税，附之以具有导向型的消费税。（2）完善所得税，不断根据社会发展需要完善个人所得税，普遍实行以家庭综合因素扣除法为基础的个人所得税，普遍开征社会保障税，积极建立社会保障网。（3）探索深化财产税改革，对动产与不动产进行积极的税收调节。（4）积极探索以税收手段进行环境保护，开征环境污染税，探索以税收手段抑制虚拟经济的过度投机（金融衍生品、期货、保证金交易、证券等），征收金融交易流转税（拟设托宾税）等。

三、影响税制模式的因素

（一）生产力发展水平

生产力决定着一国的经济发展水平，对一国的税收能力和国民收入结构有着重大影响。生产力水平低，社会经济形式主要依靠农业，税收只有依靠农业，生产力提高，经济发展主要依靠工商业，税收也转向流转税，当进入高度发达工业化社会，社会财富迅速积聚，财富均衡遍布各领域，各领域收益只存在高低悬殊不存在有无的问题，税收必然转向所得调节。

（二）税收政策目标

理论上认为，间接税侧重于经济效率，所得税收侧重于公平，效率与公平是一个国家税收政策的基本目标，当追求效率优先、兼顾公平时，往往选择间接税为主体税，当追求公平优先、兼顾效率时，往往选择直接税为主体税。因此，税收政策目标是影响税制模式的又一重要因素。

（三）法制与经济管理水平

公民的法律意识和政府的管理水平，是影响税制选择的又一重要因素。公民自觉遵守法律意识强，税收承受力和认可度高，政府管理水平高，比较容易推开所得税为主体的税制模式；反之，司法意识薄弱，税收忍耐力差，政府管理水平低，往往适用间接税为主体的税制模式。

四、我国的税制及特点

我国目前实行的是以流转税与所得税并重的复合税制。建立起促进社会分工和多层次产业导向调节的流转税制。以“消费型”增值税为主，辅之以营业税进行初步调节，在此之上有选择地进行消费、产业导向性的消费税调节，对进出口行为设置关税（进口关税、出口关税）的流转税系；建立起体现国民待遇的包括企业所得税、个人所得税的所得税系；建立起具有分配导向的资源、财产和行为税系。

具有三个基本特点：（1）复合型特征。流转税与所得税并重，覆盖面宽、贡献率高，两税占整个税收的90%。（2）内外统一，全面实行国民待遇。我国对国内、外公民，国内、外经济行为实行统一的税收政策。（3）侧重对第二、第三产业实施调节。我国税收主要配置在第二、第三产业和经济行为上，对农业给予积极的扶持与保护（2008 年取消农业税）。我国现行税制见表 8－1。

第三节 流转课税

一、流转税概论

流转税是以商品和劳务的流转额为课税对象的课税体系，国际上也称为“商品税”，它主要设置在生产、流通等初次分配环节，用以调节产品价格及社会平均利润率。

就其功能而言具有四个特征：一是课税普遍。它对商品、劳务交易所取得的收入课税，市场经济条件下物质生产与交换是最基本经济行为，因此流转课税是最普遍的税收行为。二是以商品和非商品的流转额为计税依据。三是实行比例税率，税负具有累退性，流转课税一般采用比例税，因而其税负与商品价格从某种程度上呈反比例，主要是随着财富的增加负担能力将逐步提高，从而负担呈累退性。四是计征简便，课税隐蔽。流转税随价格转移与分摊，消费者不易察觉，所以课税隐蔽，计算简单，容易征收，指向明确，具有较强的政策针对性。

因此，流转税主要发挥着及时稳定地取得财政收入，配合价格机制调节社会总供需以及促进企业加强经济核算等作用。

它作为对流转价值课税的税收行为，一般是根据价值实现环节建立税收关系及设置税种。

1. 按课税阶梯划分，分为多阶课税和单阶课税。

多阶课税即对流转交易按交易环节分层课税，一般分层设关税、增值税与销售税（营业税）、消费税（特定消费税），形成分层系统调节。

而单层课税即尽可能少设层，通过一个层次对所有流转交易进行税收调节（见表 8－2）。

表 8－2　　流转税的基本形态

阶次	税别	税基					
		消费商品		消费商品和资本商品	实物商品交易总额	劳务	所有交易
		一般	特殊				
单阶	特种消费		√				
	销售税	√					
	制造商	√	√	√			
	批发商	√	√	√			
	零售商		√	√			
多阶	特种消费税		√				
	增值税	√	√	√			
	周转税（关税）	√	√	√	√	√	√
	毛所得税（营业税）					√	
	交易税						√

2. 按课征对象性质分类，可分为交易性税收和增值性税收。交易性税收主要有关税、零售税、批发税、周转税和销售税等；增值性税收则主要指的是增值税。

流转税作为政府取得财政收入、实施宏观调控的基本手段，它主要包括增值税、营业税（或称销售税）、消费税和关税等。

世界主要国家的流转税体系见表 8－3。

表 8－3　　主要国家的流转税体系

国家	流转税系
中国	增值税、消费税、营业税、关税
美国	销售税、消费税、关税
日本	消费税（增值税）、酒税、烟税、汽油税、石油税、关税等
德国	销售税（增值税）
加拿大	商品与劳务税、关税、省销售税

根据：爱德华·雷维：《国际税收大全》，西南财经大学出版社 1993 年版整理。

二、增值税（added value tax）

增值税是对生产、销售商品和提供劳务过程中实现的增值额征收的一种税。1917 年亚当士在其发表的《商业税》一文中提出了增值税。1954 年法国首先试行增值税，后以其具有税基宽、避免重复课税、兼备内在制约机制而得到普及。目前，世界上有120多个国家和地区实行了增值税。我国于1979年引进增值税并试点，1994年税制改革后开始全面推广，它与营业税、消费税构成我国的流转税体系，并成为流转税中的骨干税种。

（一）增值税：特征与类型

增值税是就纳税人生产、经营所新创造的价值征税。具有如下的基本特征：(1) 它仅就增值额课税，因此避免了重复课税，较好地体现税收的中性原则，有效地促进了社会化大生产。(2) 它能够随着经济增长、效益提高而增长，税基较宽，有利于稳定及时地取得财政收入。(3) 它有利资本形成和简便退税，特别是消费型增值税可以有效地促进企业投资与技术进步。(4) 它形成环环抵扣、自动稽核的功能。从宏观上发挥着促进社会化大生产，鼓励出口，稳定财政收入的作用。

增值税按税基划分为三种类型：一是生产型增值税。计算增值税时，不允许抵扣任何购进固定资产价款，就国民经济整体而言，计税依据相当于国民生产总值。二是收入型增值税。计算增值税时，不允许将当前购入固定资产的价款一次全部扣除，只允许扣除纳税期内应计入产品价值的折旧部分。就国民经济整体而言，计税依据相当于国民收入，称为收入型增值税。三是消费型增值税。计算增值税时，准许一次全部抵扣当前购入固定资产的价款。就国民经济整体而言，计税依据相当于全部消费品价格，称为消费型增值税。

实行增值税的120多个国家中，绝大多数国家实行消费型增值税或收入型增值税，只有巴基斯坦、巴西等6个国家实行生产型增值税，我国实行的是消费型增值税（见表8－4）。

表8－4　部分国家增值税类型及税率政策　单位：%

国家	增值税类型	标准税率	低税率
中国	生产、消费并重	17	13（小规模：6、5）
法国	消费	20.6	2.1　5.5
德国	消费	16	7
意大利	消费	20	4　8
英国	消费	17.5	5

（二）增值税的纳税范围及纳税人

增值税是对我国境内销售货物或者提供加工、修理修配劳务以及进口货物的单位和个人，为增值税的纳税人。

增值税按生产经营规模和会计核算是否健全，将纳税人划分为一般纳税人、小规模纳税人。

（三）增值税的税率

（1）纳税人销售或者进口货物的税率为17%。

（2）纳税人销售或者进口下列货物：①粮食、食用植物油；②自来水、暖气、冷气、热水、煤气、石油液化气、天然气、沼气、居民用煤炭制品；③图书、报纸、杂志；④饲料、化肥、农药、农机、农膜，税率为13%。小规模纳税人的增值税征收率为3%。

（四）增值税的应税额及计算

增值税的应纳税额为当期销项税额抵扣当期进项税额后的余额。计算公式为：

应纳税额 = 当期销项税额 - 当期进项税额

（当期销项税额小于当期进项税额不足抵扣时，其不足部分可以结转下期继续抵扣）

纳税人销售货物或者应税劳务的为销项税额。销售额是不含税额（销售额 = 含税销售额/(1 + 税率)）

销项税额 = 销售额 × 税率

纳税人购进货物或者接受应税劳务支付或者负担的增值税额，为进项税额。

下列进项税额准予从销项税额中抵扣：

（1）从销售方取得的增值税专用发票上注明的增值税额。

（2）从海关取得的海关进口增值税专用缴款书上注明的增值税额。

（3）购进农产品，除取得增值税专用发票或者海关进口增值税专用缴款书外，按照农产品收购发票或者销售发票上注明的农产品买价和13%的扣除率计算的进项税额。进项税额计算公式：

进项税额 = 买价 × 扣除率

小规模纳税人销售货物或者应税劳务，实行按照销售额和征收率计算应纳税额的简易办法，并不得抵扣进项税额。应纳税额计算公式：

应纳税额 = 销售额 × 征收率

纳税人进口货物，按照组成计税价格和本条例第二条规定的税率计算应纳税额。组成计税价格和应纳税额计算公式：

组成计税价格 = 关税完税价格 + 关税 + 消费税

应纳税额 = 组成计税价格 × 税率

我国现在实行的是消费型增值税，增值税实行销售实现纳税制，按次征缴。

三、营业税（general sales）

营业税是以纳税人从事经营活动的营业额（销售额）为课征对象的税种。它与增值税在同一个层面但不交叉，形成互相补充的配置形式。2008 年我国对现行营业税根据国家产业政策进行适应性调整。

（一）营业税的纳税范围及纳税人

在我国境内提供法律规定的劳务、转让无形资产或者销售不动产的单位和个人，为营业税的纳税人，应当依照本条例缴纳营业税。

劳务、转让无形资产或销售不动产的范围包括：交通运输、建筑、金融保险、邮电通信、文化体育、娱乐、服务、转让无形资产和销售不动产。

纳税人兼有不同税目的应当缴纳营业税的劳务、转让无形资产或者销售不动产，应当分别核算不同税目的营业额、转让额、销售额；未分别核算营业额的，从高适用税率。

（二）营业税的应纳税额及计算

纳税人提供应税劳务、转让无形资产或者销售不动产，按照营业额和规定的税率计算应纳税额。应纳税额计算公式：

应纳税额 = 营业额 × 税率

营业额以人民币计算。纳税人以人民币以外的货币结算营业额的，应当折合成人民币计算。

纳税人的营业额为纳税人提供应税劳务、转让无形资产或者销售不动产收取的全部价款和价外费用。但是，下列情形除外：

（1）纳税人将承揽的运输业务分给其他单位或者个人的，以其取得的全部价款和价外费用扣除其支付给其他单位或者个人的运输费用后的余额为营业额。

（2）纳税人从事旅游业务的，以其取得的全部价款和价外费用扣除替旅游者支付给其他单位或者个人的住宿费、餐费、交通费、旅游景点门票和支付给其他接团旅游企业的旅游费后的余额为营业额。

（3）纳税人将建筑工程分包给其他单位的，以其取得的全部价款和价外费用扣除其支付给其他单位的分包款后的余额为营业额。

（4）外汇、有价证券、期货等金融商品买卖业务，以卖出价减去买入价后的余额为营业额。

营业税实行营业实现纳税制，实行属地征收。营业税税目税率见表8－5。

表8－5 营业税税目税率表

税目	税率（%）
一、交通运输业	3
二、建筑业	3
三、金融保险业	5
四、邮电通信业	3
五、文化体育业	3
六、娱乐业	5~20
七、服务业	5
八、转让无形资产	5
九、销售不动产	5

三、消费税（consumption tax）

消费税的课税对象是消费品的销售额。凡从事生产和进出口应税消费品的单位和个人均为消费品的纳税人。它是对商品普遍征收增值税（或营业税）的基础上，选择少数消费品再征收一道消费税的税收行为，主要是为了调节消费结构，引导消费方向，保证国家财政收入。我国于1994年税制改革后开征消费税。

消费税主要考虑这样几个因素而设置：一是流转税调整后税收负担仍较轻的产品；二是非生活必需品中的一些高档、奢侈消费品；三是从保护身体健康、生态环境等方面需要出发，不提倡也不宜过度消费的消费品；四是一些不可再生性消费品。

（一）消费税的纳税范围及纳税人

我国《消费税暂行条例》规定，在中华人民共和国境内生产、委托加工和进口本条例规定的消费品的单位和个人，以及国务院确定的销售本条例规定的消费品的其他单位和个人，为消费税的纳税人，应当依照本条例缴纳消费税。

消费品的品目有11类，包括：烟、酒、化妆品、护肤护发品、贵重首饰、汽油、柴油、汽车轮胎、摩托车、小汽车和烟花爆竹等。

（二）消费税的应纳税额与计算

纳税人生产的应税消费品，于纳税人销售时纳税。纳税人自产自用的应税消费品，用于连续生产应税消费品的，不纳税；用于其他方面的，于移送使用时纳税。

委托加工的应税消费品，除受托方为个人外，由受托方在向委托方交货时代收代缴税款。委托加工的应税消费品，委托方用于连续生产应税消费品的，所纳税款准予按规定抵扣。

进口的应税消费品，于报关进口时纳税。

消费税实行从价定率、从量定额，或者从价定率和从量定额复合计税（以下简称复合计税）的办法计算应纳税额。应纳税额计算公式：

实行从价定率办法计算的应纳税额 = 销售额 × 比例税率

实行从量定额办法计算的应纳税额 = 销售数量 × 定额税率

实行复合计税办法计算的应纳税额 = 销售额 × 比例税率 + 销售数量 × 定额税率

（1）实行从价定率办法计算纳税的组成计税价格计算公式：

组成计税价格 =（成本 + 利润）÷（1 − 比例税率）

（2）实行复合计税办法计算纳税的组成计税价格计算公式：

组成计税价格 =（成本 + 利润 + 自产自用数量 × 定额税率）÷（1 − 比例税率）

（3）进口的应税消费品，按照组成计税价格计算纳税。

实行从价定率办法计算纳税的组成计税价格计算公式：

组成计税价格 =（关税完税价格 + 关税）÷（1 − 消费税比例税率）

（4）实行复合计税办法计算纳税的组成计税价格计算公式：

组成计税价格 =（关税完税价格 + 关税 + 进口数量 × 消费税定额税率）÷（1 − 消费税比例税率）

四、关税（tariff）

（一）关税概论

关税是由海关代表国家，按照国家制定的关税政策和公布实施的税法及进出口税则，对进出关境的货物和物品征收的一种流转税。关税主要发挥着维护国家主权和经济利益，保护生产、调节经济、增加财政收入的作用。

关税是国际贸易与公共财政相交叉的分配环节，从国际贸易角度，关税与进出口补贴是政府对贸易活动进行干预的主要政策手段；从财政角度看，关税是一项重要的税收收入。

（二）关税种类

关税是国家关税政策的制度化、法制化。它由关税征管、减免、退补、复议和处罚等制度构成。关税管理属于海关基本职责之一，与进出境管理、进出口许可制和进出口商品检疫制度共同构成海关体系。

关税的划分方法：一是按流向划分为进口关税和出口关税。进口关税是海关对境外进口货物所征收的税。主要为保护国内市场与民族工业，及时取得财政收入；出口关税则是海关对出口货物征收的税。主要为限制稀缺商品出口，保护国家利益而设。二是按课税标准划分，分为从价税、从量税、混合税和滑准税。三是按课征目的划分，分为财政关税、保护关税。

（三）关税制度

根据国际惯例，关税制度由这样几项基本制度构成：（1）根据《进出口关税税则》规范进出口税收行为；（2）采用国家公约《海关合作理事会商品分类目录》规范税则商品分类；（3）采用国际通行的原产地原则实行税率适用政策（按普通税率征税）；（4）实行普通和优惠两栏的复式税则制；（5）实行国际通行的成交价格计税制。

第四节　所得课税

1789 年英国首相皮特创立了一种“三部合成捐”的新税，它就是现在盛行的所得税的雏形。所得税系是对以所得为课税对象，向取得所得的纳税人课征的税系。它设置在社会再分配环节。

一、所得税概论

（一）所得课税理论

对所得课税曾经是最富挑战的理论课题，主流经济学家对此进行了积极的探索，主要集中在三点：（1）国家利益说。“公司乃国家之创造物”公司的一切权利与利益，是由国家主权赋予的，国家对公司所得征税，是公司享受其特权或利益的报酬。（2）社会成本分摊说。政府提供的公共服务需要成本补偿，对所得课税是补偿成本的最佳选择。（3）量能负担说。（4）公平与效率兼顾说。

（二）所得税的特征

所得课税根据它的基本功能具有以下特征：(1) 所得税以纯收入或净所得为计征依据，是扣除各项成本、费用后的净所得。强调不伤害市场经济效率及保证人有尊严的生存为前提，提倡量能负担。(2) 所得税采用累进税率，以便实行公平调节。(3) 所得税以人为课税主体。根据经济发展制定相应的扣除政策、税率政策以进行必要的经济调节与产业导向。

所得课税主要包括个人所得税、企业所得税和社会保障税。目前，所得税已成为世界各国最主要的税种之一（见表 8－6）。

表 8－6　　世界主要国家的所得税体系

国家	所　得　税　系
中国	企业所得税、外国投资和外商企业所得税、个人所得税
美国	个人所得税、社会保险税、公司所得税
日本	企业所得税、个人所得税、非居民所得税、工薪税（社会保障税）
德国	个人所得税、公司所得税、非居民所得税、工薪税（社会保障税）
加拿大	个人所得税、公司所得税、工薪税（社会保障税）
法国	企业所得税、个人所得税、非居民所得税、工薪税（社会保障税）

根据：爱德华·雷维：《国际税收大全》，西南财经大学出版社 1993 年版整理。

二、企业所得税（enterprise income tax）

企业所得税是对企业所得征收的一种税收，起始于英国，兴盛于欧美，侧重发挥着筹措财政收入、公平分配等作用。我国于 2008 年 1 月 1 日实行经修正的《中华人民共和国企业所得税法》。

（一）企业所得税的纳税人

在我国境内，企业和其他取得收入的组织为企业所得税的纳税人，依法缴纳企业所得税。（个人独资企业、合伙企业不适用本法）

（二）企业所得税的税率（见表 8－7）

企业所得税税率为 25%。

非居民企业适用税率为 20%。符合条件的小型微利企业，减按 20% 的税率征收企业所得税。

国家需要重点扶持的高新技术企业，减按 15% 的税率征收企业所得税。

表 8-7 我国企业所得税税率

档次	税率（%）	适用企业
1	25	居民企业，在中国境内设立机构场所的非居民企业
2	20	1. 符合条件的小型微利企业 2. 在中国境内未设立机构、场所的，或者虽设立机构、场所但取得的所得与其所设机构、场所没有实际联系的非居民企业
3	15	国家需要重点扶持的高新技术企业

（三）企业所得税应纳税额的计算

企业每一纳税年度的收入总额，减除不征税收入、免税收入、各项扣除以及允许弥补的以前年度亏损后的余额，为应纳税所得额。

收入总额－成本费用－销售税金－不征税收入－免税收入－允许扣除的以前年度亏损＝企业所得税应纳税额

（1）企业以货币形式和非货币形式从各种来源取得的收入，为收入总额。包括：销售货物收入；提供劳务收入；转让财产收入；股息、红利等权益性投资收益；利息收入；租金收入；特许权使用费收入；接受捐赠收入和其他收入。

（2）收入总额中的下列收入为不征税收入：财政拨款；依法收取并纳入财政管理的行政事业性收费、政府性基金；国务院规定的其他不征税收入。

（3）企业实际发生的与取得收入有关的、合理的支出，包括成本、费用、税金、损失和其他支出，准予在计算应纳税所得额时扣除。

（4）企业发生的公益性捐赠支出，在年度利润总额12%以内的部分，准予在计算应纳税所得额时扣除。

（5）在计算应纳税所得额时，下列支出不得扣除：向投资者支付的股息、红利等权益性投资收益款项；企业所得税税款；税收滞纳金；罚金、罚款和被没收财物的损失；法律规定以外的捐赠支出；赞助支出；未经核定的准备金支出；与取得收入无关的其他支出。

（6）在计算应纳税所得额时，企业按照规定计算的固定资产折旧，准予扣除。

（7）企业的下列收入为免税收入：国债利息收入；符合条件的居民企业之间的股息、红利等权益性投资收益；在我国境内设立机构、场所的非居民企业从居民企业取得与该机构、场所有实际联系的股息、红利等权益性投资收益。

（8）企业的下列所得，可以免征、减征企业所得税：

- 从事农、林、牧、渔业项目的所得；

- 从事国家重点扶持的公共基础设施项目投资经营的所得；
- 从事符合条件的环境保护、节能节水项目的所得；
- 符合条件的技术转让所得。

企业所得税按纳税年度计算。纳税年度自公历1月1日起至12月31日止。

三、个人所得税（individual income tax）

个人所得税是对个人（自然人）取得的各项应税所得征收的一种税。它最早于1799年在英国创立，目前世界上有140多个国家开征了这一税种，它是发达国家最主要的税种。

个人所得税的课税计征类型分为三种：一是分类所得课税（创始于英国）。即将所得按来源划分成若干类别，对各种不同来源的所得，分别计算征收所得税。二是综合所得课税（形成于19世纪中叶的德国的普鲁士邦）。即对纳税人全年各种不同来源的所得，综合计算征收所得税。三是分类综合所得税（形成于日本）。即实行分项课税和综合计税相结合的课税方式。具体讲，先按分类所得课征，然后再对个人全年总所得超过规定数额以上的部分进行综合加总，另按累进税率计税。

就个人所得课税关键在于确定纯收入，即计税依据的基础是费用扣除，实行费用扣除既能真实反映、保留纳税人纳税能力，也能解除纳税人的税负压力，不致影响个人劳动效率和市场效率。费用扣除方式有三种：（1）综合扣除方式。即从总收入中综合考虑基本生活需求、物价及赡养义务等因素，一次性扣除一个综合扣除数。（2）分项扣除方式。即对各项所得分别规定扣除额进行扣除。例如子女生计教育费、医疗费（限额）、住宅费用、保险费等允许分项扣除，（3）综合与分项结合扣除方式。我国实行的是分类课税制。我国于2009实行经修正的《中华人民共和国个人所得税法》。

（一）个人所得税的纳税人及应纳税项目

在我国境内有住所，或者无住所而在境内居住满一年的个人，从我国境内和境外取得的所得，依照法律规定缴纳个人所得税。

我国实行分类课税制，下列十一项个人所得，应纳个人所得税：（1）工资、薪金所得；（2）个体工商户的生产、经营所得；（3）对企事业单位的承包经营、承租经营所得；（4）劳务报酬所得；（5）稿酬所得；（6）特许权使用费所得；（7）利息、股息、红利所得；（8）财产租赁所得；（9）财产转让所得；（10）偶然所得；（11）经国务院财政部门确定征税的其他所得。

（二）个人所得税的税率

——工资、薪金所得，适用超额累进税率，税率为5%～45%（见表8－8）。

表8－8　　我国个人所得税税率表

级数	全月应纳税所得额（元）	税率（%）	速算扣除数
1	不足500	5	0
2	500～2000	10	25
3	2000～5000	15	125
4	5000～20000	20	375
5	20000～40000	25	1375
6	40000～60000	30	3375
7	60000～80000	35	6375
8	80000～100000	40	10375
9	100000以上	45	15375

注：速算扣除数＝全额应税额－超额累进额

以第三档为例：2000×15%－（500×5%＋1500×10%）＝300－175＝125

——个体工商户的生产、经营所得和对企事业单位的承包经营、承租经营所得，适用5%～35%的超额累进税率（税率见表8－9）。（个体工商户的生产、经营所得和对企事业单位的承包经营、承租经营所得适用）

表8－9　　我国个人所得税——承包、经营所得税率表

级数	全年应纳税所得额（元）	税率（%）	速算扣除数
1	不足5000	5	0
2	5000～10000	10	250
3	10000～30000	20	1250
4	30000～50000	30	4250
5	50000以上	35	6750

——稿酬所得，适用比例税率，税率为20%，并按应纳税额减征30%。

——劳务报酬所得，适用比例税率，税率为20%。对劳务报酬所得一次收入畸高的，可以实行加成征收，具体办法由国务院规定。

——特许权使用费所得，利息、股息、红利所得，财产租赁所得，财产转让所得，偶然所得和其他所得，适用比例税率，税率为20%。

（三）个人所得税应纳税所得额的计算：

（1）工资、薪金所得，以每月收入额减除费用2000元后的余额，为应纳税所得额。

应纳税额＝应纳税所得额×适用税率－速算扣除数

＝（每月收入额－2000元）×适用税率－速算扣除数

（2）个体工商户的生产、经营所得，以每一纳税年度的收入总额，减除成本、费用以及损失后的余额，为应纳税所得额。

应纳税额＝应纳税所得额×适用税率－速算扣除数

＝（全年收入总额－成本、费用及损失）×适用税率－速算扣除数

准予扣除的成本、费用及损失与企业所得税同。

（3）对企事业单位的承包经营、承租经营所得，以每一纳税年度的收入总额，减除必要费用后的余额，为应纳税所得额。

应纳税额＝应纳税所得额×适用税率－速算扣除数

或＝（纳税年度收入总额－必要费用）×适用税率－速算扣除数（适用个体工商户的五级超额累进税率）

（4）劳务报酬所得、稿酬所得、特许权使用费所得、财产租赁所得，每次收入不超过4000元的，减除费用800元；4000元以上的，减除20%的费用，其余额为应纳税所得额。

每次收入不足4000元的：应纳税额＝应纳税所得额×适用税率；或＝（每次收入额－800）×20%

每次收入在4000元以上的：

应纳税额＝应纳税所得额×适用税率＝每次收入额×（1－20%）×20%

（5）财产转让所得，以转让财产的收入额减除财产原值和合理费用后的余额，为应纳税所得额。

（6）利息、股息、红利所得，偶然所得和其他所得，以每次收入额为应纳税所得额。

（四）个人所得税减免

——省级人民政府、国务院部委和中国人民解放军军以上单位，以及外国组织、国际组织颁发的科学、教育、技术、文化、卫生、体育、环境保护等方面的奖金；

——国债和国家发行的金融债券利息；

——按照国家统一规定发给的补贴、津贴；

——福利费、抚恤金、救济金；

——保险赔款；

——军人的转业费、复员费；

——按照国家统一规定发给干部、职工的安家费、退职费、退休工资、离休工资、离休生活补助费；

——依照我国有关法律规定应予免税的各国驻华使馆、领事馆的外交代表、领事官员和其他人员的所得；中国政府参加的国际公约、签订的协议中规定免税的所得；

——经国务院财政部门批准免税的所得。

个人所得税按月缴纳，实行个人申报制与单位代扣代缴制。

根据我国财政部统计，2008 年全国税收总收入为 54219.62 亿元，其中个人所得税完成 3722.19 亿元，占全国税收的 6.8% 左右，结构上，工薪所得“个税”收入 2240.65 亿元，占个税总收入的 66% 以上。

例题 1： 王先生系某高校教师，2008 年 10 月份取得收入情况如下：

（1）工资 4600 元，奖金 6000 元；

（2）接受学院委托，为某建筑搞室内装修设计，收入 5000 元；

（3）将以前所著科研论文专辑，由某出版社出版，稿酬 6000 元；

（4）发生财产损失，保险公司赔款 2000 元；

（5）在商场有奖销售过程中，中奖金额 200 元。

请根据个人所得税法规定，计算王先生应缴的个人所得税。

解：（1）月工资、薪水收入合计为 10600 元，已超过 2000 费用扣除额应纳税。

本月工薪收入应缴个人所得税 $= \{(4600+6000)-2000\} \times 15\% - 125$

$= 1165$（元）

（2）受托搞室内装修设计所得收入 5000 元，属于劳务报酬所得，超过 4000 元，扣除收入的 20% 为应纳税所得额，税率为 20%。

本月劳务费收入应缴个人所得税 $= 5000 \times (1-20\%) \times 20\%$

$= 800$（元）

（3）出版论文专辑收入 6000 元。

应缴个人所得税 $= 6000 \times (1-20\%) \times 20\% \times (1-30\%)$

$= 672$（元）

（4）保险公司赔款，免征个人所得税。

（5）在商场有奖销售活动中的中奖所取，应由商场代扣代缴个人所得税，其税额为：

200×20% =40（元）

王先生本月应缴个人所得税合计 =1165 +800 +672 +40 =2677（元）

答：2008 年 10 月王先生应纳个人所得税 2677 元。

四、社会保障税（social security tax）

社会保障税是为筹集社会性保障资金而设置的一个税种，它以纳税人的工资和薪金所得作为课税对象。发达国家已普遍推开（注：截至 2009 年我国还未开征）。

（一）社会保障税的课征范围

只要在本国有工资、薪金收入者都应视为社会保障税的纳税人，对于不存在雇佣关系的自由职业者，虽然没有确定的工资、薪金所得，也必须依照规定缴纳社会保障税。

但是社会保障税实行雇者与被雇佣者共同担负的原则，即其税负由雇主和雇员共同承担。如美国的社会保障税，按雇员全年领取或雇主全年对每个雇员支付的工资、薪金总额计征，目前的税率为 15.02%，但雇主与雇员各缴 7.51%。

（二）社会保障税的课税对象

其课税对象是在职职工的工资、薪金以及自由职业者的事业纯收入，值得注意的是：（1）通常附有最高应税限额；（2）不允许有宽免或费用扣除；（3）不包括纳税人除工薪收入以外的其他收入（如股息、利息等）。

（三）社会保障税的税率及征管

社会保障税大多采用比例税率，鉴于其实行“专款专用”，往往随着社会保障水平调整税率及雇佣双方的担负比例，例如目前美国为 15.02%（雇主与雇员各缴7.51%），瑞典为 20.03%（雇主缴 19.03%，雇员缴 1%），英国为 22.20%（雇主缴 10.2%，雇员缴 12%）。社会保障税一般实行源头扣税，由雇主在支付工资、薪金时扣缴，最后连同雇主所应负担的税款一并缴纳。

第五节　资源、财产与行为的课税

就资源与财产课税形成了如下理论：（1）支付能力说。资源使用者和财产所有人从国家接受了保护，那么其就应该为支付保护成本而纳税。（2）调节社会公平。资源占有和财富累积往往造成社会分配的过度悬殊，需要政府从平衡资源使用、鼓励劳动抑止遗传而对其课税。(3) 优化资源配置。资源与财产课税可以促进资源有效配置、公平分配。概括讲，资源税与财产税具有如下特征：它们都是对存量课税，均属于直接税和税源比较稳定。资源课税与财产课税一般配置在要素配置环节或所得分配后的消费环节。

一、资源的课税

资源税的特点：(1) 只对特定资源征税；(2) 具有收益税性质；(3) 具有级差收入税的特点；(4) 实行从量定额征收。资源税的课税对象是开采或生产应税产品的收益，开采或生产应税产品的单位和个人为资源税的纳税人。它的作用在于促进资源的合理开发利用，调节资源极差收入。我国目前对资源类课税经改革只开征了资源税，1994 年经修正全面开征资源税。

（一）资源税的纳税对象与纳税人

《资源税暂行条例》规定在我国境内开采矿产品或者生产盐的单位和个人，为资源税的纳税义务人。

（二）资源税的征收范围

应当征收资源税的矿产品和盐共有七类：原油、天然气、煤炭、其他非金属矿原矿、黑色金属矿原矿、有色金属矿原矿和盐。

（三）资源税实行定量税（见表 8－10）

表 8－10　　　　资源税税率表

税　目	税　额　幅　度
一、原油	8～30 元/吨
二、天然气	2～15 元/千立方米
三、煤炭	0.3～5 元/吨
四、其他非金属矿原矿	0.5～20 元/吨或者立方米
五、黑色金属矿原矿	2～30 元/吨
六、有色金属矿原矿	0.4～30 元/吨
七、盐	
固体盐	10～60 元/吨
液体盐	2～10 元/吨

（四）资源税的税额计算

——纳税人开采或生产的应税产品销售的，其计算公式：

应纳税额 = 销售数量 × 单位税额

——纳税人将开采或生产的应税产品自用或捐赠的，其计算公式：

应纳税额 = 自用数量或捐赠数量 × 单位税额

——收购未完税产品，于收购环节代扣代缴资源税，其计算公式：

应代扣代缴资源税 = 收购数量 × 单位税额

资源税纳税人应向应税产品的开采或者生产所在地主管税务机关缴纳。

二、财产的课税

财产课税是最为悠久的税收行为之一，我国最早的财产税是汉代的算缗钱。随着社会经济的发展，财产及财产税形式不断丰富，目前世界上80%以上的国家单独对财产课税，财产税已成为地方财政的主要收入来源。财产税在我国主要包括：房产税、车船使用税、车船使用牌照税和固定资产投资方向调节税，现择其重点教授：

（一）房产税（building tax）

1. 房产税的征收范围、纳税人和征税对象

房产税的征税范围为：城市、县城、建制镇和工矿区。房产税的纳税义务人是指房屋的产权所有人。具体包括产权所有人、房产承典人、房产代管人或使用人。

房产税的征税对象是房产，即有屋面和围护结构（有墙或两边有柱），能够遮风避雨，可提供人们在其中生产、学习、工作、娱乐、居住或储藏物资的场所。

2. 房产税的计税依据和税率

房产税的计税依据，有从价计征和从租计征两种。所谓"从价计征"，是指按照房产原值一次减除10%～30%后的余值计算缴纳；所谓"从租计征"，是指以房产租金收入计算缴纳。

我国现行房产税采用的是比例税率，主要有两种税率：一是实行从价计征的，税率为1.2%；二是实行从租计征的，税率为12%。

3. 房产税应纳税额的计算

（1）从价计征的计算。从价计征的计算，是指按照房产的原值减除一定比例后的余额来计算征收房产税。其计算公式为：应纳税额 = 应税房产原值 ×（1 − 扣除比例）×1.2%

（2）从租计征的计算。从租计征的计算，是指按房产出租的租金收入来计算征收房产税。其计算公式为：应纳税额 = 租金收入 × 12%

房产税实行按年计算，分期缴纳，实行属地征收。

（二）土地增值税

1. 土地增值税的纳税人与征税对象

土地增值税的纳税义务人为转让国有土地使用权、地上建筑物及其附着物并取得收入的单位和个人。

土地增值税的征税范围包括：（1）转让国有土地使用权；（2）地上的建筑物及其附着物连同国有土地使用权一并转让。

具体情况的判定：（1）以出售方式转让国有土地使用权、地上的建筑物及附着物的。（2）以继承、赠与方式转让房地产不纳入范围；房地产的出租不纳入；房地产的抵押列入；房地产的交换免征；以房地产进行投资、联营应征收；合作建房建成后转让的应征收。

2. 土地增值税的应纳税额与税率

土地增值税的应纳税额为土地开发收入减去取得土地成本（含该环节税费）、房地产开发成本、房地产开发费用与转让房地产相关的税金和其他相关费用，计算公式为：

应纳税额 = $\sum$（每级距的土地增值额 × 适用税率）

土地增值税适用四级超率累进税（见表 8 – 11）：

- 增值额未超过扣除项目金额 50% 的部分，税率为 30%；
- 增值额超过扣除项目金额 50%、未超过扣除项目金额 100% 的部分，税率为 40%；
- 增值额超过扣除项目金额 100%、未超过扣除项目金额 200% 的部分，税率为 50%；
- 增值额超过扣除项目金额 200% 的部分，税率为 60%。

土地增值税于增值实现时纳税，实行属地征收。

表 8 – 11　土地增值税四级超率累进税率

级　数	增值额占扣除项目金额比例	税率（%）	速算扣除系数（%）
1	不超过 50% 的部分	30	0
2	超过 50% ~100% 的部分	40	5
3	超过 100% ~200% 的部分	50	15
4	超过 200% 的部分	60	35

三、行为的课税

行为税是对某些特定行为课征的一类税。我国主要开征了印花税，城市维护建设税、耕地占用税，现择其要点教授。

（一）印花税

1. 印花税的纳税人及纳税对象

在我国境内成立、领受本条例所列举凭证的单位和个人，都是印花税的纳税义务人，应依法缴纳印花税。

下列凭证为应纳税凭证：

- 购销、加工承揽、建设工程承包、财产租赁、货物运输、仓储保管、借款、财产保险、技术合同或者具有合同性质的凭证；
- 产权转移书据；
- 营业账簿；
- 权利、许可证照；
- 经财政部确定征税的其他凭证。

2. 印花税的税额与税率

纳税人根据应纳税凭证的性质，分别按比例税率或者按件定额计算应纳税额。税率按《印花税税目税率表》执行。

应纳税额不足一角的，免纳印花税。

同一凭证，由两方或者两方以上当事人签订并各执一份的，应当由各方就所执的一份各自全额贴花。

（二）耕地占用税

1. 耕地占用税的纳税人

占用耕地建房或者从事非农业建设的单位或者个人，为耕地占用税的纳税人，并依法纳税。耕地占用税以纳税人实际占用的耕地面积为计税依据，按照规定的适用税额一次性征收。

2. 耕地占用税的应纳税额与税率

- 人均耕地不超过1亩的地区（以县级行政区域为单位，下同），每平方米为10～50元；
- 人均耕地超过1亩但不超过2亩的地区，每平方米为8～40元；

• 人均耕地超过 2 亩但不超过 3 亩的地区，每平方米为 6 ~ 30 元；
• 人均耕地超过 3 亩的地区，每平方米为 5 ~ 25 元。

耕地占用税由地方税务机关负责征收。

部分国家基本税收制度（税种）见表 8 – 12。

表 8 – 12　　部分国家基本税收制度（税种）

中国（24）	美国（联邦、州）	日本（51）	印度
增值税、营业税、消费税和关税；企业所得税、个人所得税；资源税；房产税、城镇土地使用税、土地增值税、车辆购置税、车船使用税和契税；印花税、城乡维护建设税和耕地占用税等	个人所得税、社会保障税、公司所得税、遗产与赠与税、消费税、关税、销售税、消费税、财产税、资源使用税、个人控股公司税、累积收益税等	个人所得税、法人税、消费税、酒税、烟税、汽油税、石油液化气税、航空燃料税、石油税、汽车重量税、关税、吨位税、地方道路税、电源开发促进税、遗产税、赠与税、交易所得税、有价证券交易税、印花税 都道府县民税、个人事业税、都道府县民税（法人）、法人事业税、地方销售税	所得税、财富税、农业税、利息税、赠与税、消费税、销售税、有限度增值税、入市税、关税、劳务税、不动产税等

资料来源：爱德华·J·雷维：《国际税收大全》，西南财经大学出版社 1993 年版。

第六节　我国的税制及改革

一、新中国成立以来我国税制的发展与改革

1949 年以来我国税收制度大致经历了三个阶段，新中国成立到 1978 年为建立及不断完善适应计划经济的税制阶段；1978 年到为建立及适应有计划商品经济的税制阶段；1994 年建立适应社会主义市场经济税制体系。

（一）计划经济体制下的税收制度（新中国成立 ～ 1977 年）

1950 年建立新中国税制，统一全国税政，公布实施《全国税政实施要则》，规定除征收农业税外，全国开征 14 种工商税。

1953 年根据我国财政经济状况已经好转，国民经济恢复已经完成，开始实施第一个五年计划，原有税制与新的经济形势出现许多不相适应的地方，为此修订税制，主要内容是将原来征收货物税的一部分品目改征商品流通税；修订货物税和营业税；取消特种消费行为税等。

（二）有计划商品经济时期的税制改革（1978 ～ 1993 年）

1978 年以来，随着对内改革、对外开放政策的实施，我国开始进入经济管理体制重构时期，原有的单一税收制度难以适应多种经济成分和多种经营方式并存的新形势，因此，“利改税”以及工商税制大规模恢复和重建被提上议程。1983 年开始第一步“利改税”，主要内容是凡有盈利的国有大中型企业按 55% 的税率纳税，税后利润以 1982 年为基数采取递增包干上缴、定额上缴等办法将税后利润部分上交国家；国营小企业按 8 级超额累进税率缴纳所得税。第二步“利改税”从 1984 年开始，这次税制改革健全了所得税制度，进行了增值税改革的试点工作，调整了财产税和资源税并针对某些特定行为开征了建筑税、国有企业工资调节税和城市维护建设税等新税种。同时为适应对外开放的需要建立健全了涉外税制，对涉外企业的企业所得税、个人所得税、工商统一税、城市房地产税和车船使用牌照税等做了详细的规定。农业税也在这一时期开始发展并不断完善。这一时期税制改革的指导思想是利用各税种的不同功能充分发挥税收杠杆对有计划的商品经济的调节作用。到 1992 年，我国已初步建立起了一个由 20 多个税种组成的多税种、多环节课征、适应有计划商品经济体制发展要求的税制体系。

（三）社会主义市场经济体制下的税制改革（1994 年至今）

前一时期的税制改革由于保留着计划经济体制的某些特征而存在税制不统一、税负不公平、名义税率高而实际税率低、税收法制体系不健全、税收流失严重、国家与企业分配关系不规范以及中央和地方税收管理权限划分不合理等缺陷。随着社会主义市场经济体制的建立和逐渐完善，原有税制在一些新兴产业领域已无法发挥作用，为适应市场经济的发展和加快改革开放步伐，税制改革的必要性和紧迫性得到了普遍的认同。这期间税制按照社会主义市场经济体制的要求，统一税法、公平税负、简化税制、合理分权、理顺分配关系和保障财政收入的思路不断完善。改革的重点是流转税和所得税。在流转税改革中，建立了在生产和流通环节普遍征收增值税，对少数产品征收消费税，对劳务供给、无形资产转让和不动产销售征收营业税的流转税体制，并统一应用于内外资企业。取消了对内资企业征收的产品税和对外资企业征收的工商统一税。在企业所得税的改革中，规范了国家和企业的分配关系，取消了按所有制形式设置所得税的做法，2007 年企业所得税“两法”合并改革实现了对企业税收的“四个统一”。在个人所得税改革方面，合并了外籍人员和城乡个体工商业户所得税，建立起统一的个人所得税制。在财产税改革方面也对内外资企业统一执行新的房产税征收制度，开征土地增值税。对资源税和行为税类也进行了相应的改革和调整。在税收管理的形式上实行了中央和地方税收分级管理的体制，建立中央税、地方税和中央地方共享税收收入体系。加强了税收征管和监控的力度，进一步提高了税收制度的效率和分配水平。2006 年全面取消农业税。1994 年以来的一系列改革使税制更加简化，税收结构和税率设计得到改进，税收筹集财政收入和宏观经济调控的功能得到了增强，对社会主义市场经济体制的建立和促进社会生产力的发展发挥了重要作用。

我国的税制建设经历了一个漫长的探索和不断完善的过程，目前已基本形成了适应社会主义市场经济发展要求的以流转税和所得税为主体、其他税种辅助配合、多税种、多层次、多环节调节的复合税制体系。事实证明，改革开放 30 年来，我国税收制度的重构、突破和发展为各个时期的财税工作和经济社会发展取得令人瞩目的成就提供了一种制度性的保障力和推动力。我国税收收入从 1978 年的 519.28 亿元增长到 2007 年的 49442.73 亿元，税收规模增长了 95 倍，年平均增长率为 29%，税收收入占国家财政收入的比重从 1978 年的 45% 增长到 2007 年的 96%。税收占 GDP 的比重逐年增加，1994 年我国税收收入占 GDP 的 10.84%，2007 年为 20%。税收征管不断加强与优化缩小了名义税负与实际税负间的差距，据估算我国因为加强税收征管而带来的管理性税收增长占税收增量的比例在 1998 年达到了 51.4%，2001 年这一比例降为 26.6%，这使得整个税收制度的效率得到了极大的提高。从总体来看，改革后的税制体系在结构上更趋完整，税负公平得到改善，税收在实现资源配置、公平分配和宏观经济调控方面的功能得到增强，有力地促进了社会主义市场经济体制的建立和发展。

二、当前税制存在的主要问题

税收制度有效运行的前提是必须与其赖以存在的经济环境和经济制度体系相适应。我国现行的税制从 1994 年税制改革后一直沿用至今已有 14 年，其间，在基本框架不变的前提下也做过一些调整，但相对于新的经济环境仍然存在一些问题。

（一）税费界限不清，税收分配与调节功能难以全面发挥

我国税收覆盖面与调节领域仍难以适应市场经济的发展，税费界限不规范，诸多需要以税收调节的领域，仍以规费形式调节，主要是：社会保障行为、土地交易行为、交通建设补偿行为和环保调节行为。它极大削弱了宏观调节的权威性和规范性，不利于建立公平的市场竞争秩序和社会的公平分配；也难以建立强有

力的财政供求平衡机制，促进社会经济的可持续发展。

再就是许多税种设计难以发挥内在功能，诸如，个人所得税仍实行简单的分类所得征收制，存在应税所得项目的遗漏和税基覆盖不全面等缺陷，不利于全面地对综合收入差距进行调节；财产调节（动产与不动产）缺乏整体规划与分配导向，还没有建立实际意义上对财富持有予以调节的财产税。

（二）税收负担与结构欠佳，难以履行供给职能

一方面是税收超经济增长；另一方面是税收负担与结构欠佳。这里的关键是没有机制保证的超经济增长会抑制经济发展潜力，而建立在科学机制上的增长，可以实现国民收入分配比例的调整，既不伤害经济还可以保障社会福利与经济的同步提高。

当前，我国税收占 GDP 比重偏低，难以承担日益提高的公共财政的需求，2008 年我国税收占 GDP 比重为20%，这低于发展中国家平均水平约5 个百分点，低于发达国家约 20 个百分点，与迅速发展的社会保障需求、义务教育与社会基础设施需求差距日益凸显。

再就是税收内在结构不尽科学，主要是流转税与所得税比例失调，流转税约占税收的 70% 以上，所得税收仅占 20%，这与社会经济发展税收向最终分配调节转移的优化趋势是不相称的。基本上没有形成独立完整的地方税体系。

（三）税收优惠导向不科学

随着改革开放的深化，税收成为促进经济发展最重要的经济手段，税收优惠形式繁多，但以区域、吸引投资为导向的优惠政策，已经难以适应社会经济可持续发展的需要。后工业化、后世界后时代，追求的是经济与环境的协调发展，追求的是产业、科技与内涵的可持续发展，因此，亟待改革目前纷纭零乱的以区域、投资为主导的税收优惠政策。

（四）税收秩序紊乱

这是我国走向市场经济、法制经济的一个深层次问题。税收秩序紊乱直接抑制着市场的公平竞争，它表现为几个层次：一是普遍存在偷税、逃税与避税，税收公德意识淡薄，公共服务与公共补偿机制难以形成良性循环；二是政府干预税收行为，权大于法，严重干预着税收严肃性；三是税收寻租行为。三个层面的问题使我国缺乏税收公民意识、税收行政严肃性和执法公正性，致使难以形成良好的税收秩序。

三、建立促进社会经济可持续发展的新税制

从市场经济发展和对外开放的客观需要看，我国税制要发挥促进资源配置，分配调节等基本功能，其内在运行机制，主要是配置领域、税制结构、税收调节和征管秩序，仍需要进行系统配套的深化改革。

（一）规范收入秩序，强化税收分配

市场经济需要以法制分配规范竞争秩序。强化税收分配将成为规范财政收入秩序的主要改革方向：（1）规范预算外收入管理，逐步以税收形式取代非直接补偿性收入，逐步将各类社会保障收入（养老医疗、失业等）改为社会保障税；(2) 以税收形式取代行政性规费，创造条件将环境污染罚金、环境保护费等设置为环境保护税。

（二）根据公共财政发展需要，调整税收分配比例及结构

随着公共财政发展的需要，财政分配逐步向公共保障、公共教育、公共设施及公共环境等民生福祉方面转移，财政收入占 GDP 比重过低严重制约着民生福祉水平及覆盖面的提高，也制约着政府公共服务职能的履行，调整税收比例和税收结构，将成为今后一个时期的改革重点：（1）在保持与经济同步增长的基础上，通过调整税基、拓宽税源，提高税收内在经济贡献率等形式，提高税收占 GDP 的比重；（2）根据经济发展需要，推进企业所得税、个人所得税改革，提高所得税占整个税收的比重，进而提高税收占 GDP 的比重；（3）根据社会经济发展需要，逐步拓宽税收调节领域，建立独立完整的地方税体系，建立健全资源税、财产税调节范围，加强对城市房地产统筹调节，探索开征物业税、环保税等，在拓宽功能的基础上，提高税收占 GDP 的比重。

（三）根据世界经济一体化和经济可持续发展要求，调整税收优惠政策

税收优惠是政府把握社会经济科学发展的政策导向。我们要根据世界经济一体化和经济可持续发展的客观要求，调整税收优惠政策：从区域优惠向产业优惠转化（重在促进产业升级与结构调整）；从直接优惠向间接优惠转化（变税收饶让为税收抵免，变无限优惠为有限优惠）；从支出优惠向收支兼顾优惠转化，统筹收支政策优惠，支出优惠有利地利用支出政策，收入优惠有力地利用收入政策，提高财政优惠的政策效率。

（四）加强依法治税、改善税收秩序

税收秩序紊乱是造成税收流失、严重侵蚀税基及税负不公平的重要原因，也直接制约着市场经济的有序运转和公平竞争，因此，怎样加强依法治税、改善税收环境将成为我国政府推进市场化建设必须解决的重要问题。就此问题，改革应该放在这样几个方面：(1) 加快税收立法进程，提高各主要税种的法律层次，尽快颁定《增值税法》、《消费税法》及《城镇房地产税法》等，做到有法必依；(2) 规范税收优惠审批权限，将税收优惠权限统一到省级税务部门，严禁越权审批，实行审批责任追究制；(3) 建立健全税收优惠审计制和行政诉讼制，对有违公平竞争的税收优惠定期审计，推行不公平优惠申诉制，建立社会监督、舆论监督与审计监督的系统监督制约机制。

案例分析

案例 8-1 政府与纳税人何时能公平交易

昨天，审计署审计长李金华发布了 2006 年中央预算执行情况审计报告，再次将有关政府部门的“丑事”公之于众。

回想 1999 年以前的审计署，几乎没给公众留下什么印象。1999 年 6 月 26 日，出任审计署审计长不到一年的李金华向全国人大常委会做《关于 1998 年中央预算和其他财政审计情况》的报告，对水利部挪用水利建设资金等问题直接点名披露，赢得了经久不息的掌声。

此后的每一年审计报告中，都会被人们冠以“审计风暴”的头衔。

每次审计风暴，次次刮得风起云涌，次次让众政府部门颜面扫地。可回望这 9 年审计，却有年年岁岁花相似的感觉。政府部门违规——窗体顶端审计署揭丑——相关政府部门整改——政府部门再违规——审计署再揭丑，年复一年地轮回着。

连李金华自己都说：“我总的想法就是慢慢消除人们对这种审计风暴的印象，我不希望老刮审计风暴。”

“政府运作成本过高浪费纳税人的钱。”李金华此言更是荣登网络评选 2006 中国十大真话，说出了纳税人的心声：我们辛勤劳动的钱缘何要为政府的挥霍埋单？

根据《中国青年报》的最新调查，参与调查的 6788 人中，有 37.5% 表示“肯定不会去主动进行个税申报”。“作为纳税人没有享受到纳税人应有的权利，而且也不知道老百姓的钱袋子政府到底是怎么管、怎么花的”，这成为影响纳税积极性的最主要原因。

从经济学的角度来看，可将税收理解为“政府与纳税人之间的交易”，即政

府收了纳税人的钱，就须为纳税人提供等价甚至是廉价的服务。政府肆意挥霍纳税人的钱，无形中给了纳税人拒绝纳税的理由。

政府部门是时候认真践行"处处为纳税人着想"了。纳税虽然是公民的法定义务，但政府与纳税人之间的"交易"，只有趋于公平，才会维持和谐。

《北京商报》，2007年6月28日。作者：赵艳红

编者按：

当今世界保护纳税人的合法权益，如同保护投资者、消费者权益一样，具有民主、法治、人权的重大进步意义。

理论上讲，政府与纳税人关系具有三层含义：（1）政府与纳税人之间的经济关系。也即税收分配关系，指以国家为主体对国民收入进行分配的经济关系，它通过各个税种的设置在生产、流转环节、分配、消费环节来进行。实际上是国家与企业和个人的利益分配关系。（2）政府与纳税人之间的法律关系。它指政府机关和纳税人之间在宪法、法律面前是平等的；但由于政府（国家）为了公共的利益而实行征税，这是一种公权力，而自然人、法人向政府（国家）缴税，这是私权利接受公权力的干预，当私权利和公权力发生矛盾时，一般地说私权利要服从公权力的需要。同时，法律也规定公权力不能任意干涉私权利；税收法律中，权利与义务的关系是核心，既互为前提，又相互转化，但义务必须履行，权利与义务要能相称，但做不到对等、对称。（3）政府与纳税人之间的人文关系。这是指用先进思想、道德和文明风范来规范征纳关系。政府与纳税人之间的人文关系包括：征纳双方从以人为本的理念出发，不能因为征税而影响纳税人的生活和生存条件，相反地要达到国富民强的目的，达到国泰民安的要求。

有鉴于此，政府从制度层面上，需要考虑这样一些权益关系：根据经济发展与公共需要，不断进行税制改革，建立合理的税制结构，为纳税人创造公平竞争的环境，从根本上保护纳税人的合法权益；按照现实国情及市场经济体制的要求，不断转变政府职能，为纳税人提供更多的公共产品与服务；坚持依法治国、依法治税和依法理财的方针，不断完善尊重和保护纳税人合法权益的法律体系；不断优化纳税环境和为纳税人的服务，抑制腐败，防范偷税和权力"缺位"与"越位"，保护纳税人的合法权益。

案例8-2　世界各国印花税比较

今天看到安邦有篇文章说，在证券交易税上，全世界绝大多数国家都均为单向征收。

在收取证券交易税的20个国家中，仅澳大利亚、中国（包括中国香港）两个国家，为双向收取证券交易税。

美国：曾设置证券交易税，为了提高市场的流动性，繁荣证券市场，克林顿政府继承了里根政府的税改政策，在20世纪最后10年，逐步地取消了证券交易税。

韩国：只对证券交易的卖方征收0.3%的证券交易税。

日本：日本税法规定，证券交易税实行差别比例税率，单向收取，税率最高为0.3%，最低为0.01%，对债券类和股票类交易，场内交易和场外交易实行差别税率，以限制场外交易，合理证券构成，对政府债券则免税。

西班牙：对证券的卖方征收不超过0.11%的证券交易税，但同时又规定了相应的起征点，即只对超过200万比塞塔的部分征收。

比利时：对政府债券征收0.009%的税款，非政府债券为0.014%，对上市股票征收0.035%的交易税。

意大利：每10万里拉股票交易缴纳50～75里拉的印花税，即0.5‰～0.75‰，每10万里拉的债券缴纳20～30里拉的印花税，每10万里拉的政府债券缴纳2.5里拉的印花税。

新加坡：对交易的买方征收0.2%的转手费用，同时征收0.1%的印花税。

法国：目前的股票交易税根据交易额按比例缴纳，交易额小于15.3万欧元缴纳0.3%，交易额超过15.3万欧元则缴纳0.15%。

中国历次印花税调整：

1991年10月，深圳市将印花税率从6‰调整到3‰；

1997年5月12日，证券交易印花税率由3‰提高到5‰；

1998年6月，证券交易印花税率从5‰下调至4‰；

1999年6月1日为了活跃B股市场，国家税务总局再次将B股交易税率降低为3‰；

2001年11月16日印花税率调低至2‰；

2005年1月23日，财政部将证券交易印花税税率由2‰下调为1‰；

2007年5月30日，财政部调整证券（股票）交易印花税税率，由现行1‰调整为3‰。

巫建国编写

案例8－3　陈军华：假如最低工资追上个税起征点

日前，在清华大学举办的“财政现状与改革方向研讨会”上，清华大学经济管理学院教授王一江提出，可以考虑大幅度提高个人所得税的起征点。月收入1万元不要作为高收入人群调节的主要对象，而应是进入中产阶级的起点。王一江指出，目前月收入1600元作为起征点过低，而把年收入12万元以上的群体视为高收入人群也并不太合适。

调高个税起征点，不仅仅是学者的建议，也是民众的心声。11月5日，《中国青年报》刊登的由该报社会调查中心组织的一次调查结果显示，高达97.0%的人认为目前的个税起征点不合适，与此同时，有同样比例的人期待能将其调高。

如果从另外一个角度来作比较，或许能更为直观地看清这个问题。社会劳动保障部有关负责人近日表示：最近几年是我国最低工资标准调整频率最快、调整幅度最大的几年。2004 年 3 月前，十年间全国每个省份平均调整最低工资标准 3.8 次；2004 年 4 月至 2006 年底，不到 3 年里，每个省份平均调整了 1.9 次。在调整频率加快的同时，标准提高幅度也在加大。仅 2006 年，各地最低工资标准调整幅度一般都在 30% 左右，幅度最高的省份达到 64%。

自今年 9 月 1 日起，上海职工最低工资标准已经由每月 750 元提高到每月 840 元。自今年 11 月起，深圳市最低工资标准每月已经调整到每月 850 元，而且，深圳市的地方法规规定："每年对最低工资标准调整一次。"这就意味着，如果个税起征点保持不变，再过几年，深圳的最低工资标准就可能率先达到个税起征点，到时候岂不成了天大的笑话？

从 2006 年 1 月 1 日起施行的新修订的个人所得税法，把个税起征点正式由之前的 800 元，提高至 1600 元。当时，之所以如此规定，是因为根据财政部的测算，扣除标准从 800 元提高到 1600 元后，工薪阶层纳税人已经从占总人数的 60% 减少到 26%，结论是，"对减轻中低收入者负担的效果是明显的"。

但是，这个测算所依据的是当时的静态数据，并没有考虑到其增长性及通货膨胀等因素。从 2006 年 1 月 1 日至今，虽然时间还不足两年，但工薪阶层的纳税人数已经远远超出了 26% 的比例，笔者查阅了相关报道，发现即便一些中小城市，其工薪阶层缴纳个人所得税的比例也远远超出了 60%。

以目前的个税起征点和 1981 年的相对比，或许更能清楚地看清现行个税起征点的不合理性：1981 年职工平均工资约为每月 60 元，而起征点为 800 元，大约为月工资的 13.3 倍；到现在，起征点已调高到 1600 元，而据国家统计局 10 月 29 日公布的数据，今年前 9 个月城镇职工月平均工资为 1853 元，起征点仅为月工资的 86.3%。如果比照 1981 时的比例，现行的个人所得税法，把起征点定为 24600 元（即用 1853 乘以 13.3）才更具有合理性，才不至于沦入两年不到起征点标准就显得过低的困局。

个人所得税的作用就是调节贫富差距，起征点太低，使它走向了反面——工薪阶层成为个税缴纳的主体。诚如清华大学教授王一江所言，起征点过低压制了中等收入者，而这一部分恰恰是社会中坚力量。党的十七大提出的目标是，到 2020 年"合理有序的收入分配格局基本形成，中等收入者占多数，绝对贫困现象基本消除"，要实现这一目标，我国的税收政策应该能够助推中等收入者的形成而不是相反。

我国居民可支配收入在国民可支配总收入中的比重，从 1996 年开始便总体呈下降趋势，这意味着居民的可支配收入份额在减小，而政府的可支配收入份额在扩大。另外，我国国民工资占 GDP 的比例，1989 年是 16%，2003 年则下降到 12%，远低于一些市场经济较为成熟国家60%左右的水平。由于我国社会保障体系尚不够完善，教育、医疗、住房等方面的支出，都严重依赖居民的个人收入。

在这种情况下，就应该施行更宽松的个税政策，减轻中低收入者的负担，这既有利于拉动内需，解决我国经济发展中的一个大问题，也有利于藏富于民，实现国富民强。

新华社电传

编者按：

费用扣除（俗称起征点）具有两层设计思考：微观上它涉及人本原则，需要考虑人的基本需求、家庭赡养、风险储备等；宏观上需要考虑物价、储蓄等因素。因此，许多国家逐步从简单的综合因素扣除法向因素法过渡，他是一个国家政府进步与人文关怀进步的具体体现。

【注释】

1. 算缗（min）税。公元前 119 年汉武帝宣布开征算缗税，它是一种向商人和高利贷者征收的财产税。

2. 部分国家个人所得税费用扣除的改革趋势见下表。

部分国家个人所得税费用扣除政策

国别	扣　除　项　目	扣除方式	扣除方法
阿根廷	1. 每年有 4726 比索的基本免税额 2. 勤劳所得有 1.7732 万比索的扣除 3. 配偶有 2363 比索的扣除 4. 每个孩子和其他受抚养者有 1182 比索的扣除 5. 个人还可扣除社会保障税、人寿保险、私人退休金、捐款，以上不同项目限额扣除	分项扣除	定项扣除
澳大利亚	1. 医疗费按实扣除 2. 教育费在限额内扣除 3. 埋葬费在限额内扣除 4. 赡养费全额扣除	分项扣除	定项扣除
奥地利	1. 医疗费限额扣除 2. 教育费用 3. 只有一方挣钱的已婚夫妇扣除 500 先令 4. 第一个孩子扣除4200 先令，第二个孩子扣除 6300 先令，以后的每个孩子扣除 8400 先令 5. 雇员自身可享受的扣除为 1500 先令 6. 雇员可享受 4000 先令的交通扣除	分项扣除	定项扣除

续表

国别	扣　除　项　目	扣除方式	扣除方法
奥地利	7. 领取养老金的个人可享受5500先令的特别扣除 8. 因事故而修复财产的支出 9. 人寿保险支出 10. 退休金的捐款支出 11. 购买国债支出等	分项扣除	定项扣除
法国	1. 所有纳税人可选择工资、薪金10%的标准扣除或按实际费用扣除 2. 除10%的标准扣除，还可以就应纳税所得中作20%的标准扣除 3. 主要住宅费用、人寿保险、给慈善机构捐款等可动应纳税中扣除 4. 给一些诸如新闻记者、艺术家、推销员等特殊专业给予标准扣除，扣除率为25%~30%	分项扣除	定项扣除
德国	1. 保险费 2. 职业培训费 3. 税务咨询费 4. 家务帮工费 5. 赡养费 6. 税款滞纳金 7. 为政党捐款 8. 医疗费 9. 个人生计费 10. 抵押贷款利息	分项扣除	定项扣除

根据：陈志楣著：《税收制度国际比较研究》，经济科学出版社2000年版整理。

3. 美国337关税保护条款。337条款是指根据美国1930年关税法第337条规定的行政调查程序。任何一家美国企业如果认为某一进口货物的进口侵犯了它的知识产权，就可以发起337程序。一旦该企业可以证明进口产品确已构成侵权，美国国际贸易委员会（USITC）就有权暂时或者永久禁止该产品的进口。

4. 黄宗羲定律。黄宗羲认为历史上税费改革进行过不只一次，唐朝的“两税法”、明朝的“一条鞭法”、清代的“摊丁入亩”等等，但每次税费改革后，由于当时社会政治环境的局限性，农民负担在下降一段时间后会涨到一个比改革前更高的水平，黄宗羲将其称为‘积累莫返之害’。

【综合复习】

一、名词解释（概念题）

税制类型　分类所得税　消费型增值税　黄宗羲定律　纳税人　超额累进税率

二、填空题

1. 税制要素是构筑每个具体税种的基本因素，它包括______、______、税率、______、纳税环节、______和税收优惠等八个要素。

2. 按税收收入的______，它划分为中央税、地方税和共享税。

3. 增值税按税基划分为三种类型：______、______和______。

4. 个人所得税按课税对象划分类型，有三种课税计征方式：______、______和分类综合计征法。

5. 2009 年来，我国对个人工薪收入，计征个人所得税，月费用扣除额为______元，适用______税率。

6. 银行在其业务流转环节须缴纳______税；在企业收益环节缴纳______税。

三、选择题

1. 下列属于课税依据的是（　　）。

A. 纯所得额　　B. 商品流转额

C. 个人全部所得额　　D. 财产净额

2. 按照增值税的计税依据，我国增值税属于（　　）。

A. 生产型增值税　　B. 消费型增值税

C. 收入型增值税　　D. 外延型增值税

3. 以下税种属于价外税的是（　　）。

A. 营业税　　B. 关税

C. 增值税　　D. 消费税

4. 车船使用税属于（　　）。

A. 流转税系　　B. 所得税系

C. 行为税系　　D. 财产税系

5. 我国个人所得税的课税计征类型实行的是（　　）。

A. 分类所得课税　　B. 综合所得课税

C. 分类综合所得课税　　D. 综合分类所得课税

6. 我国“证券交易印花税”是对（　　）征收。

A. 买卖双方　　B. 买进方

C. 卖出方　　D. 交易各方

7. 进口烟草在海关环节依次缴纳（　　）。

A. 关税—消费税—增值税　　B. 增值税—消费税—关税

C. 消费税—增值税—关税　　D. 关税—增值税—消费税

四、计算题

中国公民李甘系——公司高级职员，2008 年 1 ~ 12 月收入情况如下：

1. 每月取得工资收入3500元，另外，在3月底、6月底、9月底、12月底分别取得季度奖金3000元；

2. 取得翻译收入20000元，从中先后拿出6000元、5000元，通过国家机关分别捐给了农村义务教育和贫困地区；

3. 小说在报刊上连载50次后再出版，分别取得报社支付的稿酬50000元、出版社支付的稿酬80000元；

4. 在A、B两国讲学分别取得收入18000元和35000元，已分别按收入来源缴纳了个人所得税2000元和6000元。

要求：按下列顺序回答问题，每问均为共计金额：

(1) 计算全年工资和资金应缴纳的个人所得税；

(2) 计算翻译收入应缴纳的个人所得税；

(3) 计算稿酬收入应缴纳的个人所得税；

(4) 计算A国讲学收入在我国应缴纳的个人所得税；

(5) 计算B国讲学收入在我国应缴纳的个人所得税。

五、简答与论述题

1. 简述所得税的类型及利弊分析。
2. 简述世界税制改革的实践。
3. 实行消费型增值税的经济学分析。
4. 房地产税收调节的经济思考。
5. 开征燃油税的经济分析。
6. 消费税调整的历史经验。
7. 费用扣除的决定因素及制度设计。
8. 遗产税的制度设计及调节。
9. 产业转型的税收调节。

【阅读与参考文献】

1. 杨卫华、周凯主编：《中国税收制度》，中山大学出版社2003年版。

2. 〔英〕锡德里克·桑福德著：《成功税制改革的经验与问题》，中国人民大学出版社2000年版。

3. 〔美〕斯蒂芬·R·小刘易斯著：《寻求发展的税收原则和应用》，中国财政经济出版社1998年版。

4. 国家税务总局税收科学研究所编译：《外国税制概览》，中国税务出版社2003年版。

天行健，君子以自强不息！

地势坤，君子以厚德载物！

——易经

第九章 国际税收

第一节 国际税收：内涵、背景及特点

国际税收是调整国家间税收分配及跨国纳税人税收关系的总称。它涉及着征税权限、纳税人、课税对象及计税方式的协调。

随着世界经济一体化的深入及国际贸易的繁荣，税收的国际环境也在发生深刻变化：一是各国的税收主权开始相互交织。商品、资本及利润的世界性配置与流动，致使跨国公司、国际投资、国际贸易迅速发展，这给传统的以国域为基础的税收关系带来巨大的挑战。二是各国税收保护、税收优惠竞争日益加剧，各国为保护本国权益，积极地去创造比较优势、建立区域经济协作关系；三是跨国纳税人避税活动更加活跃，从不同层面冲击着各国正常的社会经济秩序。这一切要求各国政府加强税收的国际协调。

世界上国际税收协定是以关税协定为契机而展开的，后来形成了对商品税、所得税和财产税全面的国际税收协调关系。16 世纪中叶欧洲诸国就尝试打破关税壁垒，发展自由贸易，1703 年英国与葡萄牙缔结了“梅屈恩协定”，签署了最早的国际关税协定，揭开了国际税收协调的序幕。1872 年英国和瑞典签订了关于遗产税的国际协定。20 世纪初由国际商会和国际联盟最先提出了所得税、财产税的国际双重征税及其协调原则；而 1945 年以美、英等国发起的《关税与贸易总协定》则揭开了现代国际税收协调的序幕。

国际税收关系的探索，从经济学意义上，是随着国际贸易理论的成熟，即在大卫·李嘉图的“比较成本说”、俄林的“相互依存说”、哈伯勒的“比较机会成本”及哈罗德的“国际贸易收入分配论”的推动下，不断进行着理论完善与对应性调整。

国际税收协调大致经历了三个阶段：一是双边协调阶段，主要是通过双边贸易协定，规范双边税收关系，属于特殊的国际条约。二是多边协调阶段，从单一

协调逐步扩大为区域性多边协调。三是世界性协调阶段。经过多年努力，逐渐发展到了世界性的多边协调阶段，诸如通过 WTO 中的税收协议来协调世界范围的税收关系。

国际税收协调具有三个特性：主权协调性，两个以上国家各自凭借其拥有的政治权利协调同一纳税客体的税收关系；国家利益主导性，在协调跨国利益中维护本国权益；互惠性，两国在互惠互利，平等相待的基础上协调税收利益关系。

第二节　税收管辖权及选择

一、税收管辖权：内涵及原则

税收管辖权（tax jurisdiction）是指一个主权国家在税收方面拥有的管理权限。即一国政府有权自行决定对哪些人课税，课征哪些税和课征多少税。税收管辖权是国家主权在税收方面的体现，是国家主权的重要内容。国际上将国际税收管辖原则划为两类：一是“属地原则”；二是“属人原则”。

（一）“属地原则”（teri trial tats prinzip）

“属地原则”是一个主权国家以地域为标准确定其行使管辖权范围的一种原则。按照地域概念，凡是在一个主权国家领土范围以内的人，不论他们是否是这个国家的公民或居民，只要他们在这个国家领土范围内从事社会活动，就是这个主权国家政治权力行使的对象，就要受这个国家的政治管辖。

（二）“属人原则”（principle of persona）

“属人原则”是以属一个国家政治权利管辖的人（包括自然人和法人）作为其行使管辖权范围依据的原则。按照“属人原则”，凡是一个主权国家的公民或居民，不论他们是否在这个国家的领土范围内从事社会活动，他们依然是这个主权国家政治权力行使的对象，就要受这个国家的政权管辖。一个国家只对本国公民或居民行使管辖权，而对外国公民或居民则不能行使管辖权。奉行“属人原则”的国家，可以给以本国人所生的子女以本国国籍，而不论其出生于何国。

二、税收管辖权的应用

一般说来，奉行“属地原则”的国家在行使税收管辖权时采用“地域税收管辖权”，奉行“属人原则”的国家则采用“居民税收管辖权”或“公民税收管辖权”。

（一）“属地原则”与地域税收管辖权

“地域税收管辖权”（也可称所得来源管辖权、收入来源地管辖权）是按属地原则确立起来的税收管辖权。在一个实行地域管辖权的国家，它只对纳税人来源于本国领土范围内的应税收益、所得以及存在于本国领土范围内的应税一般财产价值征税，即使这个纳税人是一个外国的公民或居民，也无例外。

（二）“属人原则”与居民（公民）税收管辖权

按“属人原则”确立的税收管辖权有两种：公民税收管辖权和居民税收管辖权。

1. 公民税收管辖权

公民税收管辖权，按照“属人原则”，国家对具有本国国籍的公民来自世界范围的全部所得行使征税权。在一个实行公民管辖权的国家，它只对属于本国的公民的一切应税收益、所得或一般财产价值征税，即使这个公民的应税收益，所得或一般财产价值中，有一部分，甚至全部都是来源或存在于其他国家的领土范围以内，也不例外。公民税收管辖权以国籍来判断其纳税义务，不论其居住于国内或国外，对于住在外国者，也不论其居住期限的长短，都应按其世界范围内的收入纳税。

按公民身份行使税收管辖权给国际税收带来了更多的困难。因为，甲国公民如在另一国居住，而在第三国取得收入，则甲国要按公民身份对其征税，居住国要按居民身份对其征税，而收入来源国则要从源征税，这就使国际税收关系更加复杂化。特别是对一个很少、甚至从来也不在所属国籍国居住，而经常在别国居住和从事经营活动的跨国人员行使该权，对其来源于世界范围内的所得征税，往往是不现实的。所以，除了美国和墨西哥等少数国家外绝大多数国家放弃了公民税收管辖权，转而采用了居民税收管辖权。

2. 居民税收管辖权

居民税收管辖权指国家对居住在本国境内的全体居民（包括自然人和法人）取得的来自世界各国的全部所得行使的征税权力。在一个实行居民管辖权的国家，它只对居住在本国的居民的一切应税收益，所得或一般财产价值征税，即使这个居民的应税收益、所得或一般财产价值中，有一部分，甚至全部都是来源或存在于其他国家的领土范围以内，也不例外。

这里，居民的观念比公民要复杂得多。公民也可称为国民，指拥有本国国籍的人。居民指居住在一国境内并受该国法律管辖的一切人，包括该国国民，外国国民，双重国籍和无国籍人等都在内。

世界上绝大多数国家都实行居民税收管辖权，而不考虑公民税收管辖权。

三、税收管辖权的实施

既然税收管辖权属于国家主权，那么，每个主权国家都有权根据自己的国情选择适合自己的税收管辖权类型。在具体实施时，有些国家是采用一种税收管辖权，但大多数国家是将两种或三种税收管辖权结合使用，从世界各国的现行税制来看，所得税管辖权的实施主要有以下四种情况。

（一）单一地域管辖权的实施

一国政府只对来源于本国境内的所得行使征税权，其中包括本国居民的境内所得和外国居民的境内所得，而对本国居民的境外所得不行使征税权。按地域税收管辖权征税，收入来源发生在哪个国家，就在哪个国家征税，体现了国际经济利益分配的合理性，又方便了税收的征管工作，为世界各国所普遍接受。目前，单一行使地域税收管辖权的国家或地区主要有文莱、中国香港、沙特阿拉伯、马耳他、危地马拉、厄瓜多尔、巴西、玻利维亚、委内瑞拉等18个国家。

一个国家如果只是单一地行使地域税收管辖权，对来源于本国领土范围内的收益和所得征税，而对本国居民或公民来源于其他国家的收益和所得不征税，这样，就丧失了本国的一部分财权利益，而原因就是这个国家没有行使居民（公民）征收管辖权。既然单一地行使某种征收管辖权会给国家带来财权利益上的损失，为什么还有少数国家单一地行使地域税收管辖权呢？这些国家这样做的目的，是为了给外国投资者提供一种对境外收益不征税的诱人条件，来吸引国际资本和先进技术流入本国，实际上是用本国的一部分财权利益去换取吸引外资的经济利益。有的国家和地区在这种做法上获得了一定的成功。

（二）居民管辖权和地域管辖权的同时使用

一国政府依据居民管辖权对本国居民境外所得征税，依据地域管辖权对外国居民在本国境内所得征税。目前，大多数国家同时行使居民征收管辖权和地域征收管辖权，这样做的目的主要是从国家税收利益的角度考虑的。

（三）公民管辖权和地域管辖权的同时使用

一国政府依据公民管辖权对本国公民境内外所得征税，依据地域管辖权对外国居民在本国境内所得征税。同时行使公民征收管辖权和地域征收管辖权的国家有罗马尼亚。

（四）地域、居民和公民税收管辖权的同时使用

一国政府依据居民或公民管辖权对本国居民或公民境内外所得征税，依据地域管辖权对外国居民在本国境内所得征税。同时行使公民税收管辖权、居民税收管辖权和地域税收管辖权的国家主要是美国。

四、税收管辖权及行使方式

各国的税收管辖权有单式与复式，复式选择可以就不同税系实行不同的管辖权；或在一个税种中对不同纳税对象实行不同的管辖权。

譬如：一国可对商品税实行“属地原则”、对所得、财产实行“属人原则”；也可仅就所得课税时，就其本国居民境外所得依据居民管辖权、对外国居民在本国境内所得征税依据地域管辖权。因此，各国均在其税收实体法中就其税收管辖权予以颁布（见表 9－1）。

表 9－1　　税收管辖权及其所协调的税收分配关系

税收管辖权	税　收
属地管辖权（全属）→	
属人管辖权（全属）→	商品课税
属地兼公民管辖权（分属）	所得课税
属地兼居民管辖权（分属）	财产课税
属地兼公民、居民税收管辖权（分属）	

第三节　国际双重课税及协调

一、国际重复课税的产生

国际双重课税，关键是税收管辖权的冲突。

显而易见，实行单一、内涵与外延一致的税收管辖权是不会冲突及双重课税的。

而实行复式、内涵与外延不一致的税收管辖权必然会发生重复课税。

（一）实行不同外延税收管辖权的国际双重课税

- 地域管辖权与公民管辖权的重叠
- 地域管辖权与居民管辖权的重叠
- 公民管辖权与居民管辖权的重叠

（二）实行外延相同内涵不同的税收管辖权的国际双重课税

- 行使不同内涵公民管辖权的双重课税
- 行使不同内涵居民管辖权的双重课税
- 行使不同内涵地域管辖权的双重课税（来源地、居住地）

二、双重课税的影响

国际双重课税，无论是税制性双重课税（由于实行复合税制而引起的重复征税）、还是经济性双重课税（对同一经济关系中不同纳税人的重复征税），都会产生诸多的消极影响：

——加重跨国纳税人的税负。国际双重课税的直接后果就是增加额外的税收负担，增加了企业的生产成本和费用，降低企业利润和市场价格竞争优势，从而抑制跨国投资和经营。

——有违税收公平原则。世界经济一体化下，市场竞争是世界一体化公平，具有同等纳税能力的人，只能承担一次性市场公平的税负，不能因跨国经营而重复纳税，国际双重课税就有违公平原则，世界经济一体化条件下，国界不应成为税收重复纳税的依据。

——阻碍国际经济交流。双重课税不仅会加重跨国纳税人的税收负担，不利于其进行跨国投资和到境外从事劳务等活动，而且对国家间的经济技术合作和科学文化交流也产生不利影响。

——损害交往国之间的权益关系。双重课税抑制了生产要素的国家性优化配置，造成交往国之间税收权益的失衡，激化税收国际矛盾。

三、对各税系避免双重课税之国际惯例

（一）对商品流转的国际重复征税及避免（流转税系的国际协调）

商品及劳务流转是国际贸易的基础，鉴于各国征税原则的差异。会对国际间商品交易产生两种重复课税现象：一是对跨国流动的商品，出口国与进口国分别对其征收各自的国内商品税；二是对跨国流转的商品，先是被出口国征收国内商品税、后再被进口国征收关税。

经过长期协调，各国在商品税税收管辖上均采取自我约束态度，就这样几方面进行国际规范：(1) 避免国际重复征收国内商品税。首先，各国自愿实行单一目的国原则，放弃实行原产国原则，对不在本国消费的出口和转口商品放弃行使税收管辖权（一般实行出口退税，退增值税），只对在本国消费的商品征收商品税（普遍实行在海关对进口商品补缴本国流转税）；其次，在 WTO 框架下，一国不应对输入该国的产品直接或间接征收高于本国相同产品的国内税或其他国内费用。因此大多实行出口退税，比如在欧盟（29 国）对外籍公民采购本区域商品出境实行出关退税；(2) 避免既征关税又征国内商品税。鉴于发展中国家和发达国家存在很大差异，这仅仅形成趋势但未形成共识，只形成这样的国际规范：采用双边或多边约束商品税税收管辖权的方式，通过《关税和贸易总协定》及其传承协议《世界贸易组织》等国际协定，促进关税税率逐步减让来逐步减轻重复征税，直至最终取消关税及国内商品税的重复征税。(3) 实施关税协调，这主要是在 WTO 框架内进行双边互惠和按发展类别进行国际协调约束，同时发展中国家可以享受特殊条款（最不发达国家为保护民族工业，仍可以设置保护性关税）。

附加：关税的经济学分析

关税具有保护国内市场和利益再分配的功能：

征收进口关税，一方面保护国内市场与国内产品；另一方面它会阻碍外国产品的进入，势必影响国内的价格和生产，产生资源配置效率（见图 9-1）。

在图 9-1 中：设 X 轴为进口量，Y 轴为进口征收的关税。假定本国进口商品的国际价格是既定的，不受本国生产、消费的影响，在自由贸易条件下，进口商品的国内价格等于国际市场价格，在这个价格上，国内生产量为 S_1，进口量为 M_1，国内消费量为 $C_1(S_1+M_1)$。

如果政府对进口商品征收关税，从量关税为每单位 500 元，使进口商将价格提高到 1500 元。进口商品价格上涨，导致国内同类商品生产和消费的扩大，直至与进口商品价格相等为止，此事国内生产量为 S_2（假定为 90 单位），价格的

上涨又使国内消费量从征税前的 C_1（120 单位）降为 C_2（110 单位），消费量与国内生产量的差额为进口，进口量从征税前的 M_1 降低到 M_2（110 - 90 = 20 单位）。

同时，进口关税产生了分配效应，从生产者盈余与消费者盈余来看，政府征税后，国内价格上升（从 1000 元上升为 1500 元）使生产扩大，给生产者带来的"盈余"为 a 部分，政府关税收入为商品单位税额乘以进口量（c 部分）。消费者盈余因价格上升和消费下降，其消费者损失为（a + b + c + d）部分。将所有的利益与损失加在一起，整个国家因征收进口关税实际损失是 b 和 d 部分，可见，征收进口关税使消费者利益有所损失。

而征收出口关税，在自由贸易条件下，本国按国际市场价格生产和消费某种可供出口的商品（见图 9 - 2）。

在图 9 - 2 中：设 X 轴为商品产量，Y 轴为出口征收的关税。生产量为 S_1，消费量为 C_1，生产超过消费部分为出口（X_1）。本国政府对出口商品课征每单位 100 元的关税，生产者纳税后所得降为 900 元。在国内市场仍按 1000 元出售的情况下，生产者将把准备出口商品在国内市场销售，导致国内市场价格下跌。如果价格下跌至 900 元以下，生产者就会扩大出口以赚取 900 元的价格，直到两者价格相等（即 900 元）为止，此时国内生产减少为 S_2，国内消费为 C_2，生产超过消费的部分（X_2）出口比原来的出口量减少。

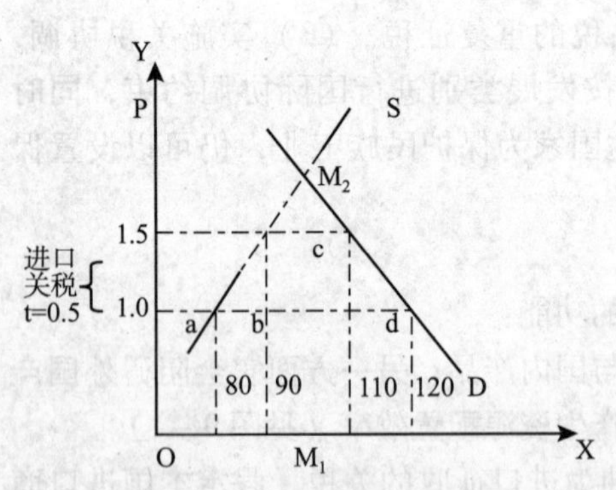

图 9 - 1　进口关税的经济分析

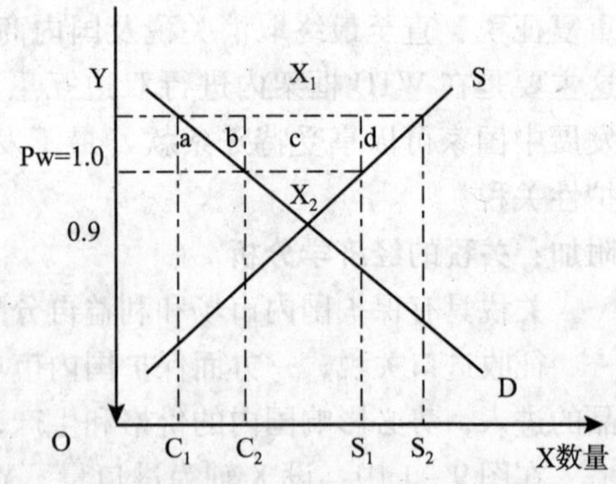

图 9 - 2　出口关税的经济分析

同时，出口关税产生的收入分配效应是，由于征收减少了出口，使国内价格下跌，消费者收益为 a 部分，政府增加的税收为 c 部分；只有生产者的损失为（a + b + c + d）部分，大于国内消费者和政府收益，社会净损失是（b + d）。

（二）对所得的国际重复征税及避免（所得税系的国际协调）

它主要涉及营业利润、投资所得及非个人劳务所得的国际重复征税。

营业利润课税的国际惯例。对营业利润所得征收所得税的一般国际规范是：常设机构所在国可以对设在该国的常设机构的营业利润行使属地管辖权征收所得税；同时，企业母国也可以对该企业设在东道国的常设机构的营业利润行使属人管辖权征税，但不应产生重复征税，既应按规范方式免除国际重复征税，补征的税收最多不应超过东道国税负低于母国税负的差额。

投资所得（股息、利息）课税的国际惯例。由于被投资企业是独立于股东的法人实体，这样，投资来源地与营业利润来源地往往不同。关于投资所得来源地的确定有两种观点：一种观点认为：投资所得来源于资本，所以，所得来源地就是投资国，应由投资国优先行使征税权。另种观点认为：投资所得来源于资本运用所产生的利润，所以，投资所得的来源地是利润的发生地——资本运用国，应有资本运用国优先征税。（发达国家持第一种观点多，发展中国家持第二种观点多）。

经协调国际上对投资所得形成了这样的国际规范：东道国可以对投资所得优先征税，但应对这种征税进行一定的限制（经济合作与发展组织所得税协定范本认为不应超过15%，目前，各国对东道国的限制性税率大多为10%），同时，母国也可以对该投资所得行使属人征税权征税，但不应产生国际重复征税，即应按规范方式免除国际重复征税，补征的税收最多不应超过东道国税负低于母国税负的差额。

另外还有对不动产（出租）、个人劳务所得的国际重复课税的协调。

鉴于所得课税，国际上还就跨国企业（常设机构）收入和成本的分配形成了国际协调规则。

（三）避免对财产的国际重复征税（财产税的国际协调）

主要涉及不动产、营业动产、遗产及继承遗产的重复课税。一般国际规范是：对所有不动产其所在国可以对位于该国的所有不动产行使属地管辖权征税（财产税、遗产税、赠与税等）；同时，不动产所有人母国也可以对位于东道国的不动产行使属人管辖权征税，但不应产生国际重复征税，即应按规范方式免除国际重复征税，补征的税收最多不应超过东道国税负低于母国税负的差额。

四、避免国际双重课税的方法

为避免国际重复课税，各国经过长期协调形成了具有单边优惠的税收让与方式（侧重于避免所得税的国际重复课税），主要有：

（一）税收豁免法（tax exemption）

一般指居住国政府对本国的居民或公民来源或存在于国外的收益、所得或财产税，放弃行使税收管辖权而免与课税。实施中有全额免税法、累进免税法。

假定居住国应纳税为T，居住国收入为y_1、非居住国收入为y_2，纳税人总收入为$Y=y_1+y_2$，居住国税率为r，根据豁免法有：

$$T=y_1\times r=(Y-y_2)\times r$$

这时，免税额为$y_2\times r$，居住国实行全部让与，并且单方面完全免除国际重复课税。

（二）税收扣除法（tax deduction method）

居住国政府采用税收扣除法，对本国纳税人已经缴纳的外国税款，在计算本国应纳税款时，准予其作为费用从应税收入中扣除。

假定非居住国税率为r_1，根据扣除法则：

$$T=(Y-y_2\times r_1)\times r$$

这时，扣除额为$y_2\times r_1\times r$，居住国进行部分让与，并且单方面部分免除国际重复课税。

（三）税收抵免法（tax credit method）

居住国政府采用税收抵免法，对本国纳税人已经缴纳的外国税款，准予其在缴纳的应纳税额中减除（直接抵免法、间接抵免法）：

$$T=Y\times r-y_2\times r_1$$

（四）税收饶让（tax sparing）

居住国政府对其纳税人从国外得到优惠减免的所得税款，视同已纳税款，准予其从应纳所得税中予以抵免，

即：$T=Y\times r-$国外优惠减免所得税。

第四节 国际避税、逃税及防范

一、国际避税与国际逃税

国际避税（international tax avoidance）一般是指跨国纳税人利用两个或两个以上国家的税法和国际税收协定的差异、漏洞和缺陷，通过种种合法手段规避或减少有关国家纳税义务的行为。

国际逃税（international tax evasion）是指跨国纳税人通过采取虚报、隐瞒、伪造等种种非法手段规避或减少有关国家纳税义务的行为。国际逃税往往是通过减少跨国纳税人在高税国的纳税义务，增加在低税国的纳税义务，从而减少其纳税总义务的途径去实现。

国际避税与国际逃税对于有关国家的税收收入和跨国纳税人的税收负担所带来的结果并没有什么区别，但是两者的性质却又不一样。国际避税采用合法手段，属于“合法”行为；而国际逃税则是采用非法手段，是一种违法行为。既然国际避税与国际逃税的性质不同，那么，对它们的处理方法也就不一样。对于国际避税，通常是由有关国家对其国内税法或税收协定做出相应的修改和补充，以期完善法令条款，杜绝漏洞；对于国际逃税，则通常都要严格根据税法或税收协定的规定，由有关国家依法追缴税款加处罚金，直至查封财产和追究刑事责任。

实际上，国际避税与国际逃税，往往相伴出现，如影随形，难于分辨。

二、国际避逃税的主要形式

（一）国际避税的主要形式

1. 课税主体的转移

课税主体转移是以摆脱高税国居民（公民）税收管辖权，从而减轻税负为主要目的。跨国纳税人如果设法将课税主体由高税国向低税国转移，或者设法使自己不成为任何一个国家的居民纳税人，或者课税主体的不完全进行转移与变相转移，从而逃避高税国的居民税收管辖权。

课税主体转移的常见方式有：（1）跨国自然人住所与居所的转移或避免。跨国自然人通过居所的真正迁移（税收流亡）、住所的短期迁移（假移居）、缩短居住时间、中途离境、成为临时纳税人、部分移居等形式避免高税国的居民税收管辖权。(2) 跨国法人居所的避免与转移。跨国法人通过公司居所虚假迁出与转移、或者将公司居所真正从高税居住国迁往某一低税国，避免高税国的居民税收管辖权。(3) 课税主体的变相转移。跨国纳税人借助于建立信箱公司和开展中介业务等形式进行课税主体的变相转移，在一定程度上达到摆脱高税国居民管辖权的影响。(4) 滥用税收协定。第三国的跨国纳税人通过设置“直接导管公司”、“踏脚石导管公司”、低股权控股公司设法获得或利用中介体的居民身份，从适用于不同国家的税收协定和不同国家的国内税法优惠中受益。

2. 课税客体的转移

当跨国纳税人所在居住国的税率高于非居住国时，由高向低是课税客体转移的常见流向。由于各国税制之间有许多差异，课税客体转移与这些差异巧妙结合，就会给跨国纳税人带来避税效果。课税客体转移的常见方式有：(1) 跨国纳税人通过安排资金、物资和劳务的调配、转移，避免成为常设机构。(2) 在无法避免常设机构的情况下，跨国纳税人巧妙地利用常设机构转让营业资产，转移管理费用、劳务收费、利息、股息、特许权使用费和其他类似的费用。(3) 在避税地建立各类信箱公司，以虚构营业活动、虚构信托财产和借助转让定价等手段将资金、货物和劳务等课税客体，在形式上或名义上转移到避税地回避高税居住国的居民管辖权。(4) 通过利用延期纳税的规定、精心选择国外经营方式、利用税收优惠和选择投资经营中的低税点进行课税客体非移动性避税。

3. 利用转让定价

利用关联企业间的转让定价在跨国公司集团内部转移利润，使公司集团的利润尽可能多地在低税国（或避税地）关联企业中实现，从而降低整个跨国公司集团的总体税负，这是跨国关联企业最常用的一种国际避税手段。

转让定价是指公司集团内部机构之间或关联企业之间以内部交易价格相互提供商品、劳务或财产的内部交易作价。这种内部作价往往有悖于市场公平交易价格。跨国公司集团通过人为操纵转让定价，使内部交易的转让价格高于或者低于市场竞争价格，以达到在跨国公司集团内部转移利润的目的。

转让定价可能用于跨国关联企业之间的各项交易，包括销售产品、提供劳务、设备投资、发放贷款、转让技术、保险费、管理费、运输费、佣金等方面。例如，当子公司所在国税率高于母公司所在国时，子公司往往通过人为调低子公司提供给母公司的货物、劳务价格或特许权使用费将利润转移到母公司账上，达到减轻税负的目的；母公司还可以通过人为地提高母公司提供给子公司的货物、劳务的价格或特许权使用费，达到同样的避税逃税效果。在国际税务实践中，往往通过设立在避税港的关联企业，达到转让定价的避税目的。

4. 利用国际避税地避税

国际避税地的存在是跨国纳税人得以进行国际避税活动的重要前提条件，没有国际避税地，跨国纳税人经常性的国际避税活动就难开展。

所谓避税地（tax haven）一般是指不课征个人所得税、企业所得税、资本税、遗产税等直接税，或者课征直接税但税率远较国际一般负担水平低的国家和地区。它有三类：（1）税收乐园。指完全不征所得税和一般财产税的国家和地区，如巴哈马、百慕大、开曼群岛、瑙鲁、瓦努阿图等；（2）税收胜地。对某类所得税和一般财产不征税的国家和地区，如巴拿马、利比里亚、爱尔兰、阿尔德尼岛、安道尔、安圭拉、安提瓜、巴林、巴巴多斯、英属马恩岛、英属维尔京群岛、坎彭、塞浦路斯、直布罗陀、根西岛、以色列、牙买加、泽西岛、列支敦士登等；（3）税收庇护地。其所得税和一般财产税税率远低于国际一般水平，如卢森堡、瑞士等。国际避税地应当是指那些提供普遍的税收优惠以及可以被跨国公司用于经常性避税活动的国家和地区。国际避税地在不同的国家有不同的名称：英语国家称其为“避税港”；法国人叫它“财政天堂”；德国人则习惯称它为“税收绿洲”；避税地国家和地区忌讳避税地一词，往往自称为“金融中心”。

国际避税地之所以真正成为跨国投资者的避税“天堂”，除了无税（所得税等直接税）或低税以外，还由于它具有一些有利条件。（1）国际避税地都是很小的国家和地区，政治和社会稳定；（2）国际避税地大都靠近资本输出国，机场码头、邮政通讯、供电供水等社会基础设施完善；（3）国际避税地国家或地区一般都很重视银行的保密问题，为客户存款严格保密；（4）对汇出资金不进行限制，大多数避税地没有外汇管制，如开曼群岛、特克斯和凯科斯群岛、英属维尔京群岛、巴拿马、瑞士、卢森堡、海峡群岛、马恩岛、列支敦士登、中国香港、瑙鲁、瓦努阿图等。

跨国纳税人利用避税地避税的模式可以归纳为虚构避税地营业和虚构避税地信托财产两种。（1）跨国纳税人在避税地建立基地公司（包括国际商务公司、离岸金融公司、持股公司（持权公司）、信托、自保险公司等类型）虚构避税地营业，将避税港境外的财产和所得汇集在本公司账下，从而减轻或逃避财产或所得真实所有人居住国的所得税或财产税。（2）高税国中的跨国纳税人通过建立个人持股信托公司、订立信托合同等形式虚构避税地信托财产，摆脱高税国居民管辖权的直接控制。

（二）国际逃税的主要形式

1. 匿报应税收入

这是国际逃税的主要手段之一。可能被匿报的收入有营业利润、资本所得、投资收益、特许权使用费收入、工薪劳务所得、财产赠与收入等，与国内税收相比，国际税收利用这一手段逃税的可能性更大。跨国纳税人常常利用外国银行严格的账户保密法，把应税收入转入外国银行账户内，使国内税务部门无法掌握。如瑞士银行法严格规定，对客户进出款项绝对保密，泄密者予以刑事制裁。这给匿报应税收入提供了屏障。

2. 虚报成本费用

有的无中生有，进行捏造；有的则把应由个人负担的支出，塞到企业的账上报销；有的以少报多；有的把支付股利作为支付费用……手段繁多，不一而足。由于大多数国家没有严格的开支标准和统一的收付款凭证，国际市场价格涨落又复杂多变，再加上企业的费用支出，通常是由主要股权者和其代理人决定，知情只限于少数人，这就使成本费用的支付特别难于控制管理。

3. 虚报投资额

纳税人一方面可用虚报价款的手段，增大固定资本投资额，虚增折旧扣除，减少应税所得。另一方面可以把现金投资中的自有资金，虚报为借入资本，虚列利息，加大费用，减少应税所得。

4. 地下经营

目前，世界上几乎每个国家都存在着数量可观的地下经济活动，这种经济活动完全避开了政府的管理，其中包括逃避全部税收。应当指出，地下经济一般逃避的是国内税收，如果要进行国际逃税，则往往同出入境走私活动相结合。

三、国际避税与逃税的防范

鉴于国际避税和逃税活动的普遍存在及其危害，各国政府以及一些国际组织采取了各种反避税和反逃税的措施。

（一）建立和完善反避税法规

跨国纳税人的国际避税、逃税活动，其原因在于税法的不完善及由此所形成的税收漏洞。建立和完善反避税法规既可以起到尽量堵塞漏洞、防范跨国纳税人避税的作用，又可以为处理国际避税行为提供法律依据。

1. 制定和完善反避税条款

（1）在一般反避税条款中，注意准确使用文字，设法堵塞漏洞。例如，税法对课税客体的表述采用经济概念，而不用法律概念。

（2）设立反避税专门条款。对容易避税而一般反避税条款又难以控制的项目，设立特殊规定与一般准则相结合的反避税条款。针对一种避税习惯做法设立专门的反避税特殊条款，如对公司内部定价和避税地所得规定特殊课征办法的条款。美国、法国、英国和比利时等国的许多税法条款，就是以这种方法拟定的。

（3）在税法中针对具有相似性或可能性的情况，列入能够适用于不同类型国际避税做法的综合反措施规定。例如，美国《国内收入法典》第 482 节、法国税收法典第 57 条、比利时税法第 24 条等，针对关联企业转让定价做出了综合全面的规定。

2. 在反避税法规中强化跨国纳税人的义务

（1）税收法规的条款中规定纳税人负有延伸提供税收情况的义务。各国税法一般都规定，居民纳税人要向居住国提供其在国外从事经营活动的情况；实行公民税收管辖权的国家对其公民也有类似的规定。

（2）在反避税条款中规定纳税人对某些交易行为有事先取得政府同意的义务。在反避税条款中，最严厉的立法方式，就是规定对某些交易行为，纳税人要事先取得税务当局的同意，否则，就是违章行为，予以惩罚。

（3）通过税法规定纳税人对国际避税案件有事后提供证明的义务。国际避税或逃税案件发生时，纳税人至少提供案件涉及国外事实的情况和某些跨越税境交易的正常营业状态等证据。例如，比利时所得税法和法国税收总法典就有过这样的法律规定：除非纳税人能够提供相反的证据，否则，对某些支付，特别是对避税地的支付，被认为是虚构的，不能从应税利润中扣除。

（4）税法规定纳税人某些活动须获得税收裁定。为了防止纳税人利用本国税法中提供的减免税优惠来逃避应承担的税负，一些国家针对某些避税方法，另行规定有关纳税人所发生的业务是否能够享受优惠待遇，须经税务当局裁定。例如，根据美国税法的有关规定，某些公司在改组时因公司资产或股份的转让产生的资本利得，对有关公司及其股东都给予免税待遇。但《国内收入法典》的第 367 节又规定，如果公司改组发生的财产转让涉及外国公司，则必须获得税务当局裁定以决定是否准予免税。

（二）积极开展双边（多边）反避税合作

有关国家相互签订的包含有反避税和逃税条款在内的双边税收协定，是这种合作的主要途径。它所规定的合作方式通常有：

1. 情报交换

双边税收协定中的反避税和逃税条款中，一般都规定缔约国双方负有为贯彻执行协定而相互提供有关税收情报的义务。情报交换有日常交换、自动交换、主动交换、函索即寄等多种形式；交换的项目，从缔约国税法和管理程序的变动、揭示避税和逃税所采用的方法和经验；直至有关纳税人交易活动的具体通报等。

这种情报交换有利于各国税务当局在反避税和反逃税过程中，得以掌握本国居民纳税人在缔约国另一方的活动情况。

2. 派员去有关国家调查

一国税务当局的权限，一般限于该国领域内。但是在签订有税收协定的前提下，缔约国一方允许缔约国另一方税务人员入境调查给予协助。

3. 同步调查与审计

对涉及两个国家的跨国纳税人避税或逃税案件，有关两国税务当局可以根据税收协定赋予的权利，对该跨国纳税人在各自境内的活动向步进行调查审计，及时通报调查审计结果，以联合打击跨国的避税或逃税活动。

4. 跨区域多边合作

对于涉及在两个以上国家有经营活动的跨国纳税人的税务调查，既不是一个国家的税务当局能完成，也不是双边合作可以解决，而是要依靠跨区域的多边合作才能进行。这种跨区域的多边联合调查行动与同步审计，在美国、法国、英国、德国、日本、加拿大以及澳大利亚等国家之间，已开始了初步的尝试。

（三）限制课税主体的转移

1. 对于跨国自然人的避税性移居做出限制性规定

例如，美国对避税性移居的跨国自然人保留追索征税权，美国《国内收入法典》的第 877 节规定，从 1966 年起，如果一个美国人以避税为主要目的而放弃美国国籍移居他国，美国在该人移居后的 10 年内保留征税权，对其实现的全部美国来源所得和外国的有效联系所得，按累进税率纳税。

2. 防止跨国自然人假移居和对居住天数进行限制

对各种以避税为目的的假移居和临时移居，原居住国可以采取不予承认的方法来加以限制。对于采用中途离境方式来避免达到法定居住天数的做法，一些国家采用不予扣除短期离境天数的对策。

3. 对跨国法人迁移出境严格控制

居民公司若要结束其居民身份迁移出境，必须事先得到居住国政府的批准。例如，英国 1970 年《税收法令》中第 432 节规定，一家英国居民公司若要结束其居民身份迁移出境，必须事先得到财政部的批准，否则将受到惩罚，包括当事人可能受到两年监禁，也可能受到总额为应纳税额三倍的罚款，而在计算其应税所得时要将公司在违法前 36 个月内产生的资本利得也包括在内。

（四）限制课税客体的转移

1. 对转移营业和资产的限制

为防止跨国法人利用向避税地实体转移营业和资产进行避税，许多国家采取了一系列限制措施。例如，英国1970年《税收法令》中第482节规定，除了约束法人的直接迁移外，还明文规定居民公司将贸易或经营转让给非居民、或者居民母公司允许非居民子公司发行股票或债券，以及出售子公司等行为，也必须事先得到财政部的批准，否则将受处罚。

2. 对课税客体非移动性避税的限制

（1）为避免跨国法人利用延期纳税的规定进行课税客体非移动性避税，一些国家已经或试图取消延期纳税。例如，美国早在1962年就对1954年的《国内收入法典》进行了补充，增加了专门针对避税而制定的F分部，其中就有取消延期纳税的条文。如在该分部的第951~964节中规定，凡是美国人控制的外国公司，一律不得延期纳税。如外国利润不汇回，美国税务当局可以要求外国公司按股份比例将利润分配给美国公司，并作为当年的所得汇总到总所得中去，向美国政府纳税。又如，英国在1970年《税收法令》第478节中规定，凡是对在英国境外公司的所得拥有"享有权"的英国居民，不论其享有的所得是否汇回英国，都必须就这笔所得向英国政府申报纳税。诸如此类的措施，在德国、加拿大、比利时等国都做出了相应的规定。

（2）许多国家通过制定新的法规，逐步消除了选择经营形式可能带来的避税。例如，美国规定，对本国公司在国外以分公司形式从事经营的初期损失，允许加以扣除，但在国外分公司盈利而转化为子公司后，美国公司要退还以前获得的扣除额，以防止美国公司从损失扣除和延期纳税两方面获利。

（五）防止滥用国际税收协定避税的措施

防止滥用国际税收协定避税的主要方向是使实际为缔约国双方居民享受协定的减免税待遇，而排除实际为非缔约国居民的人也获得协定的利益。防止滥用国际税收协定避税的重点是解决"导管"公司问题，可具体采用下列办法：

1. 透视法

就是要透过接受股息、利息、特许权使用费等投资所得的缔约国一方居民公司，而看到这些投资所得的实际受益所有人是否也是缔约国一方的居民。那些原不是缔约国双方居民，为了获得协定利益而在缔约国设立导管公司的居民不能享有协定的优惠待遇。1977年《OECD范本》引入了"受益所有人"概念，明确规定协定的利益（特别是对各项投资所得的优惠）只能给予为缔约国双方居民的最终的或真正的受益所有人。

2. 排除法

有些国家透过专门的法律给予特定类型的公司以免税或几乎免税的待遇，为了防止利用这样的法律条款设立导管公司避税，在国际税收协定文本中明确规定此类公司不享有协定中有关减免税的待遇。

3. 征税法

在双边国际税收协定中规定，仅当所得在居住国征税时，来源国才给予协定优惠。这种方法能最好地体现互惠原则，保证缔约国双方利益牺牲的均衡。

4. 渠道法

就是在协定中设置专门针对导管公司特别是“踏脚石导管公司”的条款，这一条款主要内容是对导管公司获得的收入的使用途径及比例做出限定，使用途径及比例符合规定的可享受协定优惠待遇，否则不得享受协定待遇。这是旨在防止中介公司的所得以费用形式支付给关联公司。

5. 禁止法

这种方法要求一国应避免与低税国家或易于建立导管公司的国家签订税收协定，尤其是应尽量避免与那些被认为是避税地的国家签订税收协定。这是因为非缔约国的跨国纳税人往往利用这些国家或地区建立导管公司，通过税收协定关系来牟取各种原来不应享受的税收优惠待遇。正因为如此，大多数国家都不愿同巴拿马、摩纳哥、列支敦士登等国签订税收协定。

6. 真实交易法

根据这种方法，在税收协定中规定特别条款用以保证某些真实交易不被排除在税收协定优惠之外。是否给予税收协定优惠应视某些基本条件而定，诸如公司设立的动机、公司在居住国的经营额和纳税额、公司股份是否在证券交易所登记备案等。

（六）调整转让定价

为了防止跨国纳税人利用转让定价避逃税，多数国家在税法上赋予税务机关根据“正常交易原则”对转让定价进行重新调整的权力，尽可能排除跨国企业通过转让定价人为分配减轻总税负的可能性。

所谓正常交易原则指将跨国关联企业之间的交易，当做互相独立的按照市场标准进行竞争的企业之间的交易，它们之间的营业往来、成本费用分配按市场交易价格计算。对关联企业之间的业务往来没有按照市场交易价格计算的，有关国家的税务机关有权依照在同样条件下从事相同或类似交易、彼此没有关联的独立企业在公开公平市场上达成的价格标准进行调整或重新分配。采用什么样的转让定价调整方法取决于交易的具体情况，原则上要选择最易于对正常交易价格做出最精确估计的方法。美国《国内收入法典》第 482 节及其实施规章（1994 年重新修订发布）是目前世界上最为系统的转让定价调整法规。美国《国内收入法典》第 482 节明确规定：“对于任何情况下的两个或两个以上的企业组织，不论是否在美国组建，不论是否由同一利益集团直接地或间接地拥有或控制，为了防止偷税或清楚地反映一些企业组织的所得，如果美国国内收入局认为有必要，对其所得可以加以调查并重新进行划分。”转让定价调整的基本原则即正常交易原则，已为《OECD 范本》所采纳，也被《联合国范本》所应用。

为防止跨国纳税人利用转让定价进行客体转移避税，我国于 1998 年正式颁布了《关联企业间业务往来税务管理规程》。《关联企业间业务往来税务管理规程》规定了外商投资企业或者外国企业在中国境内设立的从事生产、经营的机构、场所与其关联企业之间的业务往来，应当按照独立企业之间的业务往来收取或者支付价款、费用。不按照独立企业之间的业务往来收取或者支付价款、费用而减少其应纳税所得额的，税务机关有权进行合理调整。纳税人与关联企业之间的购销业务不按独立企业之间的业务往来作价的，当地税务机关可以顺序依照前述可比非受控价格法、再出售价格法、成本加利润法、其他方法进行调整；纳税人与关联企业之间资金融通、提供劳务、转让财产和提供财产使用权等业务往来，如果不按独立企业之间业务往来作价，当地税务机关可以分别依据正常利率、正常收费标准、没有关联关系所能同意的数额进行调整。

第五节 国际税收协调

国际税收协调（international tax convention）就是指两个或两个以上的主权国家，本着平等互利的原则，采取共同措施来处理国家间的税收问题和协调相互间的税收分配关系。

一、国际税收协定

通过签订国际税收协定协调税收国际关系是当前世界各国处理税收关系的普遍做法，特点是尊重缔约国双方的税收管辖权，尊重缔约国各自的税制现状。目前国际税收协定的发展也日趋成熟，税收协定的内容也扩展到赠与税、遗产税、社会保障税及某些消费税的跨国来源问题，同时其规范化和多边化的趋势也正在加强。

（一）国际税收协定的种类

1. 按参加缔约国的多少划分，可分为双边税收协定和多边税收协定

双边税收协定是指两个国家为了协调相互间的税收关系和处理双边税务问

题，通过谈判缔结的一种双边协议或条约。双边税收协定是当今国际税收协定的主要形式，缔约的国家包括发达国家之间、发达国家与发展中国家之间以及发展中国家与发展中国之间。

多边税收协定是指两个以上的国家为了协调各国间的税收关系和税务问题，通过谈判缔结的一种多边协议或条约。例如，1972 年，丹麦、芬兰、瑞典、挪威和冰岛所签订的《税务行政协助协定》就是多边税收协定，协定涵盖了避免所得税、财产税、遗产税、赠与税、社会保障税、增值税双重征税以及税收行政协作等诸多方面的内容。由于世界各国的经济政策、经济发展水平以及税收制度的不同，协调起来较为困难，因而多边税收协定除了上述北欧五国签订的税收协定以及西非和南美等部分国家和地区签订的《洛美协定》外，目前签订多边国际税收协定的国家还不多。

2. 按照税收协定的调整对象，可分为一般税收协定和特定税收协定

一般税收协定是指缔约国各方所签订的广泛涉及处理相互间各种税收关系的协议或条约。一般税收协定通常是缔约国间处理有关各种所得税和一般财产税的国际税收问题在内的协定或条约，不以解决特定的行业项目（如海运和空运）和贸易行为的税收问题为缔约目的。

特定税收协定是指缔约国各方为处理相互间某一特定税收关系或特定税种问题所签订的协议或条约，如有关避免遗产税双重征税的协定，有关避免海运和空运双重征税的协定，有关避免特许权使用费双重征税的协定，有关避免社会保险税双重征税的协定等。

（二）国际税收协定的法律地位

国际税收协定是国际税法的渊源之一，属国际法范畴。有关国际法与国内法关系的各项规则，同样适用于国际税收协定和国内税法之间的关系。由于各个国家征税人与纳税人之间的税收征纳关系十分复杂，各国税收制度又有很大差异，所以两者间也存在矛盾和冲突，这时应以哪个法律规范为准，就是国际税收协定在缔约国的法律地位问题。大多数国家奉行国际税收协定优于国内税法的原则，当处理某一国际税收问题时将该国家签订的国际税收协定置于优于国内税法的地位，以国际税收协定的规定为准。也有一些国家主张将国际税收协定与国内税法放在同等地位，如果两者发生冲突时，按时间的先后顺序确定是优先还是服从，即按法律生效的时间顺序，哪种法律正式生效的时间在前，该法律就处于优先地位。

（三）国际税收协定的产生和发展

1. 国际税收协定的产生

国际税收协定是经济国际化的必然产物，是随着税收国际化而逐渐产生和发展起来的。经济、贸易的国际化以及跨国公司的出现使得国家之间的税收利益发生矛盾和冲突，协调国家之间的税收利益，对国家的税收管辖权加以约束，就成为各国政府必须面对和解决的问题，国际税收协定就是这种在国际经济环境下产生和发展的。

世界上第一个国际税收协定是1843年在比利时和法国之间签订的《关于税务合作和情报交换协定》，主要是为解决两国间在税务问题上的相互合作和情报交换等问题。在遗产税方面的第一个国际税收协定是在1872年8月由瑞典与英国签订的。在所得税方面的第一个综合性税收规定，是于1899年6月由奥地利和普鲁士签订的避免双重征税的协定。从20世纪20年代起国际税收协定已得到普遍关注，例如，1925年奥地利与意大利签订了避免双重征税协定，1926年英国与爱尔兰签订了避免双重征税协定，1931年德国和瑞士也签订了避免双重征税协定。

2. 国际税收协定的规范化发展

早期的国际税收协定都是缔约双方根据本国的税制情况和可接受的征税原则通过谈判而形成的，国际税收协定因缔约国的不同而有很多差异，而且协定的内容不够全面和具体。为了规范国际税收协定的内容，简化国际税收协定的签订过程，一些国家和国际性组织很早就开始研究和制定国际税收协定范本。

早在1921年，国际联盟根据1920年布鲁塞尔国际财政会议的要求，建立了一个由美国的塞利格曼、荷兰的布鲁英斯、意大利的艾因诺第和英国的斯坦普组成的四人税务专家组，对国际双重征税所涉及的经济问题进行研究。1923年4月3日，以塞利格曼为首的专家组发表了一份关于国际双重征税经济影响的研究报告，提出了避免国际双重征税可供选择的四种方案：一是居住国对其居民在外国缴纳的税收予以减除；二是非居住国免征非居民来源于境内收入的税收；三是居住国和非居住国在一定条件下对税收进行分配；四是采取“分类法”，对某些专项所得可明确由居住国或非居住国独占征税权。以塞利格曼为首的专家组提出的研究报告，对以后国际税收的研究以及国际税收协定范本的产生和发展有着重要的影响。

1922年，为了研究国际双重征税和防止国际避逃税的管理等问题，国际联盟在财政委员会范围内成立了由高级税务官员组成的工作组。在1923～1927年期间，该工作组起草了《关于避免对直接税重复征税的双边协定》、《关于避免对财产继承重复征税的双边协定》、《关于征税的行政管理援助的双边协定》和《关于征税的司法援助的双边协定》4 部双边税收协定范本，所有这些范本及其解释，主要提供给国际联盟的成员国和非成员国政府研究参考。1928 年 10 月，工作组在日内瓦召开了由 27 个国家代表参加的专门会议，草拟了包含消除国际双重征税和防止国际偷漏税为内容的国际税收协定初稿，并首次提出了"常设机构"在国际税收中的概念内涵。

随后，国际联盟不断根据需要修订并起草了一些新的税收协定范本草案（如 1935 年的协定和草案）1940 年 6 月和 1943 年 7 月，国际联盟财政委员会在墨西哥城举行了两次区域性税务会议，对 1928 年的税收协定范本进行修订，签订了《墨西哥范本》。1946 年 3 月，国际联盟财政委员会在伦敦开会，复议墨西哥双边税收协定范本，拟订了《关于避免对所得和财产双重征税的协定范本》（简称为《伦敦范本》）。

上述范本促使了不少欧美国家相互缔结了双边税收协定，对当时避免和消除国际双重征税起到一定的积极作用。但由于这些协定范本的部分原则及内容同各国税法不够协调，条款设计和内容方面存在一些问题，所以没有得到世界各国全面一致的接受。

3.《经合组织范本》和《联合国范本》

为了协调其成员国之间的税收分配关系，避免和消除国际重复征税，1963 年经济合作与发展组织公布了《经合发组织关于对所得和资本双重征税草案》（简称为《经合组织 1963 年协定范本草案》）。这个协定范本草案得到很多国家的承认，并被作为协调国际税收关系的重要参考文件。1977 年经济合作与发展组织正式公布了首次修订后新的《经合组织关于避免对所得和财产双重征税的协定范本》简称为《经合组织 1977 年协定范本》以及内容丰富的注释本。《经合组织 1977 年协定范本》对于合理划分缔约国的征税权、消除国际双重征税和加强国家间的税务协作起到了指导作用。为适应经济国际化发展新形势的要求，经合组织于 1992 年提出了《经合发组织关于对所得和财产课税的协定范本》（简称为《经合发组织 1992 年协定范本》）。1994、1995、2003、2004、1997 年，经合发组织又对协定范本的条文和注释先后进行了修订。

由于《经合发组织范本》较多考虑的是发达国家的利益，没有全面反映发展中国家的要求。为此，联合国经济与社会理事会于 1967 年 8 月专门成立了一个由发达国家与发展中国家代表组成的专家小组起草发达国家与发展中国家间的税收协定范本。在专家小组的第七次全体会议上，提出了《发达国家与发展中国家间的税收协定的指南》。1977 年专家小组进一步把这个指南修改成附有注释的协定范本，即《联合国关于发达国家与发展中国家间双重征税的协定范本（草案）》（简称为《联合国范本》）。1979 年 12 月，专家小组第八次全体会议重新审查并通过了这个范本草案，将其作为联合国用于协调发达国家与发展中国家税务关系的正式参考文件。1997 年 12 月在日内瓦举行的联合国际税收协定范本专家组的第 8 届会议对《联合国范本》进行了补充修订。2001 年《联合国范本》重新修订，在居民条款、常设机构条款、联属企业条款、财产所得条款和独立个人劳务条款等五个方面发生了新变化。

目前，各国之间缔结的避免双重征税协定，在结构安排和条款顺序上基本一致，都要参照《经合组织范本》和《联合国范本》。各国对外缔结的国际税收协定可分为两类，一类以《经合组织范本》为基础，一类以《联合国范本》为基础。发达国家倾向于采用《经合组织范本》，而发展中国家倾向于采用《联合国范本》，不过总体上呈趋同性的态势。

（四）国际税收协定的主要内容

一般国际税收协定包括以下主要内容：

（1）确定纳税人的范围。一切双边税收协定只适用于缔约国双方境内的居民，凡是居民都要受协定的约束，同时享有协定所规定的权利。确定纳税人身份的标准问题，两个范本完全一致，即“缔约国一方居民，是指按照该国法律，由于住所、居住时间、管理机构或任何其他类似性质的标准，负有纳税义务的任何人”。

（2）明确所得和税种的范围。一般说来，协定中涉及的所得都是纯所得，即扣除成本项目以后的经营和劳务净收入。

缔约国只能在协定所列的税种范围内，参与权益的分享和应尽的义务。各缔约国在其签订的国际税收协定中，所确定的税种范围不尽一致，涉及的税种包括所得税、财产税、社会保险税和遗产税等，但一般国家倾向于仅仅签订所得税方面的双边税收协定。

（3）协调缔约国之间的税收管辖权。由于重复征税是由各国政府同时行使居民（公民）管辖权和地域管辖权引起的，为了解决这一问题，必须在协定中明确各缔约国行使税收管辖权的范围，如规定确切的地理概念等，以免在执行中发生争议。

（4）确定消除重复征税的方法。对于国内税法中未规定免除双重征税方法的国家，必须在协定中确定免除双重征税的方法，以保证该国投资者在国外缴纳所得税后，能够得到本国政府的税收抵免。对于国内税法中规定有抵免、免税等方法的国家，也必须在协定中加以确认，保证双方协调一致。

（5）规定无差别待遇和情报交换。双边税收协定中规定的无差别待遇，就是国民待遇，即缔约国双方各自对来自本国国民和对方国家的国民一视同仁，要求对方国家的国民所承担的税收义务同本国国民相等或不高于本国国民所承担的税收负担，不能税收歧视。签订双边税收协定的缔约国双方，各自均有义务将协定所涉及的有关税种的国内法律规定，包括协定生效期间内有关税法的修改或变化，向双方提供，特别是相互提供防止偷漏税的情报，以堵塞漏洞。

截至2003年年底，我国对外已正式签署了82个税收协定和与我国香港、澳门地区的"税务安排"，其中的74个协定和与香港、澳门特别行政区的"税务安排"已经生效。

二、区域性税收协调

（一）区域性税收协调及必要性

区域性税收协调是指在区域经济一体化进程中，区域经济一体化组织成员国所采取的旨在消除税制差异和税收障碍的协调机制和协调相互间税收政策的措施。区域性税收协调包括两层含义：一是通过税制和政策协调达到税制趋同化，消除税制差异；二是通过税制和政策协调消除税收障碍。

区域税收协调的内容涉及税收管辖权、税收制度、税收政策和税务合作等方面。

区域性税收协调的必要性：1. 区域性税收协调可以协调各国税收政策，提高国家间税收政策的效力；2. 区域性税收协调可以消除各国税制差异和税收障碍，促进区域经济发展；3. 区域性税收协调可以合理调节区域内国家间税收分配关系，维护各国税收权益；4. 区域性税收协调可以遏制国际税收的恶性竞争，促进资源合理配置。

（二）区域性税收协调及发展

20世纪90年代以来，随着经济全球化的发展，区域经济一体化迅猛发展，在全球范围内出现了贸易优惠安排、自由贸易区、关税同盟、共同市场、经济货币联盟等多种形式的区域经济一体化组织。据世界银行的统计，1990～2005年已经生效的区域经济一体化组织从50个猛增到250多个。据世界贸易组织的统计，截至2006年10月底，世界贸易组织成员通报的区域经济一体化协定达214项，其中有60%是2000年以后才实施的。这些区域经济一体化组织中，比较著名的有欧盟、北美自由贸易区、澳新自由贸易区、中美洲共同市场、安第斯共同体、加勒比共同体、拉丁美洲一体化联盟、南方共同市场、中非关税与经济同盟、西非经济共同体、东南非洲共同市场、阿拉伯马格里布联盟、东南非共同市场、南部非洲经济发展共同体、阿拉伯共同市场、东南亚国家联盟、海湾合作委员会和经济合作组织等。

随着区域经济合作的发展和一体化程度的加深，区域性税收协调成为不可回避的问题。这是因为区域经济一体化中，各国经济的融合必然带来各国税收课征的交织，区域经济一体化的迅猛发展必然引起各国税收利益的冲突。因此，区域一体化中如何进行税收协调以解决税收利益的冲突与矛盾，消除成员间商品、服务以及生产要素自由流通的各种障碍，实现区域内各国福利的最大化是区域性税收协调的重要任务。

区域性税收协调一般分为关税协调、间接税协调、直接税协调三个层次。关税协调是区域性税收协调的起步阶段，其目的是通过消除关税引起的贸易障碍促进相互间的国际贸易，主要内容是关税税率减让。间接税协调主要是不同程度地协调各国增值税、消费税制度，统一税基，统一税率，平衡税负水平，消除一切影响产品和服务贸易正常进行的障碍。直接税协调主要以税收协定方式体现，协定不仅涉及避免所得税和财产税的双重课税，而且将涉及社会保障税、赠与税和遗产税。总体来说，区域性税收协调的范围与内容随着双边和多边协商的推进，从消除成员国间关税壁垒和非关税壁垒到逐步协调成员国内部的直接税和间接税，逐步建立统一的税制结构和税收政策，最终朝着税收一体化方向发展。不管怎样，区域性税收协调的影响将是广泛和深远的，它将使区域经济组织内部各成员国税制的某些方面趋于一致，并且对其周边国家、贸易伙伴和竞争对手的税制及其改革产生重大影响。

在各类区域税收协调中，欧盟的税收协调最为深入，一体化程度最高，其税收协调被认为是最具代表性的一体化税收协调。

欧盟区域税收协调的主要内容：

(1) 关税的协调。关税同盟是欧盟的重要基石之一，也是税收一体化的起点。为了建立关税同盟，欧共体从 1958 年开始协调成员国的对内、对外关税。1973 年，欧共体成员国间建立起关税同盟，拆除各成员国之间的一切关税壁垒，对非成员国实行统一的对外关税。关税同盟建立以后，各成员国产品不再受到内部关税的影响。

(2) 间接税的协调。对于间接税，欧盟各国所做的努力是：在维持众多产品的税收差别、对成本进行合理控制和各成员国间进行一定程度的税收合作的基础上，求得某种平衡和协调。欧盟间接税协调的重点是增值税，增值税协调大致经历了税制协调、税收原则协调和税率协调这三个阶段。1977 年 5 月欧共体发布了增值税第六号指令，要求各国从 1978 年起开始逐步协调增值税征收办法。在统一实行增值税后，欧共体成员国对征收原则进行了协调。欧盟 1991

年12月通过并引入了过渡性机制，并计划用5年时间实现由目的地原则向完全的原产地原则的转变。在协调增值税征收原则的同时，欧盟一直致力于增值税税率的协调。消费税是增值税的配套税种，欧盟也比较强调消费税的税收协调。欧共体1972年就对消费税协调发布指令规定成员国的征税范围，即只能对烟草、酒精饮料和矿物油品征收消费税。在税率方面，欧盟明确提出：对公众有害的产品，如烟酒的消费税，向高税国家的水平趋同；对于石油产品，为了减少对能源的消费和保护环境，也征收高税；对日用消费品的税率则向低税国家趋同。1993统一欧盟的最低税率，并且约定每两年调整一次，直到税率完全接近目标税率。

（3）直接税的协调。欧盟正着力通过对直接税的协调，消除货物、服务、人员和资本自由流动的壁垒，形成欧盟共同市场。1990年7月，欧盟理事会公布了与公司税相关的《合并指令》、《母子公司指令》和《仲裁公约》。《合并指令》涉及的税收待遇适用于成员国之间公司的跨边界兼并、财产转让和股份转让，规定当成员国之间由于兼并等引起内部组织结构调整时，各类股票及公司财产在成员国之间交易的资本收益可延迟纳税。《母子公司指令》规定各成员国对本国母公司来源于其他成员国的子公司的利润分配应采取免税法或允许母公司就子公司所纳税收在公司所得税中完全抵扣以避免对其重复征税；各成员国对本国子公司支付给另一成员国的母公司的股息分配免除预提税。《仲裁公约》对消除双重征税做了一些原则性的规定，并就解决转移定价国际税收争议问题建立了一种仲裁机制，规定当相关成员国之间一国对转移定价的首次调整和有关国家的对应调整发生冲突时，可以以采用仲裁方式予以解决。1997年10月，欧盟委员会向欧盟经济与金融委员会转发了《税收一揽子计划》的报告，提出这份报告旨在通过对直接税的协调以阻止税基侵蚀行为的不断发生，通过避免双重征税的办法消除阻碍内部市场正常运转的税收壁垒。2001年10月23日，欧盟税收委员会发布名为《走向没有税收障碍的内部市场》的意见书，提出一项新战略，要求欧盟范围内的所有业务统一计算共同的所得税税基，标志着直接税协调的进一步深化。相对于欧盟在消除货物自由流动的间接税方面的成就，欧盟所得税协调的发展是缓慢的。

除欧盟外，大多数区域性税收协调还基本处于关税协调和避免所得、财产双重征税的阶段。

2002年11月4日，中国与东盟10国共同签署了《中国——东盟自由贸易区的基本框架协议》，总体确定了中国——东盟自由贸易区的基本框架。按照《中国——东盟自由贸易区的基本框架协议》的规定，中国和东盟双方从2005年开始降低正常产品的关税，2010年中国与东盟老成员国将建成自由贸易区，2015

年中国与新成员国建成自由贸易区。为了消除影响资本流动、劳务流动的税收障碍，中国已与马来西亚、新加坡、泰国、越南、老挝、菲律宾、印度尼西亚等东盟7个国家签订了避免所得和财产的双重征税和防止偷漏税的国际税收协定。

三、国际间的税收优惠

国际税收协调的深化促成了互惠的成熟，尤其是随着世界经济一体化的发展，税收优惠已成为国家参与世界竞争的最重要的经济手段。

（一）涉外税收原则

目前，国与国交往中，一般强调两个原则，一是优惠原则，在税收上对在本国的外国投资者实行轻税政策；二是国民待遇原则，也即给予外国投资者以本国公民同等的待遇。

（二）享受优惠的条件

各国一般围绕体现产业导向、地区导向、促进出口、引进先进技术、引进投资和促进环境保护制定税收优惠，值得注意的是随着经济的发展，税收优惠的重点也进行着调整，经济发展初期，区域差距矛盾突出，投资紧缺，优惠重点放在侧重地区导向和吸引外来投资上；发展到一定阶段，扩大出口、技术引进成为主要矛盾，税收重点开始转移到促进出口与积极引进先进技术上；发展到一定程度后，国家开始注重产业升级、注重社会、经济环境协调发展，税收优惠又开始向产业导向和促进环保方面转移。

（三）优惠形式

随着世界经济一体化的发展，各国政府为促进资本、技术与管理的交流，促进国际投资、国际贸易与国际资本的融合，吸引外资，纷纷推出一系列配套的财税优惠政策，比较有代表性的国际税收优惠形式主要有加速折旧、投资税收抵免、费用加倍扣除、再投资退税、免税期规定、特定收入免税、低税率优惠和承诺税收待遇一定时期不变等，为促进国际经济交流奠定良好的税收分配秩序。

案例分析

案例9-1 半导体贸易与税收优惠

美国2004年向世界贸易组织（WTO）提起第一宗针对中国的申诉，指控中国向其国内半导体产商提供税收优惠，违反了全球贸易规则。问题的原委是，当时中国对所有半导体产品征收17%增值税，同时对半导体企业则通过退税仅征收3%～6%的增值税（出口退税率达14%～11%），但对进口产品则征收全额税收，使国内芯片生产商在这个利润非常稀薄的行业获得巨大优势。对价值高达700亿美元的美国半导体产业而言，中国的税收已成为最大的国际贸易问题。美国半导体产业担心，中国实行的增值税退税措施正鼓励中国的半导体生产，而使来自美国的产品付出了代价。但2000～2002年间，外国公司也在中国的半导体生产行业投资了36亿美元，2005年投资达120亿美元，据预测2013年将达250亿美元，随着入世步伐的加快，外国公司也逐渐尝到了中国国内市场的优惠，结果，投诉在利益的融合中消化。

巫建国编写

编者按：

托马斯·弗里德曼在其名著《世界是平的》，重点论述“全球化”的规律。他认为：全球化不只是一种现象，也不只是一种短暂的趋势。它是一种取代冷战体系的国际体系。全球化是资本、技术和信息超越国界的结合，许多利益与冲突往往在这种过程中融合，贸易与税收恰恰向他们一样，也将在世界一体化中解决自身的矛盾。

【注释】

1. 贸易优惠安排。指成员国之间通过协定或其他形式，规定特别的关税优惠，相互减少进口关税，是一体化最低级和最松散的形式。

2. 自由贸易区。指成员国之间取消所有的关税壁垒，但各自维持对非成员国的原有关税壁垒，是一种最普遍的一体化形式。

3. 关税同盟。指拆除各成员国之间的一切关税壁垒，对非成员国实行统一的关税，比自由贸易区在自由化上更进一步，更接近经济一体化的目标。

3. 共同市场。指成员国之间不仅建立关税同盟，同时拆除劳务、资本以及一切与贸易有关的壁垒，商品市场与贸易市场均实行一体化。

4. 我国1986年10月22日正式提出恢复我国在关贸总协定中缔约方的地位。此后，我国进行了8年的复关谈判。1995年1月1日世界贸易组织成立，同年6月3日我国成为世贸组织的观察员。1999年11月我国与美国达成“入世”协议，2000年5月与欧盟达成“入世”协议，2000年9月与瑞士达成“入世”协议，后又与墨西哥达成了“入世”协议，至此我国与37个希望与我国进行“入世”谈判的国家签订了“入世”协议。

2001年11月12日，我国政府代表团在卡塔尔的多哈与世界贸易组织正式签订加入世界贸易组织的协定书，2001年12月，我国正式成为世界贸易组织的第143个成员国。

世界贸易组织的基本协议主要包括四方面：（1）削减关税和其他贸易壁垒措施（配额、外企出口比例）；（2）开放货物、服务业市场（金融、电信、铁路等）；（3）规定争端解决程序；（4）给予发展中国家特殊待遇。其中的关税政策是协调国际税收的基础。

WTO 的基本原则。非歧视原则、国民待遇原则、透明原则、促进公平竞争原则、给予发展中国家优惠和差别待遇原则。

我国于 2001 年 12 月正式加入世界贸易组织的。当时就关税的承诺包括：2002 年关税总水平降至 12% 左右，300 多个信息技术产品平均税率降到 5% 左右，其中 100 多个产品实行零税率；2004 年工业产品的平均关税降至 8.9%，农产品的平均关税降至 15%；2005 年关税总水平将下降至 10% 以下，信息技术产品关税将取消（表 1）。目前，WTO 中的关税协定已成为规范全球税收秩序的制度性基础。

表 1　　WTO 关税消减最终方案　　单位：%

	工业国	发展中国家
农业		
平均	5	10
上限	10	15
制成品		
平均	1	5
上限	5	10

资料来源：《全球经济展望》，中国金融出版社 2004 年版。

5. 比特税。1999 年 7 月，联合国发展计划署提出针对电子邮件开征“比特税”（Bit Tax），因遭到美国反对而搁浅。

6. 我国从 1981 年开始对外谈判签订对所得（有的包括对财产）避免双重征税和防止偷漏税的协定。2003 年年底，已先后同日本、美国、法国、英国、比利时、德国、马来西亚、挪威、丹麦、新加坡、加拿大等 60 余个国家签订了避免双重征税协定。

【综合复习】

一、名词解释（概念题）

税收管辖权　属人原则　税收抵免　税收饶让　转让定价　税收豁免　WTO

二、填空题

1. 国际税收是调整__________及__________税收关系的总称。

2. 国际税收管辖原则划为两类：一是__________；二是__________。

3. 对商品流转的国际重复征税及避免，主要实行两种政策：一是____________________；二是__________。

4. 避免国际间所得税的国际重复课税，各国主要采取的方法有：________、

________、________和税收饶让。

5. 转让定价是指：公司集团内部机构之间或关联企业之间以________________的内部交易作价。

三、选择题

1. 在减轻或消除国际重复课税的各种方法中，采用最为普遍的是（　　）。
   A. 扣除法　　B. 低税法　　C. 免税法　　D. 抵税法
2. 国际税收存在的最主要原因是（　　）。
   A. 跨国纳税人　　B. 所得税和关税的出现
   C. 税收管辖权　　D. 跨国课税客体
3. 国际税收涉及的征税对象具体是（　　）。
   A. 跨国收益　　B. 跨国所得
   C. 跨国流转额　　D. 跨国一般财产价值
4. 可能会成为国际税收涉及的课税客体的是（　　）。
   A. 所得税　　B. 流转税　　C. 财产税　　D. 行为税
5. 一个国家对本国公民和居民来源于本国及世界各地收入均有权征税，体现了该国拥有（　　）。
   A. 属地税收管辖权　　B. 居住国税收管辖权
   C. 收入来源税收管辖权　　D. 属人税收管辖权

四、简答与论述题

1. 试分析国际税收与国家税收的关系。
2. 简述居民（公民）管辖权确认标准差异的协调。
3. 试分析国际双重课税发生的原因。
4. 试比较国际双重课税免除的各种方法。
5. 如何防范国际逃避税？
6. 分析 WTO 与国际税收协定的差异。
7. 简述区域性税收协调的作用。
8. 流转税的国际协调重点及一般趋势。
9. 所得税的国际协调的主流模式及一般趋势。
10. 我国税收优惠的改革方向及理论分析。

【阅读与参考文献】

1. 朱青：《国际税收》（第二版），中国人民大学出版社 2004 年版。

2. 杨斌：《国际税收》，复旦大学出版社，2003 年版。

3. 刘剑文：《国际税法学》，北京大学出版社 2004 年版。

4. 杨斌：《国际税收制度规则和管理办法的比较研究》，中国税务出版社 2002 年版。

5. 邓力平：《国际税法学》，清华大学出版社 2005 年版。

6. 廖益新主编，《国际税法学》，北京大学出版社 2001 年版。

7. 经济合作与发展组织：《OECD 税收协定范本注释》，国家税务总局国际税务司译，中国税务出版社 2000 年版。

8. 刘金枝：《联合国范本注释》，中国财政经济出版社 1991 年版。

9. 吉尔 · C · 佩甘、J · 斯科特 · 威尔基，《全球经济中的转让定价策略》，中国财政经济出版社 1997 年版。

10. 理查德 · L · 多恩伯格，《国际税法概要》，中国社会科学出版社 1999 年版。

11. 刘小川著，《国家税收学》，南京大学出版社 1999 年版。

12. 国家税务总局编，《中华人民共和国对外避免双重征税协定》，第 I ~ V 辑，中国税务出版社 1999 年版。

13. 罗晓林、谭楚玲：《国际税收与国际税法》，中山大学出版社 1995 年版。

14. 靳东升：《税收国际化趋势》，经济科学出版社 2003 年版。

博学而笃志、切问而近思。

——论语

第十章 公 债

第一节 公债概论

一、公债及其特征

公债（public debt）是在信用的基础上，政府以债务人的身份向国内外筹集资金所形成的债权债务关系。它是最基本的债券形式之一（见图 10－1）。

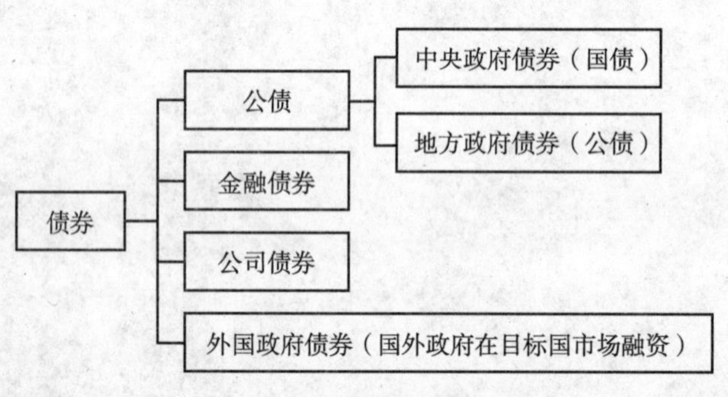

图 10－1 债券体系概况

（一）公债的产生与发展

1. 公债产生的条件

公元前 4 世纪在古希腊时期就产生了公债的雏形，政府向商人、高利贷者和寺院僧侣借款，当时它只是一种偶然的经济现象，数量较小，且以高利贷形式为主，其目的只是为了弥补偶尔的财力不足。而现代意义上的公债则出现于 15 世纪意大利的佛罗伦萨，继而，西班牙、荷兰等国在殖民地纷纷开始探索发行政府主权公债；英国在 1688 年“光荣革命”后，率先着手建立比较系统的国债体系，1715 年发行了第一支永久性公债；美国则于独立后的第二年 1790 年发行公债。

我国历史上发行现代意义上的公债，是光绪二十年（1894 年）发行的“息借商款”，1898 年发行的“昭信股票”，国民党时期则开始逐步建立比较健全的公债体系。

由此可知，公债的产生需要一定的政治、经济条件。首先，国家的存在是公债产生的政治条件。可以说，公债是国家发展到一定历史阶段的产物。国家或政府是举借公债的主体，只有国家和政府产生了，公债才有产生的前提。其次，财政支出的需要是公债产生的直接原因。在公债发展的早期，财政支出往往因为各种突发事件导致需要增加，但财政收入却具有相对稳定性，此时的缺口就需要通过公债等形式加以弥补。再其次，借贷资本的存在是公债产生的物质基础。公债是一种资本积聚，事先需要有符合规模的社会闲散资金的存在。而经济的发展使社会闲散资金日益增加，为公债的产生创造了条件。最后，信用关系的存在是公债产生的重要前提。唯有信用关系的形成，借贷关系得以普遍的认可，以国家为主体的大规模的借贷行为才能不断延续下来。

2. 公债的发展

公债是在整个社会进入比较成熟的市场经济和比较完备的信用制度后才得以发展起来的，究其原因：

（1）对外扩张的需要。争夺殖民地、海外贸易的需要促成了早期公债的发展。马克思指出：“殖民制度以及它的海上贸易和商业战争是公共信用制度的温室”。

（2）闲置资本的大量存在。闲置资本的扩大，只有在资本主义社会不断发展的条件下才得以满足。公债的发展壮大，正好给一部分的资产阶级提供了获利机会，从而衍生出了食利阶层。

（3）赤字财政政策的运用。20 世纪 30 年代的经济大萧条，打破了资本主义的“市场”神话，从而诞生出了凯恩斯主义理论。而其核心内容就是推行赤字财政政策，通过发行公债来刺激总需求，并鼓吹公债无害论。从此，公债政策作为一个重要的宏观经济调控工具，被广泛运用。

（二）公债的特征

公债作为特定的财政收入范畴，与其他财政收入形式相比具有三个基本特征：

（1）资金的有偿性。政府筹措公债必须遵循信用原则，有借有还，借款到期不仅要还本，还要付息。公债收入的取得是以按期向债权人偿还本金并按预定利率计付利息为前提的，并以此吸引社会各界认购，国家通过发行公债取得的只是资金在一定时期内的使用权。

（2）购买的自愿性。即认购的自愿性，除极少数或特殊时期强制发行国债外，公民是否认购、认购何种公债以及认购多少公债，一般由购买主体根据各自的具体情况自主决定。

（3）发行的灵活性。公债发行与否以及发行多少，一般完全由政府根据财政状况、宏观调控需要、偿还能力等情况而定，不需要通过立法形式预先规定，相对灵活，因此往往成为便捷的宏观调节手段。

可以讲，有偿决定着自愿，非有偿难以自愿，而自愿与有偿又决定着灵活性，这种灵活建立在尊重价值规律、财政需求与量力负担的基础上，从而更好地履行有偿权益并促进自愿购买，三者相互促进、互为因果。

（三）公债的政策功能

公债从诞生起就担负着一定的经济与政策功能，随着理论的完善与实践的积累则日臻完善。

1. 弥补财政赤字

发行公债弥补财政赤字是公债产生的主要原因，也是各国政府普遍的现实选择。发行公债实际上是将不属于政府支配的民间资金在一定时期内借过来，将使用权转移给了政府以供其弥补财政赤字。与用增加税收、银行透支弥补赤字相比，发行公债弥补赤字更为有利：发行公债只是民间资本当前使用权的转移，并没有增减国民收入总量。

在现代经济中，总体上看，财政支出具有稳定和持续增长的特征，而经济的发展则具有一定的波动性，因此，在年度中要使正常的财政支出与收入完全匹配几乎是不可能的。这时，公债作为财政收入的补充形式，就具有保障特定时期财政支出需要的重要作用。实际上，公债是弥补财政赤字、平衡财政预算、缓解财政困难的最可靠和迅速的手段。就我国而言，《预算法》明确规定，弥补财政赤字只能借助于发行公债。

2. 筹措应急款项，满足不时之需

政府在遇到特大自然灾害、爆发战争及复兴重建时，为了弥补巨大的资金缺口和应急，往往凭借政府公信发行公债用以弥补不时之需。

3. 调节宏观经济运行

公债是国民收入分配的再调节，已成为财政调节总供需平衡的重要手段，通过公债可以改善资源配置，平抑经济波动，促进经济稳定与协调发展。（1）调节社会货币资金投向，优化投资结构，并为市场机制创造较好的投资环境。（2）调节积累与消费的比例关系，防止积累率过高或过低。（3）调节社会货币资金总量。公债作为货币政策的一个重要工具，可以通过公开市场业务操作，调节社会货币供给量和货币流动性，进而调节资金供求与经济运行。

二、公债的种类、结构与负担

从管理角度看，公债是一个以债权、债务性质构成种类、结构的体系，它是政府设计公债及实施宏观调节的制度基础。

（一）公债的种类

1. 按发行的国家界限为标准，可分为内债与外债

在国内发行的公债为内债（internal public debt），比如我国曾发行的国库券、财政债券、重点建设债券、特种国债及保值公债均属此类；在国外发行的公债为外债（external public debt），主要有国外债券和国际借款。国外债券是指一国政府或企业在国外发行的以发行地货币为面值的债券，如美国的扬基债券、日本的武士债券等：国际借款则包括外国政府借款、国际金融组织借款、国外商业银行借款、外企借款等。目前国际货币基金组织和大多数国家均以债权人是否为居民作为区分内债和外债的根本依据。

2. 按偿还期限为标准，可划分为短期、中期和长期公债

偿还期1年内的为短期公债，主要用于调节资金余缺；偿还期1~10年的为中期公债，主要用于政府筹集建设资金或弥补财政赤字；偿还期超过10年以上的为长期公债，用于长期建设项目及转换偿还债务。

3. 按发行主体为标准，分为中央政府性公债（通称“国债”T-bills）和地方政府性公债

国债由中央政府负责债权债务，即可自己使用也可贷给地方政府使用；地方公债由地方政府负责债权债务，但其发行规模、使用方向受到中央政府的控制。

4. 按发行的凭证为标准，公债分为凭证式公债和记账式公债（book-entry treasure bonds）

凭证式公债是指政府采取不印刷实物券，而用填制“国库券收款凭证”的方式发行的公债，政府向投资者提供的是具体的，标有面额、利率、期限等内容的有价债券；记账式公债则是利用账户通过电脑系统完成公债的发行、兑付的全过程，也称为“无纸化国债”。

5. 以公债的流动性为标准，划分为可转让公债与不可转让公债

可转让公债是指发行后可在金融证券市场上买卖的公债。可转让公债按偿还期长短依次为：国库券、中期债券、长期债券和预付税款券。

发行后不能在金融证券市场上买卖的公债称为不可转让公债，其必须持有公债到偿付期时方可兑现。不可转让公债按发行对象也可分为两类：对居民发行的储蓄债券和对特定金融机构发行的专用债券。如美国的“储蓄券”和中国1981～1984年发行的国库券。这种公债由于不具有流动性，通常利率较高。

6. 按国家举债的形式为标准，可分为国家借款和发行债券

国家借款是最早出现的举债形式之一，具有手续简便、费用较低等优点，但借款通常只能在应债主体较少的条件下进行，其应用范围较窄，不具有普遍性，如我国向外国商业银行和国际金融组织取得的借款；1994年以前我国一部分财政赤字也是通过向中央银行借款的形式弥补的。

政府筹措公债其种类设计至关重要，直接决定着公债的经济效应，一般需要统筹考虑三个因素：一是种类力求多样化，以便提高公债的市场适应力和内在功能；二是种类设计要因势利导，适应政府现实调节需求；三是种类安排应力争债务成本最小化，比如在不考虑其他因素的情况下，利率较高的时期多发行短期债券，在利率较低的时期多发行长期债券。

（二）公债的结构

公债结构是涉及债权债务优化搭配，涉及债务来源、发行期限和品种优化构成体系，它主要包括：

1. 公债持有者结构（或称债权结构）

它是指各企业、公民实际认购和持有公债的比例，它是衡量社会财富分布、贫富差距悬殊及储蓄结构的重要指标。公债持有者结构受着社会资源分布状况的影响。

2. 公债期限结构

它是指不同偿还期限的公债在公债总额中的搭配比例，是决定着债务时限分布均衡率、债务转换率及机动性的重要指标。不同期限的公债由于债权转让和政府支配公债的时间不同，在发行、使用、偿还等方面的特点也不一样。公债期限结构的设计，首先要满足政府对公债资金使用的需要，如为解决预算收支短期平衡问题的，应发行短期公债。其次，要与社会资金分布状况和人们对公债的投资需要相适应。在社会资金分布较为集中，大量社会财富由少数人或机构持有时，会存在数额较多的长期闲置财力，从而长期公债较易发行。

3. 公债品种结构

它是指政府一定时期所发行的各种公债品种的组成与搭配。品种结构的合理化，主要是根据不同时期公债发行需要，社会闲置资金的构成、人们的投资偏好以及金融市场的运行状况，设计不同品种的公债，以利于顺利发行公债、分散公债风险和活跃金融市场。

（三）公债的负担

公债是社会资金“时空分布”与“使用权”的转换，最终是要还本付息的。因此，政策设计必须考虑公债的综合负担。

1. 认购人负担

即公债投资者认购公债的机会成本。从公债发行和认购环节来看，投资者认购公债就等于牺牲了现期消费，因而给公债投资者带来了机会成本。

2. 政府负担

即债务人负担，主要表现在政府的偿债能力上，一般认为，如果公债主要用于经济建设支出，由于可以改善整个社会的资产结构，形成优质的基础设施等。因此政府负债则有利于经济的发展，培育税源，因而并不会真正给政府造成负担。但是由于债务的发行与偿还并不是在同一时期进行的，往往存在着时空上的差距，发行时往往存在着财政幻觉，容易使政府对公债产生“多多益善”的态度，而且由于行政当局在决定发行债务的规模、时机等方面的选择上主动性较强，所受的法律程序的限制较少，因此，容易鼓励政府多发公债，这种短视心理容易增加政府的未来负担。

3. 纳税人负担

无论是减税公债，还是增支公债，最终是要还本付息的，也就是通过税收的方式来偿还。马克思曾指出，“国债是延期的税收”。税收的课征便形成了纳税人的负担。

第二节　公债经济分析

一、公债的理论分歧及流派

公债自其诞生伊始就存在着很大的分歧，尤其是政府开始系统运用后就备受争议，公债理论经历了这样几个轮回。

（一）公债经济危害论

从重农学派到亚当·斯密都开张义明地反对公债，亚当·斯密曾从不同的角度论及公债的危害，他在《国富论》中谈道：“巨额债务的累积过程，在欧洲各大国，差不多是一样的，目前各大国都受此压迫，久而久之，说不定要因此而破产！”，因此极力反对举债，把它视为国民经济的灾祸。当然这有其历史渊源的，当时“无形之手”盛行，普遍认为“供给能自动创造需求”，整个经济界推崇

"廉价政府"。他们认为，发行公债会减少生产领域中的资本量，而且怂恿了政府的铺张浪费，有害而无利。

（二）"李嘉图—巴罗等价定理"及其争论

而从李嘉图到巴罗，以反对"公债危害论"为前提，从不同侧面论及了"公债—税收"具有相同功能的理论见解。

李嘉图在《政治经济学及赋税原理》一书中，以政府对个人收入总财富征收总额税为前提，初步提出了"公债与税收具有相互替代功能"的理论。他认为：消费者能够充分理性、准确地预见到无限的未来，不会因为政府是在通过举债而不是增税的方式来满足当期的财政支出缺口，就会减少他的税负，恰恰相反，他认为这笔税负最终还是要由他来承担，因此，李嘉图认为，举债和税收对人们的消费影响是相同的，不会造成人们收入和消费水平的下降。这就是通称的"李嘉图等价定理"。

后来巴罗（Barro，1974 年）又在引进"生命周期和永久收入假说"基础上，进一步论证了"李嘉图等价定理"。他认为，消费者具有将财产的一部分遗留给后代的动机，并以利他主义的形式表现出来。李嘉图等价定理会在具有利他动机的消费者死于公债到期之前的情形之下继续成立。

而托宾则对"李嘉图等价定理"提出了争议，并分析了其失效的原因。他认为：（1）李嘉图等价定理不仅要求消费者是利他的，而且要求消费者在遗留财产给后代时必须保证遗产为正值，但在实际生活中，有利他动机的消费者可能为自己的后代遗留负值的财产。（2）定理还假定公债替代征税时所减的税负均匀地落在每个消费者身上，且每个消费者具有相同的边际消费倾向。但实际上，减税的效应不会均匀地落在每个消费者身上，各个消费者之间的边际消费倾向也是不相同的，这就从两方面破坏了等价定理的前提。（3）李嘉图等价定理以一次性总付人头税为假设，但现实中税收并不是总额税而是根据经济调节需要而设税，因此税收与公债会发挥不同的经济作用。这样一来，托宾"反等价定理"重申公债与税收具有不同的功能，为人们重新认识公债开辟了新的途径。

李嘉图的等价定理认为公债对经济增长没有任何效应。公债最终要以将来的税收偿还，私人预见到将来税收会增加，就减少现在的消费，政府投资的增加伴随着民间消费的减少，总需求并没有改变。经济的增长不能依赖公债的使用。李嘉图等价定理则基于公债引发的即期减税与远期纳税、现期消费与远期消费的替代关系。

（三）凯恩斯的公债调节需求理论

凯恩斯经济学自其诞生起，就以"扩大有效需求、促进社会充分就业"为己任。凯恩斯认为，政府通过公债可以将社会的闲散资金集中起来，并扩大社会总需求，正好可以解决宏观矛盾。主张以政府干预市场失灵为目标，积极运用包括公债在内的财政政策手段实施宏观调节用以促进总供需的平衡，因此，主张大力发展公债。

凯恩斯的公债理论体现功能财政的思想，认为在经济周期的低迷阶段，发行公债扩大支出可以推动经济发展。政府购买性支出可以直接形成需求，转移支付可以影响不同群体的可支配收入，来提高边际消费倾向。公债有“汲水效应”和“相对减税功能”，可以改善投资环境，带动私人部门投资。凯恩斯公债理论建立在私人部门对经济政策的积极反应的基础上。

二、公债的经济效应

公债以促进资金的时间、公私的转换为基础，可以发挥广泛、深刻的宏观经济效应，择其要点而议之。

（一）公债的需求效应

根据凯恩斯主义原理，政府发行公债融资，增加支出，并通过支出乘数调节总需求，或通过将储蓄转化为投资，通过投资乘数调节经济。这种需求调节主要发生两种影响：增加总需求、改变需求结构（改变均衡利率，产生挤出效应）。

1. 增加需求总量

即公债叠加在原有总需求基础上，增加了总需求。发行公债后，中央银行购买公债，此时相当于实现了“公债货币化”，中央银行购买公债导致银行准备金增加，从而增加了基础货币的供给，从而对总需求产生扩张作用。

2. 改变需求结构

它是在商业银行或居民购买公债后形成的调节态势，这时中央银行通过货币政策机制实施货币吞吐，调节货币流动性调节总需求调节结构：一是产生投资“挤出效应”。在经济繁荣情况下，由于资金供求紧张，发行公债必然会带动利率上升（见图 10 - 2），当然不利于民间投资的增长；二是促进储蓄向投资的转换。如果在经济萧条时期，实际上是商业银行将暂时闲置资金转给财政使用，将居民储蓄转化为投资，实际上弥补了储蓄与投资之间的缺口，促进了经济的发展。

在图 10 - 2 中：设 X 轴为借贷资金数量，Y 轴为利率。S 为资金供给曲线，D 为资金需求曲线。资金供需曲线的平衡点相交于 E 点。由此决定的市场均衡利率为 L_2。政府发行公债后，一方面增加了对储蓄的需求（相当于 L_1L_3 的借贷资金），使需求曲线上移；另一方面也增加微观经济主体的可支配收入（发债增加

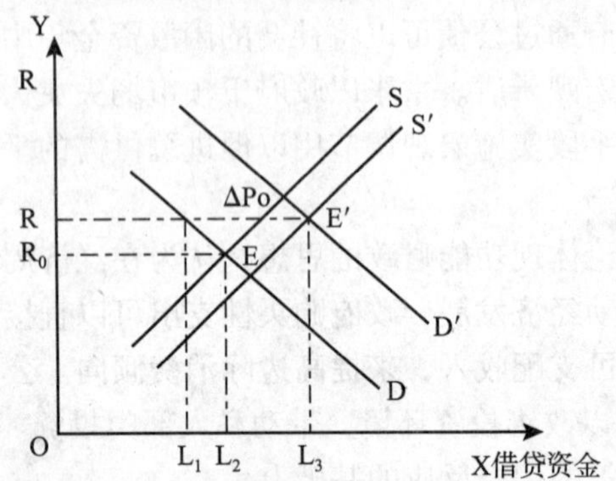

图 10-2　公债调节总需求：均衡利率的形成

投入），导致供给曲线向右移动，于是迫使市场利率上升，资金供需曲线的新的交点为 E′，E′对应的新的均衡利率为 R，显然 $R > R_0$，政府发行公债，打破资金供需平衡，必然导致市场利率上升（详见高培勇著《国债运行机制研究》商务印书馆 1999 年版第 45 页）。

（二）公债的挤出效应

公债的挤出效应就是指政府发行公债引起的民间消费或者投资减少的作用。在货币供应量不变的情况下，政府发债同需要借款投资的私人企业争夺借贷资金，导致市场利率上升，将挤调一部分民间的投资，造成资本形成的减少（见图 10-3）。另外，由于发债导致利率上升，抑制了民间的投资，因而降低了政府赤字支出对扩大社会需求和刺激经济增长的内在作用。

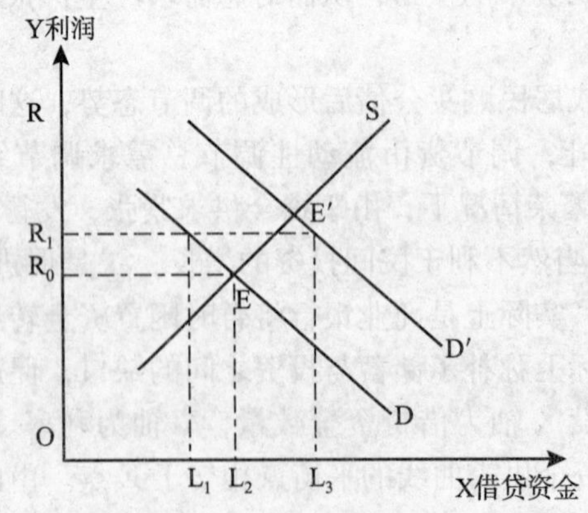

图 10-3　公债的挤出效应

在图10－3中：设X轴为借贷资金数量，Y轴为利率。S为资金供给曲线，D为资金需求曲线。贷款需求与供给的均衡点为L_2。利率为R_0，D′线为民间投资加政府公债对贷款的需求曲线，D′线与S线的交点为增加后的贷款需求与供给的均衡，利率上升为R_1，贷款数额将增加为L_3，在这个贷款规模中，政府借款为L_1L_3，其余部分$0L_1$为民间贷款。显然公债对民间投资具有挤出效应。

第三节　公债：发行、流通、运用与偿还

一、公债的发行

公债发行是一个销售和认购过程，它以对经济前景和应债环境科学判断为前提，确定发行原则和方式。

（一）公债的发行原则

发行公债坚持什么原则，直接规范着政府的经济价值取向。就此许多财政学前辈曾进行过有意的探索，瓦格纳根据早期公债的客观需求提出了应该坚持：临时财源原则、吸收游资原则、发行外债原则和限制发行原则。司徒肯则提出了发行公债应坚持："公债收入要用于生产收益性投资、公债发行规模以不超过政府偿还或国民负担能力为限度的两个原则。"普兰克则认为发行公债应坚持："公共目的限制"和"税收收入优先"两个原则。

随着现代市场经济的发展，公债的地位与功能需要重新认识。公债不再单纯是国家筹措资金的一种手段，而已发展为政府实施宏观调控的重要的经济杠杆之一。因此应提倡这样三个原则（孔淑红等）：（1）景气发行原则。根据社会经济状况确定公债模式。其要旨围绕总供需平衡需求，确定规模、结构与利率水准，用以调节经济景气、稳定物价和促进经济可持续发展。（2）稳定市场秩序原则。公债发行应以促进金融市场稳定（以稳定货币流动性为前提），促进实体经济与虚拟经济的稳定；（3）节约便利原则。发行公债所发生的各种费用支出应尽量节约，最大限度地降低其筹资的成本。

（二）公债的发行及设计

发行公债是对当前经济需求的科学判断，每一笔公债形成一定的功能，需要根据现实目标、功能进行具体的设计，具体讲包括这样几个方面：

1. 公债规模

发行规模应该适度合理，充分考虑财政需求、预期偿债能力和社会应债

能力；

2. 公债利率

公债利率是政府举债所应支付利息额与借入本金额之比。它直接导向着同期央行基准利率和同期金融债券平均利率，具有政府金融导向及物价控制导向的作用，也是政府信用、社会资金供求状况的具体体现。

3. 公债期限

公债期限往往取决于筹资性质、市场利率预期、社会资金的分布状况、偿债规划、应债主体的偏好和金融市场的发达程度等，促进均衡还本付息，防止集中偿债。

4. 公债价格

公债是货币暂时转让使用权的凭证，它的价格是货币及应付的机会成本，具体表现为政府债券的出售价格。按发行价与票面价比价关系分为：（1）平价发行（ata par）。也称面额发行，政府以票面金额作为发行价格，到期亦按票面金额还本。（2）折价发行（ata premium）。政府以低于票面价格出售公债，政府按折价取得收入，到期仍按票面值还本。（3）溢价发行（ata. discount）。政府按超过票面金额的价格出行公债，到期也按票面金额还本。

（三）公债的发行方式

公债发行曾经先后经历过：公募与私募，直接发行与间接发行，竞价发行与定价发行，自愿认购与强制摊派等方式。随着市场经济的成熟，公债领域逐步建立以体现公平、公正为原则的发行方式。

1. 公募招标法

这是兴起于美国、加拿大等国现在广泛适用的公债发行方式。所谓公募招标方式是通过招标人直接竞价来确定价格（或利率），发行人将投标人的报价，自高价向低价排列，或自低利率向高利率排列，发行人从高价（或低利率）选起，直至达到需要发行的数额为止。实施中又具体分为两种，一是荷式招标法，其特点是按照报价的高低决定成功的投标人，而按照加权平均价格确定承销公债的价格并统一销售。二是美式招标法，其特点是中标者根据各自不同的投标价格购买公债。另外还有不太普及的法式、日式招标法。公募招标方式，其价格与利率基本由市场供求来决定，因此得到广泛的认可。这种发行方式的主要特点是公债发行条件通过招标决定，发行效率高，发行价格基本与市场价格一致。

2. 承购包销法

所谓承购包销式，即由发行人和辛迪加集团签订承购包销合同，合同中的有关条件通过双方协商确定，由这些大证券公司和银行组成的辛迪加集团承购包销公债，并由其负责在市场上转销，未售出的余额均由承售者自行认购。这种发行方式的特点是政府能及时获得公债资金，并利用承销人较为接近市场的优势，分散公债发行的风险。

3. 委托代销法

即财政部门通过委托金融机构、邮政储蓄机构等部门向社会销售公债的一种方式。目的是利用这些组织从事金融证券服务的网络优势，便于公债的推销及个人、单位对公债的购买。受托发行组织可从中按标准提取一定的手续费或提成，以弥补其发行费用并取得收益。这种发行方式的特点是覆盖面广，发行条件和发行时间灵活，有利于吸收分散的社会资金，但发行成本较高，周期较长。储蓄债券和在证券市场上发行的公债可采用这种方式进行。

二、公债市场与公债流通

公债市场是公债交易的场所或系统，它已经成为证券市场的有机组成部分之一。政府可以通过公债的发行、交易、收购，实现对证券市场乃至整个资本市场的调节。目前，主要发达国家的公债大多是通过公债市场发行和偿还公债的。

（一）公债市场简介

公债市场由发行市场和流通市场构成，它们实现公债的筹措、流通与交易。

1. 公债发行市场

公债发行市场也称公债一级市场，它的主要功能是发售公债、筹措资金。

公债发行市场上，一方是公债的发行者，即政府；另一方是公债的投资者，即社会上众多的资金持有者，他们通过购买公债实现投资。但在通常情况下，公债的发行者与认购者之间并不直接联系，而是通过中介机构来完成公债的发行过程。中介机构在公债的发行市场上是以媒介的身份出现的，他们促成了公债发行和公债投资的顺利进行。公债的发行中介机构主要包括银行、证券商和经纪人等。公债首先由中介机构承购，然后再向投资者出售。中介机构主要采用两种方式承销公债：一是接受政府委托，以委托募集的方式承销公债，在这种方式下，中介机构本身不负接受公债的义务，也不承担任何公债发行的风险。另一种是中介机构以承包募集的方式承销公债，它的基本要点是中介机构有义务承销因未完成计划发行额而剩余的公债部分，因此也就承担了相应的公债发行风险。

2. 公债流通市场

公债流通市场也称公债二级市场，是对已发行的公债进行上市交易和转让的市场，二级市场一般是具有明确的交易场所。在这个市场上，投资者可以根据对公债的行情判断，随时买进或卖出。其职能是为已发公债提供一种再次出售的机会，由此促成一种流动性，使公债的持有者在需要资金时能够卖出公债收回资金，并向新的投资者提供投资选择的机会。公债流通市场同整个证券市场一样，可分为有组织的场内交易市场和场外交易市场。美国纽约证券交易所、东京证券交易所都有大量的公债在交易、中国沪深证交所对自 1996～2004 年间的所有 40 余种国债均实行上市交易。

概括讲，公债市场具有两方面功能：一是实现公债的发行与偿还。政府可以采用委托销售、承购包销、公募招标等方式在公债市场交易中完成公债的发行任务，同时也可以通过买入流通中的公债的方式清偿债务。二是调节社会资金运行。在公债市场中，各投资者或经销主体对公债的买卖行为，体现资金的配置过程，它使资金需要者和公债需要者获得满足，从而优化资金分配的结构。在现代社会中，公债市场是传递中央银行货币政策的重要渠道之一。

（二）公债的交易

公债交易是其在流通市场上买卖转让。作为一种证券交易行为，公债属于固定收益类证券（fixed-income security），主要有四种交易方式。

1.（公债）现货交易（spot transaction）

现货交易是指公债买卖双方在谈妥一笔交易后，马上办理交割手续的交易方式。其特点是：（1）成交和交割基本上同时进行，可以避免或减少欺诈行为和操纵市场及垄断市场价格等不法行为；（2）现货交易是实物交易，没有对冲对象，金融风险小；（3）交割时购买者必须支付现金。

2.（公债）回购交易（repurchase transaction）

回购交易是指债券持有人在卖出一笔债券的同时与买方签订协议，又签订协议承诺于未来某一时间以事先约定的价格，再将该笔债券购回的交易方式。若交易程序相反，则称为“逆回购交易”。回购交易的特点是：（1）回购交易是现货交易和远期交易的结合；（2）回购交易有两次券款的交割。回购交易在签订合同时有一次券款的交割，到回购合同到期时，还有一次方向相反的券款交割；（3）回购协议的利率由协议双方议定，协议双方根据回购期限，货币市场行情以及回购公债的质量等因素议定，与公债本身的利率没有直接关系。

3.（公债）期货交易（futures transaction）

它是指交易双方达成债券买卖契约后，并不即时付款和交割债券，而是按约定的品种、价格和数量，在约定的未来某一时点上实施交割的交易方式。其主要特点是：（1）公债期货交易属于远期交易；（2）公债期货交易合同具有可交易性，公债期货合同是证券市场交易所制定的标准式合同，它载明某种公债券在未来月份中交割的数量和价格；（3）公债期货交易标的具有不可分性，因为期货交易的标的是期货合同，而一份期货合同所载明的公债数量、交割期限、价格都是确定的，卖方不能将其拆解，必须一次性将其卖出；（4）公债期货交易很少发生实物交割。在一般情况下，只有1～3%的实物交割率。

4.（公债）期权交易（options transaction）

它是指投资双方为减少投资风险，以在约定时间、按约定价格买卖一定数量公债的权利为交易对象的交易方式。公债期权交易作为公债交易的一种交易方式，它区别于其他交易方式的主要特征是其交易对象是一种权利。其特点是：（1）交易买方需要缴纳一定额度的期权费。在达成买卖契约时，买方要向卖方支付一定的期权费。若买方最终放弃买进约定的债券，期权费则作为卖方放弃该项期权的代价，由卖方所得；（2）具有较强的风险管理功能。相对于期货交易而言，期权交易的风险性较小，因其风险损失的上限为所支付的期权费。

期权主要有：看涨期权、看跌期权等。

三、公债的运用与偿还

（一）公债的运用

1. 公债的预算管理

政府筹措公债就在于通过募集与再支出实施宏观调节。无论何种财政收支都要以预算形式予以管理，这是公共财政的客观要求。就公债的预算管理形式而言，有两种方式：一是纳入一般预算统筹分配，这时弥补财政赤字再出现的赤字称为“硬赤字”。二是单独编制预算，通称“债务预算”，因此，债务预算的资金来源就是公债。

2. 公债使用方式

公债的使用方式有两种：一是筹债主体直接使用，即各级政府根据筹债目的投诸建设、弥补赤字等；二是转贷，即将募集的债务贷出去后由借入主体再进行投资或消费。

3. 公债的资金投向

公债具有不同的功能：弥补财政赤字、筹集建设资金和调节宏观经济运行。因此，公债的投向需要根据公债的功能及现时需求而确定。若亟待弥补财政赤字，即要纳入财政一般预算统筹分配，作为税收收入的替代品进行投资与消费；若亟待筹集建设资金，纳入债务预算，投向基础设施建设、基础行业；若亟待调节货币流动性，就投向金融市场用以调节资金的供需平衡。

（二）公债的偿还

公债到期就要依据发行的规定，按期如数还本付息。公债偿还是加强债务管理，维护公债信誉的关键，公债的偿还方式主要有这样几种：

1. 一次偿还法

这是指政府对发行的公债实行到期后按票面额一次全部兑付本息的办法。其优点是公债偿还管理工作简单易行。缺点是在缺乏保值措施的情况下，债券持有者容易受通货膨胀的影响，而且集中一次还本付息，有可能造成财政支出的急剧上升，给预算平衡造成压力。

2. 市场购销法

它是指政府根据公债市场行情，适时购进某种公债券，以此在该债券到期之前逐步清偿的一种偿付方法。其优点是给投资者提供了中途变现的可能性，并有利于维护公债市场的价格。缺点是政府需为市场购销进行大量繁杂的工作，业务成本较大。在西方国家，市场购销法是一种重要的公债偿还方法，政府通过中央银行的公开市场业务在证券市场上陆续收购公债券。当某种公债期满时，绝大部分已被政府所持有，债券的偿还只不过是政府内部的账目处理问题。

3. 分次偿还法

这是指政府对所发行的公债，采取分期分批的方法偿还本息。依据对偿还时间的决定方式不同，分次偿还法可分为以下两种：分期偿还法和抽签偿还法。前者是对一种公债分几期偿还，每期偿还一定比例，直到债券到期时本息全部偿清。这种方式可分散公债偿还对财政的压力，但手续繁杂，工作量大。后者是指在公债偿还期内，采取定期专门抽签的办法确定各次偿还债券的号码，如约场合的一种方法。

4. 以新替旧法

以新替旧法是指政府通过发行新债券来兑到期的旧债券，以达到偿还公债的一种方法。这种方法既延长了投资人持有公债的时间，也使到期的政府债务后延。其优点是增加了筹措还债资金的灵活性，也使公债持有者拥有了继续持有政府债券的选择权。缺点是容易损坏政府的信誉。

（三）公债偿还资金的募集及偿还方式

具体来说，包括以下几个来源：

1. 预算列支

这是指在经常性预算中，用经常性预算收入安排当年应偿债务支出。偿债资金以经常性预算收入为来源，虽能在一定程度上确保公债按期偿还，增强公债信誉，但很有可能影响经常性支出的稳定性，从而打破经常性收支平衡，而且如果偿债资金需求量过大而破坏财政平衡时，将迫使政府举借新债，以弥补财政缺口，这时以经常性预算收入清偿到期债务徒具形式。加之，如果公债投资低效或无效，则只能靠提高税负的方法来筹资偿债，这就可能给社会生产带来不利影响。这种做法除了在国家财力较充裕的时候，一般较少使用，通常只是把债务利息支出纳入经常性预算，而还本支出做另项处理。

2. 预算盈余

这是指政府用以前年度滚存的预算收支盈余部分来偿还公债的本息。其限制条件是显而易见的，若盈余的数额能满足当期偿债的需要，则债务清偿可顺利进行，但如果数额不足，则需另寻偿债资金来源。从实践看，由于政府的支出需要日益增加，出现预算盈余的年份并不多，即使有盈余，其数额也难以满足偿债的需要。因此，预算盈余只能作为偿债资金的一个补充来源，而不能成为主要来源。

3. 举借新债

在政府的预算收入不足以偿还到期债务，又未建立偿债基金的情况下，发行新债还旧债也是偿债资金的来源之一。这种方法往往在政府财政连续紧张时使用。在国民经济对公债的承受能力较强时，借新债还旧债不会给经济带来不利影响，但这种方法很难减轻债务，同时需要有良好的债信和比较发达的金融市场等社会经济环境。

4. 偿债基金法

所谓偿债基金法，是政府以预算列支设置专用基金，用以偿还公债的一种方法。1716 年英国首先采用，后经逐步完善，现在已经成为各国偿还公债最常用的方式之一。

第四节　公债风险及防范

一、公债的量限

公债是一种有偿的财政收入形式，需要还本付息，不可避免形成一定的负担及风险，而控制风险的前提在于从源泉上科学把握发行公债的限度，即科学控制最大规模或者适度规模。一般来说，从绝对来看，公债的规模重在控制以下三个指标：（1）历年累积债务的总规模；（2）当年发行的公债总额；（3）当年到期需要还本付息的债务总额。对公债总规模的控制是防止债务危机的重要环节，而控制当年公债发行额和到期需要偿还额往往更具有实际意义。

在现实经济中，影响或决定公债规模的因素是多层次、多方面的。从宏观经济角度看，经济发达程度、经济增长效益、社会投资规模、居民收入状况、财政收支等，直接决定着公债规模。从公债运行机制看，公债筹资成本、期限安排、品种搭配、偿还方式、公债资金使用方向与效益、证券市场发达程度，也直接影响着公债的规模。

二、公债风险及衡量

公债风险取决于公债的负担。由于公债会形成一定的经济负担，所以必须控制在一定的限度内。这种限度就是在考虑国民经济承受力和财政收支状况的基础上，控制其规模及增长速度。风险控制直接关系着一个国家的经济稳定性及政府公信力，因此，各国政府都非常重视临界指标的控制，国际上一般用三项指标来衡量公债基本状况：

（一）债务负担率（debt ratio）

债务负担率是指历年发行、尚未偿还的公债累积余额与当年 GDP 的比率。用公式表示就是：债务负担率 = 当年累积未清偿公债余额 ÷ 当年国内生产总值 × 100%。

该项指标主要从国民经济及财政收支状况来考查公债总量、结构和可持续筹资能力，反映政府举债对国民经济的影响程度。债务负担率高表明政府的借债行为对国民经济的影响较大，增发的潜力有限，反之则凡是。国际认定，该指标一般以不超过 60% 为宜。

（二）债务依存度（debt dependence degree）

债务依存度是当年公债发行总额占当年财政支出总额的比率。用公式表示就是：债务依存度 = 当年公债发行总额 ÷ 当年财政支出总额 × 100%。

该指标用以表示在当年政府预算中，公债收入占财政支出的比重，其中这里的财政支出包括债务还本付息支出，它反映财政支出对公债的依赖程度。当公债的发行量过大，债务依存度过高时，表明财政支出过分依靠债务收入，这必然对未来的财政平衡构成潜在危险。

国际上有一个公认的控制线：即国家财政的债务依存度为 15% ~20%，中央财政的债务依存度为 25% ~30%。目前，各发达国家的债务依存度一般控制在 10% ~20% 之间，日本政府即使在最困难时期债务依存度也不过 37%。

（三）偿债率（debt service ratio）

该指标是指当年公债还本付息额与当年财政收入的比率。用公式表示则为：

偿债率 = 当年公债还本付息额/当年财政收入总额 ×100%。

该指标表明预算年度内的财政收入中有多大份额需用于偿付到期债务本息，反映以往年度发行的公债对当期财政形成的影响大小。

国际公认的安全线一般控制在10%左右。

三、公债风险及防范

公债债务风险是指一国公债在发行、流通、使用和偿还过程中，由于各种不确定因素的存在，给政府财政活动自身以及国民经济运行代理的负面影响的可能性。一般可以将公债债务风险分解为两个层次：一是政府债务规模过大，导致财政收支体系和债务清偿机制紊乱，使财政陷入支付困境。二是因发行公债所引发的通货膨胀，使正常经济运行秩序招致破坏。现代世界各国弥补财政赤字的一般做法是发行公债。由于公债是要还本付息的，因此公债规模的增加又反过来增加财政赤字，所以，当前许多国家都面临着赤字与公债同时剧增的局面。加强债务风险控制管理是发达国家和发展中国家共同关心的问题。

现代公债风险控制强调这样几个原则：(1) 公债资金必须有安全可靠的投资去向，能够促进国民经济的持续增长。(2) 政府债券能按期偿还，并能随时变现。(3) 公债必须维持其货币价值，以避免通货膨胀或通货紧缩的影响。

为了达到要求，一般从以下方面着手，以加强债务管理和防范控制债务风险。

(一) 严格控制债务规模

公债规模存在一个适度的问题，如果规模失控，不但难以发挥公债的原有功能，也会影响政府其他职能的实现，最终使政府手忙脚乱，陷入债务危机。公债规模的合理限度的确定，应尽量坚持以下的原则：(1) 尽量避免“挤出效应”的发生，使公债资金的来源主要是社会闲置资金，尽可能地提高资金使用效益，使公债项目产生最大的价值。(2) 公债的发行必须考虑财政和经济的承受能力，避免损害财政收支的长期均衡，防止财政陷入债务危机。为此，需要建立政府债务预警指标体系，即是用上述三项指标的安全界限来监控债务规模。

(二) 合理确定公债资金的用途，提高资金使用效益

这里需要注意一个前提：一般而言，应避免将公债资金用于财政的经常性支出项目，而且非生产性基本建设支出不应列为经常性支出类别，理清各类财政支出的性质，将公债资金纳入政府的资本运作体系，主要用于公共基础设施建设，以利于加强管理，形成良性的资金循环。在此基础上，为了保障公债资金的有效

运用，应合理选择公债投资项目，加强资金运作管理，提高资金使用效益。主要措施有：制订公债投资规划，科学确定公债投资项目，强化公债资金使用管理，对公债投资实行项目决策责任制，强化对公债资金使用情况的监督和审计，制止不合理的重复建设和盲目建设，确保投资发挥预期效益。

（三）优化公债的结构

应尽量保持公债种类的多样化和长短期限的合理搭配，这样有利于满足不同购买者的需求，使民间持有公债的意愿不断增加，既能保持政府收入的稳定，又能分散公债负担；也有利于避开偿债高峰的压力，减少债务风险。

（四）建立合理的公债本息偿付机制

公债利息支出应纳入政府一般预算，而对于本金的偿还，在债务规模较大时，可建立偿债基金制度，每年按照一定的比例从预算收入或发债收入中提取偿债基金，使债务清偿具有一定的资金保障，并可平衡不同年度的偿债压力，避免偿债高峰期对当期预算的财政压力。

第五节　公债收益与公债价格

一、单利公债的收益与折现

（一）单利计息

单利计息，即到期一次还本付息的公债。

其到期价格 $P = M[1 + nR]$

式中：M——公债面值；n——公债的发行期限；R——公债的票面利率。

例1：现有面值 1000 元公债，期限为 5 年，票面利率为 3%，计算其到期价格。

则其到期价格：$P = 1000(1 + 5 \times 3\%)$

$= 1150$

（二）单利的市场价格

未到期需要折现，就要按照市场基准利率进行折现，此时设 r 为市场利率，t 为剩余的时间。

则折现期的公债价格 $P_1 = M[1 + nR] \div (1 + r)^t$

例2：现有面值 1000 元公债，期限为 5 年，票面利率为 3%，已持有 2 年，现在想折现，此时，市场基准利率为4%，请计算该公债的市价。

$$P_1 = 1000(1+5\times3\%)\div(1+4\%)^3$$
$$= 1150\div1.125$$
$$= 1022 \text{（元）}$$

二、复利公债的收益与折现

（一）复利计息及到期价格

复利不仅要对本金计利息，而且还要按期对利息计息。其到期价格 $P = M(1+R)^n$

式中：M——公债面值；n——公债的发行期限；R——公债的票面利率。

例3：现有计复利面值为1000元公债，期限为5年，利率为3%的公债，计算其到期价格。

则其到期价格：$P_f = 1000(1+3\%)^5$
$$= 1000\times1.194$$
$$= 1194 \text{（元）}$$

（二）复息公债的折现

未到期复息公债需要折现，也要按照市场基准利率进行折现，此时设：M——公债面值；n——公债的发行期限；R——公债的票面利率；r——市场利率；t——剩余的时间。

则复息折现价格 $P = M(1+R)^n \div (1+r)^t$

例4：现有复息面值1000元公债，期限为5年，票面利率为3%，已持有两年，现在想折现，此时，市场基准利率为4%，请计算该公债的市价。

折现价格 $P = 1000(1+5\times3\%)^5 \div (1+4\%)^3$
$$= 1194\div1.125$$
$$= 1061 \text{（元）}$$

三、公债的市场收益率

公债的投资收益一般应包括三方面：一是公债的利息收入；二是公债买卖的盈亏；三是公债利息的再投资。

（一）名义收益

名义收益指公债票面上标明的每期利息收入与票面金额的比率。即

$$Y = C/M$$

式中：——公债名义收益率；C——每期票面利率；M——公债面额。

例如，我国 2004 年发行的 10 年附息公债，通过招标发行确定的票面利率为 5.6%，票面金额 100 元，则其名义收益率（年）为 5.6%。

（二）当期收益率

当收入指投资公债每期获得的利息收入与债券实际购买价格的比率。即

$$Y = C/P$$

式中：Y——公债的当前收益率；P——公债的实际购买价格；C——每期票面利率。

若面值 100 元的 10 年附息公债，票面利率为 5.6%，实际购买价格为 105 元，该公债的当前收益率为 5.6 ÷ 105 = 5.33%。

（三）到期收益率

1. 贴现公债的到期收益率

贴现公债以低于债券面额的价格发行（若设 Y 为贴现公债的到期收益率；M 为公债面值，T 为时间；P 为公债的实际购买价格，C 为每期票面利率），则：

该公债的贴现到期收益率为：$Y = (M - P) \div M \times 360 \div T$

该公债的货币市场收益率为：$Y = (M - P) \div P \times 360 \div T$

2. 到期一次还本付息公债的到期收益率

到期一次还本付息公债的到期收益率，若一年以内，则通常以单利计息：

其年到期收益率为：

$Y_D = (M - P) \div P \times 1/T = Y = (M - P) \div P \times 360 \div T$

3. 附息公债的到期收益率

由于附息公债分期支付利息，因而只能通过资本折现来表示附息公债的到期收益率：

$P = C \div (1 + Y) + C \div (1 + Y) + C \div (1 + Y)$

第六节　外债、外债管理及外债风险的控制

随着世界经济一体化，各国在经济发展中均十分重视筹措外债。外债作为公债的有机组成部分，担负着平衡国际收支、引进先进技术、吸引外国投资、调节经济等功能。

一、外债概述

（一）外债的概念

广义来说，外债是指国家向其他国家政府、银行、国际金融组织的借款和在国外发行的债券，以及允许外国政府直接购买国内债券等，表现为国际资金（即外汇）的流入。外债资金的引入将对一国一定时期的经济资源总量产生影响，因为它引起资源在国际间的转移。外债发行时增加本国可支配的经济资源，而在还本付息时将减少本国可支配的经济资源。

（二）外债的结构

1. 外债的类型结构

外债由政府借债、在国外发行外币债券和允许外国政府直接购买国内债券三部分组成。政府借款包括向外国政府借款、国际金融机构借款、国外商业银行借款以及出口信贷等形式。发行外币债券包括委托国外金融机构发行和直接发行的主权外债等。外国政府直接购买的公债是指在开放的国内公债市场下，外国政府以债权人身份购买的国内公债。

2. 外债期限结构

外债期限结构是指外债从期限上有长、中、短期之分。按照国际货币基金组织规定的标准，一年或不足一年的债务为短期债务，一年以上的为中长期债务。短期债务虽然利率较低，易于筹集，但风险较大。相较而言，中长期债务的风险较小。为了防止债务危机的发生，应该形成一种以中长期债务为主，短、中长期合理搭配的期限结构，使偿还年限和数额尽可能分散。一般而言，短期外债占全部外债的总量宜控制在25%以内。

3. 外债币种结构

外债币种结构是指在外债总额中货币币种的构成。借用外债始终是要通过外汇储备来偿还的，汇率风险是客观存在的。因此，外债的币种结构相当重要，借款时应力争做到借款货币与商品、劳务出口收入货币及外汇储备货币结构的均衡，以避免汇率风险所造成的损失。

在外债的选择上，国际金融机构和外国政府的贷款条件一般比较优惠，大多属于低息或无息，偿还期限较长，但一般限定贷款用途。外国商业银行贷款的利息较高，但限制条件较少。向国外发行外币债务的限制条件最少，但发行政府必须具备较高的国际信誉，而且利息高、发行费用大。而国内公债对外开放，允许外国投资者购买，几乎没有任何附加成本，但必须实行市场汇率，金融环境良好，具有较强的防范金融风险的能力。

（三）影响外债规模的因素

1. 国际因素

国际金融市场上资金可供量直接制约着借款规模。具体而言，主要有四个因素影响着可借的国际资金量：世界经济形势和技术发展、国际资本流动的规模和方向、资本输出国对外经济战略、其他国家吸引外资的政策和利用外资的规模。诸如在国际经济稳定发展的时期，发达国家就会有较多的资本流向国外，寻求国际市场，这样有利于发展中国家采取多种手段吸引外资，介入外债。

2. 国内因素

从国内方面看，制约外债规模的因素主要有：一是国内建设资金的需求。外债具有平衡国际收支、筹集建设资金和调节经济运行的功能，债务规模应控制在保持合理的国民经济增长速度所需的资金缺口范围之内。以我国为例，我国目前外汇储备充足，原来囿于平衡国际收支而发行的短期外债，其比重应有所降低，而与筹集建设资金相对应的中长期外债应有所提升。二是国内对外债的承受能力和消化吸收能力。外债承受能力包括外债的偿还能力、外汇平衡能力和国内配套能力。借入外债用于项目投资，国内必须要有一定的生产要素相配套，才能保证投资项目的成功。如世界银行贷款项目要求东道国配套资金应占70%。而消化吸收能力主要包括利用外资项目的经营管理能力，对引进技术的消化和推广能力、创汇能力等。

二、外债的负担与风险控制

外债作为政府债务，直接关系着国民经济稳定及国际收支的平衡，必须从宏观上把握负担与限度问题。国际上为考察国家债务状况和信用水平，专门建立了外债状况考察指标，它包括三项：

（一）外债负债率

外债负债率是外债余额与当年国民生产总值之比。其全面反映本国偿债能力与外债规模的对应关系。该指标的国际警戒线为20%。

（二）外债偿债率

外债偿债率是年度债务还本付息额度与当年贸易和非贸易外汇收入之比。该指标反映一国每年创汇能力所能承担的当年对外偿债负担，由于出口收入的很大一部分要用于支付进口，因此其比率越小越好，外债的偿债率一般以 20% 为警戒线。

（三）外债债务率

外债债务率则是指外债余额与当年贸易和非贸易外汇收入之比。该指标反映一国最大限度的举债能力，比重应越小越好，一般不应超过 100%。当债务率超过 100%，说明该国外债过大，外债负担过重，外汇收入难以满足偿债需求。其中，偿债率和债务率实际上反映的是本国实际的偿债的可能性。另外，还有短期债务率：短期债务率 = 短期债务/对外负债总额。短期债务一般期限短、利率高、对市场波动敏感性强、汇兑风险和政治风险都较大，因此，比重必须适度，否则，容易造成损失。国际上，该指标一般规定上限为 25%。

三、外债管理

为规范举借外债行为，提高外债资金使用效益，需要明确外债管理的目标、基本原则和管理体系。总结起来，外债管理目标可以归结为三个方面：一是外债管理要符合国民经济和社会发展的需求，借债规模要限制在财力所能承受的范围内，要与国内配套能力、消化吸收能力和偿还能力相适应；二是通过把好借债关，避免债务负担过重或结构不合理而给本国经济和社会发展事业带来不应有的损失，因此要科学规划债务总量、期限、比重和外币结构；三是通过优化外债投入的组合和强化外债的使用管理，提高外债资金的经济与社会效益。

在明确外债管理目标的基础上，外债管理需要遵循以下几个基本原则：一是公债管理政策与货币管理要分开，以免公债政策受到干扰；二是实行外债委托运行制。为了提高外债运行效率，一般将其委托给有丰富风险管理技术和经验的机构运行；三是建立健全制度，实行全程监控。一般而言，外债管理是从总量与结构两方面来把握的，主要包括五个方面的内容：

1. 外债的总量管理

总量控制重点在于控制负债率，控制外债的增长速度，使之与经济增长速度相适应。同时，注意把握外债规模和外汇储备之间在总量与结构之间的一致与协调。

2. 外债的期限结构管理

在对外债进行期限结构管理时，注意通过调整新借款的期限结构，一方面防止短期借款的比例过大，另一方面要保证未来偿债压力的相对均衡，避免在特定年份出现偿债压力过大的偿债高峰。

3. 外债的类型结构管理

由于外债种类的不同，利率水平也不同，直接影响到外债的成本。因此，在举借外债时，要尽量举借政府贷款和国际金融机构的贷款。

4. 外债的风险管理

需要重点把好借债关，避免借债不合理造成的风险损失。主要措施包括：使用借债的币种结构大体接近本国出口创汇收入的币种结构，避免汇兑损失；推行债务币种结构的多样化和均等化，分散汇兑风险；推行债务来源的多元化，避免国际政治风险。

5. 外债的成本与效益管理

筹措外债的主要目的是促进经济发展和改善国际收支，但能否达到此目的，关键在于外债的举措成本和使用效益。在外债的效益管理中，要注意外债的使用效益和外债的保值增值性，提高投入产出效率。

表 10－1　　**1999～2005 年我国外债余额与结构**　　单位：亿美元

年份 债务类型	1999	2000	2001	2002	2003	2004	2005	2007
总计	1518.30	1457.30	1701.10	1713.60	1936.34	2285.96	2810.45	3736.18
按债务类型分								
外国政府贷款	265.60	246.10	237.00	244.23	254.20	322.08	271.95	300.57
国际金融组织贷款	251.39	263.50	275.70	277.02	264.67	251.01	267.88	283.71
国际商业贷款	653.80	947.70	972.30	929.10	1051.73	1247.83	1362.62	1820.90
贸易信贷			216.10	263.23	365.74	465.04	908.00	1331.00
按偿还期限分								
长期债务余额	1366.50	1326.50	1195.30	1155.60	1165.90	1242.87	1249.02	1535.34
短期债务余额	151.80	130.80	505.80	558.00	770.44	1043.09	1561.43	2200.84
构成（%）	100	100	100	100	100	100	100	100
按债务类型分								
外国政府贷款	17.50	16.90	13.90	14.50	13.10	14.10	9.70	8.0
国际金融组织贷款	16.50	18.10	16.20	16.40	13.70	11.00	9.50	7.6
国际商业贷款	43.10	65.00	57.20	53.50	54.30	54.60	48.50	48.7
贸易信贷			12.70	15.60	18.90	20.30	32.30	35.6
按偿还期限分								
长期债务余额	90.00	91.00	70.30	67.40	60.20	54.40	44.40	41.1
短期债务余额	10.00	9.00	29.70	32.60	39.80	45.60	55.60	58.9

资料来源：《中国统计年鉴 2005》，中国统计出版社 2005 年版。

第七节 我国的公债及改革

一、我国公债的发展历程

新中国成立以后，我国公债体制大体经历了三个发展阶段：

第一个阶段是1950～1959年探索实践时期，1950年为了保证仍在进行的战争的供给和恢复国民经济，发行了总额为302亿元的“人民胜利折实公债”；1954～1958年为了支持社会主义经济建设分5次发行了总额为3546亿元的“国家经济建设公债”（1974年本息全部还清）。

第二个阶段是1960～1980年基本禁止时期，当时认为：“社会主义应该既无内债也无外债”，这一时期政策上不允许发行公债；

第三个阶段是改革开放的全面运用时期。全面拨乱反正，开始积极发展公债，积极完善公债制度，科学的确定公债规模，按照社会主义市场经济的要求，不断地强化公债作用。

表10－2 中国公债改革步骤

中国公债改革步骤
1981年：恢复发行公债
1985年：在上海试行柜台出售
1991年：试行承购包销发行法
1992年：推出公债期货交易（1995年暂停）
1993年：试行公债回购交易
1994年：推出短期公债
1996年：试行招标发行方式
1997年：成立银行间公债交易市场
2002年：组建银行间市场承购包销团
2003年：组建交易所债券市场承购包销团和凭证式国债包销团
2005年：发行30年偿还期的长期公债
2009年：中央财政代地方发债2000亿元

二、改革开放以来的公债体系改革

经过30年的改革开放，我国已初步建立起公债体系，一、二级市场依次建设，“借用还”机制逐渐健全，机制与政策逐渐优化。

一级市场看，1981年恢复发行公债，当时仍局限于采取行政摊派方式（财政部门直接向企业或者公民出售国债），1991年开始探索国债承销制，1993年建立一级自营商制度，1995 年试行承购包销发行制。经过不懈的努力，我国初步建立起了“以差额招标方式向国债一级承销商出售可上市国债（记账式国债）；以承销方式向承销商（商业银行和相关金融机构）销售不上市的凭证式国债；以定向招募方式向社会保障机构和保险公司出售定向国债”的发行机制。

二级市场看，1988 年开始试行国库券流通试点，1992 年推出公债期货交易；1993 年推出公债回购交易，1997 年建立银行间公债交易市场。

运筹机制看，1992 年实行复式预算，将公债列为经济预算的收入。1997 年建立偿债基金。并建立起了以偿债基金为基础，预算偿还和公债调换的国债偿付体系（见表 10－3）。2009 年开始试发行地方债，采取“总额分配，代发代还”模式，综合看：

表 10－3　　1985～2005 年我国外债风险指标　　单位：%

年份	偿债率	负债率	债务率
1985	2.7	5.2	56.0
1990	8.7	13.5	91.6
1995	7.6	15.2	72.4
2000	9.2	13.5	52.1
2001	7.5	14.7	56.8
2002	7.9	13.6	46.1
2003	6.9	13.7	39.9
2004	3.2	13.9	34.9
2005	3.1	12.6	33.6
2006	2.1	12.3	30.4
2007	2.0	11.5	27.8

资料来源：《中国统计年鉴 2006》中国统计出版社 2006 年版。

（一）初步建立起功能健全的公债体系

改革开放以来，我国积极发挥公债弥补财政赤字，实施宏观调节的作用，有计划、有目标的发行公债。截至 2006 年，我国国债余额为 23000 亿元，综合看国债依存度始终维持在 50%～60%之间，基本在国际警戒线以内。

改革开放以来，我国共发行过 13 个品种的国债：即国库券、国家重点建设债券、财政债券、国家建设债券、特别国债、保值公债、转换债、定向债券、无记名国债、凭证式债券、特种定向债券、记账式国债和专项国债。1995 年财政部根据国际惯例对国债的品种进行了整理，将国债统一确定为记账式国债、无记名国债、凭证式国债和特种定向债四种。

（二）公债机制不断优化，一、二级市场协调发展

为适应市场经济的发展，不断加快公债市场的建设，首先是着手一级市场的建设，改行政摊派为承购包销，目前70%的公债以承购包销形式实现；其次是积极探索发展二级市场，先后探索公债期货、公债回购、银行间公债市场与证券市场公债交易，全面提高了公债的流通性。

（三）公债政策日臻完善

公债机制的完善全面促进了公债政策的运用，1998年实施积极财政政策后，公债政策开始成为财政政策重要组成部分：（1）积极弥补赤字；（2）积极调节需求不足；（3）加强“瓶颈制约”环节投资，有效发挥了公债的政策调节作用。

综合看，我国公债运行健康，机制改革逐步深化，即将进入一个更高的发展阶段。

表10-4 我国公债状况及指标

指标 \ 年份		1997	1998	1999	2000	2001	2002	2003	2004	2005
债务收入	全部	2476.82	3310.93	3715.03	4180.1	4604	5679	6153.5	6879	6922
	内债	2412.03	3228.77	3715.03	4157	4483.53	5679	6029.2	6726	6922
	外债	64.79	82.16	0	23.1	120.47	0	120.68	145	0
债务余额	全部	16380.74	19959	23208	25106	29981	33324	24424	27956	31524
	内债	5511	7838	10606	13011	15862	19336	22488	25671	28714
	外债	1309	1460	1518	1457	1701	1685	1936	2285	2810
还本付息	全部	1918	2352	1910	1579	2007	2563	2952.2	3671	3923.3
	内债	1847	2276	1819	1552	1923	2467	2876.5	3542.4	3878.5
	外债	70.76	76.6	90.99	27.61	84.31	95.45	75.6	129.1	44.8
国债依存度	全国	22.21	25.18	24.61	23.93	22.01	23.07	24.96	24.15	20.4
	中央	55.65	60.43	61.28	58.88	59.21	60.84	58.56	58.9	54.7
	内债	21.63	24.55	24.61	23.8	21.44	23.07	24.46	23.61	20.4
	外债	0.58	0.62	0	0.13	0.58	0	0.49	0.51	0
国债偿债率	全部	22.17	23.82	16.69	11.79	12.25	13.56	13.59	13.9	12.39
	内债	21.36	23.05	15.9	11.59	11.74	13.05	13.24	13.4	12.25
	外债	7.3	10.9	11.3	9.2	7.5	7.9	6.9	3.2	3.1
国债负担率	全部	22.4	25.93	28.8	28.45	31.32	32.18	30.26	29.96	28.28
	内债	7.5	10.2	13.2	14.7	16.6	18.7	16.56	16.06	15.68
	外债	14.5	15.2	15.3	13.5	14.7	13.6	13.7	13.9	12.6

资料来源：根据《中国统计年鉴2006》，中国统计出版社2006年版。

三、我国公债体系面临的挑战与机遇

改革开放来，我国公债走过了艰辛坎坷的探索道路，初步形成了适应市场经济的机制、体制与政策功能，但随着改革的深化尤其是近期的国际金融风险，实践告诫我们，我国公债经济的发展方兴未艾，面临着一系列新的挑战与机遇。

怎样看待公债经济面临的挑战，主要表现在以下几个方面：

（1）我国公债的调控空间亟待提升。我国长期采取谨慎的公债政策，截至2008年，我国中央财政的国债依存度为51%、国债偿债率为12.39%、国债负担率为28%，主导指标远低于国际公然的风险界限，在金融危机冲击下，内需不足，通货紧缩矛盾非常突出，经济内在活力不足矛盾凸显，怎样提高政府调控空间摆上重要日程，体重很关键的是增强公共需求，提高公债调节力。

（2）建立适应国情的地方债体系。目前，我国政府积极探索发展地方公债，自觉破禁《预算法》的“地方政府不允许发行公债”，1998年探索中央债转贷地方，2009年探索中央代发地方债，据粗略统计我国地方政府的隐性债务约在1万亿元以上，显然，怎样发展地方债已经摆上意识日程。

（3）逐步增强公债的市场调节能力。主要是怎样改善公债结构（时间、币种及种类），增强公债的参与市场调节的内在功能，随着市场的成熟，政府间接调节的作用不断加强，主要是通过金融市场调节的需求不断提高，目前相对单一的公债结构，期限长、币种单一及种类单一，很难履行市场多样化的宏观调节的需要。

四、我国公债体系改革的重点

随着公共财政的发展与繁荣，财政功能的扩大化很关键的在于有一个强大的公债运筹、调控体系。

（一）提升政府公债经济调节空间

在经济转型期，政府始终承担着经济启动和矛盾调节的重任，尤其在像我国这样一个内需不足，区域差距悬殊的国家，政府要将启动消费作为一项基本任务承担起来，提升政府公债经济的调节空间，它主要是：（1）提高公债债务规模，增加公共需求，促进内需扩大；（2）吸引国际需求，直接引资与间接引资同步进行，探索资本市场的对外开放，形成内资外债；（3）拓宽国际融资渠道，扩大人民币外债规模；（4）提高公债风险指标控制范畴，适当提高公债规模，探索国家负债经营。

（二）建立分级公债体制

发展地方债已经成为大势所趋，目前，世界上前54位发行公债的大国中，38国准许地方发行地方债，我们应该积极探索适应国情的地方债发行机制，主要包括这样几方面的探索：（1）探索地方公债余额管理；（2）实行全国性地方债总量控制；（3）实行地方债利率区间控制；（4）探索地方债务保证金制度。

（三）增强公债的内在调节功能

主要是增强公债的流动性，改善公债结构：（1）提高短期公债的比重，增强公开市场调节活力；（2）提高地方债比重，逐渐使地方债成为地方政府调节区域经济的主渠道；（3）增加定向公债比重，比如对退休年金，各类社会保险基金发行定向公债；（4）尝试编制债务预算，优化债务收支及经营效率。

案例分析

案例10－1 地方债，渐行渐近

财政部部长谢旭人2009年5日参加十一届全国人大二次会议宁夏代表团审议时透露，国务院同意地方发行的2000亿元债券将采取公开发行方式。

对于地方能够获得多少地方债券的发行能力，谢旭人说国务院在最终测度、核准地方发债的规模时主要考虑三方面因素：一是地方对于中央重点投资项目的配套金额；二是地方政府对于债券的承载能力；三是地方政府过去的债务情况。

资料来源：新华网、财经新闻。

一、国务院“放行”地方债

政府工作报告：实施积极的财政政策：一是大幅度增加政府支出，这是扩大内需最主动、最直接、最有效的措施。今年财政收支紧张的矛盾十分突出。为弥补财政减收增支形成的缺口，拟安排中央财政赤字7500亿元，比上年增加5700亿元，同时国务院同意地方发行2000亿元债券，由财政部代理发行，列入省级预算管理。二是实行结构性减税和推进税费改革。采取减税、退税或抵免税等多种方式减轻企业和居民税负，促进企业投资和居民消费，增强微观经济活力。三是优化财政支出结构。继续加大对重点领域投入，严格控制一般性开支，努力降低行政成本。

二、何谓地方政府债券

地方政府债券是指有财政收入的地方政府及地方公共机构发行的债券，一般用于交通、通信、住宅、教育、医院和污水处理系统等地方性公共设施的建设。同中央政府发行的国债一样，地方政府债券一般也是以当地政府的税收能力作为还本付息的担保。目前，在全世界最主要的53个经济体中，有37个允许发行地方债。

据悉，此次地方债将统一命名为“地方政府债券”。2009年，地方债的发行总额度为2000亿元，将采取中央财政部代理发行及代办还本付息和发行费支付，地方政府承担还本付息责任，目前各地方政府正在向财政部和国家发改委上报计划。

三、地方债困境

按照现行《预算法》第28条规定，“地方各级预算按照量入为出、收支平衡的原则编制，不列赤字。除法律和国务院另有规定外，地方政府不得发行地方政府债券。”尽管法律要求地方政府不得成为发债主体，但并没有要求地方政府不能有债务。中央政府代为发债规避了以上法律矛盾。

资料来源：《中国证券报》2009年2月24日。

编者按：

学生讨论：中央政府应怎样发展地方债？

案例10－2　期货市场风险大事之一：“327”国债风波

1992年12月28日，上海证券交易所首先向证券商自营推出了国债期货交易。此时，国债期货尚未对公众开放，交投清淡，并未引起投资者的兴趣。1993年10月25日，上证所国债期货交易向社会公众开放。与此同时，北京商品交易所在期货交易所中率先推出国债期货交易。

1994～1995年春节前，国债期货飞速发展，全国开设国债期货的交易场所从两家陡然增加到14家（包括两个证券交易所、两个证券交易中心以及10个商品交易所）。由于股票市场的低迷和钢材、煤炭、食糖等大宗商品期货品种相继被暂停，大量资金云集国债期货市场尤其是上海证券交易所。1994年全国国债期货市场总成交量达28万亿元。

在“327”风波爆发前的数月中，上证所“314”国债合约上已出现数家机构联手操纵市场，日价格波幅达3元的异常行情。1995年2月23日，财政部公布的1995年新债发行量被市场人士视为利多，加之“327”国债本身贴息消息日趋明朗，致使全国各地国债期货市场均出现向上突破行情。上证所“327”合约空方主力在148.50价位封盘失败、行情飙升后蓄意违规。16点22分之后，空方主力大量透支交易，以千万手的巨量空单，将价格打压至147.50元收盘，使“327”合约暴跌38元，并使当日开仓的多头全线爆仓，造成了传媒所称的“中国的巴林事件”。

“327”风波之后，各交易所采取了提高保证金比例、设置涨跌停板等措施以抑制国债期货的投机气氛。但因国债期货的特殊性和当时的经济形势，其交易中仍风波不断，并于5月10日酿出“319”风波。5月17日，中国证监会鉴于中国目前尚不具备开展国债期货的基本条件，做出了暂停国债期货交易试点的决定。至此，中国第一个金融期货品种宣告夭折。

资料来源：新浪网，中国资本市场的发展

编者按：

学生讨论：公债期货的利与弊。

案例10-3 中国成美国第一大债权国

美国财政部最新公布的国际资本流动报告（TIC）显示，截至9月末，中国持有的美国国债达到5850亿美元。中国一举超过8年来始终占据首位的日本，成为美国国债最大持有国。

9月份，中国增持436亿美元美国国债，再创今年以来美国国债月度最大增额，几乎是上月增持223亿美元的两倍。1~9月，中国共增持美国国债1074亿美元。除2月和6月为净减持外，其余月份都为净增持，且自7月以来，增持幅度大幅增长。

此前始终占据美国国债持有数量首位的日本，连续两月出现减持情况，持有量从上月的5860亿美元减少到5732亿美元，减少128亿美元。英国为第三大持有国，规模为3384亿美元。

中国社科院金融研究所中国经济评价中心主任刘煜辉指出，美国的国债市场不能算是一个完整的竞争市场，而是存在类似寡头垄断的格局，国债被几家官方机构持有的情况下，稍有动作便会引发汇率的剧烈变动。而我国作为强势美元的重要支撑者，也存在相似的情况——中国是美国国债的持有大户，一旦抛售，必将影响汇市，美元的贬值将使得中国通过贸易顺差积攒起来的财富迅速缩水。“在这种相互联动的作用下，甚至可以说中国在积极地维持美元本位的稳定。”刘煜辉同时认为，虽然庞大的存量动不了，但中国应对当前的外汇增量进行战略性调节，以形成配置的多元化。他指出，从存量来看，这么大的美元头寸遭受损失的可能性非常大，而美元贬值、商品价格上涨，将会使得中国的购买力大大缩水。

近日，美国财政部一位官员指出，2009年美国国债的发行额度可能会达到近乎天量的1.8万亿美元。刘煜辉认为，由于奥巴马对减税计划、医保改革等措施的承诺，使得下届美国政府的财政压力将会非常大，1.8万亿美元的国债几乎不可能通过国内投资者来承担。而当前美国国债存量中的1.5万亿美元已经由国外投资者持有，在这个基础上再吃下1.8万亿美元的大块头也并不现实。因此，美国难免用印钞票的办法解决。"不管是发国债，还是印钞票，长期来看，美元贬值的风险还是很大。"

《齐鲁晚报》2008年11月20日。

编者推荐文章：

客观地说，现在世界的经济发展、和平发展，在一定程度上取决于中美两国的稳定关系、和平共处、合作共荣。虽然，美国目前发生了金融危机、经济衰败，但几年后可望复苏，经济、政治、军事实力仍然是世界第一，他国无法取代。而中美两国作为全球经济发展的火车头，也是他国无法取代的。

为何中美"哥俩"好，则世界好，是今后中美关系的不二选择？因为第一，共同的利益需要中美双方的合作与支持。国际关系实质上就是国家利益关系。国家利益高于一切，这是各国处理国际关系普遍遵循的一条基本原则。中美两国都是世界上的超级大国，中美关系已成为当今世界最为重要的双边关系之一。特别是在当前经济全球化、全球出现金融危机的背景下，中美两国经济互补性强，整体利益休戚相关，合则双赢，斗则两伤。

第二，中美两国关系的利益纽带目前日趋牢固，形成了你中有我、我中有你的利益交融局面。中美对各自核心利益的重新定位，对各自国家安全、经济繁荣、地区稳定与全球平衡等问题达成的战略共识，促使这两个制度和意识形态不同的国家建立起和平共赢的合作关系。这是国际关系史上的一个了不起的事件，有益于整个地球村的和平与稳定。

中美互惠互利的合作，给两国提供了巨大的发展机会，造福了两国民众。中国经济一直保持稳健快速增长势头，经济规模跃居世界第四，人民生活水平有了很大提高。美国通过与中国的经济互补协作，也实现了财富的更快增长。

第三，中美双方在重要世界领域合作空间大。中美双方在维护世界和平、打击国际恐怖活动、防止核扩散、应对全球气候变暖等方面都需要进行合作。比如，中国台湾问题及南中国海主权争议问题的解决，特别是中国台湾问题的和平解决，中国需要美国始终坚持"一个中国"的立场，保持中立的态度。朝核问题的解决，美国需要中国出面协调。

第四，中美两国在科技领域有广阔合作空间。比如双方合作宇宙探索，太空研究与开发。

第五，中美携手主导世界多极化格局。目前，世界格局也开始由美国单极向多极转变。中国作为多极形成中的一极正在强势崛起。据统计，2007年，世界最大的经济体——美国经济对世界的贡献达9.5%左右，中国经济发展对世界的贡献高达23%。中美两国在当今的世界里，越来越相互依存。

中国将取代德国成为世界第三大经济体，预计再过5~8年中国就将超过日本成为世界第二大经济体，中国的政治影响力也随之与日俱增，全球性的任何问题离开中国是无法得到解决的。美国势必同中国合作来解决自身陷入的金融危机、伊拉克战争和阿富汗战争泥淖难以自拔的问题，以及朝鲜、伊朗核问题，反恐问题，全球气候变化，贫穷与疾病问题等都需要中国协助、参与、合作才能顺利解决。

第六，中美友好促进中国有发展的良好国际环境。中国为实现经济的持续、稳定、快速发展，为实现现代化、和平统一、民族复兴，必然需要和尽力维持一个和平的国际环境，一定会竭力营造友好合作、共存共荣的中美关系，并且为了从大局出发，甚至会做出某些妥协、退让、牺牲来维护和促进中美关系的良好发展。中国的对美政策奉行的是对话合作、友好共处、相依共荣。这也是中国所希望的中美关系应有的主旋律。中国作为文明古国和新兴大国，和平发展、决不称霸，是基本的国策和对外政策。

第七，中美友好有助于破解美国金融危机。中国目前有2万亿美元的外汇储备，现已成为美国的世界第一大债权国，持有5850亿美元的美国国债，再算上中国持有的两房债券和其债权，总共1.4万多亿美元，这令美国政府救市的几千亿美元都相形见绌。

众所周知，美国遭遇百年不遇的金融危机，接踵而来的是经济衰退，奥巴马政府面临的经济大难题，离开了中国不但难以解决，而且还可能会陷入金融危机的绝境。中国对美国经济的影响力是何等重大，而且这一影响力还在急速扩大。

第八，中美交流空前密切，有助于两岸关系稳定和世界和平。近年来，中美关系战略定位更加清晰，全球意义更加突出。中国走过的和平发展道路已得到世界的认同与尊重，美国也逐渐对一个负责任的中国的快速发展抱有更好的心态。随着中美双方在经贸、金融等领域的深入合作，在能源、环境与气候变化等全球性问题上的积极互动，中美两国的关系将进一步加深，一个相互尊重、内涵广泛的中美建设性合作关系，必将对世界的和平与繁荣产生重要支柱作用。

广东：王林/文

【注释】

1. 光荣革命是指1688~1689年英国资产阶级和新贵族发动的推翻詹姆斯二世的统治、防止天主教复辟的非暴力政变。西方资产阶级历史学家因为这场革命未有流血，故称之为“光荣革命”。

2. 货币供应量及调节。货币供应量分为 M_0、M_1、M_2，M_0 现金、M_1 为 M_0 + 企事业单位活期存款、M_2 为 M_1 + 企事业单位定期存款 + 居民储蓄存款。M_0 与消费物价水平变动密切相关，是中央银行调节的重要目标。央行一般从四个方面调节货币供应关系：首先，调节货币供应，保持 M_0、M_1、M_2 的比例协调（M_0 占 M_2 比重 10% ~20%），M_1、M_2 与经济增长、物价增长保持合理增幅（15% ~20%、20% ~25%）。其次，调节存款准备金（以法律形式规定商业银行应将其存款的一定比例存入中央银行，我国目前为 15%，德国为 5%，美国为 10%）限制金融机构信贷扩张；调节再贴现政策（通过相互抵押银行承兑汇票吞吐现金）影响商业银行筹资成本，调控货币供应量；第三是调节法定利率（央行基准利率、金融机构对客户的存贷款利率）调节货币供需；第四是通过公开市场业务（在证券市场上买卖有价证券，买进证券吐出现金，卖出证券回笼现金）调节货币供需。

3. 货币流动性。它是指当利率低到一定程度时，整个经济中所有的人都预期利率将上升，从而所有的人都希望持有货币而不愿持有债券，投机动机的货币需求将趋于无穷大，若央行继续增加货币供给，将如数被人们无穷大的投机动机的货币需求所吸收，从而利率不再下降，这种极端情况即所谓的“流动性”。

M_0、M_1、M_2 是货币供应量的范畴。我国现阶段也是将货币供应量划分为三个层次，其含义分别是：

M_0：流通中现金，即在银行体系以外流通的现金；

M_1：狭义货币供应量，即 M_0 + 企事业单位活期存款；

M_2：广义货币供应量，即 M_1 + 企事业单位定期存款 + 居民储蓄存款。

在这三个层次中，M_0 与消费变动密切相关，是最活跃的货币；

M_1 反映居民和企业资金松紧变化，是经济周期波动的先行指标，流动性仅次于 M_0；

M_2 流动性偏弱，但反映的是社会总需求的变化和未来通货膨胀的压力状况，通常所说的货币供应量，主要指 M_2。

人们一般根据流动性的大小，将货币供应量划分不同的层次加以测量、分析和调控。实践中，各国对 M_0、M_1、M_2 的定义不尽相同，但都是根据流动性的大小来划分的，M_0 的流动性最强，M_1 次之，M_2 的流动性最差。

4. 物价指数。国际上主要指：消费价格指数（CPI）、零售物价指数（RPI）和批发物价指数（WPI）。

5. 中国证券市场概况。2006 年 5 月推出股权分置改革，截至 2007 年 9 月，沪深两市共有上市公司 1503 家，总市值超过了 22 万亿元，股票市值与 GDP 的比率，由股权分置改革前的 17.7%，提高到现在的 1.1∶1，股市交易活跃，沪深两市日平均成交 2000 多亿。

附注．期货交易手势：买，手心朝里；卖，手心朝外；手势表示 1 ~9。

合约数量约定：10 的倍数，手碰触前额；100 的倍数，手碰触下巴。

【综合复习】

一、名词解释（概念题）

公债 国债负担率 国债依存度 市盈率 IPO 期货 期权 公募招标

二、填空题

1. 公债以发行凭证为标准，可以划分为__________和__________。

2. 李嘉图—巴罗等价定理的核心在于：他们认为______________具有相同的功能。

3. 期货交易是指交易双方达成债券买卖契约后，____________________的交易方式。

4. 目前，政府最常用的公债发行方式是：__________和__________。

5. 公债偿还资金主要通过这样几种方式募集：__________、__________、__________和举借新债。

三、选择题

1. 当已发行的公债流入中央银行时，相当于中央银行发行了等量的（ ）。
   A. 金融债券　　B. 企业债券
   C. 重点建设债券　　D. 基础货币

2. 各国政府偿还公债的基本手段是（ ）。
   A. 设立偿债基金　　B. 依靠财政盈余
   C. 通过预算列支　　D. 举借新债

3. 公债的基本功能是（ ）。
   A. 弥补财政赤字　　B. 筹集建设资金
   C. 经济调节　　D. 收入再分配

4. 公债发行利率的确定应考虑的主要因素有（ ）。
   A. 金融市场利率　　B. 政府信用
   C. 社会资金供求　　D. 通货膨胀率

5. 国家的债务负担率（ ），表明其债务处于健康态势。
   A. 超过60%　　B. 不超过60%
   C. 超过70%　　D. 不超过70%

6. 公债偿债率的国际警戒线是（ ）。
   A. 30%　　B. 20%
   C. 10%　　D. 5%

三、计算题

现有2007年复息公债1000元，票面利率为2%，市场基准利率为3%，已持有3年，折现价为1037.74元，该公债为几年期公债？

四、简答与论述题

1. 简述并评价李嘉图等价定理。
2. 试述公债的政策功能。
3. 分析公债的经济效应。
4. 如何衡量及防范公债风险。
5. 如何判断我国的外债安全性？
6. 分析我国公债结构的现状及展望。
7. 分析影响国债发行利率的决定因素。
8. 我国购买美国公债的经济学分析及利弊。
9. 公债管理的流动性效应及调节。
10. 我国的公债体系改革及发展方向。

【阅读与参考文献】

1. 千家驹编：《中国的内债》，中华书局1984年版。
2. 邓子基、张馨、王开国著：《公债经济学》，中国财政经济出版社1990年版。
3. 高培勇等编著：《公共债务管理》，经济科学出版社2004年版。
4. 类承曜著：《国债的理论分析》，中国人民大学出版社2002年版。
5. 亚历桑德罗·米撒尔著，靳俐等译：《公债管理》，中国财政经济出版社2005年版。
6. 扬健身著：《公共债务》，中国财政经济出版社2000版。
7. 卢文莹著：《中国公债学说精要》，复旦大学出版社2004年版。
8. 胡寄窗、谈敏著：《中国财政思想史》，中国财政经济出版社1989年版。
9. 高坚著：《中国国债市场发展的道路》，中共中央党校出版社1995年版。
10. 李士梅编著：《公债经济学》，经济科学出版社2006年版。
11. 李新著：《中国国债市场机制及效率研究》，中国人民大学出版社2002年版。

普遍的自由导致惠及全人类的经济增长。

——费里德曼

第十一章　财政体制

财政体制（finance system）是规范中央与地方政府，以及各级政府间的财政关系，明确各级政府间的财政职权、收支范围的基本制度。它作为处理政府间财政关系的一种规范制度，主要涉及一些领域：确立适应国家运转的财政体制主体和层次、收支的划分原则与制度、体制调节制度（转移支付制度）和政策等。

第一节　财政体制理论概述

一、体制性分配的必要性

一个国家受自然条件、历史积淀和经济潜力的影响，各级政权、各地区之间的财政能力差异很大，但社会协调发展需要公共财力大致均衡的分配。因此，以财政体制调节促进公共资源优化配置和中央政府的宏观调节，是实现国民收入公平效率分配的关键，具体讲其必要性主要包括三方面：

（一）充分发挥各级政府的优势

财政体制是各级政府财权、财力的划分，既要以他们各自的事权范围或其承担的财政责任为基础，又要把履行政府职能所需的财力保障的落实作为体制规范的归宿。各级政权担负着不同的职能，也具有各自的优势，权利与财力的优化配置，既可以激发各级政府内在动力，也可以从制度上扬长避短充分发挥各自的优势，提高公共供给效率。

（二）解决地区差距悬殊的问题

区域差距是国家发展必须解决的问题。地区发展不可避免地存在自然禀赋、后天努力等差异，市场是以效率为基础，但就政府而言，就必须强调公平效率的统一，政府利用体制性分配往往可以较好地解决地区差异悬殊等问题。

（三）抑制地区间的不公平竞争

体制分配与地方利益紧密相关，但许多涉及国家整体利益的分配政策需要地方顾全大局，做出必要的区域性牺牲，比如避免地区间税收竞争，鼓励支持国家跨地区基础建设等，这就需要有相应的体制性措施予以平衡。

二、财政分权体制的理论基础

区域性公共品配置，其影响范围是不同的。有些公共品的作用范围很大，比如，军队可以对全体居民发挥保护作用，这种公共品就是全国性的。而有些公共品的作用范围很小，比如城际公路，只是对所在城市的居民和过路人起作用，它就是地方性的。这种公共品的层次性和受益范围的空间特点，从客观上为财政分权提供了理论基础。

人们对公共品的偏好——希望获得怎样的公共品，获得多少公共品——往往取决于他们对公共品的边际成本与边际收益的比较。当人们认为公共品的边际成本小于其边际收益时，往往会增加对公共品的需求；相反，往往会减少对公共品的需求。假如一切公共品都由中央政府提供，那么离某一社会群体远的公共品，人们倾向于认为它的边际收益小于其边际成本，于是要求减少甚至抵制这类公共品的提供。反之，离这一社会群体近的公共品，人们倾向于认为它的边际成本小于其边际收益，于是要求增加对这类公共品的提供。这样，无论哪种情况都会造成公共品的提供与社会实际需求不相符合的问题，最终导致社会福利损失，或是财政资源浪费。体制分权可以从机制上公共资源的地区性优化配置（见图 11 –1）。

在图 11 –1 中：假定一个国家存在着两个地区 A 和 B，两个地区的面积和人口情况都相仿，但对公共产品 X 的需求是不一样的，地区 A 对公共品的需求在图中以 DA 表示，地区 B 对公共品的需求在图中以 DB 表示，地区 B 对公共产品 X 的需求明显大于地区 A，如果公共产品的供应曲线由 S 表示，表现为常数成本函数平衡数量为 X_2。假如中央政府采取集权的方法对地区 A 和 B 提供公共产品 X，由于对这两个地区的需求情况不能确切地了解，认为既然两个地区的面积和人口都差不多，

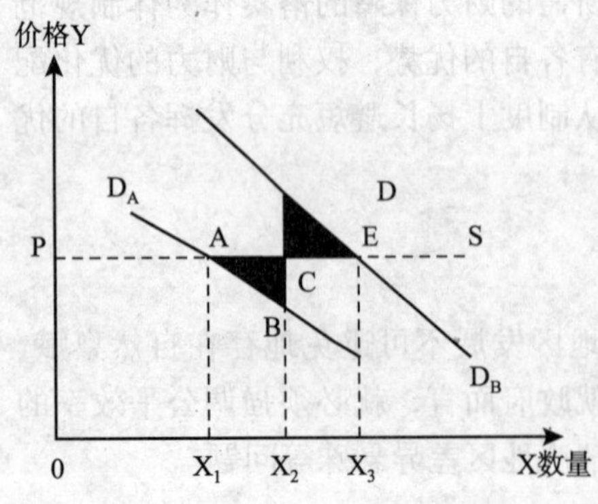

图 11 –1　公共产品提供的过量与不足

就实行平均分配的办法，提供等量的公共产品 X，即图中的 X_3。$2X_3 = X_1 + X_2/2$，于是就发生盲目分配的情况。地区 A 存在过量分配的情况，而地区 B 存在供应不足的情况。地区 A 存在边际成本大于边际效益的情况，从 X_1 到 X_3，S 线高于 DA 的阴影区域△ABC 表示成本超过效益的浪费；地区 B 存在边际效益超过边际成本的情况，从 X_3 至 X_2，DB 线高于 S 线的阴影区域△CDE 表示地区 B 因没有得到公共品 X_2 只得到 X_3 而产生的潜在的效用损失。从图中还可以看出，△ABC 和 CDE 面积的大小与 X_1 X_2 的距离及 D_A、D_B 的斜率有关，即福利损失的大小与两组居民的需求差异及各组需求的价格弹性大小有关。具体来说，X_1、X_2 的距离越大，即需求的差异越大，福利损失越大；需求曲线 D_A、D_B 的斜率越大，即需求的价格弹性越小，则福利损失越大。因此，如果一国范围内各地的公共产品需求差异很大，并且需求的价格弹性又比较小的话，采取分权的提供方式，可以大大提高资源的配置效率，增进社会福利。根据供求平衡原理，地区 A 的供求平衡数量为 X_1，地区 B 的供求。

由此可见，中央政府和地方政府作为不同的主体，分别在一定范围内提供用于满足社会成员不同偏好的公共产品，其行为目标存在着明显差异。要保证公共品有效的供给，客观上要求中央和地方政府分工负责，实行财政分权体制。

三、财政分权理论的形成与发展

在多级财政体制下，如何处理各级政府间的财政关系是财政体制的核心问题，而探讨各级政府间财政关系的理论被称之为财政分权理论，它主要涉及公共物品的层次性与受益范围、公众对公共物品的偏好、公共选择、政府间竞争（特别是税收竞争）、公共物品分散化提供的效率、预算硬约束等理论。

（一）传统财政分权理论

1. 蒂布特“以足投票”（voting by feet）论及其发展

蒂布特（Tiebout, 1956）在《地方支出的纯粹理论》中提出，在一系列约束条件下，居民的“以足投票”机制可以促使地方政府有效提供公共物品。这些约束条件是：（1）不存在由地方政府行为而引起的外部影响；（2）个人被认为是完全流动的；（3）人们对他们在每个地方将接受的公共服务和他们所必须支付的税收具有完全的信息；（4）存在着足够不同的地方，以致每个人都能找到满足其所需公共品的地区；（5）公共服务的单位成本被认为是常数；（6）公共品由比例财产税来资助，税率可以在各个地区间不相一致；（7）各地区可以颁布排他性区域规划法——禁止某种土地使用的法令。

一般地，个人“以足投票”并居住于这样的地方，该地方提供他们最喜欢的公共服务与税收组合。个人通过在地区间的充分流动，在全国各地寻找地方政府所提供的公共品与其所征收的税收（即公共品的价格）的精巧组合，以便使自己的效用达到极大化。当在某地发现公共服务和税收的组合符合自己的效用极大化目标时，具有相同偏好和收入水平的居民会自动聚集在这一区域内从事工作，接受和维护当地地方政府的管辖。一旦政府不能满足其效用目标时，居民可以“以足投票”迁移到自己满意的地区。地方政府间的竞争将使资源能够有效配置，实现帕累托最优，从而达到社会福利的最大化。

“以足投票”理论认为，如果全体居民都如此进行自由的搜寻，那么，各地方之间在公共服务与税收的组合上就会相互模仿，相互学习，这样下去，整个社会就会达到福利极大化。偏好相同的人会组合在一起，公共服务也会按最小的成本被提供。由于人们会自然地从公共品成本高的城市流向公共品成本低的城市，所以，地方之间在提供公共品的成本方面的差别不会长久存在。

蒂布特把“以足投票”描述成能够使整个社会达到帕累托最优的一个过程，公共财政中令人满意的解决办法一定要具有三个特点：（1）迫使投票者显示偏好；（2）能够像私人物品一样满足投票者的偏好；（3）相应地征税。

蒂布特的“以足投票”理论是以最优理论为背景的，但这个理论只是提出了居民迁移的原因（寻找公共产品与税收成本的最佳组合之间的差异），而没有提出这种迁移过程达到均衡时的必要条件。麦圭尔的“以足投票”动态模型对蒂布特的“以足投票”进行了补充和完善。麦圭尔假设某人属于某一个“临时性”的社区，这个人在决定是否从这个社区向别的社区迁移的过程中，要对这种迁移的利益与成本进行比较。按照麦圭尔的模型，可以很自然地假定，每一个社区都会要求新加入的成员为加入社区而支付一种边际成本，这样已处于社区中的成员不会因新成员的加入而遭受损失。根据个人效用极大化假定，个人一定要在迁移偏好和迁移的边际成本与边际收益之比相等时，才会停止寻找最好的地方政府的努力。如果许多人都在这一条件下寻找地方政府，“以足投票”在最终的均衡状态中实现。麦圭尔认为，若某些社区（如城市）提供相同种类的公共品的边际成本不同，则成本高的社区中的公民就会流向成本低的社区，一直到这种由于成本差异给现存社区中的成员所带来的利润趋于消失为止。从这个意义上说，寻找最优的地方政府的行为就类似于一种竞争性的市场机制。麦圭尔关于地方政府形成的动态模型比蒂布特的理论要具体得多，因为它不仅提出了迁移的原因（寻找公共品与税收的最佳组合），而且提出了这种迁移过程达到均衡的条件，即地方政府提供公共品的效率点应使得按一定要求形成的区域内人们分担的公共品成本与新加入的成员所引起的边际成本相等。

2. 奥茨的分权定理

在《财政联邦主义》（1972）一书中，奥茨（Wallace E. Oates）运用福利经济学的方法，通过一系列假定提出了财政分权的优势，即“分权定理”：“对某种公共品来说，如果对其消费涉及全部地域的所有人口的子集，并且关于该公共品的单位供给成本对中央政府和地方政府都相同，那么，让地方政府将一个帕累托有效的产出量提供给它们各自的选民，总是要比由中央政府向全体选民提供任何特定的并且一致的产出量有效得多”。据此，可以引申出的结论是：中央政府只应提供具有广泛的偏好相同的公共产品，如果人口的异质性很强，需求偏好的差异性很大，那么，地方政府在公共产品供给上的效率优势就更加明显。因为与中央政府相比，地方政府更接近自己的公众，更了解其所管辖区选民的效用与需求。也就是说，如果下级政府能够和上级政府提供同样的公共品，那么，由下级政府提供则效率会更高。奥茨将社会福利极大化表达为一个线性规划，并求解得出资源配置处于社会福利最优化时的一般均衡模型。

奥茨的分权定理实际上并没有在最优的政策环境下解决为地方政府的存在进行论证的问题，它实际上只是在一种次优的理论框架中，为地方政府的合理性做出了说明，因为这个定理的证明是建立在偏好差异和中央政府等份供给公共品的假定上。中央政府等份供给公共品的假定这个限制条件显然有悖于常理。后续的研究对此做出了进一步的说明。奥茨（1999）指出在完全信息条件下，中央政府就很可能根据各地不同的需求提供不同的产出，以使社会福利最大化，此时也就无财政分权存在的必要性，但现实是，由于信息不对称的客观存在，地方政府对其辖区内居民的偏好、公共产品提供的成本比中央政府了解得多，更具有信息优势；迫于一些政治压力也限制了中央政府对某地提供相对于其他地方来说更高的公共品和服务，这些因素使得中央政府等份提供公共品的假定可以成立。另外，分权与地方政府之间对公共品的需求差异以及供给成本的差异有关，即使政府供给公共品的成本相同，只要需求不同，中央政府统一供给带来的福利损失将随着公共品需求价格弹性的下降而增加。

3. 施蒂格勒的最优分权模式的“菜单”理论

施蒂格勒（George Joseph Stigler）在1957年发表的《地方政府功能的维护范围》一文中，对为什么需要地方财政这一基本问题给出了一个合理性解释。施蒂格勒主要通过提出地方政府存在的必要性的两条基本原则，来说明由地方政府进行资源配置比中央政府更有效率。（1）与中央政府相比，地方政府更接近于自己的选民，即地方政府比中央政府更加了解它所管辖的选民的效用和需求。（2）一国国内不同的人们有权对不同种类与不同数量的公共服务进行投票表决，就是说，不同的地区应有权自己选择公共服务的种类与数量。为了实现公共资源有效配置和社会福利最大化，在兼顾中央宏观调控的前提下，决策应该在最低行政水平的政府部门进行。

施蒂格勒认为，行政级别较高的政府对于实现资源配置的有效性与分配的公平性目标来说是必要的，尤其是对于解决分配上的不平等以及中央与地方、地方与地方政府之间的竞争与摩擦等问题具有不可替代的调控作用。显然，中央与地方政府的权属配置应各取所长。

4. 特里西的偏好误识理论

特里西（Ricard W. Tresch，1981）针对以往分权理论中的疏漏，从信息不完全和非确定性出发，提出了偏好误识理论。他认为由于信息不完全，中央政府在提供公共品的过程中存在着失误的可能性，而由地方政府来提供公共品存在着某种优越性。由于在经济活动中信息并不完全且具有不确定性，特里西假定地方政府了解本地区居民的偏好，而中央政府则对全体居民的偏好了解得不清楚，由中央政府向居民提供公共品就具有随机性（中央政府所了解的居民的消费偏好是一个随机变量）。中央政府在提供公共品的过程中就会发生偏差，意味着对公共品的提供不是提供不足，就是提供过量。而由地方政府来提供公共品，社会福利才有可能达到极大化（地方政府了解居民的消费偏好）。一般说来，厌恶风险的社会心理也偏好让地方政府来提供某种公共品。总之，特里西更为彻底地提出了地方自治的理论依据，偏好误识理论所揭示的不确定性是地方分权的一种更为有力的理论。

5. "俱乐部"理论

所谓"俱乐部"理论，简要说就是把社区比作俱乐部，研究在面临外在因素的条件下任何一个俱乐部为分享某种利益而联合起来的人们的一个自愿协会——如何确定其最优成员数量的一种理论。这个理论的核心是两个方面：一方面，随着某一个俱乐部接收新的成员，现有的俱乐部成员原来所承担的成本就由更多的成员来分担，类似于将固定成本由更多人来分担；另一方面，新的俱乐部成员的进入，会产生新的外部不经济，即产生俱乐部的拥挤，从而使公共设施更加紧张等。显然，一个俱乐部的最佳规模应界定在外部不经济所产生的边际成本（拥挤成本）等于由于新成员分担成本所带来的边际节约这个均衡点上。

布坎南（James Buchanan）第一次使用模型来研究自愿俱乐部的效率性质，目的在于确定俱乐部的最优规模。假设个人具有相同的偏好和收入，一方面，新成员的进入可以使其他成员对固定成本的分摊减少，其他成员获得了额外收益；另一方面，新成员的进入可能带来外部性，如拥挤，给其他成员造成额外成本。因此，俱乐部的规模在新增一名成员而加剧拥挤所带来的边际成本等于其他成员由于其加入而少分摊固定成本所享受的边际收益这一点达到了最优。拥挤的负效用相对于产品的边际效用越大，最优的俱乐部规模越小；向俱乐部成员提供的产品的固定成本越大，则能在更多的成员中分摊而使最优俱乐部规模扩大。布坎南运用“俱乐部”理论来解释最优地方政府管辖范围的形成问题。

波利（Pauly）把俱乐部的规则或章程比作所有成员一致接受的一个社会契约，在此假定下，俱乐部理论明显贯穿着契约主义精神和对待公共选择与公共财政的自愿交易的方法。当有大量俱乐部可以选择时，个人才能保证自己根据所负担的成本获得对应的均等利益，因为任何歧视都会导致他退出俱乐部而加入到与该俱乐部竞争的俱乐部或一个新俱乐部中。这也是“用脚投票”的内涵所在。

经济学家马丁·麦圭尔（Martin Mcguire）运用简单模型，进行了具体论证。麦圭尔证明，在地方政府管辖范围内，人口的数目或者俱乐部成员数的最优量与该辖区范围内所提供的公共品的最优数量应同时被决定。每一个地方政府都应遵循通常的公共品提供的决策原则，即人们应按照一定要求形成一个集团（或地方区域)，以便使人均分担的公共品成本正好等于新加入成员所引起的边际成本(即公共品平均成本的最低点)。只要自治区域（或地方政府的管辖区域）可以被复制或模仿，那么，人们总是会按照“俱乐部”理论的原则（尽管是不自觉的）来重新形成地方区域，直至每一个地方区域的公共品平均成本都达到最低点为止。

总之，以“俱乐部”理论为基础的麦圭尔的分权模型指出了地方分权的区域规模的最优原则。俱乐部理论为分析地方性公共物品和公共服务的供给问题提供一个很好的思路。

（二）财政分权理论的发展

新一代财政分权理论已不同于传统分权理论的分析框架，引入了微观经济学中的激励相容与机制设计学说。这种新的分权理论是以 R. Mackinnon（1997）、钱颖一和罗兰（Qian and Roland，1998）等近年所发表的论文为代表，在财政分权问题上更关注如何设计出一套机制以实现对各级政府的公共政策制定者的激励、协调各级政府间的权利与利益进行相互监督与制约。

新一代财政分权理论主张建立民主财政分权机制，主要关注两个问题：政府本身，尤其是地方政府本身的激励机制；政府与经济当事人（辖区居民、企业）之间的那种类似委托—代理关系的经济关系。财政分权至少从两个方面会使效率的改进与具有自身利益的地方政府激励机制挂钩：(1) 如果地方政府对经济活动干预太多，这会使有价值的投资活动转向政府干预较少的区域，因此地方之间的竞争会减少干预；(2) 由于地方财政收入与支出挂钩，这会促进地方政府有动力促进本地区的经济繁荣。这样一来，政府会在相当程度上与经济当事人形成一种激励——风险分享的共享或共担的关系。新一代财政分权理论主张建立民主财政分权体制，即在公众参与管理、民主决策、民主监督的民主机制下，让地方政府优先提供公共物品，并确保公共物品提供的独立性、自主性，从而能够及时满足公众的偏好，最大限度地提高社会福利。它把问题的重点放在了最优分权程度的确定上，并且认为“最优”本质是一个垂直系统中控制与激励的权衡问题。财政分权理论的最新发展主要是关注财政纪律问题。Luizr. De Mello Jr 认为当下级政府拥有了更多的政策制定自主权的时候，增加了政府行为协调的复杂性，分权化主要的政策挑战在于设计和发展一个适当的多级次的公共财政系统，以有效和充分地提供地方公共服务，同时保持宏观经济稳定。财政分权的缺陷在于对地方财政控制力的减弱和政府间财政关系协调的失败，经常导致地方财政的压力，导致地方政府的赤字偏好，尤其是在发展中国家，最终会影响宏观经济的稳定。为了避免这一点，Luizr. De Mello Jr 提出，通过严格地方财政纪律，运用市场力量和设计更好的制度使政府间财政关系协调的失败最小化。Sanguinetti 和 Tommasi 针对分权化会导致地方政府不遵守财政纪律，尽量多地耗费国家资金，产生公共品问题，诱发超权限过度支出的问题，他们认为应通过合理选择和设计各级政府间财政转移关系来解决。他们在完全信息和不完全信息的假设条件下构建模型讨论了如何构建政府间转移支付体系，特别是在提供财政联合保险和为总体财政纪律提供足够激励间进行选择的问题。他们研究了两种制度：一是中央政府事先对每个地区承担一定水平的转移支付；二是让地方政府影响联邦政府以获得转移支付他们对两种制度进行比较分析后，认为两种制度都给出了更低的联邦公共产品支出和更高的地方支出和转移支付，但是第二种制度能获得更高的福利水平。他们还将模型扩展到了地方税和中央税，也得到了相同的结果。

第二节　财政分权理论下的财政体制设置

财政体制的内涵有很大差异，广义包括预算、税收、投资等体制，而狭义则专指预算体制。在此，我们探讨的是狭义的预算体制的设置。

一、不同政体下的财政体制模式

在政权区域划分与层级管理制约下，一般是“一级政权，一级财政”，各级财政相对独立，自求平衡。“财政分级源于政府的分级，财政是以社会权力中心为主体的，即‘以政控财，以财行政’的分配关系，那么地方财政的主体就是相对于中央的地方政权主体，这些主体按其政权级次对应着一级财政。”例如，我国政权设中央、省（直辖市、自治区）、市、县与乡五级政权，预算法中就设置了中央、省（直辖市、自治区）、市、县与乡五级预算体制。再比如，美国设联邦、州和地方三级政权，因此就设置了与此对应的三级预算。以政权为基础的财政体制层次，实质上决定着分级财政、分级预算、分级征管。

按政体组织形式，政体可以分为单一制和联邦制两种。单一制国家强调的是国家权力向中央政府集中和对重大事件实行集权决策；地方政权的责任与权限由中央自上而下授予或由宪法统一赋予。单一制国家的典型代表是法国和日本。联邦制国家在国家内部建立多级政府，各级政府均在一定程度上拥有对本行政区划内部事务的决策自主权。

依据政体的不同，财政体制可以分为联邦制与单一制两种模式。在联邦制财政体制下，各级政府按照宪法或相关法律的确定独立行使各自的财权财力，中央财政与地方财政之间，地方各级财政之间没有整体关系。政府间的财政联系主要依靠分税制和转移支付制度来实现，在这方面美国比较典型。

单一制财政体制是指中央和地方各级政府在中央统一领导下，根据事权划分财权财力，实行统一财政预算和分级管理的一种模式。由于这种体制的核心要求是从财政方针政策和各项财政税收规章的制定和实施，到财政预算安排和财政收支规模、结构的确定，均由中央决定；地方只是在中央集权统一决策，或在中央授权下，拥有财政管理的责任和权力。所以，这种模式又称为中央集权制财政体制，在这方面日本比较典型。

二、体制性的收支划分

财政体制的核心在于收支权限划分。怎样划分体制性收支直接决定着体制的内在功能和稳定性。

（一）财政体制性支出的划分

财政体制性支出的划分反映和体现了各级政府间的职能划分，其划分必须先于财政收入的划分。

1. 财政体制性支出的划分原则

（1）受益原则。受益原则是指根据公共产品的受益范围来划分财政体制性支出的责任，对那些在全国范围内受益的支出划归中央；在区域范围内受益的支出划归地方；对于那些受益范围涉及多个区域的支出，划归相关地区的政府协商承担，或由中央政府出面协调，由受益地区共同承担。这一原则是受益与义务对等的经济原则在财政体制中的具体应用。

（2）效率原则。效率原则是根据公共品的配置效率来确定支出责任的归属，公共产品由哪一级政府提供效率更高，就由哪一级政府进行支出。

（3）区域原则。区域原则是根据公共品的区域性特征来划分体制性支出的责任，将没有区域性特征的全国性公共产品的支出责任划归中央，将具有区域性特征的地区性公共产品的支出责任划归地方，并在此基础上明确中央政府和地方政府各自的支出责任。按照区域原则划分政府支出责任，是由公共产品的层次性特征所决定的。只有按照区域原则和标准来选择社会公共产品的提供者，才能使不同层次的公共需求得到更好地满足。

（4）行动原则。凡政府公共服务的实施在行动上必须统一规范的领域或财政活动，其支出应属于中央政府的公共支出；凡政府公共活动在实施过程中必须因地制宜的，其支出应属于地方政府的公共支出。

2. 划分财政体制性支出的主要依据

财政支出责任的划分是以政府间事权划分为依据进行的。

（1）社会共同事务受益空间的划分。社会共同事务的受益空间划分理论对政府间财政支出责任划分的意义在于它是按照受益的覆盖面来划分政府间财政支出责任的。就中央与地方政府的关系而言，凡是其受益面覆盖全国的社会共同事务，其支出的责任就应当属于中央政府，否则就应当属于地方政府。

以社会共同享务的受益空间为标准划分中央政府与地方政府间的支出责任实际上是分三个方面进行的：首先是对于那些外部性空间界线明确的社会共同事务需要明确划分中央与地方之间的支出责任，比如说对国防的支出责任就明确地由中央政府来承担，而地方性的基础设施建设的支出责任则明确地由地方政府来承担；其次是对于那些外部性空间界线虽然比较清楚，但是其受益面只涉及若干个地区而不是全国的社会共同事务来说，中央通常是以参与的方式承担一部分支出责任，如跨地区公路、铁路、邮电通信等建设项目；最后是对那些外部性空间界线不清楚、并且会随着时间的推移而发生相应变化的社会共同事务来说，许多国家也是采取由中央政府在一定程度上"参与"的办法，与地方政府共同承担这部分社会共同事务的支出责任，如教育、环境保护项目等。

总之，从理论上来说，各类项目在多大程度上使外地国民受益，应当成为中央政府分担支出责任的主要依据，然而，在实践中，某些社会共同事务的"外溢"程度是很难判断的。

（2）再分配与平衡。区域经济发展的不平衡在客观上决定了各个地方政府之间存在着社会共同事务供给能力上的差异，并由此导致生活在某些地区的居民不能获得最基本的社会共同事务。为了保证地区间经济的均衡发展，有必要均衡地区间社会共同事务的供给能力，至少应当保证经济落后地区政府具有最基本的社会共同事务的供给能力。这实际上就是要求有一部分财政资金从经济发达地区往经济落后地区转移。然而，在现实经济生活当中，在没有中央政府介入的情况下，实现地方政府间资金的平行转移几乎是不可能的。因此，需要中央政府承担在有关区域间进行收入再分配并平衡地区间社会共同事务供给水平的支出责任。

3. 财政体制性支出划分的一般方法

有关财政体制性支出的划分，是财政分权理论的一个重要内容。按照财政分权理论，财政体制性支出的划分应先于财政体制性收入的划分。

财政体制性支出划分是以事权划分为依据的。一般地，按照支出责任的归属情况，可以将社会共同事务分为三类（见表 11－1）。

表 11－1　　财政体制性支出划分的基本框架

内　　容	责任归属	理　　由
国防	中央	全国性的社会共同事务
外交	中央	全国性的社会共同事务
金融与货币政策	中央	全国性的社会共同事务
国际贸易	中央	全国性的社会共同事务
地区间的收入再分配	中央	全国性的社会共同事务
邮政	中央	跨地区性的社会共同事务
全国性交通通讯设施	中央与地方	跨地区性的社会共同事务，外部效应
失业救济、养老保险和医疗保险	中央与地方	居民间的收入再分配，外部效应
环境保护	中央与地方	地区性的社会共同事务，外部效应
教育	中央与地方	地区性的社会共同事务，外部效应
地区性交通	中央与地方	地区性的社会共同事务，外部效应
卫生	地方	地区性的社会共同事务
供水、下水道、垃圾处理	地方	地区性的社会共同事务
警察、消防	地方	地区性的社会共同事务
公园、娱乐设施	地方	地区性的社会共同事务
公共住宅的修建	地方	地区性的社会共同事务

资料来源：姜维壮主编：《中国当代财政学》，中国财政经济出版社 2002 年版，第 434 页。

第一类是由中央政府（或联邦政府）承担其支出责任的社会共同事务。从一些国家的实践来看，通常将国防、外交、全国性的立法与司法、全国性的财政政策和货币政策、外汇管制以及对中央银行的管理支出等惠及全国居民的社会共同事务的费用作为中央政府财政支出的责任。

第二类是由地方政府承担其支出责任的社会共同事务。这类事务通常只是惠及本地居民的，主要包括：地区性的行政管理、交通、警察、消防、教育、环境保护、文化教育、城市供水、下水道、垃圾处理、公园、地方经济的发展以及地方性法律法规的制定和实施等费用。

第三类是由中央和地方共同承担其支出责任的社会共同事务，或者是支出责任归属不明确的社会共同事务。这些社会共同事务又可以进一步分为三种情况：第一种情况是，某些社会共同事务，如跨地区的铁路、公路、水运、邮电等项目，虽然不一定是惠及全国的，但其项目本身则是跨地区的，因此需要中央政府进行参与。第二种情况是，有些项目如环保、教育（尤其是高等教育）等，虽然位于某一个地区，但其获益者却不限于本地居民，为了解决其外部效应的补偿差异问题，需要中央政府进行参与。第三种情况是，地区间的收入平衡以及资源配置问题。社会经济资源，尤其是人力资源的流动，往往具有收入导向与福利导向的特点。像失业救济、对穷人的补贴、医疗保险及养老保险等项目的费用，如果完全由地方政府承担，往往会出现由于各地福利水平不同而引起居民向福利水平较高地区流动的情况，因此，需要中央政府的介入。

（二）体制性收入划分

中央与地方之间的事权划分清楚以后，还要划分中央与地方之间的收入，也即划分财权。

1. 中央与地方政府之间收入划分的原则

在这方面，首先最有代表性的是美国财政学家塞利格曼（E. R. A. Seligman）的“效率、适应和恰当”三原则：（1）效率原则。就分税制而言，要以征税效率高低为划分标准。如果某种税由地方政府征收效率更高，更有利于税款的及时足额入库，就应将这种税划归地方税；相反，应划归中央税。例如，所得税的征收对象为各类所得，但是所得税的纳税人和征税对象都具有流动性。如果由地方政府来征收所得税，由于税收管辖权的不同，势必造成税收征管上的困难，造成税收征收上的低效率，并且纳税人也容易偷漏税。如果由中央政府征收，税收的征管就更具有效率。再如财产税，财产税税源分散，核查困难，如果由中央政府进行征收，由于中央政府对地方情况不熟悉，需要耗费大量人力、物力和财力进行核查，这也不符合税收征管的效率原则，所以，财产税一般由地方征收。（2）适应原则。即以税基宽窄为划分标准，税基宽的税种归中央政府，税基窄的税种归地方政府。例如，印花税、个人所得税，这些税种税基广泛，应由中央政府征收；如房产税，其税基在于房屋所在区域，较为狭窄，应为地方税。（3）恰当原则就是以税负分配公平为划分标准。为了使全国居民公平地负担税收而设立的税种应归于中央税；反之，税源、纳税人只涉及部分地区和部分人的税种应划作地方税。例如，所得税在西方国家是为了使全国居民公平负担租税而设立的，如果这种税由地方政府来征收，就难以达到上述目标，所以所得税应为中央税。

其次是迪尤（John. F. Due）的经济利益原则，即以增进经济利益为标准来划分中央税和地方税。税收应归哪级政府，应以促进经济发展，不减少经济利益为着眼点。如货物销售税划归中央，使货物在全国畅通无阻，有利于发展生产。反之，如归地方政府，会出现过境则征的现象，会增加成本，提高物价，影响流通，对经济发展极为不利。也就是说，属于中央政府的税收应该是那些税源广泛、对宏观经济调控能力较强、具有公平税负和再分配性质，适于中央政府征收的税种；其他的应该划为地方税。

而我国在结合国情的基础上长期倡导两个原则：一是体制收支原则，要坚持统筹兼顾、财权与事权统一、收支挂钩原则；二是体制管理原则，要坚持“统一领导、分级管理”。

2. 中央与地方：收入划分趋势

对于各级政府税源的划分，各派经济学家提出了不同的原则，像马斯格雷夫（Mnsgrave）的七原则、罗宾·鲍德威（Robin Boadway）的六原则，杰克·M·明孜（Jack·M″ Mintz）的五原则、塞力格里（E. R. A. Seligman）的三原则等。达尔贝（Bev Dahlby）在这些原则的基础上，总结了税收划分的一般观点（见表11-2）。

表11-2　　达尔贝的税收划分一般观点

税种	归属	理　由
个人所得税	中央和省市	收入再分配首先与中央政府相关，且资本和高收入者具有高流动性。省则应对本地区居民征收
公司所得税	中央	由于转移定价和负债可用于跨州界的利润转移，因此公司税基具有高度流动性。省级征收会面临大量管理问题和极高成本。税率的差异也会对投资项目和地点产生不良影响
工薪税	中央和省市	两者均可征收，特别是对利益相关项目，如社会保障计划等
财富、继承和遗产税	中央	中央政府承担主要的收入再分配职责。否则这些高度流动的税可导致州际间的过度税收竞争
财产税	各级政府	由于土地的不可流动性（但资本投资是流动的），财产税成为地方政府征收的主要税种
销售税、零售税	中央和省市	零售税的管理成本较低，对零售商的投入产出征税，却往往对消费服务不征税，由此产生竞争问题。各地政府征收的不同零售税率可导致跨边界的购买行为
增值税	中央	如果州政府采用不同税率，对以地区为基础的、购进扣除的增值税的管理将变得非常困难

续表

税种	归属	理　由
消费税	中央和省市	对酒精饮料、烟草产品和动力燃料等商品征收的税款可用于街道、高速公路和医疗服务等定向支出
关税	中央	州政府不应对进口商品征税，避免对贸易产生不良影响
自然资源收入（特许使用费和采掘税）	中央	这部分收入在各地分配相当不均，出于公平原因，此项权力应交与中央政府。下级政府对自然资源征税而造成的财政不平衡将导致劳动力和资本的流动，引发资源的分配不当
使用费（包括环境税）	各级政府	这些财政手段对各级政府都适用

资料来源：中国财政与贸易经济研究所：《走向"共赢"的中国多级财政》，中国财政经济出版社2006年版。

上述税收划分的观点也存在局限性：忽视了共同税源引发的问题。有些税基（如个人收入、工薪、销售收入）被不同级次政府同时征收，可能出现对同一税基的过度征税问题。由税基之间存在广泛相关性，即使各级政府税基不同，也会对另外一级政府的税收收入产生正面或负面的影响。

事实上，在税种划分过程中，各国都把主要税收来源的所得税及税基流动性大、分布均匀广泛、对经济生活影响作用大的税种划归中央政府，把财产税及税基流动性小、受益范围小且明确、征管难度较大的税种划归地方政府。

从实行分级财政体制的各国对分税的理解和分税实践看，对于税种的划分形成了大体一致的共识。

（1）个人所得税。个人所得税是一种具有再分配性质的税种，具有较强的宏观调控能力，它的课税对象是流动的，所以由中央政府征收；或者主要由中央政府征收，地方政府可以用税收附加的形式课征一部分，作为对课税对象从地方公共服务受益的一种补偿。

（2）公司所得税。公司所得税的征收对象也具有流动性，由中央政府征收更具有效率性。如果由地方政府征收，那么公司就有可能通过转让定价将收入转移到低税收的地方，以此来避税，甚至利用各地方征收管理协调上的困难逃税。因此公司所得税应由中央政府征收，或者主要由中央政府征收，地方政府以附加的形式进行征收。

（3）关税。包括进口关税和出口关税，对国家的进出口具有较强的调控能力，是保护国家经济利益的主要政策工具，应该由中央政府进行征收。

（4）资源税。资源税税基具有地区间分布极其不平衡的性质，若由地方政府征税，势必会使地区不平衡长期化，加大地方贫富的差距，并且各地会仅仅因为自然资源分布的差异而造成财政能力的不平衡，加大中央政府进行地区间财力调节的难度。另外，由于自然资源收入具有不稳定性和非持久性，所以自然资源收入不该作为地方政府的一种适当的收入来源。因此，让自然资源归国家所有并分享有关的租金，是合情合理的。资源税可以由中央政府征收，或者由中央与地方政府共同征收。

（5）财产税。财产税的征收对象如房屋具有不可流动性，且税源分散，核查困难，由地方政府征收更符合效率要求。

（6）销售税。单一环节的销售税，如在商品零售、批发或产制环节征收销售税，因税基容易确认和协商，可以由任意一级政府来征收。多重环节的销售税，如增值税，如果让各级地方政府来征收这种税，征收对象的流动性使征管具有很大的难度；如果各地区税率或税基不同，那么征管将更加困难。因此由中央政府来征收是可取的，地方政府可以参与分成。

（7）遗产与赠与税。如果由各级地方政府分散征收，税收差异会导致财产（不动产除外）的较大流动性，因而削弱此税调节分配、防止财富过分集中的功效，所以应由中央政府征收。

（8）使用费和规费。亦即管理费和收费，属于非税财政收入的主要内容。收费因其能够按受益原则确定特定的消费者，适合于各级政府尤其是基层地方政府征收。

第三节　财政体制的类型

财政体制层次及收支划分直接规范着其性质，但在实践中往往却以收入划分方式作为确定财政模式的标志，按财政收入划分方式，一般将财政体制划分为“分税制”和“非分税制”两种体制。

一、分税制财政体制

分税制是指将国家的全部税种在中央和地方政府之间进行划分，借以确定中央财政和地方财政的收入范围的一种体制。其实质是根据中央政府和地方政府的事权确定其相应的财权，通过税种的划分形成中央与地方的收入体系。分税制是市场经济国家普遍推行的一种预算管理体制模式。

（一）分税制类型

当前世界各国所实行的分税制财政体制，虽然形式多样，各具特色，但大体可分为两种类型：

1. 完全分税型

完全分税型也可称为分权型分税模式。其特点是：(1) 将税种按中央税和地方税彻底分开，不设置中央与地方的共享税，各级政府具有相对独立的税收体系；(2) 中央和地方各自享有独立的税收立法权、调整权、减免权等；(3) 设立中央和地方两套税收征收管理机构，明确划分各自的征收管理权限；(4) 建立中央和地方分级预算管理体系，各自享有独立自主的财政收支权；(5) 地方财政的最后平衡通过中央的转移支付解决。实行这种类型分税制的多为联邦制国家。

2. 适度分税型

适度分税型也称集权型分税模式。所谓适度分税，就是各级政府财政关系还未彻底分开，中央与地方在收支上相互交叉，尤其是地方没有独立的收支立法权、调整权等，中央政府可以用行政手段调整财政体制关系。其与完全分税型所不同的是：(1) 在税种划分上，除中央税和地方税外，还设置共享税；(2) 中央制定统一的税收法律和管理法规，地方政府主要是执行中央的统一税法或以其为依据，制定本地的具体实施管理办法。实行这种分税制的多为单一制国家或称中央集权制国家。

(二) 体制性分税的一般方式

体制性分税有多种形式，主要有税源划分、分成、附加税与特定税收分配四种形式。

1. 税源划分法

税源划分法是将各种税在中央与地方政策间进行划分，从而使中央和地方政府拥有不同的税源，既可使中央与地方各自拥有相对稳定的收入来源，又可避免重复征税。其缺点在于：以税源作为划分标准，与政府提供的公共服务的种类不完全对应；某些税源究竟应属于中央，还是应属于地方，有时较难区分；而且某些税种在性质上应为中央与地方共享，这就给税源划分增加了困难。

2. 分成法

分成法是把税源属于中央政府的税种分给地方若干成，或者把税源属于地方的税种分给中央政府若干成。这种分成方式有其优点，既无重复课税的弊端，可节省征税费用，也可避免中央与地方对税源归属问题的争执。但也有其弊端，分成比例容易引起争议，标准很难掌握，且分成法既不可能适应于全部税种，也不可能推广到全国。

3. 附加税法

附加税法是指在不同级次的政府之间，对某一统一的基础税率再分别加成。一般情况下，基础税率往往由高一级政府决定，再由下一级政府加若干成。附加税主要有两种：一是纯粹的税收附加，即下一级政府以上级所决定的税率为基础税率，然后再附加上本级政府的税率一并征收；二是“背负税”，即下一级政府以上一级政府决定的税率作为基础税率，附加上本级政府的税率，但在征收时由上一级政府一并征收，然后留出相应部分作为下一级财政的加成而分给它。

4. 特定税收分配法

特定税收分配法是指对同一税源，中央政府与地方争分夺秒各自分别征收。这种做法的缺点在于征税费用大，容易给公民带来苛捐杂税太多的嫌疑。

（三）分税制的主要特点

分税制与其他类型的预算管理体制相比，在处理中央与地方的财政分配关系方面比较规范化、制度化。其主要特点是：

（1）明确划分各级政府的事权。事权的划分就是要明确中央政府和各级地方政府各自的管理职能和权限，这是实行分税制的前提条件。财政属于政府的分配，而各级政府所执行的特定职能是不同的，所以，应在划分事权的基础上，根据各级政府行使职能的需要，相应地划分其所应拥有的财政管理权限和财力。

（2）维护中央财政的主导地位。分税制的普遍做法是通过分税维护中央财政的主导地位。其主要表现是：在财力分配中，中央政府通过中央税和共享税的征收支配国家财力的主要部分；中央政府对地方有较强的调控能力。

（3）各级财政拥有自己独立的主体税种。各级财政主体税种的合理划分，遵循了一定的划分标准：①以组织财政收入的效率高低为划分标准。如所得税，由中央征收管理，便于税源统一调查归并，效率较高；而财产税、土地税，作为地方政府更为了解，应划归地方征收管理，也可降低成本。②以社会经济稳定、协调发展为划分标准。对整个经济运行有重大影响的税种应划归中央征收管理；反之，则应划归地方。如所得税将对人口与资源的自由流动产生影响，主要应由中央征收管理。③以税基的宽窄作为划分标准。凡税基、税源涉及全国范围的税种应划归中央；凡税基、税源只涉及地区范围的税种应划归地方。如消费税、增值税等流转税，税基、税源涉及范围广，划归中央征收管理效果较好。总之，主体税种在中央与地方政府之间的划分是个十分复杂的问题，上面只是一般的划分标准，实际操作时应根据具体情况而定。但不论怎样划分，各级政府都应有自己的主体税种，如美国联邦、州和地方三级政府的主体税分别为所得税、一般销售税和财产税。

二、非分税制财政体制

非分税制财政体制以非分税为基础划分体制性收入关系。在资本主义早期和计划经济时期，由于税收体系不健全，国家统一将各种收入（包括税收、企业利润和公债收入）纳入体制分配，中央政府拥有一定的税收、企业利润和公债收入，地方政府也拥有相应的税收、企业利润及公债分配。

第四节 政府间转移支付制度

政府间转移支付制度是现代市场经济条件下处理中央与地方之间财政关系以及地方政府之间财政关系的基本模式。

一、政府间转移支付概述

（一）政府间转移支付制

1. 政府间转移支付制（movement transfer payment）

政府间转移支付制度就是财政资金在政府间的转移或流动，它表现为一种各级政府间非交易性的资金往来，包括自上而下、自下而上甚至同级财政间的资金转移。它通常是作为各级政府间责权关系和利益关系的一种协调机制而存在的，政府间的财政转移支付制度是财政体制的有机组成部分，目前已成为各国政府实行体制调节的最重要的政策手段之一。

政府间转移支付制度有广义与狭义之分。广义的财政转移支付制度有三种转移形式：一是上级政府将其财政资金的一部分转作下级政府预算收入来源的补助形式；二是下级政府将其预算收入的一部分转移给上级政府；三是同级政府之间一部分预算收入的相互转移。狭义上讲的财政转移支付主要指上级政府将其财政资金的一部分转移给下级政府。这里讲的转移支付一般指狭义的转移支付。

政府间财政转移支付的主要目的在于解决政府间财力的纵向与横向不均衡，其根本目标是实现地方政府公共服务能力的均等化。

2. 政府间转移支付的特点

（1）制度化和法制化。中央财政可以主动地运用法律形式规范转移支付的用途、标准和数量，使得中央政府的转移性财力分配做到有法可依、有章可循，从而把政策调节建立在法律约束和客观公平的基础上，避免受到人为因素的消极影响。

（2）运用方式灵活。各种各样的转移支付形式，是有着各不相同的特定功能的。依照调控目标的不同，中央政府可以选择不同的方式，为实现既定的目标服务。

（3）政策性强。中央政府可以紧密地结合实际情况，根据经济发展需要及既定的产业政策，来确定转移支付政策的方式、数量、比例和目标，优化经济结构，激发市场活力，促进经济的良性运转，做到有的放矢。

（4）内部性。内部性是指转移支付的范围仅限于上下级各级财政纵向之间或横向财政各区域之间的财政资金流动，即财政资金只在政府内部上下级政府以及同级政府相互之间的再分配，财政资金并不流出政府之外。其主要方式是中央政府向省政府以及省政府向地方政府的纵向财政资金转移，有些国家同时还以各省之间的横向财政资金转移做补充（如德国）。

（5）公正性。公正性主要体现在通过政府间的转移支付，有效地调节各地客观存在的财政经济发展差距，使居住在全国各地的居民均可享受到政府提供的大体相当的公共服务水平。

（二）转移支付的功能

1. 实现财政纵向失衡

财政纵向失衡，即在多级财政体制中，上下级政府之间出现财政收支差异。在各级政府之间既定的支出范围和收入范围得以确定之后，当某一级政府财政面临着赤字，而其他级次的政府却出现盈余时，就意味着纵向财政失衡问题的存在。最常见的一种财政纵向失衡现象就是中央政府掌握较多的财力而使地方财政处于收不抵支的情况。无论是从公平还是从效率的角度来看，纵向失衡问题都需要加以解决。而主要的解决办法，便是协调上下级政府之间的资金往来关系，运用财政转移支付政策和手段。

2. 实现横向财政平衡

财政横向失衡，即同级政府的不同地区之间存在财政收支方面的差异。从收入方面来看，由于各个地区之间经济基础、产业结构、收入水平等方面的不同，使得财源的分配情况有很大的差异；从支出来看，由于各个地区之间存在着发展程度、自然条件、人口规模和结构、行政管理规模等方面的差别，因而在支出需求上也是各不相同的。一个国家内不同地区之间经济发展程度差异在财政上的具体体现就是发达地区财政收入充裕，而落后地区则税源狭小，财政状况拮据。而与此同时，落后地区却比发达地区更需要大量的基础设施方面的投资。当比较富裕的地区出现财政盈余而落后地区却面临财政拮据状况时，就意味着横向财政失衡问题的存在。显然，横向财政失衡状况的存在和加剧是不利于各地区均衡发展和社会共同进步的，因而需要通过政府间财政转移支付来解决这种横向失衡问题。

3. 纠正公共品的外溢性问题

由于公共品具有明显的外溢性，对地方政府来说，在外溢性存在和成本自担这两种因素的共同作用下，其提供公共品时所采取的策略就很容易出现某种程度的扭曲和偏差。当公共品存在正外溢性时，从本地区利益出发，地方政府有可能高估提供公共品的成本，而低估其整体效益，并有可能以无法完全负担成本为由，减少此类外部效应比较理想的公共品的提供。当公共品存在负外溢性时，地方政府则容易高估该公共产品的正效应，低估或者忽视提供该公共品的成本，从而使这种附带着的外部不经济继续存在乃至有所增加。这种扭曲性政策的实施，不仅影响了区域性公共品的提供和本地区及相关地区居民的利益，而且也不利于地区间经济关系的协调。在这种情况下，有必要由中央政府出面对具有外溢性的公共品的提供实行必要的转移支付，纠正提供公共品上的成本与效益不对称的问题。

4. 促进落后地区的资源开发和经济发展

由于各地区地理条件、人口素质、资源状况以及其他要素禀赋的差异，一定时期内在经济发展水平上存在某种差距是必然的。但这种差距过大或任其发展，会引起资金、人才、劳动力的非规则流动，造成地区间的利益矛盾，严重时甚至会导致社会动荡。因此，国家需要以一定的政策措施促进落后地区的资源开发和经济发展，逐步缩小地区间的经济差距。运用政府间转移支付手段，可以增加对落后地区的资金投入，加大其资源开发、基础设施和公共项目的建设力度，引导资源向落后地区流动，协调区域经济关系。

（三）转移支付的原则

1. 实现效益与成本对称

地方财政的效益与成本的对等是保证财政分权下资源有效配置的基础，但经济界限与区域界限很难统一，因此不可避免地发生辖区间效益外溢或辖区间成本外溢，这就需要中央政府以超越本位利益的角度，根据效益成本相对称的经济规律实行必要的宏观调节。

2. 资源配置区位中性化

市场经济条件下，要创造公平竞争的环境，必须最大限度地克服人为差距，尤其要避免因自然禀赋形成的政策差异、不同的公共服务水平，这也需要通过中央政府进行必要的调节。

3. 最低服务标准

在宪法框架内，政府有为公民提供大致均衡的公共服务的义务，尤其要避免地方政府出于自身利益降低服务标准，中央政府需要通过宏观调节从机制、政策上予以调节。

4. 社会经济协调发展

区域经济是社会经济协调发展的基础，但地区比较优势、地区经济周期往往相互存在很大差距，要实现全国的区域优势互补，实现国家经济的大致同步发展，通过重要政府宏观调节弥补这种区域差异是十分关键的。

由此追述，体制性转移支付应坚持三项基本原则：（1）适应市场经济发展、坚持公平效率相兼顾，为全体公民提供大致均衡服务的原则；（2）确保中央具有宏观调控主导地位的原则；（3）促进社会经济协调发展的原则。

二、转移支付的模式与效果

从我国和世界上其他一些国家的实践来看，转移支付可分为无条件转移支付和有条件转移支付。其中，有条件转移支付分为有条件的专项补助和有条件的配套资金补助，而后者又进一步分为有限额的配套资金补助和和无限额的配套资金补助两种类型。

（一）无条件转移支付

无条件转移支付是指中央政府向地方的不附加任何条件的转移支付。从理论上来说，这种无条件的转移支付可以用来解决纵向和横向的不平衡问题。由于上级政府对补助的款项不加用途限制，接受补助的下级政府可以根据自己的偏好决定补助金的用途，以达到效用的极大化（见图 11－2）。

在图 11－2 中：设 X 轴为某类公共品，Y 轴为其他公共品。转移支付前，地方政府的预算线是 AB，与地方的社会无差异分配曲线相交于 E 点，所应对的公共品配置是 A_1 与 B_1；进行无条件转移支付后，地方政府的预算约束线上移到 A′B′，形成新的社会无差异曲线与新的均衡点 E′，相应有新的公共品分配格局。

（二）有条件的专项补助

这种补助形式是指下级政府所得到的上级政府的补助款项必须按照上级政府的要求用于专门的用途（即购买公共产品或从事公共产品项目），它与无条件转移支付形式的主要区别是，下级政府不能自由支配上级政府所给的补助款项来选择其所需的公共产品组合，从而达到其主观评价的效用极大化；从上级政府的立场上看，指定补助款项用于专门的用途，可以实现上级政府的意图（上级政府的效用评价可能与下级政府的评价是有差异的，这涉及对公共产品效用的价值判断问题），也可以节省为实现该项目的所需的补助款项（见表 11－3）。

在图 11－3 中：设 X 轴为某类公共品，Y 轴为其他公共品。图中的 B_1 线和 B_3 线是与上图一样的。B_1 是下级政府的原来的预算线，它偏好购买公共产品 W 的数量是 W_1，上级政府的意图是要求它购买 W_3 的数量（即图 11－3 W_3 的数量），

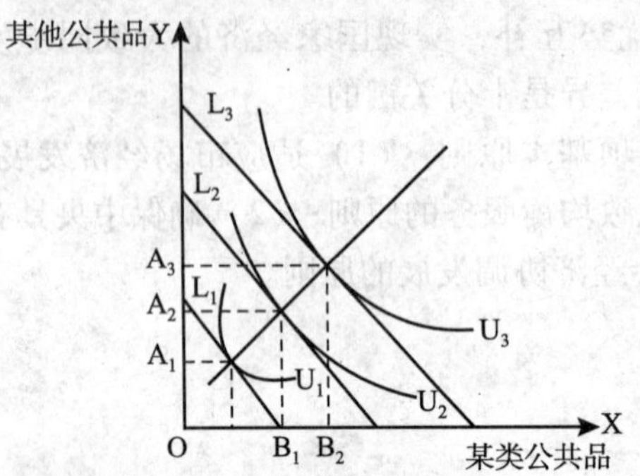

图 11－2　无条件转移支付：地方政府的资源配置

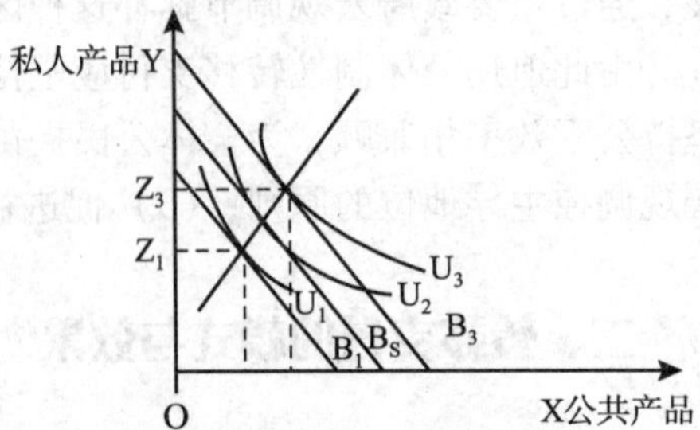

图 11－3　有条件的专项补贴

如果采用无条件补助的办法，上级政府的补助金额为 B_3-B_1，这样做的好处是即使上级政府的意图得到实现，又使下级政府可以自由支配补助金额。上级政府的 B_3-B_1 补助金额如果全部用于公共产品 W 的话，下级政府可以购买 CE 的数量。上级政府采用专项补助的办法的话，它可以节省补助金额，上级政府已知下级政府在没有补助的情况下愿意购买 W_1 数量，为实现其补助的意图，它规定补助的款项只准用于购买公共产品 W，所以，上级政府只要补助 B_S 款项就可以了，这笔款项只准购买公共产品 W，可使下级政府购买公共产品的数量达到 W_3，因为 W_1W_3 等于 CD。显然，B_S 与 B_3 相比要节省，节省的金额为 DE 乘以 W 的价格。

（三）无限额配套性转移支付

上级政府在对下级政府进行无限额配套性转移支付时，不但指定了该项资金的用途，而且还要求下级政府配备相应的拨款（见图 11－4）。

但是无限额配套性转移支付与无条件转移支付的效率有所差别，进行无限额配套性转移支付后，地方政府提供 N 公共产品的数量为 OH′，中央政府补助的数额为 OH′的一半。在中央政府转移支付数额相等的情况下，如果采用无条件转移支付，这时的预算约束线为 A′B′，A′B′与 I′相交，也就是说可以与更高的社会无差异曲线相切，无限额配套性转移支付与无条件转移支付相比，前者会带来一定的效率损失（见图 11－4）。

在图 11－4 中：设 X 轴为某类公共品，Y 轴为其他公共品。假定上级政府指定转移支付的资金只能用于生产 N 公共产品，并且规定下级政府应该拿出与上级政府一样的钱，用于配套。转移支付前的预算约束线为 AB，社会无差异曲线为 I，点为 E，这时私人产品 M 的供给量是 OG，N 公共产品的供给量是 OH。进行转移支付后，下级政府的预算约束线变为 AC，如图所示，OB＝BC，下级政府可以生产的公共产品 N 的数量将增加一倍，社会无差异曲线为 I′，社会无差异曲线与预算约束线的切点为 E′，这时两种产品的供给数量分别为：私人产品 M 为 OG′，公共产品 N 为 OH′。中央对地方政府的无限额配套性转移支付产生了两种效应：一方面是替代效应，无限额配套性转移支付使得地方生产 N 公共产品的成本相对更加便宜，地方政府将愿意生产更多的 N 公共产品；另一方面还产生了收入效应，地方政府拥有更多的资源，可以把节省下来的资金用于生产更多私人产品 M。所以两种产品的供给数量都将增加。

（四）有限额配套性转移支付

这种补助的方式与上述方式的主要区别是，上级政府对下级政府的配套补助是有限额的。不但指定用途，而且要求下级政府出一定的配套资金，它形成资金支持与资金调节双重功能（见图 11－5）。

在图 11－5 中：设 X 轴为某类公共品，Y 轴为其他公共品。假定上级政府对下级政府进行转移支付，规定该资金只能用于生产 N 公共产品，上级政府与下级政府按 1∶1 分摊，但同时又规定上级政府最高出资限额不超过 CD′，这时下级政府的预算约束线变为 ACD，N 公共产品的供给量低于 OF，上级政府与下级政府有限额配套性转移支付各自承担一半的成本。但是当 N 公共产品的供给量超过 OF 时，上级政府最高出资限额是 OF 的一半，即 CD′。

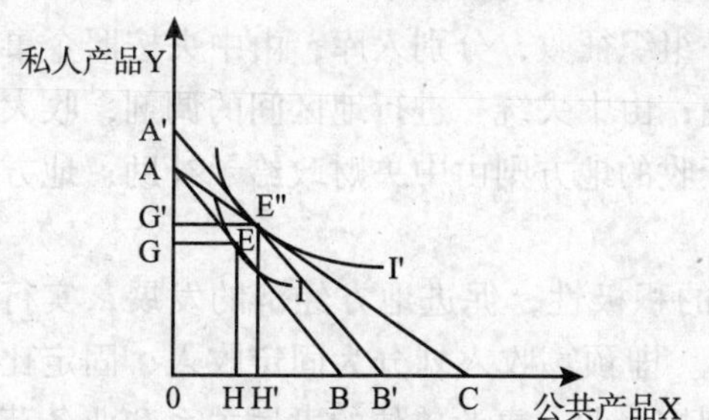

图 11－4 无限额配套性转移支付

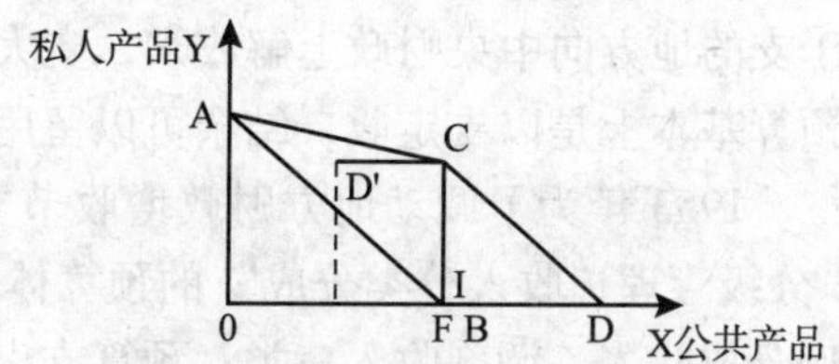

图 11－5 有限额配套性转移支付

有限额配套性转移支付综合了无限额配套性转移支付与无条件转移支付的特点，如果转移支付后，地方政府对 N 公共产品的提供量低于 OF，那么有限额配套性转移支付与无限额配套性转移支付的效应一致。如果转移支付后，地方政府对 N 公共产品的提供量大于 OF，那么有限额配套性转移支付与无条件转移支付的效应一致。

第五节 我国的财政体制及改革

新中国成立以来，我国的财政体制经历了多次变动。总体趋势是由高度集中的管理体制逐步过渡到实行各种形式的在中央统一领导下的分级管理体制。

一、新中国建立—改革开放初期：财政体制及演进

（一）1950～1952年："统收统支"体制

"统收统支"体制也称高度集中的预算管理体制，是1950～1952年国民经济恢复时期实行的预算体制。"统收统支"财政体制的基本特征是财力、财权高度集中于中央，地方组织的一切收入全部逐级上缴中央；地方一切开支由中央核定，逐级拨款，年终地方结余全部交还中央；费用开支标准、预决算和会计制度等统一由中央制定，地方只能照章执行，财权很小。这种体制是在特殊的历史背景下实行的，在当时收到了良好的效果并长期运用。

（二）1953～1979年"统一领导、分级管理"体制

这种体制的主要特征是：中央统一制定预算政策和预算制度，地方按预算级次实行分级管理；主要税种的立法权、调整权、减免权集中于中央，各级收入分为固定收入和比例分成收入，由地方统一组织征收，分别入库；由中央按照企事业行政隶属关系确定地方预算的支出范围；由中央统一进行地区间的调剂，收大于支的地方向中央财政上解收入，支大于收的地方则由中央财政给予补助；地方预算基本上是以支定收，结余可以留用。

1953年为了调动地方财政增收节支的积极性，促进地方经济的发展，实行"分级管理，收入分类分成"的预算体制。即预算收入划分为固定收入、固定比例分成收入、调剂收入三类；预算支出则按企业、事业单位的隶属关系和业务范围划分为中央预算支出、地方预算支出。采取这样的体制，地方财政有了比较稳定的财政收入来源，但仍然以集中为主。

1958年为了进一步扩大地方财政的财权财力，促进地方的经济发展，预算管理体制做了重大改革，开始实行"以收定支，五年不变"体制。即地方可以根据收入情况统筹安排支出，多收可以多支，少收就要少支。

由于1958年财力下放过多使中央财政难以承受，财政收支出现失衡。在这种情况下，1959年又将预算管理体制改为"总额分成，一年一定"的做法。

1971年再次下放企业，下放财权，实行"收支包干"的财政管理体制，扩

大地方财政的收支范围，按核定的绝对数包干，超收全部留归地方。

1974 年，在经济受“文革”严重破坏的情况下，“包干”体制已执行不下去，改行“收入按固定比例留成，超收另定分成比例，支出按指标包干”的体制，简称“旱涝保收”体制。

1976 年，为解决固定比例留成体制收支不挂钩、不能体现地方财政权责关系的问题，再次实行“收支挂钩、总额分成，一年一变”的财政管理体制。1978 年，还在部分省市试行了“增收分成”办法。

（三）1980 ～ 1993 年：“划分收支、分级包干”体制

在 1980 ~ 1993 年，中央和地方政府的财政分配关系经历了 1980 年、1985 年、1988 年三次重大的改革。这三次体制改革具有一定的共性，都是实行对地方政府放权让利的财政包干体制。

1980 年，为了改革过去中央政府统收统支的集中财政管理体制，在中央和各省之间的财政分配关系方面，对大多数省份实行了“划分收支，分级包干”的预算管理体制，建立了财政包干体制的基础。从 1982 年开始逐步改为“总额分成，比例包干”的包干办法。1985 年实行“划分税种，核定收支，分级包干”的预算管理体制，以适应 1984 年两步利改税改革的需要。为了配合国有企业普遍推行的承包经营责任制，开始实行 6 种形式的财政包干，包括“收入递增包干”、“总额分成”、“总额分成加增长分成”、“上解递增包干”、“定额上解”和“定额补助”。1988 年，在 1985 年体制的基础上，对收入上缴比重较大的 17 个省、直辖市和计划单列市，实行了“收入递增包干”和“总额分成加增长分成”等几种不同形式的包干办法，简称“地方包干”。

实行财政包干体制改变了计划经济体制下财政统收统支的过度集中管理模式，中央各职能部门不再下达指标，地方政府由原来被动安排财政收支转变为主动参与经济管理，体现了“统一领导、分级管理”的原则。但是，包干体制注重政府间收入在所有制关系下的划分，缺乏合理依据，是政府间财政分配关系不稳定的重要原因之一。

二、1994 年至今：分税制财政体制及改革

1994 年，我国实行“分税制”改革，从我国的实际出发，借鉴市场经济国家的分税预算体制，初步形成了具有中国特色的多级预算体制。分税制的核心是根据各级政府的事权来确定相应的财权，并按税种划分中央政府和地方政府的财政收入。分税、分权、分征、分管是分税制的特征。

（一）1994 年的分税制财政体制

1. 中央与地方的事权和支出划分

根据现行中央政府与地方政府事权的划分，中央财政主要承担国家安全、外交和中央国家机关运转所需经费，调整国民经济结构、协调地区发展、实施宏观调控所必需的支出以及由中央直接管理的产业发展支出。具体包括：国防费，武警经费，外交和援外支出，中央级行政管理费，中央统管的基本建设投资，中央直属企业的技术改造和新产品试制费，地质勘探费，由中央财政安排的支农支出，由中央负担的国内外债务的还本付息支出，以及中央本级负担的公检法支出和文化、教育、卫生、科学等各项事业费支出。

地方财政主要承担本地区政权机关运转所需支出以及本地区经济、事业发展所需支出，包括地方行政管理费，公检法支出，部分武警经费，民兵事业费，地方统筹的基本建设投资，地方企业的技术改造和新产品试制经费，支农支出，城市维护和建设经费，地方文化、教育、卫生等各项事业费，价格补贴支出以及其他支出。

2. 中央与地方的收入划分

根据事权与财权相结合的原则，按税种划分中央与地方的收入。将维护国家权益、实施宏观调控所必需的税种划为中央税；将同经济发展直接相关的主要税种划为中央与地方共享税；将适合地方征管的税种划为地方税，并充实地方税税种，增加地方税收入。具体划分如下：

（1）中央固定收入包括：关税，海关代征消费税和消费税，中央企业所得税，地方银行和外资银行及非银行金融企业所得税，铁道部门、各银行总行、各保险总公司等集中交纳的收入（包括营业税、所得税、利润和城市维护建设税），中央企业上缴利润等。

其中外贸企业出口年地方已经负担的退税，原规定除将 1993 年地方已经负担 20% 部分列入地方上交中央基数外，以后发生的出口退税全部由中央财政负担。2003 年 10 月我国对出口退税机制进行改革，从 2004 年开始出口退税由中央和地方共同负担，即以 2003 年出口退税的实退指标为基数，对超基数部分的应退税额，由中央与地方按 75∶25 的比例分别承担。从 2005 年起，中央再次改革出口退税负担机制，此项返还取消。

（2）地方固定收入包括：营业税（不含各银行总行、铁道部门、各保险总公司集中交纳的营业税），地方企业所得税（不含上述地方银行和外资银行及非银行金融企业所得税），地方企业上缴利润，个人所得税，城镇土地使用税，固定资产投资方向调节税，城市维护建设税（不含各银行总行、铁道部门、各保险总公司集中交纳的部分)，房产税，车船使用税，印花税，屠宰税，农牧业税，农业特产税，耕地占用税，契税，遗产和赠与税，土地增值税，国有土地有偿使用收入等。其中，2002年中央对所得税分享办法进行了两项重大调整：一是居民个人储蓄利息所得税划为中央收入；二是改革原有按企业的隶属关系划分所得税的方法，对企业所得税和个人所得税收入实行中央和地方按比例分享。除铁路运输、国家邮政、四大国有商业银行和政策银行，以及海洋石油等特殊行业企业缴纳的所得税，继续作为中央收入外，对其他企业所得税和个人所得税实行中央与地方按比例分享。2002年所得税收入中央将分享50%，地方将分享50%；2003年所得税收入中央分享60%，地方分享40%；2003年以后年份的分享比例根据实际收入情况再行考虑。同时，将以2001年为基期，按改革方案确定的分享范围和比例计算，地方分享的所得税收入，如果小于地方实际所得税收入，差额部分由中央作为基数返还地方；如果大于地方实际所得税收入，差额部分由地方作为基数上解中央。对于跨地区经营、集中缴库的中央企业所得税等收入，按相关因素在有关地区之间进行分配，办法由财政部另行制定。而且中央因改革所得税收入分享办法增加的收入将全部用于对地方主要是中西部地区的一般性转移支付。改革将循序渐进，分享比例分年逐步到位。此外，所得税分享范围和比例全国统一，保持财政体制规范和便于税收征管。

(3) 中央与地方共享收入包括：增值税、企业所得税、个人所得税、资源税、印花税中的证券交易印花税。增值税中央与地方的分成比例为75:25；企业所得税中央与地方的分成比例为80:20；企业所得税的分成比例为85:15；资源税按不同的税目划分，大部分资源税为中央收入，证券交易税中央与地方的分成比例为97:3(纳入上海、深圳财政体制)。

3. 中央财政对地方税收返还数额的确定

为了保持地方既得利益格局，逐步达到改革的目标，中央财政对地方税收返还数额以1993年为基期年核定。按照1993年地方实际收入以及税制改革和中央与地方收入划分情况，核定1993年中央从地方净上划的收入数额(消费税+75%的增值税-中央下划收入)。1993年中央净上划收入全额返还地方，以保证现有地方既得财力，并以此作为以后中央对地方税收返还基数。1994年以后，税收返还额在1993年的基数上逐年递增，递增率按本地区增值税和消费税增长率的1:0.3系数确定，即本地区两税每增长1%，对地方的税收返还则增长0.3%。如果1994年以后上划中央收入达不到1993年基数，则相应扣减税收返还数额。

4. 转移支付制(transfer payment)

分税制的确立要求相应完备的转移支付制度。我国在1994年的分税制改革中形成了多种形式的政府间转移支付制度，具体包括定额补助、专项补助和税收返还等。此后，为了配合国家有关政策的实施，相应对转移支付进行了调整。

（二）"分税制"存在的问题

由于采取渐进的改革方式，分税制财政体制只是初步建立了一个框架，因受原有体制的约束，在许多方面仍存在着与市场经济发展要求不相符合的问题。

1. 各级政府的事权范围和各级预算主体的支出职责尚缺乏科学、合理的界定

具体表现为：对政府职能未重新界定，政府职能转换范围不明确；中央与地方的事权划分基本上沿用传统体制下的划分方法，界限不清，存在交叉重叠。

2. 财权和收入划分不够科学、合理

财权和收入的划分应有利于分级治事并充分发挥税收的收入功能和调节功能，但现行分税制不能完全体现这一要求。首先，税收立法权和税收政策制定权过于集中，地方没有税收立法权，只有部分地方税收行政法规的制定权。这种税权划分格局与分税制存在着矛盾，不利于地方因地制宜地安排财政预算和进行财政管理。其次，分税制之后的企业所得税仍是按行政隶属关系划分的，这种划分方法不符合政企分离的原则，而且随着企业重组、合资、联营以及股份制等所有制组织形式的迅速发展，就更不能适应新形势的要求。再其次，地方税收体系不健全，收入水平不高，自给率偏低。由于地方税收入来源不足，一方面限制了地方财政职能的有效发挥，另一方面促使地方政府寻求税外收入，以解决其行政事业经费或建设资金不足的问题，从而导致地方政府收入机制的紊乱。最后，省级以下预算管理体制不完善。我国地方政府有省、市、县、乡四个层次，这种层次较多的政权结构加大了分税制改革纵向深化的难度，特别是地方税主体税种的单一性使得难以在省以下各级政府间进行税种的划分。

3. 转移支付制度不规范

我国分税制改革后，虽然中央组织收入的比重是上升的，已经接近目标模式的水平，但由于按既得利益向地方返还的幅度过大，转移支付后中央收入的比重基本维持在原有水平，相比之下明显偏低。

（三）怎样继续完善"分税制"

结合我国实际，进一步完善分税制的基本思路是对目标模式有关问题加以改进和明确，调整现行制度有关内容，逐步形成科学、规范的、相对稳定的中央与地方财政分配关系。

1. 明确各级政府的事权范围和各级财政主体的支出职责

首先，根据政府职能的转换对财政职责范围重新界定。对过去保障不足的支出，如基础教育、基础科学、卫生保健、社会保障以及农业投入等要适当增加；而对“越位”的部分，如企业亏损补贴和价格补贴等要逐步减少，或逐步取消。其次，在明确财政职责范围的前提下，重新划分中央与地方的支出职责。在我国的财政支出中投资支出的比重相对较大，而投资支出职责的划分，是事权划分和支出职责划分的关键，主要是要明确各级政府的投资方向和重点。一般而言，中央政府的投资应侧重全国性能源、交通、电信投资，治理大江大河和水利设施投资，自然资源和环境保护投资以及新兴产业和高科技产业投资等，中央政府应投资逐步从一般性盈利领域退出；地方政府则应侧重教育、卫生保健、农业、城镇建设、公共设施以及地方性基础产业投资等；跨地区的大型投资项目，或由中央出资，或由中央与地方共同出资，或按受益出资。

2. 调整税收划分的格局和税收管理权限

按照政府职能分工层次标准和公共产品受益范围标准，将涉及全国范围的宏观经济稳定收入分配公平的税种及税基分布不均匀的税种划给中央政府；将涉及地方性的、便于地方管理的、受经济周期影响较小的税种划给地方政府，实行以分税分率制为特征的彻底的分税制，将税种划分为中央税和地方税，而不设置共享税。在税收立法权和管理权方面，应当适当下放权限，以体现集权为主、分权为辅的指导思想，给地方以一定的本级税收立法权和管理权。

3. 建立科学合理的政府间转移支付制度

这是完善分税制预算体制不可或缺的重要内容。我国必须尽快改变税收返还的做法，采用转移支付制度，即按客观因素包括人口、人均 GDP、城市化程度、人口密度等一般因素和少数民族、特殊地位等特殊因素，依照科学合理的计算公式算出各地标准财政收入和标准财政支出，确定各地财政收支差额，在综合平衡的基础上实现转移支付。只有这样，才能均等各地的财政地位，抑制地区间不平衡发展，缩小各地提供公共产品能力的悬殊。

4. 加强财政资金管理，提高地方财政的运行质量

在分税制模式上，绝大部分收入集中在中央，而绝大部分支出下放到地方使用和管理；因而财政运行质量的提高主要在于提高地方财政的运行质量。首先，地方政府要加强对财政资金使用的管理和监督，控制支出的方向，优化支出结构；其次，要完善上级财政部门对下级的财政监督机制，建立一整套财政支出效益的考核指标，逐步实现财政由供给型向效益型转变；最后，在完善税制和税外收费逐步清理的基础上，规范政府收入分配机制。

第六节　我国的政府间转移支付制及改革

一、我国转移支付的主要类型

我国目前的转移支付制度是1994年分税制改革后逐步形成的，是“分级包干”体制下的转移支付和分税制中提出的转移支付的混合体，其主要包括以下几种类型。

1. 体制补助（或上解）

包括中央政府对地方政府的体制补助和地方政府对中央政府的体制上解。这一转移支付制度是在分税制财政体制改革初期设定的，主要沿袭了分税制财政体制改革前“多种形式的财政包干”体制的财政利益关系。设置体制补助的目的主要是为了缩小各地区之间的差异，对富裕地区实行上解，而对贫困地区则进行补助。在实行分税制之后，中央对地方的补助继续按原体制规定执行，原体制地方上解按不同体制类型继续上解中央。从1995年开始，中央财政取消了对各地区体制上解（中央）的递增率，实行定额上解的办法。

2. 结算补助（或上解）

这是对财政年度内因中央与地方相互交叉收支和因政策变化而对地方收支所带来的影响通过财政结算进行的调整，调整的结果既有中央对地方的补助，又有地方对中央的上解。

3. 专项补助

在中央与地方预算中，不包含在地方财政体制规定的正常支出范围内，由中央财政根据特定用途及地方的特殊情况，由中央财政拨付给地方财政的专项资金。如特大自然灾害救济费、粮油加价款补助、边境事业费补助、支持不发达地区发展资金、“三西”专项资金等。

4. 税收返还

税收返还主要包括“两税”（增值税和消费税）返还、所得税基数返还、出口退税基数返还。(1)“两税”返还，这是1994年分税制改革所确定的补助形式。以1993年为基期年，按照分税制规定中央从地方上划的收入数额（即消费税+75%的增值税-中央下划收入）如数返还给地方。1994年以后，税收返还在1993年基数上逐年递增，递增率按增值税和消费税增长的1∶0.3的系数确定。1994年后，如果中央净上划收入达不到1993年的基数，则相应扣减税收返还数额。(2)所得税基数返还。这是2002年所得税分享改革所确定的返还补助形式。即以2001年为基数，按改革方案确定的分享范围和比例计算，地方分享的所得税收入，如果小于地方实际所得税收入，差额部分由中央作为基数返还地方；如果大于地方实际所得税收入，差额部分由地方作为基数上解中央。(3) 出口退税基数返还，这是2004年中央改革出口退税负担机制，为保障改革前地方既得利益，对属于各地区出口退税基数部分的退税额由中央财政给予的返还。从2005年起，中央再次改革出口退税负担机制，此项返还取消。相对于其他转移支付方式来说较为规范和透明，税收返还可以看做是一种条件转移支付。

5. 公式化补助

1996年年初，财政部拨出20亿元试行“过渡时期转移支付办法”，在办理1995年中央与地方财政结算中采用了这个办法，以确定对各地的一般财力补助。这是我国第一次以客观变量为基础的公式来估算地方财政能力和支出需求，以决定中央对地方的转移支付，是将我国转移支付体制规范化的一个重大进展。

二、过渡期转移支付办法的实施与改进

1995年制定并实施了《过渡期转移支付办法》，这一办法是在不调整各地既得利益的前提下，从中央财政的收入增量中拿出一部分资金，重点缓解地方财政运行中的突出矛盾。其基本内容是：

（一）按影响地方财政支出的因素核定各地的标准支出数额

凡地方财力能够满足标准支出需要的，中央不再转移支付。对地方财力不能满足支出需要的，再对财政收入进行因素分析，凡财政收入达不到全国平均水平的地区，收入努力不足的部分，由地方通过增收解决相应的支出需要；凡财政收入达不到全国平均水平或通过增收仍不能解决其支出需要的，中央根据转移支付资金的总额和各地的财力缺口分配转移支付资金。

地方标准财政支出主要采取分类因素计算法加以测算，将财政支出分为人员经费、公用经费、专项支出和其他支出四个部分，分别采用不同的计算办法，计算的依据主要是国家有关财政支出的规定和影响财政支出的客观因素。

（二）对地方收入努力程度的考核

由于缺乏用于计算标准收入的各地区税基资料，对各地收入努力程度的测算也只好采用计量经济学的分析方法，即根据各地区当前的收入水平确定影响财政收入的各因素的权数，从而得出反映各地区平均收入能力的回归方程，以此计算各地区平均收入能力，将其作为标准收入。然后，用各地区1994年实际收入与标准收入进行比较，实际收入小于标准收入的，视为收入努力不足地区，并根据

差额相应扣减其转移支付补助。因资料有限，在收入努力程度测算中，仅对影响地方较大的增值税和营业税两项收入进行测算。

（三）建立对民族地区的政策性转移支付

为了既贯彻公正、规范的原则，过渡期转移支付制度还针对民族地区的财力状况，建立了对民族地区的政策性转移支付，以解决民族地区存在的突出的财政矛盾。

过渡期转移支付办法经过1995年试运行后，在吸收有关方面合理建议的基础上，1996、1997年和1998年又做了三次改进和完善。

1996年的改进措施主要是：（1）改进了客观性转移支付的计算办法，以“标准收入”替代“财力”因素。标准收入测算范围包括增值税、营业税、农业税、农业特产税、资源税、土地使用税。（2）改进了标准收入的测算方法，尽可能向“经济税基×平均有效税率”的规范做法靠近；无法取得相关经济税基数据的，采用多元回归方法；既无税基数据又难以建立回归方程的，按照一定的客观标准，将全国该项目实际收入分解到各省区；其余部分以实际数视同标准数。（3）完善激励机制；一是建立收入增长激励机制，凡地方收入未达到全国平均水平的地区，适当扣减转移支付补助数，而对收入增长率高于全国平均水平的地区，另加一定奖励；二是调整财政供养人员奖惩力度，对财政供养人员未超标的地区，给予更多的奖励，对超标的地区，则给予一定处罚。

1997年对过渡期转移支付办法做了以下改进：（1）标准支出方面，按照各地（省会城市）当年10月至次年4月期间日平均气温，并参照取暖支出的实际情况划分出五类地区，根据各地行政单位取暖费决算数，分别核定每类地区的年人均取暖费标准。（2）增值税标准收入估算方面，对没有考虑征税成本、企业规模、经济结构等因素的增值税测算结果进行了适当调整。（3）关于政策性转移支付，以标准财政支出为基础，在客观性转移支付基础上，增加民族地区政策性转移支付系数，具体办法是，根据民族地区有增长弹性的收入（包括地方收入和税收返还）满足标准支出的程度，分档核定政策性转移支付系数。（4）再次调整财政供养人员的奖励力度，对财政供应人员实际数低于标准数的地区，差额部分的奖励比例由原来的20%提高到80%。

1998年，在保持过渡期转移支付办法总体框架的情况下，标准化收支的测算面进一步扩大，并针对财政数据口径的变化，对部分项目的测算方法进行了改进。（1）扩大标准收入测算面，按照“税基×标准税率”的方法测算屠宰税、车船使用税。（2）适当调整了标准财政供养人员测算口径，将离退休人员从财政供养人数中分离出来据实计算，财政供养人员按省、地、县三级分别测算；彻底改革公用经费的测算办法，采用全国统一的人均公用经费标准和各地区财政供养人数为公用经费的两个因数，辅之以适当的成本差异系数计算确定；用因素法计算确定车辆燃修费；用病床数和医技人员因素计算确定卫生事业费；考虑城市人口、城区面积等因素，测算城市维护建设费。

2002 年起过渡时期转移支付的概念不再沿用，其资金合并到中央财政因所得税改革增加的收入中分配，统称为一般性转移支付。一般性转移支付额主要按照各地标准财政收入和支出差额以及转移支付系数计算确定，凡是标准财政收入大于或等于财政支出的地区，不纳入转移支付范围。此外，对难以按统一公式量化而又必须解决的特殊问题，增加特殊转移支付。

三、现行政府间转移支付制度存在的主要问题

显然，由于现行的政府间财政转移支付制度在很大程度上是原有体制下分配格局的延续，照顾到了既得利益，从而使这一制度存在不少问题。

第一，旧体制保留下来的一般性转移支付，既有中央对地方的补助，又有地方对中央的上解，这种资金的双向流动不符合分税制的要求。而且不论是补助还是上解，其数额的确定均缺乏明确、科学的依据。同时，由于不同地区补助和上解数额的确定方法也不尽相同，其结果必然进一步导致收入分配的不公平。

第二，转移支付结构不合理，形式不规范。在现行的财政转移支付体系中，除了少量的按均等化公式计算的转移支付外，绝大部分财政资金是采用税收返还、增量返还、体制补助、结算补助等形式分配的，基本上起不到均等化作用。各种转移支付形式的政策指向不明确，错综复杂，极不规范。

第三，财政转移支付资金分配不规范，带有相当大的随意性。为了照顾原有的既得利益，分税制体制中仍保留了原有的体制补助和体制上解。这种资金的双向流动不仅不符合分税制的要求，而且不论是补助还是上解，其数额的确定都是双方讨价还价的结果，缺乏明确、科学的依据，随意性很大，从而根本达不到财政均衡化的目标。中央对地方的专项转移支付项目繁多，几乎覆盖了所有的预算支出科目，并且补助对象涉及各行各业。专项补助的管理存在诸多漏洞，申报审批管理工作薄弱，专项补助资金的目标用途不明确，且由于资金分配缺乏透明度。

第四，转移支付政策导向不明确，调节功能微弱。我国目前的转移支付在促进地区间基本公共服务水平的均等化，对各地区的财政能力和财政需要之间的差距进行调整方面的功能作用非常有限。

（1）从无条件转移支付看，中央政府对地方的税收返还和补助按“基数法”

确定，不仅起不到调节地区间财政经济能力差距的作用，而且因“基数”中包含了旧体制的不合理因素，在逐年的滚动过程中，不合理因素还有扩大之势。并且，税收返还的使用权掌握在地方政府手里，即使它有不合理之处，中央政府也无法改变。

(2) 专项补助有相当大部分被用于救灾等特殊政策目标，宏观调控作用甚小。

(3) 在目前这种形式下，地方政府基本上处于简单的收入接收者地位，不能充分调动和发挥地方政府的积极性，无法有效地促进地方公共产品和服务的供应。

第五，财政转移支付制度缺乏法律的保障和约束。首先，我国财政转移支付制度缺乏法律的支撑和保障，法律约束机制不健全。我国现行的政府间财政转移支付制度依据的是《中华人民共和国预算法》和《所得税收入分享改革方案》，还没有专门的或者相关的针对转移支付的法律。实践中多是以行政规章作为依据，缺乏法律的权威性和统一性。其次，财政转移支付缺乏法定程序的制约，转移支付的决策程序、审批程序、支付程序等都没有纳入法定监督中。法定程序的缺乏造成财政转移支付整个过程缺乏公开性和透明度，政策目标的实现难以保证。

第六，省级以下地方政府间转移支付制度建设滞后。省级以下地方政府间转移支付存在着诸如转移支付不规范，支付方式繁多，计算方法不科学，缺乏透明度，管理混乱等问题。

财政体制即财政管理体制，这是财政管理的核心部分，也是财政制度基本的部分。财政制度是经济管理体制的重要组成部分，是以法律形式规定的一系列行为准则，它既包括处理财政分配关系的制度，也包括筹集财政收入和分配财政支出的基本法规，同时包括了财政的计划管理和日常业务管理的制度。30 年来，财政体制改革支持了财政收入与支出的增长，从 1978 ~ 2007 年年底，我国财政收入年均增长 14.5%，这是与财政体制改革与建设分不开的。财政体制改革的重大进展，可简单概括为“两改一建”，这构成为财政政策发挥作用的制度基础。一是改革国家与企业之间的分配关系。此项改革的目标是：打破计划经济下财政的统收统支，建立企业自我发展、自我约束、自我激励、自负盈亏机制。1994 年改革幅度较大：取消国有企业与非国有企业（不包含外资企业）在所得税方面的差别，统一按 33% 税率征收，取消各种包税办法，取消对国有企业的调节税。2002 年开始，中央政府和省、市（地）两级地方政府设立国有资产管理机构，实行中央与地方管理权限和范围分开，国有资产管理层次分开，政企分开，所有权和经营权分开，在部分企业试行国有资本经营预算制度。启动和扩大增值税转型改革试点。2007 年，新《企业所得税法》实施，规定内、外资企业所得税税率统一为25%。这是改革开放30年来，我国企业所得税税率首次实现“一税同企”，标志着中国经济进一步与国际规则接轨。

二是改革中央与地方之间的分配关系。从1980年实行“划分收支、分级包干”的体制到1994年分税制改革，中央与地方分配关系有了不断的调整。1994年按税种划分中央税、地方税、中央与地方共享税，建立地方和中央两套税务机构，分别征管。2002年起，实施所得税收入分享改革。除少数特殊行业或企业外，绝大部分企业所得税和全部个人所得税实行中央和地方按比例分享，分享范围和比例全国统一。所得税增量收入，2002年中央与地方按“五五”比例分享，2003年以后按“六四”比例分享。中央从所得税增量中多分享的收入，全部用于增加对地方主要是中西部地区的转移支付。2003～2007年，中央财政对地方的转移支付累计4.25万亿元，87%用于支持中西部地区。

三是建立了公共财政框架。1998年我国正式提出建立与社会主义市场经济发展相适应的公共财政。它包括部门预算改革、健全税收管理体制、国库集中收付制度改革、“收支两条线”改革、政府采购制度改革、税费改革等。公共财政的核心思想是：收入来自全民，用之于全民；收入来自经济，用之于整个社会经济发展；取之于全民，受监督于全民。财政体制性结构加速调整，目前，我国基本形成了中央财政控制较高收入比重，1978～2008年，中央财政收入占财政收入比重，从15%提高到55%，提高了约40个百分比点；同期，支出重点向地方转移，中央财政支出占财政支出比重，从47.4%下调到经过30%，降低了约17个百分点，经过近30年尤其是近10年的改革，公共财政体制框架初步形成，构筑起各级政权优势互补合理分工的体制分配关系（见表11－1）。

表11－1　　财政收支：中央、地方比重　　单位：亿元

年份	财政收入	中央财政收入	地方财政收入	财政支出	中央财政支出	地方财政支出
1978	1132	176（15.5%）	957（84.5%）	1122	532（47.4%）	589（52.6%）
1985	2004	769（38.37%）	1235（61.63%）	2004	795（39.7%）	1209（61.3%）
1994	5212	2906（55.7%）	2311（44.3%）	5792	1754（30.3%）	4038（69.7%）
2000	13395	6989（52.2%）	6405（47.8%）	15886	5520（34.7%）	10366（65.3%）
2001	16386	8583（52.4%）	7803（47.6%）	18902	5768（30.5%）	13134（69.5%）
2004	26396.47	14503.10（52.4%）	11893.37（47.6%）	28486.89	7894（25.9%）	20592.81（72.3%）
2005	31649.29	16548.53（52.3%）	15100.76（47.7%）	33930.28	8775.97（25.9%）	25154.31（74.1%）

资料来源：《中国财政年鉴2007》，中国财政杂志出版社2007年版。

四是2012年年底前全面推行省直管县财政体制改革。即2012年年底前，力争全国除民族自治地区外全面推进省直接管理县财政改革。主要是：（1）实现省

财政与市、县财政直接联系。即在政府间收支划分、转移支付、资金往来、预决算、年终结算等方面，实现省财政与市、县财政直接联系，开展相关业务工作。(2) 取消市县之间日常资金往来关系。建立省与市、县之间的财政资金直接往来关系，取消市与县之间日常的资金往来关系。省级财政直接确定各市、县的资金留解比例。各市、县金库按规定直接向省级金库报解财政库款。(3) 确定市、县财政各自支出范围。在进一步理顺省与市、县支出责任的基础上，确定市、县财政各自的支出范围，市、县不得要求对方分担应属自身事权范围内的支出责任。按照规范的办法，合理划分省与市、县的收入范围。(4) 市、县间结算必须通过省财政办理。年终各类结算事项一律由省级财政与各市、县财政直接办理，市、县之间如有结算事项，必须通过省级财政办理。各市、县举借国际金融组织贷款、外国政府贷款、国债转贷资金等，直接向省级财政部门申请转贷及承诺偿还，未能按规定偿还的由省财政直接对市、县进行扣款。(5) 由省直接核定并补助到市、县。转移支付、税收返还、所得税返还等由省直接核定并补助到市、县；专项拨款补助，由各市、县直接向省级财政等有关部门申请，由省级财政部门直接下达市、县。市级财政可通过省级财政继续对县给予转移支付。

四、我国转移支付制度的完善

分税制改革后，我国政府之间的转移支付在形式上向规范化迈进了一步，即有了基本的统一的制度，但明显带有过渡的性质，表现在目前转移支付中的税收返还，是在实行分税制时以维护地方既得利益为前提设计的，没有考虑地区收入能力和支出需求之间的客观差异，过多地保留了一些过渡性措施；另外现存的专项补助和结算补助还带有相当大的随意性，既不规范也没有建立起科学测算财力的计算公式。因此，我国的转移支付制度亟待规范。

（一）选择适合我国国情的转移支付模式

根据国际上现有的经验，政府间转移支付的基本模式有两种：一种是单一纵向的转移支付制度，即单一的自上而下的垂直转移支付；二是以纵向为主，纵横交错的转移支付制度，即对于政府间的转移支付，中央不仅统一立法，并且直接通过特定手段进行纵向的转移支付，同时又负责组织各地区之间的直接转移支付。

纵向转移支付模式是上级政府把各地财力数量不等地集中起来，再根据各地财政收支平衡状况和实施宏观调控政策的需要，将集中起来的部分收入数量不等地分配给各地区，以实现各地区之间财力配置的相对平衡。这一模式简便易行，主要由上级政府强制实施，但在缺乏必要法律规范的情况下，容易暴露出透明度低、稳定性差、随意性大的弱点。

在纵横交错模式中，中央统一立法，直接通过特定手段进行纵向的转移支付，同时负责组织各地区之间直接的转移支付。这种模式既可以实现国家宏观调控的政策目标，又可以解决财政经济落后地区公共财政开支不足的问题，并有助于解决各地区经济发展极不平衡所带来的各地财政地位不同的问题。其中，纵向的转移支付侧重于实现国家的宏观调控目标，横向的转移支付侧重于解决经济落后地区公共支出不足的问题。

我国到目前为止一直采用的是单一的纵向转移支付形式，况且我国转移支付的当务之急是解决纵向非均衡问题。因此，目前可以首先将单一的纵向转移支付法律化、弹性化，增加透明度，减少随意性，即建立健全单一纵向的转移支付制度。以后可以在此基础上，逐步实施纵横交错的转移支付模式，这是比较长期的目标。

（二）运用有效的转移支付手段

政府间转移支付手段的选择，取决于其要实现的目标。根据转移支付手段的不同功能和我国转移支付的目标，我国可以设置一般性转移支付和特殊性转移支付制度。前者主要用于解决经济落后地区财政自求平衡能力的不足；后者主要用于帮助落后地区居民享有与整个国民经济发展水平相适应的公共服务，具体说来就是用于落后地区文教、科学、卫生和生态环境的改善，以及能源、交通、通信等基础条件的改善，可以对地方政府提供的区域性公共服务受益溢出进行弥补。

（三）建立合理的转移支付测算体系

采用“因素法”对各地区进行因素评估，它是建立科学、合理的转移支付制度的重要手段。这种因素评估不能任意设定，只能按照各地区的经济、社会等客观因素，经过统计分析加以确定。“因素法”的基本思路是：从某地区财政支出方面入手，首先找出影响该地区财政支出水平的几类因素如人口、面积、行政机构数量等一般因素、社会事业发展因素、经济发展水平因素、自然条件因素、其他特殊因素等五大类；然后按各类因素影响程度大小确定计分标准，并计算出各省得分及每一分的分值；最后再以分值乘以各省得分即计算出各省财政支出。具体为以下四步：

（1）确定该地方支出占全国财政支出比例和支出总额。

（2）找出影响地方财政支出五类因素。

（3）通过反复测算，给每个因素确定计分标准。该项测算既要使各省的支出需要比较接近现实，又要能体现财政均等化要求。

(4) 按标准分别计算出各地得分，再以全国的地方财政总支出除以全国总分，得到每一分的分值。以分值分别乘以各省得分，就得到各省财政支出的标准需要。

这种方法的优点是中央在测定财政支出时有较大的主动权，计算公式也比较简单易值。其关键是各项因素计分标准的确定，它直接关系到均等化转移支付的政策导向，所以应反复测算比较确定。其缺陷是忽略对地方财政收入能力的商量。

(四) 实现财政转移支付制度法制化

政府间财政转移支付要真正作为一种规范性的制度建立起来，必须遵从法制化的原则。政府间转移支付的目标、原则、形式、分配方法、监管内容，都应以法律的形式确定下来，同时编制转移支付预算，建立完整的预算司法程序，并辅之以必要的审计措施，做到制度运作的各个环节都有法可依，有法必依，保证制度运行的实效。国外对政府间财政转移制度一般都有严格的立法和详细的条文约束，对政府间财政转移支付实行法制化管理。例如：德国，在财政转移支付制度中，其转移支付的系数要由立法机构讨论确定，转移支付的目的、范围等也被写入法律，据以计算均等化拨款的税收能力和标准税收需求以及其他一些技术性的比例也用法律的形式加以明确的规定。日本政府间财政转移支付的法制化水平也比较高，日本政府间的事权划分有明确的法律界定，它的转移支付的三种类型都有相应的立法。虽然我国也重视立法问题，得仍做得不够，在依法治国的今天，有必要完善财政转移支付方面的立法，使政府间的财政转移支付有法可依。

(五) 适时推进省以下财政转移支付制度建设

我国的地区差距决不仅仅局限于省际之间，省际行政区内部在经济和社会发展上也存在着较大的差异，有些地区还十分突出。因此，必须尽快完善省以下财政转移支付制度。

1. 建立规范的省以下转移支付制度

对尚未开始建立省以下规范化财政转移支付制度的地区，不论其是否享受中央过渡期财政转移支付资金补助，都应当考虑尽快制定适合本省的过渡期转移支付办法，并将转移支付办法运用到资金分配中去。要将财政转移支付制度建设与加强预算管理工作结合起来，将规范化的财政转移支付制度建设当做财政管理的重要内容。

2. 建立省以下转移支付激励约束机制

为了调动各级地方政府发展经济的积极性和主动性，应该建立一套省对下转移支付激励约束机制，引导地方政府尽量多地将上级政府的转移支付资金及自身财力分配落实到基层财政。

3. 实行规范化的收支评估

按标准税基和标准税率测定各地区的标准化收入能力，根据影响支出的客观因素，分项目测算各地区的标准化支出需要，再用各地区的收入能力和支出需要来决定一般性的转移支付数额，也即凭借收支因素法确定体制性转移支付政策，为各地区提供大致公平的公共分配。

案例分析

案例 11－1 上海先尝“体制性包干”的策略

1988 年上海敢于尝鲜，率先实行财政包干体制。即实行“基数包干上缴、一定 5 年”的体制。以 1987 年实际完成的收入 165 亿元为基数，在 1988～1992 年，每年定额上缴中央 105 亿元，前 3 年超收的部分全部留给上海，后 2 年收入超过 165 亿元的部分与中央对半分成。

1988～1995 年，上海全部财政收入由 240 亿元增加到 260 亿元，地方财政收入由 153 亿元增加到 185 亿元，上缴中央定额为 105 亿元不变，地方超收由 48 亿元提高到 55 亿元。显然因体制分成不利，增长缓慢。但后来人们又常常说这恰恰是上海起飞的契机！

巫建国编写

编者按：

1985～1992 年中央实行对地方下放财权的财政包干体制，由于分成比例不利于经济发达地区，经济发达省份政府为保护地方利益，人为降低财政收入增长速度，以减少上缴中央财政款，阻止本地财政资金净流出。上海实行的是定额上解加递增分成的模式，定下每年财政收入 165 亿元，其中 105 亿元归中央财政，65 亿元归地方财政，每增加 1 亿元，中央与地方五五分成。结果，上海实行财政包干 5 年，年年财政收入在 163 亿元～165 亿元之间，一点没增长；显然采取了值得分析的策略：以固定上缴减轻地方政府负担；分成不利不增长；藏富于企业，这也变相为下一步的发展奠定了基础。

案例 11－2 辨析财政体制性增收策略

我国各级政府直接承担着政治、经济乃至社会职责，尤其经济指标与地方政府利益息息相关，官员的业绩、公共福利及公务员工薪，因此，怎样保证财政高速增长，始终是各级父母官最关心的。

每当遇到经济下滑，怎样完成财政收入任务，就成为考验政府财政部门的难题，经过多年探索，形成了许多超经济增收的“潜规则”和增收策略：(1) 寅吃卯粮，提前征收下年度税收（动员银行贷款给企业，企业预缴税收），下年再抵扣，增加收入；(2) 应退缓退，截留出口退税，下年再退，增加收入；(3) 预算外资金转预算内资金（主要包括政府性基金收入、财政专户管理资金收入、社会保险基金收入和土地出让收入）；(4) 压低企业成本费用及折旧，提高税基，增加可征缴收入；(5) 以财政担保形式借助某些企业发行债券，再转入财政收入体系；(6) 扣留、坐收应上缴中央财政的收入；(7) 扣留政策性各类税收优惠，增加收入；(8) 抢收其他地区税源。

这些非常规增收策略，一方面促成了收入泡沫的膨胀；另一方面也为各级官员交上了合格的经济考卷。

巫建国编写

【注释】

1. 主要国家的财政转移支付制及改革

(1) 美国的转移支付。美国的转移支付主要有一般性转移支付（无条件拨款）和特殊性转移支付。特殊性转移支付主要包括专项补助和分类补助，联邦政府通过向州和地方政府提供专项补助和分类补助达到其特定的目标。

一般性的转移支付，亦称收入分享，主要目的是：帮助州和地方政府提高社会服务标准；并适当减轻州政府的税收负担，减少由于各地区税收能力不同而引起的社会服务水平差异；同时增强州和地方政府自行确定本地区支出和发展项目的自主能力。每个州都可以有权获得在参议院和众议院设立的两个公式中按对本州有利的公式所计算的补助金。众议院设立的公式有利于人口较多、城镇比重较大的富裕地区；参议院设立的公式有利于乡村比重较大的贫困地区。这种一般性补助实际上是一种税收分享，由于其过度使用加重了联邦和地方的财政赤字，比例逐年渐少。

专项补助又称有条件补助，即联邦政府对州和地方政府的补助金，它不仅规定其具体用途，还要求州和地方政府必须有一定数额的配套资金，是联邦政府为了达到某种特定目标而对某些特定项目进行的补助。它“是美国历史最长、最普遍的转移支付形式，被广泛地运用于从社区发展到健康研究等各个领域。”在分配方法上，大多是通过因素法按特定的标准进行分配（包括州和地方各种反映财政需要或能力的因素，如人口、人均收入、税收额等），也有些项目补助是由地区主动提出申请计划，通过竞争取得补助金。专项补助是美国转移支付的主要形式，一般占全部转移支付额的80%左右。分类补助也是美国转移支付的重要形式。美国政府间关系顾问委员会对分类补助的定义是：“上级政府依据法定公式对某些特定领域进行的补助，下级政府对于这类补助的使用拥有相对的自主权。”分类补助通常只规定某种用途，不做具体项目限制，既能可以有效实现联邦政府的意图，又能发挥州或地方政府的主观能动性。通常被运用于教育、健康服务、社会服务、社区发展、城市发展、能源、司法建设、人员培训和交通运输等许多领域。

（2）日本的转移支付。日本转移支付主要通过地方让与税、地方交付税、国库支出金三种方式进行的。①地方让与税。“所谓地方让与税是由于征税的方便性等技术上的原因和为了消除税源的地区偏差，将本来应该属于地方的税源一部分作为国税收入国库后，再与地方交付税一起返还地方政府的一种税。”地方让与税目前共有地方公路让与税、液化石油气让与税、汽油吨位税、航空燃料税和特别吨位税五个税种。地方公路让与税、液化石油气让与税、汽油吨位税是作为道路修筑和维修经费的财源而转让给地方政府的，转让金额完全根据道路的总长度和面积等客观标准来确定，与征收地方无关。航空燃料让与税是为了维修机场和有关设施，防止飞机噪音等而转让给机场等有关地方政府的一部分财源；特别吨位让与税转让给征税地点，即港口所在地的市町村，不指定专门用途。②地方交付税。地方交付税又称为“一般补助金”，其目的是通过弥补地方政府的财政收入的不足，平衡地方政府财政能力，使地方政府达到中央政府规定的公共服务水平。地方交付税的实质是一种税收分享制度。地方交付税的来源是五个主要中央税种的一定百分比，包括个人所得税、公司所得税、酒税、烟草税和消费税。地方交付税又分为普通交付税（约占94%）和特别交付税（约占6%）。前者分配给那些基本支出需求超过基本财政收入的地方；后者在普通交付税不足的情况下作为补充拨款，满足一些特殊或紧急的需求，如地方政府选举、保护历史文物、自然灾害以及由于普通交付税测算误差导致的地方收支缺口等。地方交付税一般不附加其他条件，不指定专门用途，此类税收占地方政府收入的比重约为25%，贫困地区比例会相应高一些。③国库支出金。国库支出金又称专案拨款补助金，是中央政府按特定目的和条件拨付给地方政府，用于特定支出的一种财政资金，属于一种专项拨款。国库支出金分为国库负担金、国库委托金、国库补助金三类，它是目前日本转移支付中最大的项目。由大藏省（财政部）每年确定总额，由各个部门（教育部、卫生部等）具体分配并监督实施。国库补助金的拨款项目几乎覆盖了所有地方政府的活动，包括教育、社会福利、公众设施、交通、地区经济发展等。专项拨款中绝大部分是配套补助。对每种符合条件的地方支出项目，中央政府以规定的每种项目的标准成本为依据，补贴一定的百分比。这种做法有效地缓解了以地方实际支出额作为补贴依据所带来的不公平。

（3）澳大利亚的转移支付。澳大利亚实行彻底的分税制，没有共享税。澳大利亚联邦政府收入的一半以不同形式的转移支付分配到州和地方政府。联邦政府对州政府的转移支付可以分为两大类：无条件拨款（一般性转移支付）和专项补助（特定转移支付），两类拨款从用途上看，都可分为经常性项目和资本性项目。专项补助是指为了保证州及地方政府医疗、卫生等特定职能的实现，联邦政府向州及地方政府提供的特定援助。无条件拨款主要包括联邦政府支付给各州政府的商品劳务税收款，预算平衡援助款，国家竞争政策款，特定收入援助款和支付给地方政府的地方政府财政援助款和地方政府统一道路基金。

在澳大利亚，拨款的总量是由联邦与各州协调决定，但对每一个州分配多少则由两套完全不同的方法和体系决定。无条件拨款由独立于财政部门的联邦拨款委员会按照横向财政均等化原则，执行一套完整的评估制度，运用公式对各州的财政能力与支出需求进行详细测算后，做出准确而慎重的判断，进而决定拨款的分配方案。联邦拨款委员会每年测算出来的拨款需求总额与联邦政府确定的拨款总额往往有一定差距，一般按各州人口权数或拨款需求额的权数分摊此差额，进行调整。这种均等化转移支付在澳财政转移支付中有着特殊的意义，由拨款委员会提出的分配方案，具有联邦和地方都能认可的中立性，可以在很大程度上缓和联邦与地方在分配中的矛盾，确保分配反映的是客观标准。

专项补助是有条件拨款，一般来讲，这种拨款对其用途、实现目标、资金配套、资金管理和使用，联邦都有明确、具体的要求。专项补助则由联邦各职能部门与各州对口部门和财政部门进行磋商提出。除了联邦拨款委员会之外，联邦与州部长委员会、政府理事委员会和贷款委员会也参与决定联邦对州的转移支付。

（4）德国的转移支付。德国转移支付制度的一大特色是包含纵向和横向两种转移支付模式。

纵向转移支付包括联邦对州和联邦、州对地方两个层次。在第一个层次，德国联邦对州的转移支付主要有：（1）税收共享。德国几乎所有的主要税种都实行联邦和州共享，这些共享税约占全国财政收入的2/3；（2）对贫困州设立专门的补充拨款；（3）对某些规模小或拥有重要港口的州实行返还性转移支付；（4）对有些属于州和地方事权范围的重要支出和投资项目拨款；（5）在完成联邦和州的共同任务时，向州提供财政资助。在第二个层次即联邦、州对地方的转移支付中，大体可归为一般转移支付和专项转移支付两类。前者不限定用途约占对地方转移支付总额的70%，后者只能在指定范围内使用约占30%。德国州对地方的专项补助主要用于基础设施、学校、公共交通以及社会保障等方面。

横向转移支付即州际转移支付，主要通过两种方式实现：（1）增值税共享。增值税征收上来后，由州分享的部分中，25%按各州经济能力分配，75%按各州的人口进行分配，真正体现"均等化"原则。（2）富裕的州直接向贫困的州进行资金横向转移。大体操作程序是：首先由联邦和州财政部门分别测算出"全国居民平均税收额"和"本州居民平均税收额"，根据有关评估制度将两者相比，确定哪些州为富裕州，哪些州为贫困州，然后按照共同协商确定的平衡程度，计算出各富裕州应向贫困州转移的资金数额。整个财政平衡的操作以划拨方式通过各州和联邦的财政结算中心完成。

（5）加拿大的转移支付。加拿大的转移支付呈多样化，具体分为四大类：财政均等化补助，其目的在于实现财政收入的均等化；固定项目补助，即对健康和教育的专项补助；联邦援助计划，即联邦政府对省政府在社会福利领域提供资助的一种形式；其他联邦转移支付。

（6）印度转移支付的形式。印度的财政转移支付主要有六种形式，产品税和个人所得税的分享、经常性援助、特殊目的的援助、地区发展专项资金援助、国际组织的项目援助、地方的银行储蓄。另外，还有一项自然灾害解救基金。

国外政府间财政转移支付的主要经验是：转移支付制度法制化；资金投向"公共化"；支付方式多样化；支付标准公式化。这些经验对完善我国政府间转移支付制度具有重要的借鉴意义。

【综合复习】

一、名词解释（概念题）

财政体制　预算外资金　中央税　财政联邦制　收支因素法　分税制　体制

性转移支付

二、填空题

1. 政府设置以各级政权为依托的财政体制，其必要性考虑三方面：________、________。

2. 体制性分税主要有：________、________、________等形式。

3. 政府间转移支付制就是：财政资金在政府间的转移或流动。

4. 目前，我国财政体制中央与地方共享收入包括：________、________、________、________和印花税中的证券交易印花税。

三、选择题

1. 我国目前中央与地方财政收入是按照（ ）来划分的。
   A. 财政职能　　B. 税收归属
   C. 支出责任　　D. 公共品特点

2. 分税制的特点主要有（ ）。
   A. 明确划分各级政府的事权　　B. 各级财政拥有自己独立的主体税种
   C. 维护中央财政的主导地位　　D. 规范处理中央与地方的财政分配关系

3. 应由中央与地方共同承担支出责任的社会公共事务包括（ ）。
   A. 跨地区的铁路、公路、桥梁
   B. 失业救济、医疗保险及养老保险等事项
   C. 环保、教育（尤其是高等教育）
   D. 城市供水、垃圾处理和消防

4. 政府间转移制度的特点是（ ）。
   A. 制度化和规范化　　B. 运用方式灵活　　C. 政策性强
   D. 内部性　　E. 公正性

二、简答与论述题

1. 试分析财政分权的必要性。
2. 财政体制设置中，财政职能如何在中央与地方政府之间进行分工？
3. 为什么要完善分税制？应如何完善？
4. 试分析划分体制性财政支出责任的主要依据和一般方法。
5. 试比较各种转移支付方式的适用条件和效果。
6. 简要归纳我国财政体制改革的历程与历史经验。
7. 财政体制选择的国际趋势及启示。

8. 怎样理解体制性转移支付制的经济作用?

9. 怎样设计适应我国国情的财政体制性收、支因素法?

10. 财政体制演进的理论及方法论的改革。

【阅读与参考文献】

1. 王雍君、张志华:《政府间财政关系经济学》，中国经济出版社 1998 年版。

2. 李齐云:《分级财政体制研究》，经济科学出版社 2003 年版。

3. 高培勇等编:《中国财政经济理论》，社会科学文献出版社 2005 年版。

4. 孙开:《分税制财政体制改革问题研究》，经济科学出版社 2004 年版。

5. 齐守印:《中国公共经济体制改革与公共经济学论纲》，人民出版社 2002 年版。

6. 胡书东:《经济发展中的中央与地方关系——中国财政制度变迁研究》，上海三联书店 2001 年版。

7. 孙开、彭键:《财政管理体制创新研究》，中国社会科学出版社 2004 年版。

8. 詹姆斯 · M · 布坎南、理查德 · A · 马斯格雷夫:《公共财政与公共选择》，中国财政经济出版社 2000 年版。

不闻大论，则志不宏；不听至言，则心不固

——荀子

第十二章　预算与预算外资金

第一节　预算的原则、分类及经济作用

一、预算及预算原则

预算古已有之，我国最早见于春秋的“上计制度”。现代的政府预算制度最早萌芽于英国的维多利亚时代。成熟于美国的 1929 年金融大危机之后、目前已经成为各国政府规范财政行为最基本的制度。

（一）预算的内涵

预算（budget）是国家的基本财政收支计划。就其内涵而言，预算是适应财政管理和监督的需要而产生的，集中的反映政府在一定时期财政收支活动所应达到的平衡关系，包括财政年度内可以集中的财力总规模、预算收支对比关系、收入来源渠道和支出安排去向，体现着国家及公民对政府分配的法律规范及监督。

（二）预算原则

预算原则是政府选择预算形式及体系必须遵循的基本规则，也是预算编制的方针。预算编制一般强调四原则：

1. 完整、统一原则

政府收支都应在预算中得到反映，并且有统一的标准。这就是说法律规定的预算收支都应列入预算，政府通过预算进行集中性分配以满足公共需求；能够反映国家方针政策，全面反映政府年度整体的收支计划。

2. 法制性原则

法制原则一方面是指预算的编制过程必须严格按法定程序执行，另一方面是预算的收支范围与方向必须按法律规定执行。也即从编制到执行实施全程法律规范。

3. 时效性原则

政府预算发挥效力的时间被限定在一个固定的区间，一般限定在预算年度内，借此核定预算任务的时效性。预算年度是指预算的起讫时间，现在一般采用历年制和跨年制两种，我国和世界大多数国家采用历年制，即预算年度始于每年的1月1日，止于当年的12月31日。也有一些国家采用跨年制，比如英国、日本是从当年的4月1日起至下年的3月31日止，美国是从当年的10月1日起至下年的9月30日止。

4. 公开性原则

政府预算收支计划的编制、执行及决算的全部信息须向公众公开，借此履约政府职能、践行财政政策目标公开公共账目，接受公众的监督。

二、预算种类

预算分类是按照性质、范畴和时间跨度对预算进行划分的方式，主要有这样几种划分方式：

（一）单式预算与复式预算

单式预算是在预算年度内将全部预算收支汇集编入单一的总预算内，而不区分各类预算的经济性质。20世纪30年代以前，鉴于财政经济功能的缺乏，世界各国普遍实行单式预算；我国1991年前实行单式预算，随着财政改革的深化开始编制复式预算。

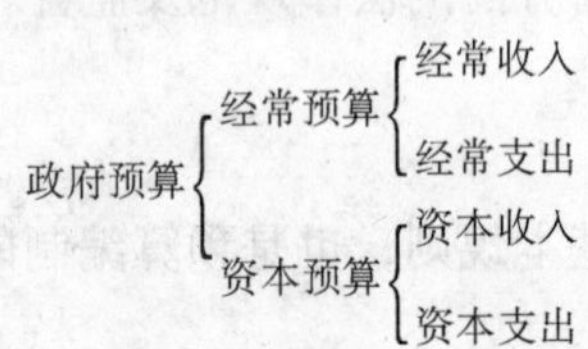

图12-1　我国政府：经常预算与资本预算

复式预算是在一个预算年内，把全部预算收支按照经济性质汇集编入两个或两个以上对照表，以特定的预算收入来源保证特定的预算支出，并使两者具有相对稳定的对应关系，从而编成两个或两个以上的预算。我国的预算按此分为：经常性预算与建设预算（见图12-1）。日本分为：一般会计预算与特别会计预算，英国则分为：线上预算与线下预算。

（二）增量预算与零基预算

增量预算是指财政收支指标是在以前财政年度的基础上，按新的财政年度的经济发展情况加以调整之后确定的。零基预算则是指所有的财政收支，完全不考虑以前年度的水平，重新以零为起点而编制的预算（最早美国曾试用）。目前，各国仍主要采用增量法编制预算。

（三）年度预算与周期滚动预算

年度预算（annual budget）即按年度编制收支计划。周期滚动预算则是指按照“近细远粗”的原则，根据上一期的预算完成情况，调整和具体编制下一期预算，并将编制预算的时期逐期连续滚动向前推移，使预算总是保持一定的时间幅度。简单地说，就是根据上一期的预算指标完成情况，调整和具体编制下一期预算，并将预算期连续滚动向前推移的一种预算编制方法。

三、预算经济分析

（一）预算的经济效应

阿威尔波特·C·海迪曾对预算经济原理进行了最初的探索，他认为：“预算理论常常是关于寻找更好的有关部门公共资源的决策”。他认为优异的预算体现为四点：(1) 在经济和社会需求之间分配稀缺性公共资源；(2) 确定科学的提供公共分配和服务的方式与途径；(3) 指导国家的经济增长、投资和发展；(4) 提供一种记录工具，规范法纪和诚信，确保政府对授权项目的收支负责。

现代预算理论可以讲源于经济理论的三个观点：(1) 资源相对需求是稀缺的，因此，每项支出的回报就被放弃的其他选择应足以弥补其成本；(2) 预算效用呈递减，尤其是简单平衡容易造成经济效用的递减；(3) 公共分配是相对有效的，我们就是要通过预算寻求最佳的方案与效果。

（二）预算平衡及内涵

自由资本主义早期，古典经济财政思想占主流地位，廉价政府与平衡预算占主导地位，各国政府均主张预算要平衡，它是社会经济健康运转的基本标志。

20 世纪 30 年代金融危机及凯恩斯政府干预理论的成熟，各国政府开始用周期平衡取代年度平衡，认为产品的周期性、社会消费的周期使经济呈现周期性发展，因此财政也应是周期性平衡，并且主张在发挥烫平周期作用中实现预算的平衡，即在经济萧条时，政府应减少税收、增加支出，有意识地使预算出现赤字以刺激私人消费与投资的扩大，提高社会有效需求促进总供需平衡。反之经济萧条时，则可以增加税收、紧缩支出，有意识产生盈余抑止消费与投资，减少有效需求，促进总供需的平衡。从而将财政平衡作为促进经济平衡的基本手段而运用，预算平衡有这样几种方式：

1. 财政平衡与经济平衡

财政平衡与经济平衡的关系，始终是理论界辩论的焦点，随着对经济规律认识的深化，一般认为，财政平衡是经济平衡的内涵，甚至讲政府预算平衡仅是总供需平衡的一部分，而社会良性循环的关键在于总供需的平衡，因此，财政平衡以经济平衡为基本出发点。

2. 年度平衡与跨年度平衡

财政年度平衡作为一种朴素的平衡方式延续持久，上世纪世界金融危机后，各国政府开始意识到周期平衡应该取代年度平衡，这时候汉森（美）提出了补偿性财政政策（补偿性预算），他认为受产品消费周期的影响，经济必然呈现周期性发展。因此，财政也应是周期性平衡，要打破年度平衡，实施跨年度的经济周期平衡，预算要发挥烫平周期作用，即在经济萧条时，政府应减少税收、增加支出，有意识地使预算出现赤字以刺激私人消费与投资的扩大，提高社会有效需求促进总供需平衡。反之，经济萧条时，则可以增加税收、紧缩支出，有意识产生盈余抑制消费与投资，减少有效需求，促进总供需的周期平衡。

3. 中央财政平衡与地方财政平衡

就一个国家而言，财政平衡实质上可以形成两种态势：一是两级平衡是内在统一的（中央与地方），相互关联；二是两级平衡不统一，它以总供需平衡为前提，可以中央平衡而地方失衡，也可以中央失衡而地方平衡。

（三）预算赤字及弥补方式

预算平衡与否有三种表现形式：收大于支形成盈余预算、收小于支形成赤字预算、收等于支形成平衡预算。预算赤字有两种计算口径：软赤字与硬赤字。

1. 软赤字

所谓软赤字是指财政收入中不包括国债而形成的赤字，

即：财政赤字 = 经常收入 − 经常支出

（经常收入只包括税收、规费、国有企业利润）。

2. 硬赤字

所谓硬赤字是指将国债所筹措的资金当做一种财政收入而纳入国家预算之后，仍然出现的赤字，这部分财政赤字就是硬赤字，

即：财政赤字 =（经常收入 + 债务收入）−（经常支出 + 债务支出）。

两者的区别在于债务收入是否列入正常收入。例如，我国 1992 年前发行的国债大多是列入正常的财政收入，1992 年后国债不再列入正常的财政收入，仅作为弥补赤字的基本形式，我国《预算法》中明确规定，国债是弥补财政赤字的形式。

3. 总供需平衡中的预算平衡

在开放经济条件下，总供需平衡

$$AD = Y$$

$$C + I + G + M = C + S + T + X$$

整理后，$I + G + M = S + T = X$。

其中，C——消费；I——投资；M——出口；G——政府支出；AD——总需求；S——储蓄；T——税收；X——进口；Y——总供给。

总供需平衡实质为：投资 + 政府支出 + 出口 = 储蓄 + 税收 + 进口

具体讲：投资与储蓄平衡、政府收支平衡、进出口平衡就成为总供需平衡的基础，而总供需的作用决定着价格水平和产出水平。显然，

$$G - T = (S - I) + (M - X)$$

那么，$G < T$，财政发生节余，这种情况下，当 $S > I$，储蓄 > 投资，财政有节余，$M < X$，进口 < 出口，贸易出现盈余；反之，财政则出现赤字。

因此，可以发现，市场性投资储蓄与进出口可以影响财政节余赤字，反之财政节余赤字也可以调节市场性供需的平衡，具体讲：（1）财政平衡是总供需平衡的有机组成部分，必须从总供需平衡考虑预算的平衡；（2）总供需平衡是社会良性运转的基础与目标，预算平衡只是总供需平衡的重要手段之一；（3）在总供需平衡体系中，非财政行为（消费、储蓄、投资、进出口）是市场作用与实现的，而财政预算则是政府掌握与促进总供需平衡的宏观手段。因此，财政平衡可以调节总供需的平衡（见图 12－2）。

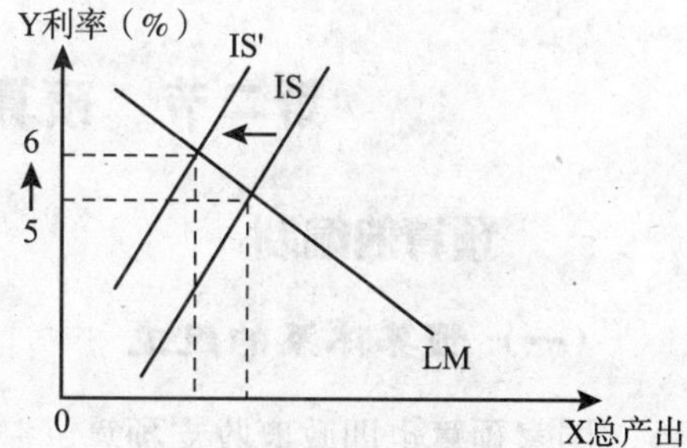

图 12－2　政府预算赤字的经济影响

在图 12－1 中：设 X 轴为总产出，Y 轴为利率 i，IS 曲线系商品市场均衡时间利率与国民收入的组合；LM 曲线系货币市场均衡时利率和国民收入的组合。财政赤字增加（增支、减税），将使 IS 曲线移到 IS_1，商品市场和货币市场的均衡点将由 1 移动到 2，这样，财政赤字增加导致国民收入增加和利率上调，从而直接增加了总需求，也从某种程度上弥补了总供需的缺口。

4. 赤字弥补方式

政府支出超过收入会发生赤字，在这种条件下就需要筹集资金弥补赤字，经济上通常有两种筹资方式：

一是债务融资，即政府通过发行公债（向公众借钱）弥补赤字，通称债务融资（赤字债务化）。债务融资有两种情况可能导致通货膨胀：（1）政府出售公债，中央银行为维持利率稳定，在公开市场买进公债，实质上就形成债务融资转

为了货币融资；（2）在公债市场不完善的情况下，发行不了公债或因信誉发不出去公债，政府被迫向央行借款或发行货币，也会形成货币融资的。

二是货币融资，既政府利用其拥有的货币发行垄断权，向银行借钱，通过货币创造方式弥补财政赤字，通称货币融资。具体讲它有两条途径：（1）财政部直接向中央银行借款或者透支（我国以预算法形式严禁）；（2）财政部向公众出售公债，随后中央银行在公开市场购入公债。两种债务弥补方式会产生不同的影响：

货币融资会直接增加基础货币，并通过货币乘数作用扩大货币供应量，从而对总需求产生较强的扩展作用，因而极易导致通货膨胀。当然，这时导致通货膨胀往往产生两种情况：一是持续的增发货币；二是货币供应量大大超过货币需求量，形成流动性过剩。

因此，各国政府在弥补财政赤字时往往兼顾使用两种手段，审慎调节。

第二节　预算编制、执行与决算

一、预算的编制

（一）预算体系的组成

国家预算也即政府收支预算，一般来说，有一级政府就有一级财政收支的主体，相应的要编制一级预算，既一级政府、一级财政、一级预算。因此，一般根据政权结构、行政区划及财政体制确定各级预算级次。在单一制国家，预算可以分为中央预算和各级地方政府预算；在联邦制国家，预算分为联邦预算、州预算和地方预算。

我国是民主共和制国家，因此是统一的单一制国家，预算由中央预算和地方预算组成。

中央预算是经法定程序审查批准的，反映中央政府活动的财政收支计划，在国家预算体系中处于主导环节。它一方面通过直接调控国家预算租金主要部分，为国家政治、经济、军事、外交等各项需要提供财力保证；另一方面作为各地方预算平衡的调节中枢，肩负着为促进民族地区和经济落后地区发展提供资金后援的责任。

地方预算是各级地方政府收支活动计划的统称。它是组织、管理国家预算的基本环节。其作用主要表现在：一是通过预算资金的合理配置，促进地区经济和各项事业的发展；二是在保证本地区预算平衡的前提下，为中央预算协调和平衡创造调节，提供支援。

（二）预算层次及部类

预算是根据单位预算、部门预算、政府本级预算和总预算逐级编制起来的。

1. 单位预算及编制

单位预算是编制政府预算的基础。行政事业单位及主管部门的单位预算也称“经费预算”，它由收入预算和支出预算组成。（1）行政事业单位收入预算的编制。收入预算主要包括上年结转收入、财政拨款收入、缴入国库的行政事业性收费收入、专项收入、政府性基金收入单位间转移收入和其他收入。根据上年单位工资总额、公用经费定额标准、专项经费批准要求、非税收入管理要求及单位实际情况编制收入预算。（2）行政事业单位的支出预算的编制。支出预算主要由基本支出和项目支出组成。基本支出包括工资福利、商品劳务和补助支出，应按编制人数、规定标准、支出定额等因素计算编制；项目支出包括基本建设支出、事业发展专项支出和其他支出，项目支出预算按专项工作任务、参考有关开支水平编制。

2. 部门预算及编制

它是单位预算与政府预算的过度，是各级公共主管部门根据其职能编制的反映本部门的收支预算。

部门预算由收入预算、基本支出预算、项目预算以及政府采购预算组成。（1）部门收入预算的编制。它主要包括财政拨款、部门行政性收费、罚没收入、政府性基金、事业性收费等，根据历年收入情况测算收入来源编制。（2）部门基本支出预算。包括人员经费和公用经费，人员经费包括基本工资、补助工资、职工福利费等，按照财政部核定的定员定额标准和政府工薪规定编制。公用经费包括公务费、业务费、设备购置费修缮费等，根据其业务性质和财政核定标准编制。（3）项目预算。（4）政府采购预算。

3. 总预算及编制

总预算是各级政府独立的一级预算。一般来说，一级政府预算在一般性财政收支计划之外，还包括政府部门各单位的收支预算及政府直属事业单位和直属企业的财务收支计划。这些预算统一列表，形成财政总预算。实践中，一级政府的总预算不仅包括本级政府预算，还包括下一级政府的总预算。地方总预算加上中央总预算，则形成完整的国家预算（见图 12－2）。

（1）自下而上提出预算收支建议数。各基层单位遵照有关指标和规定，结合其工作任务，提出预算收支建议数，经层层上报和汇编，形成各省、市和中央各部的预算收支建议数。

（2）自上而下拟定下达预算收支控制指标。

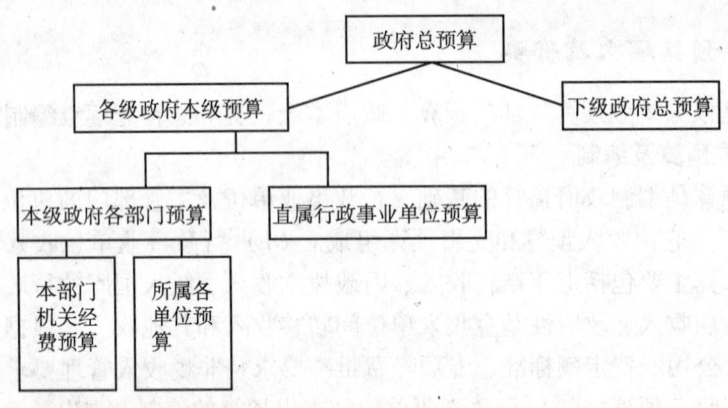

图 12－2　各级、各类预算的关系

（3）自下而上编制预算草案。

（4）自上而下核定批复各级预算。

4. 国家决算

国家决算是指经法定程序批准的年度国家预算执行结果的会计报告。其实质属于预算事后审计。主要的内容是：由预算执行机构编制反映预算年度内预算执行情况的决算报告，经审计机构审计，国家立法机构批准后即宣告正式预算成立，正式国家预算的成立标志着该预算年度的预算程序的结束。

（三）预算编制及预算会计

预算的编制以预算会计为手段，通过科目体系设置、“借贷”处理，编制资产负债平衡表和财政收支决算总表。

1. 预算会计体系与财政总预算会计

预算分配与管理体系决定预算会计体系，预算会计体系主要包括财政总预算会计、行政单位会计和事业单位会计。它负责预算的执行、核算与监督，在预算会计体系中，财政总预算会计居于主导地位，其他会计在财政总预算会计指导下展开工作，并向财政总预算会计报送会计报表，奠定预算与决算的基础。

预算会计是会计体系的重要组成。会计体系包括企业会计和预算会计。

（1）企业会计是反映和监督社会再生产过程中生产、流通领域里企业经营资金的运动及其结果。

（2）预算会计则是反映和监督社会再生产过程中分配领域里的政府预算资金运作及其结果。它是政府预算的基本核算手段。

2. 财政总预算的会计处理

根据财政部《财政总预算会计制度》结合实际选择本部门基本会计科目

（见表12－1），利用“借贷记账法”进行账务处理。概括地说（1）根据“资产＋支出＝负债＋基金（或称净资产）＋收入”平衡公式，确定各科目的借贷关系，资产、支出类科目“增加”按“借”处理（借表增），相反，负债、净资产和收入类科目“增加”按“贷”处理（贷表增）。（2）试算平衡。试编“科目余额平衡表”，注意资产类、支出类科目列在一方，选“借方”余额填表；负债类、基金类和收入类列在一方，选“贷”方余额，试算平衡。（3）年终转账。试算平衡后，将各个收入账户和支出账户余额，分别转入（有关的净资产账户）“预算结余”、“基金预算结余”和“专用基金结余”账户冲销，使各项收支账户的余额为零。（4）编制资产负债表和财政收支决算总表。（财政）资产负债表是反映各级政府财政资金状况的会计报表，它提供某一特点时期各级政府多控制的资产、承担的负债以及拥有的净资产情况（见表12－2）。财政收支决算总表是反映各级财政部门决算收入、结算支出以及决算结余总体情况的报表。该表应按政府预算科目中的一般预算收支科目分类填列预算数和决算数（见表12－3）。

表12－1 财政总预算会计科目

一、资产类	四、收入类
国库存款	一般预算收入
其他财政存款	基金预算收入
有价证券	专用基金收入
在途款	补助收入
二、负债类	上解收入
暂存款	调入资金
与上级往来	财政周转金收入
借入款	五、支出类
借入上级周转金	一般预算支出
三、净资产类	基金预算支出
预算结余	专用基金支出
基金预算结余	补助支出
专用基金结余	上解支出
预算周转金	调入资金
财政周转基金	财政周转金支出

表 12－2　　资产负债表

资产部类			负债部类		
账户名称	年初数	期末数	账户名称	年初数	期末数
资产			负债		
国库存款			借入款		
其他财政存款			暂存款		
有价证券			与上级往来		
在途款			借入财政周转金		
与下级往来			负债合计		
基建拨款			净资产		
拨付经费			预算结余		
财政周转金放款			基金预算结余		
预拨经费			专用基金结余		
借出财政周转金			预算周转金		
待处理财政周转			财政周转基金		
资产合计			净资产合计		
支出			收入		
一般预算支出			一般预算收入		
基金预算支出			基金预算收入		
专用基金支出			专用基金收入		
补助支出			补助收入		
上解支出			上解收入		
调出支出			调入收入		
财政周转金支出			财政周转金收入		
支出合计			收入合计		
资产部类合计			负债部类合计		

表 12－3　　财政收支决算总表

收　入			支　出		
项　目	预算数	决算数	项　目	预算数	决算数
1. 各项税收			1. 基本建设支出		
			2. 挖潜改造和科技三项费		
2. 企业亏损补贴			3. 增拨企业流动资金		
			4. 地质勘探费		
3. 国有股减持收入			5. 工业交通商业部门事业费		
4. 其他收入			6. 支援农业生产支出和各项农业事业费		

续表

收入			支出		
项目	预算数	决算数	项目	预算数	决算数
5. 专项收入			7. 文教科学卫生事业费		
6. 教育费附加收入			8. 抚恤和社会福利救济费		
			9. 社会保障补助支出		
			10. 国防支出		
			11. 行政管理费		
			12. 公检法司支出		
中央本级收入小计			13. 武装警察部队支出		
地方上解收入			14. 外交支出		
支出大于收入差额			15. 对外援助支出		
弥补收大于支国内债务			16. 支援经济不发达地区		
债务收入					
财政收入总计			财政支出总计		

4. 预算的执行与监督

预算收入实行分工征缴与募集，具体讲，税务局、海关负责税收的征缴，财政部负责公债的募集；财政部根据预算向各政府机构、公共事业部门拨付支出指标，国库部门负责具体的收支事项。

预算一般要建立编制—执行—监督相互独立相互制约的机制，具体讲政府机构负责预算的编制与执行（财政部、总统预算办公室）、立法机构负责预算的审批（议会、杜马、人大）、司法机构则负责预算的监督与审计（审计署、会计监督院）。

国库制度是国家预算收支的出纳、保管、划拨制度。这是为加强预算制约和集约化管理的重要实践，形成预算编制、预算拨付与预算监督的分工。

国库管理体制有独立国库制、委托银行代理制。它作为预算管理的重要组成部分，不但形成了独立的管理体制，而且在许多国家国库甚至已成为独立的机构。国库普遍在以下方面发挥着重担的作用：（1）实施现金管理；（2）管理政府银行账目；（3）制定财务计划和预测现金流量；（4）管理公共债务；（5）管理财务资产。

第三节 预 算 管 理

预算管理是通过法律、设置相应的管理机制而实现的，通过预算法、国库及国库集中收付制、部门预算及政府采购制，实施预算管理，规范预算关系，提高预算效率。

一、预算法

预算法是国家调整预算关系的法律规范的总称，是财政法规体系的基本法。它规定国家预算的组成及组织方式、各级政府管理预算的权利和责任，预算、决算的编制和审批程序，预算执行制度和纪律等。

预算法系分为三类：一是以预算的组织管理权利和责任为主要内容的预算权责法；二是以预算组织和管理的基本规定为主要内容的预算权责法；三是以预算编制、审定、执行和复核为主要内容的预算程序法。

因此，各国都要根据本国政治、经济需要制定相适的预算法，归纳起来有两类情况：一是大陆法系国家的预算法，一般有成文的预算法典规范，并以此规范中央、地方预算管理。德国在宪法中有 8 条是对预算内容的规定，并在此基础上制定了《预算原则法》、《联邦预算法典》和《促进经济稳定和增长法》；二是英美法系的预算法，一般没有专门的预算法典，仅通过宪法有关法律、专项预算法规，或将每年通过的预算案作为预算法。例如，美国的《国会预算法案》、《预算会计法案》、《平衡预算法案》等。

积极的运用法律手段，调整财政关系，调节经济生活，强化预算管理。

二、国库集中收付制

国库集中收付制是将所有的财政资金全部集中到国库单一账户，并规定所有的财政收支必须由国库直接收付。

尽管国际上把这一制度统称为国库单一账户制度（The Treasury Account，TGA），具体到每个国家称呼有所不同，美国称国库总账户制；法国称特别账户制。

国库集中收付制的理论出发点，就在于避免政府寻租，抑制利益博弈，更好地发挥公共财政的职能，实现收支的规范化。

1977 年我国的台湾最早建立国库集中收付制。1986 年意大利、巴西开始推广之，我国则于 2002 年 3 月 16 日颁布《财政国库管理制度改革试点方案》，同时正式实施。

从制度设计上国库集中收付制具有四个特点：（1）政府财政统一开设国库单一账户；（2）各预算单位的预算资金统一在国库单一账户下设立的分账户中集中管理；（3）所有财政性资金的支付必须通过国库单一账户，并且资金直接支付到商品、劳务供应者的账户上，不存在中间的转移支付环节；（4）建立规范、合理的国库集中支付体系。

各国的国库单一账户都以收支管理为核心，建立适应本国国情的预算收支管理体系，目前，我国已经初步建立起国库单一账户机制。

1. 建立起国库单一账户体系

从中央到地方初步建立起以国库存款账户和预算外资金财政专户为主要内容的单一账户体系，主要包括国库存款账户、预算外资金财政专户、财政零余额账户、预算单位零余额账户和特设专户（财政部门为预算单位开设）。

2. 规范收支范围与程序

依法规范国库集中支付范围，将所有财政性资金，预算安排的经常性经费，专项经费、预算外安排的经常性经费、专项经费，中央和上级部门安排的专项经费逐步纳入国库单一账户管理范围。

3. 建立"国库集中支付"机构

各级财政建立国库支付中心，赋予其两项基本职责：一是财政国库支付执行的职能；二是会计集中核算的职能。

国库单一账户机制有力地加强了财政管理、规范了预算秩序、促进了财政分配的法制化。

三、部门预算

部门预算是指涵盖本部门各项收支的综合财政计划。主要包括部门收入、基本支出和项目支出预算等内容。

部门预算是一个综合预算，既包括行政单位预算，又包括其下属的事业单位预算；既包括一般预算收支计划，又包括政府基金预算收支计划和预算外收支计划；既包括正常经费预算，又包括专项支出预算。与以往的预算管理方法相比，部门预算具有以下特点：

一是改变财政资金按性质归口管理的做法，财政部门将各类不同性质的财政性资金统一编制到使用这些资金的部门，从而保证了部门预算的完整；二是取消财政与部门的中间环节，凡是直接与市级财政发生经费领拨关系的部门，均作为一级预算拨款单位，财政直接将预算编制并批复到这些部门；三是部门预算从基层单位编起，层层汇总审核上报财政部门；四是在编制上采用综合预算管理办法，统筹考虑部门和单位的各项资金，使部门预算内外资金真正做到有机结合。

部门预算的预算方式。支出预算实行彻底的零基预算，各类支出取消基数加增长的编制方法，按照预算年度所有因素和事项的轻重缓急程度测算每一科目和款项的支出需求。对人员经费，按照标准逐人核定；对公用经费，分类分档按定额和项目编制预算；对预算内生产建设和事业发展支出，分类排队，将预算编制到具体项目；逐步采用规范的转移支付方法分配资金。

部门预算与国库集中收付制结合：一是实行部门银行账户审批、登记、建档制度，统一部门财务管理。二是财政部门内部实行财政性资金统一账户管理。三是实行人员工资委托银行代发。四是对公用经费和专项经费按项目积极推行政府采购。

四、政府收支分类及科目设置的改革

1. 政府收支分类改革

2007 年我国全面实施政府收支分类改革，这次改革的主要包括两方面内容：

一是扩大收支分类范围。原来的预算科目分类只包括纳入预算管理的政府收支，不包括预算外收支和社会保险基金收支。改革后，政府收支分类范围包括政府预算收支、预算外收支和社会保险基金收支，分类范围更加完整、全面。

二是调整分类办法。新的收支分类体系把政府预算收支、预算外收支、社会保险基金收支并在一起，按新的标准分类，设置了收入分类、支出功能分类、和支出经济分类。其中，收入分类反映政府收入的来源性质，清楚地反映了政府的钱从哪里来；支出功能分类主要反映政府的各项职能活动，清晰地反映了政府做了什么；支出经济分类主要反映政府支出的具体用途，反映了政府的钱究竟是怎么花出去的。

2. 新政府收支科目的设置

新的政府收支分类体系的具体科目设置如下：

（1）收入分类及科目。收入分类主要反映政府收入的来源和性质，收入分类划分为一般预算收入、基金预算收入和债务预算收入。具体采用两种分类方式：一是按照收入形式分类，如税收收入、非税收收入，税收收入下设增值税、消费税和营业税等，非税收入下设行政性收入、罚没收入等；二是按来源分类，有的按所有制结构划分，如增值税下设国有企业增值税、集体企业增值税；有的按部门结构划分，如行政性收费下设文化性行政收费、公安性行政收费。

收入分类中，按降级性质将政府收入分为类、款、项、目四级科目。

（2）支出功能分类与科目。支出功能分类主要反映政府职能，改革后的支出功能按政府职能设为 17 个类级科目，包括一般公共服务、外交、国防、公共安全、教育、科学技术、文化体育与传媒、社会保障和就业、社会保险基金支出、医疗卫生、环境保护、城乡社区事务、农林水事务、交通运输、工业商业金融等事务、其他支出和转移性支出。

每项支出功能的类级科目下，再设款、项和目级科目，比如转移性类级科目下设置 8 个款级科目：返还性支出、财力性转移支出、专项转移支出、政府性基金转移支付、彩票公益金转移支付、预算外转移支付、调出资金和年终结余。

（3）支出经济分类及科目。支出经济分类主要反映政府支出的经济性质和具体用途，按功能分类后再按经济分类，进一步细化了预算，可以看出政府各项职能在具体支出项目上的差别。例如，多少用来发工资、多少用来购买办公用品。支出经济分类主要设置了 11 个类级科目：工资福利支出、商品和服务支出、对个人和家庭的补助、对事业单位的补贴、转移性支出、赠与、债务利息支出、债务还本付息支出、基本建设支出、其他资本性支出、贷款转贷记产权参股和其他支出。

每类经济分类的类级科目下再设款、项、目级科目编制支出预算交叉表，可以很清楚地看到功能分类与经济分类的具体情况（见表 12－4）。

表 12－4　　支出功能分类、经济分类交叉表　　单位：元

经济分类 功能分类	工资福利	商品和服务支出	对个人和家庭补助	对企业补助	基本建设支出	……	合计
一般公共服务	50	100	150	200	150	100	750
外交	50	100	150	200	150	100	750
国防	50	100	150	200	150	100	750
公共安全	50	100	150	200	150	100	750
教育	50	100	150	200	150	100	750
科学技术	50	100	150	200	150	100	750
医疗卫生	50	100	150	200	150	100	750
合计	400	800	1200	1600	1200	800	6000

五、怎样看预算报表

随着法制的健全，预算审查已经成为公民的基本知情权，也是人大代表监督政府执政能力的重要经济窗口。预算一般从四个方面进行审查与判断：

1. 编制审查

主要审查：预算是否按程序编制；预算报表与资料是否衔接和是否符合逻辑；预算编制是否符合财政体制和规章制度要求；预算指标调整是否遵守制度和手续。

2. 支出审查

收入审查主要涉及这样几方面：

（1）合法性审查。政府及各部门是否依法筹集收入；是否按规定的项目和标准征收及上缴，各部门是否擅自增加收费项目，是否随意提高征收标准等。

（2）全面性审查。首先，各部门各类收入是否都编入收入预算（资产处置收入和有偿使用收入）；其次，各部门是否如实测算各项收入，是否隐瞒或少报预算外资金收入和政府性基金收入，是否隐瞒或少列少报单位的经营收入。最后，各级财政部门、国有资产部门是否完整收取、组织上缴国有资本经营收入，国有企业是否按规定上缴国有资本收益。

（3）准确性审查。审查政府及各部门的收入预算是否准确、可行（是否充分考虑经济形势、政策变化、业务量和征收率等）；是否将没有把握收入编入预算。

（4）合理性审查。首先，应当审查预算收入是否与国民生产总值的增长率相适应，与支出是否相适应，防止收入增长过快，税负过重；其次，审查收入是否与中央重大政策及社会经济发展计划相协调；审查各项收入计划，与上面相比较分析变化影响因素，分析各项收入占预算收入的比例变化，审查收入结构是否合理。最后，审查收入的征收范围、征收率和征收方式是否合理。

3. 支出审查

支出审查，首先要确保公共资金的公共性，要监督各类公共资金都用于公共目的；其次审查部门是否根据定额管理的要求编制人员经费、公用经费和实物预算；最后审查各部门是否遵循综合预算的要求，是否将部门的支出都编入支出预算项目支出预算的审查，首先审查项目建设的必要性（符合国家政策、与国家经济发展规划一致，事权范围合理否，与部门职能相关否）；其次审查项目设计科学否，审查成本估算准确性及资金来源。

项目支出预算审查主要要考察：预算支出结构是否合理，重点审查关系民生的教育、农业和科技等几项法定支出的落实情况，重点审查转移支付情况，进行支出效绩评估。

4. 平衡审查

平衡审查则侧重审查四方面：（1）审查和控制财政赤字规模；（2）审查预算平衡的真实性、防止虚假预算；（3）审查债务规模是否过大、防范财政风险；（4）审查政府债务的期限结构和利率结构是否合理。

第四节　预算外资金

一、预算外资金的性质与特点

预算外资金是国家机关、事业单位和社会团体为履行或代行政府职能，按照国家法律、法规和有关规章制度，收取、提取和安排使用的各种财政资金。根据这个定义它具有这样几个内涵：预算外资金属于国家财政资金的范畴；其预算和使用方法，都必须按照国家有关规定和授权收取和使用；预算外资金也应该纳入预算管理。

显然，它具有如下基本特征：

1. 法定性

预算外资金不论是来自国民收入（或GDP）分配部分，还是补偿性质部分，其形成、集中和使用，都是根据国家或国家授权部门的规定而建立起来的，作为预算外资金，它则反映着各职能部门事业活动的特点，主要用于解决局部、部分、微观方面的需要。而由各地区、各部门或各单位，分别进行组织、使用和管理，因而属于国家的补充财力。在社会主义公有制条件下，预算外资金既然是财政资金的组成部分，国家财力的一个补充，那么它的形成和使用，同样是要在国家的法令、制度规定的范围内进行。

2. 专业性

预算外资金的专用性是与它建立的目的性紧密地联系在一起的。它之所以成为国家财力的一个补充、国家预算的辅助形式，就是因为它的建立主要是用于解决局部的、某方面的特殊需要。一般说来，它的收入有明确的来源，它的支出有专门的用途。绝大部分预算外资金都有收与支的对应关系，从哪里取得的收入，就应该用到哪里，从哪里转移过来的价值，就应该给哪里补偿，尽量维持原有价值的平衡状态；或者为了解决某些特定需要，而采取预算外资金的筹集方式。

3. 分散性与复杂性

预算外资金是为满足局部的需要而设立的，因而具有分散性。预算外资金的分散性，可以更好地因地制宜、因事制宜和及时地满足各部门、各地区和各单位的多方面需要。正因为如此，分散性也就体现了预算外资金项目的繁杂性和数量的零散性。

二、预算外资金的范畴

2003 年以来预算外资金收入项目主要包括：行政事业性收费、政府性基金收入、乡镇自筹统筹资金、国有企业和主管部门收入和其他收入，其中主要是行政事业性收费，2008 年占全部预算外资金收入的 56%。预算外资金主要用于基本建设支出、城市维护费支出、行政事业费支出、乡镇自筹统筹支出、专项支出和其他支出，其中行政事业费 2008 年占 58%。

三、我国的预算外资金及改革

新中国成立以来，我国预算外资金的发展经历了由少到多、又通过清理整顿逐步减少的过程。预算外资金的发展大体分为以下几个阶段：

（一）1950 ～ 1957 年：预算外资金的初步形成

1. 国民经济恢复时期

在国民经济恢复时期，由于实行高度集中的财政体制，预算外资金很少，主要项目是机关生产收入（也称为“小公家务”）和地方附加公粮。各地区、各部门对预算外资金自行管理，没有统一的制度。1952 年 2 月，当时的政务院规定：取消各机关单位的“小公家务”，对农村的乡自筹实行“包、筹、禁”。经过整顿，几乎所有的收支都纳入国家预算，预算外资金相对呈现萎缩状态。

2. 第一个五年计划时期

1953 年进入大规模经济建设时期，财政体制进行了改革，实行划分收支、分级管理的体制，许多企业实行经济核算制。为了解决某些特殊需要，预算外项目逐渐增多，主要是：由企业管理的专项基金（企业奖励基金、福利基金、大修理基金）、事业收入（工商税附加、公路养路费、养河费、育林费、中小学校的杂费等）、行政事业单位的零星杂项收入。这一时期预算外收入增加较多。至 1957 年，全国预算外收入为 26. 33 亿元，占当年全国财政收入的 8. 68%。

（二）1958 ～ 1977 年：预算外资金“U”型发展

1.“大跃进”时期

这一时期国家对工业、商业和财政管理体制做了重大改革：下放了财权和管理权；大批国营企业下划地方，并实行利润留成制度，分成的利润放在预算外管理；各地区、各部门以自筹资金兴建企业的利润在一定时期可以不纳入国家预算管理。由此，预算外资金有了较大的发展。当时的预算外项目主要有：工商税附加、农业税附加、城市公用事业附加、养路费、育林基金、勤工俭学收入、企业利润留成、企业的大修理基金、县（市）以自筹资金举办的企业收入、劳改企业收入、社会集资收入等。经过这些重大改革，出现了预算外资金大幅度增加的情况，至 1960 年年底，预算外资金已经达到 117. 78 亿元，为 1957 年的 4. 47 倍。

2. 1961 ~ 1965 年

“大跃进”时期经济工作指导上的失误以及自然灾害的影响，使我国国民经济出现了暂时的严重困难。财政体制方面，在扩大企业自主权的同时，一些必要的规章制度也被破坏，财政管理偏松。1961 年国家对财政体制进行了调整，对国民经济按“调整、巩固、充实、提高”方针进行调整，重新实行集中统一的经济体制，对预算外资金进行“纳、减、管”，要求：地方管理的预算外收支作为整个国家预算的附属部分逐级上报至财政部；1962 年开始停止实行企业利润留成制度。经过整顿，预算外资金从 1960 年的 117.78 亿元减少到 1961 年的 57.4 亿元，预算外收入占预算内收入的比重由 20.58% 下降到 16.12%。

3. 文化大革命期间

文化大革命期间，对预算外资金主要有两项新规定：一是从 1967 年开始，企业折旧基金留给企业用作企业固定资金和设备更新改造；二是从 1970 年开始，县办五小企业在两三年内将实现利润的 40% 留作预算外资金管理。这期间由于各项规章制度和财经纪律受到严重破坏，预算外资金迅速膨胀。1975 年，预算外收入 251.48 亿元，占预算收入的比重为 30.83%。

（三）1978～1993 年：预算外资金迅速膨胀

1. 1978～1979 年

1978 年国家对经济体制进行了调整。对预算外资金的调整主要有：

（1）1978 年 1 月，将企业基本折旧基金由 100% 改为 50% 留归企业，50% 上交国家财政。1979 年 1 月，将上交国家财政的 50% 中的 20% 列为预算外资金进行管理。

（2）恢复了企业基金制度。全面完成国家八项指标的企业，可以按全年职工工资总额的一定比例提取企业基金，主要用于举办职工集体福利设施以及发给职工劳动竞赛奖金。

（3）实行盐税提成。从 1978 年起有关地方从盐税收入中提取 1%，作为地方财政预算外收入。经过调整，1978 年我国预算外资金收入达到 347.11 亿元，占当年预算收入的 30.69%，预算外资金有较快发展。

2. 1979～1985 年

党的十一届三中全会后，我国实行了改革开放的政策，经济建设掀开了新一页。适应形势的需要，我国财政管理体制进行了多项重大改革，预算外资金的变动主要体现在：

（1）对企业普遍实行利润留成制度。1979 年 7 月，我国开始对企业进行扩权试点，1980 年 1 月，推行利润留成制度，建立企业发展基金，职工福利基金和职工奖励基金，并实行多种利润留成和盈亏包干办法。

（2）调整企业折旧管理办法。从 1983 年起国家对部分重点企业开始逐渐提高折旧率。从 1985 年 2 月起，原由国家按 30% 集中的折旧基金，不再上缴中央财政，由主管部门、地区集中调剂使用。

（3）建立学校基金。从1980年6月起，高等学校校办工厂、农场、招待所等收入留归学校自收自支。

除以上三个方面，国家还陆续对一些事业单位实行了收入留用的制度。

这一时期，由于采取以上措施使部分预算内资金转移到预算外，预算外资金迅速发展。1981年，预算外收入占到预算收入的51.12%，1985年，这一比重上升至76.32%。

3. 1986～1992年

这一时期预算外资金的增长特点体现在：

（1）预算外资金规模增长过快，1986年预算外收入1737.31亿元，1992年达3854.92亿元，相当于当年预算内收入的110.67%。

（2）预算外资金历年增长速度均超过同年GDP和预算内收入的增长速度。也就是说，每年新增的国内生产总值的相当部分，通过预算外资金留归地方、企业、主管部门和行政事业单位支配，造成资金严重分散。

（3）预算外资金结构发生变化。行政事业单位管理的预算外资金增长较快。

（4）化预算内为预算外、化生产资金为消费基金、化公为私等现象有所滋长。按国家财政制度规定，预算外资金的来源和用途基本上是对应的，但在现实中又是可转化的，如将维持性资金转化为生产发展基金，企业留利中职工福利基金和奖励基金挤占生产发展基金几乎是普遍现象，特别是有些单位将预算外资金转出账外建立本单位的“小金库”，以发给职工奖金和津贴等名义，最终转化为个人消费基金。

为了加强预算外资金管理，进一步健全预算外资金的管理制度，1986年4月国务院发布了《关于加强预算外资金管理的通知》。主要内容一是界定预算外资金概念、范畴。预算外资金是由各地区、各部门、各单位根据国家有关规定，自行提取、自行使用的不纳入国家预算的资金。主要包括：地方财政部门按国家规定管理的各项附加收入；事业、行政单位自收自支的不纳入国家预算的资金；国营企业用其主管部门管理的各种专项资金；地方和中央主管部门所属的预算外企业收入；其他按照国家规定不纳入预算的各种收入。预算外资金具有自主性、专用性、分散性、法定性。二是确定预算外资金管理模式。各地区、各部门对预算外资金的管理，可以在资金所有权不变的前提下，采取不同的方式。各地区、各部门、各单位应编制年度预算外资金收支计划和决算，并按季报送收支执行情况，逐级上报财政部。三是明确预算外资金的使用原则。预算外资金使用要体现专款专用的原则，基本折旧基金应用于企业固定资产更新改造，不得挪用于基本建设；职工福利基金、奖励基金和工资增长基金，必须先提后用，不得用发展生产和发展事业的预算外资金发放奖金、实物和补贴。

（四）1993 年至今：预算外资金管理逐步规范

1. 1993～1995 年

1993 年中共中央办公厅、国务院办公厅转发了财政部《关于对行政性收费、罚没收入实行预算管理的规定》，将 83 项行政收费项目纳入财政预算。同时，1993 年实行企业财务与会计制度改革，国有企业折旧基金和税后留用资金不再作为预算外资金管理。预算外资金的范围有所缩小，主要包括：法律、法规规定的行政事业性收费、基金和附加收入等；国务院或省级人民政府及其财政、计划（物价）部门审批的行政事业性收费；国务院以及财政部审批建立的基金、附加收入等；主管部门从所属单位集中的上缴资金；用于乡镇政府开支的乡自筹和乡统筹资金；其他未纳入预算管理的财政性资金。社会保障基金在国家财政建立社会保障预算制度以前，先按预算外资金管理制度进行管理。

预算外资金的口径调整后，规模有所下降，1993 年为 1432. 54 亿元，比上年减少 2422 亿元。但是 1993 年以后，预算外资金又呈刚性增长，1996 年达 3893. 34 亿元，超过了调整口径前预算外资金的最高额。

2. 1996～2001 年

为进一步加强预算外资金管理，1996 年国务院发布了《关于加强预算外资金管理的决定》，指出："预算外资金是国家财政性资金，实行收支两条线管理。"自此，国家逐步明确了对预算外资金要实行"收支两条线"管理。同时国务院决定将养路费、车辆购置附加费、铁路建设基金、电力建设基金、三峡工程建设基金、新菜地开发基金、公路建设基金、民航基础设施建设基金、农村教育事业附加费、邮电附加、港口建设费、市话初装基金、民航机场管理建设费等 13 项数额较大的政府性基金（收费）纳入财政预算管理。地方财政部门按国家规定收取的各项税费附加，从 1996 年起统一纳入地方财政预算，作为地方财政的固定收入，不再作为预算外资金管理。这是继 1993 年后再一次大范围调整预算外资金口径，经过调整，1997 年全国预算外收入 2826 亿元，比上年下降 1067 亿元。但是与前次调整一样，至 2000 年，预算外资金再次反弹到约 3810 亿元。

3. 2002 年以来

2001 年年底，国务院办公厅转发了财政部《关于深化收支两条线改革，进一步加强财政管理意见的通知》，从 2002 年起选择部分单位进行深化"收支两条线"改革试点。此后，国家深化了以"收支两条线"管理为中心的预算外资金管理改革。

根据全国人大有关要求，2011 年将努力实现预算外资金全部纳入预算管理。

第五节 我国的预算管理及改革

一、根据公共财政需要，建立适应市场经济的预算管理机制

进入20世纪90年代后，逐渐将预算管理改革纳入改革规划。我国实行的是民主共和制，政权分中央、省、市、区县和乡五级，一级政权一级预算。

财政部担负职责，实行人大审批预决算制，1992年开始实行复式预算管理（经常预算和建设预算），仍存在庞大的预算外资金，并建立了预算外资金管理体制。

2001年建立国库管理制度，相继实行国库单一账户、部门预算和政府采购制。

2005年实行政府收支科目分类改革，收支划分为收入分类、支出功能分类和支出经济分类三部分。支出经济分类主要反映政府支出的经济性支出及用途，按照简便实用的原则，将政府支出划分为工资福利支出、商品和服务支出、对个人和家庭的把补助、转移性支出、基建支出等。

2007年实行政府收支分类改革，掀起新一轮预算编制改革。改革的核心有三点：首先是对政府收入进行统一分类，全面、规范、明细地反映政府各项收入来源。将收入由原来的三大类：一般预算收入、基金预算收入和债务预算收入；扩大为五类：一般预算收入、基金预算收入、债务预算收入、财政预算外收入和社会保险收入。其次是改革内容是确立新的支出功能分类，以便清晰反映政府职责活动的支出总量、结构与方向。支出功能分类设类、款、项三级，分别为17类、172款和1152项。最后是确立新的政府支出经济分类，明细反映政府各项支出的具体用途，支出经济分类设类、款两级，分别为12类和98款。交叉使用。

二、充分发挥预算调节作用，积极促进总供需平衡

改革开放以来，我国仍坚持"收支平衡、略有节余"的预算方针，把预算控制在安全范围内（见表12－5）。

表12－5 1978～2008年我国财政收支总额及赤字

年份	财政收入（亿元）	财政支出（亿元）	财政赤字（亿元）	赤字占GDP的比重（%）
1978	1132.26	1122.09	10.17	
1980	1159.53	1228.83	－68.90	1.5

续表

年份	财政收入（亿元）	财政支出（亿元）	财政赤字（亿元）	赤字占 GDP 的比重（%）
1985	2004.82	2004.25	0.57	
1990	2937.10	3083.59	−158.88	0.8
1995	6242.20	6832.72	−581.52	0.99
2000	13395.23	15886.50	−2491.27	2.78
2005	31649.29	33930.28	−2280.99	1.5
2006	39343.62	40213.16	−867.54	1.3
2007	51304.08	49565.4	1738.6	0.8

资料来源：《2008 中国统计年鉴》，中国统计出版社 2008 年版。

三、我国预算管理仍需关注的主要问题及改革

（一）预算管理仍需关注的主要问题

1. 预算双轨制制约着预算秩序的规范

预算双轨制也即预算内资金与预算外资金并存，两套管理体系并存，筑就了诸多弊端：一是推动了非税收入规模的急剧扩大。非税收入实行预算外管理，资金的所有权属于各部门，各部门存在尽可能扩大自身掌握的资金规模的冲动。二是分散了国家财力。随着预算外资金日渐壮大，财政收入占国民生产总值的比重却不断下降，2008 年财政收入占 GDP 比重也仅为 20%。财政收入比重的降低，主要是实行预算外管理这种不规范的方式不断侵蚀挤压税收。许多地方甚至是“先收费、再收税”。财政收入比重降低影响了政府职能的正常履行，危害了整个社会经济的正常发展。三是政府资金脱离预算管理造成使用混乱。预算外资金所有权属于部门和单位，部门和单位将其视为自由资金，在利益机制驱动下大多用于职工的福利，甚至乱发钱物、补贴，超标购车、修建楼堂馆所，任意挥霍、贪污私分，并且形成一个恶性循环，严重违法违纪，败坏了政府的形象。

2. 预算编制粗糙，制约着预算的公平性

当前，财政预算编制粗糙、编制水平和质量较差。一是编制政策、资料依据掌握不全不准。财政部门安排预算时必须依照法律、按政策规定编制预算，但是不少部门对于政策法规的掌握并不是特别清楚、准确、全面。政出多门现象十分严重，比如人事、劳动、外事、计生、教育、政法、纪检、农业、科技等都有与支出相挂钩的政策。二是对预算编制对象的人员、资产、业务性质等情况掌握不清，往往导致预算执行差强人意，有时造成经费浪费，有时又致使一些部门正常的业务活动难以开展。三是时至今日预算编制仍没有完全摆脱基数递增的阴影，

为保单位既得利益，批复预算时，经常出现安排结余预算的情况。四是预算编制的方法不够科学。一些地方的预算安排方法至今采取的仍然是粗略估算、简单平均、硬性包干的方式，方法手段十分简单，虽然易于操作，但往往导致部门间苦乐不均的情况发生，合理性差。再有，在收入预算编制时，一些地方的收入预算的安排不是以定量、定性的分析和预测来寻找增长点，确定增长量，而基本上是一种基数递增型的行政决定式预算。简单地预测总收入的增长幅度，再分解到每一类、每一部门的收入的增幅，行政决定的因素很强。以这种方式来确定收入增长，往往使预算收入的增长脱离实际，且每一类收入的增幅也没有足够依据，整个收入预算缺乏严密的分析论证。

3. 预算法律规范不严谨

预算法制体系不健全，与预算法相配套的诸如《编制法》、《支出法》及《转移支付》等是空白，造成预算秩序的混乱：（1）各类专项资金申报弄虚作假，套取财政资金。一些部门和单位为了解决经费不足和其他支出的需要，利用申报项目弄虚作假套取资金。（2）虚假配套资金。普遍存在积极争取、虚假配套的现象，形成“钓鱼项目”。（3）项目实施未按规定实行招投标制、公示制。（4）管理体制不顺。职能交叉重叠，效果效益不佳。（5）资金拨付不及时，滞留、延压预算资金。如超预算拨款、预算暂付占用等。

（二）亟待深化的预算改革

1. 强化预算管理，实施“双轨合一”及全程监控

中国将围绕基本公共服务均等化和主体供能区建设，进一步深化预算制度改革，强化财政预算管理。要逐步将所有预算外资金纳入预算管理，建立综合财政预算。加强预算管理，预算编制做到科学合理、程序规范。预算执行严格，预算约束强化。

完善政府收支分类，深化部门预算改革，推进综合预算，扩大绩效考评试点。提高国库集中支付制覆盖面，逐步扩大到政府性基金和预算外资金，全面推进国库集中支付制。

2. 健全预算功能，优化复式预算

根据公共财政发展需要，健全预算功能，逐步优化复式预算，主要是试行国有资本经营预算制度，制定和完善有关办法；研究建立规范的社会保险基金预算制度；探索深化资本预算，试行公债余额管理。

3. 探索适应市场经济的预算管理手段

在全面引进部门预算、政府采购、国库单一账户基础上，积极探索零基预算、预算因素法、预算定期自动划拨制等，将在市场经济条件下有效的预算成本管理方式引进政府预算，提高预算分配效率。

案例分析

案例 12－1 十种最差的公共预算以及十项公共预算原则

2005 年 8 月 16～18 日，由中国发展研究基金会主办的“公共预算与政府创新研讨会”召开。

美国预算与政策研究中心国际预算项目主任沃伦教授就“什么是最好的预算”将国外的一些做法、问题以及最近预算改革的一些案例为大家一一做了介绍。

沃伦教授首先介绍了10 种最差的公共预算的实例：(1) 政策、规划与预算之间联系不紧密；(2) 短期的预算；(3) 计划预算与实际预算不相符；(4) 会计体系不够健全；(5) 机构内部与政府内部的预算体制较弱；(6) 重复预算；(7) 优先领域错位；(8) 政府采购不力；(9) 立法机关与公民的参与度不足；(10) 预算缺乏透明度。

列举了十种最差的情况之后，沃伦教授又提出了公共预算的十项原则。公共预算发展至今出现了不少所谓的最佳预算，而且各个国家各个地区都还有差异，但是不论是零基预算还是关注结果的效绩预算，国际组织考察出十个不变的原则，包括：全面性、原则性、合法性、灵活性、预见性、可审议性、真实性、透明度、信息量以及诚信度。

同时沃伦教授也指出，虽然现在已经有了一系列的规则，大家公认都可以接受的，但是有了规则也不能确保达到最好的结果，规则单就其本身来讲还是不够的。因为人们不光会对正式的规则做出反应，对于非正式的规则同样会做出自己的反应，这就要求我们制定硬的预算约束，加强控制；而规则不能确保达到最佳结果的另一个原因是信息流出了故障，这就要求我们关注两点——透明度和参与度。没有人能掌握完整的信息，政府手中有许多可以处理的信息，而公民同样掌控着一些非常重要的信息，要想做出好的决策，只有把左右的这些信息都搜集起来加以整合才能做到。

——张妮：《从预算改革入手建设公共财政——公共预算与政府创新研讨会综述》，载于《中国发展观察》，2005 年 8 月 27 日。

案例 12－2 中国经济总量跃居世界第四今年有望进全球三甲

改革开放 30 年来，中国的国际地位和国际影响发生了根本性的历史转变，

GDP 总量跃居世界第四位已有 3 年（超过德国，进入全球三甲）。1997～2007 年，中国国民经济年平均增长 9.8%，比同期世界经济平均发展水平快 6.8 个百分点，其高速增长期，至少与目前世界上高速增长期保持最长的韩国持平或更长。

随着中国经济总量的大幅提高，人均国民总收入（GNI）水平也大幅提升。1978 年中国人均 GNI 只有 190 美元，2007 年达到 2360 美元，比 1978 年增长了 11 倍。在世界银行 209 个国家和地区的排序中，居世界的位次由 1997 年的 145 位提升到 2007 年的 132 位。

此外，主要工农业产品产量稳居世界前列，其中煤、棉布、化肥、水泥、粗钢、电视机等主要工业产品产量居世界首位；谷物、水果、肉类等也傲视群雄。进出口贸易快速发展从 2004 年起总量上升到世界第三位，2007 年，中国与第二位的德国货物贸易进出口额的差距仅为 2122 亿美元。

吸引外商直接投资大幅增长，中国外汇储备跃居世界第一位，2007 年超过 15000 亿美元。

中国经济的快速发展，对世界经济做出了积极贡献。至 2006 年，中国经济对世界经济的贡献率已上升到 14.5%，仅次于 22.8% 的美国；对世界经济增长的拉动也仅次于美国。

巫建国编写

编者按：

中国综合国力和国际影响力由弱到强的巨大转变。1978 年，我国国内生产总值只有 3645 亿元，在世界主要国家中位居第 10 位；人均国民总收入仅 190 美元，位居全世界最不发达的低收入国家行列。30 年间，中国经济实现了世界少有的年均 9.8% 的增长速度。30 年后，中国经济总量占世界经济的份额明显上升，由 1978 年的 1.8% 提高到 2007 年的约 6.0%。可以说，中国经济进入世界前三首先应归功于改革开放效应的持续释放。30 年来，正是由于我国坚定不移地推进体制改革，毫不动摇地促进对外开放，实现了人民生活由温饱不足向总体小康的历史性跨越，赢得了我国在国际经济社会影响力和地位的空前提高。

但是，我们应该以平常心对待，无欲则刚，有容乃大。

第一，从 2007 年起，我国经济总量已经超出德国，跃居世界第三。随着国家经济规模的上升，民众生活水平不断提高，国家发展的资源能力也随之扩大，国际竞争力和影响力也在同步提升，在世界上地位进一步提高。在经过 30 年改革开放后，中国人民的生活水平已有了质的提高，中国已经作为具有重要世界影响力的大国出现在国际舞台。

第二，尽管中国 GDP 跃居世界第三，但没有根本改变我国人均 GDP 仍然比较落后的现状，没有改变我国各地区发展水平还很不平衡的事实。我国在宏观经济层面上仍呈现产出总量大、人均小的双重性，还没有根本改变能耗大、产出少的局面。我们正具备更多的能力做成几件大事，但民众整体收入水平以及购买能力仍然偏低，这种局面恐怕还要维持比较长的一段时间。

第三，即使面临当前的全球经济不振，我国30年改革所取得的经济成就，为我们抵御当前的阶段性困难打下了厚实的物质基础。2009年，中国经济增长率如果保持在8%~9%，我国的经济增长率仍将在世界上遥遥领先。加之我国人口基数庞大，中国经济在此中高速水平上的发展对世界经济所产生的拉动比率，甚至将超出以往。可以预见，不出几年，我国经济规模还将超过日本，仅次于美国，国际地位还将有新的提升。这一判断不会为当前的国际金融危机所改变。

案例12-3　日本的“经济刺激型”预算

日本政府2009财年预算总额高达88.548万亿日元（约合人民币6.6986万亿元），这成为日本历史上最高的年度预算。根据预算案，2009财年的财政支出将达51.731万亿日元，为历史最高水平。其中，用于稳定就业等与社会保障相关的支出为24.834万亿日元，比上财年增加14%，几乎占总支出的一半。另外，为应对金融危机，预算案将有关中小企业对策方面的支出增加了7.3%；预算还增加了1万亿日元的地方返还税额度，以增加地方就业；预算案还增设1万亿日元的经济紧急应对预备金。

资料来源：《新快报》，2008年12月25日。

编者按：

显然，日本政府已经将宏观调节需要，作为编制预算的根本，把预算作为基本的调节工具而运用。

其预算主旨即是撒钱救经济。（1）政府勒紧裤腰度日。为了筹措资金，日本在2009~2010年的会计年度，将新发行国债33.3兆日元，是4年来首度增加发债。（2）不惜向外国人发放补助。预算案中的一次性定额“给付金”将扩大至在日外国人永住者、就职者、日裔以及留学生和研修生等约215万人。每人发放12000日元。（3）雇用援助力挺企业家。政府将向用人企业发放“雇用调整助成金”，旨在帮助失业派遣社员、契约社员和非正规劳动者等，每人每月4~5万日元。（4）经济预算案中还有一系列支援中小企业措施，将对中小企业增援1687亿日元。

【注释】

1. 上计制度。古代的上计制度，原是对官员业绩的考核。到战国时，对财政赋税的考核成为重要内容，并逐渐成为基本的预算、决算制度。西周规定，上计在岁终进行，必须把来年土地开垦赋税收支等预计情况，写在木质的卷上送给天子审定。如《旬子》所说：“年终奉其成功，以效于君，当则可，不当则废”。

2. 预算会计学：以预算管理是以货币为计量单位，核算、反映和监督政府财政总预算及行政事业单位资金运动过程及其结果的一门专业会计。是与企业会计相并列的会计学两大分支之一。

【综合复习】

一、名词解释

财政平衡　软赤字　资产负债表　国库集中收付制　零基预算　政府采购　债务融资　货币融资　权责发生制　部门预算

二、填空题

1. 预算平衡有三种形式：________、________、________。
2. 部门预算是______________的综合财政计划。
3. 预算报表一般从四个方面审查与判断：________、________、________和平衡审查。
4. ________指财政收入中不包括________而形成的赤字。

三、选择题

1. 以预算分项支出的安排方式的差别为依据，国家预算可分为（　　）。
   A. 增量预算　B. 复式预算　C. 单式预算　D. 零基预算
2. 部门预算包括（　　）。
   A. 一般预算收支计划　B. 政府基金预算收支计划
   C. 预算外收支计划　C. 项目预算计划
3. 弥补赤字的方式主要有（　　）。
   A. 权益融资　B. 债务融资　C. 货币融资　D. 票据贴现融资
4. 按照新的预算编制方案，下列收入（　　）被纳入预算收入类。
   A. 一般预算收入 B. 基金预算收入 C. 债务预算收入
   D. 财政预算外收入E. 社会保险收入

四、简答与论述题

1. 试述财政赤字规模的社会经济制约因素？
2. 弥补财政赤字的手段及经济作用是什么？
3. 浅谈我国的预算分类改革及主要作用。
4. 预算编制的基本程序和设计原理。
5. 简述补偿性财政政策及功能。
6. 试分析国库集中收付制的制度设计原理。

7. 政府采购的调控作用与优化化选择。

8. 部门预算的调控作用与深化改革。

【阅读与参考文献】

1. 陈大杰主编：《国家预算》，中国财政经济出版社 1996 年版。

2. 麦履康、黄卿主编：《中国政府预算》，中国财政经济出版社 1999 年版。

3. 李燕、马海涛著：《国家预算管理学》，经济科学出版社 1998 年版。

4. 财政部预算司编：《预算管理国际经验透视》，中国财政经济出版社 2003 年版。

5. 外国政府预算编制研究课题组编：《美国——政府预算编制》，中国财政经济出版社 2002 年版。

建设之首要在民生

——孙中山

第十三章　财政政策概论

财政政策（finance policy）是一国政府为实现一定的宏观经济目标而调整财政收支规模和收支平衡指导原则及其相应的措施。它作为政府宏观经济政策的重要组成部分，综合利用收支及体制分配实施宏观调节并贯穿于各国经济运行的全过程。

第一节　财政政策的产生与发展

政府干预经济在重商主义时代就已有之，但现代财政政策却产生于20世纪30年代，可以讲“凯恩斯革命”催生了财政政策。随着经济形态的发展，宏观经济理论的不断演进，各经济学流派形成了不同的财政政策观点。

一、凯恩斯主义的财政政策

自亚当·斯密的巨著《国富论》问世以来，自由竞争的市场经济成为古典经济学的基本信条，后来新古典经济学更是将这种信条发展为完整的系统化的理论体系：(1) 充分就业均衡是常态，即市场具有自动调节经济使其趋向或达到充分就业均衡的机制和功能。(2) 价格充分弹性，即商品价格灵活调整使得商品市场持续出清，实际利息率自动调节储蓄和投资使货币市场总是处于均衡状态，工资调节劳动的供给和需求使劳动市场也经常处于均衡状态。(3) 货币中性，即货币只影响价格水平等名义变量，不会影响实际就业量和产量，货币只不过是覆盖在实际经济上的一层面纱。(4) 萨伊定律，供给总是能够创造自己的需求。当经济中出现负面的需求冲击时，由于投资和消费都是利率的函数，投资需求和消费需求会在利息率的调整下相互替补，结果通过需求结构的调整保持供需总量的平衡。结构自动调整确保了总量平衡，即社会总供给总是等于社会总需求，不会发生总需求不足的金融危机。所以，新古典经济学得出政府不应该干预经济而应当采取自由放任态度的政策结论。

20 世纪 30 年代的金融大危机使得新古典经济学陷入困境。1936 年，凯恩斯出版了《就业、利息和货币通论》，提出了有效需求理论。首先，在商品市场上，由于边际消费倾向规律的作用，随着收入增加，新增收入用于消费的部分将逐渐递减。从长期看，消费需求不足将是必然结果。其次，在货币市场上，利息率不再能自动确保储蓄与投资经常相等，因为投资取决于利息率和投资的预期利润率（资本边际效率）的对比，其中资本边际效率随着经济的扩张将递减，而且易受不确定性和预期的影响；利息率由货币供给和货币需求共同决定但主要由货币需求尤其是投机性货币需求决定，而在流动性偏好规律作用下，利息率难以持续下降。这样，在资本边际效率规律和流动性偏好规律共同作用下，将会出现投资需求不足。最后，在劳动市场上，劳动供给主要取决于名义工资而非实际工资，而且名义工资在经济萧条时呈刚性，即不会下降。这意味着当经济中出现负面的需求冲击时，需求数量的下降将引起产出数量的下降，进而将引起劳动需求减少。由于存在工资向下刚性，当劳动供给不变时，工资不能及时下调以保证劳动市场出清，非自愿失业的出现就在所难免。

因此，凯恩斯断定，市场自动调节机制无法使经济达到充分就业的均衡状态，应该放弃新古典经济学所主张的自由放任政策，主张政府干预。政府应主要通过实施扩张性的财政政策，增加社会总需求，提高就业和产出水平，主张通过“减税增支，将减税、大量举借公债和积极扩大政府开支相结合，以扩大社会总需求”。凯恩斯首次将政府对经济的干预理论化了，标志着现代财政政策的产生。

二、新古典综合派的财政政策

20 世纪 50 年代后，西方各国相继进入“混合经济”时期，它为新古典综合派提供了实践基础。新古典综合派的直接理论渊源是凯恩斯的经济理论和传统新古典经济学的理论，即该学派在宏观方面接受凯恩斯的经济理论，在微观方面采用传统的新古典经济学理论，从而将凯恩斯主张的总需求变动引起的收入效应与新古典经济学主张的价格变动引起的替代效应结合起来，最终将政府干预与市场自动调节结合起来。

新古典综合派理论的基本内容包括：收入—支出模型、IS－LM 模型、总需求—总供给模型以及新古典经济学的微观经济学理论。收入—支出模型就是有效需求决定国民收入的理论，该理论认为，自发的消费和投资不能保证经济达到充分就业均衡，只有依靠政府刺激社会投资，或者政府直接投资才能弥补有效需求的不足，使经济实现充分就业的均衡。

新古典综合派宏观经济政策主张的核心是需求管理即调节社会总需求。20

世纪50年代，新古典综合派的财政政策主要表现为阿尔文·汉森提出的补偿性财政政策，即在经济萧条时期，政府要扩大财政支出，降低税率，减少税收，实行赤字财政，以刺激社会总需求的扩大，增加就业；在经济高涨和通货膨胀时期，政府应减少财政支出，提高税率，增加税收，造成财政盈余，以降低有效需求，控制通货膨胀。两个时期的财政盈亏相抵，实现预算的周期性平衡。实行补偿性财政政策虽然防止了财政赤字和通货膨胀，但经济增长较慢。对此，托宾等经济学家在20世纪60年代提出了增长性财政政策，其主要内容是以充分就业与经济增长为目标的长期预算赤字政策，从而首次开始凯恩斯主义的短期扩张性财政政策长期化的转变。以减税和扩大政府支出为内容的长期赤字财政政策在刺激经济持续增长的同时，也使经济逐渐陷入滞胀的困境。20世纪70年代后，为了解决严重的失业和通货膨胀问题，新古典综合派又提出财政政策和其他经济政策综合运用的策略，如财政政策和货币政策的配合，实现财政政策和货币政策的微观化，采用收入政策和人力政策等。

三、货币主义学派的财政政策

20世纪70年代初，西方经济开始进入严重的滞胀阶段，新古典综合派的宏观经济政策受到严峻挑战。于是主张自由放任的新自由主义经济学派纷纷兴起，其中，以芝加哥大学经济学教授米尔顿·弗里德曼为首的货币主义学派否定新古典综合派关于财政政策的作用，提出“自然失业率”观点，主张单一规则的货币政策。

弗里德曼反对凯恩斯主义财政政策的主要理由是：（1）政府支出的增加如果没有货币供应量的扩大相配合，则其对经济的刺激作用效果甚微，这是因为在货币供应量不变的情况下，扩张性财政政策将导致利率上升，引起私人投资和消费的减少，即产生“挤出效应”。财政政策要持续有效地发挥作用，必然伴以货币供应量的扩大，这样，政府扩大开支就会引起通货膨胀。（2）在实践中往往减税容易增税难，政府扩大支出受欢迎，而节省开支却受到阻碍，所以财政政策的实施只会加大财政赤字，促进通货膨胀，从而加深经济不稳定。因此，凯恩斯主义的扩张性财政政策不但不能通过刺激需求以增加产量和消除失业，反而一定会引起长期持续的通货膨胀。

货币主义学派认为凯恩斯主义的财政政策是造成经济不稳定的罪魁祸首，因而，它主张自由放任，充分发挥市场机制的调节作用，反对政府过多干预经济。

四、供给学派的财政政策

供给学派是20世纪70年代后期在美国兴起的又一个新自由主义流派，与上述两个学派不同，供给学派在反对凯恩斯主义需求管理政策的同时，主张通过减税政策实行供给管理，刺激投资。

供给学派认为，凯恩斯主义的需求管理政策是造成经济滞胀的根源，因为需求的增长不一定造成实际产量增长，很可能只是单纯增加货币量，引起物价上涨，储蓄率下降。这又必然引起利息率上升，影响投资的增长和设备更新，使技术变革延缓。如果需求的增长超过实际生产的增长，就会发生通货膨胀。这样一来，生产停滞或下降与通货膨胀同时出现，就形成了滞胀。供给学派在批判凯恩斯有效需求理论和否定新古典综合派需求管理政策的基础上，恢复了“萨伊定律”，提出了供给管理政策。

供给学派财政政策的基本内容包括：（1）为刺激投资而减税。包括加速折旧、降低公司所得税率、降低资本增值税、对研究与开发费用免税等。(2) 降低个人所得税。包括调低个人所得税税率、减少和取消税收优惠以及对储蓄收入如利息收入和股息收入减税等。(3) 缩小政府开支，大规模缩减福利开支，以提高私人投资能力。可见，在上述政策中，减税是最重要的政策。

供给学派通过将注意力从凯恩斯主义所强调的总需求管理转向作为持久地增加产量和就业手段的总供给管理，从某种程度上回归到了亚当·斯密的古典经济学。

20世纪90年代以来，经过长期的理论磨合，以总供需调节兼顾松紧搭配的财政、货币政策开始广泛运用于实践，并且已经成为实施反周期、反危机的最重要的经济手段。

第二节　财政政策：目标、手段与效应

财政政策的调节是围绕一定的政策目标、政策手段及政策类型而作用，它们共同构成一定的政策功能而实施。

（一）财政政策目标

财政政策目标作为有选择目的的预期，一般设定为：经济增长、充分就业、物价稳定和国际收支平衡，它有机地反映着社会经济发展的客观要求。

1. 经济增长

经济增长（economic growth）通常是指在一个较长的时间跨度上，一个国家人均产出（或人均收入）水平的持续增加。财政的经济增长机制，首先是通过财政分配促进劳动、资本、技术等生产要素的合理配置，充分发挥市场内在动力与弥补市场缺陷，促进经济增长；其次，则在于以财政分配从总量到结构，促进总供需的基本平衡，促进经济的可持续增长。鉴于经济增长构成社会发展的物质前提，因此，促进经济增长成为财政政策的首要目标。

2. 充分就业

充分就业（Full employment）就业是指合乎法律规定条件、有能力工作的人都可以找到有报酬的工作。充分就业之所以成为各国政府财政政策的基本目标：一是因为宝贵的劳动力资源不能充分用来创造物质和精神财富，是社会资源的一种极大的浪费；二是失业的存在会不可避免地给失业者个人、家庭带来痛苦，并引发一系列社会问题，如犯罪增加，甚至出现社会骚乱。充分运用财政政策扩大社会总需求，避免和减缓经济衰退，增加社会就业。

3. 物价稳定

物价稳定（flation）一般指价格总水平的稳定。价格改革水平持续上涨为通货膨胀，反之，称为通货紧缩。严重的通货膨胀会引起社会收入和国民财富的再分配，使工薪阶层和债权人深受其害，会使价格上升快的行业趋于扩张，上升慢的行业趋于收缩，扰乱价格体系，扭曲资源配置，使整个分配秩序和经济秩序出现混乱。严重的通货紧缩会使资源无法有效利用，造成大量闲置资源浪费，失业增加，人民生活水平下降，进而引发社会和政治问题。

由于财政分配对社会总需求和总供给具有重要影响，因此，防止和消除通货膨胀和通货紧缩，实现价格稳定，成为财政政策的主要目标之一。

4. 国际收支平衡

国际收支平衡（balance of payments）是现代财政赋予财政政策的新目标。国际收支平衡也称外部平衡，指一国国际收支净额即净出口与净资本流出的差额为零。即：国际收支净额 = 净出口 - 净资本流出或 BP = NX - F。

国际收支是一国与世界其他国家之间的以货币计量的全部的经济往来，包括进口、出口、资本流进流出等，用国际收支平衡表反映和记录。国际收支出现逆差，会影响本国汇率的稳定，进而威胁到整个经济的安全。所以，许多国家尤其在世界经济一体化后，纷纷将国际收支平衡也作为基本的财政政策目标之一。

（二）财政政策手段

财政政策手段主要有预算、财政支出、税收、公债、转移支付、预算和买卖国有资产等。

1. 预算政策

预算政策作为基本的政策工具，围绕充分就业，稳定物价，促进经济增长等宏观目标实现财政政策，主要体现在预算平衡与预算结构的实施。

预算平衡有多种选择，赤字预算、盈余预算和平衡预算，单年平衡和周期平衡。赤字预算体现为扩张性财政政策，盈余体现为紧缩性财政政策。

预算结构是集中性分配、投资与消费比例调整的政策行为。预算通过占国民收入比重调整，决定着政府与民间可支配结构；财政性投资与消费比例也从某种程度上，对整个社会总需求产生影响。

2. 支出政策

财政支出政策是政府需求调节最重要手段之一。它包括购买性支出政策和转移性支出政策。

购买性支出是政府用财政资金直接购买商品和劳务的支出。具有直接消费的特征，起规模直接影响着社会总需求的增减。根据公共支出理论，政府购买支出的增减，直接增减个人、企业的收入，个人、企业收入的一部分直接用于消费、投资，使社会总需求发生增减，并影响国民收入的增减。凯恩斯“需求管理”政策认为，购买支出的规模对社会总供需及平衡起着重要的调节作用，当社会总需求明显超过总供给，通货膨胀压力过大时，政府可以采取减少购买支出的政策，减少需求，反之，可以增加需求。各国实践普遍证明，政府购买支出政策是实施反经济周期、合理配置资源、稳定物价的强有力工具。

转移性支出是政府将财政资金以付出社会保障、财政补贴等形式实现的支出。它的作用在于给个人家庭和企业提供购买力，使其有能力在市场上购买商品。转移支付主要包括社会保障、社会福利和财政补贴支出。经济学意义讲：（1）转移支出具有自动调节作用，如依法颁布的社会保障、福利政策，随着经济的增长与衰退，就业与失业交替，根据公民收入水平实现基本保障调节，自动地调节个人需求乃至社会总供需。（2）转移支付具有明显贫富调剂作用，社会福利、财政补贴将高收入阶层的一部分收入转移到低收入阶层，促进公平分配，同时也通过调节“社会需求弹性”，改善总供需状况。

3. 税收政策

税收政策往往是财政政策强劲的政策手段。主要通过其自动稳定机制和相机抉择实施政策调节，前者在既定税收制度和政策中，依靠税制设置中的超额累进的企业所得税、个人所得税等，对国民经济及总供需实施调节。后者则是政府根据经济形势的发展变化，有目的的调整税制及宏观税负。它们主要涉及：宏观税率的调节（税收/GDP 的比重）、宏观税负的分配及税收的奖限等。

4. 公债政策

公债已从最初的弥补赤字的政策手段，发展成常用的实施宏观调节的财政政策手段。公债政策作用主要体现在对经济的流动性效应和利率效应上。

公债政策的流动性效应（liquidity effect)，是指通过改变公债的流动性程度来影响整个社会的资金流动状况，从而对经济产生扩张性或紧缩性效应。这种影响主要通过以下两个措施来实现：（1）调整公债期限构成；（2）改变公债资金来源。

公债政策的利率效应（interest effect)，则是指通过调整公债的利率水平从而影响供求状况来影响金融利率变化，从而对经济产生扩张性或紧缩性效应。这主要是通过确定公债利率水平和改变公债价格来实现：（1）确定公债发行利率；（2）改变公债买卖价格。

（三）财政政策效应

宏观经济是建立在资金循环配置与多重分配之上的，这样政策调节就会产生乘数效应，所谓乘数效应即经济活动中某些经济变量的增减，同其他经济变量所发生的连锁反应的大小或倍数。财政政策调节往往可以产生这样几个政策乘数：

1. 财政支出乘数

它是财政支出可以对国民收入增加的倍数。若将政府支出看做是政府投资，即 $G = I$。如果以 K_G 表示政府支出乘数，ΔG 表示政府支出的增量，则 $K_G = \Delta Y/\Delta G$

鉴于 $\Delta G = \Delta I$ 和 $\Delta Y = \Delta C + \Delta I$，则上式变为：

$$K_G = \Delta Y/(\Delta Y - \Delta C) = 1/(1 - \Delta C/\Delta Y)$$

其中，b——边际消费倾向，则：$K_G = 1/1 - b$。

2. 税收乘数

它是指政策通过增加或减少税收所引起的国民收入变动的倍数。由于税收的变动与国民收入的变动呈反向的变动关系，所以税收乘数可以表述为：若以 K_F 代表赋税乘数，ΔT 代表赋税变动额，ΔY 代表收入变动额，则：$K_f = \Delta Y/\Delta T$。

若将消费支出当成投资，则：

$\Delta Y/\Delta C = 1/(1 - b)$，其中 b 代表 $\Delta C/\Delta Y$，

故 $K_F = b/(1 - b)$，

这时 ΔY 即为税收增减对国民收入产生的聚敛乘数。

3. 平衡预算乘数

它是将政府支出乘数与赋税乘数之和。如果以 K_B 表示平衡预算乘数，那么，

$$K_B = K_G + K_F = 1/(1 - b) - b/(1 - b) = 1$$

平衡预算乘数系政府开支和税收同时增加或同时减少同一数额时，国民收入则将增加或减少同一数额。显然，在这种情况下，如果政府要扩大国民收入，就需要扩大政府支出和减少税收；如果要抑制通货膨胀，就应减少政府支出和增加税收。

4. 公债乘数

它是指公债可以使国民收入增加的倍数（略）。

前述三个乘数效应综合作用时，往往使政府的财政政策对现实经济发展产生预计的“经济内涵稳定度、财政拖累以及政府预算活动的人为裁定和自动协调效应”，通过聚敛政策效应，来实施宏观调节。

第三节 财政政策的类型及选择

财政政策是多种目标、手段的组合，因此可以形成不同的类型，需要根据宏观需要进行优化组合与选择。

（一）财政政策的分类

根据财政政策调控经济作用方式，主要有三类划分方法。

1. 按供需聚敛作用，划为扩张性财政政策、紧缩性财政政策和中性财政政策（稳健财政政策）

扩张性财政政策指通过财政分配诸要素的变动，刺激社会总需求规模增加的财政政策。其前提是当社会总需求不足时，通过扩张政府需求减小总需求与总供给的差额并促进其平衡，主要途径有二：一是减少财政收入，主要是降低税收、降低政府规费；二是增加财政支出。

紧缩性财政政策则指通过财政分配诸要素的变动，抑制社会总需求的增加或减少总需求。这时候往往面临总需求大于总供给，通货膨胀，经济过热。通过两种途径实现政策目标：一是增加财政收入，提高税率，增设税种，扩大增收范围，减少优惠等；二是减少财政支出，降低社会保障水平，压缩公共建设支出，等等。

中性财政政策是指财政政策适度，尊重市场内在规律及取向，不人为调节总供需的政策。

2. 按有无人为选择，划为自动稳定财政政策、相机抉择财政政策

根据政府收支变动的原因不同，财政政策可区分为自动稳定的财政政策和相机抉择的财政政策。

（1）自动稳定财政政策（automatic stable fiscal policy）。它是指政府的收支

规模不需要人为的改变，而是自动地随着经济波动而变化，从而对经济自动地进行逆向调节的财政政策。它主要包括：个人和公司所得税、失业补助和其他福利性转移支付等。

在经济萧条时期，个人收入和公司利润减少，个人和公司所得税支出随之减少；而失业增加，政府失业救济和社会其他福利转移增加，从而缓和个人收入下降，减少需求下降对国民经济的冲击．而在经济繁荣时期则相反，此时个人收入和公司利润增加，个人和公司所得税支付随之增加，失业减少，政府的转移支付减少，从而缓和个人收入增加随之需求过度增加对国民经济的冲击。因此，经济学上把经济系统本身具有的逆向调节各种对国民收入冲击的功能称为“自动稳定器”功能。

（2）相机抉择财政政策（discretionary choice of financial policy）。它则指政府根据宏观经济形势有意识地改变收支变量，以稳定经济的政策。当失业增加时，政府通常采取扩大支出、减少税收等措施来扩大总需求，以刺激经济，增加就业，即运用扩张性财政政策；反之，当经济过热时，则运用增收减支的紧缩性财政政策（见图 13－3）。

它包括两种：一是汲水性财政政策。这种政策就如同水泵里缺水不能吸进地下水一样，需要注入少许引水，以恢复抽出地下水的功能。是在经济萧条时靠付出一定数额的公共投资使经济自动恢复活力的政策，它有四个坚持特点：利用诱导促使经济恢复景气，以公共投资为手段启动民间投资，不进行超额支出启动经济即可，属于短期政策。二是补偿性财政政策。汉森提出的，它是政府有意识逆经济波动实施调节的政策，经济繁荣时，为了减少通货膨胀，政府通过增收减支等政策规定以抑制和减少社会有效需求；而在经济萧条时，为减少通货紧缩，政府则通过增支减收等政策来增加消费和投资，促进有效需求增加。

3. 按调节范围，可划分为宏观财政政策和微观财政政策

所谓宏观财政政策，即通过收支总量的变动来调整整个国民经济，以实现充分就业和通货稳定的经济增长。

微观财政政策，主要通过调节微观主体行为，解决资源配置及收入分配问题，调节供需预期及竞争秩序，促进总供需微观机制的改善。

第四节　财政政策的调节原理

目前，财政政策调节一般是建立在均衡国民收入（也称收入—支出模型）、IS－LM 模型和总供给—总需求模型三个分析模式之上的，财政政策对宏观经济的调节原理可以从这三方面进行介绍。

一、均衡国民收入的财政政策调节

财政收支内涵于国民收入之中，财政分配及政策运用直接调节着国民收入的均衡（见图 13－1）。

在图 13－1 中：设 X 轴为国民收入，Y 轴为社会总支出。AE 为社会总支出等于国民收入曲线，它构成国民收入均衡的条件。在三部门条件下（存在政府购买 G，税收 T_0 及政府转移支付 TR 等财政政策手段），总支出曲线为 AE_2，与 AE＝Y 曲线相交于点 E_2 决定国民收入为 Y_2。

显然，财政政策的实施会导致总支出曲线变化，促进均衡国民收入的调节。

二、IS－LM 模型下的财政政策调节

简单的国民收入决定模型实际上是一个实物经济模型，它没有考虑到货币因素的影响，而在现实经济中，产品市场和货币市场是相互联系和相互影响的。

1937 年，希克斯在《凯恩斯与古典学派》一文正式提出了 IS－LM 模型。

IS－LM 模型系反映商品市场和货币市场同时均衡时的国民收入和利率变动规律，IS 曲线反映商品市场均衡条件下利率与国民收入之间关系的曲线；LM 曲线反映货币市场均衡条件下利率与国民收入之间关系的曲线。在这种条件下，财政政策与货币政策相互配合的调节宏观经济（见 13－2）。

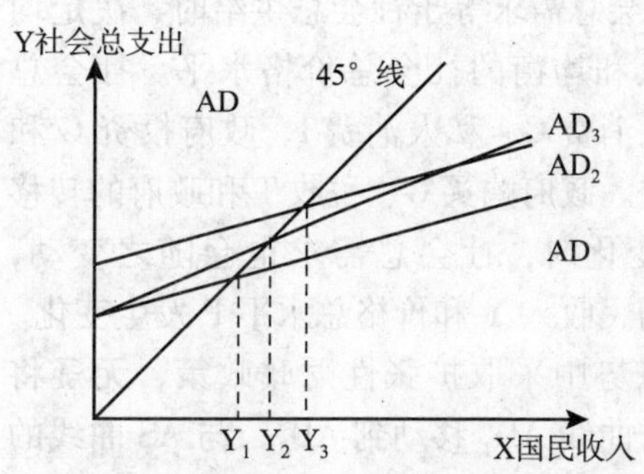

图 13－1 收入—支出模型下的财政调节

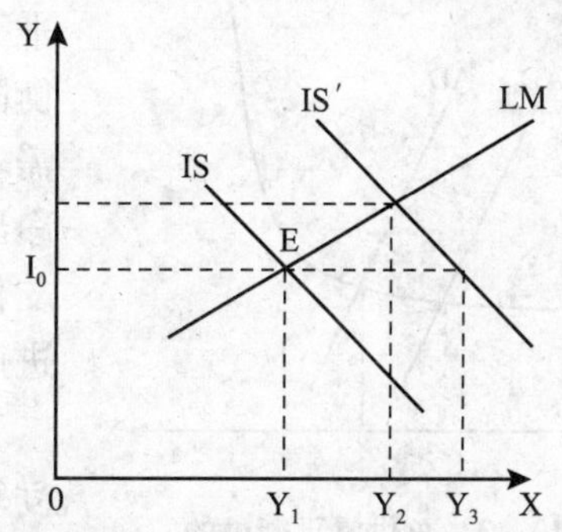

图 13－2 IS－LM 模型（希克斯—汉森图形）

在图 13－2 中：设 X 轴为国民收入，Y 轴为利率 i。IS 曲线。I 代表投资，S 代表储蓄，因此，也称投资－储蓄曲线，它系商品市场均衡时利率与国民收入的组合；LM 曲线。L 代表灵活偏好，M 代表货币数量，因此也称货币需求－货币

供给曲线，它系货币市场均衡时利率与国民收入的组合。

希克斯认为：当商品市场与货币市场同时达到均衡时，IS 曲线与 LM 曲线的交点 E，就决定了均衡国民收入 Y_0，同时也决定了均衡利率 i_0。IS－LM 模型可以分析财政政策和货币政策、两种政策之间的关系及其对国民收入与利率的组合。

概况讲，在 IS－LM 模型中，扩张性财政政策使 IS 曲线向右上方移动，国民收入和利率同时上升；反之，紧缩性财政政策效果相反。同样，扩张性货币政策会使 LM 曲线向右下方移动，利率下降，国民收入增加；反之，紧缩性的货币政策效果相反。

三、总供给—总需求模型中的财政政策调节

总供需模型是在 IS－LM 模型基础上发展起来的，下推导出来的。他以劳动市场名义工资刚性为假定前提，认为在经济达到充分就业之前，生产成本是逐渐上升的，从而使总供给价格缓慢上升；当资源实现充分就业之后，生产成本迅速上升，使得供给价格迅速上升，而产出增加的余地很小。因此，总供给曲线呈肘状。当经济中存在失业时，减收增支的扩张性财政政策使总需求曲线右移，价格水平上升，由于名义工资刚性，实际工资下降，厂商增加雇用工人，扩大生产，结果失业下降，产出增加（见图 13－3）。

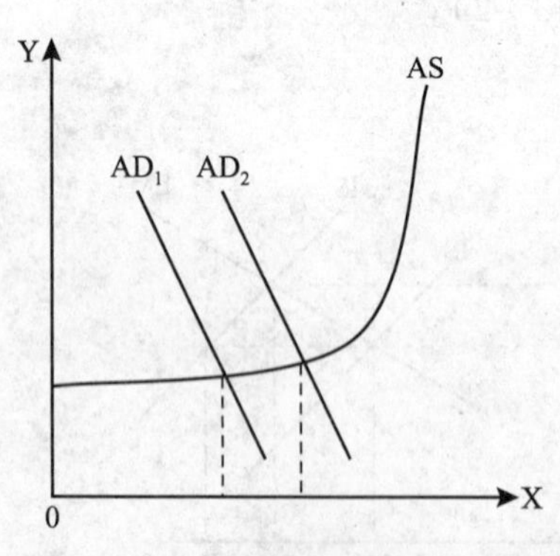

图 13－3 总供需平衡中的财政政策调节

在图 13－3 中：设 X 轴为国民收入，社会总需求 AD 与社会总供给 AS；Y 轴为价格总水平 P。当社会总需求等于社会总供给时，决定均衡国民收入和均衡的社会总价格水平。社会总需求由私人消费 C、私人消费 I、政府投资 G 和净出口构成。政府购买 G、税收 T 和政府的转移支付发生变化时，社会总需求也会随之变动，进而导致国民收入 Y 和价格总水平 P 发生变化。

这种态势中采取扩张性财政政策，无疑将导致总需求曲线 AD_1 移动到 AD_2，与 AS 曲线的交点从 E_1 移动到 E_2，可以发展，国民收入由 Y_1 移动到 Y_2，价格总水平由 P_1 移动到 P_2。

第五节　不同经济模式下的财政政策

一、封闭经济下的财政政策

封闭经济指仅包括家庭、厂商和政府这三个部门而不包括国际部门的经济体系。根据宏观经济学的国民收入决定理论，国民收入决定于社会总需求和社会总供给的平衡状态，在供求平衡时国民收入由以下三个公式决定：

$$Y = C + I + G \tag{1}$$

$$C = C_0 + c(Y - T + CR) \tag{2}$$

$$T = T_0 + Ty \tag{3}$$

其中：Y——国民收入；C——私人消费支出；I——私人投资；G——政府采购。

式（2）为私人消费函数；C_0——自主消费，即与国民收入水平无关的私人消费，一般为常数；c——边际消费倾向，它表示消费者每增加的单位收入中用于消费支出的比重；T——政府税收；TR——政府转移支付，Y + T - TR 就是居民的个人可支配收入。

式（3）是税收函数，这里的税收仅为个人所得税，T_0——自主税收；t——税率（$0 < t < 1$）。

当社会总需求和社会总供给相等，即产出水平和总需求相等时，均衡产出水平 Y_0 就是国民收入。将式（2）、式（3）代入式（1）得到：

$$Y = C + I + G = C_0 + c(Y - T_0 + Ty + CR) + I + G$$

整理后得到均衡收入水平的方程为：

$$Y_0 = \{I/[1 - c(1 - t)]\} \times [C_0 + c(TR - T_0) + I + G] \tag{4}$$

由式（4）的推导过程可以看出，作为政府财政政策的政策采购、税收和政府转移支付的调整，都会引起社会总需求的变化，进而调节国民收入均衡。

二、开放经济下的财政政策

蒙代尔—弗莱明模型也称 IS - LM - EF 模型，它是在 IS - LM 模型的基础上引进对外部门而形成的。IS 曲线为商品市场均衡时利率与国民收入的组合线，在开放经济下，其变动不但受消费、投资、政府购买性支出作用，并开始收到进出口净额的影响（顺差本币升值，逆差本币贬值）。LM 曲线作为货币市场均衡时利率与国民收入的货币市场均衡线，不但受货币供求影响，并且开始受到汇率的影响。同时 BP 曲线作为国际收支均衡线，则直接受着国内商品市场与货币市场均衡的作用，三者间形成相互作用的态势，在 IS－LM－EF 模型中实施财政政策调节，将直接调节国际收支平衡，促进内需与外需，内部供给与外部供给的平衡（见图 13－4）。

在图 13－4 中：设 X 轴为国民收入，Y 轴为利率 i。IS 曲线（投资－储蓄曲线）系商品市场均衡时利率与国民收入的组合；LM 曲线（货币需求－货币供给曲线）系货币市场均衡时利率与国民收入的组合。BP 曲线（国际收支均衡线）即国际收支平衡时利率和国民收入的组合。

在 IS－LM 模型中加入 BP 曲线，其功能也更加健全。分析一国经济内外均衡不同作用的 IS－LM－BP 模型，其假设前提有三：（1）价格水平不变，总供给曲线水平。这样，产出就完全由总需求水平决定，此外，名义汇率与实际汇率没有区别。（2）即使在长期，购买力平价也不存在。因此，浮动汇率制下的汇率完全依据国际收支状况调整。（3）不存在汇率将发生变动的预期，投资者风险中性。

国际收支平衡是由国民收入决定的经常账户和由利率决定的资本账户的总体平衡。BP 曲线向右上方倾斜，若均衡国民收入水平提高，进口需求的增加会导致经常账户恶化，其他条件不变则需要利率的提高以吸引资本流入以平衡经常账户的恶化。

BP 曲线中任何一点均代表国际收支平衡，BP 曲线之下的点表示国际收支处于逆差状态，BP 曲线之上的点表示国际收支处于顺差状态。BP 曲线的位置受一国货币汇率值和其他所有能够影响国际收支因素的影响，其斜率主要取决于边际进口倾向的大小和国际资本流动的利率弹性或一国资本市场的自由化程度。为简单起见，以下假定资本市场完全开放，此时，BP 曲线的利率弹性无穷大即 BP 曲线为水平线。

（一）固定汇率制下的财政政策（见图 13－5）

在图 13－5 中：设 X 轴为国民收入，Y 轴为利率 i。在固定汇率制下，实行扩张性财政政策将使 IS 曲线右移，与 LM 曲线相交于 E′点，利率与国民收入都有所增加。这时利率高于国际均衡水平，吸引大量国际资本流入本国，造成巨额国际收支顺差，对本币造成升值压力。中央银行为了固定汇率，就必须在外汇市场抛售本币、购进外汇。结果本国货币供给增加，价格水平不变时，LM 曲线右移，最终在 E″再度实现内外均衡。此时，收入水平进一步提高到 Y″。可见，在固定汇率制度下，如果一国资本市场完全开放，或国际资本完全自由流动，扩张性财政政策的作用被顺差形成的货币因素最充分地放大，财政政策非常有效。

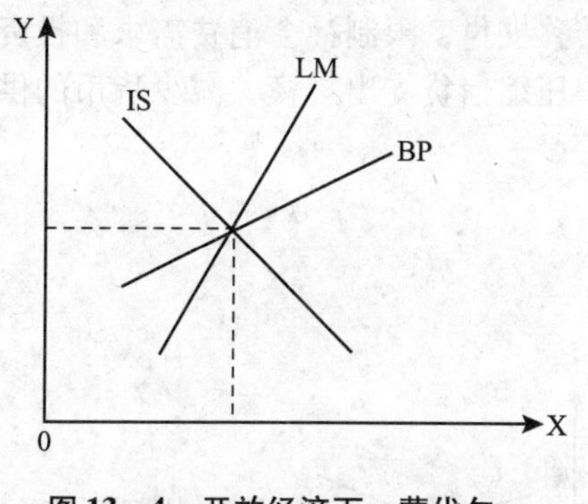

图 13-4　开放经济下：蒙代尔—弗莱明模型

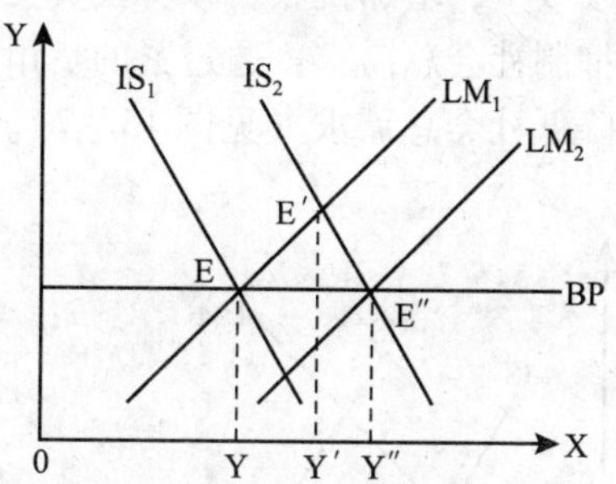

图 13-5　固定汇率下：IS-LM-BP 模型中的财政政策

（二）浮动汇率制下的财政政策（见图 13-6）

在图 13-6 中：设 X 轴为国民收入，Y 轴为利率 i。在价格给定的条件下，国内商品市场的均衡会受到汇率变化的影响，在浮动汇率制下，当国内外商品价格不变时，本币贬值会使本国商品更具竞争力，净出口增加，从而使得 IS 曲线右移；相反，本币升值将使 IS 曲线向左移动。因此，当本国利率高于国外利率时，本币升值，IS 曲线向左移动；当本国利率低于国外利率时，本币贬值，IS 曲线向右移动。由此可见，在浮动汇率制度下，财政政策的作用会受汇率变动的制约。

在浮动汇率制下，当政府实施扩张性财政政策时，IS 曲线右移，使产出提高，对货币的需求增加，导致利率上升。由于资本市场完全开放，财政扩张引起的利率水平上升导致大量资本内流，造成国际收支顺差。国际收支顺差会使外汇市场上外汇供给大于外汇需求，由于汇率可以自由调整，于是本币升值。本币升值则会抑制出口的增长，促进进口增加，从而减少总需求，IS 曲线向左移动直至原来的位置。可见，在浮动汇率制度下，如果本国资本市场完全实现国际一体化，则扩张性财政政策会受到货币升值效应的完全抵消，即产生完全的挤出效应，结果财政政策无效。

三、财政政策与货币政策的协调

根据宏观经济需要，财政、货币政策可以组成四种政策搭配并形成一定的政策功能实施调节。

（一）紧缩性财政政策与紧缩性货币政策

遇到经济膨胀、通货膨胀时，需要限制总需求。一般采取双紧政策，通过紧的财政政策，增加税收，减少投资支出和转移支付，限制社会消费需求和投资需求，抑制社会总需求；通过紧的货币政策，压缩信贷支出规模，减少货币的供给量，降低社会总需求（见图 13－7）。

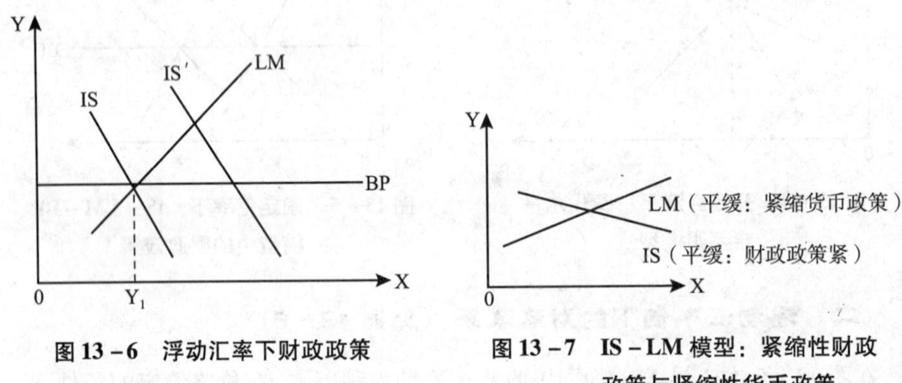

图 13－6　浮动汇率下财政政策

图 13－7　IS－LM 模型：紧缩性财政政策与紧缩性货币政策

在图 13－7 中：设 X 轴为国民收入，Y 轴为利率 i。IS 曲线（投资－储蓄曲线）系商品市场均衡时利率与国民收入的组合；LM 曲线（货币需求－货币供给曲线）系货币市场均衡时利率与国民收入的组合。

市场失衡——过热时，实施紧缩财政政策，将导致 IS 曲线平缓，投资需求对利率很敏感；同时实施紧缩性货币政策，也将导致 LM 曲线平缓，这时货币需求对利率敏感也提高，紧缩导致商品市场和货币市场的资金全面紧张，依然抑制生产与消费的扩展，抑制经济过热。

（二）扩张性财政政策与扩张性货币政策

遇到经济衰退，通货紧缩时，需要扩大总需求。一般采取“双紧”政策，通过松的财政政策，减少税收，扩大支出，增加社会收入的分配，增加社会总需求；通过松的货币政策，中央银行实施在金融市场买进国债、降低再贴现率和法定准备金率等手段，降低利率，扩大货币供应量，增加社会投资和消费，增加社会总需求（见图 13－8）。

在图 13－8 中：设 X 轴为国民收入，Y 轴为利率 i。IS 曲线（投资－储蓄曲线）系商品市场均衡时利率与国民收入的组合；LM 曲线（货币需求－货币供给曲线）系货币市场均衡时利率与国民收入的组合。

市场失衡或紧缩时，实施扩张财政政策，将导致 IS 曲线陡峭，投资需求对利率不敏感；同时实施扩张性货币政策，也将导致 LM 曲线平缓，这时货币供给增加，同时利率下降，将导致商品市场和货币市场的资金全面宽松，将抑制经济过度下滑。

（三）紧缩性财政政策与扩张性货币政策

这种政策的目的在于：在控制通货膨胀的同时，保持经济的适度增长。用紧的财政政策抑制社会总需求，避免经济增长速度过快和通货膨胀；用松的货币政策促进经济适度增长（见图13－9）。

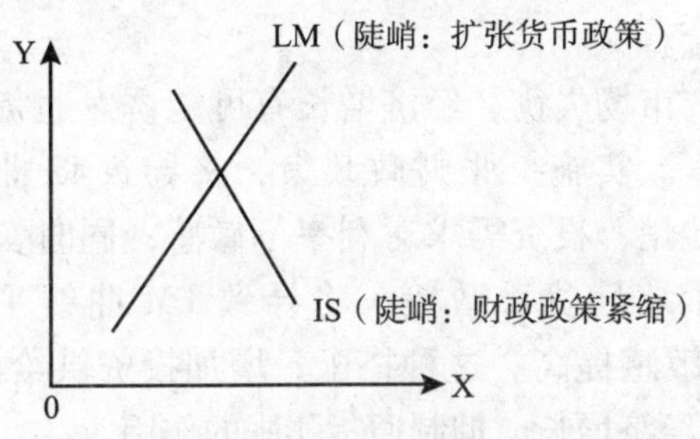

图13－8 财政－货币政策组合：扩张性财政政策与扩张性货币政策

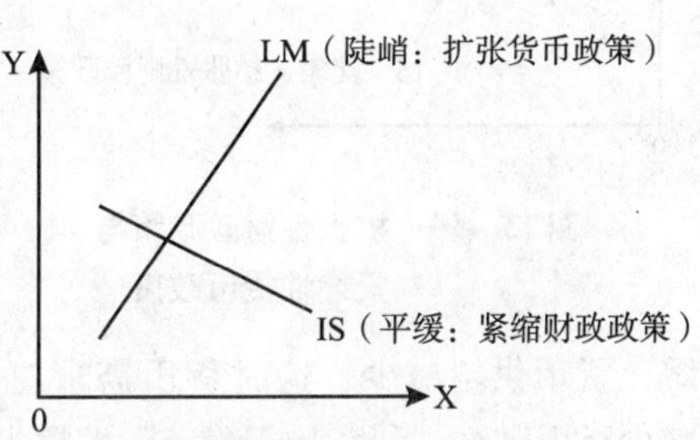

图13－9 紧缩性财政政策与扩张性货币政策

在图13－9中：设X轴为国民收入，Y轴为利率i。IS曲线（投资—储蓄曲线）系商品市场均衡时利率与国民收入的组合；LM曲线（货币需求－货币供给曲线）系货币市场均衡时利率与国民收入的组合。

市场失衡——通货存在膨胀迹象，但经济有萎缩征兆。实施紧缩财政政策，将导致IS曲线平缓，投资需求对利率很敏感；同时实施扩张性货币政策，将导致LM曲线平缓，这时货币供给增加，同时利率下降，这种配合，投资收缩，但货币供给增加，利率在资金供求平衡作用下趋向稳定，有利稳定物价；另一方面，货币供给增加可以保障经济适度增长。

（四）扩张性财政政策与紧缩性货币政策

这种政策搭配追求，在保持经济适度增长的同时，尽可能避免通货膨胀的出现。这时用松的财政政策增加社会总需求，克服经济萧条与衰退，实现充分就业；用紧的货币政策避免通货膨胀的出现，以维持经济的适度增长见表12－1。

所谓松与紧，实际上是财政与货币在资金供应上的松与紧，也就是银根的松与紧，凡是银根松动的措施，如减税、增加财政支出、降低准备金率与利息率、扩大信贷规模等，都属于“松”的政策措施；凡是抽紧银根的措施，如增税、减少财政支出、提高准备金率与利息率、压缩贷款规模等，都属于“紧”的政策措施。一般讲，如果社会总需求明显小于总供给，就应采取松的政策措施，以扩大社会总需求；如果社会总需求明显大于总供给，就应采取紧的政策措施，以抑制总需求的增长（见图 13－10）。

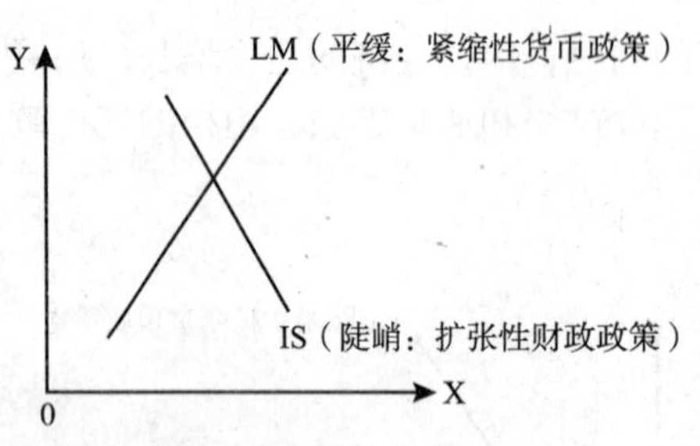

图 13－10　扩张性财政政策与紧缩性货币政策

在图 13－10 中：设 X 轴为国民收入，Y 轴为利率 i。IS 曲线（投资－储蓄曲线）系商品市场均衡时利率与国民收入的组合；LM 曲线（货币需求－货币供给曲线）系货币市场均衡时利率与国民收入的组合。

市场失衡，经济增长有可能诱发通货膨胀。实施扩张财政政策，将导致 IS 曲线陡峭，投资需求对利率不敏感；同时实施紧缩性货币政策，将导致 LM 曲线平缓，货币供给减少，这时货币需求对利率敏感提高。这种搭配，增加投资供给，减少货币供给，利率趋于稳定，发挥出促进经济增长、抑制通货膨胀的作用。

表 12－1　不同经济平衡态势及物价变化中财政、货币政策的选择

背　景	财政政策	货币政策
需＜供、通货膨胀	紧	紧
需＞供、通货膨胀	松	松
需＜供、通货紧缩	紧	松
需＞供、通货紧缩	松	紧

第六节　我国的财政政策及实践

改革开放前（1949～1978 年），鉴于我国实行的是适应计划经济的供给财政，因此，一致采用的是全面直接干预的财政政策。

1992 年我国开始转入社会主义市场经济，初步建立与此相应的间接调控的财政政策机制。经过近 20 年探索，我国确立起以"经济增长、充分就业、物价稳定和国际收支平衡"的财政政策目标，初步建立起以消费型增值税为主体的流转税和统一的企业所得税为主体的复合型税收体系，以采购性支出为主、转移性支出为辅的财政支出体系，以中央、地方两级公债并存的公债体系和以分税制为主体的财政体制的财政政策调节手段，已经成为我国政府实施宏观调节的最重要的经济手段之一。

一、1979～1996年：一放就松，一收就紧，财政政策忽松忽紧

我国政府针对改革开放初期出现的经济过热所引发的财政赤字严重、投资需求和消费需求双膨胀、物价持续上涨、外贸逆差增加等问题。

（一）围绕“调整、改革、整顿、提高”，实施从紧的财政政策

1979年针对改革开放的冲动，中央提出了“调整、改革、整顿、提高”的八字方针。初步尝试实施适度从紧的财政政策：

一是改革财政体制，实行“分灶吃饭”，促进各级财政实现收支平衡。1980年除北京、天津、上海继续实行“总额分成、一年一定”的体制外，各省、自治区实行了“划分收支、分级包干”的财政体制，打破了统收统支的局面，调动了中央和地方增加财政收入的积极性，事权和财权的统一、权利和责任的统一促使地方合理地安排财政收支和自求平衡，促进了财政赤字的压缩。

二是压缩基建规模，控制投资需求。1979年，财政部发布了《关于加强基本建设财务拨款管理的通知》，要求基本建设不能突破国家预算指标范围；严格按照国家计划供应资金；严格执行结算纪律，防止和制止拖欠贷款；严格按照基本建设程序办事，纠正边设计、边施工、边生产的做法。对引进的项目和1000多项未完工程，除保留必要的部分外，全部停建、缓建；对大部分非生产性项目也实行停建、缓建。同时，严格基建投资的审批手续，并将基建资金逐步改为有偿使用，强化了投资硬约束。通过这些措施把国家预算内的基本建设投资规模每年的增长速度控制在10%～25%之间，避免出现大起大落的现象。

三是控制消费需求，压缩各项开支。对社会集团购买力实行计划管理和限额控制。1980年对文教、科学、卫生、体育等事业单位和行政机关实行“预算包干，结余留用，征收归己”的办法，防止扩大支出和年终突击花钱。同期开展了财政纪律大检查，有利的促进增收节支。

四是增加农业、轻工业投资，提高消费品供给能力。为了改变农产品和日用品供不应求的局面，1979年安排了174亿元财政支农资金，1980年在提高农副产品价格和增加补贴的同时，支农资金也达到150亿元；除较多地安排轻工业基本建设投资外，财政还增加了轻纺工业挖潜改造和专项贷款15亿元。通过增加供给，缩小消费品供应量与购买力之间的差距，平衡总供给与总需求。

五是稳定市场，平抑物价。1979年，国家将粮食统购价格提高了20%，在此基础上超购加价幅度从原来的30%提高到50%，同时还相应提高了油料、棉花等农副产品的收购价格。粮油统购价格提高后，由财政补贴，当国家平价粮食

供应出现缺口时，将议价收购的粮食平价销售。1980 年，国家财政的粮油价差补贴、超购粮油加价补贴和粮食企业亏损补贴支出共计 108.01 亿元，比 1979 年增加了 47.39%，有力地平衡了商品供求，保证了物价稳定。

六是调整进出口商品结构，平衡国际收支。首先，控制需要大量补贴的产品出口，减少高亏商品的出口，减少国家对外贸的财政补贴，调整进出口商品结构；其次，对出口创汇企业实行税收等各方面的政策倾斜，鼓励扩大生产出口商品，实现国际收支平衡。

通过宏观调控，基本实现了财政收支平衡、物价稳定和信贷平衡的预期目标。

（二）围绕紧缩过度：实施宽松的财政政策

但由于经济调整中紧缩力度过大，经济增长率从 1980 年的 7.8% 降到 1981 年的 5.2%。为了扭转国民经济出现的下滑，1982 年开始实行宽松的财政政策和货币政策，通过放松银根，继续深化财政体制改革，对企业实行利改税，调动企业和地方的生产积极性，增加有效供给，缩小总供给与总需求之间的差距。从 1982 年开始，国内生产总值增长速度逐步回升，当年增长 9.1%，增幅较上年提高 3.9 个百分点，1983 年加快到 10.9%。

（三）一放就热：再次实施从紧的财政政策

从 1984 年后期开始，国民经济过热的迹象又逐步显现，社会总需求与总供给的差额不断扩大，投资消费高速增长，价格总水平大幅攀升。为满足社会固定资产投资增长的要求和解决企业流动资金短缺的问题，国家不断扩大财政赤字，而为弥补赤字，银行超量发行货币，又加剧了物价指数上升。鉴于这种情况，1988 年 9 月，十三届三中全会提出“治理经济环境、整顿经济秩序、全面深化改革”的方针。实行了紧缩财政、紧缩信贷的“双紧”政策。

1. 大力压缩固定资产投资规模

1988 ~ 1989 年停建、缓建 1800 个固定资产投资项目。同时，将调整预算外基建投资作为压缩投资需求的重点，一方面通过征集国家预算调节基金限制预算外资金的规模，合理引导预算外资金的流向；另一方面鼓励能有效地增加供给的生产投资，限制“楼、堂、馆、所”及住宅等非生产性投资的规模。

2. 控制社会消费需求

为了控制消费基金继续膨胀，首先，严格控制社会集团消费，把专项控制商品由 19 种扩大到 32 种；其次，限制奖金等工资外收入的增长幅度，通过大力吸收存款来减少现期购买力；再次，对一部分高档耐用消费品如冰箱、彩电等采用专卖的办法，以减少流通环节的人为涨价因素。为了稳定粮食和主要副食品的销售价格，国家财政继续保留定额补贴，对某些品种的补贴额甚至还有所增加。此外，还在1989年财务大检查中把滥发奖金、实物列为一个重要内容，并将其作为一项考核制度，实行首长责任制。

3. 紧缩中央财政开支

削减财政投资支出，对经营不善、长期亏损的国有企业停止财政补贴，对落后的小企业进行整顿和关停并转等；大力压缩行政管理费支出，至1990年行政管理费占财政支出的比重由上年的42.2%压缩到7.3%；为了减少货币投放，对所有单位持有的1981～1984年发行的国库券，推迟三年偿付本息。

4. 进行税利分流试点和税制改革

1988年在重庆进行税利分流试点，1989年扩大试点范围，企业利润先以所得税的形式上交国家，税后利润以一部分上交国家，余留部分归企业。对固定资产投资贷款由税前利润归还，改为由税后利润和折旧基金及其他企业自主财力归还。与此同时，对税制进行改革，1989年开征建筑税，将自筹基建投资建筑税由原来的单一税率改为差别税率，对非生产性建设、计划外建设和非重点建设实行高税率，对小轿车、彩色电视机征收特别消费税。

"双紧"的财政货币政策实施后，经济过快增长得到了控制，物价迅速回落到正常水平，需求膨胀得到化解，固定资产投资的结构有所调整，产业结构不合理状态有所改变。但是，由于"双紧"的财政货币政策，使企业在流动资金严重短缺的情况下，生产难以正常运转，经济效益明显下降。随着经济增长速度的快速回落，居民收入的增幅也有一定的下降，市场不同程度地出现了疲软，财政困难也日益加剧。

（四）转入市场经济：适度从紧的财政政策

1992年，在邓小平"南方谈话"和中共的十四大精神鼓舞下，全国排除干扰，解放思想，又掀起了新一轮的经济建设高潮。至1993年上半年，经济运行的各项指标继续攀升，投资增长过猛，基础产业和基础设施的"瓶颈"制约进一步加剧，市场物价水平迅速上升，经济形势十分严峻。为了保持国民经济的平稳发展，党中央果断做出深化改革、加强和改善宏观调控的重大决策，1993年提出了加强调控的16条措施，其中财政政策发挥了重要作用。

一是改革财政体制，调整中央与地方的财政分配关系。1994年起实行分税制，按照中央政府和地方政府各自的事权，划分各级财政的支出范围；根据财权事权相统一的原则，合理划分中央与地方收入；按统一比例确定中央财政对地方税收返还数额；妥善处理原体制中央补助、地方上解以及有关结算事项。财政体制的改革，规范了中央和地方政府的分配关系，提高了“两个比重”，增强了国家的宏观调控能力。

二是实行税利分流，规范政府与企业的分配关系。1992 年，税利分流在全国企业普遍试点，试点企业达到了 4000 多户。税利分流理顺了国家与企业的利润分配关系，把激励与约束机制统一起来。而且国家与企业利益共享、风险共担，提高了企业经营管理的积极性。更重要的是国家可以运用税收和利润两种渠道组织财政收入和调解经济运行，财政收入随着企业收入的提高而增长，从而提高了国家的宏观调控能力。1993 年，颁布实施了《企业财务通则》及《企业会计准则》，使国家与企业的关系进一步走向规范化。

三是进行大规模的税制改革。首先，建立以增值税为主体的新流转税制度，规定增值税分 13% 和 17% 两档基本税率，小规模纳税人实行按销售收入 6% 的税率征税；同时，扩大了消费税的征收范围，采取从价定率和从量定额两种征收办法；营业税的税目也进行了合理调整。其次，改革企业所得税制度，取消了按所有制形式设置所得税的做法，对国有企业、集体企业、私营企业以及股份制和各种形式的联营企业，均实行统一的企业所得税。国有企业不再执行承包上缴所得税的办法，还取消了所得税前归还贷款、上缴国家能源交通重点建设基金、国家预算调节基金的规定。再其次，改革个人所得税，建立了统一的个人所得税，个人应纳税所得在原来六项的基础上又新增加了五项，计税方法上采取分项征收。这次税制改革调整了国家、企业和个人之间的分配关系，对价格、金融、外贸、计划、投资等领域产生了一定的影响，特别是有效地抑制了投资膨胀，保障了财政收入。

同时，严格控制投资规模，清理在建项目，严控新开项目，加强房地产市场管理；强化税收征管，清理越权审批减免税，限期完成国债发行任务，控制社会集团购买力过快增长，把预算会议费压缩 20%，控制出国活动和各种招商办展活动，控制各项债券年度发行规模和债种；控制地方政策债券发行。

二、1997~2009 年：实施反周期财政政策调节

随着社会主义市场经济的成熟，我国开始着手建立“公共财政”体制框架，财政政策也从制度调整进入政策调节，并尝试进入长期的反周期政策调节。

（一）应对亚洲金融危机，实施积极的财政政策

1997 年 7 月 2 日，亚洲金融风暴在泰国爆发，迅速席卷东南亚诸国，我国对外贸易受到了严重冲击。同时，产业结构不合理、低水平的产品过剩与高新技术

产品不足并存、城乡结构不合理、区域经济发展不协调等经济结构问题对亚洲金融危机的冲击产生了放大效应。面对国内外经济和市场形势，在货币政策效应呈递减之势和坚持人民币汇率稳定政策的情况下，财政政策成为宏观调控的重要工具。为了扩大需求，从1998年7月开始，国家实施了积极财政政策。

1. 积极的支出政策

积极的财政政策在支出上主要侧重三方面：第一，以增发长期建设公债作为筹集资金的主渠道，1998~2002年，中央财政累计增发国债6100亿元长期建设国债和500亿元特种国债，共计6600亿元，拉动银行贷款和各方面配套资金逾2万亿元。第二，加大政府对基础设施的投资，1992~2002年，增发的长期建设国债所筹资金主要用在了基础设施建设上，其中，用于农林水和生态建设方面1435亿元，用于交通建设方面1140亿元，用于城市基础设施建设955亿元；第三，以提高中低居民收入水平和社会保障水平。充分发挥调节收入分配的作用，提高城市居民个人消费能力。1999~2002年，连续三次提高机关事业单位职工工资标准，还实施了年终一次性奖金制度，使机关事业单位职工月人均基本工资水平翻了一番。同时，中央财政大幅增加对“两个确保”和城市“低保”的投入，增加对中西部地区行政事业单位人员工资和建立“三条保障线”的资金补助，加快了社会保障体系建设。这些收入分配政策的调整和实施，有力地增强了居民消费能力。增加社会保障、科教等重点领域的支出。中央财政支出中教育经费所占比例从1998年起连续五年都比上年提高1个百分点；1998年中央财政安排144亿元补助资金和借款，专项用于国有企业下岗职工基本生活保障和再就业工程；为了加快省级统筹养老保险制度改革，扩大养老保险覆盖面，中央财政增加转移支付20亿元。这些措施的出台与实施，从根本上改善了我国的宏观经济运行。

2. 积极的收入政策

为了鼓励出口，进一步提高了一些在国际市场上具有竞争力和产业关联度较高的产品的出口退税率五是支持经济结构调整，促进国有企业改革。

支持国有企业关闭破产，仅2002年中央财政就拨付关闭破产补助资金129.58亿元，安置职工38万人；加大治理乱收费力度，减轻企业和社会负担。1997年以来，国家取消不合法和不合理的收费项目近2000项，降低近500项收费标准。1998年清理了涉及企业的政府性基金和收费，减轻企业和社会负担370多亿元。实行“债转股”，对部分有市场、有发展前景，但负债过重而陷入困境的大中型重点企业，在建立现代企业制度的同时，通过金融资产管理公司，将银行的债权转为股权，降低企业资产负债率，增强企业活力。

积极财政政策1998年对GDP增长贡献率为1.5个百分点，1999年为2个百分点，2000~2002年在1.5~2百分点之间。

（二）应对金融海啸：实施积极财政政策和适度扩张的货币政策

为应对国际金融危机带来的不利影响，决定实施积极财政政策和适度扩张的货币政策。

1. 实施积极的财政政策

为了应对国际金融危机，保持经济平稳较快发展，我国政府2008年来审时度势的转为实施积极的财政政策。主要包括：（1）收入方面：全面实施消费性增值税，减轻企业税负约3000亿元，促进企业增加自主创造和技术改造的投入。实施成品油税费改革，在消费税中开征石油消费税；取消和停征100项行政事业性收费，将个人所得税工薪所得减除费用标提高到2000元，调高部分产品的出口退税率，取消和降低部分产品出口关税，降低证券交易印花税税率，实行卖方单边征收（卖方1‰），暂免征收储蓄存款和证券交易结算资金利息所得税，降低住房交易税收等一系列税费减免政策。实行结构性减税和推进税费改革，减轻企业和居民税负，促进企业投资和居民消费。（2）支出方面，2009年预算赤字9500亿（占GDP的3%，在风险控制范围内，累计预算赤字为6万亿元，占GDP的20%，也低于世界通行的赤字余额占GDP 60%的风险控制标准），推出了4万亿元投资经济刺激方案。拟于2009～2010年两年内中央财政投资1.18万亿元，带动地方政府和社会投资共约4万亿元，侧重支持改善民生、基础设施、技术改革和环境保护等事业；优化财政支出结构，继续加大对重点领域投入，严格控制一般性开支，努力降低行政成本。（3）发行公债。

2. 实施适度宽松的货币政策

坚持以市场供求为基础的，参考一篮子货币调整的，有管理的浮动汇率制度。保持人民币汇率的稳定。

2008年来连续三次下调存款准备金率，四次下调基准利率改善金融宏观调控，促进货币信贷总量合理稳定增长。优化信贷结构，加强对信贷投向的监测和指导，加大对“三农”、中小企业、自主创新、节能减排、扩大消费等方面的金融支持，切实解决中小企业融资难问题。严格控制对高耗能、高污染和产能过剩行业企业的贷款。进一步理顺货币政策传导机制，保证资金渠道畅通。加强和改进金融监管，维护金融稳定和安全。

案例分析

案例13－1　美国次贷危机及政府的出手

由美国次债危机导致的金融危机，正呈现出愈演愈烈的蔓延态势。美国数十家银行破产或关闭，其五大投行无一幸免，美林被收购，雷曼申请破产保护，高盛与摩根士坦利改变了单一的投资银行的角色定位，而华尔街模式亦被终结。并且，次债危机风波不仅导致美国股市的大幅暴跌，4 年之后万点大关不保，也波及到欧洲及亚太股市。10 月 6～10 日这一周，堪称全球股市“黑色”的一周：日经指数下跌 24.33%、莫斯科 MICEX 指数下跌 24%、中国香港恒生指数下跌 16.32%、上证指数下跌 12.92%、伦敦金融富时 100 指数下跌 19.8%、纽约道琼斯指数下跌 21%。

美国政府为了抵御前所未见的金融海啸，从财政政策到货币政策倾全力出手救市。

——货币政策

1. 降低利率。为化解次贷危机可能引发的经济衰退风险，美联储于 2007 年 9 月 18 日决定将保持了 14 个月的联邦基金目标利率从 5.25% 下调至 4.75%，这是美联储自 2003 年以来首次下调该利率。随着次贷危机影响的扩散，美联储连续降息，到 2008 年 4 月 30 日，美联储连续 7 次降低联邦基金利率至 2%。

2. 贴现窗口重新启动. 美联储于 2007 年 8 月 17 日宣布将贴现利率降低 50 个基点，即从 6.25% 降到 5.75%。之前美联储对贴现利率与联邦基金利率的调整基本保持同步，两者之间一般维持 100 个基点的利差，本次单方面下调贴现利率后两者的利差缩小为 50 个基点。

3. 短期贷款拍卖工具应运而生。

——财政政策

以政府为主体推出 7000 亿美元救市方案，实施包括购买金融不良资产、紧急贷款、政府担保等措施。

这些补救举措，都显示市场无法短期内实现回转，而只能依靠政府职能来实行，防止市场的进一步衰退。

巫建国编写

编者按：

美国次贷危机的出现，并不能证明市场经济已经崩溃！但它明白地告诉我们，放任市场会带来可怕的后果的，政府的宏观调控是不可缺少的，尤其是在金融合业经营、金融创新繁荣与浮动汇率制主导的作用下，各业风险交织、货币乘数效应不断放大，货币效应跨国界传递，如何有效地进行金融监管，如何加强宏观调控？是我们今后一个时期始终要学习和探索的关键，也是世界各国政府都在考虑的问题。

案例 13－2　世界“寒冬”下的中国机遇

世界经济衰退的寒冬已悄然来临。经济衰退的定义是 GDP 连续两季度倒退。

上月中旬，欧元区15国公布第三季有0.2%负增长，已连续两季如此；日本第三季有0.1%负增长、第二季更有0.9%负增长。日前，美国国家经济研究局也宣布早在去年第四季已收缩了2%，只不过因政府的派钱才使今年首两季略有增长。这样占世界65%GDP的三大经济体已进入衰退期，整个世界难以幸免。

中国除境外投资失利外，实体经济也不容乐观。社科研日前发布2009年《经济蓝皮书》，预测2008年GDP增长9.8%，在2009年有望保持9%。但即使如此，按照国际上经济衰退按季比较的做法，中国经济也有可能正面临衰退。

1. 西方主要经济体的衰退是从经济只有小量或不再增长的顶峰情况下回落的，而中国内地的经济还在继续保持增长，以西方的标准看仍可谓“高速”，只不过这个速度自今年年中开始减速。

2. 西方经济危机必将带来大量失业和社会不安气氛，中国内地却未必如此，内地之所以要保“八”增加，除要把“饼”做大外，主要要解决从农村流向城市人口的就业问题。只要中央的“三农”政策对头，不断增加农村活力、不断改善农村设施、不断扩充农业出路、不断提高农民生活，中国的农民未必要离乡背井出外谋生，确要如此的，人数也会有所减少，可以减少就业压力。

3. 中国内地当前GDP的减速，主要是美欧市场萎缩造成的。但在经济衰退时，省吃俭用的人们仍要维持基本的生活需求，财富收缩、收入减少的美欧居民将尤其依赖中国价廉物美的产品。G20和APEC峰会已承诺未来一年内不增设任何贸易壁垒，而能源材料价格正下调、人民币不再升值，中国制造的商品还是有竞争力的。中国不应因开拓内需和美欧以外的国际市场而放弃原有市场，而应当采取内需和出口并举的策略。

过去一年多美国试图利用美元贬值刺激出口挽救经济，虽然出口增加了，但经济仍无起色，因为中美国情不同，房贷和衍生工具造成的经济危机并不能用简单增加出口来挽救。

4. 除了在危机中寻求出口机遇外，中国还可以增大投资刺激经济。不久前，中央政府提出以4万亿人民币振兴经济方案，各地方政府也准备拿出20万亿来做。当前中央和各地方政府财政宽裕、政府发债信誉良好、城乡居民长期保持35%的高储蓄率，即使外来投资减少，也不会捉襟见肘。但也不能乱投，务必以科学发展观严格审查各项目，讲求经济和其他社会效益。而美欧金融机构已经对各种衍生工具做过度投资，损失惨重，即使有宽松的货币政策，也不敢放贷。

美国金融危机已蔓延世界，已经影响世界实体经济的发展，中国提出要把自己的事情办好的重大战略决策，无疑是正确的。据媒体报道，美国国家情报委员会发表《2025年全球态势：转变中的世界》报告，预测中国届时将成为世界第二大经济体、主要的军事大国。中国应当把握世界金融危机中的际遇，办好中国自己政治、经济、社会、文化上的大事，在踏入老龄社会之前，实现国家统一，成为世界强国。

资料来源：《香港文汇报》2008年12月10日。

编者按：

美国次贷危机引发了波及世界的金融危机，但也带来了难得的机遇。首先，这场危机引发我们对现行国际金融体系要进行反思，提示我们要善于从制度上保障基本资产的质量；严格控制杠杆率（负债率）；加强对评级机构及中介机构的管理；控制各个环节的道德风险。其次，告诫我们在目前资产价格大幅度下降时利用好宝贵的富余的外汇储备，去收购一些我们缺乏的资源类商品，匮乏的经济实体部门，从而减少人民币升值的压力。最后，我国可以通过扩大内需来推动我国经济的发展，进而推动世界经济的发展，扩大我国的国际影响力。

案例13-3 财政政策转型需要兼顾的几种关系

（天津财经大学 武彦民教授）

面对2008年突如其来因次贷危机而引发的全球金融海啸，我国政府迅速出手，全面调整宏观调节政策，开始实施积极财政与适度扩张的货币政策，在这种情况下，财政政策的转型需要兼顾这样一些经济关系：

1. 政策刺激与社会公平管理的关系——少数人收益；
2. 政府刺激与抑制通胀的关系——矫枉过正；
3. 政府刺激与财政风险的关系——尽力实现双赢；
4. 政府刺激与纳税人负税能力的关系——不要过分实现救市负担的代际化转移；
5. 增加居民购买力与政府直接购买的关系——要探求宏观均衡与微观效率的统一；
6. 出手要快与依法决策——法制民主的统一，忌讳欲速则不达；
7. 政府转移支付与完善市场机制的关系——国营与民营的区别对待；
8. 政府刺激与房价降价惯性的关系——不能寄希望一竿见影；
9. 我国财政政策与其他国家财政政策均衡的关系——不必要求标新立异；
10. 财政政策与货币政策——前者为主。

编者按：

这是一些政府在社会转型期制定政策必须兼顾的重大经济关系，确实值得深思。其核心在于“统筹兼顾”，也即要会“弹钢琴”。

——坚持统筹兼顾，关键在于处理好我国这样一个十几亿人口的发展中大国的改革、发展与稳定的问题，处理好全体人民的根本利益和各方面利益的关系，真正把全体人民和各方面的积极性、主动性、创造性发挥出来。

——自觉地实现统筹兼顾，并不是简单地摆平各方面关系，既要总揽全局、统筹规划，又要抓住牵动全局的主要工作、事关国家长远利益的突出问题，着力推进、重点突破。

——善于站在国家安全和发展战略的全局高度，统筹经济建设和民生提高；统筹国内国际两个大局，树立世界眼光，加强战略思维，努力营造良好的社会环境，防止城乡社会结构的断裂，防止区域发展出现鸿沟，防止发生与社会主义原则相违背、并导致社会主义基础瓦解的两极分化，防止单纯追求 GDP 增长速度、不惜牺牲其他社会发展价值的偏向，防止对资源的滥用和对生态环境的破坏。

财政分配是统筹各方利益的中枢，善于树立兼顾性、系统性与长远性的辩证思维。

【注释】

1. 经济学说流派史迹：重商主义（威廉·配弟）——重农学派（魁奈）——古典经济学（亚当·斯密，大卫·李嘉图，萨伊）——社会主义学说（普鲁东，马克思）——新古典经济学（马歇尔）——凯恩斯主义——现代凯恩斯主义（后凯恩斯学派—萨缪尔森，托宾；新剑桥学派—琼·罗宾逊）——货币主义、制度学派、供给学派——新凯恩斯主义。

2. 滞涨。即经济停滞与通货膨胀并存。

3. 流动性陷阱。它是凯恩斯提出的一种假说，指当一定时期的利率水平降低到不能再低时，人们就会产生利率上升而债券价格下降的预期，货币需求弹性就会变得无限大，即无论增加多少货币，都会被人们储存起来。发生流动性陷阱时，再宽松的货币政策也无法改变市场利率，使得货币政策失效。

4. 2005 年 7 月 21 日，中国人民银行宣布我国开始实行以市场供求为基础、参考一篮子货币进行调节、有管理的浮动汇率制度，并将美元对人民币交易价格调整为 1 美元兑 8.11 元人民币。

5. 财政政策与货币政策的协调。

财政政策与货币政策是政府实施宏观调节的两大基本政策，在作为政府实施宏观调节的基本手段，它们具有共同的政策目标，而鉴于其内在特性又具有不同的政策功能，因此，在宏观经济调节中两者的协调尤为关键。

货币政策是政府为实现一定的宏观经济指标所制定的关于货币供应和货币流通组织管理的基本方针和政策。

货币政策传导机制理论（凯恩斯学派）。其基本思路是：通过货币供给 M 的增减影响利率 R，利率的变化通过资本边际效率的影响使投资 I 以乘数方式递增，而投资的增加会进一步影响总支出 E 和总收入 Y。这种传递关系用符号表示为：

$M \rightarrow R \rightarrow I \rightarrow E \rightarrow Y$

财政政策与货币政策的差异。在市场经济条件下，财政政策和货币政策是政府对国民经济实施宏观调节的主要手段，两种手段相互协调，可以有效地实施投资、储蓄、国民收入、货币供给的调节，从而使国民经济达到均衡状态。财政、货币政策的政策目标（稳定物价、充分就业、经济增长和平衡国家收支）是一致的，但各自的功能不同，作用机理不一，调节的着力点有别，既有各自的优势也有其局限性。在宏观调节过程中，两种手段必须注意配合，才能达到较佳的效果。

财政政策的优势：

——调节国民收入和财富的分配，特别是调节极差收入，调节贫富悬殊，避免两极分化，实现社会公平和公共富裕等方面发挥重要作用。

——弥补市场缺陷，对私人不愿投资和私人不适合投资的领域有效发挥资源配置功能。

——通过税收分配、转移支付等手段调节和优化经济结构，促进区域经济协调发展。

——通过财政收支分配，调节总需求。

——通过财政补贴、社会保障等措施实现在特殊情况下的特殊调节，克服经济困难，保证经济发展和社会稳定。

财政政策的局限性：

——财政政策对社会总需求及价格调节不如货币政策直接，前者一般只是改变总量中的比例和布局，后者则直接作用于总量。

——财政政策对经济调节力度虽大但容易冲击市场机制，而货币政策与市场机制结合紧密，对经济调节作用比较平衡，不易引起剧烈震荡。

——财政政策对提高资金使用效率缺乏刺激，因其作用不是靠经济主体的竞争，缺乏市场供求关系和机制的作用。

——财政决策是一个政治、经济决策过程，需要履行法律程序，时间性长，而货币政策一般由货币当局根据经济形势决定，灵活性要高得多。

附注1：蒙代尔—弗莱明模型（IS－LM－FE 模型），其中 IS 曲线表示产品市场平衡，LM 曲线表示货币市场的平衡，FE 曲线表示国际收支的平衡，三条曲线的交点意味着三个市场同时达到均衡目标。蒙代尔—弗莱明模型分析了在固定汇率制度和浮动汇率制度下，资本完全流动、有限流动和不流动三种情况下，财政政策和货币政策在实现内外均衡过程中，对收入影响的不同效应。(1) 资本完全流动情况下：在固定汇率制度下财政政策对收入增长的影响是有效的，货币政策对收入增值的影响是无效的；在浮动汇率制度下财政政策对收入增长的影响是无效的，货币政策对收入增值的影响是有效的。(2) 资本有效流动情况下：在固定汇率和浮动汇率制度下，财政政策和货币政策对收入增长的影响都是有效的，在不同的汇率制度下不同政策的效力大小取决于资本流动和投资对利率的弹性，当资本流动对利率的弹性大于投资对利率弹性时，浮动汇率制度下货币政策比固定汇率对收入影响的效力大；当资本流动对利率的弹性小于投资对利率弹性时，浮动汇率制度下财政政策比固定汇率制度下对收入影响的效力大。(3) 资本不流动情况下：在固定汇率制度和浮动汇率制度下财政政策和货币政策对收入增长的影响都是有效的。而且浮动汇率制度下财政政策和货币政策比固定汇率制度下对收入影响的效力大。

附注2：蒙代尔的"政策配合论"。蒙代尔的"政策配合论"的特色在于它强调以货币政策促进外部均衡，以财政政策促进内部均衡的政策主张。

他设 G 为财政政策；用 R 代表货币政策。在这一框架中，IB 曲线为国内均衡轨迹，EB 曲线为外部均衡轨迹，F 点为 IB 和 EB 曲线的交叉点，表示国内外均达到平衡。

蒙代尔认为在财政、货币政策的配合上有两种方法：一种是以财政政策对外，货币政策对内，这样配合的结果会扩大国际收支不平衡；另一种是一财政政策对内，货币政策对外，这样可以实现良性循环，逐渐缩小国际收支的不平衡。

附注3：商行业务包括三方面：一是资产业务。贷款和证券业务。二是负债业务。吸收存款、国际、央行借款、吸收存款等。三是表外业务。互换、期货等。

附注4：美国住房抵押贷款市场可分为三个档次，优质（prime）贷款面向信用等级高的客户（信用分数在660分以上）；次级（subprime）贷款通常指信用分数低于620分，收入证明缺失，负债较重的人；而Alt－A贷款介于两者之间。

附注5：国际货币体系的发展。从1870年的139年以来，人类建立了三个国际货币体系：第一个国际货币体系从1870年英国建立金本位制开始到1933年美国大萧条；第二个国际货币体系从1945年签订《布雷顿森林协定》到1971年美国宣布美元与黄金脱钩；第三个国际货币体系从1971年美元成为纸币体系至今。

【综合复习】

一、名词解释（概念题）

财政政策　IL－LS模型　流动性陷阱　政策乘数　滞胀　物价稳定　自动稳定机制

二、填空题

1. 财政政策的调节是围绕一定的________、________及________而作用，它们共同构成一定的________而实施的。

2. 经济学上把经济系统本身具有的________各种对________冲击的功能称为自动稳定器功能。

二、选择题

1. 国民收入的总需求由（　　）和投资构成。

   A. 储蓄　B. 积累　C. 出口　D. 消费

2. 国家对经济的干预主要是通过政府对（　　）的影响来实现的。

   A. 有效需求　B. 有效供给　C. 总需求　D. 总供给

3. 补偿性财政政策的着眼点是（　　）。

   A. 经济运行　B. 金融危机　C. 经济衰退　D. 经济周期

4. 刺激出口的财政政策手段主要有（　　）。

   A. 对出口商给予财政补贴　B. 对出口商实行退税

   C. 提供出口信贷　D. 减免出口商企业所得税

   E. 提供出口信贷保证

5. “双紧”政策的配合运用，一般在（　　）时期。

A. 经济衰退　B. 经济滞胀　C. 经济停滞　D. 通货膨胀

6. “双松”政策的配合运用，一般在（　　）时期。

A. 经济萧条　B. 经济高涨　C. 通货膨胀　D. 通货紧缩

7. 有效需求理论是（　　）提出的。

A. 斯狄格里茨　B. 凯恩斯　C. 马斯格雷夫　D. 拉弗

三、判断题

1. IS 曲线上的任何一点都表示物品市场的均衡。（　　）

2. LM 曲线上的任何一点都表示物品市场的均衡。（　　）

3. 乘数的大小取决于边际消费倾向。（　　）

4. 在物品市场上，利率与国民收入成反方向变动是因为利率与投资成反方向变动。（　　）

四、简答与论述题

1. 论述财政政策和货币政策配合形式及其适应范围。

2. 简述现代财政政策理论的产生过程以及各主要经济学流派关于财政政策的不同观点。

3. 分析凯恩斯主义关于财政政策的作用原理、机制和效果。

4. 比较不同汇率制度下之财政政策作用。

5. 浅谈美国次贷危机对我国的影响渠道及应对选择。

6. 试述怎样提高财政政策效应。

7. 分析内外平衡与财政、货币政策的配合。

8. 为什么在浮动汇率下货币政策相对有效，而在固定汇率下财政政策相对有效？

9. 改革开放来我国财政政策的转换及启示。

10. 财政政策乘数及推算。

11. 用数量经济学怎样测算财政政策的经济增长的贡献率？

12. 试分析 IS－LM 模型中财政政策的作用机制。

13. 试分析 IS－LM－FE 模型中财政政策的作用机制。

【阅读与参考文献】

1. 布赖恩·斯诺登、霍华德·R. 文：《现代宏观经济学发展的反思》（中译本），商务印书馆 2000 年版。

2. 多恩布什、费希尔、斯塔兹：《宏观经济学》（中译本），中国人民大学出版社 2000 年版。

3. 霍华德·文、彼得·温纳齐克：《现代宏观经济学指南——各思想流派比较研究引论》（中译本），商务印书馆 1998 年版。

4. 杰弗里·萨克斯、费利普·拉雷恩：《全球视角的宏观经济学》（中译本），上海人民出版社 2003 年版。

5. 迈克尔·梅尔文：《国际货币与金融》（中译本），上海人民出版社 1996 年版。

6. 胡代光：《西方经济学说的演变及其影响》，北京大学出版社 1998 年版。

7. 梁小民：《高级宏观经济学》，北京大学出版社 2001 年版。

8. 王志伟：《现代西方经济学流派》，北京大学出版社 2002 年版。

9. 李炜光、王晶著：《市场经济中的财政政策》，中国财政经济出版社 1998 年版。

博学之、审问之、慎思之、明辨之、笃行之。

——《礼记·中庸》

附录 1 中国：数字财经

一、2008 年年末：我国 GDP 达 29.8 万亿元，人均 GDP3180 美元

1979~2008 年间，中国国内生产总值（GDP）年均增长 9.3%，其中 20 世纪 90 年代年均增速超过 9.8%；人均 GDP 年均增长 8.1%。2008 年，中国 GDP 达 298000 亿元，居世界第六位，人均 GDP3180 美元。

2001 年以来，中国 GDP 增长率连续四年平衡地运行在 9.5%，对比 90 年代以来的情况看，中国经济增长在 1992 年达到 14.1% 的高峰后，从 1993~1999 年，连续 7 年处于平缓下滑态势。在扩张性财政政策的推动下，2000 年开始扭转下滑趋势，略有回升。2001 年，在世界经济明显减缓，特别是一些发达国家同步陷入经济衰退或下滑的大背景下，中国经济仍保持了 7.0% 的增长速度。

目前，我国初级产品和一般工业制成品产量居世界前列，农业劳动者比重已由改革开放初期的 70.5% 下降到 50%，第二产业产值占国内生产总值的比重超过 50%，表明中国工业化进程已基本跨越初级阶段，进入中级阶段。现在，我国正推动工业结构升级以带动工业增长质量和国际竞争力的提高，加快传统产业的技术改造和新兴产业的发展，推进市场化、城市化与工业化的协调发展，提高第三产业产值占国内生产总值的比重，推动农村剩余劳动力向非农产业转移，以进一步推进工业化进程和从工业大国走向工业强国。

在 20 世纪的大多数年份里，我国经济基本是在短缺中运行的。进入 20 世纪 90 年代以后，能源、交通运输与邮电通信、重要原材料等基础产业和基础设施快速发展，“瓶颈”产业制约经济增长的现象得以缓解。一般工业品出现了卖方市场向买方市场的转化，我国告别了商品短缺时代。目前，不仅一般工农业产品，而且生产资料都已初步形成买方市场。制约经济发展的因素主要是市场需求；企业发展途径从争项目、争投资、扩大生产能力转向提高企业的核心竞争能力；政府宏观经济政策目标着眼于扩大需要、促进经济增长、创造就业机会和保持社会稳定。需要指出的是，目前消费品和生产资料市场供大于求的状况只是一种低水平的相对过剩。我国人均收入水平仍然较低。同时，由于供给结构不能适

应消费结构的变化，大量低水平供给能力处于过剩状态，而相当部分产品和服务的供给不能满足需求。我国实行以公有制为主体、多种所有制共同发展的经济制度。经济成分划分为两大类别：一为公有经济，包括国有经济和集体经济，还包括混合所有制中的国有成分和集体成分；第二类为非公有经济，包括私有经济、我国港澳台地区经济、外商经济。随着不同所有制经济之间的界限被打破，出现了交互持股的所有制形式，股份制、联合经营和企业集团等混合所有制形式迅速发展。

目前，在 GDP 构成中，国有经济占近 1/3，混合经济占 1/3 强，民营经济占 1/3，呈现三足鼎立的格局。国有经济在铁路、民航、邮电通信、城市水电煤气等基础产业部门，在科研、教育、国防、金融等领域，占有绝对优势。与 20 世纪 90 年代初相比，2001 年私营企业产值增长了 117 倍，私企总户数增长了 19.5 倍。许多私企开始从零售商业、饮食、服务、修理等传统产业中分离出来，将目标锁定在知识、科技含量较高的产业上。例如，在北京中关村高科技园区，90% 以上的企业是私企。堪称“中小企业王国”的浙江，是全国私营中小企业最发达的省份，拥有各类私营中小企业 60 多万家，约占全省企业总数的 99%。经过不断发展和资本积累之后，越来越多的私营企业发展规模日趋扩大，资本投入、集团化经营快速增长。

当前，国民经济运行中存在的主要问题是：经济结构性矛盾和经济体制深层次问题依然比较突出；经济回升的基础仍不稳定，社会需求持续增长机制尚未完全形成；就业压力增大，农民收入增长仍比较缓慢，尤其是城乡差距矛盾（我国在 1983 年时城乡收入差距最低，为 1.82∶1，此后多年城乡收入差距逐步扩大。2007 年城乡收入差距达到 3.33∶1 的历史新高。同时农村消费总额占全部消费的比重，从 1978 的 62% 下降到 2007 年 25% 左右。农村消费率也从 1978 年的 34% 下降到 2007 年的 9.1%。）部分群众生活还比较困难；企业自主创新能力和市场适应能力不强，部分企业生产经营还相当困难；社会经济秩序有待进一步整治。

“十一五”规划国民经济发展的主要目标：国民经济保持较快发展速度，经济增长速度预期为年均 7% 左右，到 2010 年按 2000 年价格计算的国内生产总值达到 30 万亿元左右，人均国内生产总值达到 16000 元。5 年城镇新增就业和转移农业劳动力各达到 4000 万人，城镇登记失业率控制在 5% 左右。价格总水平基本稳定，国际收支基本平衡。

二、我国的金融

1. 我国金融概况

金融是现代经济的核心。改革开放以来，尤其是 20 世纪 90 年代中期以来，中国金融业在市场化改革和对外开放中不断发展，金融总量大幅增长。截至 2004

年年底，我国境内广义货币供应量 M2 余额 15.3 万亿元，狭义货币供应量 M1 余额 9.6 万亿元，流通中的现金 M0 余额 2.2 万亿元。境内全部法人金融机构 3.5 万余家，金融机构总资产 33.4 万亿元；各项存款余额 24.1 万亿元，各项贷款余额 17.8 万亿元，国家外汇储备余额 20000 亿美元（2008 年年末）。同时，金融现代化、市场化和国际化程度不断提高，与社会主义市场经济体制相适应的金融体制初步建立，并在优化资源配置、支持经济改革、促进经济持续发展和维护社会经济稳定方面发挥了重要作用。

2. 金融组织体系基本健全

目前，中国已形成了银行、证券、保险等功能比较齐全、分工合作、多层次的、政策性金融和商业性金融协调发展的金融机构体系。截至 2004 年年末，全国共有各类金融机构法人 35000 余家，主要包括 4 家国有商业银行、3 家政策性银行、11 家股份制商业银行、112 家城市商业银行、723 家城市信用社、4 家资产管理公司、3 家农村商业银行、33965 家农村信用社、199 家外资银行营业机构、59 家信托投资公司、133 家证券公司和 69 家保险公司等。

3. 金融调控机制不断完善

中国人民银行是我国的中央银行，是国家最重要的宏观调控部门。近年来，在党中央、国务院的正确领导下，中国人民银行认真执行稳健的货币政策，大力推进利率市场化改革和人民币汇率形成机制改革，不断完善以市场为基础的间接调控机制，创新并灵活运用金融调控工具，通过市场化手段加强总量调控和结构调整，金融调控的前瞻性、科学性和有效性明显增强，有力地促进了我国经济可持续发展。

4. 金融监督管理不断加强

中国人民银行作为金融宏观管理部门，除承担金融调控职能外，还承担了金融稳定、金融市场、支付结算、征信管理、反洗钱等监督管理职责。中国银行业监督管理委员会、中国证券监督管理委员会和中国保险监督管理委员会分别履行对银行业、证券业和保险业的行业监管职责。中国人民银行、三家监管当局和财政部相互协调、密切配合，在加强金融监管、防范和化解金融风险、保护投资者合法权益方面做了大量工作，有力地维护了金融体系稳定，促进了金融业稳健发展。

5. 金融市场在创新和规范中发展

目前，我国已经建立了以货币市场、银行间外汇市场、证券市场、期货市场、保险市场、黄金市场等为主体的、较为完整的、多层次的金融市场体系。随着中国市场化改革和对外开放的不断深入，金融市场产品创新明显加快，除了传统的金融工具外，ABS、MBS 和 CDO 等银行类创新产品、开放式基金等证券类创新产品，以及与风险管理相关的金融衍生品不断涌现。金融市场参与主体日益多元化，不仅包括商业银行、社会保障基金、信托公司、保险公司、证券公司和非金融机构，还引入合格的境外机构投资者（QFII）。金融市场的深度和广度日益扩大，并在货币政策传导、资源配置、储蓄转化为投资、风险管理等方面发挥了日益重要的基础性作用。

6. 金融改革进程加快推进

2003 年以来，中国政府启动了新一轮的金融改革。目前，农村信用社改革取得了明显成效，历史包袱得到初步化解，经营状况开始好转，支持“三农”的实力进一步提高。国有商业银行股份制改革取得阶段性成果，中国工商银行、中国建设银行、中国银行、交通银行的财务可持续能力显著增强，现代公司治理结构开始发挥作用。股份制商业银行、城市商业银行和其他中小金融机构的改革与重组也在加快推进之中。

7. 金融运行规则日趋健全

为适应开放经济条件下中国金融业稳健发展的需要，2003 年 12 月 27 日，十届全国人大常委会第六次会议审议通过了《中国人民银行法》和《中华人民共和国商业银行法》修正案，制定了《中华人民共和国银行业监督管理法》，同时，《证券法》、《保险法》、《票据法》、《信托法》和《证券投资基金法》以及《破产法》等相关的金融法律法规也在制定和完善中。此外，中央银行和金融监管部门根据国际惯例，结合中国实际情况，实施审慎监管标准，制定了大量的金融业部门规章和规范、指导性文件，为金融业改革、开放和发展提供了良好的法律、制度保障。

8. 金融业对外开放稳步推进

改革开放以来，尤其是加入 WTO 以来，中国金融业对外开放步伐明显加快，按照承诺开放了对外资银行、外资保险公司的地域限制和业务限制，证券市场先后开设了针对外国投资者的 B 股市场，允许部分国有大型企业在海外上市，允许中外合资企业在 A 股市场融资，并在 A 股市场实施 QFII 制度。截至 2004 年年末，共有 19 个国家和地区的 67 家外资银行在我国设立了 211 家营业性机构，合格境外投资者队伍达到 27 家，中国境内外资保险公司达 37 家。此外，还开放了汽车融资金融服务，4 家外资汽车租赁公司相继成立；扩大了境外金融机构入股中资金融机构的比例，中国建设银行、中国银行、交通银行、深圳发展银行等引入了国际战略投资者。

9. 金融基础设施的现代化水平明显提高

中国现代化支付系统建设取得了突破性进展，基本建立了覆盖广泛、功能齐全的跨市场、跨境支付结算体系，人民币在香港和澳门特别行政区实现清算安排。以网络为基础的电子资金交易系统不断完善，实现了银行间债券市场券款对付（DVP）清算，为投资者提供了安全、高效、便捷的资金交易和清算服务。中央银行建立和完善了一系列的金融监控信息系统，支付清算、账户管理、征信管理、国库管理、货币金银管理、反洗钱监测分析、金融统计监测管理信息等和办公政务实现了信息化。商业银行的综合业务处理、资金汇兑、银行卡服务等基本实现了计算机联网处理和数据集中处理，自助银行、网络银行、电子商务、网上支付结算等新型金融服务迅速发展。

2008 年 12 月 25 日起调整存贷款利率

人民币存贷款基准利率调整表

单位：%

项目	调整前	调整后	调整幅度
一、城乡居民和单位存款			
（一）活期存款	0.36	0.36	0.00
（二）整存整取定期存款			
三个月	1.98	1.71	-0.27
半　年	2.25	1.98	-0.27
一　年	2.52	2.25	-0.27
二　年	3.06	2.79	-0.27
三　年	3.60	3.33	-0.27
五　年	3.87	3.60	-0.27
二、各项贷款			
六个月	5.04	4.86	-0.18
一　年	5.58	5.31	-0.27
一至三年	5.67	5.40	-0.27
三至五年	5.94	5.76	-0.18
五年以上	6.12	5.94	-0.18
三、个人住房公积金贷款			
五年以下（含五年）	3.51	3.33	-0.18

三、我国的证券市场概况

截至 2009 年 1 月 19 日，沪深两市上市公司 1604 家，沪市总市值为 106229 亿元，流通市值为 36743.16 亿元，平均市盈率为 16.22 倍；深市总市值为 26230 亿元，流通市值为 14242.82 亿元。两市总市值为 132459 亿元，相当于 GDP 的 46.15%（2007 年相当比为 158%）；两市流通市值占总市值的 38.5%，未流通市值为 61.5%。

四、我国的人口格局

2007年，世界人口增加到67亿左右，我国人口增加到13.3亿，按这个比例计算，中国人口占世界人口的比重为19.85%。这意味着2007年将成为世界人口史上的一个里程碑，因为这是3000年来中国人口占世界人口的比重首次下降到20%之下。

1949~1980年，中国人口的比重一直稳定在22%上下，1980年之后，随着严格计划生育的实施，我国人口的比重再次下降，到2007年终于跌破了20%的大关。

就目前的情形而言，即使停止计划生育，我国人口占世界人口的比重仍将继续下降，因为中国人口的老龄化和中国人生育意愿的持续下降难以扭转。而在严格的计划生育情况下，我国人口的比重下降更快。预计到2050年，世界人口将达到92亿，而中国人口将在13亿上下（我国人口将在2030年前后达到峰值14.6亿，然后转入负增长），则中国人口占世界人口的比重将下降到14%。

自20世纪80年代以来，我国出生性别比持续升高，1982年第三次人口普查，全国的出生性别比为108.5，1987年1%人口抽样调查为110.9；1990年第四次人口普查为111.3；1995年1%抽样调查为115.6，到了2000年变为116.9。第五次人口普查显示，到2000年11月1日，各省、自治区和直辖市的出生性别比，除西藏和新疆等个别自治区外，都高出正常范围。2000年第五次人口普查的数据显示，我国出生婴儿性别比是100∶116.9，有的省份高达100∶138。目前，我国男性比女性多出3700万人，其中，0~15岁的男性比女性多出1800万人。

根据：《人民日报》2007年7月6日报道，“兴华论坛”整理。

五、我国城市化率达到42.99%

据国家统计局公布，2005年11月1日零时，我国人口总量、结构、布局如下：

——总人口130756万人。

——流动人口14735万人。

——城市化率42.99%。

——性别比为106.3（以女性为100，男性对女性的比例）。

——60岁及以上占总人口的11.03。

——少数民族人口占总人口的9.44%。

六、我国的耕地资源

我国的内陆土地面积为960×104平方公里，在世界上继俄罗斯、加拿大之后居第三位。我国的土地资源中耕地大约占世界总耕地的7%。我国依靠占世界7%的耕地养活了世界22%的人口，但我国耕地质量普遍较差，其中高产稳产田占1/3左右，低产田也占1/3。

七、我国的水资源

我国以占世界6%的可更新水资源和7%的耕地，养活了占全球22%的人口，其中水利建设发挥了非常重要的作用，但我国水资源形势仍不容乐观。高而坤认为，我国水资源人均占有量少，时空分布不均的矛盾在短期内难以缓解，水资源供需矛盾仍然十分突出。在正常情况下全国年缺水总量为300亿~400亿立方米，每年有1亿~3亿亩农田受旱，669座城市中有400余座供水不足，在32个百万人口以上的特大城市中，有30个长期受缺水困扰。随着全国用水量持续增长，水资源短缺进一步加剧。

水生态和环境安全面临威胁，主要表现为水土流失严重、干旱成灾和地下水超采。目前我国水土流失面积356万平方公里，占国土面积的37%，每年流失的土壤总量达50亿吨。严重的水土流失，导致土地退化、草场沙化、生态恶化，造成河道、湖泊泥沙淤积，加剧了江河下游地区的洪涝灾害（水利部水资源司司长高而坤"07中国－西班牙水论坛"）。

八、我国的环保状况

从数字变化管窥中国环保状况。随着环保力度的加大，我国环境质量总体状况趋于好转，但环境污染形势依然严峻。从中国环境监测总站对城市空气质量、地表水、酸雨等进行的长期监测数据变化，可以管窥我国环保的发展状况。

1. 城市空气质量持续好转，部分城市污染仍然很重

2005年，全国共有522个城市开展了空气质量监测，其中空气质量为一级即优秀的城市22个，占4.2%；二级即适宜居住的城市293个，占56.1%；三级即中等的城市152个，占29.1%；劣于三级即空气污染严重的城市55个，占10.6%。

与"十五"初期相比，城市空气质量明显改善。中国环境监测总站副站长朱建平介绍说，在339个可比城市中，2005年空气质量达到二级标准的城市增加了22.2个百分点，空气质量劣于三级标准的城市下降了24.1个百分点。

影响城市空气质量的主要污染物是颗粒物，主要分布在山西、河北、甘肃和贵州等省。

2. 酸雨发生频率及分布区域保持稳定，部分地区酸雨强度加大

2005年，在全国开展酸雨监测的696个城市中，357个城市出现酸雨，占

51.3%。其中浙江东阳市、象山县、安吉县，福建邵武市，江西瑞金市“逢雨必酸”。

从酸雨区域分布来看，“十五”期间，以重庆、贵阳为代表的西南酸雨区酸雨污染有所减轻；华中酸雨区（湖南、江西等省）酸雨强度有所增加；华东区特别是浙江省酸雨污染进一步加重；华南酸雨区的珠江三角洲地区酸雨污染加重。

目前，北京等北方部分地区已经开始出现酸雨现象，由于形成酸雨的过程复杂，因此治理的过程也将很复杂。同时“十五”期间，出现重酸雨（pH 值 < 4.5）的城市比例呈升高趋势。

3. 地表水污染总体上呈减轻趋势，部分水系污染严重

与“十五”初期相比，全国地表水优良类水质比例由34%提高到36%，重度污染类比例由36%下降到28%，地表水体水质有所改善。但海河、辽河、淮河、黄河以及松花江水系的部分支流，特别是流经城市河段污染严重，主要污染指标为氨氮、石油类、高锰酸盐指数等。此外，部分湖泊、水库富营养化严重。

2005年，全国地表水总体属中度污染，国家水环境监测网的744个断面中，优良类、污染类和重度污染类断面分别为36%、36%和28%。

4. 全国化学需氧量和二氧化硫排放总量呈增加趋势

2005年，全国化学需氧量和二氧化硫排放量分别为1413万吨和2549万吨，均比上年有所增加。“十五”期间，化学需氧量排放总量保持稳定，二氧化硫排放总量逐年增加，与“九五”比较，化学需氧量排放总量降低，二氧化硫排放总量增加。

5. 城市声环境总体较好

近年来，随着城市居民环保意识的提高，居民关于噪声的反映和投诉居高不下。朱建平表示，我国城市声环境总体还是较好的，城市区域噪声和交通噪声等效声级总体呈下降趋势。

2005年，350个城市中，63.7%的城市区域环境噪声优于城市居住区声环境质量标准，属轻度污染的占33.7%，中度污染的占1.7%，重度污染的占0.9%。与“十五”初期相比，城市区域环境噪声等效声级降低5.5dB（A），城市区域环境噪声明显改善。

2005年，365个城市中，道路交通噪声超标的城市49个，占13.4%，城市道路交通噪声总体较好。与“十五”初期相比，城市道路交通噪声总体没有明显变化。

九、我国城乡居民基尼系数已达0.47

居民收入差距排在世界前列，2007年城乡居民基尼系数达0.47，形成城乡、区域、群体和行业之间四个维度的明显差距：

城乡之间:3.2 倍；
区域之间:2.36 倍；
群体之间:5.7 倍；
行业之间:7.52 倍。

十、改革开放以来（1978 至今）：我国经济经历了五次周期波动

第一次（7 年）：1978 年（12%）~1981 年（3%）~1985 年（12.3%）
第二次（3 年）：1985 年（12.3%）~1986 年（7.3%）~1988 年（11.4%）
第三次（4 年）：1988 年（11.5%）~1989 年（3.8%）~1992 年（14.2%）
第四次（11 年）：1993 年（13.5%）~1999 年（7.1%）~2004 年（9.5%）
第五次：2005 年（9.9%）……

十一、我国还有绝对贫困人口约 1500 万

1978 年~2008 年，我国未解决温饱的绝对贫困人口，已从 2.5 亿人下降到 1479 万人，占农村人口比重由 30.7% 下降到 1.6%。

十二、我国在世界货币基金组织的投票权为 3.807%，位列第六位

十三、我国人口预期寿命逾 70 岁

2000 年我国预期寿命超过 70 岁，达到小康水平，其中男性 69.63 岁，女性 73.33 岁。

十四、全国有 7.3 亿农民参加新型农村合作医疗，参合率达 86%

十五、我国民营企业产值占 GDP 的 50%

十六、我国综合财经数据

附 1-1　　1950~2007 年总供需平衡中消费、投资和进出口的贡献率　　单位：%

年份＼指标	消费贡献率	投资贡献率	货物和服务净进出口贡献率
1978	39.40	66.00	-5.40
1980	71.80	26.50	1.80
1985	85.50	80.90	-66.40
1990	47.80	1.80	50.40

续表

年份＼指标	消费贡献率	投资贡献率	货物和服务净进出口贡献率
1995	44.70	50.00	0.30
2000	65.10	22.40	12.50
2001	50.50	50.10	-0.10
2002	43.60	48.80	7.60
2003	35.30	63.70	1.00
2004	38.70	55.30	6.00
2005	38.20	37.70	24.10
2006	38.70	42.00	19.30
2007	39.40	40.90	19.70

根据：凤凰网——宏观经济整理。

附 1-2　　1978～2007 年中国 GDP、投资、消费与财政收支态势　　单位：亿元

年份＼指标	国内生产总值	社会固定资产投资总额	居民储蓄总额	财政收入（税收）	财政支出
1978	3645.2	•	210.6	1132（519）	1122.09
1980	4545.6	910.9	399.5	1159（571）	1228.83
1985	9016.0	2543.2	1622.2	2004（2040）	2004.25
1990	18667.8	4517.0	7034.2	2937（2821）	3083.59
1995	60793.7	20019.3	29662.2	6242（6038）	6823.72
2000	99214.6	32917.7	64332.4	13395（12581）	15886.50
2001	109655.2	37213.5	73762.4	16386（15301）	18902.58
2002	120332.7	43499.9	86910.6	18903（17636）	22053.15
2003	135822.8	55566.6	103617.7	21715（20017）	24649.95
2004	159878.3	70477.4	119555.4	26396（24163）	28486.89
2005	183084.8	88773.6	141050.0	31649（28778）	33930.28
2007	246619	137323.9	175700	51321（45621）	49565.4

根据：《中国统计年鉴 2007》、《中国财政年鉴 2006》整理。

附 1-3　　1978～2007 年中国价格、失业率及人均 GDP

年限＼指标	居民消费价格指数（CPI）	原材料价格指数（PPI）	城镇登记失业率（%）	人均 GDP（美元：现汇）
1978	100.0	—	—	—
1980	109.5	—	—	200
1985	131.1	—	—	—

续表

年限＼指标	居民消费价格指数（CPI）	原材料价格指数（PPI）	城镇登记失业率（%）	人均GDP（美元：现汇）
1990	216.4	100.0	—	343
1995	396.9	222.9	—	—
2000	434.0	228.4	3.1	856
2001	437.0	227.9	3.6	
2002	433.5	222.7	4.0	1132
2003	438.7	23314	4.3	
2004	455.8	260.0	4.2	1490
2005	464.0	281.6	4.2	1700
2006	471.0	298.5	—	—
2007	493.6	311.6	—	—

根据：《中国统计年鉴2007》、《中国财政年鉴2006》整理。

年份＼指标	货币和准货币同比增长率	存款准备金率（%）	法定存款利率（%）（一年期）	外汇储备额（亿美元）
1978				1.67
1980				-12
1985		统一为10		26
1990		13		110
1995	29.50	8		735
2000	12.30	6	2.25	1655
2001	17.60		2.25	2121
2002	16.80		1.98	2864
2003	19.60	7		4032
2004	14.70	7.5		6099
2005	17.60			8188
2006	15.70			10663
2007	16.70	10次上调：9%~14.5%		15285
2008		3次上调：14.5%~16%	2.25	19460

根据：凤凰网-经济——宏观数据整理。

十七、2006福布斯中国大陆最佳商业城市排行榜前10位城市

杭州、北京、上海、无锡、宁波、苏州、大连、广州、南京、天津

十八、经济分析常用指标缩写

GDP：国内生产总值

PPI：生产者物价指数。用来衡量各种不同的商品在不同生产阶段的价格变化情况。

CPI：消费者物价指数。反映消费者支付商品和劳务的价格的变化情况。

RPI：零售物价指数。

UE：失业率。

BDI：波罗的海干散货指数。

十九、我国常用的 34 项经济预测指标

我国常用的 18 项经济预测先行指标是：轻工业总产值、一次能源生产总量、钢产量、铁矿石产量、10 种有色金属产量、国内工业品纯购进、国内钢材库存、国内水泥库存、新开工项目数、基建贷款、海关出口额、经贸部出口成交额、狭义货币 M1、工业贷款、工资和对个人其他支出、农产品采购支出、现金支出和商品销售收入。领先指标用于预测企业周期中的转折点和估计经济活动升降的幅度。

常用的 10 项经济同步指标是：工业总产值、全民工业总产值、预算内工业企业销售收入、社会商品零售额、国内商品纯购进、国内商品纯销售、海关进口额、货币流通量、广义货币 M2 和银行现金收入。同步指标的转折点大致与国民经济周期的转变同时发展，它们并不预示将来的变迁，而是表示国民经济正在发生的情况。

常用的 6 项经济预测滞后指标是：全民固定资产投资、商业贷款、财政收支、零售物价总指数、消费品价格指数、集市贸易价格指数等 6 项。滞后指标有助于验证领先指标所表示的经济趋向是否真实。

风声雨声读书声声声入耳
家事国事天下事事事关心
——无锡东林书院

附录2 世界：数字财经

一、世界金融

1. 主要股指（最低、最高）

(1) 北美股市

道琼斯（700~15000）

纳斯达克（54~1048）

标准普尔500

加拿大S&P/TSX综合指数

墨西哥BOLSA指数

巴西BOVESPA股票指数

(2) 欧洲股市

英金融时报指数

德国DAX 30种股价指数

俄罗斯MICEX指数

法CAC40指数

瑞士股票指数

意大利MIBTEl指数

(3) 亚洲

日经225指数（3000、38000）

上证指数（100~6200）

深证成指

中国香港恒生指数

中国台湾加权指数

新加坡海峡时报指数

韩国成份指数

(4) 澳洲股市

澳交所普通股指数

新西兰 NZSE 50 指数

(5) 非洲股市

埃及 CASE 30 指数

南非综合指数

二、外汇常识

国际常用 8 大硬通货：美元、欧元、英镑、澳元、加元、日元、瑞朗和港币。

货币的一般比价（2009 年 4 月 26 日）。

	最新价	涨跌
欧元/美元	1. 2879/83	-0. 0018
美元/日元	95. 60/64	-0. 10
英镑/美元	1. 5336/40	-0. 0016
美元/瑞郎	1. 2036/39	0. 0006
澳元/美元	0. 6523/27	-0. 0006
美元/加元	1. 2334/38	0. 0064
美元指数	85. 78/78	1

三、大宗商品

大宗商品是指：可进入流通领域，但非零售环节，具有商品属性用于工农业生产与消费使用的大批量买卖的物质商品。在金融投资市场，大宗商品指同质化、可交易、被广泛作为工业基础原材料的商品，如原油、有色金属、农产品、铁矿石、煤炭等。

大宗商品包括 3 个类别，即能源商品、基础原材料和大宗农产品。

大宗商品可以设计为期货、期权作为金融工具来交易，可以更好实现价格发现和规避价格风险。由于大宗商品多是工业基础，处于最上游，因此反映其供需状况的期货及现货价格变动会直接影响到整个经济体系。

能源商品：有原油、汽油、燃料油、取暖油、丙烷等；

基础原材料：有以铜、铝、铅、锌、镍、橡胶塑料、甲酸（PAT）为代表的有色金属和黄金、钯金、白银等贵金属两类；

农产品：豆粕、大豆、玉米、棕榈油、硬麦、强麦、白糖、菜籽油。

注：大宗商品的期货合约是由交易所设计，经国家监管机构审批上市的标准化

的合约。期货合约的持有者可借交收现货或进行对冲交易来履行或解除合约义务。

合约由一揽子要素组成：交易品种、交易数量和单位、最小变动价位（报价须是最小变动价位的整倍数）、每日价格最大波动限制（即涨跌停板。当市场价格涨到最大涨幅时，我们称“涨停板”，反之，称“跌停板”）、合约月份 、交易时间 、最后交易日 、交割时间 、交割标准和等级、交割地点、保证金和交易手续费 。

四、证券技术分析（常用）

（一）一般判断：宏观分析、企业分析、技术分析、博弈分析（庄家的多空态度）

（二）股票价格判断

市盈率 = 每股价格/每股收益

市净率 = 每股价格/每股净资产

市净率越大，说明股价处于较高水平；反之，市净率越低，说明股价处于较低水平

（三）常用买卖判断法

1. K 线理论。

2. 波浪理论（艾略特波浪）：8 浪：1~5：为上升浪；6~8 为下降浪。

3. MACD（指数平滑异同移动平均线）指标的判断。

DIR 和 DEA 均为正值，属多头市场；DIR 上穿 DEA 是买入信号；DIR 下穿 DEA 是回落信号。

DIR 和 DEA 均为负值，属空头市场；DIR 下穿 DEA 是卖出信号；DIR 上穿 DEA 是反弹。

4. WMS（威廉指标）。

WMS 高于 80，处于超卖，可以考虑买进。

WMS 低于 20，处于超买，可以考虑卖出。

五、单位换算

黄金：1 盎司 =31.1035 克

国际石油：1 吨 =7.3 桶

白糖：1 磅 =0.0004536 公吨

六、2008 年世界 500 强企业（前 30 位、国家、产品）

1. Exxon Mobil 埃克森美孚 美国 炼油

2. Wal-Mart Stores　沃尔玛商店　美国　零售
3. General Motors　通用汽车　美国　汽车
4. Ford Motor　福特汽车　美国　汽车
5. Daimler Chrysler　戴姆勒克莱斯勒　德国　汽车
6. Royal Dutch/Shell Group　皇家荷兰壳牌集团　荷兰/英国　炼油
7. BP　英国石油　英国　炼油
8. General Electric　通用电气　美国　电子电气
9. Mitsubishi　三菱商事　日本　多样化
10. Toyota Motor　丰田汽车　日本　汽车
11. Mitsui　三井物产　日本　多样化
12. Citigroup　花旗集团　美国　金融
13. Itochu　伊藤忠商事　日本　多样化
14. Total Fina Elf　道达尔菲纳埃尔夫　法国　炼油
15. Nippon Telegraph & Telephone　日本电报电话　日本　电信
16. Enron　安然　美国　能源
17. AXA　安盛　法国　保险
18. Sumitomo　住友商事　日本　多样化
19. Intl Business Machines　国际商用机器　美国　计算机
20. Marubeni　丸红商事　日本　多样化
21. Volkswagen　大众　德国　汽车
22. Hitachi　日立　日本　电子电气
23. Siemens　西门子　德国　电子电气
24. Ing Group　荷兰国际集团　荷兰　保险
25. Allianz　安联　德国　保险
26. Matsu * a Electric Industrial　松下电器　日本　电子电气
27. E. ON　的　德国　多样化
28. Nippon Life Insurance　日本生命　日本　保险
29. Deutsche Bank　德意志银行　德国　银行
30. Sony　索尼　日本　电子电气

七、世界人口格局

2050 年，世界人口将增加 50%，达到 92 亿。但是，包括日本、德国、俄罗斯在内的各大工业国却将出现人口衰减。与之相反的是，发展中国家的人口将持续增长，其中，印度将取代中国成为世界人口第一大国。

1. 各主要工业国人口衰减，美国例外

这份报告预测，发达国家的人口在今后的50年里将增加4%，达到12亿。但是，各主要工业国的人口却将出现不同程度的衰减。其中，日本的人口将减少20%，俄罗斯减少17%，德国减少9%。

美国人口统计局前局长里克表示，“现代化”对求职者提出了更高的要求，这就使教养子女的费用不断提高，因此越来越多的成年人不再愿意组织传统的大家庭。她还举例说，在日本，受过高等教育的妇女不再像她们的前辈那样以家庭为中心。很多人提倡晚婚晚育，甚至坚持独身主义，不要孩子。

而这份报告的作者卡尔·豪克认为，在一些东欧国家，经济低迷使人们不敢要孩子。在意大利，许多年轻人不愿意结婚，直到快30岁了还和父母住在一起。

在这些发达国家中，美国是唯一的例外。由于鼓励移民，该国人口到2050年将增加43%，由现在的2.93亿增加至4.2亿。

据悉，一些欧洲国家已经考虑效法美国，放宽本国的移民限制。这样一来，不仅可以弥补人口减少带来的人才短缺，还能够增加税收，为应对人口老龄化等问题筹集更多的资金。

2. 发展中国家人口猛增，印度赶超中国

尽管受到艾滋病、婴儿死亡率高等诸多因素的影响，发展中国家的人口在今后50年里仍将增长55%，达到前所未有的80亿。

报告显示，人口增长最快的地区在非洲和南亚。其中，尼日利亚的人口将增长两倍，达到3.07亿；孟加拉将增长1倍，达到2.8亿。

报告还预测，中国人口将增长一成，达到14亿，而人口的顶点将出现在2025年左右，之后则会自然减少。相比之下，印度人口却将猛增50%，达到16亿。因此，到2050年，世界人口五大国将依次是：印度（16亿）、中国（14亿）、美国（4.2亿）、印度尼西亚（3.08亿）、尼日利亚（3.07亿）。

八、2008年世界大学格局（前30强）

大学名称	国家	排名
哈佛大学	美国	1
斯坦福大学	美国	2
加州大学一伯克利	美国	3
剑桥大学	英国	4
麻省理工学院	美国	5
加州理工学院	美国	6
哥伦比亚大学	美国	7

续表

大学名称	国 家	排 名
普林斯顿大学	美国	8
芝加哥大学	美国	9
牛津大学	英国	10
耶鲁大学	美国	11
康乃尔大学	美国	12
加州大学—洛杉矶	美国	13
加州大学—圣地亚哥	美国	14
宾夕法尼亚大学	美国	15
华盛顿大学—西雅图	美国	16
威斯康星大学—麦迪逊	美国	17
加州大学—旧金山	美国	18
东京大学	日本	19
约翰霍普金斯大学	美国	20
密歇根大学—安娜堡	美国	21
伦敦大学大学学院	英国	22
京都大学	日本	23
瑞士联邦理工学院—苏黎世	瑞士	24
多伦多大学	加拿大	25
伊利诺大学—香槟	美国	26
伦敦大学帝国学院	英国	27
明尼苏达大学—双城	美国	28
华盛顿大学—圣路易斯	美国	29
西北大学	美国	30

九、世界水资源

据联合国公布的数据，全球用水量在20世纪增加了6倍，其增长速度是人口增速的两倍。联合国教科文组织认为，目前地球上淡水资源总体充足，但由于分布不均、管理不善、环境变化及基础设施投入不足等原因，全球约有1/5的人无法获得安全的饮用水，40%的人缺乏基本卫生设施。

英国《独立报》日前引用的一项统计数字显示，目前，在全球500条大河中，超过半数严重枯竭。全球很多地区的农村和城市面临水资源匮乏的危机。就农村而言，据预测，到2030年，全球粮食需求将提高55%，因此农村地区需要更多的灌溉用水，而这部分用水已经占到全球人类淡水消耗的近70%。

就城市而言，据预测，到2007年，全球一半人口将居住在城镇。到2030年，城镇人口比例会增加到近2/3，从而造成城市用水需求激增。联合国估计，届时将有20亿人口居住在棚户区和贫民窟，而缺乏清洁用水和卫生设施将严重威胁城市贫民的基本生存。

此外，科学证据表明，全球大部分地区的水质正在下降。科学家发现，淡水物种和生态系统的多样性正在迅速衰退，其退化速度往往快于陆地和海洋生态系统。1/5的淡水鱼种群或濒临灭绝，或已经绝迹。2002年，全球约有310万人死于腹泻和疟疾，其中近90%的死者是不满5岁的儿童。每年约160万人的生命原本都是可以通过提供安全的饮用水来挽救的。

联合国在最新公布的《世界水资源开发报告》中认为，导致目前全球水危机的主要原因是管理不善。主要存在的问题包括：

（1）水资源浪费严重，世界许多地方因管道和渠沟泄漏及非法连接，有多达30%～40%甚至更多的水被白白浪费掉了。

（2）发展中国家水资源开发能力不足。水是创造能源的重要资源。欧洲开发利用了75%的水力资源。然而在非洲，水力资源开发率很低，60%的人还用不上电。

（3）用于水资源的财政投入滞后。近年来用于水务部门的官方发展援助平均每年约为30亿美元，世界银行等金融机构还会提供15亿美元非减让性贷款，但只有12%的资金用在了最需要帮助的人身上，用于制订水资源政策、规划和方案的援助资金仅占10%。

联合国认为，全球水资源危机基本上可以说是一场公共管理体系的危机，这个体系“决定了哪些人、在什么时候、通过何种方式、能够得到什么样的水，并且决定了哪些人有权得到水资源以及相关服务”。

根据联合国制定的千年发展目标，将在2015年前使全球得不到安全饮用水的人数减半。另外，联合国还呼吁各国和地区建立水的安全机制，预防各种与水有关的自然灾害，如海啸、洪水、风暴、旱灾等。

十、不可不知的美国经济指标

▲ 三大生产总值：国内生产总值（简称GDP）、国民生产总值（简称GNP）和工业生产总值

▲ 三种物价指数：消费物价指数（简称CPI）、生产物价指数（简称PPI）和批发物价指数（简称WPI）

▲ 两大赤字：财政赤字和贸易赤字

▲ 利率

▲ 产能利用率

▲ 新屋开工率

▲ 现行指标（预测未来经济发展情况的最重要的经济指标之一，是各种引导经济循环的经济变量的加权平均数）

十一、世界财经综合统计

表 1　2008 年世界经济发展态势　单位：%

	GDP 年递增率	储蓄占 GDP 百分比	投资占 GDP 百分比
世界	3.7	24	23.5
先进经济体	1.4	19.6	20.7
美国	1.4	12.6	17.5
日本	0.5	27.4	23.4
英国		13.4	17.1
新兴市场和发展中国家	5.9	33.7	29.7
亚洲发展中国家	8.4	44.6	39.2
中国（2007 年）	9.7	49.9	

资料来源：王洛林主编：《2009 年世界经济形势分析与预测》，社会科学文献出版社 2009 年版。

表 2　2008 年世界主要国家人均收入、分配公平度、通货膨胀率与就业

国家＼指标	人均 GDP（美元）	基尼系数（2000 年）	消费者价格指数（比上年增长）	失业率
美国	47025	40.80	4.2	6.2
日本	37940	24.9	1.4	4.0
英国	45681	36.1	1.6	5.4
韩国	19638	31.6		
印度	1043	37.8	7.9	
中国	3180	46.0	6.4	4%

资料来源：国家统计局国际统计信息中心编：《2008/2009 世界经济统计报告》，中国统计出版社 2009 年版。

表3　　2007年世界主要国家国际贸易、国际投资和国际债务

国家＼指标	外汇储备（亿美元）	外贸依存度（%）	国外直接投资额（亿美元）
美国	458	23.04	2329
日本	9484	30.47	225
英国	475	38.76	2240
韩国	2618	75.09	26
印度	2666	30.90	230
中国	15283	66.26	835

资料来源：国家统计局国际统计信息中心编：《2008/2009世界经济统计报告》，中国统计出版社2009年版。

表4　　2006～2007年世界主要国家财政、金融情况

国家＼指标	中央财政支出占GDP比重	股票市值同GDP之比（2000年）	黄金持有量（百万吨纯金盎司）	外汇储备（亿美元）（2007年）
美国	21.26	180.78	261.61	458
日本		104.74	24.55	9484
英国	41.21	198.29	15.67	475
韩国		75.23	0.44	2618
印度	14.99		11.50	2666
中国	10.80		12.70	15283

资料来源：国家统计局国际统计信息中心编：《2008/2009世界经济统计报告》，中国统计出版社2009年版。

表5　　2005年部分国家三次产业就业人口比重　　单位：%

国家＼指标	农业	工业	服务业
美国	1.6	20.6	77.8
英国	14	22.0	76.3
德国	2.4	29.7	67.8
韩国	7.9	26.8	65.1
日本	4.4	27.9	66.4
意大利	4.2	30.7	65.1
法国	3.8	24.3	71.5
加拿大	2.7	22.0	75.3

资料来源：国家统计局国际统计信息中心编：《2008/2009世界经济统计报告》，中国统计出版社2009年版。

十二、《福布斯》

2008 年度全球富豪榜富豪榜前 10 名

名次	姓　名	资产（亿美元）	国　籍	年龄（岁）	公司名称
1	比尔·盖茨	400	美国	53	微软
2	沃伦·巴菲特	370	美国	78	伯克希尔哈撒韦
3	卡洛斯·斯利姆	350	墨西哥	69	墨西哥电话公司
4	劳伦斯·埃里森	225	美国	64	甲骨文
5	英格瓦·坎普拉	220	瑞典	83	宜家
6	卡尔·阿尔布雷希特	215	德国	89	Aldi
7	穆克什·安巴尼	195	印度	51	信实工业集团
8	拉克希米·米塔尔	193	印度	58	米塔尔钢铁公司
9	西奥·阿尔布雷希特	188	德国	87	Aldi
10	阿曼西奥·奥特加	183	西班牙	73	ZARA

三更灯火五更鸡，正是男儿读书时；
黑发不知勤学早，白首方悔读书少。
——颜真卿

附录3　经济学经典名著推荐

一、财经：经典著作

1. 色诺芬：《经济论》
2. 托马斯·孟：《英国得自对外贸易的财富》
3. 魁奈：《经济表》
4. 威廉·配第：《赋税论》
5. 亚当·斯密：《国富论》
6. 萨伊：《政治经济学概论》
7. 马尔萨斯：《人口原理》
8. 李嘉图：《政治经济学及赋税原理》
9. 布阿吉尔贝尔：《法国的辩护书》
10. 西斯蒙第：《政治经济学原理及其在社会哲学上的若干应用》
11. 杜阁：《关于财富的形成和分配的考察》
12. 杜克：《论降低利息和提高货币价值的后果》
13. 魏克塞尔：《利息与价格》
14. 马克思：《资本论》
15. 康芒斯：《制度经济学》
16. 凡勃伦：《有闲阶级论》
17. 古诺：《财富理论的数学原理的研究》
18. 庞巴维克：《资本实证论》
19. 杜能：《孤立国同农业和国民经济的关系》
20. 汤普逊：《最能促进人类幸福的财富分配原理的研究》
21. 克拉克：《财富的分配》
22. 熊彼特：《经济发展理论》
23. 张勃伦：《垄断竞争理论》
24. 康芒斯：《制度经济学》

25. 琼·罗宾逊:《不完全竞争经济学》
26:萨缪尔森:《经济学》
27:肯尼斯·阿罗:《社会选择与个人价值》
28:罗斯托:《经济成长的阶段》
29:斯拉法:《用商品生产商品》
30:布坎南:《民主财政论》
31. 舒尔茨:《论人力资本投资》
32. 库兹涅茨:《各国的经济增长》
33. 费里德曼:《价格理论》
34. 里昂惕夫:《投入产出经济学》
35. 索洛:《经济增长理论》
36. 泰勒尔:《企业组织理论》
37. 哈耶克:《通向奴役之路》
38. 兰格:《社会主义经济理论》
39. 道格拉斯·诺斯:《经济史上的结构与变迁》
40. 约翰·纳什:《纳什博弈论论文集》
41. 马克维茨:《资产组合选择和资本市场的均衡——方差分析》
42. 科斯:《企业的性质》
43. 费雪:《利息理论》
44. 弗·泰罗:《科学管理原理》
45. 马克斯·韦伯:《社会和经济组织的理论》
46. 马斯洛:《动机与人格》
47 乔治·索罗斯:《金融炼金术》
48. 兹维·博迪:《投资学精要》
49. 彼得·林奇:《战胜华尔街》

二、财经类:世界著名期刊

1. 美国:《兰德经济学》杂志
2. 英国:《经济学》杂志
3. 中国:《经济研究》
4. 中国:《中国社会科学研究》
5. 美国:《巴伦周刊》
6. 美国:《商业周刊》
7. 美国:《大西洋》

纸上得来终觉浅

绝知此事要躬行

——陆游

附录 4 综合复习

2008 年东北财经大学财政学专业试题

一、名词解释

公共定价　中央财政收入　居民企业　税收成本　零基预算　一般补助
税款优先

二、问答题

1. 政府投资的特点。
2. 影响财政收入规模的因素。
3. 企业所得税中予以免税的项目。
4. 消费税的作用。

三、论述题

1. 国债的功能。
2. 根据税收的效率原则分析我国现行个人所得税的利弊。

2005 年中央财经大学财政学考研试题

一、多选题（每题 2 分）

1. 国债市场的功能主要体现在（　　）。
   A. 拓宽居民的投资渠道
   B. 完善商业银行的资本结构
   C. 推动中央银行公开市场操作业务的开展
   D. 实行国债的顺利发行和偿还
2. 通货膨胀税形成的原因是（　　）。
   A. 实行累进税制

B. 政府发行国债没有实行国债的指数化

C. 严重通货膨胀

D. 税制不完善

3. 公共定价法一般包括（　　）。

A. 平均成本定价法　　B. 二部定价法

C. 市场定价法　　D. 负荷定价法

4. 公债规模的数量界限主要取决于（　　）。

A. 公债债务依存度　　B. 公债负担率

C. 居民应债能力　　D. 公债偿债率

5.《预算法》规定各级人民代表大会在预算管理中的职权主要有（　　）。

A. 预算、决算的审批权

B. 预算、决算的监督权

C. 对预算、决算方面不适当决定的撤消权

D. 预备费动用的决定权

6. 下列哪些情况会造成财政或有隐性负债（　　）。

A. 中国工商银行所积累的不良贷款

B. 某省政府对该省某地区农业合作基金的援助

C. 某国有企业某年未得到的亏损补贴

D. 某国有公司在上市前下岗分流的职工

7. 税收制度的组成要素包括（　　）。

A. 税率　　B. 负税人　　C. 减免税　　D. 纳税环节

8. 增值税的征收率是（　　）。

A. 4%　　B. 2%　　C. 6%　　D. 13%

9. 城镇土地使用税的征税范围包括（　　）。

A. 农村　　B. 工矿区　　C. 建制镇　　D. 城市

10. 下列项目免征营业税的是（　　）。

A. 婚姻介绍　　B. 个人转让专利权　C. 幼儿园　　D. 图书馆

11. 进口关税设置以下几档税率（　　）。

A. 普通税率　　B. 最惠国税率　　C. 出口税率　　D. 协定税率

12. 个人所得税适用 20% 比例税率的应税所得有（　　）。

A. 劳务报酬所得　　B. 财产租赁所得

C. 偶然所得　　D. 个体工商户的生产经营所得

13. 按税收计征标准的不同，可将税种分为（　　）。

A. 货币税　　B. 从量税　　C. 从价税　　D. 价内税

14. 企业所得税条例规定，纳税人按规定支付给总机构的管理费比例一般不得超过总收入的（　）。

A. 0.5%　　B. 20%　　C. 3%　　D. 2%

15. 契税的特点是（　）。

A. 采用累进税率　　B. 属于地方税

C. 属于财产税类　　D. 纳税人为产权承受人

二、判断分析并说明理由题（每小题2分，共20分）

1. 财政支出增长边际倾向是指财政支出增长率与GDP增长率之比。（　）
2. 社会保障与财政补贴的区别主要在于对相对价格体系的影响不同。（　）
3. 税收支出即政府为取得一定的税收收入而支付的代价，如办税经费等。（　）
4. 由于存在通货膨胀税效应，通货膨胀必然使财政收入实际上升。（　）
5. 汲水政策和补偿政策是自动稳定的财政政策的两种主要形式。（　）
6. 消费税同增值税的税基一致，都是含增值税，不含消费税。（　）
7. 个人所得税法是税收程序法。（　）
8. 企业所得税条例规定，企业收入总额的确定，以权责发生制为原则。（　）
9. 以课税对象作为划分税种的依据，车船使用税属于财产税类。（　）
10. 房产税条例规定，国家机关、军队自用的房产照章纳税。（　）

三、术语解释（每小题3分，共30分）

1. 现收现付制
2. 增量预算
3. 预算管理体制
4. 财政政策
5. 记账式国债
6. 资源税
7. 纳税期限
8. 税制体系
9. 免征额
10. 个人所得税的居民纳税人

四、计算题（每题5分，共10分）

1. 某集装箱运输企业2004年11月份取得集装箱运输收入20万元：集装箱的租赁收入5万元；出售办公用房取得收入300万元。请计算该企业2004年11月份应纳的营业税。

2. 某生产性外商投资企业1999年2月在某地注册登记并投产经营，经营12年，企业所得税税率30%，地方所得税税率3%。该企业1999年度亏损50万元、2000年度盈利70万元、2001年度盈利15万元、2002年度亏损6万元。2003年度会计账面利润总额为100万元，自行向其主管税务机关申报的应纳税所得额100万元，经注册会计师审计，发现与应纳税所得额有关的项目中，"投资收益"账户含国库券利息收入5万元。请计算2003年度该企业应缴纳的企业所得税税额。

天津商业大学2006级本科《财政学》试卷

一、名词解释（10分　每问2分）

帕累托效率　　税收管辖权　　财政政策　　税制要素　　国家预算

二、单选题（5分　每题1分）

1. 一般用（　　）描述收入分配是否公平。
   A. 菲利普斯曲线　　B. 基尼系数
   C. 洛仑兹曲线　　D. 恩格尔系数
2. 以下哪项不是采购性支出（　　）。
   A. 教育支出　　B. 财政补贴　　C. 国防支出　　D. 行政支出
3. 有效需求理论是（　　）提出的。
   A. 瓦格纳　　B. 罗伯特·巴罗　　C. 凯恩斯　　D. 汉森
4. 我国目前中央与地方财政收入是按照（　　）来划分的。
   A. 财政职能　　B. 支出责任　　C. 税种　　D. 政府事权
5. 现代社会保障制度的核心是（　　）。
   A. 社会救助　　B. 社会保险　　C. 社会福利　　D. 社会优抚

三、多选题（5分　每题1分）

1. 在我国分税制财政体制中，中央与地方的分享比例正确的为（　　）。
   A. 增值税分享比例为75%∶25%
   B. 企业所得税分享比例为65%∶35%
   C. 个人所得税分享比例为65%∶35%
   D. 消费税为85%∶15%
2. 下属财政学基本经济概念内在特征阐述正确的为（　　）。
   A. 财政具有公共性、强制性与收支平衡性等特征
   B. 税收具有强制性、无偿性和固定性等特征
   C. 公债具有偿还性、自愿性和灵活性等特征

D. 财政补贴具有政策性、灵活性和时效性等特征

3. 马斯格雷夫和罗斯托的财政支出增长论的主要论点有（　　）。

A. 经济发展早期，政府投资在社会总投资中占有较高比重，公共部门为社会提供基础设施，这些投资对国家“起飞”是至关重要的

B. 经济发展的中期，政府投资将逐步转换为对私人投资的补充

C. 经济进入成熟期，公共支出将从基础设施支出转向不断增加的教育、保健和福利服务支出，这种支出不但大大超过其他支出，也会快于GDP增长速度

D. 经济发展中，政府为了维持经济发展和克服日益频繁的经济危机，将加强经济干预，促成财政支出比重的不断增加

4. 财政支出效益的评价方法有（　　）。

A. 成本—效益分析法　　B. 成本—效用分析法

C. 因素分析评分法　　D. 最低成本法

5. 在财政政策范畴，具有“内在稳定器”功能的政策有（　　）。

A. 社会保障支出　　B. 企业所得税

C. 保值公债　　D. 滑准税

三、简答题（25分　每题5分）

1. 简述税负转嫁的条件及表现形式。

2. 公共品与私人品的区别。

3. 简述养老保障金有哪些筹资模式，其基本特征是什么，我国养老保险制度实行的是什么制度。

4. 简述大卫·李嘉图“等价定理”及经济含义。

5. 简述公债风险衡量指标体系及衡量标准。

四、综合题（20分　2×10）

1. 阐述IS-LM模型及财政政策的调节原理（画出IS-LM模型图）。

2. 请用无差异分析方法，分析政府与市场之间的最优资源配置原理（划出社会生产可能性曲线与无差异曲线交织图）。

五、案例分析与计算题（20分　1题8分，2、3题各6分）

1. 阐述税制设置原理及主要税系设置在什么环节。

2. 根据企业所得税计算原理，企业涉及缴纳的财产、行为税、资源税、流转税及收益税，在企业净利润核算中应在哪些环节列支?

3. A汽车集团系跨国公司，其总部设在长春，原材料部件实行全球采购，企业设施健全、生产销售正常，请按税制设置原理阐述其在一个会计年度中在财产行为、生产及利润核算中主要涉及哪些税种?

六、论述题（15分）

背景：近5年来财政收入以高速超国民收入增长，引起人大代表的激烈讨论，"正常论"与"非正常论"各执一词。

财政部长金人庆2007年10月在大连举行的全国财政厅（局）长座谈会上说，近年来全国财政收入一年一个新台阶，今年全国财政收入又保持了较快增长态势，主要是在国民经济快速增长、企业经济效益较好的基础上实现的。（财政部提供的数据显示，在上半年国民经济实现快速增长的背景下，上半年全国财政收入继续保持较快增长，总额突破2.6万亿元，达到26117.84亿元，同比增长30.6%，完成预算的59.3%）。

金人庆指出，在经济快速增长的基础上，上半年财政增收一方面表现为国内流转税、所得税和进口环节税收增长较快，同比增幅分别为22.3%、37.2%和22.2%。另一方面，非税收入快速增长，增长41.1%。

但他也同时指出，上半年财政收入增长中也存在不少一次性、超常规和政策性因素，上半年工业、房地产、股市、信贷和投资过快增长致使相关行业超常规增加税收。

而近日，《经济日报》刊载了《财政收入超常规增长背后的财富分配格局之忧》一文：

财政部提供的数据显示，上半年全国财政收入继续保持较快增长，总额突破2.6万亿元，达到26117.84亿元，同比增长30.6%。对此，财政部部长金人庆日前表示，"由于高耗能行业、房地产和股市等过快增长，导致同比增长三成的上半年全国财政收入中存在不少一次性、超常规因素"。（《第一财经日报》7月24日）

"总额突破2.6万亿元，同比增长30.6%"——如此一份"高歌猛进"的上半年财政收入账单，其超常规的意味，无疑相当浓厚，乃至于财政部门自己都有点"不好意思"，要出面解释和强调其中的"超常规因素"了。

其实，如果仅从当前国民经济快速增长乃至有些过热的背景来看，财政收入大幅增长，算不上是多么反常之事，也没什么不合理的。问题是，如果将这一"同比增长三成"的政府收入，与国民经济增长尤其是与居民收入增长的具体数字相比，其不合理的超常规性，就显露无遗了：据国家统计局最新统计数据，今年上半年，我国国内生产总值（GDP）同比增长11.5%，城镇居民人均可支配收入增长14.2%。

不难看出，上半年财政收入的增速接近GDP增长的三倍，同时也是居民收入增速的整整两倍以上。这意味着，在目前整个国民财富的分配格局中，政府收入比重正在快速提高，而居民收入的比重正在相对萎缩。换言之，国民财富的增长越来越突出表现为政府收入而不是居民收入的增长，前者而不是后者，正在更多地分享经济发展的成果。

实际上，回顾一下近年来财政收入的总体状况，就会发现，这样一种不断向政府倾斜的财富分配格局，并不是今年才有反常事，而是最近以来的一个基本趋势：如2006年全国财政收入39373.2亿元，同比增长24.4%；而2005年，两项数据分别为31649.29亿元、19.9%。很明显，这样的政府收入增长，均远远超出了同期的GDP增长，更是居民收入增速所远远不及的。以2006年为例，当年全国职工平均工资21001元，增长12.7%，工资总额23439亿元，与同期的财政相比，增速仅约为后者的一半，而总额也只有后者的60%。

请从财政学原理发表你的观点，并做出基本判断。(不低于200字)

1999～2006年经济学学科综合水平全国统一试题
(财政学内容汇总)

一、名词解释

市场失灵　外在性　税式支出　政府采购制度　单一税制和复合税制　国家预算　偿债率　税收转嫁　财政赤字　财政政策　税收中性　分类所得税　公共品

二、简答题

1. 为什么说经济发展水平和技术进步对财政收入规模起决定作用?
2. 简述政府干预市场的主要手段。
3. 简述社会公共需要的基本特征。
4. 简述我国实施积极财政政策的基本目标。
5. 简述国债的功能。
6. 简述养老保险的三种筹资模式。
7. 简述政府采购制度对提高财政支出效率的意义。